ENGLISH-ASSAMESE DICTIONARY

ENGLISH-ASSAMESE DICTIONARY

MAKHAN LAL CHALIHA

GYAN

Published by

Gyan Publishing House
5, Ansari Road
Daryaganj, New Delhi-110002
Phone: 011-47034999, 9811692060
E-mail: books@gyanbooks.com

Distribution Network
gyanbooks.com
India, USA, Canada, UK, Australia, France

ISBN : 978-81-212-4311-7 (PB)
First Published, Gauhati, 1910

2nd Impression 2020

Printed at: Gyan Press, Delhi.

The book at your disposal is the edition of an old book originally published long back. The Text quality of this book may not be at par as compared to our other books but many readers approached us to reprint this important book so that it could satiate their hunger. We request all the readers of this book to help us to improve its quality by providing the necessary text of those pages which are not properly visible. Your valuable support in this case will be highly appreciated and acknowledged and our future readers will be benefitted immensely.

PREFACE.

The preparation of this English-Assamese Dictionary has been undertaken to remove a want that has long been keenly felt by tho students of Assam. That such a Dictionary was needed, no one would deny. For the students of a foreign language should have words explained to them not only in that, or some other foreign tongue, but also in their own vernacular.

This book has been principally based, though the plan is different, upon Chambers's Annandale's and A. Borooa's Dictionaries. I have not hesitated to make extensive use of the works of Hem Chandra Borooa and Benimadhav Gangulee and many other Assamese and Bengalee authors. I gratefully acknowledge my deep obligation to these authors.

In order to help the average student only common words of everyday use have been inserted in the dictionary, but it should be remembered that "the task of selection is not so easy as may appear at first sight."

The opportunity has been taken to insert many grammatical points that present special difficulties to school students. The correctness of the matter has been ensured by consulting the works of various writers on English Grammar. My best acknowledgments are due to them.

I am fully aware of the shortcomings of the book and no one is more conscious than myself that defects, mistakes and inaccuracies may have crept into it. Any suggestion for the improvement of the book, from any quarter, will be warmly welcomed.

I have here to add that amidst diverse difficulties, it will not seem surprising that occasional errors of the press should occur. And, I am glad to mention here that my most regarded friend Sreejut Rabindra Ram Khaund of the Scottish Churches College and my kindest friend and tender Cousin Sreejut Padmadhar Chaliha of the Presidency College have kindly come forward to draw up a list of errata to be corrected in the 2nd edition. My hearty thanks are due to them. It is my firm conviction that the generous and the learned public will not fail to accord their indulgence to this new book.

I cannot resist the temptation, at the end of my first literary attempt, to accord my special gratitude to my two most esteemed cousins Sreejut Lakshmiprasad Chaliha L. M. S, and Sreejut Kaliprasad Chaliha of Sibsagor for the substantial inspiration I have got from them.

Finally, I desire to offer my respected thanks and special gratitude to a noble-minded European gentleman (who prefers to remain unnamed), for his kind assistance at various times.

GAUHATI,
October 12th, 1910.

MAKHAN LAL CHALIHA.

THE STUDENT'S ENGLISH-ASSAMESE DICTIONARY.

A

A, ইংৰাজী বৰ্ণমালাৰ আদি আখৰ।

A, *adj*. indefinite article, এটা, এখন, এডাল ইত্যাদি শব্দ বুজাবলৈ ব্যৱহাৰ হয়।

Noun ৰ আদি আখৰ consonant হ'লে আৰু 'ইউ' মাতেৰে যোৰা vowel ৰ আগত 'A' বহে।

A = on (prep) ওপৰ প্ৰভৃতি অৰ্থে উপসৰ্গ।

e. g. He has gone a-hunting.

Aback, *adv*. পিচফালে. পিচপিনে (2) ভেবালগীয়াকৈ।

Abacus, *n*. এবিধ গণনা যন্ত্ৰ।

Abaft, *adv*. জাহাজৰ পিচফালে।

Abandon, *v*. এৰিদিয়া, ত্যাগকৰা।

n. abandonment.

Abandoned, *adj* অতিদুষ্ট, কুপ্ৰবৃত্তিত -ৰত, ভ্ৰষ্ট, ত্যক্ত, এৰা। Follwed by 'to'

Abase, *v*. ভাল অৱস্থাৰ পৰা বেয়া অৱস্থালৈ অনা (2)হতাশ কৰা [হোৱা।

n. abasement.

Abash, *v*. জঁইপৰা, লাজত মলিন

Abate, *v*. কম কৰা, (2) লাঘব কৰা, হ্ৰাস কৰা, শাম কটা, (3) লঘু পৰা, চিমোৱা।

n. abatement.

Abbot, *n* মঠৰ গৰাকী।

Fem. abbess.

Abbreviate, *v*. সংক্ষেপ কৰা, চুটি কৰা। *n*. abbreviation.

Abdicate, *v*. ৰাজ্য বা স্বত্ব এৰি দিয়া, (2) প্ৰভুত্ব এৰি দিয়া।

n. abdication. ৰাজ্যত্যাগ।

Abdomen, *n*. তলপেট, নাইৰ তলৰ ভাগ। *adj*. abdominal.

Abduct, *v*. হৰণ কৰা, ছলেৰে বা বলেৰে নিয়া।

n. abduction.

Abed, *adv*. বিচনাত, শয্যাত on bed.

Abettor, *n*. গভাইত, চোৰ বা অপৰাধীক মনে মনে সহায় কৰোঁতা

Abhor, *v*. বৰকৈ ঘিণ কৰা, অতি অধম বা বৰ চুৱা যেন ভবা।

n. abhorrence. Followed by 'of'

Abide, *v*. থকা (2) সহ্য কৰা, সহা

P. T. and P. P. abode.

Abigail, *n.* ডাঙ্গৰীয়ানীৰ (অৰ্থাৎ ডাঙৰ মানুহৰ তিৰোতাৰ) আল-পৈচান ধৰোঁতা পৰিচাৰিকা, লিগিৰী।

Ability, *n.* শক্তি, নিপুণতা, পাৰ্গ-তালি, সাধ্য।
Followed by 'for', 'in'.

Abjure, *v.* শপত খাই এৰি দিয়া।

Ablative, *adj* অপাদানাৰ্থক।

Ablative case—অপাদান কাৰক।

Able, *adj.* সক্ষম, পাৰগ, সমৰ্থ, পাৰ্গত। [কৰা স্নান।

Ablution, *n.* শৰীৰ শুদ্ধ কৰিবলৈ

Ablution water—গা ধোৱা পানী।

Abnormal, *adj,* অনিয়মিক, (2) অসাধাৰণ।

Aboard, *adv.* জাহাজত in a ship

Abode, *n.* থকা ঠাই।

Abode, *v.* *vide* abide.

Abolish, *v,* উঠাই দিয়া।
n. abolition.

Abominable, *adj.* গৰ্হিত, ঘৃণনীয়, ঘৃণিত। *n.* abomination.

Aborigines, *n.* আদিম বাসী বিলাক
This word has no singular, & is used only in the plural.

Abort, *v.* অসময়ত প্ৰসৱ কৰা।

Abortion, *n.* নিস্ফলতা।
coming to nought (2) গৰ্ভনষ্ট।

Abound, *v.* যথেষ্ট পৰিমাণে থকা।

Followed by 'in', 'with'.

About, *prep.* চাৰিওফালে। (2) ওচৰাউচৰি, (3) সম্বন্ধে।

About, *adv.* প্ৰায় (2) চাৰিও পিনে।

Above, *prep.* ওপৰত (2) বেচি (3) ওখত (4) ওপৰ খাপত

Abrade, *v.* ঘঁহি ক্ষয়কৰা (2) মোহাৰি পেলোৱা। *n.* abration.

Abrest, *adv.* ওচৰাউচৰি
e. g. The ships were abreast.
(2) একেফলিয়াকৈ।

Abridge, *v.* সংক্ষেপ কৰা।
n. abridgment.

Abrook, *v.* সহা, সহি থকা।

Abrupt, *adj.* হঠাৎ (2) আশাৰ অতীত।
adv. abruptly.

Abscess, *n.* বিহ কোঁহোৰা, এবিধ বিষাল খহু।

Abscond, *v.* পলোৱা।

Absence, *n.* অনুপস্থিতি (2) অভাব
adj. absent. আতৰ, থতীয়া।
Followed by 'from', 'on'.

Absolute, *adj.* অসীম, সম্পূৰ্ণ।

Absolute monarch, ইচ্ছাতন্ত্ৰ ৰজা
The monarch whose power is not limited.

Absolve, *v.* ক্ষমা কৰা, (2) কোনো অঙ্গীকাৰৰ পৰা মুক্ত কৰা।
n. absolution.

Absorb, *v.* শোহা, শোহন কৰা। (2) সম্পূৰ্ণ ৰূপে নিযুক্ত কৰা। *n.* absorption.

Abstain, *v.* প্ৰবৃত্তি নোহোৱা। (2) উপবাস কৰা, নখোৱে থকা। Followed by 'from.'

Abstemious, *adj.* মিতাহাৰ।

Abstract, *n.* সংক্ষেপ: (2) পৃথক্ (3) চিহ্ন।

Abstruse, *adj* গুপ্ত (2) বুজিবলৈ টান। *n.* abstruseness.

Absurd, *adj* · অসঙ্গত (2) দেখাতে মিছা।

Abundant, *adj.* প্ৰচুৰ, দমাদম, ওৰাদানি। *n.* abundance.

Abuse, *n.* অবচনীয়া বচন (2) গালি (3) বিকৰ্থনা।

Abuse, *v.* বিকৰ্থনাকৰা, গালিপৰা, (2) আলৈআঠানি কৰা।

Abusive, *adj.* অপমানজনক।

Abyss, *n* নৰক hell.

Academy, *n.* পঢ়াশালি any public or private school, or university, or college

Accede, *v.* সন্মত হোৱা। Followed by 'to.'

Accent, *n.* ধ্বন্যাঘাত, শব্দৰ ভৰ।

Accept, *v,* গ্ৰহণ কৰা, লোৱা। *n.* acceptance.

Acceptable, *adj.* ল'বৰ যোগ্য।

Access, *n.* প্ৰবেশ, admission, interview.

Accessible, *adj.* প্ৰবেশৰ যোগ্য, (2) উঠিবলৈ সক্ষম।

Accident, *n.* অকস্মাৎ ঘটা ঘটনা, *adj* accidental.

Acclaim, *v.* জয়ধ্বনি কৰি ঘোষণা কৰা। *n.* acclamation.

Accommodate, *v.* সুবিধা কৰা, (2) আশ্ৰয় দিয়া।

Accommodation, *n.* থাকিবলৈ সুবিধা (2) উপযোগিতা।

Accompany, *v.* লগলাগি যোৱা, (2) লগত থকা। Followed by 'by', 'with.'

Accomplish, *v.* সম্পূৰ্ণ কৰা, শেষ কৰা।

Accomplished, *adj.* জনা, গুণেৰে পৰিপূৰ্ণ। *n.* accomplishment.

Accord, *v:* একমত হোৱা (2) মিলকৰা। Followed by 'with' 'to'. *n.* accordance.

Accordian, *n.* একৰডিয়'ন নামেৰে এবিধ ইংৰাজী বাজনা।

Accordingly, *adv.* তদনুসাৰে।

Accost, *v,* মাত লগোৱা (2) সম্বোধন কৰা।

Accouchment, *n.* প্ৰসৱ।

Accoucheur, *n.* প্ৰসৱ কৰোৱা ডাক্তৰ

Account, *v.* হিচাব কৰা, (2) বিবেচনা কৰা, (3) কাৰণ দিয়া।

Account, *n.* হিচাব (2) বিবৰণ (3) মূল্য (4) কাৰণ।

Accountable, *adj* দায়ী।

Followed by 'to' and 'for'

Accountant, *n.* যি হিচাপপত্ৰ ৰাখে

Accountre, *v.* যুদ্ধলৈ সজোৱা।

Acoutrement, *n.* যুদ্ধৰ পোষাক, বন্দুবাই পিন্ধা সাজ।

Accredit, *v.* বিশ্বাস কৰা।

Accrue, *v.* উৎপন্ন হোৱা।

Accumulate, *v,* বহুত গোটোৱা, বঢ়োৱা। *n.* Accumulation·

Accurate, *adj.* যথাৰ্থ, ঠিক। *n.* accurateness.

Accurse, *v.* শাও দিয়া।

Accuse, *v.* ওজৰ কৰা, অভিযোগ কৰা, দোষা ৰোপ কৰা। Followed by 'of'.

Accusable, *adj.* নিন্দনীয়।

Accusation, *n.* দোষাৰোপ, বাদ (2) কৰ্ম্মকাৰক।

Accused, *n.* আচামী, অপৰাধী। the personaccused.

Accustom, *v.* অভ্যাস কৰা।

Acephalous, *adj.* মুৰ নাইকিয়া, without a head.

Ache, *n.* বিষ, *e. g.* head-ache, tooth-ache.

Achieve, *v.* ডাঙৰ কাম কৰিবলৈ চেষ্টা কৰা। *n.* achievement.

Achromatic, *adj.* বৰণ বা ৰং নাইকিয়া।

Acid, *n. adj.* অম্ল, টেঙা।

Acknowledge, *v* স্বীকাৰ কৰা (2) ৰচিদদিয়া, *n.* acknowledgment.

Acme, *n.* আগ, the highest point, top.

Acorn, *n.* ওক নামক গছৰ গুটি।

Accoustic, *adj.* শব্দ সম্বন্ধীয়, pertaining to the sense of hearing

Acquaint, *v.* চিনাই দিয়া, এজনক আন এজনৰ পৰিচিত কৰা। (2) বুজদিয়া

Acquainted, *adj.* পৰিচিত, আগৰে পৰা জনা। Followed by 'with'

Acquaintance, *n.* চিনাকি, পৰিচয়।

Acquire, *v.* অৰ্জ্জা, উপাৰ্জ্জন কৰা। *n.* aquirement-

Acquisition, *n.* অৰ্জ্জা বস্তু।

Acquit, *v.* খালাচ দিয়া (2) পৰিশোধ কৰা। Followed by 'of' *n,* acquittal, acquittance.

Acre *n.* ৪৮৪০বৰ্গগজ পৰিমিত ভূমি।

Acrid, *adj.* চেৰ্চেৰীয়া *n.* acridity

Acrimony, *n.* হুটা মাত। *adj.* acrimonious.

Acrobat, *n.* ৰচিবাজিকৰ a rope dancer.

Across, *adv* ইপাৰে সিপাৰে।

Act, *n.* কাৰ্য্য, কাম (2) আইন *v.* কাম কৰা (2) আচৰণ কৰা।

Action, *n* কাম (2)যুজ (3)মোকৰ্দ্দমা

Active. *adj.* কাৰ্য্যদক্ষ, নিপুণ, কামিলা। *n.*activity. উৰাজুৰা।

Actor *n,* নটুৱা, ভাৱৰীয়া। *Fem.* actress.

Actual, *adj.* বাস্তবিক (2) যথাৰ্থ।

Actuate, *v.* প্ৰবৃত্ত কৰা (2) কামত উৎসাহ দিয়া (3) প্ৰবৃত্তি জন্মোৱা (4) উদগাই দিয়া।

Acute, *adj.* চোকা, উগ্ৰ। *n.* acuteness.

Adument, *n.* ফুটাব নোৱাৰা শিল (2) দুৰ্ভেদ্য।

Adapt, *v.* উপযুক্ত কৰা। Followed by 'to'. *n.* adaptation.

Add, *v.* যোগ কৰা, তেৰেজ কৰা। *n.* addition. তেৰেজ।

Addle, *adj.* মুৰ্খ, বুদ্ধিহীন।

Address, *n.* আদৰণি–কাকত, ঠিকনা, বিজোগ (2) সম্ভাষণ।

Addict, *v.* বেয়া কামত আসক্ত হোৱা। Followed by 'to'

Adebt, *adj.* পাকৈত, নিপুণ।

Adequate *adj.* যথোচিত, যথোপযুক্ত। Followed by 'to'.

Adhere, *v.* লাগিথকা (2) লৰচৰ নোহোৱা (3) আটখাই ধৰা, চৰহা মৰা। Followed by 'to.'

Adhesion, *n.* সংলগ্ন।

Adhesive, *adj.* এঠাযুক্ত।

Adhibit, *v.* ব্যৱহাৰ কৰা। to apply. (2) শাসন কৰা।

Adieu, ভাল যাওঁ (2) বিদায়।

Adjacent, *adj.* ওচৰীয়া (2) লগালগি। Followed by 'to'.

Adjective, *n.* বিশেষণ। বিশেষ্য শব্দৰ গুণ দেখুৱা শব্দ।

Adjoin, *v.* লগোৱা।

Adjoining, *adj,* লগালগি।

Adjourn, *v.* দিন দিয়া অৰ্থাৎ আন আন দিনলৈ স্থগিত ৰখা।

Adjudge, *v.* বিচাৰ কৰি নিষ্পত্তি কৰা। *n.* adjudgment.

Adjudicate, *v.* ৰাই দিয়া। *n-* adjudication.

Adjunct, *n.* বৃদ্ধি কৰণ।

Adjure, *v.* শপতা।

Adjuration, *n.* আদেশ বা বিশেষ অনুৰোধ।

Adjustment. *n.* ৰফা, নিষ্পত্তি

Adjutant, *n-* সহায়কাৰী (2) সৈন্যৰ যুদ্ধক্ষেত্ৰত হুকুম দিওঁতাৰ সহকাৰী কৰ্মচাৰী।

Administer, *v.* চলোৱা (2) শাসন কৰা। *n.* admiinstration.

Adminis-trator, *n.* চলাওঁতা (2) শাসন কৰোঁতা। *Fem.* administratrix.

Admirable, *adj.* আশ্চৰ্য্যজনক (2) প্ৰশংসনীয়।

Admiration, *n.* আশ্চৰ্য্য। *v.* আচৰিত মনা।

Admit, *v.* নাম ভুক্ত কৰা (2) স্বীকাৰ কৰা। Followed by 'of' 'to' *n.* admission.

Admittance, *n.* প্ৰবেশৰ অনুমতি।

Admonish, *v.* তাড়না কৰা (2) সাৱধান কৰা। Followed by 'of,' 'for', *n.* Admonition

Ado, *n.* শ্ৰম। Trouble. ধুমধাম। bustle.

Adopt, *v:* অৱলম্বন কৰা, (2) তোলনীয়া পুত্ৰ লোৱা (3) অনুকৰণ কৰা। *n,* adoptation.

Adoptive, *adj-* তোলনীয়া।

Adopted son তোলনীয়া পুতেক।

Adoration, *n.* আৰাধনা, উপাসনা (2) সন্মান, ভজনা।

Adorn, *v.* শোভাকৰা (2) সৌন্দৰ্য্য প্ৰকাশ কৰা (3) অলঙ্কাৰ কাপোৰ আদিৰে সজোৱা।

Adornment. *n* বিভূষণ ; অলঙ্কাৰ, কাপোৰ আদিৰে সজোৱা কাৰ্য্য।

Adown, *prep.* ওপৰৰ পৰা তললৈ

Adroit, *adj.* চোকা, নিপুণ।

Adry, *adv,* Thirsty.

Adulation, *n.* খাতিৰ mean flattery.

Adult, *n.* বয়স হোৱা মানুহ, a grown up person.

Adulterate, *v.* ভাল বস্তুত বেয়া বস্তু মিহলি কৰা। *e.g.* Milk-man adulterates water with milk

Adultery, *n.* ব্যভিচাৰ, কোনেও বিয়া নকৰা বা লোকে বিয়া কৰা তিৰোতা বা মতাৰে সহবাস।

Adulterer, *n* ব্যভিচাৰত ৰত মতা। *Fem.* adulteress.

Advance, *v* আগবঢ়া (2) উন্নতিকৰা (3) হাওলাত দিয়া, আগধৰি দিয়া।

Advance, *n.* আগলৈ গমন (2) উন্নতি (3) লাভ (4) আগধৰি লগোৱা ধন, আগধন।

Advanced in life—বয়সীয়া।

Advancement, *n.* অগ্ৰ গমন। (2) উন্নতি (3) হাওলা। *adv.* advantageously.

Advantage, *n.* সুবিধা (2) লাভ Followed by 'of', 'over'

Advantageous, *adj.* উপকাৰী, (2) লাভ জনক।

Advent, *n.* আগমন (e) The coming of Christ to the earth.

Adventure, *v.* দৈবাধীন কাম কৰা (2) সাহসেৰে আগবঢ়া।

Adventure, *n.* বিপদ (2) সাহসিক কাম (3) আচৰিত ঘটনা (4) দৈবাধীনকাৰ্য্য *adj.* adventurous

Adventuresome, *adj.* সাহসিক (2) বিপদজনক।

Adverb, *n.* ক্ৰিয়া বিশেষণ। যি শব্দই ক্ৰিয়া বা বিশেষণৰ অৰ্থ লৰাই বিশেষকৈ দেখুৱাই ।

Adverse, *adj.* বিপৰীত, ওলোটা। Followed by 'to'

Adversary, *n* শত্ৰু (2) বিপদ, দুখ

Advert, *v.* মন দিয়া। Followed by 'to'

Advertise, *v.* বিজ্ঞাপন দিয়া, জাননী দিয়া, *n.* advertisement

Advice, *n.* পৰামৰ্শ Counsel *plu.* খবৰ information.

Advisable, *adj.* যুক্তি সঙ্গত।

Advocate, *n. v.* উকীল (2) ওকালতি কৰা (3) পক্ষলোৱা।

Advocation, *n.* উকীলৰ কাম।

Adynamic, *adj.* বলহীন,শক্তিহীন

Adze, *n.* চাঁচ, বাইছ।

Aerial, *adj.* বতাহ সম্বন্ধীয় (2) ওখ lofty.

Aerify, *v.* বায়ুময় কৰা।
n. aeri fication.

Aeriform, *adj.* বায়ুময়, অসাৰ।

Aerology, *n.* বায়ু বিজ্ঞান।

Aerometer, *n.* an instrument ?or ascertaining the weight of atmosphere.

Afar, *adv.* বহুত দূৰত।

Affability, *n.* শিষ্টাচাৰ, সজ লোকৰ আচৰণ। *adj.* affable

Affa'r, *n.* কৰিব লগা কাম, বিষয় (2) সামান্য হাই।

Affect, *v.* কাকতি কৰা (2) মুগ্ধ হোৱা (3) দুঃখিত হোৱা। *n.* affectation.

Affection, *n.* মৰম, চেনেহ (2) আসক্তি।

Affectionate, *adj.* মৰমৰ (2) কোমল। *e. g.* Affectionate heart (3) মৰমিয়াল।

Affiance, *v.* বিয়া দিম বুলি কোৱা (2) বিশ্বাস কৰা।

Affiancer, *n.* ঘটক।

Affidavit, *n.* সত্যপাঠ a written declaration on oath.

Affi liate *v* বিশ্ববিদ্যালয়ত ভুক্ত-কৰা *n.* affiliation

Affinity, *n.* সম্বন্ধ, সম্পৰ্ক। Followed by 'w.th 'between'

Affirm, *v.* গধুৰ কৰা (2) নিশ্চয়কৈ কোৱা। *n.* affirmation.

Affirmative, *adj.* 'হয়' বোলা, opposed to negative.

Affix, *n. v.* প্রত্যয় adding a syllable at the end of a word (2) লগোৱা (3) গোট খুৱা।

Afflict, *v.* কষ্ট দিয়া (2) যন্ত্রণা দিয়া *n.* affliction.

Afflicted, *adj.* খেদিত, দুঃখিত।

Affluent *adj. n* চহকী (2) শাখানৈ

Afford, *v.* খৰচ কৰিবলৈ সক্ষম হোৱা (2) বেচিবলৈ সক্ষম হোৱা (3) দিয়া (4) যোগোৱা।

Afraid, *adj.* ভীত, ভয় পোৱা। ভয়াতুৰ। Followed by 'of'.

Afright, *v.* ভয় দেখুৱা frighten

Affront, *n. v.* অপমান (2) অপমান কৰা।

Afield, *adv.* পথাৰৰ ফাললৈ। পথাৰত।

Afloat *adj.* ওপঙ্গা (2) moving from place te place.

Afoot, *adv.* ভৰিৰে on foot,

Afresh, *adv.* পুনৰাই, নতুনকৈ।

Aft, *adv.* জাহাজৰ পিচভাগলৈ।

After, *prep.* পিচত (2) অনুযায়ী (3) অনুসাৰে।

Afternoon, *n.* আবেলি বেলা।

Afterwards, *adv.* পিচত।

Again, *adv.* আৰু এবাৰ, পুনৰ, পুনৰপি, আকৌ, দোৱাই, দুনাই।

Against, *prep.* বিৰুদ্ধে, বিপক্ষে।

Age, *n.* বয়স।

Aged. *adj.* বয়সীয়া বুঢ়া।

Agent, *n.* প্রতিনিধি (2) গোমোস্তা

Agency *n* আনৰ প্ৰতিনিধি স্বৰূপে ব্যৱসায় বা ব্যৱসায়ৰ কাৰ্য্যালয়।

Agglomerate, *n.* বলৰ আকৃতিৰে গোটোৱা। *n.* agglomeration.

Agglutinate. *v.* এঠাৰে লগোৱা, *n* agglutination.

Aggrandize, *v.* বঢ়োৱা (2) ক্ষমতা বা মান বৃদ্ধি কৰা। *n.* aggrandizement বৃদ্ধি।

Aggravate, *v.* বেচি কৰা (2) খং তোলা।

Aggregate, *v.* গোটোৱা (2) মোট কৰা।

Aggrsssion, *n.* প্রথম আক্রমণ।

Aggrieve, *v.* দুঃখ দিয়া (2) বেজাৰ কৰা।

Aghast, *adj.* উচাপ খাই উঠা (2) ভীত।

Agile, *adj.* উদ্যোগী, চঞ্চল, চটফটীয়া। *n.* agility.

Agitate, *v.* আন্দোলন কৰা।

Agitation, *n.* আন্দোলন।

Agist, *v.* অন্তৰ পশু চৰোৱা।

Agitate, *v.* খং তোলা, জোকোৱা। *n.* agitation

Ago, *adv.* হৈ গ'ল, পূৰ্ব্বে *e. g.* two years ago.

Agonize, *v.* যন্ত্ৰণাত চট্‌ফট্‌ কৰা। মনৰ বা গাৰ দুঃখত অস্থিৰ হৈ হাত ভৰি এঢ়ৱা।

Agony, *n.* যন্ত্ৰণা, থৰকবনি extreme pain.

Agree, *v.* সম্মত হোৱা (2) একমত হোৱা, মিল হোৱা।

Followed by 'to', 'with'.

Agreement, *n.* প্ৰতিজ্ঞা (2) কথা-বন্ধা, বন্দবস্ত।

Agreeable, *adj.* মনোহৰ, শুৱলা (2) সুখদায়ক (3) মিঠা *e. g.* agreeable words.

Agriculture, *n.* কৃষি, খেতি।

Agriculturist, *n.* কৃষক, খেতিয়ক।

Ague, *n.* কঁপনি জ্বৰ, কঁপ-জ্বৰ।

Ah, int. অস্, দুখ বুজোৱা অব্যয়।

Aid, *n. v.* সহায় (2) সহায় কৰা।

Aide-de-camp, *n.* যুদ্ধ ক্ষেত্ৰত সৈন্য ধাক্কৰ পৰা যি হুকুম অনা নিয়া কৰে।

Ail, *v.* কষ্ট দিয়া (2) কষ্ট পোৱা *n.* ailment

Air, *n.* বায়ু (2) জাত, স্বৰ. (3) *pl.* আজি ভূজি *e. g.* he would play with all the airs of a dog.

Air-gun, *n.* যি বন্দুকৰ গুলি বায়ুৰে চলোৱা হয়।

Ait, *n.* নৈৰ মাজত থকা সৰু দ্বীপ।

Akin, *adj.* একে বংশৰ, আপোন। Followed by 'to'.

Alacrity, *n.* স্ফূৰ্ত্তি, (2) লৰালৰি (3) আগ্ৰহ।

Alas, int. অস্! অস্! বেজাৰ বা দুঃখ বুজোৱা মাত।

Alarm, *n.* বিপদৰ সম্বাদ (2) শত্ৰুয়ে হঠাৎ আক্ৰমনৰ ভয়।

Alarm, *v.* যুদ্ধলৈ মটা (2) ভয় দেখোৱা (3) ভয় পোৱা। *adj.* alarming

Alb, *n.* পুৰোহিতৰ বগা বস্ত্ৰ।

Albino, *n.* বগা মানুহ। *Fem.* albiness

Alban, *n.* স্কট পণ্ডৰ পুৰনি নাম।

Albam, *n.* ছবি, টিকেট ইত্যাদি থোৱা নেলেখা কিতাপ।

Albumen, *n.* কনিৰ বগা অংশ the white substance of an egg

Alcohol, *n.* মদৰ সাৰ, the spirit of wine.

Alderman, *n.* নগৰৰ শাসন কৰ্ত্তা। *pl.* aldermen.

Ale, *n.* মদ beer.

Alength, *adv.* দীঘলা দীঘলি।

Algebra, *n.* বীজ গনিত।

Alien, *n.* বিদেশী *adj.* বিদেশীয় (2) বিপক্ষীয়।

Alienate, *v.* হস্তান্তৰ কৰা। (2) অনিয়মিক ব্যৱহাৰ কৰা। *n.* alienation.

Alight, *v.* নমা get down.

Alike, *adj.* একে having likeness

Aliment, *n.* পুষ্টিকৰ আহাৰ। *adj.* alimental

Alimony, *n.* এৰি দিয়া তিৰোতাক যি পেন্‌চন্ দিয়া হয়।

Alive, *adj.* সজীৱ (2) প্ৰফুল্ল, আনন্দিত। Followed by 'to'.

Alkali, *n.* খাৰ। *pl.* alkilies *v.* alkalify

Alkaline, *adj.* খাৰ যুক্ত।

All, *adv.* সম্পূৰ্ণৰূপে; *adj.* সকলো।

Allah, *n.* মুছলমান বিলাকৰ ঈশ্বৰৰ নাম।

Allay, *v.* শান্ত কৰা (2) দমন কৰা

Allege, *v.* নিশ্চয়কৈ কোৱা (2) উদাহৰণ দিয়া।

Allegiance, *n.* ৰাজভক্তি, ৰজাৰ প্ৰতি দেখোৱা ভক্তি।

Allegory, *n.* allegory is a series of metaphors continued through out an entire story so as to represent one series of facts, by another series that is analogous to it in its main features.

Alleviate, *v.* ঢিলা কৰা, লাঘৱ কৰা।

Alley, *n.* নগৰৰ ঠেক বাট।

Allium, *n.* নহৰু garlic.

Alliance, *n.* বিবাহেৰে সম্বন্ধ (2) সন্ধি।

Alliteration, *n.* alliteration is the repetition of the same letter at the beginning of two or more words.

Alligator, *n.* ঘঁৰিয়াল, কুম্ভীৰ।

Allocate, *v.* অংশ ভাগ কৰি দিয়া। *n.* allocation

Allodium, *n.* নিকৰ মাটি।

Allopathy, *n.* The ordinary medical practice, as opposed to homoeopathy.

Allot, *v.* ভাগ কৰা (2) বাটি দিয়া। *n.* allotment.

Allow, *v.* অনুমতি দিয়া (2) আদেশ দিয়া (3) অনুমতি পোৱা (4) আদেশ পোৱা (5) দিয়া *e,g,* মই সিহঁতক স্বাধীনতা দিওঁ।

Allowance, *n.* স্বীকাৰ (2) অনুমতি (3) দৰ্মহা (4) পেন্‌চন্ বা খৰচ।

Alloy, *n.* মিহলি ধাতু (2) ভাল বস্তু বেয়াৰে সৈতে মিহলি।

Allude, *v.* উনোকিওৱা, অলপকৈ উক্তি কৰা। (2) উল্লেখ কৰা। *n.* allusion.

Allure, *v.* লোভ কৰা, লোভ লগোৱা *n.* alluement.

Ally, *v.* বিবাহ বা বন্ধুতা কৰি মিল কৰা (2) সন্ধি কৰি মিল কৰা।

Almenac, *v.* পাঁজি, যি পুথিত তাৰিখ নক্ষেত্ৰ আদি লেখা থাকে।

Almighty, *n.* সৰ্ব্ব শক্তিমান, এই শব্দই কেৱল ঈশ্বৰক বুজাই।

Almond, *n.* বাদাম।

Almony, *n.* আলহি থকা ঘৰ (2) ভিক্ষা দান দিওঁতা থকা ঘৰ।

Almost, *adv.* প্ৰায়, সৰহ ভাগ।

Alms, *n.* ভিক্ষা। This word is true singalar, but now used as plural.

Aloft, *adv.* ওপৰত, শূন্যত।

Alone, *adv.* অকলৈ (2) কেৱল।

Alone, *adj.* অকল, (2) গাইগোটা।

Along, *adv.* দীঘলে (2) লগত।

Aloud, *adv.* চিঞৰি loudly.

Aloof, *adv.* দূৰৈত at a distance.

Alpaca, *n.* আলপকা নামে এবিধ জন্তু (2) আলপকা নামক জন্তুৰ নোমৰ কাপোৰ।

Alphabat, *n.* বৰ্ণমালা *e*, *g*, অ, ক, খ।

Alpine, *adj.* আল্‌পচ্‌ সম্বন্ধীয় (2) আল্‌পচ্‌ পৰ্ব্বতীয়া।

Already, *adv.* আগেয়েই।

Also, *adv.* আৰু।

Altar, *n.* গোঁসাই থোৱা ভেটি (2) পূজা কৰা ঠাই।

Alter, *v.* সলোৱা (2) সলনি হোৱা, সলনি কৰা। *adj.* alterable.

Altercation, *n.* খেটেং মেটেং, বাচ্যাবাচ্যি।

Altercate, *v.* তৰ্ক কৰা (2) কথাৰে দন্দ কৰা, উখনা উখনি কৰা।

Alternate, *v.* পাল অনুসাৰে কৰা। *n.* পাল অনুসাৰে।

Alternative, *adj.* সিটো বা ইটো।

Although, *conj.* যদিও।

Altitude, *n.* ওখ height.

Altogether, *adv.* জাতেই, সমূলি, গোটেই।

Alum, *n.* ফিটকিৰি। এবিধ পানী নিৰ্ম্মল কৰা খাৰযুক্ত মাটি।

Alumnus, *n.* একে বিশ্ব বিদ্যালয়ৰ ছাত্ৰ। *pl.* alumni

Alachu-plum, *n.* নৰা বগৰি।

Always, *adv.* সদায়, ওৰেও, সৰ্ব্বতিকালে, সৰ্ব্বদায়।

Amalgam, *n.* পাৰদ মিহলি ধাতু।

Amalgamate, *v.* অন্য ধাতুৰে সৈতে পাৰদ মিহলোৱা (2) একেলগ কৰা।

Amalgamation, *n.* (1) সনা সনি (2) মিহলি (3) mixing of different races or divisions.

Amass, *v.* সংগ্ৰহ কৰা 2) গোটোৱা।

Amateur, *n.* যি ধনলৈ লোভ নকৰি ৰঙ্গত বা ধেমালিত কোনো কাৰ্য্য কৰে বা বিদ্যা আৰ্জনকৰে। One who cultivates a study or art for the love of so doing, and not for gain.

Amaze, *v.* আচৰিত হোৱা (2) তধালগা।

Amazon, *n.* বন্দুৰা তিৰোতা। This word is used only in Feminine gender and has no masculine

Ambassador, *n.* ৰাজদূত।

Amber, *n.* জংফাই। এবিধ জলজলীয়া মৌ-বৰণীয়া গোট মৰা গছৰ আঠা।

Ambient, *adj.* চাৰিও ফালে বেঢ়ি ধৰা।

Ambition, *n.* আকাঙ্খা (2) দুৰ্লভ আশা। *adj.* ambitious. Followed by 'of'.

Ambrosia, *n.* অমৃত (2) তৃপ্তিকৰ বস্তু। *adj*, ambrosial.

Ambulate, *v.* ইফালে সিফালে ফুৰা।

Ambulatory, *n.* ফুৰিবলৈ সঙ্কৰ (2) অস্থাবৰ।

Ambuscade, *v.* আক্ৰমন কৰা (2) শত্ৰু আহিবলৈ ৰ'ই থাকা।

Ameliorate, *v.* উন্নতি কৰা, শ্ৰীবৃদ্ধি হোৱা। *n.* amoliation.

Amenable, *adj*, উত্তৰ দিবলৈ দায়ী (2) বুজনীয়।

Amend *v*, শুদ্ধ কৰা (2) উন্নতি কৰা।

Amends, *n.* ক্ষতি পূৰণ compensation. This woid is true plural and has now no singalar form in use.

Amenorrhoea, *n.* ৰজোভাব absence of menstruation

Amerce, *v.* জৰিমনা কৰা, to punish with fines.

American, *adj*. আমেৰিকা দেশীয়।

Amethyst, *n.* মাণিক,উত্তম ডালিম্বা।

Amiable, *adj*, আনন্দ দায়ক, আমোদ জনক।

Amicable, *adj*, বন্ধুতা প্ৰিয় friendly

Amid, amidst, *prop.* মাজত।

Amiss, *adj*. ভুল *adv.* ভুলকৈ (2) দোষ নথকাকৈ।

Amity, *n.* ভাল ভাব (2) মিত্ৰতা।

Ammonia, *n.* এবিধ দৰৰত ব্যৱহাৰ কৰা বস্তু।

Ammunition, *n.* আহিলা। খাৰ, গুলী ইত্যাদি।

Amnesty, *n.* ৰাজক্ষমা। General pardon for any political offence

Among, amongst, *prop.* বহুতৰ মাজত।

Amorous, *adj.* কামুক।

Amount, *n.* মোট, খানি (2) ফল result

Amphibia, *n.* দ্বিচৰ। যি জন্তুৱে পানী আৰু বাম দুয়োটে চলিব পাৰে। *adj.* amplibious.

Ample, *adj.* বহল দাঙ্গৰ (2) বাহুল্য (3) প্ৰচুৰ।

Amplify, *v.* বহলাই কোৱা, বহুত কথাৰে প্ৰকাশ কৰা।
n. ampiificalion.

Amplitude, *n.* প্ৰচুৰতা (2) জাক জমক।

Amputate, *v.* সৰু সৰু গছৰ আগ কটা (2) অঙ্গ চ্ছেদ কৰা।

Amuse, *v.* আমোদ কৰা (2) সন্তুষ্ট কৰা।
n. amusement

Amygdalus, *n.* বাদাম। *adj.* amygdaline.

An, *adj.* indefinite article, used in the sense of এটা, এখন, এডাল। Vowel ৰ আগত আৰু 'h' উচ্চাৰণ নোহোৱা শব্দৰ আগত 'An' বহে।

An, *conj.* যদি।

The 'an' is a contraction of 'and' which was once used to combine two clauses conditionally as well as assertively, when this sense of 'an' or 'and' was forgotten, the 'if' was inserted to remove any doubt as to the meaning.

Anabas, *n*, কাৱৈ। কাঁইটীয়া পিঠি পাখিৰে এবিধ কাঠ মাছ।

Anachronism, *n.* সময়ৰ ভুল।

Anaemia, *n*, কমতেজ deficiency of blood.

Anaglyph, *n.* কাঠৰ বা মাটিৰ অলঙ্কাৰ।

Anaconda, *n.* এবিধ সাপ।

Anagraph, *n.* টীকা commentary

Analects, *n.* সাহিত্য সংগ্ৰহ।

Analogous, *adj.* সদৃশ, নিচিনা।

Analyse, *v.* ভাঙ্গি দেখুওৱা।

Analysis, *n.* ভাঙ্গি দেখোৱা কাৰ্য্য। *pl.* analyses.

Anamorphosis, *n.* কোনো বস্তুৰ বিকৃত ছবি। *adj.* anamorphous.

Anarchy, *n.* অৰাজকতা, ৰজাৰ অভাৱ।

Anarchial, *adj.* অৰাজক।

Anathematise, *v.* শাও দিয়া, আনৰ অশুভ কামনা কৰা। *n.* anathema.

Anatomy, *n.* science of the structure of body.

Ancestor, *n.* পূৰ্ব্ব পুৰুষ, পিতামহ, প্ৰপিতামহ।

Ancestry, *n.* কুল, গোত্ৰ।

Ancestral, *adj*. বাপতীয়া, পৈতৃক।

Anchor, *n.* লঙৰ।

Weigh anchor,—লঙৰ তোলা।

Cast anchor,—লঙৰ পেলোৱা।

Anchorage, *n.* যি ঠাইত জাহাজ লঙৰ কৰিব পাৰি।

Anchoret, *n.* সন্যাসি, ফকিৰ *Fem.* anchoress.

Ancient, *adj.* প্ৰাচীন, পুৰণা, পৌৰাণিক, অতীত। (2) বহুত দিনৰ পৰা জনা *e. g.* ancient world.

Ancientry, *n.* কুল মৰ্য্যাদা।

And, *conj.* আৰু, এবং।

Andiron, *n.* কাঠ থৰিৰ জুইৰ ওপৰত দিয়া এবিধ লোৰৰ বস্তু।

Androphagi, *n.* মানুহ খাদক।

Anecdote, *n.* গল্প (২) জীৱনৰ কোনো ঘটনা।

adj. anecdotical.

Anemoscope, *n.* বায়ুমান যন্ত্ৰ।

Anew, *adv.* পুনৰ, নতুনকৈ।

Angel, *n.* স্বৰ্গীয় দূত (2) সুপুৰুষ।

Anger, *n.* ক্ৰোধ, খং, কোপ।

adj. angry, enraged.

Angle, *n.* চুক, কোণ (2) যি বিন্দুত দুটা ৰেখা মিলিছে।

Angler, *n.* যি বৰশিৰে মাছ ধৰে।

Angular, *adj.* কোণ বিশিষ্ট (2) কঠুৱা স্বভাবৰ। *n.* angularity.

Anglo-saxon, *n.* partly by English partly by Saxon.

Anguish, *n.* মনৰ বৰ বেজাৰ (2) যাতনা, কষ্ট (3) পৰিতাপ।

Animadvert, *v.* দোষ গুণ বিচাৰ কৰা। *n.* animadversion.

Animal, *n.* জন্তু, পশু।

Animalism, *n.* পশুত্ব (2) ইন্দ্ৰিয় সুখ সেৱা।

Animate. *v,* জীৱন দিয়া (2) উত্তেজিত কৰা।

Anise seed, *n.* গুৱামৰি। [বস্তু। তামোলৰ লগত খোৱা এবিধ সুগন্ধি

Annals, *n.* বছৰ অনুসাৰে লিখিত ঘটনা বিলাক।

Annals is a plural word and is never used in singalar.

Annex, *v.* লগ লগোৱা, সংযোগকৰা *n.* annexation.

Annihilate, *v.* ধ্বংশ কৰা, নাশকৰা *n.* annihilation.

Anniversary, *n.* বছেৰেকীয়া উৎসব।

Annouance, *v.* প্ৰকাশ কৰা (2) জাননী দিয়া (3) জানিবলৈ দিয়া। *n.* annouancement.

Annoy, *v.* খং তোলা, জোকোৱা, দিগ্‌দিয়া।

Annual, *adj.* বছেৰেকী।

Annue, *v.* লোপকৰা (2) উঠাই পেলোৱা।

Annuity, *n.* বছেৰেকীয়া পেন্‌চন্ বা বৃত্তি।

Annular, *adj.* আঙঠিৰ নিচিনা ঘুৰণীয়া।

Annuciate, *v.* খবৰ দিয়া, ঘোষণা কৰা। *n.* Annuciation.

Anoint, *v.* তেলঘঁহা।

Anomaly, *n.* নিয়মৰ ব্যতিক্ৰম, অনিয়মিক।

Anon, *adv.* বেগেতে, তত্তালিকে।

Anonymous, *adj.* বেনামী।

e. g. an anonymous letter.

Another, *adj.* আন, বেলেগ।

Answer, *v.* উত্তৰ দিয়া (2) প্ৰতিবাদ কৰা (3) উপযুক্ত হোৱা (4) মিমাংসা কৰা।

Answer, *n.* উত্তৰ (2) মিমাংসা।
adj. answerable.
Followed by 'to', 'for.'

Ant, *n.* পৰুৱা।

Antagonist, *n.* শত্ৰু (2) বিপক্ষদলৰ মানুহ। *v.* antagonise.

Antalgic, *ddj.* বেদনা বা বিষ নাশক।

Antecedent *n.* সৰ্ব্বনামৰ আগত থকা বিশেষ্য (2) কোনো মানুহৰ জীৱনত হৈ যোৱা ঘটনা।

Antecians, *n.* যি বিলাক মানুহ একে কক্ষ ৰেখাৰ পৃথিবীৰ বিপৰীত ফালত থাকে।

This word is always plural.

Antedate, *v.* যথা তাৰিখ নিদি আগৰ তাৰিখ উল্লেখ কৰা।

Antedituvian, *n.* প্ৰলয়ৰ আগৰ মানুহ।

Antelope, *n.* কৃষ্ণষাঁৰ।

Antennae, *n.* পোক ফৰিং ইত্যাদিৰ শুং।

Anterior, *n.* অগ্ৰগামী।

Anthelmintic, *n.* পোক বধ কৰা এবিধ দৰব।

Anthesis, *n.* ফুল ফুলা সময়।

Anthropology, anthropography *n.* মানুহ জাতিৰ ইতিহাস।

Anti-bilious, *adj.* পিত্ত নাশক।

Antic, *adj.* ৰঙ্গিয়াল, ধেমেলীয়া।

Anticipate, *v.* যথা সময়ৰ আগেয়ে ভবা বা গ্ৰহণ কৰা (2) আশা কৰা *n.* anticipation.

Antidote, *n.* বিহৰ দৰব।

Antipathy, *n.* ঘিণ (2) হিংসা Followed by 'to'.

Antipodes, *n.* পৃথিবীৰ বিপৰিত অংশত থকা মানুহ। *e. g.* Americans ভাৰতবৰ্ষৰ antipodes. This word is plural.

Antique, *adj.* প্ৰাচীন, পুৰনা (2) ধেমেলীয়া।

Antiquity, *n.* আগৰ দিনৰ মানুহ 2) আগৰ দিন।

Antisabatarian, *n* যি লেওবাৰক বিশ্ৰামৰ দিন নহয় বুলি কয়।

Antiseptic, *n.* যি বস্তুয়ে নেগেলাকৈ ৰাখে।

Antithesis, *n.* কথাৰ বিপৰিত অৰ্থ। *pl.* antitheses.

Antitype, *n.* চানেকি।

Antler, *n.* হৰিনৰ শিঙৰ শিং ; উপশিং।

Anus, *n.* পোকৰ। [নিৰাবী।

Anvil, *n.* কমাৰ বা সোনাৰীৰ

Anxious, *adj.* উৎকনিঠৎ, ব্যগ্ৰ, উদ্বিগ্ন (2) অতি ইচ্ছুক (3) উগুল থুগুল।

Followed by 'for' 'about'.

n. anxiety

Any, যেই সেই *e.g.* any of my pens will do (2) বহুতৰ ভিতৰত এটা (3) অলপ।

Anything, *n.* কোনো বস্তু।

Aonian, *adj.* কবিতা সমন্ধীয়।

Apace, *adv.* বেগেতে, পলম নকৰাকৈ, ততালিকে।

Apartment, *n.* কুঠৰি, কোঠা।

Ape, *n.* বন মানুহ।

Apish, *adj.* বনমানুহৰ নিচিনা (2) ফুল বাবুৰ নিচিনা।

Aperient, *n.* খোলা (2) যি দৰবে পেট খোলাচা কৰে।

Aperture, *n.* ফুটা, বিন্ধা, বাট।

Apex, *n.* আগ summit, or top *pl.* apices.

Aphony, *n.* মাত ভগন loss of voice.

Apiece, *adj.* প্ৰত্যেক অংশতে (2) প্ৰত্যেককে।

Apthong, *n.* শব্দ নোহোৱা আখৰ।

Apiary, *n.* য'ত মৌ খুটি বিলাক থোৱা হয়, মৌ-বাহ।

Apiculture, *n.* মৌ-ৰক্ষা bee keeping.

Apnoea, *n.* উষাহ বা নিশ্বাস বন্ধ।

Apodal, *adj.* ভৰি নাইকিয়া, পদহীন।

Apollyon, *n.* যি দুতে পাতাল বাসী বিলাকক সংহাৰ কৰে।

Apology, *n.* ক্ষমা প্ৰাৰ্থনা। Followed by 'to', 'for'. *v.* apologise. [গ্ৰন্থকাৰ।

Apologuist, *n.* নিতি কথাৰ

Apoplexy, *n.* হঠাৎ গমন ও জ্ঞান নাইকিয়া হোৱা বেমাৰ।

Apostacy, *n.* নিজধৰ্ম্ম ত্যাগ।

Apostate, *n.* যি নিজধৰ্ম্ম এৰিছে. স্বধৰ্ম্ম ত্যাগী।

Apostle, *n.* খৃষ্টিয়ান ধৰ্ম্ম প্ৰচাৰক (2) পাচনি (3) খৃষ্টিয়ান গিৰ্জ্জা স্থাপন কৰোঁতা।

Apostrophe, (') বন্ধনীৰ ভিতৰত দিয়া চিন্‌টো।

's' থকা plural noun ৰ শেহত apestrophe যোগ দি possessive case কৰে (2) লুপ্ত আখৰৰ চিন্‌ e. g. 'tis=it is.

Apothecary, n. দৰব বেচোঁতা।

Appal, v. শুকাই যোৱা (2) ভয়ত বিবুদ্ধি হোৱা।

Appalling, adj. ভয় জনক, ভয়ানক।

Apparatus, n. যন্ত্ৰ, কল e. g. apparatus for distilling fresh from salt water.

Apparel, n. সাজ, পোষাক (2) কাপোৰ।

Apparel, v. শোভা কৰা (2) কাপোৰ পিন্ধোৱা।

Apparition, n. পৰছাঁয়া। অকস্মাৎ দেখা ভূতৰ আকৃতি।

Appeal, v. ওপৰলৈ জনোৱা (2) কোনো বস্তুৰ কাৰনে কাকো অনুৰোধ কৰা (3) গোহাৰি কৰা, আপিল কৰা। Followed by 'to'

Appeal, n. গোহাৰি, আপিল।

Appear, v. দেখা দিয়া (2) বাহিৰ হোৱা (3) উপস্থিত হোৱা (4) বোধ হোৱা, অনুভৱ হোৱা।

Appearance, n. চেহেৰা (2) বৰণ (3) উপস্থিতি act of appearing.

Appease, v. শান্ত কৰা (2) দাবি কৰা বস্তু দি সান্ত্বনা কৰা।

Apellant, n. গোহাৰি কৰোঁতা, আপিল কৰোঁতা (2) দয়া মাগোতা।

Append, v. এটা বস্তুত আন এটা আৰি থোৱা। n. appendage,

Appendix, n. পৰিশিষ্ট, সামৰণি। pl. appendixes, appendices

Appetite, n. ভোক বা পিয়াহৰ অনুভৱ (2) ভোক, (3) Fig: ইচ্ছা বা অনুৰাগ।

Followed by 'for'

Applaud, v. চাপৰি বজাই প্ৰশংসা কৰা (2) চিঞৰি প্ৰশংসা কৰা।

Applause, n. প্ৰসংশা, শলাগ।

Apple, n. আতলচ্ কঠাঁল।

Apply, v. দৰ্খাস্ত কৰা (2) ব্যৱহাৰ কৰা (3) অনুৰোধ কৰা। adj. applicable,

Application, n. দৰ্খাস্ত, (2) ব্যৱহাৰ। Followed by 'to', 'for'

Appoint, v. নিযুক্ত কৰা, কামত লগোৱা (2) ঠিক কৰা। n. appointment,

Apportion, v. অংশ দিয়া (2) ভাগ দিয়া। n. apportionment,

Apposit, adj. যুগুত, উচিত। n, appositeness.

Apposition, n. এক কাৰক।

Appraise, *v.* দাম বা মূল্য ঠিক কৰা।

Appreciate, *v.* গুণ স্থিৰ কৰা (2) মূল্য নির্ণয় কৰা।
n. appreciation,

Apprehend, *v.* অনুভব কৰা, (2) ভাৱত বুজা (3) ভয় কৰা। *adj*. apprehensible.

Apprentice, *n.* যি শিকিবলৈ কাম কৰে। *v.* apprentise.

Apprise, *v.* জাননী দিয়া, (2) খবৰ দিয়া।

Approach, *v.* ওচৰ চপা, (2) একে হোৱা (3) আগবঢ়া।
adj, approachable,

Appropriate, *v.* অধিকাৰ থকা কাৰণে ব্যৱহাৰ কৰা
(2) নিজ কামত নিযুক্ত কৰা
(3) শুদ্ধকৈ ব্যৱহাৰ কৰা।

Appropriate, *adj*. উপযুক্ত, নিয়মিত *e. g*. appropriate preposition,
n. appropriateness,

Approve, *v.* প্ৰশংসা কৰা (2) অনুমোদন কৰা· (3) শলগা, ভাল বোলা (4) সন্মতি দিয়া।
n. approval, approbation.

Approximate, *v. adj*. ওচৰলৈ অনা *(2)* ওচৰা ওচৰি *e. g*. appoximate value.
n. approximination.

Apricot, *n.* খোবানী, এবিধ সুমিষ্ট ফল।

April, *n.* এপ্ৰেল। ইংৰাজি বছৰৰ চতুর্থ মাহ।

Apropos, *adj*. সুবিধা, 2) যুক্তি সঙ্গত।

Apt, *adj*. উপযুক্ত (2) সাজু।
n. aptness, aptitude.

Apterous, *adj*. পাখিহীন, পাখি নাইকিয়া, without wings.

Apyrexia, *n.* জ্বৰত জ্বৰ নথকা সময়।

Aquarius, *n.* কুম্ভৰাশি।

Aquatic, *adj.* জলচৰ।

Aqueous, *adj*. পানী সম্বন্ধীয়, (2) পানীময়, পনীয়া।

Arab, *n.* আৰব বাসী।

Arabic, *n.* আৰব ভাষা।

Arable, *adj.* কোৰিবৰ যোগ্য।

Arbiter, *n.* যাক কোনো দলে তর্কবিতর্ক স্থিৰ কৰিবলৈ বাচি লয় (2) অসীম ক্ষমতাবান বিচাৰ কৰ্ত্তা।
Fem. arbitress.

Arbitrator, *u.* চালিচ কৰা মানুহ।
Fem, arbitratrix

Arbitrary, *adj*. নিয়মৰ অনধীন (2) অসীম (3) অনিশ্চয়।

Arbour, *n.* কুঞ্জবন।

Arc, *n.* বৃত্তাংশ, বৃত্তৰ কোনো এক অংশ।

Arcanum, *n.* গোপন (2) mystery

Arch, *n.* ধোৰ, মেচ (2) চালাক।

Archaeology, *n.* পৌৰানিক বিদ্যা, আচাৰ ব্যৱহাৰ আদিৰ জ্ঞান।

Archangel, *n.* ঈশ্বৰৰ প্ৰধান দূত।

Archbishop, *n.* খৃষ্টিয়ান আচাৰ্য্য, যাৰ 'বিচপ' বিলাকৰ ওপৰত হাত আছে।

Archduke, *n.* অষ্ট্ৰেলিয়া দেশৰ ৰাজকোঁৱৰৰ উপাধি।
Fem. archduchess

Archer, *n.* ধেনুপতীয়া।

Archimage, *n.* প্ৰধান বাজিবৰ।

Archipelago, *n.* দ্বৈপসাগৰ। সাগৰৰ যি অংশ কেত বিলাক দ্বীপপুঞ্জে পূৰ্ণ থাকে।

Architect, *n.* কাৰিকৰ (2) one who designs and plans buildings

Architecture, *n.* পকাঘৰ সজা বিদ্যা (2) structure, workmanship

Archon, *n.* এথেন্‌স্ বিলাকৰ প্ৰধান বিচাৰক।

Arctic, *adj* উত্তৰ ফলীয়া (2) সুমেৰু সম্বন্ধীয় বা তাৰ ওচৰৰ।

Arctic oacen=উত্তৰ মহাসাগৰ।

Ardency, *n.* উৎসাহ, কাম কৰিবলৈ সাহ দিয়াৰ কাৰ্য্য।

Ardent, *adj.* উৎসাহসিক (2) জ্বলন্ত। *n.* ardour

Arduous, *adj.* পৰিশ্ৰমী (2) শেষ কৰিবলৈ টান।

Are, *v.* হয়। ভূ ধাতুৰ বৰ্ত্তমান কালৰ প্ৰথম পুৰুষৰ বহুবচন।

Area, *n.* কালি, সীমা বন্ধা ঠাই।

Areca-nut-tree, *n.* তামোল গছ।

Areca-nut, *n.* গুৱা; তামোল গছৰ ফল, খাবৰ নিমিত্তে পান-চুন আদিৰে যুগুত কৰা তামোল।

Arefy, *v.* শুকুৱা। *n.* arefaction.

Areometer, *n.* যি যন্ত্ৰেৰে পানীৰ গধুৰ জোখে।

Argentine, *daj.* ৰূপৰ নিচিনা (2) চক্‌মকীয়া।

Argosy, *n.* বাণিজ্যৰ বোজাই জাহাজ।

Argue, *n.* তৰ্ক কৰা (2) বিচাৰ কৰা (3) তৰ্কৰে প্ৰমাণ কৰা। *n.* argument,
Followed by 'for', 'with',

Argumentation, *n.* বাদানুবাদ, তৰ্কবিতৰ্ক।

Argus, *n.* এটা চকু থকা কাল্পনিক প্ৰাণী (2) বৰ সতৰ্ক মানুহ।

Arid, *adj.* নীৰস, শুকান।

Arise, *v.* উঠা (2) দৃষ্টি গোচৰ হোৱা। P. T. arose, P. P. arisen.

Aristocracy, *n.* দেশৰ মানী মানুহ (2) সম্ৰান্ত দ্বাৰা শাসন।

Arm, *n.* বাহু, বাউসি, (2) গছৰ ডাল (3) অস্ত্ৰ।

Arm, *v,* অস্ত্ৰেৰে সাজু হোৱা (2 লোভ বা আন বেয়া বস্তুৰ বিপক্ষে সাজু হোৱা।
Followed by 'against' 'with',

Arithmetic, *n.* পাটীগণিত।

Armpit, *n.* কাষলতি, বাবিচনীৰ তলৰ খাল।

Armlet, *n.* কেয়ূৰ, বাহুৰ অলঙ্কাৰ।

Armour, *n,* কবচ, বৰ্ম্ম। আত্মা ৰক্ষাৰ নিমিত্তে যুদ্ধত পিন্ধা লোৱৰ পোষাক।

Armament, *n,* যুদ্ধলৈ সাজু থকা সৈন্য (2) যুদ্ধৰ বন্দুক, থাৰ ইত্যাদি। [সৈন্য।

Army *n,* ফৌজ, সৈন্যৰ দল, সেনা

Aromatise, *v,* সুগন্ধি কৰা।
adj. arometic

Arose, *v. vide* arise.

Around, *adv.* চাৰিও ফালে।

Arouse, *v.* জগোৱা (2) excite.

Arrack, *n.* নাৰিকল ও ধানৰ পৰা কৰা এবিধ মদ।

Arraign, *v.* দেখাদেখিকৈ অভিযোগ কৰা (2) আদালত আচামি উপস্থিত কৰা (3 জগৰীয়া কৰা।
n. arraignment.

Arrange, *v,* নিয়ম বা শ্ৰেণী অনুসাৰে থোৱা (2) বন্দবস্ত কৰা (3) সজোৱা।

Array, *v.* যুদ্ধ ক্ষেত্ৰত শ্ৰেণী অনুসাৰে সৈন্য সাৰি সাৰি কৰা (2) সজোৱা।

Arrest, *v.* আবদ্ধকৈ থোৱা (2) গ্ৰেপ্তাৰ কৰা।

Arrive, *v.* কোনো ঠাইত উপস্থিত হোৱা (2) কোনো সিদ্ধান্তত উপনীত হোৱা।
Followed by 'at'
n. arrival

Arrogate, *v.* অন্যায়কৈ বা ডাকোপ মাৰি দাবি কৰা।

Arrogance, arrogancy. *n.* গৰ্ব্ব, অহঙ্কাৰ, গপ।

Arrogant, *adj.* অভিমানী, গপাল।

Arrow, *n.* শৰ. বাণ. কাঁৰ।

Art, *v.* হয়। ভূ ধাতুৰ মধ্যম পুৰুষ একবচন।

Art, *n.* নিপুনতা (2) ধূৰ্ত্ততা (3) oppose to science (4) কৌশল।

Artful, *adj.* টেঙৰ, চতুৰ বুদ্ধিয়ক।

Artfulness *n.* টেঙৰালি, ধূৰ্ত্ততা।

Artifice, *n.* কৌশল।

Artificer. *n.* কাৰিকৰ (2) কৌশল বাহিৰ কৰোঁতা।

Artless, *adj.* কৌশল নাইকীয়া, অকৃত্ৰিম, হোজা।

Article, *n.* বস্তু (2) A, an, আৰু 'the' এই তিনটাক article বোলে।

Artificial, *adj*. শিল্পজাত, হাতেৰে সজা।

Artizan, *n*. কাৰিকৰ।

Arum, *n*. কচু।

Aryans, *n*. হিন্দুবিলাকৰ আদি পুৰুষ, (2) আৰ্য্য।

As, *adv*. সেই পৰিমাণে *e. g*. he is as brave as a lion (2) যেনে, যেনেকুৱা

As, *conj*. কাৰণ *e. g*. as rains has fallen, the air is cool.

Asbestos, *n*. এবিধ খনিজ বস্তু।

Ascend, *v*. ওপৰলৈ উঠা (2) ঘোঁৰাত উঠা (3) সিংহাসনত উঠা।

n. ascention.

Ascertain, *v*. ঠাৱৰা, স্থিৰ কৰা 2) নিশ্চিত কৰা।

Ascertained, *p. adj*. নিশ্চিত, অৱধাৰিত।

Ascetic, *n*. সন্যাসী, (2) বৈৰাগী।

Asclepias, *n*. উত্তৰ আমেৰিকাৰ এবিধ গছ।

Aseptic, *n*. not liable to decay or putrefaction

Ash, *n*. এবিধ লাগতীয়াল গছ।

Ashes, *n*. ছাই। জুইয়ে পুৰি গুড়ি কৰা বস্তু। This word is a true singular, but is now used as a plural.

shamed, *adj*. লজ্জিত।

Followed by 'of'.

Ashlar, *n*. পকাদেওালৰ মুখত লগোৱা এবিধ পৰিষ্কাৰ শিল।

Ashore, *adv*. সাগৰৰ দাতিত।

Aside, *adv*. একাষৰীয়াকৈ 2, গোপনে

Asinine, *adj*. গাধৰ নিচিনা

n. asinity.

Ask, *v*. সোধা (2) অনুৰোধ কৰা (3) প্ৰাৰ্থনা কৰা (4 অনুসন্ধান কৰা। Followed by 'of', 'for', 'from'.

Ascow, *adv*. বেকাকৈ (2) একাষৰীয়াকৈ।

Askance, *adv*. কেৰাহিকৈ, একেফলীয়াকৈ, একফলীয়াকৈ।

Ascant, *adj*. একলীয়া, একতীয়া।

Asleep, *adv*. নিদ্ৰিত (2) চিৰশয্যাত নিদ্ৰিত।

Aspect, *n*. আকৃতি (2) দৃষ্টি (3) চেহেৰা [মাহ।

Asperagus-bean, *n*. কতাই ডেবুৱা

Asperse, *v*. নিন্দা কৰা।

n. aspersion.

Asphalt, *n*. এবিধ কলা টান বস্তু।

Asphyscia, *n*. মূৰ্চ্ছা।

Aspire, *v*. আকাঙ্খা কৰা (2) আশা কৰা, *n*. aspiration.

Followed by 'to', 'after'

Ass, *n.* গাধ, গৰ্দ্দভ (2) Fig নিৰ্ব্বোধ মানুহ।

Assafoetida, *n.* হিং। এবিধ গন্ধ যুক্ত দৰবত ব্যৱহাৰ কৰা আঠা।

Assail, *v.* আক্ৰমণ কৰা। *n.* assailant.

Assassin, *n.* মনে মনে বা হঠাৎ আক্ৰমণ কৰি বধ কৰোঁতা। *v* assassinate.

Assassination, *n.* গোপনীয় হত্যা।

Assault, *n, v.* হঠাৎ আক্ৰমণ কৰা (2 মাৰপিট।

Assemble, *v.* গোট খোৱা, থুপ খোৱা 2) একেলগ কৰা।

Assemblage, *n.* থুপ, মুঠ।

Assembly, *n.* কোনো বিশেষ উদ্দেশ্যে গোট খোৱা সভা।

Assent, *v.* অন্তৰ মতত মত দিয়া (2) মান্তি হোৱা। Followed by 'to.'

Assert, *v.* নিশ্চয়কৈ কোৱা (2 দাবি কৰা। *n.* assertion.

Assess, *v.* খাজনা আদিৰ মোট ঠিক কৰা (2) কৰ বহুওৱা।

Asseverate, *v.* গম্ভীৰ ভাবে নিশ্চয়কৈ কোৱা *n.* asseveration

Assign, *v.* আৰোপন কৰা (2) নিযুক্ত কৰা (3) ঠিককৈ বাহিৰ কৰা। *n.* assignment

Assimilate, *v.* একে কৰা (2 একে কৰিবলৈ পৰিবৰ্ত্তন কৰা।

Assist, *v.* সহায় কৰা, সাহায্য কৰা। Followed by 'to' 'with.'

Assistant, *n.* ছুৱলীয়া, ঘাই গৰাকীৰ তলতীয়া।

Associate, *n.* লগৰীয়া, সঙ্গী।

Associate, *v.* লগলোৱা। Followed by 'with'

Assuage, *v.* কমোৱা 2 ঢিলা কৰা।

Assort, *v.* বেলেগ বেলেগ শ্ৰেণীত ভাগ কৰা (2) শ্ৰেণী অনুসাৰে থোৱা

Assume, *a.* লোৱা *e. g.* he assumed the air of an importance (2) ফাকতি কৰা। *n.* assumption

Assure, *v.* নিশ্চিত কৰা (2) নিশ্চয়কৈ কোৱা। *n.* assurance

Aster, *n.* এবিধ ফুলৰ গছ।

Asterisk, *n.* (*) বন্ধনীৰ ভিতৰত দিয়া চিনটো।

Asteroid, *n.* উপগ্ৰহ।

Astonish, *v.* আচৰিত হোৱা, বিস্ময় হোৱা, তধালগা *n.* astonishment. Followed by 'at.'

Astoud, *v.* আশ্চৰ্য্যত ভেবা লাগি থকা

Asthma, *n.* হাঁই-কাই, উদ্‌কাই।

Astral, *adj.* তৰা সমন্ধীয়।

Astriction, *n.* সংযোগ।

Astringent, *adj.* কেহা।

Astray, *adv.* অপথে, অবাটে।

Astrology, *n.* জ্যোতিষ। গ্ৰহ নক্ষত্ৰৰ গতি অনুসৰি মানুহৰ শুভাশুভ গণিবলৈ শিকোৱা পুথি।

Astro'oger, *n.* জ্যোতিষীয়া, তিথিকৰ।

Astrotatry, *n.* তৰা পূজা।

Astronomy, *n.* জ্যোতিষ। গ্ৰহ নক্ষেত্ৰৰ গতি প্ৰকৃতি বুজোৱা পুথি।

Astronomer, *n.* জ্যোতিষীয়া।

Astate, *adj.* টেঙৰ, চালাক।

Asylum, *n.* আশ্ৰয়স্থান।

Asynlatic, *adj.* ব্যাকৰণ নিষিদ্ধ; অনিয়মিক।

At, *prep.* কোনো ঠাইত থকা বুজাই (2) নিযুক্ত বুজাই *e. g.* he is at play (3) পৰিমাণ বা জোখ বুজাই।

Ate, *v. vide* eat

Athanasia, *n.* অমৰণ।

Atheism, *n.* ঈশ্বৰ আছে বুলি অবিশ্বাস। নাস্তিকতা।

Athirst, *adj.* বৰ ইচ্ছুক।

Atimy, *n.* মান হানি।

Atlas, *n.* ভূচিত্ৰ।

Atmometer, *n.* যি যন্ত্ৰেৰে বাষ্পৰ গতি জোখে।

Atmosphere, *n.* বায়ুমণ্ডল।

Atom, *n.* পৰমাণু। কোনো বস্তুৰ সকতকৈও সৰু অংশ।
adj. atomic

Atone, *v.* প্ৰায়শ্চিত হোৱা (2) ক্ষতি পুৰন কৰা। *n.* atonement

Atop, *adv.* আগত, ওপৰৰ ভাগত।

Atrocious, *adj.* বৰ নিষ্ঠুৰ (2) বৰ দুষ্ট।

Attach, *v.* আসক্ত থকা (2) লাগি থকা (3) লগোৱা (4) জোৰা দিয়া।
Followed by 'to'

Attachment, *n.* আসক্তি, অনুৰাগ, ৰতি।

Attain, *v.* উপাৰ্জ্জন কৰা (2) চেষ্টা কৰি লাভ কৰা 3) পোৱা।

Attar, *n.* আতৰ। এবিধ ফুলৰ পৰা টানি উলিওৱা সুগন্ধি বস্তু।

Attempt, *v.* চেষ্টা কৰা (2) কোনো বস্তু পাবলৈ চেষ্টা কৰা।

Attend, *v.* উপস্থিত হোৱা (2) মনোযোগ দি শুনা (3) আলপৈচান ধৰা।
Followed by, 'on', 'to'
n. attendance.

Attendant, *n.* লগুৱা। কোনো ভদ্ৰলোকৰ আলপৈচান ধৰা ভৃত্য।

Attention, *n.* মনোযোগ দিয়া কাৰ্য্য (2) অৱধান, মনোযোগ (3) ভদ্ৰতা।
adj. attentive

Attenuate, *v.* পাতল কৰা।
n. attenuation

Attest, *v.* সাক্ষী দিয়া (2) শপত খাই দৃঢ় কৰা। *n.* attestation

Attire, *n.* সাজ, পোষাক (2) কোনো কাপোৰ।

Attitude, *n.* অঙ্গ ভঙ্গি, অঙ্গচালনা।

Attorney, *n.* আইন অনুসাৰে আদালতত মোকৰ্দ্দমা চলাবলৈ নিযুক্ত কৰা মানুহ

Attract, *v.* আকৰ্ষণ কৰা (2) লোভ কৰা। [ভন।

Attraction, *n.* আকৰ্ষণ (2) প্ৰলো- Followed by 'to', 'tawards.'

Attribute, *n. v.* গুন (2) আৰোপন কৰা। Followed by 'to'

Attune, *v.* উপযুক্তকৈ ৰখা (2) একে মাত কৰা।

Aubade, *n.* সূৰ্য্য উদয়ৰ গান।

Auberge, *n.* বাটৰুৱা থকা ঘৰ।

Auburn, *n.* ইটাগুৰীয়া ৰঙ্গা।

Auction, *n.* নিলাম।

Auctioneer, *n.* নিলাম কৰোতা।

Auctorial, *adj.* গ্ৰন্থকাৰ সমন্ধীয়।

Audacious, *adj.* সাহসিক।

Audible, *adj.* শুনিব পৰা।

Audibly, *adv.* শুনিব পৰাকৈ (2) ফুটাই।

Audimeter, *n.* শুনা ক্ষমতা জোখা এবিধ যন্ত্ৰ।

Audithrone, *n.* শুনিবলৈ সহায় কাৰী যন্ত্ৰ।

Audit, *n.* হিসাপ পত্ৰৰ পৰীক্ষা (2) হিসাপৰ ব্যবস্থা।

Augean, *adj.* মৰলা (2 টান।

Auger, *n.* পাকভোঁহৰ। পকাই ফুতা কৰা এবিধ বিন্ধনা।

Aught, *n.* কোনো প্ৰানী বা বস্তু।

Augment, *v.* বঢ়োৱা (2) দাঙ্গৰ কৰা।

Augur, *n.* ৰোমামবিলাকৰ ভিতৰত চৰাই বিলাকৰ চিঞৰ আৰু উৰনি দেখি যি ভৱিষ্যতৰ কথা ক'ব পাৰে। ভবিষ্যৎবক্তা।

August, *n.* ইংৰাজি মাহৰ অষ্টম মাহ অৰ্থাৎ আগষ্ট মাহ।

Aunt, *n.* খুড়ী (2) পেহী (3) মাই (4) জেঠাই (5 মাহী।

Aural, *adj.* কাণ সমন্ধীয়।

Auricle, *n.* কাণৰ বাহিৰৰ অংশ (2) বুকৰ ভিতৰত থকা গাঁত, য'লৈ ঘাই শিৰৰ পৰা তেজ আহে।

Auriform, *adj.* কাণৰ নিচিনা।

Auris, *n.* যি কাণৰ চিকিৎসাত নিপুণ।

Auscultation, *n.* বুকু আৰু হাওঁফাওঁৰ অবস্থা পৰীক্ষা কৰা বিদ্যা।

Aupice, *n.* চৰাই বিলাক দেখি ভবিষ্যতৰ কোনো বেয়া চিন।

Auspicious, *adj.* শুকপলীয়া (2) ভাগ্যবান্, (3) ভালচিন যুক্ত, শুভ।

Auster, *n.* পশ্চিম ফালৰ বতাহ।

Austral, *adj.* পশ্চিম-ফলীয়া।

Austerity, *n.* তপস্যা, তপ।

Authenticate, *v.* অকৃত্রিম বা যথার্থ বুলি প্রমাণ কৰা।
adj. authentical.

Author, *n.* কিতাপ লিখোঁতা।
Fem. authoress

Authorise, *v.* ক্ষমতা দিয়া (2) মঞ্জুৰ কৰা (3) অনুমতি দিয়া।

Authority, *n,* আইন অনুসাৰী ক্ষমতা (2) অনুমতি।

Autobiography, *n.* নিজে লিখা নিজৰ জীৱন চৰিত।

Autochthon, *n.* আদিম বাসী।

Autocrat, *n.* যি ৰজাই নিজ ইচ্ছাৰে শাসন কৰে। *n.* autocracy.

Autograph, *n.* নিজৰ হাতৰ লেখা (2) চহি।

Autumn, *n.* শৰৎকাল।

Autumnal, *adj.* শাৰদীয় ; শৰৎ ঋতুৰ, শৰৎকালত উৎপন্ন।

Avail, *v,* নিজে লাভ কৰা (2) সহায় কৰা (3) কোনো অভি-প্ৰায় সিদ্ধি হোৱা (4) পোৱা।
Followed by 'of'
adj, available.

Avalanche, *n.* বৰফৰ নৈ।

Avarice, *n.* লোভ, আকাঙ্খা।
n. avaricious.

4

Avariciousness, *n.* অক্রোহ, এৰিব নোৱাৰা আশা।

Avatar, *n.* অৱতাৰ।

Avenge, *v.* প্রতি শোধ লোৱা।
Followed by 'on'.
n. avengement.

Aver, *v.* সচা বুলি কোৱা, (2) নিশ্চয়কৈ কোৱা।

Average, *n.* সমলেখ, সমান গণনা।

Averse, *adj.* অনিচ্ছুক (2) ঘৃনণীয়। Followed by 'to.'

Aversion, *n.* ঘিণ, ঘৃণা।
Followed by 'to.'

Aviary, *n.* চৰাই থোৱা ঠাই।

Avernues, *n.* বাটবোৰ passages.

Avidity, *n.* ইচ্ছা, হেপাহ, লোভ।

Avoid, *v.* পলাবলৈ চেষ্টা কৰা, (2) এৰা।

Avouch, *v.* শপত খোৱা (2) আপিল কৰা (3) কোনো পক্ষলোৱা।

Avow, *v.* দেখা দেখিকৈ স্বীকাৰ কৰা (2) নিশ্চয়কৈ কোৱা।

Avancular, *adj.* দদাই বা মোমাই সমন্ধীয়।

Await, *v.* বাট চাই থকা।

Awake, *v.* জাগৰিত থকা, সাৰে থকা (2) সাৰ পোৱা, জাগ্রত হোৱা।
P. T., P. P. awoke, awaked.

Aware, *adj.* সতর্ক, সাৱধান।

Awe, *n.* সম্ভ্ৰম, ভয়।

Aweek, *adv.* সপ্তাহত (2) প্ৰত্যেক সপ্তাহত।

Awhile, *adv.* অলপ সময়ৰ নিমিত্তে।

Awk-ward, *adj.* কদাকাৰ, আপচু, আগচী।

Awl, *n.* সুতাৰি, shoemaker's tool for boring holes.

Awoke, *v. vide* awake.

Awry, *adv.* বেকাবেঁকিকৈ। (2) অন্যায়কৈ।

Axe, *n.* কুঠাৰ,।

Axiom, *n.* স্বতঃ সিদ্ধ। আপোনা আপুনি সপ্ৰমাণ হোৱা।

Axis, *n.* কক্ষ। পৃথিৱীয়ে সূৰ্য্যক যি বাটে প্ৰদক্ষিণ কৰে।

Axle, *n.* অক্ষ।

Aye, *adv.* সদায়, সৰ্ব্বদা, ওৰেও (2) 'হয়' বোলা, বাস্তৱিক।

Azoic, *adj.* প্ৰানহীন withoutlife.

Azure, *adj.* নীলবৰণীয়া, (2) ডাৱৰ নাইকীয়া।

B.

B, ইংৰাজি বৰ্ণমালাৰ দ্বিতীয় আখৰ।

Baa, *n.* ভেৰাৰ চিঞঁৰ।

Baa, *v.* ভেৰাৰ দৰে মতা।

Babble, *v.* চেল্‌চেলোৱা, চেল্‌বেলোৱা, কেপকেপোৱা, টপ্‌টপোৱা (2) গোপনীয়া কথা প্ৰকাশ কৰা।

Babbler, *n.* চেলেপু মানুহ, চেল্‌চেলীয়া লোক। অসাৰ কথা অধিক কৈ কওঁতা।

Babe, baby, *n.* কেঁচুৱা লৰা বা চোৱালী।

Baboo, *n.* বাবু। যেনেকৈ অসমীয়া ভদ্ৰলোকৰ নামৰ আগত 'শ্ৰীযুত' লেখে তেনেকৈ বঙ্গালী ভদ্ৰলোকৰ নামৰ আগত 'বাবু' লেখে।

Baboon, *n.* এবিধ ডাঙৰ জাতৰ বান্দৰ।

Bacchanalia, *n.* one who includged in drunken revels. (2) মদ দেৱতা পূজোতা। এই দেৱতাক অতি জঘন্য কামেৰে পূজা কৰা হয়

Bachelor, *n.* বৰলা। বিয়ানকৰোৱা মানুহ। *Fem.* maid, spinser.

Back, *n.* পিঠি, পাচফাল।

Back, *v.* পিঠিত উঠা (2) সহায় কৰা।

Back, *adv.* পুনৰ, আকৌ। *e. g.* come back.

Back-bite, *v.* লগোৱা-ভঙ্গোৱা। আগত নথকা মানুহৰ অহিতে কথা কোৱা (2) অনুপস্থিতত নিন্দা কৰা

Back-biter, *n.* টুটকীয়া, লগনীয়া মানুহ।

Back-bone, *n.* ৰাজহাৰ। পিঠিৰ থিয় ঘাইহাড়।

Backward, *adv.* পিচলৈ, তললৈ। *e. g.* backward in mathemetics.

Backer, *n.* যুঁজ, দন্দ, খেল আদিত সহায় কৰোঁতা।

Bacon, *n.* লোন সনা গাহৰিৰ শুকান মঙ্গহ।

Bad, *adj.* বেয়া, অহিতকৰ, অশুভ জনক। *com.* worse, *sup.* worst.

Bade, *v. vide* bid.

Badge, *n.* চিন্।

Badger, *n.* বেজাৰ। কুকুৰৰ নিচিনা এবিধ জন্তু।

Badinage, *n.* সামান্য ৰঙ্গিয়াল কথা।

Bael, *n.* বেল। এবিধ ফল।

Baffle, *v.* ব্যৰ্থ কৰা। *e. g.* desease baffled all the power of medicine.

Bag, *n.* থৈলা, মোনা, জোলোঙ্গা।

Baggage, *n.* সৈন্যৰ আৱশ্যকীয় বস্তু।

Bag-pipe, *n.* এবিধ বাদ্য, a musical wind instrument consisting of a leather bag filled with pipes.

Bail, *n.* জামিন হৈ কোনো আসামি মুক্ত কৰোঁতা (2) জামিনত দিয়া সম্পত্তি।

Bailor, *n.* গছাওঁতা। পাচে ওলটাই নিবৰ নিয়মেৰে আনৰ হাতত ধন বা বস্তু থওঁতা।

Bake, *v.* ৰ'দ বা জুইত দি শুকুৱা বা টান কৰা।

Baker, *n.* ৰুটিওৱালা।

Balance, *n.* তুলাচালনী। গধুৰতাৰ বেলেগ বেলেগ পৰিমাণ জোখা যতন (2) বাকী।

Balcony, *n.* বাৰাণ্ডা।

Bald, *adj.* টকলা, লঠৰামুৰা (2) অশোভিত। *n.* baldness.

Bald-headed, *adj.* টকলা মূৰা, লঠৰা মূৰা, টপা-মূৰা।

Balderdash, *n.* ইতৰ কথা।

Baldrick, *n.* টঙ্গালি।

Bale, *n.* বস্তা; *e. g.* bale on bale (2) ১০ ৰিম পৰিমাণ কাগজ

Ball, *n.* ঘুৰণীয়া বস্তু (2) 'বল' নামে এবিধ খেমালি কৰা ঘুৰণীয়া বস্তু 3) নাচৰ আমোদ।

Ballet, *n.* নাচ, নাচন্।

Balm, *n.* দৰব, ঔষধ।

Baloon, *n.* ঘুৰণীয়া বস্তু (2) বতাহতকৈ পাতল বস্তুৰে পূৰ্ণ ওপৰলৈ উৰিযোৱা এবিধ ঘুৰণীয়া বস্তু।

Balsam, *n.* ঔষধ দায়ক এবিধ গছ।

Bamboo, *n.* বাঁহ।

Bamboozle, *n.* প্ৰতাৰনা কৰা 2) বিবুদ্ধি কৰা।

Ban, *n.* শাও (2) প্ৰকাশ্য জাননী। *pl.* banns means proclamation of marr ge.

Banan' *n.* কলগছ ও ইয়াৰ ফল।

Ban' *n.* দল (2) যিহেৰে বন্ধা হয় (3) গাঁঠি।

Bandit *n.* চোৰ, ডকাইত। *pl.* banditti, bandits.

Bandoline, *n.* চুলি ঠিক হৈ থাকিবলৈ ব্যৱহাৰ কৰা এবিধ এঠা যুক্ত বস্তু।

Bandore, *n.* বাদ্যৰ টাৰ।

Bane *n.* ধ্বংশ (2) মৃত্যু (3) অহিত।

Bang, *v.* অকস্মাৎ চিঞৰি উঠা (2) মাৰকিল কৰা।

Bangle, *n.* বালা।

Banian, Banyan, *n.* বৰগছ।

Banish, *v.* নিৰ্ব্বাসন কৰা। বাস কৰা দেশৰ পৰা খেদোৱা বা আতৰোৱা। *n.* banishment.

Banjo, *n.* চেতাৰৰ নিচিনা এবিধ বাজনা।

Bank, *n.* বেঙ্ক। য'ত মানুহে ধন সুতলৈ জমা থয় (2) নৈৰ দাঁতি, সাগৰৰ পাৰ।

Bankrupt, *n.* দেৱলীয়া

Banner, *n.* নিশান। কোনো বস্তুৰ চিন্ স্বৰূপ মুৰত এডোৰ কাপোৰ লগোৱা এদাল মাৰি।

Bannock, *n.* য-ধানৰ পৰা কৰা এবিধ ৰুটি।

Banns, *n.* বিবাহৰ ঘোষনা, *vide* ban. In thss sense this word has no singular.

Banquet, *n.* ভোজ।

Banter, *v.* বিশ্লেষ কৰা। কোনো লোকে কোৱা কথাৰ অন্য অৰ্থ কৰি উপহাস কৰা।

Baptise, *v.* খৃষ্টিয়ান কৰা।

Bar, *n.* ডাং, চালিমাৰি।

Baraguoin, *n.* মিহলি বা বুজিব নোৱাৰা ভাষা।

Barb, *n.* টাঁবত সংযুক্ত কাটা।

Barbarous, *adj.* অসভ্য, জংঘলী (2) নিষ্ঠুৰ।

Barbaric, *adj.* অসভ্য (2) বিদেশীয়।

Barbar, *n.* নাপিত।

Bard, *n.* কবি। পদ্য ৰচনা কাৰক।

Bare, *adj.* বিবস্ত্ৰ, নাঙ্গঠ (2) টকলা, হাবি বা বন আদি নথকা। Followed by 'of.'

Barely, *adv.* কাণে কাণ মাৰি, কানে কাণে, কথমপি।

Bargain, *n.* কিনা বেচা (2) লাভ (3) লাভ জনক বেপাৰ।

Barge, *n.* কেলিনাও।

Bark, *n*. গছৰ ছাল বা বাকলি (2) কুকুৰৰ ভুকনি (3) সৰু জাহাজ। *adj*. barky.

Barley, *n*. যৱ। এবিধ শস্য।

Barm, *n*. মদৰ ফেন্।

Barn, *n*. কেঁচুৰা লৰা বা ছোৱালী (2) শইচ থোৱা ঘৰ।

Barometer. *n*. বেৰোমিটাৰ। বতাহৰ চেপ জোখ এবিধ যন্ত্ৰ।

Baron *n*. বেৰণ ভাৰতবৰ্ষৰ জমা দাৰ বিলাকৰ নিচিনা ইংলণ্ডৰ এশ্ৰেণীৰ সম্ভ্ৰান্ত লোক। *Fem*. baroness

Barrack, *n*. সৈন্যৰ আশ্ৰম।

Barracoon, *n*. গোলাম থকা ঘৰ।

Barrator, *n*. মোকৰ্দ্দমাত উৎসাহকাৰী।

Barret, *n*. বন্দুকৰ নল (2) ৩২ বা ৩৬ গেলন পৰিমাণ ওজন।

Barren, *adj*. অসাৰ, সাৰ নথকা।

Barricade, *v*. বাধা কৰা (2) দুৰ্গ তৈয়াৰ কৰা।

Barrier, *n*. জেওৰা, টাপী (2) সীমা।

Barrister, *n*. বিলাতৰ উকীল। One who is qualified to plead at the English or Irish law Court.

Barrow, *n*. হাতেৰে চলোৱা এক চকাৰ গাড়ী।

Barter, *a*. সলনা-সলনি বেপাৰ।

Basalt, *n*. আগ্নেয় পৰ্ব্বতৰ পৰা ওলোৱা এবিধ শিল। *adj*. basaltic.

Base, *n*. ভিত্তি foundation.

Base, *adj*. অধম, নীচ (2) অকামিলা।

Bashaw, *n*. অহঙ্কাৰী লোক, গপাল মানুহ।

Bashful, *adj*. লাজুক, লাজকুৰীয়া, লজ্জাশীল *n*. bashfulness.

Basil, *n*. এবিধ সুগন্ধি লতা।

Basilicon, *n*. মলম।

Basalisk, *n*. এবিধ কাল্পনিক সুন্দৰ সাপ।

Basin, *n* পাত্ৰ (2) অববাহিকা। দুয়ো দাতিৰ যিমান খিনি ঠাইৰ পাণী নৈত পৰে।

Basis, *n*. মূল, আদি।

Bask, *v*. ৰ'দ লোৱা (2) ভাল অৱস্থাত থাকি উন্নতি কৰা।

Basket, খৰাহি। পানী ধূলি আদি সৰাকৰ পৰা বিষ্কাযুক্ত এবিধ বাহৰ কাঠৰ বা পিতলৰ পাত্ৰ।

Bast, *n*. নেমুটেঙাৰ ছাল।

Bastard, *n*. জহৰা, জাৰজ, বিয়া নকৰা স্বামীৰ পৰা হোৱা সন্তান।

Baste, *v*. অলপকৈ সিয়া (2) লাঠিৰে মৰা।

Bat, *n*. বাদুলী (2) ডথৰীয়া ইটা।

Batch, *n*. তৰপ, জাপ।

Bath, *n.* স্নান (2) গা-ধোৱা ঘৰ।

Bathe, *v.* গা-ধোৱা, গা তিতোৱা।

Bathometer, *n.* পানীৰ দ জোখা যন্ত্ৰ। [দল।

Battalion, *n.* পল্টন। (2) সৈন্যৰ

Batter, *v.* প্ৰহাৰ কৰা (2) অস্ত্ৰৰে আক্ৰমণ কৰা।

Battery, *n.* বেটেৰি (2) য'ত বন্দুক বিলাক সাজুকৈ থোৱা হয়।

Battle, *n.* যুদ্ধ, যুজ।

Battlement, *n.* প্ৰাচীৰ বা ওখ বিন্ধা থকা দেওৱাল।

Bawl, *v.* বৰকৈ চিঞৰা।

Bay, *n.* অখাত। যি উপসাগৰৰ মুখ বহল। *pl.* কুকুৰ আদিৰ চিঞৰ (2) জয়মালা।

Bay-leaf, *n.* তেজপাত।

Bayonet, *n.* চাঙিন্। হিলৈৰ মুৰত লগোৱা জোঙা অস্ত্ৰ।

Be, *n.* হোৱা, জীবিত থকা।

Beach, *n.* সাগৰৰ দাতি (2) ভাঙ্গন *adj.* beachy.

Beacon, *n.* কোনো বিপদৰ চিন্ স্বৰূপে ওখ ঠাইত ধৰা জুই (2) সাগৰ বা নৈৰ দাতিত থোৱা চিন বিলাক যি বিলাক চিনেৰে জাহাজৰ গতি স্থিৰ কৰিব পাৰি।

Bead, *n.* জপমালা (2) মণি।

Beadle, *n.* পঢ়াশালীৰ বা গিৰ্জ্জাৰ সাধাৰণ কৰ্মচাৰী।

Beagle, *n.* এবিধ চিকাৰী কুকুৰ (2) গোপনে অনুসন্ধান কৰোঁতা।

Beak, *n.* চৰাইৰ ঠোঁত (2) জোঙা বস্তু।

Beaker, *n.* পনীয়া বস্তু থোৱা পাত্ৰ (2) a glass vessel, marked for measuring liquids, with a beak or pointed mouth, used by chemists.

Beam, *n.* বৰগা, চ'টি (2) পোহৰৰ দীপ্তি।

Bean, *n.* উৰহি।

Bear, *n.* ভালুক। এবিধ বৰ নোমাল জন্তু।

Bear, *v.* উৎপন্ন কৰা (2) সহ কৰা (3) ধাৰণ কৰা। P. T. bore, P. P. borne, born.

Beard, *n.* দাড়ি (2) ছাগলি আদিৰ মুখৰ তলত থকা নোম খিনি।

Beast, *n.* পশু, চাৰি ঠেঙ্গীয়া জন্তু।

Beat, *v.* মৰা, প্ৰহাৰ কৰা, আঘাত কৰা (2) পৰাজয় কৰা।

P. T. beat, P. P. beaten beat.

Beatify, *n.* সুখি কৰা (2) স্বৰ্গবাসী কৰিব বুলি ঘোষনা কৰা।

adj. beatific.

Beatitune, *n.* স্বৰ্গসুখ (2) মুক্তি।

Beau, *n.* ফুলবাবু। *Fem.* belle. *pl.* beaux, beaus.

Beauty, *n.* সৌন্দৰ্য্য, কান্তি, শোভা।
Beautiful, *adj.* শুৱনী, গঢ়িত, সুন্দৰ, চিকণ।
Beautify, *v.* শুৱা, শোভিত কৰা।
Beaver, *n.* বিবৰ, এবিধ চাৰি ঠেঙ্গিয়া জন্তু (2) বিবৰৰ নোম।
Becalm, *v.* শান্ত কৰা, জুৰ কৰা (2) বতাহৰ অভাৱত জাহাজৰ গতি অৱৰোধ হোৱা।
Became, *v. vide* become.
Because, *conj* কাৰণ, যিহেতু।
Bechance, *v.* হঠাৎ কোনো ঘটনা ঘটা।
Beck, *n.* সঙ্কেত, ইঙ্গিত।
Beckon, *v.* সঙ্কেত কৰা।
Becloud, *v.* ডাৱৰ কৰা, মেঘৰ দ্বাৰা আকাশ আচ্ছাদিত হোৱা।
Become, *v.* হোৱা এটা অৱস্থাৰ পৰা আন এটা অৱস্থালৈ যোৱা
Bed, *n.* বিচনা, শয্যা (2) সাগৰ বা নৈৰ পানীৰ তলৰ মাটি।
Bed, *v.* বিচনাত থোৱা (2) একেলগে শয়ন কৰা।
Bed-stead, *n.* খাট, পালেঙ্গ।
Bed-bug, *n.* উৰহ। শয্যা, ধাৰি, পিৰা, পালেঙ্গ বা কাপোৰত থকা এবিধ দুৰ্গন্ধ পোক।
Bedevil, *v.* গোলমালত পৰা (2) পশুৰ নিচিনা ব্যৱহাৰ কৰা।
Bedim, *v.* এন্ধাৰ কৰা, ডাৱৰ কৰা।
Bedlam, *n.* হাই-উৰুমিৰে পৰিপূৰ্ণ ঠাই। [চাদৰ।
Bed-sheet, *n.* তলত পৰা, বিচনা
Bedouin, bednin, *n.* ঘৰগীন মগনীয়া। (2) যি লোক আৰবে অ'ত ত'ত থাকি দিন কটায়।
Bedust, *v.* ধুলিৰে ঢকা।
Bee; *n.* মৌ-মাখি।
Bees wax, *n.* মৌশিটা, মম।
Beech, *n.* এবিধ গছ।
Beef, *n.* গৰুৰ মঙ্গহ।
pl. beaves = বলদ গৰুবোৰ।
beefs = গোমাংস।
Beer, *n.* এবিধ মদ।
Beestings, *n.* ফেহু। ম'হ বা গৰু পোৱালি জগা মাত্ৰেই খিৰোৱা অলপ হালধীয়া ঘন গাখিৰ।
Beet, *n.* পালেঙ শাক।
Beetle, *n.* কাঠৰ হাতুৰি (2) এবিধ পোক।
Befall, *v.* ঘটনা ঘটা।
P. P. befell, P. P. befallen.
Befit, *v.* উপযুক্ত হোৱা।
Before, *prep.* আগত (2) উপস্থিত
Before, *adv.* আগফালে (2) ইয়াৰ আগেয়ে।
Befriend, *v.* অনুগ্ৰহ কৰা (2) বন্ধুৰ নিচিনা কাৰ্য্য কৰা।

Beg, মগা (2) প্ৰাৰ্থনা কৰা।
Followed by 'of' 'from.'

Began, *v. vide* begin.

Begger, *n.* মগনীয়া, মাগি খাওঁতা

Beget, *v.* জন্ম দিয়া (2) প্ৰসৱ কৰা (3) উৎপন্ন কৰা।

Begild, *v.* সোণৰ পাণী চৰোৱা।

Begin, আৰম্ভ কৰা (2) উৎপন্ন হোৱা
P. T. began, P. P. begun.

Beginning, *n.* আৰম্ভ (2) আৰম্ভৰ কাৰণ।

Beguil, *v.* প্ৰতাৰনা কৰা, ঠগা।
Followed by 'of.'

Begun, *v. vide* begin.

Behave, *v.* ব্যৱহাৰ কৰা, আচৰণ কৰা। *n.* behavior.

Behead, *v.* মূৰকটা।
n. beheading.

Beheld, *v. vide* behold.

Behest, *v.* আদেশ দিয়া।

Behind, *prep,* পাচফালত, সন্মুখৰ বিপৰীত ফালত।

Behoof, *n.* লাভ (2) সুবিধা।
Followed by 'to' 'on' 'for.'

Being, *pr. p.* হোৱাত। *e. g.* being a supirior officer he did so.

Being, *n.* জীৱিত প্ৰানী; জীৱ।

Behove, behoof, *v.* উপযুক্ত হোৱা, আৱশ্যক হোৱা।

Belabour, *v.* বৰকৈ ধেমালি. কৰা (2) বৰকৈ প্ৰহাৰ কৰা।

Belate, *v.* বেলি কৰা, পলম কৰা।

Belch, *v.* উগাৰ মৰা, (2) বেগেৰে ভিতৰৰ পৰা বাহিৰ কৰা।

Belfry, *n.* ঘণ্টা মৰা, কোঠা বা কুঠৰি।

Belial, *n.* ভূত, শয়তান।

Belie, *v.* মিচা বুলি প্ৰমাণ কৰা (2) মিচা বৰ্ণনা কৰা।

Belief, *n.* প্ৰত্যয়, পতিয়ন, বিশ্বাস (2) শ্ৰদ্ধা faith.

Believe, *v.* সচাবুলি বিশ্বাস কৰা (2) ভৱা suppose
Followed by *'in.'*

Believed, *p. adj.* প্ৰতিয়মান, বিশ্বাসিত।

Believer, *n.* বিশ্বাস কৰোঁতা (2) খৃষ্ট ধৰ্ম্ম বিশ্বাসী।

Believable, *adj.* বিশ্বাসৰ যোগ্য।

Bell, *n.* ঘণ্টা (2) ঘণ্টাৰ নিচিনা কোনো বস্তু।

Belle, *n.* সুন্দৰী, ধুনীয়া তিৰোতা।
vide beau

Bellicose, *adj.* যুদ্ধ প্ৰিয়, warlike

Belligerent, *adj.* যুদ্ধত ৰত।

Belligerent, *n.* যি জাতি সদায় যুদ্ধত মগ্ন।

Bellow, *v.* গৰুৱে শব্দ কৰা।

Bellows, *n.* ভাতী, ভাঠি। ধাতুৰ কাম কাম কৰা শালৰ জুইত বতাহ লগোৱা এবিধ ছালৰ যতন। This word is true plural and has now no singalar form in use.

Belly, *n.* ওপৰ পেট (2) তিৰোতাৰ গর্ভ।

Belong. *v.* অধিকাৰত থকা (2) সম্পর্ক হোৱা Fllowed by 'to.'

Belonging, *n.* অধিকাৰ

Beloved, *adj.* বৰ চেনেহৰ, বৰ মৰমৰ।

Below, *prep.* তল।

e. g. he is below me in the class. *adv.* তলত।

Belt, *n.* কোমৰ বন্ধ। ককালত বন্ধা কাপোৰ বা চামৰা (2) নাইট (*knight*) ৰ চিন্ বিশেষ

Bemean, *v.* নীচ কৰা, অধম কৰা।

Bench, *n.* বেঞ্চ। এবিধ বহা আসন (2) বিচাৰালয়, *e.g.* honourary bench.

Bench, *v.* বেঞ্চেৰে শোভিত কৰা (2) বেঞ্চত বহা।

Bend, *v.* বেঁকা কৰা, বেঁকোৱা কৰা (2) গতি ওলটোৱা (৩ দমন কৰা।

P. T. and P. P. bent, bended.

Bent, *v.* vide bend, (2) *p. adj.* বেঁকা, আঁকোৰা।

Followed by 'on.'

Beneath, *prep.* তল।

e. g. he married beneath him.

Benediction. *v.* আশীর্বাদ। মঙ্গলৰ কথন। হিত কামনা (2) প্রার্থনা।

Benefaction, *n.* উপকাৰ (2) দান।

Benefactor, *n.* উপকাৰী।

Fem. benefactress.

Benefit, *n.* উপকাৰ (2) হিত (3) লাভ।

Beneficient, *adj.* দান শীল (2) দয়ালু (৩) হিতকৰা।

n. beneficience.

Beneficial, *adj.* হিত শুভ (2) গুণকাৰী ,উপকাৰী।

Benevolence, *n.* হিতৈষীতা (2) দানশীলতা (3) পৰোপকাৰিতা

adj. benevolent.

Bengoli, Bengolee, *n.* বঙ্গদেশৰ অধিবাসী (2) বঙ্গভাষা।

Benight, *v.* বিপদে বিবুদ্ধি কৰা (2) to involve in darkness.

Benign, *adj.* পৰম দয়ালু (2) উপকাৰী, হিতকৰ।

n. benignity.

Benison, *n.* ঈশ্বৰৰ আশীৰ্ব্বাদ।

Bent, *v.* vide bend,

Bent, *v.* বেঁকা অবস্থা।

Benumb, *v.* অজ্ঞান কৰা (2) অনুভব শক্তি হ্রাস কৰা।

Bequeath, *v.* আপোন ইচ্ছাৰে শোধায় দিয়া (2) ইতোৰ হাতৰ পৰা সিতোৰ হাত কৰা।

Followed by 'to'

Bequest, *n.* আপোন ইৰ্চ্ছাৰে অৰ্পনি (2) অৰ্পনি বা হস্তান্তৰ কৰা বস্তু।

Bereave, *v.* বিচ্ছেদ্ কৰা। (2) মৃত্যুত বন্ধুহানি হোৱা।

Bereavement, *n.* মৃত্যুত বন্ধুহানি, বিয়োগ (2) প্ৰিয়লোকৰ পৰা আতৰ হৈ থকা অবস্থা।

Bergamot, *n.* ইউডিকলন্ প্ৰভৃতি সুগন্ধি বস্তু তৈয়াৰ কৰা এবিধ গছ।

Berlin, *n.* এবিধ চাৰি চকাৰ গাড়ী।

Berry, *n.* জামুক। এবিধ খোৱা ফল।

Berth, *n.* শুৱৰ পেলোৱা ঠাই (2) জাহাজৰ কোঠাৰ ঠাই।

Beryl, *n.* পানা। এবিধ সেউজীয়া বাখৰ।

Bescreen, *v.* পৰ্দ্দা বা আঁৰ কাপোৰেৰে ঢকা (2) লুকোৱা।

Beseech, *v.* মিনতি কৰি প্ৰাৰ্থনা কৰা।

P. T. and P. P. besought.

Beset, *v.* বেৰি ধৰা (2) আক্ৰমন কৰা।

Followed by 'with'

Beside, *prep.* ওচৰত, দাতিত; কাষত।

e. g. he walked beside the river.

Besides, *prep.* তদুপৰি, তাতবাজে, তাৰ ওপৰেও।

e. g. besides Ram and Jadu, he has two boys at school.

Besiege, *v.* আক্ৰমন কৰা।

n. besieger.

Besmear, *v.* মলিৰে ঢকা (2) তেল ঘঁহা।

Besom, *n.* শোটা, বাঢ়নী।

Besot, *v.* বিবুদ্ধি কৰা।

Followed by 'with,'

Besought, *v.* *vide* beseech.

Bespangle, *v.* শোভিত কৰা।

Bespatter, *v.* পানী বা বোকাৰে গা মোহৰা।

Bespeak, *v.* যথা সময়ৰ আগেয়ে কোৱা (2) প্ৰকাশ কৰা।

P. T. bespoke, P. P. bespoken.

Besprinkle, *v.* চটীয়াই দিয়া।

Best, *adj.* উত্তম, শ্ৰেষ্ঠ, vide good.

Best, *n.* সাধ্যানুসাৰী চেষ্টা কৰা।

e. g. try your best.

Bestead, *v.* সহায় কৰা (2) লাভ

Bestir, *v.* উত্তেজিত কৰা, উদ্‌গাই দিয়া।

Bestow, *v.* দান কৰা (2) থাকিবলৈ সুবিধা কৰা।

Followed by 'on,' 'upon,'

Bestrew, *v.* ছটিওৱা to scalter.

Bestride, *v.* ভৰিমেলা।

P. T. bestride, bestrode,

P. P. bestrid, bestrden.

Bet, *n.* পণ, আৰি। হাৰিলে দিবলৈ প্ৰতিজ্ঞা কৰা ধন বা বস্তু।

Bet, *v.* আৰি মৰা, আৰি বন্ধা, ঘাটিলে কোনো বস্তু দিবলৈ নিয়ম কৰা।

Betake, *v,* আশ্ৰয় লোৱা (2) অৱলম্বন কৰা। P. T. betook, P P betaken.

Betel, *n.* গুৱা। চোকাৰি বা তামোল। পান-চুণ আদিৰে যুগুত কৰা তামোল।

Bethink, *v.* ভবা (2) মনত অনা।

P T and P P bethought,

Benumb, *v.* বোবা বা মাতিব নোৱাৰা কৰা (2) অকামিলা কৰা।

Betide, *v.* ঘটা (obsolete)

Betimes, *adv.* সোনকালে শীঘ্ৰে (2) যথা সময়ত, নিয়মিত সময়ত।

Betitle, *v.* উপাদ দিয়া।

Betoil, *v.* পৰিশ্ৰমত ক্লান্ত হোৱা।

Betook, *v.* *vide* betake

Betray, *v.* বিশ্বাসীক প্ৰতাৰনা কৰা (2) বিশ্বাসী কথা প্ৰকাশ কৰা (3) শত্ৰুৰ হস্তান্তৰ কৰা।

Followed by 'to', 'into'.

Betroth, *v.* বিয়া দিম বুলি কথা দিয়া (2) মৌখিক বিবাহেৰে সমন্ধ কৰা।

Better, *v.* উন্নতি কৰা, বৰ্ত্তমান অৱস্থাতকৈ ভাল কৰা।

Better, *adj.* দুটা বস্তু বা মানুহৰ ভিতৰত ভাল *vide* good.

Between, *prep.* এই শব্দই এডোখৰ ঠাইৰ মাজত (2) দুটা মানুহৰ ভিতৰত (3) দুটা উল্লিখিত সময়ৰ ভিতৰত ইত্যাদি অৰ্থ প্ৰকাশ কৰে।

Beverage, *n.* পনীয়া বস্তু (2) খাবলৈ ভাল লগা মদ (3) Apple অৰ মদ ও পানী।

Bevy, *n.* চৰাইৰ জাক (2) তিৰোতাৰ দল।

Bewail, *v.* শোক কৰা (2) চিঞৰি চিঞৰি কন্দা।

Beware, *v.* বিপদলৈ সন্দেহ হোৱা (2) সাৱধান লোৱা (3) to he on one's guard.

Followed by 'of'

Bewilder, *v.* সঠিক বাট ভুল কৰি অবাটে যোৱা (2) সঠিক বাট ভুল কৰি বাট হেৰুৱা। *n.* bewilderment.

Bewitch, *v*. মোহ কৰা (2) ভ্ৰান্তিত পেলোৱা। *n*. bewitchment,

Bewray, *v*. গুপ্ত কথা প্ৰকাশ কৰা।

Beyond, *prep*. সিতো দাতিত *e. g*. beyond, that road (2) বাহিৰ *e. g*. beyond my power.

Bey, *n*. টুৰ্কবিলাকৰ নগৰৰ প্ৰধান শাসন কৰ্ত্তা।

Bezant, *n*. কন্‌ষ্টেন্‌তিনপোলত তৈয়াৰ কৰা এবিধ সোনৰ মোহৰ।

Bezel, *n*. আঙুথিৰ যি অংশত বাথৰ খজোৱা হয়।

Bias, *v*. এফালে ভিৰ্ দিয়া (2) বিচাৰৰ পুৰ্ব্বে নিৰ্ণয় বা হস্তাগত কৰা।

Bias, *n*. আসক্তি, এফালে ভৰ।

Bib, *v*. পিয়া, পান কৰা।

Bib, *n*. কেঁচুৱা লৰাৰ বুকুত বন্ধা কাপোৰ বিশেষ।

Biber, bibber, *n*. মদপি।

Bibacious, *adj*. মদতঃআসক্ত।

Biblist, *n*. বাইবোল কিতাপত পাৰ্গত

Bibliography, *n*. কিতাপৰ ইতিহাস।

Bibulous, *adj*. পানী শোহা।

Bice *n*. অলপ নীল বৰণ, pale blue or green paint.

Bicker, *v*. হাই উকমি কৰা, দন্দ্ কৰা।

Bicycle, *n*. বাইচিকোল। ভৰিৰে চলোৱা এবিধ দুই চকাৰ গাড়ী।

Bid, *v*. হুকুম দিয়া (2) অনুৰোধ কৰা (3) লিলামত ডকা। P. T. bade, P. P. bidden, bid.

Bide, *v*. বাস কৰা (2) একে ঠাইতে বা একে অবস্থাতে থকা।

Bield, *n*. আশ্ৰয়।

Bidental, *adj*. বেৰীয়া দাঁত বিশিষ্ট।

Biennial *adj* দুবছৰীয়া।

Bier, *n*. মৰা শ নিয়া কাঠৰ গাড়ী।

Biferous, *adj*. দ্বিফলা। বছেৰেকত দুবাৰ গুটি দিয়া।

Befurcate, *adj*. দুভাগে বিভক্ত। *n*. befurcation.

Big, *adj*. ডাঙৰ (2) গৰ্ভৱতী (3) অহঙ্কাৰী। *n*. bigness.

Big-bellied, *adj*. ঢোৰোহা পেটা ডাঙৰ পেট-যুক্ত।

Bigamist, *n*. দুটা মতা বা দুজনী তিৰোতা ৰখা দোষ।

Bight, *n*. সৰু অখাত।

Biggen, *n*. লৰাৰ টুপি।

Bigot, *n*. কোনো বিষয়ত একান্ত মনে আসক্ত হোৱা। Followed by 'in'.

Bigoted, *p*. *adj*. একান্ত মনে আসক্ত। Fyllowed by 'in'. *n*. bigotry.

Bijou, *n*. দান (2) সৰু পেৰা।

Bike, *n*. contraction of bicycle.

Billerry, *n.* ক'লা জামুক।

Bilbo, *n.* তৰোৱাল। *pl.* bilboes.

Bile, *n.* পিত্ত। *adj.* bilious.

Bilge, *n.* পিপাৰ ওপ অংশ (2) পানীৰ ওপৰত থকা জাহাজৰ তল অংশ।

Bilge, *v.* জাহাজৰ তলি ফুটি পানী সোমোৱা

Bilingual, *adj.* দুই ভাষা বিশিষ্ট।

Bilk, *v.* প্ৰবঞ্চনা কৰা (2) ঠগা।

Bill, *n.* চৰাইৰ ঠোঁত (2) লণ্ডৰৰ আগলৈ (3) বিল e g বিল পোৱা নাই।

Billet, *n.* সেনা ক'ত থাকিব এই বিষয়ৰ আদেশ পত্ৰ।

Billlards, *n.* এবিধ মেজৰ ওপৰত খেলা ধেমালি। This word is true plural and has now no singular form in use.

Billingsgate, *n.* জঘন্য ভাষা।

Billion, *n.* নিখৰ্ব্ব, (১,০০০,০০০, ০০০,০০০)

Billow, *n.* দুৱাৰ গঁৱিলা, ডাঙৰ গঁৱিলা, ঢৌ। বতাহ বা সোঁতৰ বেগত ওখ হৈ উঠা পানী।

Bimensal, *adj.* দুমহীয়া, দুমাহত এবাৰ ঘটা।

Bind, *v.* বন্ধা (2) চাৰিও ফালে মেৰাই দিয়া (3) বাধ্য হোৱা (4) শপত বা অঙ্গিকাৰৰ দ্বাৰা কোনো কামত বাধ্য হোৱা। P. T. P. P. bound

Binnacle. *n.* জাহাজৰ যি পেৰাত দিক্‌নিৰ্ণয় যন্ত্ৰ থোৱা হয়।

Binocle, *n.* দুই চকুৰে চোৱা দুৰ-বীক্ষণ। *adj.* binocular.

Biography, *n.* আপোনা আপুনি লেখা জীৱন চৰিত।

Biology, *n.* জীৱন বিজ্ঞান scinee of life,

Biped, *n* দুঠেঙীয়া জন্তু।

Bipennate, *adj.* দুখন পাখি বিশিষ্ট

Bipennis, *n.* Amazon বাসী বিলাকে ব্যৱহাৰ কৰা এবিধ দুফলীয়া কুঠাৰ।

Bird, *n.* চৰাই।

Bireme, *n.* অতীজ কালত ব্যৱহাৰ কৰা দুফালে বোৱা এবিধ নাও।

Birth, *n.* জন্ম, বংশ (2) আদি e. g. low birth.

Biscuit, *n.* বিস্কুট। এবিধ ৰুটী (2) এবিধ মাটিৰ পাত্ৰ।

Bisect, *v.* সমানে দুভাগ কৰা। *n.* bisection.

Bishop, *n.* বিচপ। খৃষ্টিয়ান বিলাকৰ এবিধ ডাঙৰ ধৰ্ম্ম জাজক। *Fem.* bishopess.

Bismuth, *n.* শিল্প বিদ্যা ও দৰৱত ব্যৱহাৰ কৰা এবিধ বস্তু। [এবিধ জন্তু।

Bison, *n.* বাইচন। আমেৰিকাৰ

Bite, *n.* মুখৰ ভিতৰত থকা লেকামৰ লোৰৰ অংশটো (2) ডোপৰ, সৰু অংশ।

Bitch, *n.* মাইকী কুকুৰ, মাইকী শিয়াল। মাইকী কুকুৰ নেচিয়া বাঘ।

Bite, *v.* কামোৰ, কামোৰ মৰা, দংশন কৰা 2) প্ৰতাৰণা কৰা।

P. T. bit P. P. bit, bitten.

Biter, *n,* যি কামোৰে (2) বৰশীৰ টোপ খাব খোজা মাছ।

Bitter, *n.* তিতা গুণ যুক্ত বস্তু। তিতাগুণ।

Bitter, *adj.* তিক্ত, তিতা।

Bittern, *n.* বগলী জাতিৰ ষাঁৰ গৰুৰ মাতেৰে এবিধ চৰাই।

Bitumen, *n.* বিতিউমেন্। নেপথা, এন্‌ফালটম্, ইত্যাদি মিৰ্হলি এবিধ তেলযুক্ত বস্তু।

adj. bituminous.

Bivouac, *n.* যুদ্ধ কৰিবলৈ পথাৰত সৈন্যাৰ অৱস্থান (2) যুদ্ধৰ ঠাইৰ চকিদাৰ।

Bivouac, *v.* তম্বুৰ বাহিৰত কটোৱা

Bi-weekly, *adv.* সপ্তাহত দুবাৰ।

Bizarre, *adj.* অমিতব্যয়ী।

Blab, *v.* চেলচেলোৱা (2) গোপনে ৰাখিব লগীয়া কথা কোৱা।

Black, *adj.* ক'লা (2) অপৰিষ্কাৰ (3) বেয়া। *v.* blacken.

Black, *n.* ক'লা বৰণ।

Black *v.* ক'লা কৰা (2) অপৰিস্কাৰ কৰা।

Black-art, *n.* ভেলেকী, ইন্দ্ৰজাল এটা বস্তুত আন এটা বস্তু যেন দেখোৱা।

Black-berry, *n:* ক'লা জামুক।

Black-board, *n.* কাঠৰ ডাঙৰ ক'লা ফলি।

Black-death, *n.* চতুৰ্দ্দশ শতাব্দীত বিলাতত হোৱা প্লেগ বা মহামাৰী।

Black mail, *n.* আগেয়ে (formerly) ৰক্ষাৰ কাৰণে ডকাইতক দিয়া কৰ (2) অন্যায়কৈ লোৱা কৰ।

Black-smith, *n* কমাৰ।

Bladder, *n.* মুত্ৰাশয়। পেতত থকা মূতৰ জোলোঙা বা ভঁৰাল। (2) বায়ুপূৰ্ণ সৰু থৈলা।

Blade, *n.* গছৰ পাত (2) কটাৰি বা ছুৰিৰ কটা অংশটো (3) বথাৰ চেপেটা অংশটো।

Blain *n.* উতল, ওকন্দনি।

Blame, *v.* দোষ উলিওৱা (2) নিন্দাকৰা।

Blamable, *adj.* নিন্দাৰ যোগ্য, দোষোপ যুক্ত।

Blame, *n,* দোষ (2) নিন্দা।

Blameworthy, *adj.* দুষ্য, নিন্দাৰ যোগ্য।

Blanch, *v.* বগা কৰা (2) বগা হোৱা।

Bland, *adj.* কোমল, মিহি, নম্র, ভদ্র।

Blandish, *v.* ভালৰি লগোৱা (2) দেখুৱাই আদৰ কৰা।
n. blandishment.

Blank, *adj.* শূন্য (2) আখৰহীন।

Blank, *n.* নেলেখা কাগজ (2) নম্বৰ নোহোৱা চিঠি খেলৰ টিকট

Blanket, *n.* কম্বল (2) ঘোৰাৰ গাত দিয়া ঢাকোন।

Blare, *v.* গৰ্জ্জন কৰা (2) বৰকৈ চিঞৰা।

Blare, *n.* চিঞৰ-বাখৰ।

Blaspheme, *v.* ঈশ্বৰক নিন্দা কৰ (2) শাও দিয়া ও শপত খোৱা।
adj, blashph·mous.

Blast, *n.* বতাহৰ বেগ (2) বাদ্য যন্ত্ৰৰ শব্দ।

Blatter, *v.* কেপকেপোৱা, ভাল বেয়া নভ৷াকৈ কথা কোৱা।

Blaze, *n.* জুইৰ ফিৰিঙ্গতি (2) পোহৰ, দীপ্তি। [কৰা

Blaze, *v.* পোহৰ হোৱা (2) পোহৰ

Blazon, *v.* প্ৰকাশ কৰা।

Blazing, *p. adj.* জ্বলন্ত, জ্বলিত

Bleach, *v.* বগা কৰা (2) বগা হোৱা।

Bleak, *adj.* বৰণ বা ৰং নাইকিয়া।
n. bleackness.

Bleat, *n.* ভেৰাৰ চিঞৰ (2) ভেৰাৰ নিচিনা আনে কৰা চিঞৰ।

Bleat, *v.* ভেৰাই বে-বোৱা 2) ভেৰাৰ নিচিনাকৈ আনে চিঞৰা।

Bleed, *v.* তেজ ওলোৱা (2) হত হোৱা।

Blemish, *n.* ভৰ্ৎসনা (2) দোষ।

Blend, *v* মিহলোৱা, একেলগ কৰা (2) বিবুদ্ধি কৰা।

Bless, *v.* সুখী কৰা, আশীৰ্ব্বাদ কৰা মঙ্গল কামনা কৰা। P. T. and P. P. blest, blessed.

Blessed, *adj.* সুখী। *vide* bless Followed by with 'in.'

Blessedness, *n.* স্বৰ্গ সুখ (2) পবিত্ৰতা।

Blessing, *n.* আশিৰ্ব্বাদ, বৰ। মঙ্গল বা সুখৰ হেতু।

Blest, *v.* *vide* bless.

Blew, *v.* *vide* blow.

Blight, *n.* গছৰ বেমাৰ (2) যি সুখ বা আশা নষ্ট কৰে।

Blind, *adj.* অন্ধলা, গোটেই নেদেখা (2) বুজিব নোৱাৰা (3) গোপনীয়। Followee by 'of' 'to.'
n. blindness.

Blink, *v.* চকু মুদি চোৱা।

Bliss, *n.* সুখ (2) স্বৰ্গীয় আনন্দ।

Blister, *n.* টোৱা। বায়ুৰ দ্বাৰা ওফন্দি পানীৰ ওপৰত উঠা টোপোৰা

Blister, *v.* টো-বন্ধা। পানী জোলা হোৱা।

Blithe, *adj.* আনন্দিত, প্ৰফুল্ল।

Block, *n.* গধুৰ শিলৰ বা কাঠৰ টুকুৰা (2) বাধা।

Blockade, *v.* কোনো সহৰ, নগৰ, বা দুৰ্গ, সৈন্যৰে বা জাহাজেৰে বেঢ়ি ধৰা।

Block-head *n.* হতমূৰ্খ, মহামূৰ্খ।

Blonde, *n.* ধুনীয়া পুৰুষ বা তিৰোতা

Blood, *n.* শোনিত (2) তেজ (3) বংশ *e. g.* royal blood.

Bloody, *adj.* ৰক্তাসক্ত (2) তেজ-পূৰ্ণ (3) নিষ্ঠুৰ।

Bloom, *n.* ফুলিবলৈ ধৰা ফুলৰ কলি (2) ডেকা কালৰ আৰম্ভ।

Bloom, *v.* ফুল ফুলা (2) ডেকা কাল পোৱা।

Blossom, *v.* ফুল ফুলা।

Blossom, *n.* ফুলৰ কলি।

Blot. *n.* চেকা (2) কলঙ্ক।

Blot, *v.* চেকা বা দাগ লগা (2) মুচি পেলোৱা।

Blotting-paper=টোকনী-কাকত।

Blothch, *n.* বোবোলা। বৰলে খোৱাৰ দাচৰ নিচিনা চকলা।

Bletch, *n.* চকলা-চকল।

Blow, *v.* মুকুটি মৰা (2) বতাহ দিয়া। P. T. blew, P. P. blown.

Blow, *n.* মুকুটি। মুখত হাতৰ মুঠিৰে মৰা খুন্দা।

Blown, *n.* vide blew.

Blowze, *n.* ৰঙ্গা ওফোন্দা গালৰ তিৰোতা বা ছোৱালী।

Blubber, *n.* তিমি মাছৰ তেল।

Blubber, *v.* মুখ ওফোন্দোই কন্দা (2) সোৰসোৰোৱা, সক্ সক্ শব্দ কৰি কন্দা।

Blue, *n.* নীল বৰণ; নীল ৰং।

Blue, *adj.* নীল বৰনীয়া, নীলা।

Blunt, *v.* ভোতা কৰা, চেপেটা কৰা (2) দুৰ্ব্বল কৰা (3) মনৰ বুদ্ধি নষ্ট কৰা।

Blunt, *adj.* ভোতা, চেপেটা, ভোতোৰা (2) মোটা বুদ্ধি বিশিষ্ট।

Blur, *n.* চেকা, কলঙ্ক।

Blush' *n.* লাজত বা নম্ৰতাত ৰঙা, Followed by 'at' 'for.'

Blush, *v.* লাজ দেখোৱা।

Bluster, *v.* বতাহৰ নিচিনা হো হো কৰে শব্দ কৰা।

Bluster, *n.* বতাহৰ হো হোৱনি (2, বৰ কথা।

adj. blusterous.

Boa-constrictor, *n.* ঢেঁকী সাপ। এবিধ ঢেঁকীৰ নিচিনা দীঘল আৰু ডাঙ্গৰ সাপ।

Boar, *n.* বৰা, গাহৰি। *Fem.* sow.

Board, *n.* তক্তা (2) সভা (3) আহাৰ।

Board, *v.* তক্তাৰে ঢকা (2) জাহাজত সোমোৱা (3) ধন লৈ যথা বন্দবস্তত খাবলৈ দিয়া (4) ধন দি আনৰ ঘৰত খোৱা।

Boarder, *n.* যি ধন দি আনৰ ঘৰত খাই।

Boarding, *n.* ঢকাৰ কাৰ্য্য (2) ঢাকোন।

Boarding-house = বৰ্ডিং ঘৰ।

Boast, *v.* বৰ কথা কোৱা, ডাম্বোপ মৰা, মিচা অহঙ্কাৰ কৰা। Followed by 'of.'

Boast, *n.* ডাম্বোপ। আপোনাক বৰ দেখাবলৈ মিচাতে কোৱা কথা।

Boastful, *adj.* টায়া, বৰকথীয়া, গপাল। Followed by 'of.'

Boaster, *n.* ডাম্বোপ মৰা মানুহ, বৰকথীয়া মানুহ।

Boat, *n.* নাঁও, নৌকা।

Boat, *v.* নাঁওত উঠা (2) নাঁওত বস্তু নিয়া।

Boatman, *n.* নাৱৰীয়া, নাওবাওঁতা। *pl.* boatmen.

Bob, *v.* জোকৰা, লৰক্-ফৰক্ কৰা।

Bobbin, *n.* কাঠৰ ম'হৰুৱা বা টাকুৰী।

Bode, *v.* ভবিষ্যতৰ শুভাশুভ কোৱা বা জনা। *n.* bodement.

Bodkin, *n.* সৰু তৰোৱাল (2) বিন্ধনা (3) কাকৈ।

Body, *n.* শৰীৰ, কলেৱৰ (2) সেনাৰ দল (3) মানুহৰ জাক। *adj.* bodily, corporeal.

Bog, *n.* চিলা বা কোমল মাটি।

Bog, *v.* ডুবোৱা। *adj.* boggy.

Boggle, *v.* ভয়ত আগনবঢ়া (2) ভয়ত পিচ হুঁহকা।

Boggy, *adj.* দলাদোপা, দল-ডুপীয়া।

Boil, *n.* ফোহোৰা। গাত হোৱা বিষযুক্ত আৰু পক ধৰা টোপোৰা।

Boil, *v.* উতলোৱা, তাপ দি ওফন্দোৱা (2) পানীত সিজোৱা বা পাক কৰা।

Boiler, *n.* যি তপতাই (2) পানী তপতোৱা বা কোনো বস্তু সিজোৱা পাত্ৰ।

Boisterous, *adj.* কোৰ্হলীয়া, কোলাহল পূৰ্ণ, ডাঙৰ হাইযুক্ত। *n.* boisterousness.

Bold, *adj.* সাহসীক, সাহিয়াল। *n.* boldness.

Boldly, *adv.* হাঁফি, সাহসেৰে, ডাঠকৈ।

Bolster, *n.* দীঘলীয়া গাৰু (2) গাদি।

Bolt, *n.* লোৰৰ শলা (2) বজ্ৰ।

Bomb, *n.* দুৰ্গ ভঙ্গা খাৰ, বাৰুদ পূৰ্ণ গুলী।

Bombard, *v.* নগৰ বা দুৰ্গলৈ গুলী মৰা।

Bombast, *n.* কাপোৰ ওফন্দাবলৈ ব্যৱহাৰ কৰা এবিধ বস্তু।

(2) উচ্চ শব্দ। *adj.* bombastic

Bonafide, *adj.* যথাৰ্থ, আচল।

Bond, *n.* খত, দলিল (2) বান্ধ।

Bondage, *n.* দাসত্ব (2) বাধ্যতা

Bone, *n.* হাড়, অস্থি।

Bone, *v.* মঙহৰ ভিতৰৰ পৰা হাড় উলিওৱা। *adj.* bony.

Bonmot, *n.* ধেমালিত কোৱা কথা

Bonnet, *n.* তিৰোতাই মূৰত পিন্ধা বস্ত্ৰ।

Bonny, *adj.* সুন্দৰ, শুৱনি (2) আনন্দিত।

Bonus, *n.* নিয়মিত সুতৰে বাজে যি দিয়া হয় (2) ভেঁটি।

Booby, *n.* এবিধ চৰাই (2) মূৰ্খ মানুহ।

Book, *n.* কিতাপ (2) বহি।

Bookish, *adj* কিতাপ প্ৰিয়, কিতাপত আসক্ত।

n. bookishness.

Boom, *n.* জাহাজৰ গতি বাধা কৰিবলৈ নৈৰ ইপাৰৰ পৰা সিপাৰলৈ বন্ধা শিকলি।

Boon, *n.* বৰ। দেৱতা আদিয়ে বাঞ্চা সিদ্ধিৰ নিমিত্তে দিয়া আশীৰ্ব্বাদ (2) উপহাৰ, দান।

Boon, *adj.* আনন্দিত (2) আমোদ প্ৰিয়।

Boor, *n.* কৃষক, খেতিয়ক।

Boot, *n.* বুট জোতা (2) দোষী বিলাকক শাস্তি দিয়া এবিধ বিখ্যাত যন্ত্ৰ।

Booth, *n.* অলপ কালৰ নিমিত্তে কৰা চালি বা ঘৰ।

Border, *v.* আগবঢ়া (2) ওচৰ চপা (3) to adorn with a border.

Booty, *n.* বলেৰে বা লুট কৰি অনা বস্তু।

Bordeaux, *n.* Bordeaux নগৰত তৈয়াৰী মদ।

Border, *n.* কোনো বস্তুৰ দাঁতি, কাষ।

Boore, *v.* বিন্ধা কৰা (2) *vide* bear.

Bore, *n.* বিন্ধা, ফুটা।

Born, *p.* *vide* *bear* ; brougt into life.

Born is used only after the verb 'to be.'

e. g. he was born blind.

Borne, *p.* *vide* bear ; given birth to.

e. g. She has borne four children (2) carried, *e. g.* the load was borne on his shoulders.

Borough, *n.* যি বিলাক সহৰে ৰাজকীয় হুকুমত বিশেষ সুবিধা ভোগ কৰে (2) যি বিলাক সহৰে ইংলণ্ডৰ মহা সভা, পাৰ্লিমেণ্টলৈ, প্ৰতিনিধি পঠিয়াই।

Borrow, *v.* ধাৰ কৰা (2) আনৰ পৰা লোৱা। Followed by 'of,' 'from.'

Boscage, *n.* বননি, কুঞ্জবন।

Bosom, *n.* বুকু, হৃদয়।

Bo-tree, *n.* বট্ গছ।

Botany, *n.* উদ্ভিদ্ বিদ্যা।

Both, *adj.* দুয়ো; *e. g.* both hands

Both, *conj.* দুয়ো, উভয়; *e. g* Both, you and I saw him.

Bottle, *n.* বেটল, বটল।

Bottle-guard, *n.* লাও, জাতিলাউ।

Bottom, *n.* তল (2) চেপেটা বস্তুৰ ওপৰ বা তলৰ সমান ভাগ (3) তলৰ ভাগ।

Bough, *n.* গছৰ ডাল।

Bougie, *n.* an elastic instrument for removing the obstruction in the bladder.

Bought, *v.* vide buy.

Bought, *p. adj.* কিনিত।
Followed by 'of.'

Bounce, *v.* হঠাৎ জাপ্ মৰা (2) হঠাৎ ওলাই অহা।

Bound, *v.* vide bind,

Bounden, *p. adj.* কৰিব লগীয়া, *e. g.* bounden duty.

Boundless, *adj.* অপাৰ, অসীম, অন্ত নথকা।

Bountiful, *adj.* দানী।

Bouquet, *n.* ফুলৰ মালা (2) ফুলৰ চাকি।

Bow, *v.* চেলাম দিওতে বা প্ৰণাম কৰোতে গা বেঁকা কৰা (2) সেৱা কৰা (3) বশ্যতা স্বীকাৰ কৰা (4) ধেনু ভিৰিয়া কৰা।

Bow, *n.* ধেনু (2) সেৱা, প্ৰণাম (3) জাহাজৰ গুড়িটো।

Bowels, *n.* নাড়ী-ভূঁৰু (2) Fig, দয়া, মৰম। There are some words which are never used in the singular; 'bowels' one of them.

Bowl, *n.* মদখোৱা পাত্ৰ বিশেষ (2) ঘৰুৱা মাটিৰ পাত্ৰ (3) এবিধ মাটি সমান কৰা কাঠৰ ঘূৰণীয়া বস্তু।

Bowler, *n.* গেট-বল খেলোতে বল দিওঁতা।

Box, *n.* পেৰা, পেড়া। ধন বা বস্তু থোৱা কাঠৰ সন্দুক (2) কাণত বা মূৰত হাত মুঠি মাৰি মৰা আঘাত।

Boy, *n.* লৰা, মতা সন্তান।
Fem. girl.
adj. boyish.

Brace, *n.* যোৰ, *e. g.* four brace (not braces) of birds (2) that which holds anything tight

(3) *pl.* পট্লুং নখহিবলৈ ব্যৱহাৰ কৰা ফিতা আদি।

Boy-cott, *v.* বইকটকৰা। সামাজিক আৰু বানিজ্য বিষয়ৰ পৰা এৰি দিয়া

Bracelet, *n.* খাৰু। হাতত পিন্ধা অলঙ্কাৰ।

Bracket, *n.* বন্ধনী।

Brag, *v.* অহঙ্কাৰ কৰা, টাই কৰা, বৰ কথা কোৱা।

Brag, *n.* অহঙ্কাৰী কথা, বৰ কথা।
adj. braggard.

Brahman, *n.* বামুণ। 'ব্ৰহ্ম জানাতি ব্ৰাহ্মণঃ'।

Braid, *v.* গোঠা; দুদাল বা অধিক ৰচি একেলগে পকাই বন্ধা।

Brain, *n.* মস্তিষ্ক, মূৰৰ ঘিউ।

Brake, *n.* বননি (2) কোনো যানৰ গতি বন্ধ কৰা এবিধ যন্ত্ৰ।

Branch, *n.* ঠাল, গছৰ দাল (*2*) শাখা।

Brand, *n.* আধা পোড়া কাঠ (2) লো-তপতাই দিয়া চিন্।

Brandy, *n.* ব্ৰাণ্ডি, মদৰ পৰা তৈয়াৰ কৰা সুৰা।

Brass, *n.* পিতল, এবিধ ধাতু।
adj. brazen.

Brave, *adj.* সাহিয়াল, সাহসিক।
n. bravery.

Bravo, *int.* বেশ excellent.

Brawls, *n.* হাই-উৰুমি।

Brawling, *adj,* কেচ্-কেচীয়া। মনে মনে থাকিব নোৱাৰা।

Breach, *n.* লঙ্ঘন, ভঙ্গ (2) বিন্ধা।

Bread, *n.* ৰুটি (2) জীৱিকা।

Breadth, *n.* পথালি, বহল ফাল, পথালিৰ জোখ।

Break, *v* ভঙ্গা, লঙ্ঘন কৰা (2) বশীভূত কৰা।
P. T. broke, P. P. broken.

Breakage, *n.* ভাগন্ ফাটন্।

Breast, *n.* বুক্, বুকু, হৃদয়।

Breast-deep, *adj.* বুকুৱা।

Breath, *n,* নিশ্বাস (2) জীৱন।
v. breathe,

Breed. *v.* উৎপাদন কৰা (2) শিকোৱা

Breeze, *n.* মৃদু বতাহ। ৰিৱৰিৱ মৃদু আৰু শীতল হৈ চলা বতাহ।

Bribe, *n.* ভেঁটী। কোনো উপকাৰৰ আশাৰে মনে মনে দিয়া ধন বা বস্তু।

Bride, *n.* কইনা। বিয়া দিবৰ অলপ দিন হোৱা বা বিয়া দিবলৈ প্ৰস্তুত কৰা তিৰোতা।
mas. bridegroom.

Bridal, *n.* বিয়াৰ ভোজ।

Bridal, *adj.* বিয়া সমন্ধীয়।

Bridegroom, *n.* দৰা। বিয়া কৰিবলৈ প্ৰস্তুত হোৱা বা বিয়া কৰিবৰ অলপ দিন হোৱা পুৰুষ। *Fem.* bride.

Bridge, *n.* সাঁকো, দলং।

Bridle, *n.* লেকাম।

Brief, *n.* সংক্ষেপ, চুটি (2) অলপ কথাৰ বৰ্ণনা।

Brigade, *n.* সৈন্যৰ দল (2) একটা হৈ গোট খোৱা মানুহৰ দল।

Bright, *adj.* চক্‌মকীয়া, ধুনীয়া, ফৰকাল, উজ্জ্বল।

Brilliance, *n.* জল্ জলনি, জল্ মল, জিলিকনি, চক্‌মকনি।

Brilliant, *adj.* জ্যোতিৰ্ম্ময়, দীপ্তিমান

Brilliantly, *adv.* উজ্জ্বলৰূপে, ফট্ ফটিয়াকৈ।

Brim, *n.* নৈ বা সাগৰৰ দাঁতি।

Brimstone, *n.* গন্ধক।

Brine, *n.* লুনীয়া পানী, লোন-পানী, লৱণোদক।

Brinjail, *n.* বেঙ্গেনা। এবিধ খোৱা পাচলিৰ লগৰ ফল।

Bring, *v.* অনা (2) উৎপন্ন কৰা (3) সংঘটন কৰা। P. T., P. P. brought.

Brisk, *adj.* উৎসাহপূৰ্ণ (2) কাৰ্য্য-দক্ষ (3) তজ্‌বজীয়া।

Briskly, *adv.* লৰালৰিকৈ, বেগাই, ততালিকে।

Brittle, *adj.* ঠুনুকা, চন্‌চনীয়া।

n. brittleness. [লীয়া উচ্চাৰণ।

Broad, *adi,* বিশাল, বহল (2) দীঘ-
n. breath.

Brocade, *n.* সিঙ্খাপ।

Broil, *n.* খৰিয়াল, দন্দ, বাচ্যাবাচ্যি।

Broke, *v. vide* break.

Broker, *n.* যাক আনৰ সলনি কিনি-বলৈ আৰু বেচিবলৈ ৰখা হয় (2) যাক আনৰ সলনি কিনা আৰু বেচাৰ কাৰণ কমিচন দিয়া হয়।

ab. n. brokerage,

Bronze, *n.* তাম ও টিনৰ মিহলি ধাতু (2) ইয়াৰ ৰং।

Brooch, *n.* পোষাক টানি ৰখা এবিধ পিন।

Brood, *v.* উমোৱা (2) পাখিৰে ঢাকি ধৰা (3) একান্ত মনে চিন্তাত মগ্ন থকা।

Followed by 'on,' 'over.'

Brook, *v.* ভোগ কৰা (2) সহ্য কৰা।

Brook, *n.* সৰু নৈ।

Broom *n.* বাঢ়নী, মাৰ্জ্জনী।

Brothel, *n.* বেশ্যালয়, নটীশাল।

Brother, *n.* ভাই বা ককাই (2) একে একে জাতৰ, বা একে শ্ৰেনীৰ, বা একে আপিচত কাম কৰা মানুহ।

pl. brothers, brethren.

Brothers, *n.* একে মাক-বাপেকৰ লৰাবোৰ,

Brethren, *n.* একে খেল, একে আফিচ, বা একে জাতৰ মানুহ বিলাক।

adj. brotherly, fraternal,

Brought, *v.* *vide* bring,

Brow, *n.* কপাল (2) চেলাউৰি।

Brown, *adj* ইটা বৰনীয়া, মুগা বৰনীয়া।

Bruise, *n.* ক্ষুণ, ক্ষত, ঘুণ।

Bruise, *v.* থেঁতেলোৱা, থেতালোৱা, থেঁতেলা।

Brunt, *n.* আঘাট।

Brush *n.* বুকজ (2) সামান্য যুজ।

Brute, *n.* পশু (2) পশুৰ নিচিনা ভাব থকা মানুহ।

adj. brutal.

Bubble, *n.* পানীৰ বুৰ-বুৰনী, টোৱা, বায়ুৰ দ্বাৰা ওফন্দি পানীৰ ওপৰত উঠা টোপোৰা।

Buck, *n.* ভেৰাৰ বা আন পশুৰ মটা পোৱালি।

Bucket, *n.* বালটি (2) পানী তোলা বা পানী কঢ়িয়োৱা পাত্ৰ।

adj. bucketful.

Buckle, *n.* বকোল। পোষাক টানি ৰখা এবিধ ধাতুৰ বস্তু।

Buckle, *v.* বকোলৰে টানি ৰখা (2) যুদ্ধৈল সাজু হোৱা।

Buckler, *n* ঢাল।

Bucolic, *adj.* গাওঁ সম্বন্ধীয়।

Bud, *n.* ফুলৰ কলি। (2) Fig. আৰম্ভ।

Bud, *v.* ফুলৰ কলি ফুলা (2) কলিৰ দৰে ওলোৱা।

Budge, *n.* ভেৰা পোৱালীৰ নোম।

Budget, *n.* থৈলা (2) অহা বছৰৰ আয় ও ব্যয়ৰ হিছাপ।

Buff, *n.* ম'হৰ পৰিষ্কাৰ কৰা কোমল ছাল (2) হালধিয়া বৰণৰ কোনো বস্তু।

Buffalo, *n.* ম'হ। এবিধ চাৰি-ঠেঙীয়া শিঙাল জন্তু। *pl.* buffaloes.

Buffet, *n.* মুকুটি।

Buffoon, *n.* বহুৰূপী ভাৱৰীয়া।

Buffo, *n.* যাত্ৰাৰ সং।

Bug, *n.* উৰহ। বিচনা, চকি, ঢাৰি আদিত থকা এবিধ দুৰ্গন্ধ পোক।

Bugbear, *v*, ভুতৰ দৰে ভয় দেখোৱা।

Buggy, *n.* বাগী, যান। ঘোৰাৰ দ্বাৰা টনোৱা গাড়ী।

Bugle, *n.* পহুৰ সিং (2) বিউগল ; col. বিকুল।

Build, *v.* নিৰ্ম্মান কৰা, তৈয়াৰ কৰা, সজা। P. T. P. P. built.

Builder, *n* পকীঘৰ নিৰ্ম্মান কৰোঁতা।

Building, *n.* পকীঘৰ, পকাঘৰ।

Bull, *n.* কোনো বস্তুৰ মুল, *e. g.* the bull of thermometer.

Bulge, *n.* পিপাৰ ওথ ভৰৰ।

Bulge, *v.* জাহাজৰ তলি ফুটা (2) ওফোন্দা।

Bulk, *n.* আকৃতি (2) পকীঘৰৰ যি অংশ বাহিৰ হৈ ওলাই থাকে।

Bulky, *adj.* ডোঙোৰা (2) গা-শকত।

Bull, *n.* ষাঁৰ গৰু (2) বৃষৰাশি। *adj.* bullish, bull-like.

Bullet, *n.* গুলি, গুলী।

Bullock, *n.* দমৰা গৰু। *Fem.* heifer.

Bullion, *n.* ৰূপৰ বা সোনৰ থাল।

Bully, *v.* কথাৰে দমন কৰা (2) গালি পৰা।

Bul-work *n.* দুৰ্গ (2) আশ্ৰয় স্থান

Bumbailif, *n.* দেৱানি টেকেলা।

Bump, *v.* প্ৰহাৰ কৰা, ৰৰকৈ চিঞৰা।

Bumpkin, *n.* গাৱলীয়া মানুহ

Bunch, *n.* থোকা, থোক, কাঁশি *e. g.* a bunch of plantain.

Bundle, *n.* মুঠা *g. e.* bundle of sticks (2) টোপোলা, (3) আটি কৰা, আটি বন্ধা।

Bundle, *v* যুকিয়োৱা, যোকা বন্ধা।

Bung, *n.* দাঙ্গৰ কাঁক (2) মাতাল

Bunk, *n.* কাঠৰ আসন, যি আসনে দিনত বহা আৰু ৰাতি শোৱা কাম দিয়ে।

Bunkum, *n.* লোকক দেখোৱা বৰ্ত্তুতা।

Buoy, *n,* বই। নাৱৰীয়া বা আন কোনো পানীত পৰিলে, এই বস্তুৰ সাহায্যে, পানীৰ পৰা ৰক্ষা পাবৰ কাৰণ, পানীত ওপঙ্গা এবিধ বস্তু।

Buoyant, *adj.* সাহসিক, *e. g.* boyyant courage.

n. buoyance.

Burble, *n.* দিগ (2) বিশৃঙ্খল।

Bur, burr, *n.* ইটাৰ চুক কটা এবিধ বটালি।

Burden, *n.* ভাৰ, বোজা।

adj. burdensome, enerous.

Bureau, *n.* লিখা মেজ (2) যি ঘৰত বই মেজ থাকে (3) কাৰবাৰ চলোৱা আফিচ বা ঠাই।

pl. bureaux, bureaus.

Bnreaucracy, *n.* government by departments in which a graded series of officials controls every brance of public affairs.

Burgh, *n.* যি সহৰে পাৰ্লিমেণ্ট মহাসভালৈ প্ৰতিনিধি পঠায়।

Burgandy, *n.* বৰ্গেন্দী দেশত তৈয়াৰী মদ।

Burglar, *n.* চোৰ, দকাইত (2) সিন্ধি দি চুৰ কৰা চোৰ।

ab. n. burglary.

Burial, *n.* মৰা শ খৰি দিয়া বা কবৰ দিয়া কাৰ্য্য, *e. g.* burial of Sir John moore.

Burke, *v.* খুণ কৰা (2) নিশ্বাস বন্ধ কৰি বধ কৰা।

Burlesque, *v.* বহুৱা তোলা।

Burletta, *n.* যাত্ৰা।

Burly, *adj.* গা-শকৃত।

Burmese, *n.* ব্ৰহ্মদেশৰ অধিবাসী (2) ব্ৰহ্মদেশৰ ভাষা।

Burn, *v.* পোৰা, পোড়া (2) ঘৰ ভপত অনুভৱ কৰা।

P. T., P. P. burnt, burned.

Burning, *adj.* জলন্ত, নুমুমুৰা।

Burnish, *v.* বার্নিশ কৰা (2) ঘহি ঘহি মিহি কৰা।

Burrow, *n.* নাঙ্গল দ্বাৰা হোৱা গাঁত (2) কোনো পশুয়ে খন্দা খাল।

Burrow, *v.* গাত খন্দা (2) সৰু শহা পছয়ে খাল খন্দা।

Bursar, *n.* খাদাঞ্চি, যি টকা পইচা ৰাখে।

Burst, *v.* ডোখৰ ডোখৰ হৈ ভঙ্গ হোৱা (2) চিটাচিত্ হৈ ফটা।

P. T., P. P. burst.

Bury, *v.* মৰাশ পোতা বা কবৰ দিয়া (2) মাটিৰে ঢকা বা পুতি থোৱা।

Bush, *n*, জোপা, *e. g.* a bird in the hand is worth two in the bush.

Bushy, *adj.* ভোবোৰা, নোমাল (2) জুপুৰা।

Bushel, *n.* আঠ গেলন পৰিমান জোখ।

Business, *n.* কাম, বন (2) কাৰবাৰ (3) ব্যৱসায়, (4) ব্যাপাৰ।

Busk, *v.* সাজু হোৱা (2) নিজে কাপোৰ পিন্ধা।

Bust, *n.* বুকু ও মূৰ থকা মানুহৰ মূৰ্ত্তি (2) মানুহৰ ওপৰ ভাগ।

Bustle, *v.* মনত ৰঙ্গেৰে বন-বাৰি কৰি ফুৰা (2) *n.* কোলাহল হাই উকমি।

Busy, *adj.* ব্যস্ত (2) নিপুণ, কাৰ্য্য-দক্ষ (3) পৰিশ্ৰমী।

Followed by 'at' 'with.'

But, *prop.* ব্যাতীত, বাহিৰে (2) *adv.* কেৱল, অকল মাথোন (3) *conj.* কিন্তু on the other hand.

Butcher, *n.* কচাই; যি মঙ্গহ বেছি জীৱন ধাৰন কৰে।

Butler, *n.* ভোজন পাত্ৰ আৰু মদ্যাদি ঠিক কৰিবৰ কাৰনে নিযুক্ত কৰা চাকৰ।

Butter, *n.* মাখন। গাখিৰ মথি উলিওৱা এবিধ তেলেতীয়া বস্তু।

Butterman, *n.* মাখন আলা, মাখন-বেচোঁতা।

Fem. butter-woman, butter wife.

Buttery, *n.* মদ্যাদি থোৱা ভঁৰাল।

Buttom, *n.* গুদাম।

Buxom, *adj.* আনন্দিত, প্ৰফুল্ল (2) elastic.

Buy, *v* কিনা (2) লাভ কৰা।
P T. P. P. bought
Followed by 'of' 'from.'

Buzz *v.* ভুন্ ভুনোৱা, ভোমোৰা বা মাখিৰ দৰে ভুন্ ভুন্ শব্দ কৰা (2 , কাণে কাণে ফোঁ-সা কৰা।

Buzz, *n.* ভুন্ ভুননি। ভোমোৰা বা মাখিৰ দৰে ভুন্ ভুনোৱা শব্দ (2 কাণে কাণে কোৱা কথা।

By, *prep.* ওচৰত (2) দ্বাৰা (3) অনুসাৰে *e. g.* it is 3 O'clock by my watch (4) পৰিমাণ *e. g.* he sells nibs by dozens.

C

C, ইংৰাজি বৰ্ণ মালাৰ তৃতীয় আখৰ

Caaba, *n.* মক্কাৰ মন্দিৰ বিশেষ।

Cab, *n.* বাগি, বাগী। এটা ঘোৰাই টনা দুই বা চাৰি চকাৰ গাড়ী।

Cabby, *n* কোনো গোপনীয় মন্ত্ৰনাৰ মেল (2) ইংলণ্ডৰ বুৰঞ্জীত এই শব্দই দ্বিতীয় চাৰ্লচৰ বিখ্যাত সভাক বুজাই

Cabal, *v.* কোনো গোপনীয় উদ্দেশ্য দল বন্ধা।

Cabbage, *n.* বন্ধা কবিৰ (2 *v.* দৰ্জিয়ে গ্ৰাহকৰ পৰা কাপোৰ চুৰ কৰি থোৱা।

Cabin, *n.* কুঁৰি (2) জাহাজৰ কোঠা (3) জুপুৰী ঘৰ।

Cable, *n.* দীঘল আৰু ডাঙৰ ৰচি (2) জাহাজৰ লঙৰ বন্ধা জৰী (3) ৭২০ ফুট পৰিমাণ।

Caboose, *n.* জাহাজৰ ভাত ৰন্ধা ঠাই।

Cabriolet, *n.* বাগি, বাগী। এটা ঘোৰাৰ দ্বাৰা টনা দুই বা চাৰি চকাৰ গাড়ী।

Cache, *n.* লোৱা বস্তু লুকাই থোৱা গাঁত।

Cachectic, *adj.* বেমাৰী, ৰুগীয়া।

Cachet, *n.* বিখ্যাত মোহৰ।

Cachination, *n.* বৰ হাঁহি।
adj. cachinatory.

Cackle, *n.* কুকুৰাৰ মাত বা হাঁহৰ টেটঁ টেটনি

Cackle, *v.* কুকুৰাই বা হাঁহে টেট্-টেটোৱা।

Cackler, *n.* কথকি, চেলেপু, বাকপটু।

Cacodmon, *n.* ভূত।

Cacography, *n.* বেয়া লিখা বা বেয়া বানান। *adj.* cacographic.

Cad, *n.* সকমন (2) অসাধাৰন লোক।

Cadastral. *n.* কেদেষ্ট্রেল। এক প্ৰকাৰ মাটি জোখা নিয়ম।

Cadaverous, *adj.* মৃত্যুবৎ (2) গীয়া যেন।

Caddy, *n.* চাহ থোৱা পেৰা।

Cade, *n.* পিপা।

Cadence, *n.* চন্দ পতন (2) উচ্চাৰন।

Cadet, *n,* কনিষ্ঠ পুত্ৰ (2) যুদ্ধ বিদ্যা শিকা ছাত্ৰ (3) কনিষ্ঠ পৰিবাৰৰ কোনো ভাই ককাই।

Cadge, *v.* মাগি খোৱা।

Cage, *n.* ৰাইৰ সজা।

Caisson, *n.* খাৰ, বাৰুদ পূৰ্ণ লোৰৰ পেড়া (2) সাঁকো সাজোতে পানী পাত্ৰ বিশেষ।

Caitiff, *n.* সৰু মনৰ মানুহ, নীচ প্ৰকৃতিৰ লোক।

Cajole, *v.* খোচামোদ কৰি প্ৰতাৰণা কৰা।

Cake, *n.* পাউ ৰুটি।

Calamity, *n.* অকল্যান (2) বিপদ, দুস্তৰ।

adj. calamitous.

Calash, *n.* মেম বিলাক মুখ ধকা এবিধ ৰেচমৰ জাল।

Calcine, *v.* ভস্ম কৰা, জুইৰে পুৰি গুড়ি কৰা।

Calculate, *v.* গণনা কৰা (2) ভবা (3) হিছাব কৰা।

Followed by 'on.'

Calculation, *n.* গণনা কৰা বিদ্যা (2) হিছাব (3) নিৰূপণ।

Calculus, *n.* গণিতৰ এটা ওখ শাখা

Calculator, (3) *n.* গণনা বা হিচাব কৰোঁতা।

Calefy, *v.* তপত কৰা (2) তপত হোৱা।

Calefactory, *adj.* তপত।

n. calefaction

Calendar, *n.* দিন, মাহ, ঋতু আদিৰ পাঁজি (2) a list of document arranged chronologically with summaries of contents.

Calender, *n.* ধোবাই কাপোৰ ইস্ত্ৰি কৰা এবিধ যতন (2) এই যতন ব্যৱহাৰ কৰোঁতা।

Calends, *n.* ৰোমান বিলাকৰ মাহৰ প্ৰথম দিন।

Calenture, *n.* জ্বৰবিকাৰ।

Calf, *n.* গৰু পোৱালী (2) কিতাপ বান্ধিবলৈ ব্যৱহাৰ কৰা গৰু পোৱালীৰ ছাল (3) কলাফুল।

pl. calves.

Celibre, caliber, *n.* বন্দুকৰ নল (2) ধাৰণা শক্তি।

Calif, caliph, *n.* মুছলমান ধৰ্ম্ম প্ৰৱৰ্ত্তক মহম্মদৰ বংশধৰ।

Calk, *n.* নিপিচলিবলৈ ঘোৰাৰ নালত লগোৱা জোঙ্গা লো।

Call, *n.* চিঞৰ (2) সমন (3) নিমন্ত্ৰন (4) সাক্ষাৎ।

Caligraphy, *n.* ধুনীয়া লেখা (2) লেখাৰ ভাল ধৰণ।

Callisthenics, *n.* মন আৰু বল উন্নতিৰ ব্যায়াম।

Callous, *adj.* দগা।

Callow, *adj.* পাখিবে নথকা (2) উলঙ্গঠ (3) অশিক্ষিত।

Calm, *adj.* চিন্তাশূন্য, নিশ্চিন্ত (2) থিৰজুৰ, নিৰ্জুৰ।

Calm, *n.* বতাহ নথকা অৱস্থা (2) বিশ্ৰাম।

Calomel, *n.* দাক্তৰি দৰবত ব্যৱহাৰ হোৱা এবিধ বস্তু।

Caloric, *n.* উত্তাপ (2) উত্তাপৰ মূল।

Calotype, *n.* এবিধ ফটোগ্ৰাফ।

Caltrop *n.* শত্ৰুৰ আগমন অৱ-ৰোধ কৰা এবিধ যন্ত্ৰ বা অস্ত্ৰ।

Calumny, *n.* মিচা মোকৰ্দ্দমা।

Calvary, *n.* যি ঠাইত যিশুখৃষ্টক বধ কৰা হৈছিল।

Calve, *v.* পোৱালী প্ৰসৱ কৰা।

Calx, *n.* খড়ীমাটি।
pl. calxes, calces.

Cambist, *n.* যি সনদা সলনিত পাকৈত।

Cambrel, *n.* কচায়ে জন্তু আৰিখোৱা হাঁকোটা।

Came, *v. vide,* come.

Camel, *n.* উট। এবিধ জন্তু।

Cameleer, *n.* উট চলাওঁতা (2) উটৰ ওপৰত উঠোঁতা।

Camellia. *n.* চীন সাম্ৰাজ্য ও জাপান দেশত উৎপন্ন হোৱা এবিধ সুন্দৰ ও সুগন্ধি ফুল।

Cameo, *n.* যি শিলৰ ওপৰত নানাবিধ মূৰ্ত্তি অঁকা হয়।

Camp, *n.* য'ত সৈন্যবিলাকে তম্বু তৰে (2) সৈন্যৰ বাসস্থান (3) বাটকৰাৰ থকা ঠাই।

Campaign, *n.* বহল ডাঙৰ খোলা পথাৰ (2) যি সময়ত সৈন্য যুদ্ধ ক্ষেত্ৰত থাকে (3) যুদ্ধ।

Camphor, *n.* কাফুৰ, এবিধ ভাল গন্ধ যুক্ত বস্তু। [থকা।

Can, *v.* পৰা সক্ষম হোৱা (2) ক্ষমতা
P. T., P. P. could.

Can, *n.* পনীয়া বস্তু থোৱা পাত্ৰ (2) শাক পাচলী পোৱা পাত্ৰ।

Canal, *n.* ডাঙৰ খাল (2) নল।

Canary, *n.* কেনেৰী দেশত তৈয়াৰী সুমিষ্ট মদ (2) আমোদ জনক নাচ।

Cancel, *v.* ৰহিত কৰা, উঠাই পেলোৱা (2) to frastrate.

Candid, *adj.* হোজা, অকৃত্ৰিম (2) অপক্ষপাতী।

Candidate, *n.* পৰীক্ষা দিওঁতা (2) উমেদাৰ; কামলৈ প্ৰাৰ্থনা কৰোতা, দৰ্খাস্ত দি কাম পাবলৈ আশা কৰোতা।

Candle, *n.* মমবাতি। [নাম।
Candour, *n.* সৰল, অকৃত্রিম, খোলা,
Cane, *n.* বেত (2) ফুৰিবলৈ যাওতে লৈ ফুৰোৱা বেত বা লাঠি।
Canine, *adj.* কুকুৰৰ নিচিনা, কুকুৰ সম্বন্ধীয়।
Cansister, *n.* চাহ, বাৰুদ, খাৰ আদি থোৱা টিনৰ পেড়া।
Canker, *n.* ঘোঁৰাৰ ভৰিত হোৱা বেমাৰ (2) গছৰ বা মুখৰ বেমাৰ (3) যি বস্তুয়ে ক্ষয় কৰে।
adj. Cankerous.
Cannel, *n.* পাথুৰীয়া কয়লা।
Cannibal, *n.* মানুহ খাওঁতা।
Cannon, *n.* বৰতোপ, বড়তোপ।
There are some nouns which have the same form for the plural as for the singular, and cannon is one of them.
Cannot, *v.* নোৱাৰা, অক্ষম হোৱা, অপাৰগ হোৱা।
Canoe, *n.* নাও, চুঁচীয়া নাও।
Canon, *n.* ধৰ্ম্মসম্বন্ধীয় নিয়ম (2 সাধাৰণ বিধি (3) an ecclesiastical dignity (4) যি বিলাক ধৰ্ম্মিক সাধু মৰিছে সেই বিলাকৰ তালিকা।
Canonise, *v.* ধাৰ্ম্মিক সাধুবিলাকৰ নামৰ তালিকাত ধাৰ্ম্মিক সাধু বুলি নাম ভুক্ত কৰা।
Canophilist, *n.* কুকুৰ ভাল পাওতা।
Canopy, *n.* চন্দ্ৰতাপ।
Cant, *v.* চোৰৰ ভাষা ব্যৱহাৰ কৰা। আৰু ভূাঙ্গি কাৰ কথা কোৱা (2) অকস্মাৎ গোৰ মৰা (3) লিলামত বেচা।
Cant, *n.* লিলামত বিক্রি।
Can't, *v.* Colloqual contraction for 'cannot.'
Cantankerous, *adj.* আপচু।
Cantar, *n.* ১০০ পাউণ্ড পৰিমাণ ওজন।
Canteen, *n.* সৈন্যবিলাকে পানী থোৱা টিনৰ পাত্র (2) সৈন্যবিলাকে জলপান খোৱা বা জুৰ লোৱা ঘৰ।
Cantharus, *n.* দুহাতে ধৰি মদ খোৱা এবিধ পাত্র। *pl.* canthari.
Canticle, *n.* গান (2) গিৰ্জ্জাত গোৱা স্বৰ হীন গান বিশেষ।
Cantle, *n.* কোনো বস্তুৰ দাতি (2) মৰৰ আগ (3 জীনৰ ওখ ডোখৰ।
Canto, *n.* কবিতা বা গানৰ আধ্যা (2) গানৰ সুৰ।
Canton, *n.* মাটিৰ ভাগ বা অংশ, বিশেষতঃ ফ্রান্স আৰু সুইজাৰলণ্ডত যি বিলাক অংশ বেলেগ শাসনকৰ্ত্তাক শাসন কৰিবলৈ দিয়া হয়।
Cantonment, *n.* সৈন্য থকা ঠাই; সৈন্যৰ আড্ডা।

Cantry, *adj.* আনন্দিত।
n. cantreneess.

Canvas, *n.* কেনভাচ কাপোৰ (2) the sails of a ship.

Canvass. *n.* বিচাৰ কৰা (2) পৰীক্ষ (3) ভোট্‌ প্ৰাৰ্থনা কৰা।

Caouthouc. *n.* ভাৰতীয় ৰবৰ।

Cap, *n.* টুপি (2) দুহাতে ধৰি মদ খোৱা এবিধ কাঠৰ পাত্ৰ

Capable, *adj.* সক্ষম (2) উপযুক্ত (3) শিক্ষিত। Followed by 'of'
n. capability.

Capaciate, *v.* সক্ষম কৰা (2) শিক্ষিত কৰা।

Capacity, *n.* শক্তি. ক্ষমতা (2) মানসিক শক্তি (3) room, volume, Followed by 'for.'

Capapic, *n.* মূৰৰ পৰা ভৰিলৈকে।

Caparison, *n.* ঘোঁৰাৰ গাত দিয়া কাপোৰ (2) যুদ্ধত ঘোঁৰাৰ গাত দিয়া ৰংচঙীয়া কাপোৰ।

Cape, *n.* অন্তৰীপ, টেক।

Capalin, *n.* নিউফাউনলণ্ডৰ এবিধ মাছ।

Caper, *v.* ছাগলীৰ নিচিনাকৈ জপিওৱা (2) জপিয়াই নচা।

Capias, *n.* ওৱাৰণ্ট।

Capillary, *adj.* চুলিৰ নিচিনা শুৱনী (2) চুলিৰ নিচিনা সৰু বিন্ধাযুক্ত।

Capillary, *n.* বিন্ধা থকা নল।

Capital, *n.* পুঁজি, (বেপাৰৰ) মূলধন (2) ৰাজধানী, ৰাজপুৰি (3) প্ৰধান বা অতি আৱশ্যকীয় বস্তু।

Capital, *adj.* উত্তম (2) প্ৰধান (3) মূৰ সম্বন্ধীয়।

Capital punishment, প্ৰাণদণ্ড।

Capilation, *n.* মানুহৰ সংখ্যা (2) প্ৰত্যেক মানুহৰ ওপৰত ধাৰ্য্য কৰা কৰ (3) প্ৰত্যেক মানুহক পুৰস্কাৰ সৰূপে দিয়া ধন।

Capitale, *v.* শত্ৰুৰ হাতত নগৰ বা দুৰ্গ সমৰ্পণ কৰা (2) বশীভূত হোৱা (3) কোনো বন্দবস্ত এৰি দিয়া।

Caprice, *n.* কথাৰ ঠিক নথকা অবস্থা (2) মনৰ লৰচৰ।
adj. capricious.

Caprine, *adj.* ছাগলী সম্বন্ধীয়।

Capsize, *v.* লুটিয়াই পেলোৱা।

Capstand, *n.* লঙৰ তোলা যন্ত্ৰ।

Captain, *n.* জাহাজৰ অধ্যক্ষ (2) কোনো 'ক্লব' খেল আদিৰ অধ্যক্ষ (3) পঢ়াশালীৰ প্ৰধান লৰা।

Captivate, *v.* মনেৰে বশীভূত কৰা (2) মোহিত কৰা।

Captive, *n.* যুদ্ধৰ বন্দি (2) যি সৌন্দৰ্য্য বা প্ৰেমত মোহিত হয়।

Capture, *v.* যুদ্ধত বান্দিকৰা (2) লুট কৰা (3) বল বা বুদ্ধিৰে ধৰা।

Car, *n.* গাড়ী।

Caracole, *n.* অশ্বৰ বক্ৰগতি।

Carat, *n.* চাৰি বাতি পৰিমাণ ওজন।

Caravan, *n.* যাত্ৰিৰ দল (2) গাড়ী (3) চকাৰ ওপৰত থকা ঘৰ।

Caravansary; *n.* বাটকৰা থকা ঘৰ।

Carbine, *n.* এবিধ সৰু বন্দুক।

Carbon, *n.* কাৰবন।

Carbuncle, *n.* নাৰেঙ্গা।

Carcass, *n.* জন্তুৰ মৰা শ (2) ধ্বংশ।

Card, *n.* (2) উল আঁচোৰা কাকৈ।

Cardamon, *n.* ইলাচি।

Cardiac, *adj*. বুকু সমন্ধীয়।

Cardiac, *n.* বুকুৰ বেমাৰ।

Cardialgia, *n.* পেট বিষোৱা বেমাৰ।

Cardial, *adj*. মনোগত, বুকু সমন্ধীয়।

Care, *n.* যত্ন লোৱা (2) সতৰ্ক হোৱা, তত (2) চিন্তাৰ বিষয় (3) উৎকণ্ঠিত।

Care, *v.* যত্ন লোৱা (2) সতৰ্ক হোৱা, মনোযোগ দিয়া (3) উৎকণ্ঠিত হোৱা Followed by 'for.'

Careful, *adj*. মনোযোগী, ততোৱালী, সাৱধান (2) উৎকণ্ঠিত। Followed by 'of', 'about.' *n*, carefulness.

Careless, *adj*. অমনোযোগী (2) অসতৰ্ক, অসাৱধান, তত-নথকা (3) চিনাহান। *n.* carelessness.

Careen, *v.* মেৰামত কাৰবলৈ কোনো জাহাজ একতীয়া কৰা (2) একতীয়াকৈ জাহাজ চলোৱা।

Careenage, *n.* জাহাজ মেৰামত কৰা ঠাই (2) জাহাজ মেৰামতৰ খৰচ।

Career, *n.* সাধাৰণ জীৱন চৰিত (2 বেগাই যোৱাৰ কাৰ্য্য (3) দৌড়

Career, *v.* বেগাই যোৱা।

Caress, *v.* আদৰ কৰা (3) *n*, আদৰ।

Caret, *n.* (∧) মন্তনীৰ ভিতৰত দিয়া চিন্‌টো।

Cargo, *n.* জাহাজত বোজাই কৰা বেপাৰৰ বস্তু।

Caricature, *n.* হাঁহি তুলিবলৈ আঁকা চবি (2) হাঁহি তুলিবৰ উদ্দ্যেশে কোৰা বা লিখা বিবৰণ।

Carisa, *n.* কৰ্জা টেঙ্গা।

Carl, *n.* অসভ্য লোক (2) নীচ প্ৰকৃতিৰ মানুহ।

Carage, *n.* হত্যা, বধ।

Carnal, *adj*. flashy (2) ইন্দ্ৰিয় (3) sensual.

Carol, *n.* আনন্দ বা প্ৰশংসাৰ গান।

Carouse, *n.* উৎসৱ (2) আনন্দেৰে মদ পান। [খোৱা।

Carouse, *v.* হাই উকমিকৈ মদ

Carp, *v.* বিন্ধা বিচৰা (2) দোষ বিচৰা (3) বিনা কাৰণত দোষ দিয়া।

Carpenter, *n.* বাঢ়ৈ, কাঠৰ কাম কাজ কৰোঁতা।

Carpet, *n.* দলিচা (2) কাৰ্পেট্‌ কাপোৰ।

Carnage, *n.* বান (2) বহল কৰা কাৰ্য্য (3) ব্যৱহাৰ।

Carrion, *n.* গেলা মঙ্গহ।

Carranade, *n.* জাহাজৰ পৰা মৰা সৰু বড়তোপ।

Carrot, *n.* গাজৰ।

Carry, *v.* কঢ়িয়োৱা, বহন কৰা (2) স্থানান্তৰ কৰা (3) সম্পন্ন কৰা (4) লৈ যোৱা।

Carrier, *n.* বাহক, ভাড়ী।

Cart, *n.* গৰু গাড়ী। গৰুৰ দ্বাৰা টনোৱা গাড়ী।

Cartage, *n.* গাড়ীৰে বহন কৰা কাৰ্য্য (2) গাড়ীৰ ভাড়া।

Carte, *n.* হোটলত বস্তু খোৱাৰ বিল

Carter, *n.* গাৰোৱান বা গৰু গাড়ী চলাওঁতা।

Cartel, *n.* যুদ্ধত ধৰা বন্দিৰ সলনা সলনি বন্দবস্ত।

Cartinage, *n.* কোমল লেটেকা মঙ্গহ।

Cartidge, *n.* খাৰ গুলী থোৱা টোতা।

Carve, *v.* ডোখৰ ডোখৰকৈ কটা (2) মঙ্গহ কটা (3) ভাগ কৰি বটাই দিয়া (4) কাটি কোনো আকৃতি গঠন কৰা।

Carver, *n.* মূৰ্ত্তি গঢ়া খনিকৰ (2) মঙ্গহ কটা চুৰি।

Case, *n.* বস্তু থোৱা সজা (2) অৱস্থা (3) মোকৰ্দ্দমা (4, ঘটনা (5) কাৰক *e. g.* nominative case.

Cash, *n.* নগদ টকা।

Cash, *v.* নগদ টকালৈ সলোৱা *e. g.* cash the chaque.

Cashier, *n.* খাদাঞ্চী।

Cask, *n.* পিপা ; পানী থোৱা পাত্ৰ।

Casket, *n.* চবি, ফটো ইত্যাদি, থোৱা টেমা।

Cassock, *n.* খৃষ্টিয়ান বিলাকৰ পুৰোহিতে পিন্ধা কাপোৰ বিশেষ।

Cast, *v.* দলিয়াই পেলোৱা (2) ঠেলা মৰা (3) পোৱা *e. g* মাহ পোৱা (4) পৰাজয় কৰা (5) সজা।

Cast, *n.* দলিয়াই পেলোৱা কাৰ্য্য (2) দলিয়াই পেলোৱা বস্তু (3) সাঁচ (4) চকু দিয়াৰ কাৰ্য্য।

Caste, *n.* জাত, জাতি, কুল।

Castigate, *v.* সংশোধন কৰা (2) গুণাগুন বিচাৰ কৰা (3) দণ্ড দিয়া (4) তিৰস্কাৰ কৰা। *n.* castigation

Castigator, *n* তিৰস্কাৰ কৰোঁতা (2) দণ্ড দিওঁতা।

Castle, *n.* কিল্লা (2) পকী ৰাজ ঘৰ।

Castor, *n.* বিৱৰ এবিধ জন্তু।

Casual, *adj.* আকস্মিক, occasional or accidental,

Casuality, *n.* দুৰ্ঘটনা (2) হঠাৎ ঘটা ঘটনা।

Cat, *n.* মাৰ্জাৰ, মেকুৰী। *adj.* Feline

Cataclysm, *n.* জল প্ৰলয়।

Catalatic, *adj*. অসম্পূৰ্ণ।

Catalepsy, *n.* ৰোগ।

Catalogue, *n.* মুল্য নিৰূপণ তালিকা।

Catamenia, *n.* ঋতু, চুৱা।

Cataract. *n.* ..চান (a desease of the eye) (2) জল প্ৰপাত।

Catarrh. *n.* পানী লগা ৰোগ।

Catastrophe, *n.* ভয়ানক বিপদ, প্ৰলয়।

Catch, *v.* ধৰা (2) জালত পেলোৱা (3) মোহ লগাই বশীভূত কৰা (4) বহুত পৰ খেদি ধৰা। P. T. P. P. caught

Catch. *n.* ধৰা কাৰ্য্য (2) যি বস্তুৰে ধৰা হয় (3) মুঠি।

Catechise, *v.* প্ৰশ্ন ও উত্তৰ সুধি শিকোৱা।

Catechism, *n.* যি কিতাপত প্ৰশ্ন ও উত্তৰ উভয়কে শিক্ষা দিবৰ নিমিত্তে লিখ আছে।

Catechu, *n.* কথ। এবিধ কাঠ সিজাই উলিওৱা আঠা।

Catgut, *n.* অন্ত্ৰ (2) বাদ্য যন্ত্ৰৰ বেহেলা আদিৰ, তাঁৰ।

Cathedral, *n.* খৃষ্টিয়ান লোকৰ গিৰ্জ্জাতকৈ ডাঙৰ ধৰ্ম্ম মন্দিৰ।

Catholic, *n.* কেথলিক। খৃষ্টিয়ান বিলাক প্ৰধানতঃ দুই ভাগে বিভক্ত (1) কেথলিক (2) প্ৰটেষ্টেণ্ট। যি বিলাক ৰোমৰ পোপৰ (Pope) সেৱক সিহতক 'কেথলিক' বোলে; আৰু যিবিলাকে পোপক নেমানে (বা পোপৰ আজ্ঞাও শিক্ষাৰ বিৰুদ্ধে কাম কৰে) সিহতক প্ৰতেষ্টেন্ট বোলে।

Catile, *n.* গৰু-ম'হ।

Caught, *v.* *vide* catch

Caul, *n.* চুলি বন্ধা জাল।

Cause, *n.* কাৰণ, (2) মোকৰ্দ্দমা (3) অভিপ্ৰায়।

Causeway, *n.* ওখ ডাঙৰ আলি।

Caustic, *adj.* দাহকাৰী (2) দাহক। *n.* causticity,

Cauntenrise, *v.* তপত লোহেৰে পোড়া।

n. cateris..tion.

Cauntion, *n.* সতৰ্কতা, তত, সাৱধানতা (2) জামিন (3) উপদেশ। Followed by 'of'

Caveliar, *n.* অশ্বাৰোহি সেনা (2) ইংলণ্ডৰ ৰজা প্ৰথম চাল্চৰ পক্ষ অৱলম্বকাৰী।

Cavalry, *n.* অশ্বাৰোহী সৈন্যৰ দল।

Cave, *n*, গাত।

Cavily, *n.* গাঁত (2) বিন্ধা।

Cavil, *v.* মিচাতে দোষ দিয়া (2) মিচা তৰ্ক কৰা। Followed, by 'at.'

Caw, *v.* কাউৰীয়ে কাঁ কাঁ কৰা।

Cease *v.* সমাপ্ত কৰা (2) বন্ধ কৰা Followed by 'from'

Ceaseless, *adj*. অনবৰত, নেৰা-নেপেৰা।

Ceaselessly, *adv.* নেৰা নেপেৰাকৈ, নালীকৈ

Cede, *v.* শক্ৰক সমৰ্পন কৰা।

Celebrate, *v.* গুণ কীৰ্ত্তন কৰা (2) উৎসব কৰা।

Celebrated, *p. adj.* সুবিখ্যাত।

Celebration, *n.* প্ৰশংসা (2) উৎসৱ।

Celebrity, *n.* খ্যাতি, সুনাম।

Celestial, *adj*. স্বৰ্গীয় (2) স্বৰ্গ সমন্ধীয়।

Celibacy, *n.* অবিবাহিতা অৱস্থা।

Celibate, *n.* অবিবাহিতা মানুহ (2) উদাসিন লোক।

Cell, *n.* গাঁত (2) সৰু কোঠা

Celt } *n.* গল্ ও বৃটন্ বিলাকৰ
Kelt } পূৰ্ব্বপুৰুষ।

adj. Celtic

Cement, *n.* এঠা (2) একতাৰ বান্ধ (3) চুন-চুৰকী।

Cementery, *n.* মৰিশালি, কবৰ-খানা।

Censor, *n.* যি কৰ্ম্মচাৰীয়ে কাগজ বা কিতাপ ছাপা কৰাৰ আগেয়ে পৰীক্ষা কৰি চাই (2) দোষ বিচাৰক।

Censure, *n.* নিন্দা, গৰিহণা, তিৰস্কাৰ।

Censure *v.* তিৰস্কাৰ কৰা, নিন্দা কৰা (2) দোষ উলিওৱা।

adj. censurable

Census, *n.* জন-সংখ্যা, মানুহৰ লেখ।

Cent, *n.* এশ (2) আমেৰিকা দেশৰ এবিধ মুদ্ৰা।

Centaur, *n.* কাল্পনিক ভূত।

Centerarian, *n.* এশ বছৰীয়া বুঢ়া।

Centennial, *adj*. এশ বছৰীয়া।

Centipede, *n.* চেলা।

Centigrade, *adj.* এশ ডিগ্ৰি বিশিষ্ট (2) এশ ভাগে বিভক্ত।

Centre } *n.* সোঁ-মাজ (2) কেন্দ্ৰ।
Center }

Centuary, *n.* এশ বছৰ, শতিকা।

Ceorl, *n.* নৰ্ম্মান আক্ৰমণৰ পূৰ্ব্বে ইংলণ্ডৰ থকা স্বাধীন প্ৰজা।

Ceremony, *n.* পূজা *e. g. shradha* ceremony (2) শিষ্টাচাৰ।

adj. ceremonial.

Certain, *adj*. নিশ্চয়, সঠিক (2) কোনো এক *e. g.* certain boy (3) some, *e. g.* certain steps are to be taken.

Cetainty, *n.* নিশ্চয়তা, সঠিকতা।

Followed by 'about.'

Certificate, *n.* চাৰ্টিফিকেট্, প্ৰশংসা পত্ৰ, কোনো গুণৰ বৰ্ণনা পত্ৰ।
Followed by 'of'

Certify, *v.* চাৰ্টিফিকেট দিয়া।

Cerulean, *adj.* মেঘ বৰনীয়া, নীল বৰণৰ।

Cerumen, *n.* কণামাকৰী।

Cess, *n.* স্থানীয় কৰ।

Cessation, *n.* বিশ্ৰাম।
Followed by 'from'

Chafe, *v.* ঘঁহি ক্ষয় কৰা (2) খং তোলা
Followed by 'at' 'under'

Chaff, *n.* চোকোৰা *e, g,* ঘাহৰ চোকোৰা (2) তুঁহ (3) ঘুলা।

Chaffer, *v.* কিনা। লাভজনক কিনা বেচা (2) দৰাই কৰা।

Chain, *n.* পৰ্ব্বতৰ শাৰি (2) শিকলী।

Chair, *n.* চকি।

Chairman, *n.* সভাপতি।

Chaise, *n.* এটা বা দুটা মানুহ উঠিব পৰা পাতল মুকলি গাড়ী।

Chalcography, *n.* তাম বা পিতলৰ ওপৰত অঁকা বিদ্যা।

Chalk, *n,* খড়ীমাটি,।

Challenge, *n.* যুদ্ধৰে স্থিৰ কৰিবলৈ কাকো মতা।
Followed by 'to'

Chamber, *n.* কুঠৰি, কোঠা।

Chamberlain, *n.* ৰাজ প্ৰসাদাৰ অধ্যক্ষ (2) কমিটিৰ সমপাদক।

Chamois, *n.* আল্পচ্ পৰ্ব্বতত থকা ছাগলীৰ নিচিনা এবিধ জন্তু।

Champ, *n.* চোবাই শব্দ কৰা (2) চোবোৱা (3) কামোৰা।

Champion, *n.* যোদ্ধা (2) যুঁজত জিকোতা।
Fem. championess,

Chance, *n.* সুবিধা (2) ঘটনা (3) সম্ভাবনা।

Chancellor, *n.* সম্পাদক, (2) বিশ্ব বিদ্যালয়ৰ অধ্যক্ষ (3) the foreman of a jury.

Chandelier, *n.* গছা।

Change, *v.* এটাৰ সলনি আন এটা বস্তু দিয়া (2) সলনা সলনি কৰা।

Changeful, *adj.* লৰক ফৰক, অস্থিৰ।

Channel, *n.* প্ৰণালী (2) ঠেক সাগৰ

Chant, *v.* গান কৰা (2) গানেৰ বৰ্ণণা কৰা।

Chapel, *n. vide.* church.

Chaptain, *n.* পুৰোহিত।

Chaperon, *n.* ভদ্ৰমহিলাৰ লগুৱা।

Chaplet, *n.* মালা।

Chapter, *n.* আধ্যা, অধ্যায়।

Character, *n.* স্বভাৱ, চৰিত্ৰ।

Characterise, *v.* স্বভাৱ বৰ্ণণা কৰা।
adj. haracteristic

Charge, *v.* দোষাৰোপ কৰা (2) ভাৰ দিয়া।
Followed by 'with' 'to'

Charity, *n.* দানশীলতা।

Charlatan, *n.* কথা চহকী।

Charm, *n.* মোহিত কৰা বস্তু (2) *v.* মোহিত কৰা, মুগ্ধ হোৱা।

Charter, *n.* ক্ষমতা আদি লেখি দিয়া দলিল।

Chase, *v.* পাছে পাছে খেদা।

Chasm, *n.* গহ্বৰ *e. g.* a chasm in the *ice* divided him from the bear

Chaste, *adj.* পবিত্ৰ, সতী।

Chastise, *v.* শুধৰাবলৈ শাস্তি দিয়া।

Chastisement, *n.* তাড়না, দমন।

Chatter, *v.* বান্দৰে চিঞঁৰা (2) দাতে দাতে লাগি শব্দ হোৱা।

Cheap, *adj.* সস্তা।
v. cheapen.

Cheat, *v.* প্ৰতাৰণা কৰা, ঠগা।

Check, *n.* বাধা, আৱহ।

Check, *v.* বাধা কৰা (2) হিচাপ কৰা (3) তিৰস্কাৰ কৰা।

Cheek, *n.* গাল।

Cheer, *n.* আনন্দ (2) জয় ধ্বনি।

Cheer, *v.* উৎসাহ দিয়া (2) প্ৰশংসা কৰা।

Cheerless, *adj.* বেজাৰ মুৱা।

Cheese, *n.* পনিৰ।

Chemistry, *n.* ৰসায়ন শাস্ত্ৰ, the science of nature and properties of bodies.

Cheque, *n.* চেক্ ; *e. g.* চেক্ পোৱা নাই।

Cherish, *v.* অধন পোষন কৰা।
n. cherishment.

Chest, *n.* লোৰৰ পেড়া (2) হৃদয়।

Chestnut, *n.* বাদাম।

Chevalier, *n.* অশ্বাৰোহী।

Cheverel, *n.* ছাগলী পোৱালীৰ কোমল লেকেটা পৰিষ্কাৰ ছাল।

Chevy, *n.* চিঞঁৰ।

Chew, *v.* চোবোৱা।

Chicken, *n.* কুকুৰা পোৱালী।

Chicken- pox, *n.* পানী চামৰি আই।

Chide, *v.* বেয়া বোলা, নিন্দা কৰা।

Chief, *n.* প্ৰধান মানুহ (2) *adj.* প্ৰধান।

Child, *n.* সন্তান।

Chill, *n.* যি বস্তুয়ে নিৰুৎসাহ কৰে।

Chilli, *n.* জলকীয়া।

Chimney, *n.* চিমনী।

Chin, *n.* থুৰিৰি।

Chin-deep, *adj.* থুতৰীয়া।

Chin cough, *n.* ঘুৰঘুৰীয়া কাহ।

Chine *n.* পিঠিৰ হাড়।

Chink, *n.* সৰু বিন্ধা।

Chintz, *n.* চিট কাপোৰ।

Chip, *v.* সক সকৈক কটা (2) to hew.

Chirm, *v.* চিঞঁৰ বাখৰ কৰা।

Chirology, *n.* বোবাই বা কণাই হাতেৰে কথা কোৱা বিদ্যা।

Chisel, *n.* বটালী।

Chitchat, *n.* চেল্‌চেলীয়া কথা, অকৰ্ম্মন্য কথা।

Chivelry, *n.* প্ৰাচীন নাইটৰ সদগুণ ও সাহসিক ব্যৱহাৰ।

Chlorine, *n.* এবিধ 'গেচৰ' নাম।

Choice, *n.* বাচিলোৱা কাৰ্য্য (2) অভিৰুচি।

Choir, *n.* গিৰ্জ্জাত গোৱা গান।

Choke, *v.* নিশ্বাস বন্ধ কৰা (2) খং তোলা।

Cholera, *n.* অহনা, হাইজা।

Choose, *v.* বাচি লোৱা।

P. T. chose, P. P. chosen.

Chop; *v.* সৰু সৰুকৈ কুটা (2) *n.* মঙ্গহৰ পিঠা।

Chord, *n.* দৈৰ (2) the string of a musical instrument.

Chose, *v.* *vide*. choose.

Chough, *n.* কৰু।

Chouse, *v.* প্ৰাতৰণা কৰা।

Followed by 'of.' 'out of'

Chirst, *n.* যিশু খৃষ্ট।

Christendom, *n.* খৃষ্টীয়ান ধৰ্ম্ম প্ৰচলিত স্থান।

Christmas, *n.* বড়দিন।

Chronic, Chronical, *adj.* বহুত দিনীয়া (2) বহুত দিনীয়া বেমাৰ।

Chronicle, *n.* ঘটনাৰ পুথি।

Chronometer, *n.* সময় জোখা যন্ত্ৰ।

Chuck, *v.* লাহে লাহে চপৰিওৱা।

Chuckle, *n.* কুকুবাৰ মাত (2) *v.* কুকুবাই চিঞঁৰা।

Chum, *n.* স্কুলীয়া লৰাৰ লগৰীয়া।

Church, *n.* গিৰ্জ্জা।

Churl, *n.* অসভ্য লোক (2) নীচ প্ৰকৃতিৰ লোক।

Cicatrix, *n.* আৰোগ্য হোৱাৰ পাচত কটাৰ বা খহৰ ঘা।

Cigar, Cigarette, *n.* চুৰুত।

Cilia, *n.* শুং (2) চকুৰ নোম।

Cimarian, *n.* ঘোৰ ক'লা।

Cinchona, *n.* এবিধ গছ।

Cinder, *n.* এঙ্গাৰ। *adj.* cindery.

Cinnabar, *n.* হিঙ্গুল।

Cinnamon, *n.* দালছেনি।

Cinguel, *n.* পঙ্গা।

Cipher, *n.* শূন্য (2) অমূল্য।

Circle, *n.* বৃত্ত (2) পৰগনা।

Circuit, *n.* ভ্ৰমন (2) বৃত্তৰ মাজৰ ভূমি।

Circular, *adj.* ঘুৰণীয়া (2) *n.* আদেশ।

Circumcision, *n.* চৰ্ম্ম ছেদন।

Circulate, *v.* জনোৱা (2) হুকুম জাৰি কৰা।

Circumference, *v.* পৰিধি (2) অৱস্থা।

Circumscribe, *v.* ঘূৰনীয়া ৰেখা অঁকা। *v.* circumscription.

Circus, *n.* চাৰ্কস্। ধেমালি দেখোৱা ঘূৰনীয়া ঘৰ।

Cirtern, *n.* পানী থোৱা পাত্ৰ।

Citadal, *n.* নগৰৰ ওঁচৰত থকা বা নগৰৰ ভিতৰত থকা কিল্লা।

Cite, *v.* মুখস্থ গোৱা (2) নাম দিয়া।

Citizen, *n.* নগৰ বাসী (2) দেশ-বাসী।

Citron, *n.* চকলা, জোৰা, সোলেঙ্গ বা ম'ৰি টেঙ্গা।

City *n.* নগৰ। *pl.* cities.

Civility, *n.* ভদ্ৰতা, নম্ৰতা।

Civilised, *p. adj.* শিক্ষিত।

Claim, *n.* দাবী, দাওয়া, হক (2) *v.* দাবী কৰা।

adj. claimable.

Clam, *v.* এঠাৰে জোখা লগোৱা।

adj. clamney:

Clamour, *n.* চিঞঁৰ, হাই (2) *v.* চিঞৰা।

adj. clamourous.

Followed by 'for'

Clan, *n.* দল।

Clang, *n.* চেৰ্চ্চেৰীয়া শব্দ।

Clank, *n.* দুটা ধাতু ঘহনি খাই হোৱা শব্দ।

Clap, *n.* চাপৰি (2) *v.* চাপৰি বজোৱা।

Clash, *n.* তৰোৱাল বা আন অস্ত্ৰ শস্ত্ৰই লগালগি হৈ হোৱা শব্দ।

Class, *n.* শ্ৰেণী।

v. classify.

Classics, *u.* প্ৰাচীন ভাষাৰ কিতাপ লিখোঁতা।

Clatter, *n.* অকামিলা কথা।

Clause, *n.* খণ্ডবাক্য।

Claw, *n.* হাতোৰা।

Clay, *n.* বোকা।

adj. clayey,

Clean, *adj.* পৰিষ্কাৰ (2) পবিত্ৰ।

v. cleanse,

Clear, *adj.* পৰিষ্কাৰ (2) ফটফটীয়া (3) স্পষ্ট।

Cleave, *v.* ভাগ কৰা, একেলগ কৰা

P. T. clove, cleft,

P. P. cloven, cleft,

Cleft, *v. vide,* cleave

Clement, *adj.* নম্ৰ, ভদ্ৰ, মৰমীয়াল

Clergy, Clergyman, *n.* পাদুৰী।

Clerk, *n.* কেৰেনী, কেৰানী।

Cliak, *n.* ঠেন্ কৰে উঠা শব্দ।

Climate, *n.* জল বায়ু।

Climb, *v.* গছত উঠা (2) উঠা।

Cling, *v.* সংলগ্ন কৰা (2) এঁঠা লগোৱা।

P. T. P. P. clung,

Clink, *v.* কন্‌কনোৱা।

Clip, *v.* কমোৱা (3)নখ কটা।

Clique, *n.* ডকাইতৰ দল।

Cloak, *n.* a loose outer garment

Clock, *n.* ঘড়ী।

Clod, *n.* মাটিৰ চপৰা (2) মাটি।

Clog, *n.* কাঠৰ টুকুৰা বা ডোখৰ।

Cloister, *n.* মঠ।

Close, *adj.* বন্ধ (2) ওচৰ।

Followed by 'to.'

Close, *v.* বন্ধ হোৱা (2) ওচৰ চপা।

Closet, *n.* সৰু ভিতৰুৱা কুঠৰি।

Cloth, *n.* কাপোৰ।

pl. clothes, cloths,

Clothe, *v.* কাপোৰেৰে ঢকা (2) কাপোৰ দিয়া।

Cloud, *n.* ডাৱৰ, মেঘ।

Cloudy, *adi.* ডাৱৰীয়া।

Clove, cloven, *v. vide* cleave.

Clown, *n.* বহুৱা।

Club, *n.* সভা (2) লাঠি।

Cluck, *n.* কুকুৰাৰ ডাক (2) *v.* কুকুৰাই ডাক দিয়া।

Clue, *n.* উদ্দেশ।

Clump, *n.* গছৰ জোপা।

Clung, *v.* vide cling.

Clunk, *n.* বটলৰ পৰা পানী বা আন পনীয়া বস্তু ওলাই আহোতে বি শব্দ হয়।

Cluster, *n.* জোপা (2) থোকা।

Clutch, *v:* খামোচ মাৰি ধৰা।

Coach, *n.* চাৰি চকাৰ বাগী।

Coachman, *n.* কচোৱান।

Coagulate, *v.* খলমা বন্ধা, গুকাই গোট মৰা, আট মৰা।

Coal, *n.* কয়লা, কইলা।

Coarse, *adj.* মোটা (2) অসভ্য।

Coast, *n.* সাগৰ বা উপসাগৰৰ দাঁতি।

Coat, *n.* চোলা (2) ঢাকনি।

Cob, *n.* শকট সৰু ঘোৰা।

Cobler, *n.* কটা জোটা মেৰামত কৰা মুচি (বা মুচী)

Cobra, *n.* ফেঁটী সাপ।

Cobweb, *n.* মকৰাৰ জাল।

Cockatrice, *n.* ভূতৰ নিচিনা এবিধ কাল্পনিক জন্তু।

Cocket, *n.* বাণিজ্যৰ কৰ্ম্মচাৰীয়ে বণিকক লিখি দিয়া দলিল।

Cocoon, *n.* মুগা লতা।

Cocoanut, Coconut, } *n.* নাৰিকল।

Cod, *n.* এবিধ মাচ।

Codger, *n.* নীচ প্ৰকৃতিৰ মানুহ।

Co-equal, *n,* পদত সমান।

Co-oval, *n.* পদত সমান।

Followed by 'with.'

Coffee, *n.* কাফি। চাহৰ নিচিনা এবিধ বস্তু।

Coffer, *n.* ধন বস্তু থোৱা পেৰা।

Coffin, *n.* মৰা মানুহ থোৱা পেৰা।

Cog, *v.* প্ৰতাৰণা কৰা, ঠগোৱা (2) *n.* সৰু জাহাজ বা নাও।

Coheir, *n.* সংযোগিত উত্তৰাধিকাৰী *Fem.* coheiress.

Cohere, কামোৰ খাই ধৰা (2) উপযুক্ত হোৱা।

Coil, *v.* মেৰাই ধৰা (2) জালত পেলোৱা।

Coin, *n.* মুদ্ৰা। টকা, পইচা আদি।

Coinside, *v.* একে হোৱা। Followed by 'with'

Coir, *n.* নাৰিকলৰ বাকলি।

Cold, *adj.* ঠেঁচা *n.* coldness.

Colic, *n.* শূল।

Collapse, *v.* ভাঙ্গি পৰা (2) নষ্ট হোৱা।

Collar, *n.* 'কলাৰ,' ডিঙ্গিবন্ধা। (2) *v.* ডিঙ্গিত ধৰোৱা।

Collar-bone, *n.* বুকুৰ হাড়

Collateral, *adj.* ওচৰাউচৰি। (2) গোন।

Collect, *v.* সংগ্ৰহ কৰা, গোটোৱা।

College, *n.* কলেজ।

Collide, *v.* গাই গাই ধৰা।

Collier, *n.* কইলা গাতত কাম কৰোঁতা (2) কইলা কঢ়িয়োৱা জাহাজ।

Collision, *n.* সংঘৰ্ষণ।

Collop, *n.* মাছৰ ডোখৰ।

Colloquy, *n.* কথা বাৰ্ত্তা। *adj.* colloquial.

Collude, *v.* কুমন্ত্ৰনা কৰা।

Collusion, *n.* প্ৰতাৰণা, প্ৰৱঞ্চণা। *adj.* collusive.

Colon, *n.* (:) বন্ধনীৰ ভিতৰত দিয়া চিন্‌টো।

Colonal, *n.* ফৌজবিলাকৰ ওপৰত হুকুম দিব পৰা সৈন্য বিভাগৰ কৰ্ম্ম-চাৰী।

Colony, *n.* উপনিবেশ। যি বিলাক মানুহ নিজ দেশ ত্যাগ কৰি আন দেশৰ প্ৰজা স্বৰূপে চিৰস্থায়ীকৈ বাস কৰে (2) যি দেশত উপনিবেশ স্থাপন কৰা হয়। *adj.* colonal.

Colonise, *v.* উপনিবেশ স্থাপন কৰা। *n.* colonisation:

Colophon, *n.* কোনো কিতাপৰ শেষত কিতাপ ওলোৱাৰ নাম তাৰিখ ইত্যাদি।

Colosus, *n.* ডাঙৰ প্ৰতিমা। *e. g.* Colosus of Rhodes & Cyprus.

Colour, *n.* বৰণ, ৰং, ৰোল।

Coloarists, *n.* চিত্ৰকৰ।

Colpoteur, Colperter, *n.* যি বিলাক সৰু সৰু দোকানীয়ে খুচৰাকৈ বস্তু বেচিবলৈ ঘৰে ঘৰে লৈ ফুৰাই।

Colt, *n.* নাঙ্গলত লগোৱা লো ডখৰ, যি ডোখৰ লোৰে মাটি খান্দি নিয়ে।

Columbary, *n.* পাৰ থোৱা ঘৰ।

Columa, *n.* স্তম্ভ।

adj. Columaar.

Comb, *n.* ফনি (2) মৌ-বিচনী।

Combat, *v.* যুদ্ধ কৰা, বাধা কৰা।

Combatant, *n.* বাধা কৰোঁতা (2) যোদ্ধা।

Combine, *v.* সংযোগ কৰা (2) মিল হোৱা *n.* Combination.

Combustible, *adj.* দহনীয়।

n. combustibility.

Combustion *n.* দাহ।

Come, *v.* অহা।

P. T. came, P. P. come.

Comely, *adj.* ধুনীয়া, সুন্দৰ।

Comedy, *n.* হাঁহি তোলা নাটক।

adj. Comic, comical.

Comodian, *n.* হাঁহি তোলা নাটক লেখক।

Comet, *n.* ধুমকেতু।

adj, Cometary, comtic,

Comfit, *n*, গমৰ লাৰু a sweet-meat made of fruits, sugar, &c.

Comfort, *v*, কষ্টৰ পৰা পৰিত্ৰান কৰা (2) সান্ত্বনা কৰা।

adj, comfortable,

Comforter, *n.* গলাবান।

Coming, *adj*, অহা *e, g,* in the coming-season,

Comma, *n.* (,) বন্ধনীৰ ভিতৰত দিয়া চিন্‌টো।

Command, *v*, আদেশ দিয়া (2) হুকুম দিয়া।

Commandant, *n*, সৈন্য দলৰ ওপৰত হুকুম চলাওঁতা।

Commander, *n*, আদেশ দিওঁতা (2) সেনাপতিৰ অধিনৰ কৰ্ম্মচাৰিজন

Commander-in-chief, *n*, প্ৰধান সেনাপতি।

Commandments, *n.* আদেশ।

e, g, Ten Commandments of God,

Commemorate, *v.* celebrate (2) মনত ৰখা।

Commemorative, *adj.* স্মাৰনাৰ্থ।

Commence, *v.* আৰম্ভ কৰা, চুরু কৰা। *n.* Commencement,

Commend, *v.* প্ৰশংসা কৰা, ভাল বোলা। *n.* Commendarion,

Commendable, *adj.* ভাল বুলি বৰ যোগ্য।

Commeasarable, *adj.* জোখত সমান থকা।

n. Commensurableness.

Comment, *v.* টীকা বা টিপনি লিখা।
n. Commentary.

Commentor, *n.* টীকা লিখোঁতা।

Commingle, *v.* মিহলোৱা।

Comminute, *v.* গুড়ি কৰা।
n. Communition,

Commiserate, *v.* আনৰ প্ৰতি কৰা। *n.* Commiseration

Commissary, *n.* যাক কোনো কাৰ্য্যৰ ভাৰ দিয়া হয় (2) সৈন্যৰ ৰসদ যোগাওঁতা।

Commission, *n.* কোনো কামৰ বা বিশ্বাসৰ ভাৰ সমৰ্পণ (2) কোনো বিশেষ কাম স্থিৰ কৰিবলৈ নিযুক্ত কৰা সভা (3) কমিচন *e. g.* শত কৰা ১২, টকা হিচাপে কমিচন পাব।

Commission, *v.* কোনো কাৰ্য্যৰ ভাৰ গতাই দিয়া (2 কোনো বিশেষ কাম কৰিবলৈ নিযুক্ত কৰা।

Commit, *v*, শোধাই দিয়া (2) কোনো কাম কৰা (3) endanger,

Commitment, *n.* জেললৈ নিবলৈ দিয়া হুকুম।

Committee, *n.* কোনো বিশেষ কাৰ্য্য নিয়মিত ৰূপে কৰিবলৈ নিযুক্ত কৰা তিনটা বা সৰহ মানুহৰ সভা ;
e. g. managing committee.

Commix, *v.* মিহলোৱা।
n. commixture.

Commodious, *adj.* সুবিধা জনক (2) দীঘল বহল *e. g.* commodious room.

Commodity, *n.* বেপাৰ বা বেপাৰৰ বস্তু।

Common, *n.* সাধাৰণ (2) contraction for House of Common.

Commonly, *adv.* সাধাৰনতঃ

Common gender, *n.* ক্লীবলিঙ্গ।

Common noun, *n.* জাতি বাচক বিশেষ্য।

Common-Wealth, *n.* সাধাৰণ তন্ত্ৰ।

Commove, *v.* খং তোলা (2) দিগ্ দিয়া।

Communicate, *v.* ভাগদিয়া (2) দান দিয়া (3) লেখা লেখি কৰা *e. g.* please communicate the matter.

Commune, *v.* কথা বাৰ্ত্তা কোৱা। (2) আলাপ কৰা।
n. communation

Community, *n.* সমাজ (2) বাইজ।

Commute, *v.* বেচি শাস্তিৰ পৰা কম শাস্তিলৈ নিয়া।
n. commutation

Compact, *n.* টান, দৃঢ় (2) সংক্ষিপ্ত।

Companion, *n.* সংগৰীয়া, সঙ্গী।

Company, *n.* জাক *e. g.* company of boys (2) কোম্পানি (3) সঙ্গ

Compare, *v.* তুলনা কৰা (2) উপমা দিয়া। *adj.* comparable.

Comparison, *n.* তুলনা, উপমা

adj. comparative

Compartment, *n.* ঘৰৰ কোঠা বা কুঠৰি।

Compass, *n.* কম্পাচ, দিগ্‌দৰ্শন যন্ত্ৰ

Compass, *v.* বেৰি ধৰা (2) আক্ৰমণ কৰা।

Compassionate, *adj.* আনৰ দুখত দুঃখিত।

n. compassion.

Compatible, *adj.* যোগ্য।

n. compatibility

Compatriot, *adj.* একে দেশী।

Compeer, *n.* লগৰীয়া, সমনীয়া।

Compel, *v.* বাধ্য কৰা।

adj. compellable.

Compandium, *n.* সংক্ষিপ্ত, সংক্ষেপ

adj. compadious.

Compensate, *v.* ক্ষতি পূৰণ কৰা, লোকচানি দিয়া।

n. compensation

Compete, *v.* অৰিয়া-অৰি কৰা।

n. competition

Competor, *n.* অৰিয়া-অৰি কৰোঁতা

Competitive, *adj.* অৰিয়া-অৰি, অনিয়া-অনি।

Competent, *n.* উপযুক্ত (2) যিমান লাগে সিমান।

Compile, *v.* আনৰ কিতাপৰ পৰা সংগ্ৰহ কৰি লেখা।

n, compilation

Compiler, *n,* আনৰ কিতাপৰ পৰা সংগ্ৰহ কৰি লিখোঁতা

Complacence, *n.* সন্তোষ, আনন্দ।

adj. complacent.

Complain, *v.* অভিযোগ কৰা (2) দুঃখ শোক ইত্যাদি প্ৰকাশ কৰা।

Complainant, *n.* অভিযোগকৰোঁতা, ফৰিয়াদি।

Complaisence, *n.* ভদ্ৰতা, নম্ৰতা।

adj. complaisant.

Complement, *n.* full amount.

Complete, *v.* পৰিসমাপ্তি কৰা, অন্ত কৰা।

n. completion.

Completely, *adv.* পুৰাকৈ, সম্পূৰ্ণ ৰূপে।

Complex, *n.* মিহলি।

Compliance, *n.* সন্মতি, বশ্যতা।

omplicity, *n.* সহযোগীতা

Compliment, *n.* প্ৰণাম, সেৱা,

Complimentary, *adj.* মাননীয়।

Comply, *v.* মান্তি হোৱা, মতদিয়া।

Followed by 'with'

Compliant, *adj.* নম্ৰ, সেও।

Compose, *v.* ৰচনা কৰা (2) গোটোৱা।

n. composition.

Composite, *adj*. মিহলি।

Compositer, *n*. one who composes (2) যি জনে ছাপাৰ আখৰ সজাই।

Compost, *n*. সাৰ।

Compound, *v*. মিহলি কৰা। এবিধ বস্তু আন বিধেৰে মিলোৱা।

Compound, *adj*. মিহলি (2) যৌগিক

Comprehend, *v*. অনুভৱ কৰা, বুজা *n*. Comphehension.

Comprise, *v*. ভুক্ত কৰা। [কৰা।

Compromise, *v*. আপোষত নিৰ্ণয়

Compulsion, *n*. বাধ্য, বিশেষ মানা।

Compulsory, *adj*. বাধিত, বাধ্য, নকৰি থাকিব নোৱাৰা।

Compunction, *n*. অনুতাপ, বেয়া কাম কৰাৰ বাবে হোৱা বেজাৰ।

Compute, *v*. হিচাপ কৰা, গণনা কৰা। *adj*. Computable.

Comrade, *n*. লগৰীয়া, সংগী।

Concave, *adj*. ফোপোলা, খোলাল।

Conceal, *v*. লুকোৱা, ঢকা, গোপন কৰা। *adj*. Concealable.

Concede, *v*. সঁচা বুলি সৈ কৰা।

Concession, *n*. অনুমোদন। *adj*. Concessive.

Conceit, *v*. ভবা, মনেৰে সজা।

Conchieve, *v*. ধাৰন কৰা। *n*. Conception.

Concentre, *v*. একে ঠাইতে দেখা-দেখি হোৱা।

Concern, *n*. সম্পৰ্ক, সমন্ধ।

Concert, *n*. স্বৰ, গীতৰ জাত।

Concertina, *n*. এবিধ ইংৰাজি বাজানা।

Conch, *n*. শঙ্খ। মুখেৰে বজোৱা এবিধ সাগৰৰ শামুকৰ খোলা।

Concilliate, *v*. সন্তুষ্ট কৰা (2) পুণৰ মিল হোৱা।

Concise, *adj*. সংক্ষিপ্ত, সংক্ষেপ। *n*. conciseness.

Conclave, *n*. গোপনে পতা সভা।

Conclude, *v*. তৰ্ক বিতৰ্ক কৰি স্থিৰ কৰা (2) নিস্পত্তি কৰা।

Conclusion, *n*. পৰিসমাপ্তি, সম্পূৰ্ণতা

Concoct, *v*. হজম কৰা।

Concomitant, *n*. লগৰীয়া, সঙ্গী।

Concord, *n*. মিলন, মিলা কাৰ্য্য (2) একমত।

Concoarse, *n*. হজম।

Concubine, *n*. বাটলু। বিয়া নকৰাকৈ অনা তিৰোতা। *ab, n*. Conculinage.

Concur *v*. একে ঠাইতে মিলা (2) মান্তি হোৱা। *n*. Concurence. [ঠেকা।

Concussion *n*. খুন্দা, বৰকৈ লগা

Condemn *v*. নিন্দা কৰা, গৰিহনা দিয়া

Conduse, *v*, ঘন কৰা।
n. Condensation;

Condescend, *v.* নিজ ইচ্ছাৰে তললৈ যোৱা (2) তলতীয়া বিলাকৰ প্ৰতি দয়া কৰা। *n.* Condescension

Condign, *adj.* উপযুক্ত (2) যিমান লাগে সিমান।

Condiment, *n.* মছলা।

Condition, *n.* অৱস্থা (2) জীৱনৰ দশা। *adj.* Conditional,

Condole *v.* আনৰ শোক বা দুখত শোক বা দুখ প্ৰকাশ কৰা।
n. Condolence,

Condone, *v.* ক্ষমা কৰা।

Conduce, *v.* উপযোগী কৰা।
adj, Conducive

Conduct, *n.* আচৰণ, ব্যৱহাৰ (2) স্বভাৱ, চৰিত্ৰ।

Conductor *n.* বাট দেখোৱাওঁতা।
Fem. Conductress,

Conduit, *n.* ডাঙ্গৰ খাল।

Coney, *n.* শহা পহু।

Confect, *v*, চেনি মিহলাই সোৱাদ কৰা। (2) মিঠাই কৰা।

Confector, *n.* মিঠাই কৰোঁতা।

Confectionery, *n.* মিঠাইৰদোকান।

Confideracy, *n* সন্ধি, মিল। দুই ৰজাই মিল থাকিবলৈ কৰা নিয়ম।
v, Confiderate,

Confer, *v*, দান কৰা, দান দিয়া।

Confess, *v.* কবুল কৰা, দোষ স্বীকাৰ কৰা *n.* Confession

Confide, *v*, বিশ্বাস কৰা

Confidence, *n.* বিশ্বাস, প্ৰত্যয়।
adj. Confident,

Confidential, *adj.* বিশ্বাসী, গোপনে ৰাখিব লগীয়া।

Confine, *v.* বন্দী কৰা, আটক কৰা। *n.* Confinement

Cofirm, *v.* দৃঢ় কৰা (2) অনুমোদন কৰা। *n.* Confirmation,

Confiscate, *v.* ক্ৰোক কৰি সৰ্কাৰী কৰা। *n.* Confiscation,

Conflict, *n.* দ্বন্দ্ব।

Conform, *v.* একে কৰা, মান্তি।
adj, Conformable,

Confomity, *n.* সাদৃশ্যতা (2) consistency.

Confound, *v.* বিবুদ্ধি হোৱা, বিচুৰ্ত্তি হোৱা।

Confare, *v.* যি বস্তু যেনেকৈ য'ত থব লাগে সেই বস্তু তেনেকৈ ত'ত নোথোৱা (2) মিহলি কৰা।

Confusion, *n.* বিশৃঙ্খলা।

Cangeal, *v.* খলমা বন্ধা।

Congratulate, *v.* আনৰ সন্তোষত সন্তোষ প্ৰকাশ কৰা।
n. Congratulation.

Congregate, *v.* একেলগ হোৱা (2) গোট খোৱা।
n. congregation

Congress, *n.* সভা। কোনো ডাঙৰ কাৰ্য্যৰ নিমিত্তে লগলাগি বহা মানুহ বিলাক।

Conjecture, *v.* অনুমান কৰা।

Conjugate, *v.* ধাতু ৰূপ কৰা।

Connect, *v.* সংযোগ কৰা (2) লগ লগোৱা *n.* Connection,

Connive. *a.* আনৰ দোষ দেখিও নেদেখা ভাওজোৰা।
n. Connivance. [জয় লাভ কৰা।

Conquer, *v.* শত্ৰুক পৰাস্ত কৰা (2)
adj. conquarable.

Cenquest, *n.* শত্ৰুক পৰাস্ত কৰা কাৰ্য্য। বশ কৰন।

Conscience, *n.* বিবেক। ভাল-বেয়া, ন্যায়-অন্যায় বুজিব পৰা শক্তি।

Conscious, *adj.* জ্ঞাত।
n. Consciousness,

Consecrate, *v.* পবিত্র ব্যবহাৰলৈ উৎসৰ্গ কৰা। *n.* consecration,

Consecutively, *adv.* ক্রমশঃ, লাহে লাহে।

Conservancy, *n.* The cleansing of a town or village by removing the refuse.

Consent, *v.* মান্তি হোৱা।
Followed by 'to'

Consequence. *n.* ফল (2) গুৰুতৰ।

Consideration, *n.* বুজ-বিচাৰ, বিবেচনা।

Consequently, *adj.* এই কাৰণে।

Consist, *v,* to be composed of.

Considerable, *adj.* ডাঙৰ।

Constipation, *n.* ঠিহ ঠিহনি, শৌচ-কষ্ট।

Conspicuous, *adj.* বিখ্যাত।

Consult, *v.* পৰামৰ্শ কৰা

Construct, *v.* তৈয়াৰ কৰা, নিৰ্ম্মাণ কৰা। *n.* construction.

Consume, *v.* ধ্বংশ কৰা, নাশ কৰা।

Consumption, *n* ধ্বংশ, ক্ষয়, নাশ।
adj. codsumptive.

Contact, *n.* দুটা বস্তুৰ লগ লগা।

Contagious, *adj.* সংক্রামক।
e. g. small pox.

Contain, *v.* ধাৰণ কৰা (2) আধাৰ হৈ ধৰা

Contemn, *v.* তুচ্ছজ্ঞান কৰা, অৱহেলা কৰা।

Coutemplate, *v.* অভিপ্রায় কৰা, (2 মনত ভবা, (3) মনদি ভবা।
n, contemp ation

Contempt, *n.* নিন্দা, ঘৃণা।

Contemtible, *adj.* নিন্দনীয়।

Contemporary, *adj.* সমকালিন।

Contend, *v.* কাজিয়া কৰা, দন্দ কৰা।

Contend, *n.* সন্তোষ, তুষ্ট।

Contents, *n.* কিতাপৰ সূচীপত্ৰ।

Contenment, *n.* সন্তোষ।

Contention, *n.* অমিল।

Contiguity, *n.* লগা-লগি, চোৱা ছুই।

adj. contiguous.

Continent, *n.* মহাদেশ। যি ডাঙৰ ভূভাগত অনেক দেশ আছে।

Contingent, *adj.* আকস্মিক (2) অঠিক।

Contingenee, contingency. *n.* হঠাৎ হোৱা ঘটনা (2) অঠিক ঘটনা।

Continuance, *n.* স্থায়ীত্ব

Continual, *adj* নেৰানেপেৰা।

Continually, *adv.* নেৰানেপেৰাকৈ।

Continue. *v.* কোনো কাৰ্য্য ক্ৰমাগত কৰি থকা।

Continuous, *adj.* ধাৰাসাৰ।

adv. continuously

Contract, *v.* চপোৱা, চাপ খোৱা, সৰু কৰা।

n, contraction

Contract, *n.* ঠিকা।

Contractor, *n.* ঠিকাদাৰ।

Contradict, *v.* প্ৰতি বাদ কৰা (2) বিৰুদ্ধে তৰ্ক কৰা।

n. contradiction [বিপৰীত]

Contradictary, *adj.* অসঙ্গত,

Contrary, *adj.* বিপৰ্য্যয়, বিপৰিত।
Followed by 'to.'

Contrast, *v.* তুলনা কৰা।

Contrition, *n.* অনুতাপ। বেয়া কামৰ বাবে হোৱা বেজাৰ।

Contrive, *v.* যুক্ত বুধি সজা।

n. contrivance.

Control, *v.* শাসন কৰা, বশ কৰা।

adj contrallable.

Controller, *n.* one who controls

Controvert, অসোঁৱাহ উলিওৱা, কোনো বিষয়ৰ বিৰুদ্ধে কথা কোৱা।

Controvercy, *v.* তৰ্ক কৰা, কথাৰে বাদ বিচাৰ কৰা।

adj. controversial.

Controversy, *n* তৰ্ক-বিতৰ্ক।

Contumacy, *n.* চৰ্কাৰী আদেশ নমনা। [*adj.* contumacious.]

Conversant, *adj.* জ্ঞাত।

Convalsce, *v.* বেমাৰৰ পাচত লাহে লাহে স্বাস্থ্য লাভ কৰা।

n. convelecene.

Convelescent, *adj.* কট্-কটীয়া।

Convance, *v.* সভাত বা মেলত গোট খোৱা।

Convener, *n.* সভাপদ বিলাকৰ মুখ্য।

Conventicle. *n.* উপাসনা সমিতি।

Convention, *n.* প্ৰতিনিধি বিলাকৰ মেল (2) দ্বিতীয় চাৰ্লছ্ অক পুণৰ সিংহাসন দিয়া সভা

Conventionality, *n.* সামাজিক চলন আচৰণ পালন।

Converse, *v* আলাপ কৰা।
n. conversation

Converse, *adj.* বিপৰীত।

Conversion, *n.* এক ধৰ্ম্মৰ পৰা আন ধৰ্ম্মলৈ নিয়া কাৰ্য্য (2) এক অৱস্থাৰ পৰা আন অৱস্থালৈ নিয়াৰ কাৰ্য্য। *v.* Convert,

Convex, *n.* কুঁজ।

Convey, *v,* দাঙ্গি লৈ যোৱা, কঢ়িয়োৱা। *n,* Conveyance,

Convict, *v,* দোষী প্ৰমাণ কৰা, (2) অপৰাধী প্ৰমাণ কৰা।

Convict, *n,* দোষী, অপৰাধী।

Convice, *v.* তৰ্ক-বিতৰ্কেৰে সন্দেহ গুচোৱা।

Convivial, *adj.* সামাজিক (2) ধেমেলীয়া।

Convocation, *n,* সভা, মেল। কোনো মহৎ কাৰ্য্যৰ নিমিত্তে লগ লাগি বহা লোকবিলাক।

Convolve, *v.* মেৰোৱা, পকোৱা।

Convoy, *n,* সঙ্গী, (2) আলপৈচান ধৰোঁতা।

Cony, Coney, *n,* শহাপহু।

Coo, v, পাৰ বা কপৌৰ দৰে চিঞৰা

Cook, v, ৰন্ধা পাক কৰা (2) *n,* ৰান্ধনি।

Cool, *adj*, চেঁচা, moderately cold

Coolie, *n.* কুলি, কুলী।

Coom, *n.* কয়লা গুড়ি।

Coom, *n.* চৰাইৰ সজা।

Co-operate, *v.* একে উদ্দেশ্যেৰে লগলাগি কোনো কাৰ্য্য কৰা।
n. Co-operation,

Co-partner, *n.* ভাগী।

Cope, *v.* প্ৰতি যোগ কৰা।

Copyist, *n,* নকল নবিচ।

Copyist, *adj.* যথেষ্ট, যিমান লাগে সিমান।

Copper, *n.* তাম।

Coprobite, *n.* শুকান গোবৰ।

Copulate, *v.* সহবাস কৰা, শৃঙ্গাৰ কৰা।

Copulation, *n.* অনঙ্গকেলি, কামকেলি, অনঙ্গ-ক্ৰিড়া।

Copy *n.* নকল, প্ৰতিলিপি।

Copy-right, *n.* কিতাপ লিখোঁতাৰ স্বত্ব।

Coral, *n.* পোৱাল।
adj. Corltiferoae.

Corban, *n;* ভিক্ষাপাত্ৰ, (2) মগনীয়াক দিয়া বস্তু।

Corbeil, *n.* খৰাহি, পাচি।

Cord, *n.* ৰচি, জৰী। [ভিতৰৰ।]

Cordial, *adj.* আন্তৰিক, মনৰ

Cordon, *n.* মান স্বৰূপে দিয়া ফিতা।

Core, *n.* কলহৰ বা ঘটিৰ ভিতৰৰ অংশ।

Coriander, *n.* ধনিয়া। এবিধ সুগন্ধি শাক।

Coriaceous, *adj.* ছাগৰ নিচিনা।

Cork, *n.* কাঁক, বটলৰ মুখ বন্ধ কৰা এবিধ বস্তু।

Cork-screw, *n.* কাঁক মেলা যতন।

Corn, *n.* শস্য, খেতিৰ উৎপন্ন বস্তু।

Corner, *n.* চুক, কোণ।

Corned-guard, *n.* জিকা।

Corna, *n.* শিং। *pl.* Cornal.

Coronet, *n.* ৰাজমুকুট।

Coronation, *n.* ৰজাক ৰাজমুকুট পিন্ধোৱা কাৰ্য্য।

Corporal, *adj.* শাৰিৰীক, কায়িক।

Corporeal, *adj.* having a body or substance (2) সাকৰা।

Corps, *n.* ফৌজ, সৈন্যৰ দল।

Corpse, *n.* মানুহৰ মৰা শ। [পুষ্ট।]

Corpalent, *n.* ডাঙৰ গা-যুক্ত, হৃষ্ট

Correct, *v.* শুদ্ধ কৰা, লেখাত থকা ভুল শুধোৱা *n.* Correction,

Correspond, *v.* লেখা লেখি কৰা।

n. Correspondence.

Corrigible, *adj.* শুধৰাবৰ যোগ্য বা শুধৰাব লগীয়া।

Corroborate, *v.* সন্দেহ দূৰ কৰা, নিশ্চয় কৰা। Corroboration.

Corrode, *v.* ক্রমে ক্রমে ক্ষয় কৰা।

Corrupt, v. নষ্ট কৰা, নাশ কৰা, বেয়া কৰা।

Cortex, *n.* গছৰ ছাল।

adj. Cortical.

Cost, v. খৰচ কৰা, খৰচ হোৱা।

P. T., P. P. cost.

Cot, Cottage, *n.* জুপুৰী ঘৰ।

Cotton, *n.* তুলা।

Couch, v. বিচনাত পৰা।

Cough, *n.* শৰীৰৰ এক ধাতু।

Could, v. Past tense of 'can'

Council, *n.* সভা। কোনো কাৰ্য্যৰ নিমিত্তে লগলাগি বহা লোক বিলাক।

Counsel, *n.* উপদেশ (2) উকীল, উকিল।

Count, *n.* গণনা (2) ইংলণ্ডৰ পদবি বিশেষ, *Fem.* countess.

Count, v. গণনা কৰা (2) লেখ কৰা।

Countenance, *n.* চেহেৰা।

Counter, *adj.* বিপক্ষে, বিৰুদ্ধে।

Couterfeit, v. জাল কৰা।

Country, *n.* দেশ। মহা দেশৰ এভাগ।

Coup, v. সলনা-সলনি কৰা।

Couple, *n.* যুগল, যোৰ।

Coupon, *n.* কুপন।

Courage, *n.* সাহ, ভয়নথকা গুন।

Courageous, *adj.* মন-ডাঠ সাহসী।

Course, *n.* দৌৰৰ কাৰ্য্য (2) দৌৰৰ বাট (3) কোৰ্চ *e. g.* Entrance Course,

Court, *n.* আদালত, কচাৰি।

Courtesy, *n.* ভদ্রতা, নম্রতা।

Cousin, *n.* দদাইৰ, মোমাইৰ, মাহীৰ বা পেহীৰ লৰা বা ছোৱালী।

Couvenant, *n.* কোনো বন্দবস্তৰ দলিল।

Cover, *v.* আবৃত কৰা, ঢকা।

Covering, *n.* ঢাকোন।

Covetous, *n.* লুভীয়া।

Cow, *n* গাই গৰু।
pl. Cows, kine,

Cow, *v.* ভয় লগোৱা।

Coward, *adj.* কাপুৰুষ, ভয়াতুৰ।

Cowherd, *n.* গৰখীয়া।

Cow-shed, *n.* গোহালি।

Cox-comb, *n.* মূৰ্খ (2) ফুল বাবু।

Crab, *n.* কেঁকোৰা।

Crack, *n.* আঁচ, ফাট।

Crack, *n.* কেঁকুৰেকোৱা (2) ফটা।

Cradle, *n.* a bed in which children are rocked (2) *Fig.* বাল্যাবস্থা।

Craft, *n.* কৌশল (2) ধূৰ্ত্ততা।

Crafty, *adj.* টেঙৰ।

Crag, *n.* পৰ্ব্বতৰ শিং।

Cram, *v.* পৰীক্ষাত সুধিব বুলি বাছি মুখস্থ কৰা (2) ভেৰা বা আন কোনো জন্তু খ.বলৈ শকট হবৰ উদ্দেশ্যে পেটত ধৰে মানে খুৱোৱা।

Crane, *n.* বৰ টোকোলা। এবিধ মাছ আদি খোৱা দীঘল চৰাই।

Crank, *n.* বেঁকা বস্তু।

Crapulence, *n.* অমিত ব্যৱহাৰৰ পৰা হোৱা বেমাৰ।
adj. Crapulent.

Crave, *v.* ভিক্ষা কৰা, আনক মগা (2) অভিলাষ কৰা।

Crawl, *v.* ছুচৰি যোৱা।

Crayon, *n.* খড়ী-মাটিৰ পেন্‌চিল্‌।

Craze, *v.* দুৰ্ব্বল কৰা। [*adj.* Crazy.

Cream, *n.* গাখিৰৰ সৰ।

Create, *v.* সৃষ্টি কৰা, স্রজন কৰা, নিৰ্ম্মাণ কৰা, (2) উৎপন্ন কৰা।

Creature, *n.* প্ৰাণী।

Credible, *adj.* মাননীয় (2) বিশ্বাসৰ যোগ্য।

Credit, *v.* বিশ্বাসত ধাৰে বেচা (2) বিশ্বাস কৰা।

Credence, *n.* বিশ্বাস, প্ৰত্যয়।

Creek, *n.* জান, জুৰি।

Creeper, *n.* লতা।

Creep, *v.* বগুৱা বাই যোৱা।
P. T. P. P. Crept.

Crescent, *n.* অৰ্দ্ধচন্দ্ৰ।

Crib, *n.* গোহালি (2) জুবুৰিৰৰ।

Crible, *n.* চালনী।

Cricket, *n.* 'বেটবল'। এবিধ খেমালি (2) উঁই চিৰিঙা।

Cried, *v.* P. T. of cry.

Crime, *n.* দোষ, অপৰাধ, পাপ।
adj. Criminal.

Cripple, *n.* পঙ্গু, খোৰা।

Criticise, *v.* দোষগুণ বিচাৰ কৰা।
n. Criticism.

Crock, *n.* মাটিৰ পাত্ৰ।

Crocodile, *n.* ঘৰিয়াল।

Crooked, *p. adj.* কুব্জ (2) কপটীয়া
e. g. Crooked policy.

Crop, *n.* শস্য।

Cross, *v.* পাৰ হোৱা।

Cross, *n.* ক্ৰুশ *e. g* Christ was nailed to the cross.

Cross-wise, *adv.* পথলীয়াকৈ।

Crouch, *v.* বেঁকা হৈ থকা।

Crow, *n.* পাতি কাউৰা (2) কাউৰীৰ চিঞৰ।

Crowd, *n.* সাধাৰণ মানুহৰ দল (2) হুলস্থুল।

Crowd, *v.* ভাৰ থকা, পৰিপূৰ্ণ হোৱা।
e. g. which (the Thames) is crowded with the ships of all nations.

Crown, *n.* ৰাজমুকুট (2) কোনো বস্তুৰ আগ *e. g.* the crown of the hat.

Crucify, *v.* ক্ৰুশত দিবধ কৰা।

Cruel, *adj.* নিৰ্দ্দয়, নিমৰমীয়া।
n. Cruelty.

Cruse. *v.* পানীত ফুৰা।

Crumble, *v.* ডোখৰ ডোখৰ কৰা।

Crunch, *v.* দাঁতেৰে গুড় কৰা।

Crusade, *n.* ক্ৰুশেদ। মছলমান (বা সেৰাচেন্) বিলাকৰ পৰা গেলেচ্টাইন্ উদ্ধাৰ কৰিবলৈ কৰা যুদ্ধ।

Crush, *v.* দমন কৰা, পৰাস্ত কৰা।

Cry, *v.* চিঞৰা (2) বৰকৈ মতা।
P. T. P. P. Cried.

Crystal, *n.* ফটিক। এবিধ বগা নিৰ্ম্মল চকচকীয়া শীল।

Cub, *n.* বাঘ, ভালুক বা সিংহৰ পোৱালী।

Cubit, *n.* আধাগজ।

Cuckoo, *n.* কুলি। বসন্ত কালত ওলোৱা কাউৰীৰ নিচিনা এবিধ চৰাই

Cucumber, *n.* তিঞহ, তিঞয়হ।

Cudgel, *n.* গধুৰ লাঠি।

Cue, *n.* কেকোঁৰা চুলি।

Cuff, *n.* মুকুটি।

Cull, *v.* বাছি লোৱা।

Culmination, *n.* ওখ ঠাই।

Culprit, *n.* দোষী (2) জামিনত দিয়া আচামী (আচামি)।

Cultivate, *v.* খেতি কৰা (2) বিদ্যা অৰ্জ্জা।

Cultivation, *n.* খেতি (2) বিদ্যা আৰ্জ্জন।

Cultivator, *n.* কৃষক, খেতিয়ক।

Culture, *n.* উপাৰ্জ্জন।

Cumber, *v.* দিগ্ দিয়া (2) বাধা দিয়া।
adj. Cumberous,

Cumin, *n.* ভোগজিৰা।

Cumalate, *v.* গোটোৱা, একেলগ কৰা।

Cunning, *adj.* চালাক, টেঙৰ, ধূৰ্ত্ত।

Cup, *n.* পিয়লা (বাটি)।

Cur, *n.* কুকুৰ।

Curd, *n.* দৈ গাখিৰ।

Cure, *v.* নিৰোগী কৰা।
adj. Curable,

Curious, *adj.* আচৰিত (2) জানিবলৈ ইচ্ছুক।
n. Curiosity,

Curl, *v.* কেঁকোৰা কৰা।

Current, *n.* নৈ বা সাগৰৰ সোঁত (2) চলিত *e. g.* current month

Currency, *n.* দেশৰ চলিত মুদ্ৰা (2) চলিত দাম।

Curriculam, *n.* কোনো পঢ়াশালী বা কলেজৰ নিৰ্দ্ধাৰিত কিতাপৰ তালিকা।

Curry, *n.* আঞ্জা।

Curse, *v.* শাও দিয়া, শাপ দিয়া।

Curtain, *n.* আঠুৱা (২) *v.* সংক্ষেপ কৰা।

Curve, *adj.* বেঁকা।

Custard, *n.* গাখিৰ ও কণীৰ মিহলি খাদ্য।

Custard-apple, *n.* বঙ্গালী আতলচ। [কৰণ,]

Custody, *n.* ৰাখন, ৰক্ষন, ৰক্ষা

Custom, *n.* দস্তুৰ, (2) অভ্যাস।

Customer, *n.* গ্ৰাহক।

Costomery, *adj.* দস্তুৰ অনুসাৰে।

Cut, v. কটা (2) ভাগ কৰা।

Cycle, *n.* Contraction for bicycle or tricycle.

Cyclone, *n.* ঘূৰ্ণবায়ু, বা'মাৰলি।

Cygnet, *n.* সৰু চাকৈ-চকোৱা।

Cylinder, *n.* টান ঘূৰণীয়া বস্তু।

Cymbal, *n.* এবিধ বাজনা।

Cypher, *n.* mis-spelt for 'cipher'

Czar, *n.* ৰুসয়াৰ সম্ৰাট।
Fem. Czarina,

D

D, ইংৰাজি বৰ্ণমালাৰ চতুৰ্থ আখৰ।

Dab, *v.* লাহে লাহে থপৰিওৱা।

Dabble, *v.* পানীত খেমালি কৰা (2) কোনো কাৰ্য্যৰ অৱহেলা কৰা।

Dactilology, *n.* আঙুলিৰে কথা কোৱা ভাষা।

Daffodit, *n.* পদ্ম, পদুম

Dagger, *n.* মিত-দা, সৰু তৰোৱাল।

Daggle, *v.* বোকাৰে লেটি-পেটি কৰা। (2) বোকাত পেলোৱা।

Day, *n.* দিন (2 কাল, সময়।

Dainly, *n.* ভাল আহাৰ বেচৰা।

Daily, *ad. v*, প্ৰতি দিন, নিতৌ।

Dairy, *n.* ঘিউ, মাখন কৰা ঘৰ।

Dally, *v.* মিচাতে সময় নষ্ট কৰা।

Dalliance, *n.* শৃঙ্গাৰ, অনঙ্গ কেলি, কাইচ্ লাইচ।

Dam, *n.* ভেটা। পানী বন্ধ কৰি ৰাখিবলৈ বন্ধা সক ঢাপ।

Damage, *n.* ক্ষতি, হানি, লোক-চান।

Damn, *v.* চিৰকাল নৰকত ভোগ কৰিবলৈ আদেশ দিয়া।

n. Damnation.

Damask, *v.* কাপোৰত ফুল বছা।

Damp, *adj* তিত, আদ্ৰ।

Dance, *v.* নচা, নাচকৰা।

Dancing, *n.* নাচ্, নাচন [ফুৰা।]

Dander, *v.* ইফালে সিফালে ঘৰি

Danegeld, *n.* ডেনেগেলড্। ই এটা কৰ আছিল

Dandriff, *n.* উফি।

Danger আপদ, বিপদ, শ্যান্।

adj. dangerous.

Dare, *v* সাহস কৰা, সাত কৰা।

Daring, *adj*. সাহসিক।

Darkness, *n.* অন্ধকাৰ।

Dark, *adj* এন্ধাৰ (2) ক'লা।

v. darken.

Darlin , *adj*. মৰমৰ, চেনেহৰ।

Dart, *n.* সৰু যাঠি। ই এবিধ অস্ত্ৰ

Dash, *v.* বললৰে মাৰি পঠিওৱা (2) মূছি পেলোৱা (3) ডোখৰ ডোখৰ হোৱা।

Dastard, *n.* কাপুৰুষ।

Date, *n.* খাজুৰি (2) তাৰিখ।

Daughter, *n.* দুহিতা, দুহিতৃ. পুত্ৰী, জী।

Daughter,-in-law, *n.* পো-বোৱাৰী, পোৰ তিৰোতা।

Daw, *n.* পোৰা কাউৰী।

Dawn, *n.* ৰাতিপুৱা সময় (2) আৰম্ভ।

Day, *n.* দিন। *adj*. daily

Dazzle, *v.* প্ৰবল পোহৰৰ নিমিত্তে চকু জলক্ টবক্ লগা। Followed by 'with'

Dead, *adj*. নিৰ্জীৱ; মৃত, মৰা।

Deaf, *adj*. কলা, কাণে নুশুনা।

Deal, *v.* ব্যৱহাৰ কৰা, বেপাৰ কৰা।

P. T., P. P. Dealt.

Dear, *adj*. মৰগীয়া, দুষ্প্ৰাপ্য (2) প্ৰিয়, মৰমৰ।

Dearth, *n.* মৰগ, দুষ্প্ৰাপ্য।

Debark, *v.* জাহাজৰ বা নাওৰ পৰা স্থলত নমা। *n.* debarkation.

Debase, *v.* অধম কৰা, নীচ কৰা।

Debate *v*, পাৰ্লিমেণ্ট বা আন মহা-সভাত তৰ্ক বিতৰ্ক কৰা (2) তৰ্ক বিতৰ্ক কৰা।

Debenture, *n.* কোম্পানিয়ে বন্ধক দি ধন ধাৰ কৰা দলিল।

Debilitate *v.* দুৰ্ব্বল কৰা।

n. debilitation

Debit, *n.* ধাৰ।

Debonair, *adj.* ভদ্ৰ ব্যৱহাৰ, নম্ৰ (2) প্ৰফুল্ল।

Debt, *n.* ঋণ, ধাৰ।

Debtor, *n.* ধৰুৱা, ঋণী।

Decant, *v.* নিজনিকৈ এটা পাত্ৰৰ পৰা আন এটা পাত্ৰলৈ বকা।

Decay, *v.* ধ্বংশ হোৱা, নষ্ট হোৱা।

Decease, *n.* মৃত্যু, মৰন।

Deceit, *n.* প্ৰবঞ্চনা, ছলনা।
v. Deceive.

Deception, *n.* টাটক-নাটক, ছলনা।

December, *n.* ডিচেম্বৰ। ইংৰাজি মাহৰ শেষ মাহ

Decent, *adj.* চাফ্‌চিকন, ভদ্ৰ।
n. decency.

Decide, *v.* নিৰ্ণয় কৰা, স্থিৰ কৰা।

Deciduous, *adj.* অস্থায়ী।

Decimal, *n.* দশমিক।

Decimate, *v.* দহ ভাগৰ একভাগ লোৱা (2) to put to death every tenth man. *n.* decimation,

Decision, *n.* মীমংসা, নিষ্পত্তি।
adj. decisive.

Deck, *v.* শোভা কৰা।

Deck, *n.* জাহজৰ ডেক্।

Declare, *v.* ঘোষনা কৰা।
n. declaration

Decline, *v.* অস্বীকাৰ কৰা (2) ধাতু ৰূপ কৰা (3) পৰা। *n.* declination.

Decollate, *v.* মূৰ কটা।

Decolour, *v.* ৰং গুচোৱা।

Decompose, *v.* বেলেগ বেলেগ কৰা
n. decomposition.

Decorate, *v.* ধুনীয়া কৰা, অলঙ্কাৰ কাপোৰ আদিৰে শোভা কৰা।
n. decoration.

Decrease, *v.* কমা, কম হোৱা।

Decree, *n.* হাকিমৰ হুকুম (2) a judicial decision.

Decrepit *adj*, বুঢ়া, জীৰ্ণ, আলৰ।

Decuple, *adj*, দহ গুণ।

Delicate, *adj*, কোমল। দুৰ্ব্বল।

Deed, *n.* কাৰ্য্য, কাম।

Deem, *v.* ভবা।

Deep, *adj.* গম্ভীৰ, গভীৰ, (২) অগাধ

Deer, *n.* হৰিণ, পহু।

Some nouns have the same form in both numbers, 'deer' is one of them.

Deface, *v.* মোহাৰি পেলোৱা

Defame. v. সুনাম নষ্ট কৰা।

Default, *n.* দোষ।

Defeat, v. হৰা, পৰাজয় হোৱা।

Defect, *n.* দোষ ত্ৰুট।

Defence, *n.* ৰক্ষণ, আশ্ৰয়

Defend, v. ৰক্ষা কৰা, নষ্ট হবলৈ নিদিয়া।

Defer, v. আন দিনলৈ স্থগিত কৰা (2) আনৰ মতত মত দিয়া।

Deficient, *adj*. কম, তাকৰ
n. Deficiency.

Deficit, *adj*, কম।

Defile, *v*. নষ্ট হোৱা। *n*, Defilement,

Define, *v*. নিৰূপণ কৰা (2) ব্যাখ্যা কৰা *n*. Definition,

Definite, *adj*. নিশ্চিত, ঠিৰাং।

Deflour, Deflower, *v*. পুষ্পহীন বা ফুল নথকা কৰা।

Deform, *v*. to alter or injure the form of.

Defray, *v*, দিয়া।

Deft, *adj*. তৎপৰ, চালাক।
n. Deftness,

Defraud, *v*. ছলনা কৰা।

Defy, *v*. কুটাৰ নিচিনা জ্ঞান কৰা।

Degeneracy, *v*. ক্ষয়, হানি।

Degenerate, *v*. ক্ষয় হোৱা, হানি হোৱা, অধম হোৱা।

Deglutinate, *v*. বেলেগ বেলেগ বস্তু এঠাৰে একেলগ কৰা।
n. Deglutination.

Degrade, *v*. তললৈ যোৱা, পতন হোৱা, *n*. Degradation.

Degree, *n*. (academical) উপাধি (2.) পদ। [goddess.

Deity, *n*. দেৱতা god or

Delay, *v*. পলম কৰা, বিলম্ব কৰা।

Delete, *v*. নষ্ট কৰা।

Delf, *n*. সক খাল।

Deliberate, *v*. বাদানুবাদ কৰা, তৰ্ক বিতৰ্ক কৰা। *n*. deliberation.

Delicate, *apj*. 'ললিত,' 'মধুৰ' (2) দুৰ্ব্বল (3) ভদ্ৰ। *n*. delicacy.

Delicious, *adj*. সোৱাদ, মধুৰ।
n. deliciousness.

Delight, *n*. আনন্দ, আহ্লাদ।

Delightful, *adj*. আনন্দিত, প্ৰফুল্ল।
n. delightfulness.

Delineate, *v*. বৰ্ণনা কৰা।
n. Delineation.

Delinquency, *n*. দোষ।

Delinquent, *n*. অপৰাধী, দোষী।

Delirium, *n*. বিকাৰ।

Deliver, *v*. উদ্ধাৰ কৰা, মুক্তি কৰা (2) দিয়া। *n*. deliverance.

Delivery, *n*. act of delivering. (2) গৰ্ভ মোচন (childbirth)

Delta, *n*. বদ্বীপ, ডেল্টা ত্ৰিকোণ ভূমিভাগ নদীৰ মুখত থাকি নদীক বেলেগ বেলেগ সোতে ভাগ কৰে সেই তিন-কুনিয়া ভূমি।

Delude *v*. ছলনা কৰা।

Deluge, *n*. জলপ্লাবন।

Delusion, *n*. মোহ (2) ভুল।

Delusive, *adj*. মিছা, অসত্য।

Demand, *v*. দাবী কৰা 2) *n*, দাবী

Demandant, *n*. দাবি কৰোঁতা, ফৰিয়াদী। *Fem*. demandress.

Demeanour, *n.* ব্যৱহাৰ, আচৰণ।

Dement, *adj.* পগলা (2) *n.* পগলা মানুহ।

Demerit, *n.* দোষ, কুযশ।

Demi-god, *n.* one whose nature partly divine.
Fem. demi-godess.

Demise, *v.* ৰজা বা আন কোনো বিখ্যাত লোকৰ মৃত্যু।

Democracy, *n.* সাধাৰণ তন্ত্ৰ শাসন। যি দেশৰ ৰাজ ক্ষমতা প্ৰজাৰ ওপৰত দিয়া হয়।

Demolish, *v.* ধ্বংশ কৰা, নষ্ট কৰা।
v. demolition.

Demon, *v.* ভূত, পিশাচ।
Fem. demoness.

Demonology, *n.* ভূতৰ সাধু কথা।

Demonstrate, *v.* স্পষ্টকৈ দেখুৱাই দিয়া 2) ঠিকাংকৈ প্ৰমান কৰা।
n. demonstration.

Demoralise, *v.* to Corrupt in morals, *n.* demoralisation

Den, গুহা, গহ্বৰ, দ গাত।

Denial *n.* নুই *vide* deny,

Denominate, *v.* নাম দিয়া।
n. denomination.

Denominator, *n.* নাম দিওঁতা (2) ভগনাংশৰ তলৰ ভাগ।

Denote, *v.* বুজোৱা। চিন্ দি দেখোৱাই দিয়া।

Denounce, *v.* ভয় দেখোৱা (2) দোষ দিয়া। *n.* denouncement.

Dental, *n.* দন্তবৰ্ণ (2, *adj*, দাঁত সমন্ধীয়।

Denude, *v.* নাঙ্গঠ কৰা, বিবস্ত্ৰ কৰা।

Deny, *v.* নুই কৰা, অস্বীকাৰ কৰা, অমৈস মতা। *n.* denial.

Depart, *v.* গুছি যোৱা (2) এই সংসাৰ ত্যাগ কৰা।

Department, *n.* বিভাগ *e. g.* Forest department, Education department.

Departure, *n.* প্ৰস্থান, গমন।

Depend, *v.* অৱলম্বন কৰা, ওলমা।

Dependant, Depondent, } *n.* উপাসক, আশ্ৰিত

Dependence, *n.* অৱলম্বন, আশ্ৰয়।

Depict, *v.* বৰ্ণনা কৰা।

Deplore, *v.* শোক কৰা, বেজাৰ কৰা।

Deplorable, *adj.* শোক জনক, শোচনীয়।

Depopulate, *v.* জনশূন্য কৰা, মানুহ নোহোৱা কৰা।
n. depopulation.

Deportment, *n.* আচৰণ, ব্যৱহাৰ, চলন।

Depose, *v.* সিংহাসনৰ পৰা নমোৱা অৰ্থাৎ ৰজা ভগা।

Deposit, *v.* ধন গোটাই থোৱা (2) গোটোৱা।

Depot, *n.* ভৰাল ঘৰ।

Depreciate, *n.* সামান্য যেন জ্ঞান কৰা। নিন্দা কৰা ভাল নেবোলা। *n.* depreciation.

Depredate, *v.* লুট কৰা, অন্যায় কৈ বলেৰে হৰণ কৰা। *n.* depredation.

Depress *v.* নিৰুৎসাহ কৰা। উৎসহৰ অভাব হোৱা। *n.* depression.

Deprive, *v.* বঞ্চিত কৰা। *n.* deprivation.

Depute, *v.* প্ৰতিনিধি স্বৰূপে পঠোৱা

Deputy, *n.* প্ৰতিনিধি।

Derangement, *n.* আউল-বাউল, লৰ্ব্বাং তৰ্ব্বাং।

Dereliction, *n.* ত্যাগ, পৰিত্যাগ।

Derision, *n.* উপহাস, ইতিকিং, নিন্দা। *adj.* derisive.

Derive, *v.* উলিয়োৱা (2) কোনো শব্দৰ আদি উলিয়েৱা। *n.* derivation.

Derivative, *adj.* যৌগিক।

Descant, *n.* গান (2) বাদানুবাদ।

Descend, *v.* তললৈ যোৱা (2) আনৰ পৰা উৎপন্ন হোৱা।

Descendant, *n.* সন্তান, লৰাছোৱালী

Descent, *n.* act of desending, (2) পূৰ্ব্ব পুৰুষৰ পৰা উৎপন্ন।

Describe, *v.* আঁকা, অঙ্কিত কৰা (2) বৰ্ণনা কৰা। *n.* description,

Desert, *n.* মৰুভূমি। যি ঠাইত গছ গছনি নাই, বালি আৰু শিলেৰে ভৰা (2) গুণ।

Desert, *v.* ত্যাগ কৰা, এৰা। *n.* desertion.

Deserve, *v.* পুৰস্কাৰ বা শাস্তি পাবৰ উপযুক্ত হোৱা।

Desicate, *v.* শুকোৱা।

Design, *v.* নক্সা আঁকা (2) মনতে স্থিৰ কৰা।

Desire, *v.* ইচ্ছা কৰা, বাঞ্ছা কৰা, কামনা কৰা। *adj.* desirons.

Desirable, *adj.* মনোহৰ।

Desolate, *v.* জনশূন্য হোৱা, মানুহ নথকা কৰা। *n.* desolation.

Despair, *v.* হতাশ কৰা, হতাশ হোৱা, আশা গুচা। নিৰাশা হোৱা। *adj.* desperate.

Despatch, *v.* বেগতে পঠোৱা (2) নিস্পত্তি কৰা।

Despise, *v.* ঘিণ কৰা, অধম যেন বোধ কৰা *adj.* despisable.

Despite, *adj.* ঘিণ (2) হিংসা।

Despot, *n.* ইচ্ছাতন্ত্ৰ ৰজা। যি ৰজাই আপোন ইচ্ছাৰে শাসন কৰে।

Despumate, *v.* ফেন উঠা।

Destine, *v.* নিয়োগ কৰা (2) শাস্তি দিবলৈ হুকুম দিয়া।

Destiny, *n.* অদৃষ্ট, ভাগ্য।

Destroy, *v.* ধ্বংশ কৰা, নষ্ট কৰা নাশ কৰা, হানি কৰা।
adj. destructible.

Destroyer, *n.* বিনাশক, ধ্বংসোঁতা।

Detach, *v.* বেলেগ কৰা, পৃথক কৰা

Detachment, *n.* বেলেগ পৃথক, প্ৰভেদ।

Detail, *n.* সবিশেষ বিবৰণ।

Det in, *v.* আটাক বখা, আবদ্ধ কৰা
n. detention.

Detect, *v.* ধৰা।

Detective, *adj.* অপৰাধীক ধৰাত পাকৈত।

Deter, *v.* নিশেধ কৰা, হাগ দিয়া।

Determine, *v.* স্থিৰ কৰা (2) মনস্থ কৰা, ইচ্ছা কৰা।

Determination, *n.* দৃঢ় প্ৰতিজ্ঞা, নিশ্চয়তা।

Detest, *v.* বৰকৈ ঘিণ কৰা, বৰ চুৱা যেন বোধ কৰা। অতি অধম যেন ভবা। *adj.* detestable,

Dethorne, *v.* সিংহাসনৰ পৰা নমোৱা, অৰ্থাৎ ৰজা ভঙ্গা।
n. dethronement.

Detract, *v.* নিন্দা কৰা, দুৰ্ণাম কৰা।
n. detraction. [অসুবিধা।

Detriment, *n.* ক্ষতি, লোকচান,

Detruncate, *v.* চুটি কৰা (2) ছেদন কৰা।
n. detruncation,

Devastate, *v.* লুট কৰা, বলেৰে হৰণ কৰা। *n.* davastation.

Develop, *v.* বঢ়া, বৃদ্ধি হোৱা

Deviate, *v.* বিপথে যোৱা, অবাটে যোৱা। *n.* deviation.

Devil, *n.* ভূত, পিশাচ।
adj. devillish,

Devise, *v.* বুধি সজা, অভিসন্ধি কৰা (2) উইল কৰি দান কৰা।

Devoid, *adj.* বিহীন, নথকা (2) বৰ্জ্জিত *e. g.* devoid of covetousness and anger.
Followed by 'of'.

Devoir, *n.* কৰ্ত্তব্য কাম, কৰিব লগা কাম।

Devote, *v.* উৎসৰ্গ কৰা, সমৰ্পণ কৰা।

Devotion, *n.* তপস্যা, তপ।

Devotee, *n.* তপস্বী, তপ-কৰোঁতা।

Devous, *v.* গ্ৰাস কৰা।

Dev-out, *adj.* সাধু, ধাৰ্ম্মিক।
n. devoutness.

Dew, *n.* নিয়ৰ।

Dexter, *adj.* দক্ষিণ।

Dexterous, *adj.* দক্ষ, পটু।
n. dexterity.

Diabetes, *n.* সাব, বহুমূত্ৰ ৰোগ।

Diadem, *n.* মুকুট, ৰজাৰ মূৰৰ ভূষণ

Diognose, v. লক্ষণৰ পৰ ৰোগ ঠাৱৰা। *n.* Disgonsis.

Diogonal, *n.* কৰ্ণ ৰেখা।

Diogonaly, *adv.* কোণা কোণিকৈ।

Diagram, *n.* অঙ্ক শাস্ত্ৰৰ চিত্ৰ।

Dial, *n.* ঘড়ীৰ মুখ (ঘড়ীৰ য'ত ১,২ I. II. ইত্যাদি লেখা থাকে)

Dialect, *n.* ভাষা, প্ৰাকৃত ভাষা।

Dialogue, *n.* কথা বাৰ্ত্তা, কথোপ-কথন।

Diameter, *n.* ব্যাস

Diamond, *n.* হীৰা, এবিধ মূল্যবান বাখৰ।

Diapason, *n.* সকলো সুমধুৰ সুৰৰ স্বৰ।

Diaphonous, *adj.* কটুফটীয়া।

Diarrhœa, *n.* ভেদ, পেটছলা ৰোগ

Dictate, *v.* লিখিবলৈ আনক কৈ দিয়া (2) আদেশ দিয়া।

Dictation, *n.* শ্ৰুতলিপি।

Dictionary, *n.* অভিধান। যি কিতাপত শব্দৰ অৰ্থ আদি লিখা থাকে।

Dice, *n.* পাষটিবোৰ (plural of die.)

Did, *v. vide* do.

Didactic, *adj*. উপদেশক।

Die, *v.* মৰা, মৃত্যু হোৱা, পৰলোক প্ৰাপ্ত হোৱা।

Die, *n.* ৰূপ মৰা সাঁচ।
pl. dies.

Diet, *n.* আহাৰ, খোৱাৰ, খাদ্য।
adj. dietary.

Differ, *v.* বেলেগ মন হোৱা, মাত্তি নোহোৱা, পৃথক হোৱা।
Followed by 'from' with 'in.'

Different, *adj.* বিভিন্ন, পৃথক, বেলেগ। *n.* difference.

Differentiate, *v.* পৃথক কৰা, বিভিন্ন কৰা, বেলেগ কৰা।

Difficult, *adj.* কঠিন, উদ্ধ বা টিপা নোহোৱা। *n.* difficulty. [কষ্ট।

Difficulties, *n.* টকা পইচা সমন্ধে

Diffuse, *v.* ছটীয়াই পেলোৱা, সিচা, জুলীয়া বা ক্ষুদ্ৰ বস্তু নিক্ষেপ কৰা।
n. diffusion.

Dig, *v.* খনা, গাঁত কৰা।
P. T. P. P. dug.

Digest, *v.* জান হোৱা, হজম কৰা।

Digest, *n.* সংহিতা, স্মৃতি।

Digestible, *adj.* পাকী, বেগতে হজম হোৱা।

Digestion, *n.* পাক, হজম।
adj. digestive.

Digit, *n.* দহৰ তলৰ যি কোনো সংখ্যা, আদি সংখ্যা।

Dignify, *n.* মহত্ব, উচ্চপদ।

Dignity, *v.* সম্মান জনক বিষয় দিয়া, উন্নতি কৰা।

Digress, *v.* কোনো এক বিষয় বৰ্ণনা কৰে তে আন বিষয়লৈ যোৱা। *n.* digression.

Dilate, *v.* বহলোৱা, বাহুল্যকৈ বৰ্ণনা কৰা।

Dilemma, *n.* সাধোৰমোৰ, অঠাৰৰ

Diligent, *adj.* পৰিশ্ৰমী, যত্নশীল।

Diligence, *n.* পৰিশ্ৰম।

Dilute, *v.* পাতল কৰা, সেৰেঙা কৰা,

Dim, *n.* চকাছন্দা, অলপ পোহৰ (2) অনিশ্চিত।

Dimension, *n.* পৰিসৰ।

Diminish, *v.* কম কৰা, হ্ৰাস হোৱা। *n.* diminution.

Diminutive, *n.* সৰু বা ক্ষুদ্ৰত্ব বুজোৱা শব্দ *e. g.* 'kitten' is the diminutive of 'cat'.

Diminutive, *adj.* ক্ষুদ্ৰ।

Din, গোল মাল, চিঞৰ-বাখৰ, হাই-উৰুমি।

Dine, *v.* দুপৰীয়া ভোজন কৰা।

Dinner, *n.* দুপৰীয়াৰ ভোজন।

Ding, *v.* ঘণ্টা বজোৱা।

Ding-dong, *n.* টং টং শব্দ।

Dingle, *n.* উপত্যকা।

Dingy, *adj.* মেঘ বৰণীয়া।

Dint, *n.* প্ৰহাৰ, আঘাত, (2) ক্ষমতা।

Dip, *v.* অলপ সময়লৈ পানীত ডুবাই থোৱা (2) ডুবোৱা।

Dipper, *v.* পানীত ডুবাওঁতা।

Dipthong, *n.* একে উচ্চাৰণতে দুটা স্বৰবৰ্ণ থকা। *e. g.* sea in Bread.

Diploma, *n.* কিতাপ, উপাধি আদি দিয়া পত্ৰ *e. g.* diploma of B. A.

Diplomacy, *n.* সন্ধি, নিৰ্ব্বন্ধ। (2) দূত সমূহ। *adj.* diplomatic.

Direct, *adj.* পোণ, সহজ, সৰল।

Direct, *v.* পোণে পোণে যোৱা (2) বাট দেখোৱাই নিয়া (3) চিঠি পত্ৰত ঠিকনা লেখা।

Direction, *n.* গতি (2) উপদেশ (3) ঠিকনা।

Director, *n.* পৰিচালক, চলাওঁতা। *Fem.* directix.

Directly, *adv.* পোণে পোণে, (2) বেগতে।

Dirge, *n.* কৰুণগীত।

Dirk, *n.* সৰু তৰোৱাল।

Dirt, *n.* অপৰিস্কাৰ, মলি, গোকা।

Dirty, *adj.* অপৰিস্কাৰ, নিকা-নোহোৱা, ক্লেছুৱা। *n.* dirtiness.

Disable, *v.* অপাৰগ কৰা, দুৰ্ব্বল কৰা। *n.* disability.

Disabuse, *v.* ভুল গুচোৱা।

Disadvantage, *n.* অসুবিধা, অসুযোগ, (2) ক্ষতি। *adj.* disadvantageous.

Disaffection, *n.* অশ্ৰদ্ধা, অসৎকাৰ।

Disaffirm, *v.* আসৈ মতা, দুই কৰা।

Disagree, *v.* মান্তি নোহোৱা (2) অনুমোদন নকৰা। Fallowed by 'with'.

Disagreeable, *adj.* অসন্তোষজনক

Disagreement, *n.* বেলেগ বেলেগ মত, (2) অসন্মত।

Disallow, *v.* অনুমতি নিদিয়া।

Disappear, *v.* নেদেখা হোৱা।
n. disappearance.

Disappoint, *v.* আকাঙ্খা গুছা, (2 নিৰাশ হোৱা, হতাশ হোৱা।

Disapointment, *n.* হতাশ, নিৰাশ।

Disapprove, *v.* অনুমোদন নকৰা, ভাল নোবোলা, মত নিদিয়া।
n, disaproval.

Disarm, *v.* অস্ত্ৰ-সস্ত্ৰ সোলোকাই থোৱা।

Disarrange, *v.* বিশৃঙ্খল কৰা, লৰ্ব্বং ভৰ্ব্বাং হোৱা, ছিন্ন-ভিন্ন কৰা।

Disarray *v.* বিবস্ত্ৰ কৰা, (2) ব্যূহ ভগা।

Disassociate, *v.* বেলেগ হোৱা, লগ এৰা।

Disaster, *n.* বিপদ, আপদ, অমংগল।
adj. disastrous.

Disavow, *v.* আসৈ মতা, চুই কৰা।

Disband. *v.* সৈন্যদল বিশৃঙ্খল কৰা
n. disbandment.

Disbelieve, *v.* অবিশ্বাস কৰা।
n, disbelief.

Disburden, *v.* ভাৰৰ পৰা মুক্তি কৰা

Disburse, *v.* খৰচ কৰা, ব্যয় কৰা।
n. disbursement.

Disc, *n.* সূৰ্য্যাদি গ্ৰহৰ মণ্ডল।

Discard, *v.* পৰিত্যাগ কৰা, এৰি দিয়া।

Discern, *v.* বুদ্ধিৰ দ্বাৰা প্ৰভেদ কৰা।
n. discernment.

Discharge, *v.* ভাৰ বা ধাৰৰ পৰা মুক্ত কৰা (2) কৰ্ত্তব্য কাম কৰা।

Disciple, *n.* শিচ, (2) ছাত্ৰ, ভকত।

Discipline, *n.* শিক্ষা, দমন।

Disclaim, *v.* দাবী অস্বীকাৰ কৰা।

Disclose, *v.* প্ৰকাশ কৰা, উদঙাই দিয়া। *n.* disclosure.

Discolour, *v.* এটা ৰং গুছাই আন এটা ৰং দিয়া।
n. discolouration.

Discomfit, *v.* হৰা, পৰাস্ত হোৱা।
n. discomfiture

Discomfort, *n.* দুখ, কষ্ট। [দোলা।

Discommend, *v.* নিন্দা কৰা, বেয়া

Discompose, *v.* বিশৃঙ্খল কৰা, আকুল কৰা। *n.* discomposure.

Disconnect, *v.* বেলেগ কৰা. পৃথক কৰা। *n.* disconnection.

Disconsolation, *n.* বিষণ্ণতা, (2) শোক

Discontent, *adj.* অতুষ্ট, অসন্তুষ্ট।
n. discontenment.

Discontinue, *v.* বন্ধ কৰা, চলি নথকা।
n. discontinuance.

Disco d, *n.* বিস্বৰ; (2) বিবাদ (3) বিৰোধ।
adj. discordant. [মত

Discordance, *n*, অমিল, ে ে

Discount, *v.* সুত বাদ দিয়া।

Discourage *v.* নিৰুৎসাহ কৰা ভগ্নোৎসাহ হোৱা।

Discouragement, *n.* নিৰুৎসাহ
Followed by 'to.'

Discourse, *n.* কথা বাৰ্ত্তা, কথোপ কথন।

Discourteous, *adj.* অভদ্ৰ, অনম্ৰ

Discover, *v.* আবিষ্কাৰ কৰা, প্ৰকা কৰা. *n.* discovery.

Discredit, *n.* দুৰ্যশ, কুযশ।

Discreet, *n.* বিজ্ঞ, সতৰ্ক, ধীৰ স্বভাৱ। *n.* discreetness.

Discrepancy, *n.* বেলেগ বেলেগ ভাব।

Discretion, *n.* সতৰ্কতা; পৰিণা দৰ্শিতা, বিজ্ঞতা। [পৃথক

Discrete, *adj.* বিভিন্ন, বেলেগ,

Discriminate, *v.* ভাল বেয়া পৃথক কৰা; বেলেগ কৰা।
n. discrimination.

Discuss, *v.* তৰ্ক বিতৰ্ক কৰি বিচাৰ কৰা। তৰ্কবিতৰ্ক কৰা।

Disdain, *v.* ঘিণ কৰা, অকৰ্ম্মণ্য বুলি তুচ্ছ জ্ঞান কৰা।

Disease, *n.* ৰোগ, ব্যাধি।

Diseased, *adj.* ৰোগগ্ৰস্ত।

Disembark, *v.* নাও বা জাহাজৰ পৰা নমা। *n.* disembarkation

Disembarrass, *v.* বিবুদ্ধ বা কষ্টৰ পৰা উদ্ধাৰ কৰা।

Disenchant, *v.* মোহ বা মায়া দূৰ কৰা।

Disencumb r, *v.* ভাৰৰ পৰা মুক্ত কৰা।

Disengage, *v.* মুক্ত কৰা।

Disentomb, *v.* পোতাৰ পৰা শৱ উলিয়াই অনা।

Disesteem, *v.* অনাদৰ কৰা, মান্য নকৰা।

Disfavour, *n.* অসন্তোষ, অনাদৰ।

Disfigure, *v.* কদাকাৰ কৰা, আগচিত কৰা।

Disgrace, *n.* অপমান, অমৰ্য্যদা।
adj. Disgraceful.
Followed by 'to'

Disguise, *v.* ছদ্মবেশ ধাৰণ কৰা। আপোনাক চিনিবৰ নিমিত্তে আনৰ আকৃতি বা সাজ লোৱা।

Disgust, *v.* ঘিণ্ দিয়া, (2) ঘিণ কৰা।

Dish, *n.* থাল। ধাতু আদিৰ নির্ম্মিত বহল বুৰণীয়া পাত্ৰ।

Dishearten, *v.* হতাশ হোৱা, নিৰাশ কৰা।

Dishonest, *adj.* অসৎ, দুষ্ট, অধার্ম্মিক। *n.* dishonesty.

Dishonour, *v.* অৱজ্ঞা কৰা, আজ্ঞা নৈ আৱহেলা কৰা, অসম্মান কৰা, অপমান কৰা।

Disincline, *v.* ইচ্ছা নকৰা, আসক্ত নো হোৱা।

Disinfect, *v.* দোষ শুদ্ধ হোৱা, শুদ্ধ কৰা। *n.* disinfection.

Disingenuous, *adj.* অসৰল, কুটিল।

Disinherit, *v.* পৈতৃক সম্পত্তিৰ পৰা বঞ্চিত কৰা।

Disinter, *v.* শৱ বাহিৰ কৰা।

Disinterested *adj.* নিঃস্বার্থ।

Disjoin, *v.* বেলেগ কৰা, পৃথক কৰা।

Dislike, *v.* ঘিণ কৰা।

Dislocate, *v.* জোৰা লৰা।

Dislodge, *v.* থকা ঠাইৰ পৰা খেদা। এঠাইৰ পৰা আন এঠাইলৈ পঠিওৱা।

Disloyal, *adj.* ৰাজভক্তি হীন। ৰাজ আজ্ঞা অমান্য। *n.* disloyalty

Dismal, *adj.* বৰ শোচনীয়, ভীষণ।

Dismay, *v.* ভয় কৰা।

Dismiss, *v.* বৰ্খাস্ত কৰা (2) শাস্তি দিবিৰাকৈ বিচাৰ নিষ্পত্তি কৰা।

Dismember, *v.* অঙ্গচ্ছেদ কৰা। শৰীৰৰ কোনো এক অঙ্গ কটা। *n.* dismemberment. [নমা।

Dismount, *v* ঘোৰা বা হাতিৰ পৰা

Disobedience, *n.* অবাধ্যতা (2) আজ্ঞালৈ অৱহেলা।

adj. Disobedient.

Disobey, *v.* অবাধ্য হোৱা, কাৰো বশ নোহোৱা, আজ্ঞা নমনা।

Disoblige, *v.* কাৰো ইচ্ছাৰ বিৰুদ্ধে কাম কৰি অসন্তোষ দিয়া।

Disorder, *v.* বিশৃঙ্খল, আউল বাউল।

Disorganise *v.* কোনো বন্দবস্ত শৃঙ্খলা নোহোৱাকৈ কৰা। *n.* disorginisa ion.

Disown, *v.* নিজৰ নহয় বোলা।

Disparage, *v.* তুচ্ছজ্ঞান কৰা। *n.* disparagement.

Disparty, *n.* প্ৰভেদ, বিভেদ, বিভিন্নতা।

Dispassion, *n.* উদাস, বিৰাগ।

Dispatch, *v.* misspelt for 'despatch.'

Dispel, *v.* দূৰ কৰা।

Dispense, *v.* বাটি দিয়া।

Dispense with=দৰকাৰ নথকা।

Dispensary, *v.* ঔষধাল।

Dispeople, *v.* প্ৰজা নোহোৱা কৰা।

Disperse, *v.* দল ভঙা (2) বেলেগ কৰা।

Dispirit, *v.* নিৰুৎসাহ হোৱা, হতাশ কৰা।

Displace, *v.* এঠাইৰ পৰা আন এঠাইত থোৱা (2) পদৰ পৰা গুচোৱা। *n.* displacement.

Display, *v.* প্ৰদৰ্শন কৰা, সকলোৰে চাবৰ কাৰণে দেখোৱা।

Displease, *v.* অসন্তোষ দিয়া, বেজাৰ দিয়া *n.* displ asure.

Disport, *v.* খেমালি কৰা, আমোদ কৰা।

Dispose, *v.* শৃঙ্খলাকৈ থোৱা, (2 হস্তান্তৰ কৰা (3) ইচ্ছুক হোৱা। *n.* disposal.

Dispose of=বেচা সমাপ্ত কৰা।

Dispossess, *v.* অধিকাৰৰ পৰা বঞ্চিত কৰা। *n.* dispossession.

Dispraise, *v* নিন্দা কৰা, বেয়া বোলা, দুৰ্যশ বৰ্ণনা কৰা।

Dispr ve, *v.* প্ৰমাণ মিচা কৰা। *n.* oisproof.

Disputable, *adj.* বিচাৰ্য্য।

Dispute, *v.* বাদানুবাদ কৰা, প্ৰশ্ন-উত্তৰৰ দ্বাৰা সচা মিচা বিচাৰ কৰা। *n.* disputation.

Followed by 'with' 'about.'

Disputer, *n.* বিবাদ প্ৰিয়।

Disqualify, *v.* অনুপযুক্ত কৰা, অযোগ্য কৰা। *n.* disqualification.

Disquiet, *v.* অস্থিৰ কৰা।

Disregard, *v.* তুচ্ছ কৰা, আওকান কৰা, অৱজ্ঞা কৰা।

Disrelish, *v.* ভাল নলগা, অনিচ্ছা প্ৰকাশ কৰা।

Disreputable, *adj.* নিন্দনীয়, অপমানজনক।

Disrepect, *v.* অমান্য কৰা, গ্ৰাহ্য নকৰা, অসন্মান কৰা। *adj.* disrespectful.

Disrobe, *v.* বিবস্ত্ৰ কৰা, উলঙ্গ কৰা।

Dissatisfaction, *n.* অসন্তোষ।

Dissect, *v.* কোনো বস্তু শ ডোখৰ ডোখৰ কৰি পৰীক্ষা কৰা।

Dissemble, *v.* ছদ্মবেশ ধাৰণ কৰা, আপোনাক চিনিব নিমিত্তে আনৰ আকৃতি বা সাজ লোৱা।

Dissension, *n.* দ্বন্দ্ব, বিবাদ, মত ভেদ।

Disserve, *v.* হানি কৰা, লোকচান কৰা, ক্ষতি কৰা। *n.* disservice.

Dissever, *v.* বেলেগ কৰা, বিভিন্ন কৰা

Dissimilar, *adj.* বেলেগ, অসদৃশ। Followed by 'to' *n.* dissimilarity.

Dissimulation, *n.* ফাকটি, ছলনা। [কৰা।

Dissipate, *v.* সিচি পেলোৱা, অপব্যয়

Dissipated, *adj*. অসৎ, লম্পট।

Dissoluble, *adj*, গলনীয়, গলাব পৰা।

Dissolve, *v*. গলা, গলা, দ্ৰৱ কৰা।

Dissolution, *n*. গলন, গলা কাৰ্য্য *adj*. dissolvable.

Dissonant, *adj*. কৰ্কশ, বিস্বৰ।

Dissuade, *v*. কোনো কাৰ্য্য কৰিবলৈ মনা কৰা। Followed by 'from.'

Distance, *n*. দূৰ, অন্তৰ, নিলগ। *adj*, distant.

Distaste, *n*. অৰুচি। *adj*. distasteful.

Distemper, *n*. ৰোগ (2) ব্যাকুলতা।

Distend, *v*. উপঙা, ওফন্দা।

Distill, *v*. পানীয়া বস্তু টোপা টোপে পৰা। এটোপা এটোপাকৈ পৰা। *n*. distillation.

Distillery, *n*. মদৰ কাৰখানা।

Distinct, *adj*. বেলেগ, পৃথক (2) স্পষ্ট।

Distinction, *n*. বিভিন্নতা (2) গৌৰৱ (3) শ্ৰেষ্ঠতা।

Distinguish, *v*. বেলেগ কৰা, পৃথক কৰা, বিভিন্নতা দেখুৱা। *adj*. distinguishable. Followed by 'between' 'from.'

Distinguished, *adj*. বিখ্যাত, প্ৰখ্যাত।

Distort, *v*. কলা কাব কৰা (2) প্ৰকৃত অৰ্থ লুকোৱা। *n*. distortion.

Distract, *v*. বিবুদ্ধি হোৱা। হতবুদ্ধি কৰা। *n*. distraction.

Distrain, *v*. ধাৰ বা খাজনাত ক্ৰোক কৰা। *n*. distraint.

Distress, *n*. দুৰ্দশা, যাতনা, টকা পইচাৰ কষ্ট। *adj*. distressful.

Distribute, *v*. বিলাই দিয়া। বেচ লোকোৱাটৈক বাটি দিয়া। *n*. distribution.

Distributer, *n*. বিলনীয়া, বাটি দিওঁতা।

District, *n*. জিলা।

Distrust, *v*. সন্দেহ কৰা, মিচা যেন ভবা *adj*. distrustful.

Disturb, *v*. দিগ দিয়া, বিৰক্ত কৰা। *n*. disturbance.

Ditch, *n*. গাঁত, খাল।

Ditto, *n*. ঐ, একে।

Ditty, *n*. গীত।

Diuteric, *n*. মূত্ৰ বঢ়োৱা দৰব।

Diurnal, *adj*. দৈনিক, আহ্নিক।

Diurnal-motion.＝আহ্নিক গতি।

Divan, *n*. টুৰ্ক বিলাকৰ ৰাজ সভা (2) দিৱাসন।

Divaricate, *v*. দুই ভাগে বিভক্ত কৰা।

Dive, *v*. পানীত ডুব মৰা।

Diver, *n.* পানী কাউৰী, (2) বুৰ মাৰোঁতা।

Diverge, *v.* এটা বিন্দুৰ পৰা চাৰিও ফালে ব্যাপ্ত হোৱা।

n. divergency,

Divert, *v.* নিবৃত্তি কৰা, (2) আমোদিত কৰা।

Followed by 'from'

Diversion, *n.* আমোদ, ধেমালি (2) গতি নিবৃত্তি; the act of turning aside.

Diversity, *n.* বিভিন্নতা. প্ৰভেদ।

Divest, *v.* বঞ্চিত কৰা। (2) বিবস্ত্ৰ কৰা। [কৰা, হৰণ কৰা।

Divide, *v.* বেলেগ কৰা (2) ভাগ

Dividend, *n.* ভাজ্য, হাৰ্য্য। যি সংখ্যাক ভাগ কৰা যায়। (2) অংশ

Division, *n.* ভাগ।

(2) সৈন্যৰ বিভাগ (3) বিভাগ *e. g.* First division.

Divisor, *n.* ভাজক, হাৰক। যি সংখ্যাৰে হৰণ কৰা যায়।

Divine, *adj.* স্বৰ্গীয়, ঈশ্বৰ সমন্ধীয় (2) পবিত্ৰ। (3) ধৰ্ম্মযাজক।

n. divinity.

Divorce, *v.* স্বামি-স্ত্ৰীৰ এৰা-এৰি, তিৰোতাই স্বামিক এৰা বা স্বামিয়ে তিৰোতাক এৰা।

n. divorcement.

Divulge, *v.* প্ৰকাশ কৰা।

Dizzy, *adj.* মূৰ ঘূৰণি, (2) অবিবেচক।

Do, *v,* কৰা, সম্পাদন কৰা।

P. T. did. P. P. done.

Docility, বিনয়তা।

adj. docile. [কৰা ঠাই।

Dock, *n.* জাহাজ মেৰামত বা নিৰ্ম্মাণ

Docket, *n.* সংক্ষেপ বিবৰণ, সাৰকথা; (2) বস্তুৰ ওপৰত নাম আদি লেখি লগাই দিয়া টিকট।

Dockyard, *n.* জাহাজ সজা ঠাই।

Doctor, *n.* বৈদ্য, বেজ, চিকিৎসক, ডাক্তৰ (2) পণ্ডিত *e. g.* doctor of science.

Doctorine, *n.* whatever is laid down as true by an instructor. (2) মত *e. g.* the doctrine of "Charvaka" (3) তত্ত্ব।

Document, *n.* দলিল।

adj. documental.

Doe, *n.* মাইকী হৰিণা। এবিধ তিনটা শিং থকা বনৰীয়া জন্তু।

Dog, *n.* কুকুৰ। *Fem,* bitch,

Doggish, *adj.* কুকুৰৰ স্বভাৱৰ; অসভ্য।

Dogma, *n.* a settled opinion or belief, (2) মত।

Dogged, *adj.* অবিনীত।

Dogmatic, *adj.* নিশ্চয়, ঠিৰাং। (2) গৰ্ব্বিত।

Dogmatise, *v.* নিশ্চয়ৈকৈ কোৱা (2) ঠিৰাংকৈ কোৱা।

Dogmatism, *n.* নিজৰ মতকে সঠিক যেন ভৱা।

Dole, *v.* তাকৰ তাকৰকৈ বাটি দিয়া

Dole, *n.* কষ্ট, বেজাৰ, দুখ। *adj.* dolorous, doleful.

Doll, *n.* পুতলা ; লৰাই ওমলা মাটিৰ বা ধাতুৰ মূৰ্ত্তি।

Dollar, *n.* ডলাৰ'। আমেৰিকা যুক্ত ৰাজ্যৰ এবিধ মুদ্ৰা।

Dolt, *n.* বুদ্ধিহীন লোক, মূৰ্খ মানুহ। *adj.* doltish.

Domestic, *adj.* ঘৰুৱা, (2) পোহনীয়া। *v.* domesticate.

Domicile, *n.* ঘৰ, থকা ঠাই। *adj.* domicilary,

Dominate, *v.* শাসন কৰা, দমন কৰা, অধিনতা ৰাখি ইচ্ছামতে চলোৱা।

Domineer, *v.* অত্যাচাৰকৈ শাসন [কৰা।

Dominion, *n.* শাসন কৰা ৰাজ্য। আধিপত্য স্থাপন কৰা দেশ।

Donation, *n.* দান।

Donkey, *n.* গাধ।

Donor, *n.* দাতা।

Doom, *n.* অদৃষ্ট, শেষ বিচাৰ (2) শাস্তিৰ হুকুম।

Doomsday, *n.* বিচাৰৰ শেষ দিন, মহাবিচাৰৰ দিন।

Door, *n.* দুৱাৰ।

Dormant, *adj.* নিদ্ৰিত, টোপনিত থকা।

Dormitory, *n.* কেবা থনো শয্যা থকা শোৱা কুঠৰি।

Dormouse, *n.* এবিধ চাৰি-ঠেঙ্গিয়া জন্তু। *pl.* dormice.

Dose, *n.* মাত্ৰা, ৰোজ।

Dot, *n.* চিন্।

Dost, *v.* second person singular of 'do.'

Dote, *v.* বৰ ভাল পোৱা দেখোৱা।

Double, *adj.* দুগুন।

Doublet, *n.* দুথনীয়া।

Doubt, *v.* সন্দেহ কৰা, অ'শঙ্কা কৰা।

Doucer, *n.* ভেটী। উপকাৰৰ আশাৰে দিয়া ধন বা বস্তু।

Doughty, *adj.* সাহিয়াল, পৰাক্ৰমী।

Douse, *v.* পানীত জাপ মৰা।

Dove, *n.* কপৌ। পাৰ জাতিৰ এবিধ চৰাই।

Dowager, *n.* ডাঙ্গৰ মানুহৰৰ বাঁৰী।

Dower, dowry, *n.* যৌতক, যৌতুক।

Down, *n.* অ'ধ'নতি *e, g.* ups and downs of life are visible in the case of man.

Down, *adj.* ভাটীৰ।

Dowry, *n. vide* dower

Doze, *v.* অলপটৈক টোপনিয়োৱা।

Dozen, *n.* ডজন। ১২ টা।

Drab, *n.* a thick woollen cloth of brownish colour. পশমী বস্ত্ৰ ; (2) বেশ্যা ।

Draft, *n.* a rough sketch. নক্সা

Draft, *v.* ৰচনা কৰি লিখা ।

Drag, টনা (2) *n.* বস্তু পানীত পৰিলে টোলা যতন বিশেষ ।

Draggle, *v.* বোকাত টানি অপৰিষ্কাৰ কৰা ।

Dragon, *n.* এবিধ পাখি থকা কল্পিত সাপ । (2) উল্কা ।

Dragoon, *n.* অশ্বাৰোহী সৈন্য ।

Drain, *n.* খাল ।

Drain, *v.* ক্ৰমশঃ সিঁচা, নিৰস কৰা ।

Drake, *n.* পাতি হাঁহ । *vide* duck

Dram, *n.* ড্ৰাম, (2) একেবাৰে যিটোপা মদ খোৱা যায়: ।

Drama, *n.* নাটক । নাট্ ঘৰত ভাও দেখাবলৈ লিখা কিতাপ ।
adj. dramatical.

Dramatist, *n.* নাটক লিখোঁতা ।

Drank, *v. vide* drink

Drape, *v.* কাপোৰেৰে ঢকা ।

Draper, *v.* কাপোৰ বেচোঁতা ।

Draught, *n.* মদৰ ঢোকা (2) নক্সা ।

Draw, *n.* টনা, (2) চবি অঁকা (3) টকা অনা *e. g.* please draw my pay. P. T. drew, P. P. drawn.

Drawback, *n.* অসুবিধা, প্ৰতিবন্ধক ।

Drawing, *n.* চবি বা মানচিত্ৰ অঁকা বিদ্যা ।

Drawl, *v.* দীঘলকৈ লাহে লাহে খেঁগাই কথা কোৱা ।

Drawn, *v.* vide draw.

Dread, *n.* ভয়, ত্ৰাস । দুখৰ বা বিপত্তিৰ আশঙ্কাৰ পৰা হোৱা মনৰ অস্থিৰতা ।

Dread, *v.* ভয় কৰা, ত্ৰাস কৰা ।
adj. dreadful.

Dream, *n.* স্বপ্ন (2) *v.* স্বপ্ন দেখা ।

Dredge, *n.* জাল (2) পানীৰ পৰা বোকা তোলা যতন ।

Dregs, *n.* মেদ, মেদনি ।

Dress, *n.* পোষাক, সাজ ।

Dress, *v.* পোষাক পিন্ধা (2) খাদ্য প্ৰস্তুত কৰা *e. g.* to dress meat.

Dressy, *adj.* পোষাকত আসক্ত, বস্ত্ৰ প্ৰিয় ।

Drew, vide draw.

Dribble, *v.* এটোপা এটোপাকৈ পৰা (2) লাহে লাহে যোৱা ।

Drift, *n.* বেগ । শীঘ্ৰ গতি । [শিকোৱা

Drill, *v.* সৈন্য বিলাকক ব্যায়াম (2) ব্যায়াম শিকোৱা । [ব্যায়াম ।

Drill, *n.* সৈন্য বিলাকক শিকোৱা

Drink, *v.* পান কৰা, পি খোৱা ।
P. T. drank, P. P. drunk.

Drunkard, *n.* মাতাল । অতি কৈ মদ খাওঁতা ।

Drip, *v.* এটোপা এটোপাকৈ পৰা।

Drive, *v.* গাড়ী চলোৱা (2) খেদি দিয়া। P. T. drove, P. P. driven.

Driver, *n.* গাড়োৱান (2) one who conducts a team or an engine.

Drivel, *n.* বলিয়াৰ দৰে বকা, অবাবত অকামিলা কথা কোৱা।

Drizzle, *v.* টোপা টোপে বৰষুণ পৰা (2) *n.* টোপাল বৰষুণ।

Droll, *adj.* খুহুটীয়া ধেমেলিয়া।

Drollery, *n.* কুটি।

Drone, *n.* মটা মৌ-মাখি। *Fem.* bee.

Drop, *n.* টোপা। পানী বা আন পনীয়া বস্তুৰ বিন্দু। (2) যবনিকা।

Drop, *v.* টোপাটোপে পৰা, এটোপা এটোপাকৈ পৰা।

Droop, *v.* তললৈ মূৰ কৰা।

Dropsy, *n.* জলশোথ, তেজবিলাক পানীহৈ গা উখহা ৰোগ। *adj.* dropsical.

Dross, *n.* জাবৰ, ধুলি আদি অকা- [মিলা বস্তু।

Drossy, *adj.* অপৰিষ্কাৰ।

Drought, *n.* অনাবৃষ্টি, বৰষুণৰ অভাব। *adj.* droughty.

Drove, *v.* P. T. of drive.

Drown, *v.* পানীত ডুবা (2) পানীত ডুবি মৰা।

Drowse, *v.* টোপনি যোৱা। *adj.* drowsy.

Drub, *v.* প্ৰহাৰ কৰা, মৰা, আঘাট কৰা।

Drudge, *v.* ৰৰকৈ পৰিশ্ৰম কৰা,

Drudge, *n.* কুলী, দাস। ab. *n.* drudgery.

Drug, *n.* ঔষধ, দৰব।

Druggist, *n.* দৰব বেচোঁতা, ঔষধ বেচোতা।

Druid, *n.* কেলটিক বিলাকৰ পুৰোহিত। *Fem.* druidess.

Druidism, *n.* উক্ত পুৰোহিত বিলাকৰ ধৰ্ম্ম।

Drum, *n.* ঢোল। ডিঙ্গিত ওলোমাই বজোৱা এবিধ বাদ্য।

Drunkard, *n.* মদপী। মদত বস্ত [মানুহ।

Dry, *anj.* শুকান, নীৰস।

Dry, *v.* শুকোৱা।

Dryad, *adj.* বনদেৱতা।

Dual, *adj.* দুই *e. g.* dual number

Dub, *n.* 'নাইট' উপাধি দিয়া।

Dubiety, *n.* আশঙ্কা, সংশয়। *adj.* dubious.

Ducket, *n.* ইটালী ও জৰ্ম্মান দেশৰ ৯২ শিলিং মূল্যৰ পৰ ৩২ শিলিং অলৈকে সোণৰ বা ৰূপৰ মুদ্ৰা।

Duchess, *n.* *Fem.* of duke.

Duck, *n.* মাইকী পাতি হাঁহ। *mas.* drake.

Duck, *v.* বুৰ মৰা।

Duckling, *n.* পাতি হাঁহৰ পোৱালি।

Dudgeon, *n.* অসন্তোষ, বিতুষ্টি, ক্ৰোধ, দ্বেষ।

Due, *adj.* নিয়মিত, নিৰূপিত *e. g.* in due time (2) that ought to be paid. দেয়।

Due, *n.* ঋণ, ধাৰ।

Duel, *n.* মল্লযুদ্ধ।

Dug, *n.* পশুৰ পিহা (2) *v.* vide 'dig'.

Duke, *n.* ডিউক, the highest order of nobility below the prince.

Dukery, *n.* ডিউকৰ শাসন বা ৰাজ্য।

Dulcet, *adj.* মৃদু (2) শোৱাদ।
v. dulcify.

Dull, *adj.* মূৰ্খ, নিৰ্ব্বোধ (2) ডাৰৰীয়া।

Dullard, *n.* অতি মূৰ্খ মানুহ।

Duly, *adj.* নিয়মিত সময়ত।

Dumb, *adj.* বোবা।

Dummy, *n.* বোবা মানুহ।

Dun, *v.* পাব লগীয়া টকাৰ নিমিত্তে তাগাদা কৰা।

Dunce, *n.* মূৰ্খ মানুহ।

Dung, *n.* গোবৰ আদি। পশুৰ মল।

Dungeon, *n.* এন্ধাৰ বন্দিশাল।

Dupe, *v.* প্ৰতাৰণা কৰা, প্ৰৱঞ্চনা কৰা।

Duplicate, *adj.* দোহোৰা।

Durable, *adj.* স্থায়ী। সোন কালে নষ্ট নোহোৱা।

Durbar, *n* দৰবাৰ।

Durst, *v.* P. T. of dare.

Dust, *n.* ধূলি, ধূলা।
adj. dusty.

Duteous, *adj.* কৰ্ত্তব্য পৰায়ণ।

Duty, *n.* কৰ্ত্তব্য কাম 2) বাধ্যতা। (3 সন্মান।
Followed by 'to' 'towards'

Dwarf, *n.* কটীয়া মানুহ; বাউনা।

Dwell, *v.* থকা, বাস কৰা
P. T. P. P. dwelled, dwelt.

Dwelling, *n.* থকা ঠাই, বাসস্থান।

Dwindle, *v.* লাহে লাহে শুকাই যোৱা, ক্ৰমশঃ কমি যোৱা।

Dye, v. বৰণ লগোৱা।

Dying, *n.* মৃত্যু *e. g.* dying moment.

Dyeing, *n.* কাপোৰত বৰণ লগোৱা ব্যৱসায়।

Dynamics, *n.* the science which treats of matter and motion.

Dynesty, *n.* ৰাজ বংশ, ৰাজফৈদ।

Dyspepsia, *n.* অজীৰ্ণ ৰোগ।

Dysuria, disury, *n.* প্ৰসাৱ যন্ত্ৰনা, সৰু পানী ছোঁৱে পোৱা বেদনা।

E

Each, *adj*. প্ৰত্যেক। এই শব্দই দুট: বা তাতকৈ সৰহ বস্তু বা মানুহৰ প্ৰত্যেকটো পৃথককৈ বুজাই।

Eagerness, *n*. হেঁপাহ, ধাউতি, আগ্ৰহ

adj. eager.

Eagle, *n*. ঈগোল। শেন জাতৰ এবিধ চিকাৰী চৰাই।

Eaglet, *n*. সৰু ঈগোল।

Ear, *n*. কাণ, কৰ্ণ।

Earache, *n*. কাণৰ বিষ।

Earshot, *n*. কাণেৰে শুনালৈকে দূৰ।

Eardrop, *n*. কাণত পিন্ধা অলঙ্কাৰ বিশেষ।

Earl *n*. উপাধি বিশেষ।

Fem. countess.

Early, *adj*. সোণকাল, বেলি নোহোৱা।

n. earliness.

Earn, v. অৰ্জ্জা, উপাৰ্জ্জন কৰা।

Earnestness, *n*. বৰ হেঁপাহ বা ধাউতি *adj*. earnest.

Earnings, *n*. উপাৰ্জ্জন কৰা ধন-বস্তু।

Earring, *n*. কাণফুলা, কেৰু।

Earth, *n*. মাটি (2) পৃথিবী।

adj. terrestrial, earthly.

Earthen, *adj*. মাটিৰ।

Earthling, *n*. খেতিয়ক; পৃথিবী বাসী।

Earthquake, *n*. ভুঁইকপ্।

Earthworm, *n*. কেঁচু, কেচু।

Earthy, *adj*. মাটিৰ নিচিনা।

Earwax, *n*. কণামাকৰি। কাণৰ ভিতৰত হোৱা এক ৰকমৰ মমৰ নিচিনা কোমল বস্তু।

Ease, *n*. আৰাম, বিশ্ৰাম (2) সহজ।

Easement, *n*. সহায় (2) কষ্টৰ পৰা উদ্ধাৰ।

East, *n*. পূব, পূবফাল।

adj. eastern.

Easy, *adj*. সহজ, উজু, ঢিলা।

n. easiness.

Eat, v. ভক্ষণ কৰা, খোৱা।

P. T. ate, P. P. eaten.

Eatable, *adj*. খাবৰ যোগ্য ; আহাৰীয়।

Eatable, *n*. খাদ্য।

Eaves, *n*. আওলা।

This word is a true singular, but is now used as a plural

Ebb, *n*. "ভাটা" (2, অৱনতি।

Ebony, *n*. আবলুচ।

Ebriety, *n*. মদত মত্ততা।

Ebullition, *n*. উতল। The operation of boiling.

Eburnean, Eburnine } *adj*. হাতিদাতৰ তৈয়াৰী

Eccaleobion, *n.* কণী উমোৱা এবিধ শিল্পজাত যতন বা উপায়।

Eccentric, *adj.* কেন্দ্ৰৰ বাহিৰৰ (2) সাধাৰণ নিয়মৰ বহিৰ্ভূত; অসামান্য।

n. eccentricity.

Ecclesia, *n.* এথেন্চ্ বিলাকৰ সভা বা মেল।

Ecclesiastic, ecclesiastical, *adj.* যাজকীয়।

Echo, *n.* প্ৰতি ধ্বনি।

pl. echoes.

Eclat, *n.* প্ৰশংসা (2) জাক জমক।

Eclipse, *n.* গ্ৰহণ।

Economy, *n.* মিত ব্যয়। (2) নিয়মাৱলী। Orderly system.

adj. economical.

Economise, *v.* যিমান লাগে সিমান খৰচ কৰা, জোখতকৈ সৰহ খৰচ নকৰা।

Ecstasy, *n.* অতি আনন্দ, উল্লাস।

Eddy, *n.* ঘূৰি ঘূৰি চলা পানী।

Edge, *n.* দাঁতি, কোণ, পাৰ্শ (2) দা বা কটাৰিৰ কটা ফাল।

Edible, *adj.* খাবৰ যোগ্য, ভক্ষ্য।

Edify, *v.* শিক্ষা দিয়া।

n. edification.

Edifice, *n.* অট্টালিকা, পকাঘৰ।

Edit, *v.* গ্ৰন্থ সম্পাদন কৰা, প্ৰকাশ কৰা।

Edition, *n.* সংস্কৰণ, তাঙ্গৰণ।

Editor, *n.* সম্পাদক।

adj. editorial.

Educate, *v.* শিক্ষা দিয়া, লেখা পঢ়া শিকোৱা

Educated *adj.* সুশিক্ষিত।

Education, *n.* শিক্ষা, লেখা পঢ়া; (2) সংস্কাৰ

adj. educational.

Educationist, *n.* শিক্ষাৰ উন্নতি কৰ্ত্তা।

Edulcorate, *v.* সোৱাদ কৰা, মিষ্ট কৰা, মিঠা কৰা।

n. edulcoration.

Educe, *v.* উৎপন্ন কৰা, নিৰ্গত কৰা।

Eel, *n.* বামি মাছ।

Efface, *v.* মোহাৰি পেলোৱা; মচ পেলোৱা।

adj. effaceable.

Effect, *n.* পৰিনতি, ফল (2) অৰ্থ (3) যথাৰ্থ সুবিধা।

Effective, *adj.* কাৰ্য্যকৰ, ফল দায়ক (2) হৃদয়ঙ্গম্।

Effectual, *adj.* সফল; ফলোৎপাদক।

Effectuate, *v.* সম্পূৰ্ণ কৰা, শেষ কৰা।

Effeminate, *adj.* তিৰোতাৰ নিচিনা; (2) কামুক। (3) মৃদু, কোমল *e. g.* his manners are effeminate.

Effervesce, *v.* উতলোৱা, বক্-বকনি তোলা।

Effete, *adj.* বয়সত দুৰ্ব্বল ; জীৰ্ণ।

Efficacious, *adj.* ইচ্ছাজনক ফলো দায়ক ; গুণদায়ক।

Efficacy, *n.* গুণ, শক্তি।

Efficience, *n.* ফলোদয়। *adj.* efficient.

Effigy, *n.* সাদৃশ্য ; প্ৰতিমূৰ্ত্তি।

Effloresce, *v.* ফুলা, পাহি মেলা।

Effluent, *n.* উপনৈ. উপনদী।

Effluent, *adj.* প্ৰবাহমান।

Effluvium, *n.* দুৰ্গন্ধ তাপ। *pl.* effluvia.

Effort, *n.* যত্ন, চেষ্টা।

Effrontery, *n.* নিৰ্লজ্জতা ; নিৰ্গতালি।

Effulge, *v.* পোহৰ দিয়া, দীপ্তি দিয়া। *n.* effulgence.

Effuse, *v.* ঢলা, ঢা:ল পেলোৱা। *n.* effusion.

Egg, *n.* কণী, ডিম্ব।

Eglantive, *n.* এবিধ গোলাপ।

Eggregious, *adj.* ভয়ঙ্কৰ, অসাধাৰণ।

Egress, *n.* গমন, নিৰ্গত।

Egyptian, *adj.* মিশৰ দেশৰ অধিবাসী (2) মিশৰ দেশ সমন্ধীয়।

Eider, *n.* এবিধ সাগৰৰ হাঁহ।

Eight, *adj.* আঠ।

Eighth, *adj.* অষ্টম।

Eighteen, *adj.* ওঠৰ।

Eighty, *adj.* আশি, চাৰি কুৰি।

Either, *adj.* দুটাৰ ভিতৰত এটা।

Ejaculate, *v.* হঠাৎ উচ্চাৰণ কৰা।

Eject, *v.* বাহিৰ কৰা (2) উঠাই পেলোৱা। *n.* ejection.

Egoism, *n.* স্বাৰ্থপৰায়ণতা।

Egoist, *n.* আত্মশ্লাঘাকাৰী।

Egotism, *n.* আত্মশ্লাঘা।

Egotist, *n.* আত্মাভিমানী।

Eke, *v.* বঢ়োৱা, দীঘলোৱা।

Elaborate, *v.* পৰিশ্ৰমেৰে উৎপন্ন কৰা, শ্ৰম ও যত্নেৰে শেষ কৰা, নিখুঁতকৈ সম্পন্ন কৰা। *n.* elaboration.

Eland, *n.* দক্ষিণ আফ্ৰিকাৰ এবিধ ডাঙৰ পহু।

Elapse, *v.* লাহে লাহে অতীত হোৱা।

Elasticity, *n.* স্থিতিস্থাপকতা। *adj.* elastic.

Elate, *v.* অহঙ্কাৰ কৰা, গৰ্ব্বিত কৰা।

Elate, *adj.* উল্লাসিত ; প্ৰফুল্ল।

Elation, *n.* সফলতাত অহঙ্কাৰ, উল্লাস।

Elbow, *n.* কিলাকুটি।

Elder, *n.* এবিধ সৰু গছ (2.) *adj.* com. of 'old' জ্যেষ্ঠ।

Elderly, *adj.* বয়সীয়া।

Eldest, *adj*. sup. of 'old'. সৰ্ব্বজ্যেষ্ঠ। *e. g.* eldest son.

Eldorado, *n*. কল্পিত সোণাময় দেশ।

Elect, v. মনোনীত কৰা, বাছি লোৱা। *adj*. electoral.

Election, *n*. মনোনীত কৰা কাৰ্য্য; বাছন।

Elector, *n*. যি মনোনীত কৰে বা যাৰ মনোনীত কৰিবাৰ ক্ষমতা আছে; মনোনিত কৰ্ত্তা।

Electress, *n*. *Fem.* of 'elector'

Electricity, *n*. বিজুলী, (2) বিজুলী প্ৰবাহ (3) বিজুলী বিজ্ঞান। [যন্ত্ৰ।

Electrometer, *n*. বিদ্যুৎ উৎপাদক

Elegance, *n*. সৌন্দৰ্য্য।

Elegant, *adj*. শুৱলা, মনোহৰ।

Element, *n*. মূল পদাৰ্থ, ভূত :— যেনে আকাশ, বায়ু।

Elephant, *n*. হাতী, হস্তী।

adj. Elephantine.

Elephant-driver, *n*. মাউত।

Elevate, *v*. ওপৰলৈ তোলা, (2) উন্নতি কৰা (3) উৎসাহ দিয়া।

n. elevation.

Eleven, *adj*. এঘাৰ।

Elfin, *n*. উপদেৱতা (2) ডাকিনী।

pl. elves.

Elf, *n*. পৰী।

Elicit, *v*. টানি উলিওৱা (2) অনুমান কৰা।

Eligible, *adj*. মনোনীতৰ উপযুক্ত, বাছিলবৰ যোগ্য।

Eliminate, v. বাহিৰ কৰা (2) এৰি দিয়া।

Elite, *n*. মুখিয়াল মানুহ; সৰ্ব্বোৎকৃষ্ট লোক, (2) বস্ত্ৰ; কোনো শ্ৰেষ্ঠ।

Elk, *n*. ইউৰোপ আৰু আমেৰিকাৰ এবিধ ডাঙ্গৰ জাতীয় পহু।

Ell, *n*. ১¼ গজ পৰিমাণ কাপোৰ।

Ellipsis, *n*. লোপ, উহ্য।

pl. ellipses.

Elocution, *n*. বাক্-শক্তি।

Eloge, *n*. শ্মশানত মৃতকৰ গুণানুবাদ।

Elongate, v. দীঘলোৱা।

n. elongation.

Elope, v. তিৰোতা কোনো মুনিহৰ সৈতে গোপনে পলাই যোৱা।

n. elopement.

Eloquent, *adj*. বাক্-পটু, বাক্-চতুৰ।

Eloquence, *n*. বাক্‌চতুৰতা (2) শুৱলা বক্তৃতা।

Else, *adj*. অন্য, আন।

Else, *conj*. নোহোৱাহ'লে। *e. g.* he has some real sorrow, else he would not weep as he does.

Elucidate, v. উদাহৰণ দি বুজাই দিয়া (2) পোহৰ পেলোৱা।

n. elucidation.

Elude, v. কৌশলেৰে এৰোৱা।
n. elusion.
Elysium, n. স্বৰ্গ ; (2) বৈকুণ্ঠ।
Elysian, adj. অত্যান্ত সুখকৰ।
Emaciate, v. কৃশ হোৱা।
(2) কোকোহা পৰা।
n. emaciation.
Emanation, n. বহির্গত।
Emancipate, v. অধীনতাৰ পৰা মুক্ত কৰা, দাসত্বৰ পৰা উদ্ধাৰ কৰা।
n. emancipation.
Emancipator, n. দাসত্বৰ পৰা উদ্ধাৰ কৰোঁতা, স্বাধীনতা দিওঁতা।
Emasculate, v. খাহী কৰা।
n. emasculation.
Embalm, v. তেল আদিৰে মৰা শ ভালে ৰখা।
Embank, v. বান্ধন দি বেষ্টন কৰা।
Embankment, n. পানী ৰক্ষার্থে বন্ধা ঢাপ বা আলি।
Embargo, n. বন্দৰৰ পৰা জাহাজ আদি যাত্ৰা-নিষেধক সৰ্কাৰী হুকুম
pl. embargoes.
Embark, v. জাহাজত উঠা।
n. embarkation, embarkment.
Embarass, v. লেঠাত পৰা।
n. embarassment.
Embassy, n. দূত (2) দূতৰ কাম।
Embattle, v. সাজ পিন্ধি যুদ্ধলৈ সাজু হোৱা।

Embellish, v. বিভূষণ কৰা।
Embellishment, n. ধুন, বিভূষণ ; অলঙ্কাৰ।
Ember, n. অঙঠা। জুই থকা এঙ্গাৰ।
Embitter, v. তিতা কৰা।
Embazzle, v. সাচি থোৱা ধন হৰণ কৰা, গচ্ছিত ধন আত্মসাৎ কৰা।
n. Embazzlement.
Emblazon, v. বিভূষণ কৰা।
Embiazonary, n. ঢালৰ ওপৰৰ চিত্ৰাঙ্ক।
Emblem n. চিন্।
Embody, v. একেলগ হোৱা, কোনো কাৰ্য্যৰ নিমিত্তে গোট খোৱা।
(2) সশৰীৰ কৰা।
Embolden, v. সাহস কৰা। [কৰা।
Emborder, v. পাৰি লগাই ধুনীয়া
Embosom, v. বুকুত লোৱা, চেনেহেৰে আদৰ কৰা।
Embowel, v. নাড়ী-ভুৰু উলিওৱা।
Embrace, v. আলিঙ্গন কৰা।
Embrace, n. আলিঙ্গন।
Embrasure, n. কিল্লাৰ দেৱালত বন্দুক মাৰিবলৈ থোৱা বিন্ধা।
Embrocate, v. ঘাঁত দৰৱ 'মালিশ' কৰা। n. embrocation.
Embroider, v. বন কৰা, বেজিৰে গুণাৰ ফুল তোলা। n. embroidery.
Embroil, v. গোলমাল কৰা।
n. embroilment.

Embrown, *v.* মুগাবৰণৰ কৰা।

Emend, *v.* সংশোধন কৰা।
adj. emendable.

Emendation, *n.* সংশোধন।

Emerald, *n.* পানা। এবিধ সেউজীয়া বাখৰ; মৰকত।

Emerge, *v.* পানীৰ পৰা ওলোৱা (2) দেখা দিয়া।

Emergency
Emergence } *n.* আবিৰ্ভাৱ; বিভ্ৰাট্।

Emery, *n.* বাসন বৰ্ত্তন পৰিষ্কাৰ কৰা এবিধ বস্তু।

Emetic, *n.* বাতি উলিওৱা দৰব।

Emigrate, *v.* স্বদেশ পৰিত্যাগ কৰি আন দেশত বাস কৰা।
n. emigration.

Emir, *n.* আমিৰ। যি বিলাক সন্তান-সন্ততি মহ্‌মদৰ কন্যা 'ফেটিমাৰ' পৰা জন্ম হৈছে, সেই বিলাকৰ ও মছলমান ৰজা বিলাকৰ উপাধি।

Emit, *v.* উলিওৱা, নিৰ্গত কৰা।

Emissary, *n.* গুপ্তচৰ।
n. Emission.

Embarassment, *n.* লেঠা; অৰ্থ ক্লেশ।

Emmenagogues, *n.* কন্যাকাল হবলৈ অৰ্থাৎ প্ৰথম ঋতু দেখা দিবলৈ ব্যৱহাৰ কৰা দৰব।

Emolliate, *v.* স্ত্ৰৈণ কৰা। কোমল কৰা *n.* emolliation.

Emolument, *n.* লাভ (2) সুবিধা।
adj. emolumental.

Emotion, *n.* মানসিক উত্তেজনা।
adj. emotional.

Emperor, *n.* সম্ৰাট, সম্ৰাজ, ৰাজাধিৰাজ, *Fem.* empress.

Emphasis, *n.* গুৰু উচ্চাৰণ।
pl. emphases.

Empire, *n.* সাম্ৰাজ্য, সম্ৰাটে শাসন কৰা মহাৰাজ্য।

Empiric, *n.* কুবৈদ্য। a quack.

Empirical, *adj.* বহুদৰ্শন দ্বাৰা জ্ঞাত।

Employ, v. নিযুক্ত কৰা, কামত লগোৱা।
adj. employable.

Employment, *n.* নিযুক্ত কৰা কাৰ্য্য (2) কাম, চাকৰি।

Empoison, *v.* বিহ দিয়া।

Emporium, *n.* বাণিজ্য স্থান।

Empower, v. ক্ষমতা দিয়া।

Empress, v. *vide.* emperor.

Empty, *adj.* শুদা, খালি (2) অসাৰ।

Empyreal, *adj.* তেজোময়।

Empyrean, *n.* স্বৰ্গৰ অতি শ্ৰেষ্ঠ ও পবিত্ৰ ঠাই; বৈকুণ্ঠ।

Emulate, v. অৰিয়া-অৰি কৰা।

Emulation, *n.* অৰিয়া-অৰি, প্ৰতিযোগিতা।
adj. emulative.

Enable, v. সক্ষম কৰা, উপায় দ্বাৰা উপযুক্ত কৰা।

Enact, v. বিধান কৰা (আইন অনু-সাৰে স্থাপন কৰা। n. enactment.

Enamel, n. মিনা।

Enamel, v. মিনা কৰা ; মিনাৰে বৰণ দিয়া।

Enamelled, adj. মিনা-কৰা।

Enamour, v. প্ৰিয়তাৰে মুগ্ধ কৰা (2) মোহিত কৰা।

Encage, v. সজাত সুমাই বন্ধ কৰা।

Encamp, v. তম্বু তৰা (2) সৈন্য সহ গমন কৰোতে গমন বন্ধ কৰা।

Encashment, n. নোট্ বা 'চেক' ভঙোৱা কাৰ্য্য।

Encave, v. গাঁতত লুকোৱা।

Enchant, v. মোহিত কৰা, মুগ্ধ কৰা

Enchanter, n. ভেলেকী দেখাওঁতা *Fem.* enchantress.

Enchase, v. দাঁতিত লগোৱা (2) ফুল কাটি শোভা কৰা।

Encircle, v. বেৰি ধৰা।

Encore, adv. পুনৰ, পুনশ্চ ; আকৌ।

Encounter, v. যুদ্ধ কৰা (2) বাধা দিয়া।

Encourage, v. উৎসাহ দিয়া, কামত উদগাই দিয়া। n. encouragement.

Encroach, v. অন্যায় কৈ আনৰ স্বত্বত হাত দিয়া, অন্যায় প্ৰবেশ কৰা। n. encroachment.

Encumber, v. ভাৰ দিয়া (2) ধাৰত জুপুৰা হোৱা।

Encyclopadia, n. বিদ্যাকোষ।

Encyclopedic, adj, বিদ্যাসাগৰ।

End, n. শেষ, অন্ত, সমাপ্ত; অভিপ্ৰায়।

Endless, adj. নিত্য, অভিপ্ৰায় শূন্য।

Endanger, v. বিপদত পেলোৱা। n. endangerment.

Endeavour, v. ডাঙৰ কাম কৰিবলৈ চেষ্টা কৰা। n. endeavourment.

Endear, v. প্ৰিয় কৰা। n. Endearment.

Endecagon, n. a plane figure of eleven sides. ['epidemic'

Endemic, n. ৰাজপীড়া vide

Endorse, v. কোনো কাকতৰ পিঠিত নিজৰ নাম লেখা বা চহি দিয়া। n. endorsement. [জনা।

Endoskeleton, n. শৰীৰৰ ভিতৰৰ

Endow, v. যৌতুকীয়া বস্তু দিয়া (2) to enrich with any gift or faculty. সহ যুক্ত হোৱা।

Endure, v. সহা, সহ্য কৰা। adj. endurable.

Enemy, n. শত্ৰু, বৈৰী। ab. n. enmity.

Energy, n. কাম কৰিবৰ মানসিক ক্ষমতা; বীৰ্য। the power of doing work against resistance. adj. energetic.

Enervate, *v.* দুৰ্ব্বল কৰা, বল বা সাহ কমোৱা।

Enfeeble, *v.* দুৰ্ব্বল কৰা।
n. Enfeeblement.

Enforce, *v.* বলেৰে লাভ কৰা; বাধ্য কৰা। *n.* enforcement.

Enfranchise, *v.* ৰাজকীয় স্বাধীনতা দিয়া; অধিকাৰ প্ৰদান কৰা; স্বাধীন কৰা।
n. enfranchisement.

Engage, *v.* কোনো কামত লগা বা লগোৱা। (2) কথা দি আবদ্ধ হোৱা (3) যুদ্ধ কৰা। *n.* Engagement.

Engaging, *adj.* মনোহৰ, মনোৰম (2) ৰম্য।

Engender, *v.* উৎপন্ন কৰা।

Engine, *n.* কল, যন্ত্ৰ।

Engineer, *n.* যন্ত্ৰ কৰোতা, যন্ত্ৰাদি পাৰদৰ্শী লোক।

Engineering *n.* যন্ত্ৰবিদ্যা।

Engirdle, *v.* বেঢ়ি ধৰা।

Engrave, *v.* ফুল কটা (2) কোনো বস্তুৰ ওপৰত ফুলৰ বা আন কোনো বস্তুৰ আকৃতি কটা।
n. engravery, engraving.

Engross, *v.* অধিক কৈ লোৱা, সৰ্ব্ব গ্ৰাস কৰা। (2) বুজিব পৰাকৈ ডাঙৰ আখৰেৰে লেখা। *n.* engrossment.

Enhance, *v.* যোগ দিয়া, বৃদ্ধি কৰা।
n. enhancement.

Enhunger, *v.* ভোক লগোৱা।

Enjoy, *v.* সুখেৰে ভোগ কৰা, (2) আমোদ অনুভৱ কৰা।
n. enjoyment.

Enjoyer, *n.* ভোক্তা, ভোগ কৰোঁতা।

Ejoin, *v.* আদেশ কৰা; হুকুম দিয়া।

Enkindle, *v.* জুই লগোৱা।

Enlarge, *v.* বৃদ্ধি কৰা, বঢ়োৱা, ডাঙৰ বা সৰহ কৰা।
n. enlargement.

Enlighten, *v.* পোহৰ পেলোৱা (2) to make clear to the mind. জ্ঞান দান কৰা।
n. enlightenment.

Enlist, *v.* সৈন্য স্বৰূপে ভুক্ত হোৱা বা ভুক্ত কৰা (2) কোনো দলত সোমোৱা।

Enliven, *v.* উত্তেজিত কৰা; হৰ্ষান্বিত কৰা।

Enmity, *n.* শত্ৰুতা, বিদ্বেষ, হিংসা, বৈৰ-ভাৱ।

Ennoble, *v.* উন্নতি কৰা (2) ভদ্ৰ সমাজলৈ উঠা। *n.* ennoblement.

Ennui, *n.* ক্লান্তি; খেদ।

Enormous, *adj.* বহুত, অসীম, অনেক। *n.* enormity.

Enough, *adv.* যথেষ্ট, প্ৰচুৰ, যিমান লাগে সিমান।

Enounce, *v.* ঘোষণা কৰা
n. enouncement.

Enow, *adv.* An old form of enough.

Enrage, *v.* খং তোলা।

n. enragement.

Enraged, *adj.* ক্রুদ্ধ।

Enrich *v.* শোভা কৰা (2) চহকী কৰা (3) সাৰুৱা কৰা।

n. enrichment.

Enroll, *v.* নামলিখা; to register.

Ensign, *n.* পতাকা; ধ্বজ।

Enslave, *v.* দাস কৰা। [কৰা।

Ensure, *v.* নিশ্চিত কৰা, সঠিক

Ensue, *v.* অনুগমন কৰা। *e. g.* to ensue his example. (2) ঘটা।

Ensuing, *adj.* অহা।

Ensnare, *v.* জালত পেলোৱা।

Entangle, *v.* পেচ লগোৱা; ফান্দত পেলোৱা।

Entablature, *n.* স্তম্ভৰ ওপৰৰ অংশ।

Enter, *v.* ভিতৰলৈ যোৱা, ভিতৰ সোমোৱা।

Enterprise, *n.* সাহসেৰে হাতত লোৱা কাম; (2) উদ্যম। *e. g.* a man of great enterprise.

Enterprising, *adj.* উদ্যোগী; সাহসিক।

Entertain. *v.* আগ্ৰহেৰে আলহীক সেৱা শুশ্ৰূষা কৰা (2) আমোদ কৰা (3) মনত ধাৰণ কৰা; *e. g.* to entertain a hope.

Entertainment, *n.* উৎসৱ; ভোজ; নাচ্‌গান।

Enthrone, *v.* সিংহাসনত তোলা, ৰজা পতা। *n.* enthronement.

Enthrall, *v.* দাস কৰা।

Enthusiasm, *n.* ৰব আগ্ৰহ, অতি হেপাহ।

Entice, *v.* প্ৰলোভন কৰা, (2) আশা দেখোৱাই প্ৰবৃত্তি জন্মোৱা।

n. Enticement.

Entire, *adj.* সম্পূৰ্ণ।

Entitle, *v.* উপাধি দিয়া।

Entomb, *v.* পোতা।

n. entombment.

Entomology, *n.* পোক সম্বন্ধীয় বিজ্ঞান।

Entrails, *n.* প্ৰাণীৰ নাড়ী-ভূৰু।

Entrance, *n.* পথ, (2) আৰম্ভ (3) দ্বাৰ।

Entrap, *v.* ফান্দত পেলোৱা।

Entreat, *v.* কাকুতি-মিনতিকৈ অনুৰোধ কৰা। *n.* entreaty.

Entree, *n.* প্ৰবেশ; (2) That which is entered.

Entrepot, v. গুদাম। place where merchandise is deposited.

Entry, *n.* আৰম্ভ কৰা কাৰ্য্য (2) সৰু আলিলৈ হোৱা সৰু বাট।

Entrust, *v.* গতাই থোৱা; বিশ্বাস কৰি অন্যৰ হাতত থোৱা।

Entwine, *v.* পকোৱা।

Enumerate, *v.* সংখ্যা লেখা।

n. enumeratiou.

Enunciate, *v.* ৰূপ কোৱা ; (2) উচ্চাৰণ কৰা।

Enunciation, *n.* ৰূপ ; (2) উচ্চাৰণ (3) উক্তি।

Envelop, v. ঢকা (2) লুকুৱা।

Envelope, *n.* লেফফা, লেফাফা, চিঠিৰ খাম।

Envenom, *v.* বিষাক্ত কৰা ; বিহল গোৱা।

Envious, *adj. vide.* after 'envy'

Environ, v. বেঢ়ি ধৰা, (2) মেৰাই ধৰা।

n. environment.

Environs, *n.* উপনগৰ। places that lie around a town.

Envoy, *n.* দূত, কটকী।

Envy, *n.* ঈর্ষ্যা, খিয়াল। (2) *v.* খিয়াল কৰা।

Enviable, *adj.* বাঞ্ছনীয় ; স্পৃহনীয়।

Envious, *adj.* খিয়লীয়া, ঈর্ষাল, হিংসা-কুৰীয়া। *n.* enviousness.

Ephemeral, *adj.* এদিনীয়া।

Epic, *adj.* মহা। *e. g.* Epic poem = মহাকাব্য।

Epicure, *n.* যি আমোদকে প্ৰধান বুলি ভাবে (2) ইন্দ্ৰিয় সেবী।

Engineering, *n.* মন্ত্ৰবিদ্যা।

Epicurean, *adj.* বিষয়াসক্ত, (2) Follower of Epicurus.

Epicurism, *n.* সুখভোগ।

Epicircle, *n.* a circle whose centre moves round in the circumference of a greater circle.

Epidemic, *n.* ৰাজপীড়া ; মাৰি। A desease is *epidemic* when it spreads rapidly and attacks large numbers in a locality where it does not usually prevail ; as opposed to *endemic,* when it usually prevails in a locality.

Epigram, *n.* ধেমেলীয়া কবিতা।

Epigraph, *v.* পকাঘৰৰ ওপৰত অঙ্কিত কৰণ। (2) উদ্ধৃত বাক্য।

Epilogue, *n.* কোনো কিতাপৰ পৰিসমাপ্তি ; নাটকৰ শেষ বক্তৃতা বা কবিতা (2) উপসংহাৰ

Epiphany, *n.* A christian festival celebrated on the 12th day after Christmas.

Episcopacy, *n.* 'বিচপৰ' শাসন।

Episcopal, *adj.* episcopal churce. আচৰ্য্য ধৰ্ম্ম মন্দিৰ।

Epistle, *n.* চিঠি। *adj.* epistolary

Epithet, *n.* গুণ বুজোৱা শব্দ ; বিশেষণ।

Epitome, *n.* সংক্ষেপ ; (2) সাৰ সংগ্ৰহ।

Epitomise, *v.* সংক্ষেপ কৰা ; (2) সাৰসংগ্ৰহ কৰা।

Epoch, *n.* কাল (2) যুগ।

Equal, *adj.* সমান, একে, সমনীয়া।
n. equality

Equator, *n.* বিষুব ৰেখা। যি কাল্পনিক গোলাকাৰ ৰেখাই পৃথিবীক উত্তৰ-দক্ষিণকৈ সমানে দুভাগ-কৰি পূব-পশ্চিমলৈকে ব্যাপি আছে।

Equerry, *n.* ৰাজপুৰুষ ঘোঁৰাত উঠি নিজ ৰাজ্যত ফুৰোতে তেখেতৰ লগত যোৱা প্ৰধান কৰ্ম্মচাৰী। (2) ঘোঁৰাশাল ; (3) ঘোঁৰাশালৰ অধ্যক্ষ।

Equiangular, *adj.* সমকোণ।

Equidistant, *adj.* সমদূৰ।

Equilateral, *adj.* সমভুজ।

Equilibrium, *n.* সমভাৱ।

Equinox, *n.* সূৰ্য্যয় বিষুব ৰেখা পাৰ হোৱা সময়, যেতিয়া দিন ৰাতি সমান হয়, সাধাৰণতঃ ২১ মাৰ্চ্চ ও ২৩ সেপ্তেম্বৰ।

Equip, *v.* কোনো কাৰ্য্যত যি যি লাগে সকলোবে সৈতে সাজু কৰা।
n. equipment.

Equipage, *n.* সাজপাৰ ; (2)লিগিৰা

Equipollent, *adj.* সমান ক্ষমতাযুক্ত
n. equipollence

Equiponderant, *adj.* সমানভাৱী।
v. equiponderate

Equity, *n.* ন্যায় ; অপক্ষপাতীতা
adj. equitable

Equivalent, *adj.* সমান। [সন্দিগ্ধ।

Equivocal, *adj.* দুটা অৰ্থ থকা,

Era, *n.* শক।

Eradicate, ধ্বংশ কৰা।
n. eradication

Erase, *v.* মোহাৰি পেলোৱা।

Ere, *adv.* পূৰ্ব্বে।

Erect, *v.* নিৰ্ম্মাণ কৰা (2) স্থাপন কৰা।

Erect, *adj.* পোণ।
n. erectness.

Eremite, *n.* তপস্বী, সন্ন্যাসী।

Erode, *v.* ক্ষয় কৰা।

Err, *v.* বিপথে যোৱা (2) ভুল কৰা (3) পাপ কৰা।

Errand, *n.* আদেশ (2) দূতবাৰ্ত্তা।

Errant, *adj.* বনৰীয়া ; বিপথ ভ্ৰমনকাৰী।

Erratum, *n.* ভুল, অশুদ্ধ।
pl. errata.

Error, *n.* ভুল, অশুদ্ধ।

Erroneous, *adj.* ভ্ৰমজনক ; (2) মিথ্যা। *e. g.* an erroneous inference.

Erst, *adv.* প্ৰথমতে (2) আগেয়ে।

Erudite, *adj*. শিক্ষিত ; সভ্য।
n. erudition.

Erupt, *v*. ভাগি বা ফাটি ওলোৱা। *n*. eruption.

Escape, *v*. পলোৱা, পলায়ন কৰা, গোপনে শুছি যোৱা।

Escape, *n*. পলায়ন (2) নিস্তাৰ।

Escheat, *v*. উত্তৰাধিকাৰীৰ অভাৱত ৰাজভুক্ত হোৱা (2) *n*. এই দৰে ভুক্ত হোৱা সম্পত্তি।

Eschew, *v*. এৰি দিয়া, ত্যাগ কৰা।

Escort, *n*. লগুৱা, লিগিৰা ; শৰীৰৰক্ষার্থ সেনাদল। [ঢাল।

Escutcheon, *n*. কৰচৰ মূৰ্ত্তি থকা

Espalanade, *n*. তৃণাচ্ছাদিত ভূমি।

Especial, *adj*. বিশেষ, অসামান্য।

Espouse, *v*. বিয়া কৰা (2) বিয়া দিয়া।

Espousal, *n*. বিবাহ।

Espirit, *n*. উৎসাহ, তেজ।

Espy, *v*. পহৰা দিয়া, দূৰৈৰ পৰা চোৱা।

Esquire, *n*. 'নাইট্' অৰ লগুৱা The attendant on a knight (2) 'স্কোয়াৰ' ; মিষ্টাৰৰ ওপৰৰ ও নাইট্‌ৰ তলৰ উপাধি (3) মহাশয়।

Essay, *n*. ৰচনা, লেখা গদ্য বা পদ্য (2) চেষ্টা।

Essence, *n*. সাৰ। অতি লাগতিয়াল ভাগ। *adj*. essential.

Establish, *v*. পতা, স্থাপন কৰা, দৃঢ় কৰা।

Established, *adj*. স্থাপিত।

Establishment, *n*. স্থাপন্, পাতন্, কাৰ্য্যস্থান।

Estate, *n*. সম্পত্তি (2) বিষয় (3) অবস্থা।

Esteem, *v*. সম্মানেৰে চোৱা, মূল্যবান্ যেন ভবা।

Esteemed, *adj*. মাননীয়।

Estimate, *v*. কোনো বস্তুৰ মূল্য স্থিৰ কৰা (2) হিচাপ কৰা।

Estimate, *n*. উপকৰা হিচাপ (2) কোনো বস্তুৰ মূল্য অনুমান কৰা।

Estimation, *n*. গণনা (2) সম্মান।

Estrange, *v*. মনৰ পৰা দূৰ কৰা, বিচ্ছেদ কৰা।

Estuary, *n*. নদীমুখৰ মোহানা।

Eternal, *adj*. চিৰস্থায়ী, অনন্ত ; নিত্য।

Eternity, *n*. duration without beginning or end ; অনাদি ; অনন্তকাল ; সৰ্ব্বতিকাল।

Ether, *n*. 'ইথাৰ' (2) ওপৰৰ পৰিষ্কাৰ বায়ু। *adj*. etherial.

Ethics, *n*. নীতিশাস্ত্ৰ।

Ethnic,-al, *adj*. মনুষ্য জাতীয়।

Etiquette, *n*. সামাজিক শিষ্টাচাৰ ; সদাচাৰ (2) এজনে আন এজনৰ প্ৰতি দেখোৱা নম্ৰতা বা ভদ্ৰতা।

Etymology, *n.* শব্দ প্ৰকৰণ।

Etymologist, *n.* শাব্দিক।

Eulogy, *n.* প্ৰশংসা।

Eunuch, *n.* নপুংসক।

Euphony, *n.* শুৱলা উচ্চাৰণ সুস্বৰ। *adj.* euphonious.

European, *adj.* ইউৰোপীয়।

Evacuate, *v.* শূন্য কৰা, খালি কৰা।

Evade, *v.* কৌশলেৰে পৰিত্যাগ কৰা বা এৰা। *n.* evasion.

Evanescent, *adj.* অস্থায়ী।

Evaporate, *v.* বাষ্প হৈ যোৱা।

Evaporation, *n.* বাষ্পলৈ পৰিবৰ্ত্তন কৰা গুণ বা কাৰ্য্য (2) পানীক বা পনীয়া বস্তুক বাষ্পলৈ পৰিবৰ্ত্তন কৰিবৰ নিয়ম।

Eve, *n.* গধূলি।

Even, *adj.* সমতল ; সমান। (2) যোৰ, যুগ্ম *e. g.* Even number.

Even, *adv.* তথাপি।

Evening, *n.* গধুলি (2) fig জীৱনৰ শেষ অৱস্থা।

Event, *n.* ঘটনা। *adj.* eventful.

Eventual, *adj.* অন্তিম।

Ever, *adv.* সদায়, অনৱৰত।

Everlasting, *adj.* চিৰস্থায়ী।

Every, *adj.* প্ৰত্যেক। এই শব্দই বহুত মানুহ বা বস্তুৰ ভিতৰৰ প্ৰত্যেটোকে পৃথককৈ বুজাই।

Everywhere, *adv.* যত তত।

Evict, *v.* আইন অনুসাৰে খেদি দিয়া।

Evidence, *n.* প্ৰমাণ (2) সাখি।

Evident, *adj.* স্পষ্ট, প্ৰত্যক্ষ।

Evil, *adj.* বেয়া, অপকাৰী, অহিত, অশুভ।

Com. worse, sur. worst.

Evince, *v.* কটকটীয়াকৈ দেখোৱাই দিয়া (2) সন্দেহ দূৰ কৰি প্ৰমাণ কৰা।

Evoke, *v.* আহ্বান কৰা।

Evolution, *n.* ক্ৰমশঃ বৰ্দ্ধন, প্ৰকাশ।

Ewe, *n.* মাইকী মেৰছাগ।

mas. ram.

Exact, *v.* বলেৰে উলিওৱা (2) ধন উলিয়াবলৈ টানি ধৰা।

Exact, *adj.* ঠিক, যথাৰ্থ (2) অবিকল।

Exaggerate, *v.* বঢ়োৱা, অত্যুক্তি কৰা।

Exalt, v. (পদত) ওপৰলৈ তোলা (2) কৃত কাৰ্য্য হোৱাত আনন্দ হোৱা *n.* exaltation.

Examine, v. পৰীক্ষা কৰা, গুণাগুণ বিচাৰ কৰা। *n.* examination.

Examiner, *n.* পৰিক্ষক, গুণাগুণ বিচাৰ কৰোঁতা।

Example, *n.* উদাহৰণ ; আদৰ্শ। *v.* examplify.

Exasperate, v. বৰকৈ খং তোলা ; বিৰক্তি জন্মোৱা। *n.* exasperation.

Excavate, v. গৰ্ত্তকৰা, গাঁত খনা।

Excavation, *n.* গৰ্ত্ত, গাঁত।

Exceed, v. সীমা বা পৰিমাণ অতিক্ৰম কৰা।

Excel, *v.* শ্ৰেষ্ঠ হোৱা (2) সদ্‌গুণেৰে অতিক্ৰম কৰা। [প্ৰশস্ত।

Excellent, *adj.* অত্যুৎকৃষ্ট ; শ্ৰেষ্ঠ ;

Excellency, Excellence, *n.* A title of honour. *e. g.* His Excellency the Viceroy.=মহামহিম মহামান্য ৰাজ-প্ৰতিনিধি। (2) গুণ।

Except, *prep* ব্যতীত, বাহিৰে।

n. exception.

Except, *v.* বৰ্জ্জিত কৰা।

Exceptional, *adj.* 'স্বতন্ত্ৰ'

Excerpt, v. আন কোনো কিতাপৰ পৰা বাচি লোৱা কোনো এক অংশ।

Excess, *n.* অধিকতা।

Excessive, *adj.* অপৰিমিত।

Exchange, *n.* সালসলনি, সলনা-সলনি।

Exchange, v. সলোৱা, সলনাসলনি কৰা।

Excise, *n.* এবিধ বস্তুৰ ওপৰত ধাৰ্য্য কৰা কৰ ; "আবকাৰি"।

an indirect tax imposed on certain products of home industry and consumption.

Excite, *n.* উত্তেজিত কৰা (2) খং তোলা। *n.* excitement.

Exclaim, v. চিঞৰা।

n. exclamation.

Exclude, *v.* বাহিৰ কৰা (2) প্ৰবেশ কৰিবলৈ আগভেটা।

adj. exclusive.

Exclusion, *n.* বাহিৰ।

Excommunicate, *v.* সমাজৰ পৰা বাহিৰ কৰা।

n. excommunication.

Excrement, *n.* মল।

Excrete, *v.* ত্যাগ কৰা। *e. g.* to excrete urine.

Excruciate, *v.* যাতনা দিয়া।

n. excruciation [শুদ্ধ কৰা।

Exculpate, *v.* কোনো দোষৰ পৰা

n. exculpation.

Excursion, *n.* ভ্ৰমণ।

Excuse, *v.* দোষ এৰা (2) দোষ ক্ষমিবলৈ প্ৰাৰ্থনা কৰা।

adj. excusable.

Followed by 'from'.

Excuse, *n.* ওজৰ।

Execrate, *v.* অভিশাপ দিয়া ; অতি ঘিণ কৰা।

Execute, *v.* সম্পাদন কৰা (2) আইন অনুসাৰে বধ কৰা।

Executor, *n.* সম্পাদন কৰোঁতা (2) one who is appointed to see whether a will carried into effect.

Fem. executress, executrix.

Execution, *n*. বধ : প্ৰাণদণ্ড।

Executioner, *n*. 'চাউডাং'

Exemplar, *n*. চানেকি, উদাহৰণ।

adj. exemplary.

Exemplify, *v*. উদাহৰণ দিয়া, দৃষ্টান্ত দিয়া।

n. exemplification.

Exempt, *v*. কোনো দায়ৰ পৰা মুক্তি কৰা। *n*. exemption.

Followed by 'from'.

Exercise, *v*. ব্যায়াম, অঙ্গপৰিচালণ কৰা, (2) ব্যৱহাৰ কৰা।

(3) অভ্যাস কৰা।

Exercise, *n*. পৰিশ্ৰম, (2) পাঠ।

Exert, *v*. চেষ্টা কৰা (2) *n*. চেষ্টা।

Exhale, *v*. নিশ্বাস বাহিৰ কৰা।

n. exhalation.

Exhaust, *v*. ক্লান্ত হোৱা (2) ক্ষয় যোৱা।

Exhausted, *adj*. ক্লান্ত।

Exhaustion, *n*. ক্লান্তি (2) ক্ষয়।

Exhibit, *v*. প্ৰদৰ্শন কৰা; প্ৰকাশ কৰা।

Exhibition, *n*. প্ৰদৰ্শন।

Exhilarate, *v*. উল্লাসিত কৰা।

Exhilarating, *adj*. আনন্দজনক।

Exhilaration, *n*. আনন্দ।

Exhort, *v*. উপদেশেৰে উত্তেজিত কৰা। *n*. Exhortation.

Exhume, *v*. মৰিশালীৰ পৰা উলিওৱা।

Exigency, *n*. গুৰুতৰ বিষয়; অতি দৰকাৰ।

adj. exigent.

Exile, *n*. নিৰ্ব্বাসন, স্বদেশ ত্যাগ।

Exist, *v*. জীয়াই থকা।

n. existence.

Exit, *n*. প্ৰস্থান; নাটকত ভাৱৰীয়া সকলৰ প্ৰস্থান।

pl. exeunt. [কৰা।

Exonerate, *v*. দোষৰ পৰা মুক্তি

Followed by 'from'

Exhorbitant, *adj*. অধিক; অতিশয়।

n. exhorbitance.

Exorcise, *v*. ভূতঝৰা।

Expand, *v*. বহল কৰা; বিস্তৃত কৰা।

n. expansion.

Expatiate, *v*. বাহুল্য কৰা।

Followed by 'on'

Expectant, *n* আশাধাৰী।

n. expectation.

Expect, *v*. আশা কৰা;

We exp ct that something will happen in future, either good or evil; *e. g.* He expects to die.

Expectorate, *v*. বুকুৰ পৰা কাহি উলিওৱা

n. expectoration.

Expedient, *adj.* উপযুক্ত (2) যুক্তি সঙ্গত।

Expedient, *n.* উপায়; কৌশল।

Expedite, *v.* সোনকাল কৰা (2) ততালিকৈ পঠোৱা।

Expedition, *n.* সোনকাল (2) যুদ্ধ যাত্ৰা।

Expel, *v.* বাহিৰ কৰা (2) নিৰ্ব্বাসন কৰা।

Expend, *v.* খৰচ কৰা, ব্যয় কৰা।

Expenditure, *n.* খৰচ, ব্যয়।

Expense, *n.* খৰচ, ব্যয়।

Epensive, *adj.* ব্যয়শীল; মহাৰ্ঘ।

Experience, *n.* অভিজ্ঞতা, বহুদৰ্শিতা।

Followed by 'in'

Experienced, *adj.* বহুদৰ্শী।

Experiment, *n.* পৰীক্ষা।

Expert, *adj.* পাকৈত, পটু, কামিলা, কাৰ্য্যদক্ষ।

Expire, *v.* নিশ্বাস লোৱা (2) মৃত্যু হোৱা।

n. expiration.

Explain, *v.* ব্যাখ্যা কৰা, অৰ্থ ভাঙ্গি দেখোৱা।

adj. explicable.

Followed by 'to'

Explanation, *n.* ব্যাখ্যা (2) কৈফিয়ৎ।

Explict, *adj.* স্পষ্ট, ফট্‌ফটীয়া।

Explode, *v.* হঠাৎ ফটা; হঠাৎ মহা শব্দেৰে ফটা বা জ্বলিউঠা।

Explosion, *n.* শব্দেৰে ফাটন।

Exploit *n.* সাহসিক কাম।

Exploit, *v.* নিজৰ উপকাৰলৈ অন্য (2) সাৰ উলিয়াই লোৱা।

Explore, *v.* আবিষ্কাৰ কৰিবলৈ অনুসন্ধান কৰা। *n.* exploration.

Export, *v.* ৰপ্তানি কৰা, বেচিবৰ নিমিত্তে বিদেশলৈ পঠোৱা।

n. exportation.

Expose, *v.* প্ৰকাশ কৰা (2) বাহিৰ কৰা (3) অনাবৃত কৰা।

n. exposure.

Expostulate, *v.* কাৰো দোষ দেখি তৰ্ক কৰা (2) আপত্তি কৰা (3) ভৎসনা কৰা।

n. expostulation.

Followed by 'with'

Expound, *v.* ব্যাখ্যা কৰা, অৰ্থ দেখোৱাই দিয়া।

Express, *v.* নিবেদন কৰা (2) প্ৰকাশ কৰা।

Expression, *n.* প্ৰকাশ কৰণ (2) (বীজগণিতৰ) ৰাশি।

Expulsion, *n.* নিৰ্ব্বাসন (2) বাহিৰ কৰণ।

Expunge, *v.* মচি পেলোৱা (2) উঠাই দিয়া।

Expurgate, *v.* পৰিস্কাৰ কৰা।
n. expurgation.
Exquisite, *adj.* অতিৰম্য, অত্যুত্তম।
Exsection, *n.* কৰ্ত্তন।
v. Exsect.
Extant, *adj.* বিদ্যমান ; বৰ্ত্তমান।
Extempore, *adj.* তৎক্ষণাৎ মুখে মুখে ৰচিত *e. g.* They soothed their labour by songs, one of which was extempore.
Extend, *v.* বিস্তৃত কৰা, বঢ়োৱা ; (2) বৃদ্ধিকৰা। *n.* extension.
Extent, *n.* আয়তন্ ; পৰিমাণ।
Extenuate, *v.* কম কৰা, কমোৱা (2) পাতল কৰা।
n. extenuation.
Exterior, *adj.* বাহিৰ (2) বিদেশীয়।
Exterminate, *v.* নষ্ট কৰা, নাশ কৰা। *n.* extermination.
External, *adj.* বাঁহিৰ।
Extinct, *v* লুপ্ত হোৱা।
n. extinction.
Extinguish, *v.* নুমোৱা (২) নষ্ট কৰা।
Extirpate, *v.* মুড়াৰে সৈতে উভলা।
n. extirpation
Extol, v. প্ৰশংসা কৰা।
Extort, *v.* বলেৰে গ্ৰহণ কৰা।
n. extortion

Extra, *adj.* অতিৰিক্ত।
Extract, *v.* আকৰ্ষন কৰা (2) টানি উলিওৱা।
n. extraction.
Extradition, *n.* আন ৰাজ্যত পলায় থকা অপৰাধীক বিচাৰ কৰিবৰ কাৰণে তাৰ নিজ ৰজাৰ হাতত সমৰ্পণ
Extrajudicial, *adj.* আইন বা আদালতৰ অধিকাৰৰ বাহিৰ।
Extraordinary, *adj.* অসাধাৰণ, অসামান্য (2) বিশেষ।
Extravagance, *n.* অমিতব্যয়ীতা (2) অপব্যয়।
Extravagant, *adj.* অমিতব্যয়ী (2) অপব্যয়ী।
Extreme, *adj.* যৎপৰোনাস্তি, (2) অত্যন্ত ; (3) কঠোৰ।
e. g. his poverty was extreme.
Extremity, *n.* শেষ সীমা (2) অতি দুৰৱস্থা।
Extricate, *v.* উদ্ধাৰ কৰা, মুক্তি কৰা
n. extrication.
Exuberance, *n,* প্ৰচুৰতা (2) বাহুল্য। *adj.* exuberant.
Exude, *v.* ঘামৰ দৰে ওলোৱা।
n. exudation.
Exult, *v.* আনন্দত নাচি উঠা।
n. exultation.
Followed by 'in'.
Exuviae, *n.* জন্তুৰ ত্যক্ত খোলা।

This word is plural and has no singular form in use.

Eye, *n.* চকু, 2) বাঁহী আদিৰ আঁথি (3) দৰ্শন শক্তি।

Eye-ball, চকুৰ মনি।

Eye-brow, *n.* চেলাউৰি, জ্ৰূৱ।

Eye-lash, *n.* চকুৰ নোম, ভোম।

Eye-lid, *n.* চকুৰ পতা।

Eye-sore, *n.* চকুৰ শূল।

Eyry. Eyot, *n.* নৈৰ মাজত থকা সৰু দ্বীপ, An ait.

Eyrie, *n.* চিকাৰী চৰাইৰ বাহ বা কণী।

F

Fabian, *adj.* দীৰ্ঘ সূত্ৰী ; *e. g.* Fabian policy.

Fable, *n.* গল্প, উপকথা, সন্ধ্যা উপাখ্যান।

Fable, v, মিচা গল্প সাজি কোৱা *e. g.* 'trust me, I fable not according to my knowledge.'

Fabric, *n.* cloth manufactured, (2) কাৰু কাৰ্য্য :

Fabricate, *v.* তৈয়াৰ কৰা, প্ৰস্তুত কৰা। *n.* fabrication.

Fabulist, *n.* উপকথা ৰচনা কৰোঁতা।

Fabulous, *adj.* কাল্পনিক ; মনেৰে সজা; মিছা। *e. g.* fabulous unicorn.

Facade, *n.* পকীঘৰৰ আগফাল।

Face, *n.* মুখ, আনন ; (2) চেহেৰা। (3) মুখ ভঙ্গি ; (4) সন্মুখ ; *e. g.* you have come before my face. *adj.* facial.

Face, *v.* প্ৰতিশোধ লবলৈ আগবঢ়া।

Facetious, *adj.* ধেমেলীয়া ; ৰঙ্গীয়াল।

Facile, *adj.* সহজ। v. facilitate.

Facility, *n.* সুসাধ্যতা (2) দক্ষতা।

Facing, *n.* ঢাকন।

Fac-simile, *n.* অবিকল ; প্ৰতিৰূপ।

Fact, *n.* প্ৰকৃততা ; সত্যতা।

Infact = প্ৰকৃতপক্ষে ; স্বৰূপাৰ্থত।

Faction, *n.* ৰাজনৈতিক দল (2) বিবাদ।

Factious, *adj.* বিদ্ৰোহী ; কলহপ্ৰিয়।

Factitious, *adj.* কৃত্ৰিমৰ, কাল্পনিক।

Factitive, *adj.* কোনো কোনো সকৰ্ম্মক ক্ৰিয়াৰ দুটা কৰ্ম্ম থাকে, এটাই মানুহ আৰু আনটোৱে পদ (office) বুজাই ; যিটোৱে পদ বুজাই তাকে factitive object বা গৌণ কৰ্ম্ম বোলে।

Factor, *n.* কোনো কাৰ্য্য কৰোঁতা (2) গোমস্তা ; an agent intrade.

Factory' *n.* কুঠী *e. g.* the factory of the East India Company of Calcutta. *adj.* Factorial.

Factotum, *n.* সকলো কাৰ্য্য কৰিবৰ নিযুক্ত কৰা মানুহ।

Faculty, *n.* কাৰ্য্য কৰিবৰ ক্ষমতা (2) original Power of mind. শক্তি, (3) সমাজ *e. g.* faculty of medicine.

Fade, *v.* শক্তি ক্ৰমশঃ কমি যোৱা। (2) ম্লান হোৱা ; বিবৰ্ণ হোৱা।

Fag, *v.* বৰকৈ পৰিশ্ৰম কৰা, (2) ক্লান্তহোৱা।

Fagot, *n.* খড়ীৰ মুঠা (2) লাঠি।

Faggot, *n.* same as fagot.

Fahrenheit, *n.* এবিধ 'থাৰ্ম্মোমিটাৰ'

Fail, *v.* অকৃত কাৰ্য্য হোৱা, বিফল হোৱা ; (3) ক্ষয় হোৱা ; ধ্বংশ হোৱা *n.* failure.

Fain, *adj.* হৃষ্ট, হৰষিত।

Faint, *v.* দুৰ্ব্বল হোৱা ; মূৰ্চ্ছিত হোৱা। (2) হতসাহস হোৱা। *n.* faintness.

Fair, *adj.* সুন্দৰ (2) ফট্‌ফটীয়া (3) অনুকূল (4) সৰল (5) আনন্দদায়ক।

The fair sex = সুন্দৰী নাৰীজাতি।

Fair. *n.* হাট।

Fairy, *n.* অপেস্বৰা, পৰী।

Faith, *n.* বিশ্বাস ; ভক্তি, শ্ৰদ্ধা। Followed by 'in'

Faithful, *adj.* বিশ্বাসী ; বিশ্বস্ত (2) বিশ্বাসা।

Faithless, *adj.* অবিশ্বাসী (2) ভক্তিহীন।

Falcate, *adj.* বেঁকা।

Falchion, *n.* এবিধ অস্ত্ৰ।

Falcon, *n.* সেন জাতিৰ এবিধ চৰাই

Fall, *v.* পতিত হোৱা (2) হ্ৰাস হোৱা ; (3) দণ্ডৱত হোৱা *e. g.* to fallon the knees (4) পথচ্যুত হোৱা, *e. g.* fallen from the path.

P. T. fell, P. P. fallen.

Fall, *n.* পতন, স্খলন। *e. g.* fall of the Moghal Empire.

Fallacious, *adj.* প্ৰতাৰক, মিচা।

Fallacy, *n.* প্ৰবঞ্চনা ; ভ্ৰম।

Fallow, *n* হালবাই থই শস্য নিসিচা মাটি।

False, *adj.* মিছা (2) অলীক (3) অসত্য (4) কপটী। *n.* falsehood.

Falsify, *v.* মিচা কথা কোৱা *n.* falsification.

Falter, *v.* কপা (2) অস্থিৰ হোৱা, (3) কথাৰথোকাথুকি হোৱা।

Faltering. *adj.* অস্পষ্ট ; গদগদ।

Fame, *n.* যশ, সুনাম।

Family, *n.* পৰিবাৰ ; পৰিয়াল (2) বংশ ; ফৈদ।

Familiar, *adj.* পৰিচিত (2) ঘনিষ্ঠ ; আলাপী। *n.* familiarity = হৰিলগৰিল। Followed by 'with'

Famlyway, *adj.* গৰ্ভৱতী।

Famine, *n.* দুৰ্ভিক্ষ, হাঁহাকাৰ।

Famish, *v.* অন্নৰ অভাৱত কষ্ট পোৱা।

Famous, *adj.* বিখ্যাত, প্ৰখ্যাত Followed by 'for'

Fan, *n.* বিচনি।

Fan, *v.* বিচা, বিচনি মৰা।

Fanatic, *adj.* ধৰ্ম্মোন্মত্ত।

Fanaticism, *n.* ধৰ্ম্মোন্মাদ।

Fancy, *n.* কল্পনা শক্তি (2) মতি, কামনা *e. g.* my mindrests on him with entire fancy. (3) *adj.* ধেমেলিয়া।

Fantansy, *n.* fancy.

Fanciful, *adj.* কাল্পনিক।

Fantastic, fantastical, *adj.* কাল্পনিক, কল্পিত।

Fang, *n.* দাঁত; বিষদাঁত; জন্তুৰ নখ।

Far, *adj.* দূৰ (2) *adv.* দূৰৈত।
Com, farther.
Sup. farthest.

Farther, *adj.* অধিক দূৰ (2) *adv.* অধিক দূৰত।

Farce, *n.* প্ৰহসন (2) ধেমালীয়া নাটক। *adj.* farcical.

Fare, *n.* খোৱা বস্তু (2) কেৰেয়া।

Fare, *v.* গমন কৰা, (2) কোনো অৱস্থা পোৱা *e. g.* how does she fare.

Farewell, *int.* ভাল যাওঁ।
e. g. farewell ! my friends.
(2) *n.* বিদায়, মেলানি।

Farm, *n.* খেতি কৰা মাটি।

Farmer, *n.* কৃষক, খেতিয়ক।

Farrago, *n.* নানাবিধ বস্তু মিহলি বস্তু।

Farrier, *n.* ঘোৰাৰ ডাক্তৰ।

Farrow, *n.* গাহৰি পোৱালি (2) *v.* গাহৰি পোৱালি প্ৰসৱ কৰা।

Farthing, *n.* ফাৰ্দ্দিং। ইংলণ্ডত প্ৰচলিত এবিধ মুদ্ৰা, যাৰ মূল্য প্ৰায় এক পইসা।

Fascicle, *n.* ফুলৰ চাকি।

Fascine, *n.* কাঠ খড়ীৰ মুঠা।

Fascinate, *v.* মোহিত কৰা ; মুগ্ধ হোৱা।

Fascinating, *adj.* মোহিত ; মনমোহা।

Fascination, *n.* মোহন; মোহন শক্তি।

Fashion, *n.* ৰীতি, *e. g.* the old fashion. (2) গঢ়, আকৃতি, (3) প্ৰচলিত আচাৰ।
adj. fashionable.

Fast, *adj.* দৃঢ় (2) মজবুত (3) শীঘ্ৰগামী।

Fast, *adv.* খৰকৈ (2) মজবুতকৈ।

Fasten, *v.* বন্ধ কৰা (2) টান কৰা, দৃঢ় কৰা।

Fast, *v.* লঘোন দিয়া, উপবাস কৰা। (2) *n.* উপবাস।

Fat, *adj.* শকট, লোধোমা ; স্থূলকায় (2) *n.* চৰ্ব্বি। *v.* Fatten.

Fate, *v.* দশা, ভাগ্য, কপাল।

Fatal, *adj.* সাঙ্ঘাতিক (2) অশুভ Followed by 'to'

Father, *n.* পিতা, জনক (2) পুৰো-হিত বিশেষৰ উপাধি।

Fem. mother. ab. *n.* fatherhood

Father-in-law, *n.* শহুৰ।

Fatherland, *n.* জন্মভূমি।

Fatherless, *adj.* পিতৃহীন।

Fatherly, *adj.* পিতৃতুল্য।

Fathom, *n.* ছয় ফুট পৰিমাণ জোখ।

Fathomless, *adj.* অতল ; অগাধ।

Fatigue, *v.* ক্লান্ত হোৱা (2) *n.* ক্লান্ত।

Fatigued, *adj.* হাবাথৰীয়া ; শ্ৰান্ত।

Fauces, *n.* plu. পিপাৰ পৰা মদ বাহিৰ কৰা চুঙ্গা।

Fault, *n.* দোষ, দায়, জগৰ।

Faultless, *adj.* নিৰ্দ্দোষী।

Faulty, *adj.* দোষপূৰ্ণ।

n. faultiness.

Faultlessness, *n.* নিৰ্দ্দোষতা।

Faun, *n* বন দেৱতা।

Favour, *n.* অনুগ্ৰহ (2) দয়া (3) প্ৰসাদ। *e. g.* He eagerly longs for your favour.

Favour, *v.* অনুগ্ৰহ কৰা, দয়া কৰা।

Fafourable, *adj.* সুবিধাজনক মঙ্গলজনক (2) সুপ্ৰসন্ন, মঙ্গলদায়ক।

Favourite, *adj.* প্ৰিয়, মৰমৰ। *n.* প্ৰিয়পাত্ৰ।

Fawn, *n.* হৰিণাপোৱালি।

Fawn, *v.* খোচামোদ কৰা ; To flatter.

Fealty, *n.* প্ৰভুভক্তি।

Fear, *n.* ভয় ; ত্ৰাস (2) v. ভয় কৰা ; ভীত হোৱা।

Fearful, *adj.* ভয়ানক ; ভয়াবহ।

Fearless, *adj.* নিৰ্ভয় : সাহসিক।

Fearlessness, *n.* নিৰ্ভয়তা।

Feasible, *adj.* সুসাধ্য।

n. feasibility.

Feast, *n.* ভোজ ; উৎসব। *adj.* festal.

Feast, *v.* ভোজ খোৱা (2) ভালকৈ আহাৰ খোৱা।

Festival, *n.* পৰব, উৎসৱ।

adj. festive.

Festoon, *n.* ফুলৰ মালা।

Feat, *n.* দুঃসাহসিক কাম।

Feature, *n.* আকৃতি (2) মুখ।

Feather, *n.* পাখি।

adj. feathery.

Febrile, *adj.* জ্বৰ সমন্ধীয়।

Febrifuge, *n.* জ্বৰৰ ঔষধ।

February, *n.* ইংৰাজি বছৰৰ দ্বীতিয় মাহ ; ফ্ৰেব্ৰুৱাৰী মাহ।

Fecund, *adj*. উৰ্ব্বৰা, সাৰুৱা।
v. fecundate.

Federate, *v*. সন্ধি কৰা।
adj. federative

Fee, *n*. দৰ্মহা *e. g.* school fee.

Fee-simple = চাহ বাগান আদি বিশেষ খেতিৰ নিমিত্তে লোৱা নিষ্কৰ মাটি। (2) property, land.

Fief, *n*. যুদ্ধৰ সময়ত সহায় পাবৰ নিমিত্তে দিয়া ভূমি।

Feeble, *adj*. দুৰ্ব্বল।
n. feebleness.

Feed, v. খুৱোৱা।
P. T. P. P. fed.

Feel, v. অনুভৱ কৰা (2) স্পৰ্শ কৰা (3) জ্ঞাত হোৱা।
P. T. P. P. felt.

Feeling, *n*. অনুভৱ শক্তি (2) অনুভৱ ; দয়া। A man of feeling. = দয়ালু।

Feet, *n. plu.* of Foot.

Feign, *v*. ফাকতি কৰা।

Feint, *n*. ছলনা, ফাকতি।

Felicilate, *v*. সুখী কৰা (2) আনন্দিত কৰা ; শুভকামনা কৰা।
n. felicitation.

Felicitious, *adj*. সুখী।

Felicity, *n*. সদগতি ; সুখ।
(2) ভাগ্যবান্। [বীৰ নিচিনা।

Feline, *adj*. মেকুৰী সম্বন্ধীয়, মেকু-

The Feline species = মেকুৰী জাতীয়।

Fell, *adj*. নিদাৰুণ ; নিষ্ঠুৰ।

Fell, *v*. পেলোৱা ; vide 'fall'

Fell, *n*. পৰ্ব্বতীয়া মাটি।

Fellow, *n*. নগৰীয়া, সঙ্গী, ইতৰমানুহ (2) সভ্য *e. g.* fellow of the Calcutta University.

Fellowship, *n*. সংসৰ্গিত্ব। ab.

Felon, *n*. মহা অপৰাধী মানুহ।

Felony, *n*. মহা অপৰাধ।

Female, *n*. তিৰোতা (2) মাইকী।

Feminine, *adj*. তিৰোতাৰ নিচিনা (2) মৃদু, ভয়াতুৰ।

Feminine gender = স্ত্রীলিঙ্গ।

Fence, *n*. বেওৰা (2) তৰোৱাল খেলা কৌশল।

Fence, *v*. বেওৰ দিয়া, (2) অস্ত্রবিদ্যা অভ্যাস কৰা।

Fencing, *n*. অস্ত্ৰশিক্ষা।

Fend, *v*. নিবাৰণ কৰা।

Ferine, *adj*. বনৰীয়া।

Ferment, *n*. internal motion amongst the parts of a fluid.

Ferocious, *adj*. বনৰীয়া (2) হিংস্ৰক
n. ferocity.

Ferret, *n*. এবিধ জন্তু (2) *v*. অনুসন্ধান কৰা।

Ferry, *v*. নাওয়েৰে ঘাট পাৰ হোৱা। (2) *n*, পাৰ-ঘাট।

Fertile, *adj.* উৰ্ব্বৰা সাৰুৱা, শস্য-শালী (2) নিৰ্ম্মাণকুশল *e. g.* he has fertile mind.

n. Fertility.

Followed by 'in'

Fertilise, *v.* সাৰুৱা কৰা।

Ferule, *n.* স্কুলীয়া ছাত্ৰৰ ওপৰত ব্যৱহাৰ কৰা বেত (বা এছাৰি)

Fervent, *adj.* উষ্ণ (2) ব্যগ্ৰ (3) উৎসাহী। *n.* fervency.

Fervid, *adj.* ব্যগ্ৰ (2) জ্বলন্ত।

n. fervidness.

Fervour, *n.* ব্যগ্ৰতা (2) উৎসাহ।

Festal, *adj.* যজ্ঞ বা ভোজ সম্বন্ধীয়।

Fetch, *v.* গৈ পেলাই অনা (2) পোৱা।

Fetich, *n.* ভূত বিশেষ।

Fetus, *n.* গৰ্ভত থকা সন্তান।

Feud, *n.* জাতীয় বিবাদ।

Feudatory, *n.* অধীন ভূমাধিকাৰী।

Fever, *n.* জ্বৰ, জৰ। *adj.* Feverish

Few, *n.* অলপ।

Few signifies number and opposed to many.

A few=কিছুমান; চেবেক্।

Fiat, *n.* হুকুম, আদেশ।

Fib, *n.* মিচা কথা।

Fiber } Fibre } *n.* আঁহ।

Fibrous, *adj.* আঁহীয়া, আঁহযুক্ত।

Fibril, *n.* সৰু আঁহ।

Fickle, *adj.* অস্থিৰ; চঞ্চল; লৌৰা-লোপা। *n.* Fickleness.

Fickle-minded, *adj.* লটপটীয়া।

Fiction, *n.* উপন্যাস; গল্প।

Fictitious, *adj.* কাল্পনিক; মিছা।

Fiddle, *n.* এবিধ বাদ্য যন্ত্ৰ।

Fidelity, *n.* সততা (2) বিশ্বাসতা (3) প্ৰভুভক্তি।

Fidget, *n.* অস্থিৰতা; চঞ্চলতা।

adj. fidgety.

Fiduciary, *adj.* অটল, দৃঢ়।

Fie, *int.* ছিঃ! ছিঃ!

Field, *n.* পথাৰ (2) যুদ্ধক্ষেত্ৰ (3) যুদ্ধ *e. g.* they lost the field. (4) ক্ষেত্ৰ, *e. g.* field of knowledge.

Field-marshal, *n.* যুদ্ধক্ষেত্ৰত সৈন্য বিলাকৰ অধ্যক্ষ।

Field-piece, *n.* সৰু তোপ।

Fiend, *n.* পিশাচ।

Fiery, *adj.* অগ্নিময়, জুইৰেন।

Fifteen, *adj.* পোন্ধৰ।

Fifty, *adj.* পঞ্চাশ, আঢ়ৈকুৰি।

Fig, *n.* ডিমৰু।

Fight, *n.* যুদ্ধ, যুঁজ (2) *v.* যুদ্ধ কৰা, যুঁজ কৰা।

Figure, *n.* গঠন (2) আকৃতি (3) অঙ্ক। (4) অলঙ্কাৰ, A figure of speech.

Figurative, *adj.* লাক্ষণিক।

Filch, *v.* অপহৰণ কৰা। *n.* filcher.

File, *v.* ফাৰম *e. g.* চিঠিৰ ফাৰম (2) সৈন্যৰ শ্ৰেণী (3) A steel instrument.

File, *v.* ফাৰমত থোৱা।

Filament, *n.* সূতা (2 আঁহ।

F lial, *adj.* সন্তানৰ উচিত, *e. g.* filial duty.

Filings, *n.* গুড়ি।

Fill, *v.* পুৰা কৰা (2) পৰিতৃপ্ত কৰা।

Fillet, *n.* ফিতা।

Fillip, *v.* টোকৰ মৰা।

Filly, *n.* মাইকী ঘোৰা পোৱালি। *mas.* Colt.

Film, *n.* পাতল ছাল ; ঢাকনি।

Filter *n.* ছেকনী, পানীয় পৰিষ্কাৰ কৰা যতন (2 *v.* ছেকা ; পানী বা মদ পৰিষ্কাৰ কৰা।

Filth, *n.* মলি, মল।
adj. Filthy.

Filtrate, *v.* ছাঁকি পৰিষ্কাৰ কৰা। *n.* filtration.

Fin, *n.* মাছৰ ডেউকা।

Final, *adj.* শেষ, চূড়ান্ত। *e. g.* final order.

Finance, *n.* আয় (2) অৰ্থনীতি (3) ৰাজস্ব।
adj. financial.

Find, *v.* দেখা (2) অনুসন্ধান কৰি উলিওৱা (3) যোগাৰ *e. g.* to find money for a purpose. P. T. P. P. found.

Fine, *adj.* সুন্দৰ, চিকুণ ; মিহি।

Fine, জৰিমনা (2) *v.* জৰিমনা কৰা। Followed by 'for'

Finery, *n.* অলঙ্কাৰ।

Finger, *n.* আঙুলি (2) *v.* আঙুলি লগোৱা *e. g.* don't finger these papers.

The forefinger=তৰ্জ্জনী

The middle finger= মধ্যমা।

Tne third or ring finger= অনামিকা।

The littie finger=কনিষ্ঠা।

The thumb=বৃদ্ধাঙ্গুলি।

Finis *n.* অন্ত, শেষ।

Finish, *v.* শেষ কৰা, সম্পূৰ্ণৰূপে সম্পাদন কৰা।

F nish d, *adj.* সাং।

Finite, *adj.* সীমাবদ্ধ।

Fire, *n.* জুই, অগ্নি (2) তেজ।

Fire-fly, *n.* জোনাকী-পৰুৱা।

Fire-place, *n.* জুহাল, জুইশাল।

Fireworks, *n.* আতশ বাজি ; অগ্নি-ক্ৰীড়া।

Fire-proof=অদাহ্য।

Firm, *adj.* অটল, লৰচৰ নোহোৱা।

Firmer, *adj.* স্থিৰতৰ।

Firmness, *n.* স্থিৰতা।

Firmly, *adv.* স্থিৰে।

First *adj.* প্ৰথম।

Fiscal, *adj.* খাজানা সম্বন্ধীয়।

Fish *n* মাছ।

Fisherman. *n.* ডোম, নদীয়াল্।
Fem. fisherwoman.

Fist, *n.* মুঠি। *e.g.* a blow with the fist.

Fistule, *n.* নল।

Fit, *adj.* উপযুক্ত, যোগ্য।
n. fitness. Followed by 'for'

Fit, *n.* মূৰ্চ্ছা, মৃচকঁচ্।

Five, *adj.* (*n.*) পঞ্চ, পাঁচ।

Fix, *v.* লগোৱা, দৃঢ় কৰা, স্থিৰ কৰা (2) স্থায়ী কৰা।

Fixed, *adj.* অটল, স্থিৰ।
n. Fixedness.

Fizz, *v.* কোঁচ কোঁচ কৰা।

Flabby, *adj.* ঢিলা, অদৃঢ়, সোপোকা। *n.* flabbiness.

Flaccid, *adj.* ঢিলা ; দুৰ্ব্বল।
n. flaccidness, flaccidity.

Flag, *n.* নিশান, ধ্বজ।

Flag, *v.* অবশ হোৱা ; ম্লান হোৱা।

Flageolet, *n.* বাঁহী।

Flagitious, *adj.* নিন্দিত (2) ঘোৰ-পাতকী।
n. flagitiousness. [জলন্ত।

Flagrant, *adj.* অতি দুষ্ট ; (2)

Flail, *n.* ধানমৰা কাঠৰ মাৰি।

Flame, *n.* জুইৰ আগ, অগ্নিশিখা। (2) fig আগ্ৰহ, অনুৰাগ।

Flaming, *adj.* জলন্ত, উজ্জ্বল।

Flank, *n.* কোঁজৰ সোঁ বা বাঁও কাষৰ সৈন্য (2) পাৰ্শ্ব।

Flannel, *n.* ফেলুনৰ কাপোৰ।

Flap, *n.* ওলমাই থোৱা বস্ত্ৰ।

Flare, *v.* ধম্ ধমকে জলা (2) চক্ চক্ কৰা।

Flash, *v.* ঘপ্ কৰে জলি উঠা।

Flash, *n.* থক্তেকীয়া দীপ্তি। *e. g.* I saw a forky flash of lightning *adj.* flashy.

Flask, *n.* তেল আদি থোৱা সৰু পাত্ৰ, বোটল।

Flat. *adj.* চেপেটা (2) নীৰস (3) স্পষ্ট *e. g.* That is flat.
n. flatness. [নাও।

Flat, *n.* সমভূমি (2) স্থূল বুদ্ধি (3)

Flatten, *v.* চেপেটা কৰা ; ফেটেলেঙ্গোৱা।

Flatter, *v.* খোচামোদ কৰা ; উচটাই দিয়া ; তুষ্ট কৰা। *n.* flattery.

Flattering, *adj.* উচুটীয়া।

Flatterer, *n.* উচটাওঁতা।

Flaunt, *v.* বায়ুত লৰক ফৰক কৰা।

Flavour, *n.* গোন্ধ, আস্বাদ।

Flaw, *n.* বিন্ধা ; দোষ (2) বিবাদ।
adj. flawless, flawy.

Flax, *n.* শন a plant out of the fibres of which threads are made.

Flay, *v.* ছাল ছেলোৱা।

Flea, *n.* এবিধ পোক।

Fled, *v. vide* flee.

Flee, *n.* পলোৱা।
P, T., P. P, fled.

Fleece, *n.* ভেড়াৰ নোম (2) *v.* ভেড়াৰ নোম কটা, নোম নাই কিম্বা কৰা।

Fleecy, *adj.* নোমাল।

Fleer, *v.* ইভিকিং কৰা, পৰিহাস কৰা।

Fleet, *n.* জাহাজৰ সমূহ (2) *adj.* বেগৱান।

Flesh, *n.* মঙহ (2) শৰীৰ।
adj. fleshly, fleshless.

Fleshy, *adj.* শকট, নোদোকা।

Fleshiness, *n.* পুষ্টতা।

Flexible, *adj.* লেঠসেউ, লেতুসেতু।

Flight, *n.* চৰাইৰ জাক (2) দৌৰ; (3) পলায়ন।

Flimsy, *adj.* জেল্‌জেলীয়া।

Fling, *v.* দলিওৱা (2) নিক্ষেপ কৰা।
P. T., P. P. flung.

Flint, *n.* জুই ওলোৱা পাথৰ বিশেষ।

Flinty, *adj.* টান্।

Flip, *n.* পানীয় বিশেষ।

Flippant, *adj.* অবিবেচক; চঞ্চল।
n. flippancy.

Flirt, *v.* জোকাৰ মাৰি দলিবাই পেলোৱা (2) প্ৰেমালাপ কৰা।

Flirt, *n.* বিলাসিনী; ৰসিকা। a coquette.

Flirtation, *n.* প্ৰেমালাপ।

Flit, *v.* বেগাই উড়ি যোৱা, প্ৰস্থান কৰা।

Float, *v.* ওপঙ্গা (2) *n.* ওপঙ্গা বস্তু। *adj.* Floatable.

Flock, *n.* জাক (2) সমূহ (3) গণ।

Flock, *v.* গোট্‌খোৱা; দলবন্ধা।
Gather, crowd.

Flog, *v.* এছাবিৰে বা বেতেৰে কোবোৱা।

Flogging, *n.* বেতকোব।

Flood, See under flow.

Floor, *n.* ঘৰৰ চাবিওবেৰৰ ভেটী; ভূতল (2) খলপা (cf. Bengali দোতালা; তেতালা)

Florid, *adj.* উজ্জল, চকমকীয়া।

Florin, *n.* এবিধ প্ৰায় দুই শিলিং মূল্যৰ ৰূপৰ মুদ্ৰা।

Flora, *n.* নন্দনবনদেৱতা।
adj. Floral.

Floret, *n.* সৰু ফুল।

Florist, *n.* ফুলৰ বিষয় লেখোঁতা; (2) মালী।

Flounce, *v.* ধব্ কৰ্ কৰা, হাত ভৰি মৰা।

Flour, *n.* আটা ; ঘেঁহুআদিৰ গুড়ি।

Flourish, *n.* আড়ম্বৰ (2) আস্ফালন (3) অতিশয়োক্তি।

Flourish, *v.* অলঙ্কৃত কৰা (2) উন্নতি কৰা।

Flourishing, *adj.* সমৃদ্ধ; উন্নতশীল।

Flout, *v.* ইতিকিং কৰা, বিদ্রূপ কৰা

Flow, *v.* বৈ যোৱা (2) বায়ুৰ দৰে চলা ; (3) নিৰ্গত হোৱা।

Flood, *n.* বাঢ়নী পানী, ধল।

Flower, *n.* ফুল। *adj.* flowery.

Flown, *v.* P. P. of 'fly'

Fluctuate, *v.* কমবেশী হোৱা অনিশ্চিত হোৱা। *n.* fluctuation.

Fluid, *n.* পনীয়া পদাৰ্থ।

Fluent, *adj.* বাকপটু, কথকি, সৰ্সৰীয়া। *n.* fluency.

Flunky, *n.* লগুৱা, অনুচৰ।

Flush, *n.* বেগ (2) প্ৰফুল্ল।

Flush, *v.* ব্যাকুল কৰা ; ৰঙা বৰণ কৰা

Flutter, *v.* পাখি লৰোৱা ; (2) কপা।

Flute, *n.* বাঁহী।

Flux, *v.* গলা।

Flux, *n.* প্ৰবাহ। *adj.* fluxible.

Fly, *v.* উড়া (2) পলোৱা।
P. T. flew, P. P. flown.

Foam, *n.* ফেন (2) *v.* ফেন্ উঠা।

Fob, *n.* ঘড়ী থোৱা জেপ।

Focus, *n.* কেন্দ্ৰ। the point where rays meet in a glass. *pl.* foci. *adj.* Focal.

Foe, Foeman } *n.* শত্ৰু।

Fog, *n.* কুঁৱলি। *adj.* Foggy.

Foil, *n.* আৰ্চীৰ পাৰদ (2) পৰাজয় (3) ভোতা তৰোৱাল।

Fold, *n.* ভাঁজ (2) *v.* ভাঁজ কৰা।

Foliage, *n.* পাত বিলাক।

Foliate, *v.* পাতেৰে ঢকা ; টিন্ বা অন্য ধাতুৰে ঢকা।
n. foliation.

Folio, *n.* এটা কাকতক দুই ভাঁজ কৰিলে যেনেকুৱা হয় তেনেকুৱা আকাৰৰ। *pl.* folioes.

Folk, *n.* মনুষ্য জাতি, mankind, nation.

Follow, *v.* পিছে পিছে যোৱা ; (2) অনুকৰণ কৰা ; (2) দৃষ্টান্ত ৰূপে গ্ৰহণ কৰা *e. g.* because one man lives hundred years, it does not follow that every man will live hundred years.

Follower, *n.* শিষ্য।

Following, *adj.* পাচৰ, পৰবৰ্ত্তি।

Folly, *n.* মূৰ্খতা।

Foment, *v.* পেকা (2) to excite.

Fond, *adj.* আসক্ত, অনুৰাগী (2) প্ৰিয় । *n.* fondness. followed by 'of.'

Fondle, *v.* আদৰ কৰা । *e. g.* We should fondle a son for the first five years.

Fondly, প্ৰীতিৰে ; (2) মূৰ্খৰদৰে ।

Food, *n.* আহাৰ, খাদ্য, খোৱা বস্তু ।

Feed, *v.* খুওৱা । P. T. P. P. Fed.

Fool, *adj*. মূৰ্খ (2) বুদ্ধিহীন (3) অবিদ্বান্ ।

Foolery, *n.* মূৰ্খতা ।

Foolish, *adj*. মূৰ্খ, তেৱা, ভোদা । *n.* foolishness.

Foot, *n.* ভৰি (2) ফুট *e. g.* মেজখন তিনি ফুট দীঘল ।

Footing, *n.* ভৰি দিবৰ ঠাই (2) আশ্ৰয় (3) অবস্থা ।

Footmark, *n.* খোজ ; পদাঙ্ক ।

Fop, *n.* 'ফুল বাবু,' 'ফটুৱা বাবু' । *adj*. foppish.

Foppery, *n.* 'বাবুগিৰি'

Foolscap, *n.* ১৭ × ১৩½ ইঞ্চিৰা ১৬¾ + ১৩½ ইঞ্চি পৰিমাণৰ কাগজ বিশেষ ।

For, *prep.* নিমিত্তে, কাৰণে *e. g.* 'Many toil for money' (2) সলনি *e. g.* I mistook him for his brother. (3) প্ৰতি । *e. g,* For Japan.

Forever, *adv.* চিৰকাললৈ, চিৰকালৰ নিমিত্তে ।

Forage, *n.* ঘাঁহ, পশুৰ খাদ্য ।

Foramen, *n.* ছিদ্ৰ, বিন্ধা ।

Forbear, *v.* সহ্য কৰা, সহা । P. T. forbore, P. P. forborne.

Forbearing, *adj*. সহনশীল ।

Forbid, *v.* নিষেধ কৰা, বাধা দিয়া, মানা কৰা ।

Forget, *v.* পাহৰা, মনত নথকা । P. T. forgot, P. P. forgotten.

Forget-me-not, *n.* এবিধ লতা ফুল । *pl.* forget-me-nots.

Forgive, *v.* ক্ষমা কৰা ।

Force, *n.* বল, শক্তি (2) সামৰ্থ্য *e. g.* force of language. *pl.* ফৌজ ।

Forceful, *adj.* বলবান্ ।

Forceless, *adj.* দুৰ্ব্বল ।

Force, *v.* বাধ্য কৰা, বল কৰা ; (2) বলাৎকাৰ কৰা ।

Forcible, *adj*. প্ৰবল ; শক্তিমান ।

Forcibly, *n.* বলেৰে ।

Forced, *adj*. কৃত্ৰিম (2) যত্নেৰে সাধিত ।

Ford, *n.* নৈৰ যিঠাইত খোজকাঢ়ি পাৰ হ'ব পাৰি । *adj*. Fordable.

Fore, *adj*. অগ্ৰ, আগ, সম্মুখ । *com.* former = উপৰি, আগৰ । *swp.* foremost, first = সৰ্ব্বাগ্ৰগণ্য ।

Fore-arm, *n.* হাতৰ-ঠাৰি ।

Forepart, *n.* অগ্ৰভাগ।

Forebode, *v.* ভবিষ্যৎ কোৱা।

Forementioned, *adj.* পূৰ্ব্বোল্লিখিত।

Forerunner, *n.* অগ্ৰগামী দূত।

Foregoing, *adj.* অগ্ৰগামী।

Fore-father, *n.* পূৰ্ব্বপুৰুষ।

Forefinger, *n.* তৰ্জ্জনী।

Forehead, *n.* ললাট, কপাল।

Foreign, *adj.* vide after 'fore-teller'

Foreknow, *v.* আগৰে পৰা জনা। *n.* foreknowledge.

Foremost, *adj. sup.* of 'fore'

Forecast, *v.* আগেয়ে কল্পনা কৰা।

Foreman, *n.* মুখিয়াল মানুহ *e. g.* foreman of jury.

Forenoon, *n.* দুপৰৰ আগ ভোখৰ।

Foresee, *v.* ভাবী বিষয় জনা।

Foresight, *n.* দীৰ্ঘদৃষ্টি ; দূৰদৰ্শন।

Foresighted, *adj.* দূৰদৰ্শী।

Foretell, *v.* ভবিষ্যতৰ কথা কোৱা।

Foreteller, *n.* ভবিষ্যৎ বক্তা।

Foreign, *adj.* বিদেশী, বিদেশীয়।

Foreigner, *n.* বিদেশী মানুহ।

Foreign language=দোভাষ।

Foreign country=বিদেশ, পৰদেশ।

Foreign matter=বাহ্যবস্তু।

Forest, *n.* হাবি, অৰণ্য, বন।

Forester, *n.* বনত থাকোঁতা। (2) বনৰক্ষক, (3) বনবাসী।

Forfeit, *v.* অপৰাধী হৈ হেৰুৱা।

Forfeit, *n.* দণ্ড ; অৰ্থদণ্ড।

Forger. *n.* জাল কৰোঁতা।

Forgery, *n.* জাল।

Forge, *v.* জাল কৰা।

Forgetter, *n.* one who forgets.

Forgetful, *adj.* বিস্মৃত। *n.* Forgetfulness বিস্মৃতি ; পাহৰণ।

Forgive, *v.* ক্ষমা কৰা, দোষ এৰা। P. T. forgave, P. P. forgiven.

Fork, *n.* "কাঁটা" যাৰে খোৱাৰ সময়ত মাংসাদি খুছি তুলি লোৱা হয়।

Forlorn, *adj.* পৰিত্যক্ত, (2) শোচনীয় ; নিমূৰমূৰা ; অসহায়।

Form, *n.* আকৃতি, আকাৰ, মূৰ্ত্তি (2) গঠন, (3) system, kind (4) ফৰমা (সজাই থোৱা ছাপাৰ আখৰ বিলাক)।

Form, *v.* তৈয়াৰ কৰা, সজা (2) হোৱা *e. g.* they formed the majority. [বাহ্যিক।

Formal, *adj.* নিয়ম সঙ্গত, যথাবিধি ; *n.* formality

Formalist, *n.* বাহ্যধৰ্ম্মসেবক।

Former, *adj.* আগৰ ; আদিৰ।

Formerly, *adv.* তাহানি ; আগেয়ে।

Formula, *n.* সূত্ৰ, ব্যাকৰণাদিৰ সংক্ষেপ নিয়ম। *plu.* Formulae, formulas.

Formidable, *adj.* ভয়ানক ; ভীষণ (2) দাৰুণ *e. g.* formidable enemy.

n. formidableness

Fornication, *n.* ব্যভিচাৰ।

Forsake. *v.* ত্যাগ কৰা, এৰা।

P. T. forsook, P. P. forsaken.

Forsooth, *adv.* নিশ্চয়কৈ, ঠাৱৰ, সচাঁকৈ।

Forswear, *v.* শপত খাই এৰি দিয়া বা অস্বীকাৰ কৰা

P. T. forswore, P. P. forsworn.

Fort, *n.* দুৰ্গ, কিল্লা, গড়।

Forth, *adv.* আগেয়ে, বাহিৰে (2) of succession *e. g.* and so forth-ইত্যাদি।

pos. Forth com. further, sup. furthest.

Forthcoming, *v.* অহা coming.

Forthwith, *adv* তৎক্ষণাৎ ; ততালিকে।

Fortieth, *adj.* *vide* forty

Fortify, *v.* দুৰ্গ সজা ; (2) সবল কৰা।

n. fortification [সহিষ্ণুতা।

Fortitude, *n.* মনৰ বল (2) ধৈৰ্য্য ;

Fortnight, *n.* পক্ষ বা ১৫ দিন।

Fortress, *n.* দুৰ্গ, কিল্লা।

Fortuitous, *adj.* আকস্মিক।

n. fortuitousness.

Fortune, *adv.* দৈবযোগত ; দৈবাৎ।

Fortunate, *adj.* ভাগ্যৱান্, সুকপালীয়া ; ধন্য।

Fortune, *n.*, কপাল, ভাগ্য, অদৃষ্ট।

Fortune teller, *n.* দৈবজ্ঞ।

Forty, *adj.* চল্লিশ (৪০)

Fortieth, *adj.* ৪০শ।

Forward } Forwards } *adv.* সন্মুখৰ ফালে।

Forward, *v.* আগবঢ়া ; সহায় কৰা। (2) খৰ কৰা।

Fosse *n.* গড়খাৱৈ।

Forwardness, *n.* উদ্যোগ ; ব্যগ্রতা।

Foster, *v.* পোষণ কৰা, পালন কৰা।

Foster-brother = one who is brother only by being nursed of the same breast. ধাত্রীপুত্র।

Foster-father = যি পিতাৰ দৰে পালন কৰি ডাঙৰ-দীঘল কৰে, পোষ্টাপিতৃ। *Fem.* foster-mother.

Foul, *adj.* মলিন্, অপৰিষ্কাৰ ; অসৎ, গৰ্হিত, কলুষিত। [কৰা।

Foul, *v.* মলিন কৰা, অপৰিষ্কাৰ

Found, *v.* ধাতু গলাই আকৃতি লবলৈ ঢলা।

Found, *v.* স্থাপন কৰা।

Founder, *n.* সংস্থাপক, স্থাপন কৰোঁতা। [ভেঁটি, সত্য মূল।

Foundation, *n* স্থাপন ; (2) মৰৰ

Fountain, *n.* প্ৰস্ৰবণ; ভুমুক (2) মূল।

Four, *adj*. চাৰি (৪)

Fourth, *adj*. চতুৰ্থ, ৪ৰ্থ।

Fowl, *n.* কুকুৰা।

This word is a common gender; masculine ,cock' and feminine 'hen.'

Fox, *n.* এবিধ সৰু জাতৰ শিয়াল। (2) fig. ধূৰ্ত্ত।

Fraction, *n.* ভগ্নাংশ (2) অংশ।

Fowler, *n.* চৰাইমৰীয়া।

Fracture, *n.* ভঙ্গ।

Fragile, *adj*. দুৰ্ব্বল; (2) চনকা, Brittle.

n. fragility.

Fragment, *n.* খণ্ড a piece broken off.

adj. fragmentary [সুঘ্ৰান।

Fragrance, *n.* সুগন্ধ, সৌৰভ;

adj. fragrant = মল্‌মলীয়া।

Frail, *adj*. ক্ষণভঙ্গুৰ; অচিৰস্থায়ী (2) দুৰ্ব্বল।

n. frailty [কৰা।

Frame, *v.* নিৰ্ম্মান কৰা (2) কল্পনা

Framer of the world = বিশ্বৰচক।

Framer, *n.* ৰচক।

Franchise, *n.* বিশেষ অধিকাৰ বা ক্ষমতা। *e. g* franchise of a citizen (2) স্বাধীনতা।

Frank, *adj*. হোজা, অকৃত্ৰিম; সৰল: হুবহুৰীয়া।

Frankin-cense, *n.* ধুনা বিশেষ।

Frantic, *adj*. উন্মত্ত; উন্মাদ।

Fraternal, *adj*. ভাতৃয়, ভাতৃ সমন্ধীয়। (2) সমাজ।

ab. n. fraternity.

Fratricide, *n.* ভাতৃ-হত্যা।

adj fratricidal.

Fraud, *n.* প্ৰতাৰণা; ছল। *e. g.* with force or fraud = ছলেবলে।

adj. fraudful.

fradulence, *n.* প্ৰবঞ্চনা।

Fradulent, *adj*. ছলাহি।

Fray, *n.* কন্দল (2) ভয়।

Freak, *n.* চপলতা, চঞ্চলতা।

Freckle, *n.* মাহ, তিল ইত্যাদি দাগ।

Free, *adj*. স্বাধীন (2) অকপট। (3) স্বচ্ছন্দ unrestrained. Followed by 'from' 'of.'

Free v. মুক্তকৰা।

Freedom, *n.* স্বাধীনতা; (2) মুক্তাৱস্থা; স্বচ্ছন্দতা।

Freely, *adv*. স্বচ্ছন্দে।

Freehold, *n.* নিষ্কৰ ভূমি।

Freehanded, *adj*. বদান্য। [ভঙ্গীয়া।

Free-spoken *adj*. ভল্‌ভলীয়া, ভং-

Freeze, v. জাৰত ঠেৰেঙ্গা হোৱা; বৰফলৈ পৰিবৰ্ত্তন হোৱা।

P. T. froze, P. P. frozen.

Freight, *n.* বেল জাহাজৰ ভাড়া ; (2) বোজাই ।

French, *adj* ফৰাসী ।

Frenzy, *n.* উন্মত্ততা ; বাতুলতা ।

Frequently, *adv.* পুনঃ পুনঃ, ঘনে ঘনে ।

Frequent, *v.* যাতায়াত কৰা ।
e. g. 'He frequented the court of Augustus.'
adj. Frequent. সঘন ।

Fresh, *adj.* নতুন ।

Fret *v.* ঘঁহি ক্ষয় কৰা (2) বিৰক্ত কৰা ।

Fretful, *adj.* খঙাল ; শুগীয়া ।

Friable, *adj* সহজে গুড়ি হোৱা ।

Friar, *n.* সন্ন্যাসী ।
fem. nymph.

Friction, *n.* ঘৰ্ষণ, ঘঁহনি ।

Friday, *n.* শুকুৰ বাৰ; ইংৰাজী বাৰৰ ষষ্ঠ দিন ।

Fried, *adj.* ভজা ।

Friend, *n.* বন্ধু, মিত্ৰ ।
adj. friendly.

Friendless, *adj.* বন্ধুহীন ।

Friendship, *n.* বন্ধুতা ; আলাপ প্ৰীতি ।

Frieze, *n.* এবিধ মোটা পশমি কাপোৰ ।

Frigate, *n.* যুদ্ধৰ সৰু জাহাজ ; ৰণ তৰী ।

Frighten, *v.* ভয় কৰা, ভয় দেখোৱা ।

Fright, *n.* ভয়, ত্ৰাস ।

Frightful, *adj.* ভয়ানক, ভয়জনক ।
n. Frightful ness.
adv. Frightfully.

Frizid, *adj.* চেঁচা (2) নীৰস ।
n. Frizidness, frigidity.

Fringe, *n.* আঁচল (2 শেষ ভাগ ।

Frippery, *n.* পুৰণা বস্ত্ৰ, ফটাকানি (2) পুৰনা বস্ত্ৰ বেচা ঠাই ।

Frisk, *v.* ধেমালিত জপিওৱা ; খেল-কৰা ।

Frisky, *adj.* আনন্দিত, প্ৰফুল্ল ।

Fritter, *v.* ডোখৰ ডোখৰ কৰা ।

Fritter away, = ক্ষয় হোৱা ।
To and fro = আগলৈ পাচলৈ ।
e. g. The motion of the arms to and fro.

Frock, *n.* woman's gown. (2) কুৰ্ত্তা ।

frog, *n.* ভেঁকোলা ; বেং ।

From, *prep.* পৰা । [Dibrugarh.
e. g. From Calcutta to

Folic, *n.* খেলা ; ধেমালী *adj.* foliesome.

Front, *n.* সমুখ, আগ । [window

Front, *adj.* সমুখৰ *e. g.* front

Frontage, *n.* সমুখ ভাগ ।

Froth, *n.* ফেন্ (2) অসাৰ কথা ।

Frontier, *n.* দাঁতি-কাষ ।

Frown, *v.* ভ্ৰুকুটি কৰা ; পোন্দোৱা (2) খং দেখোৱা।

Frowningly, *adv.* কোদোৱাকৈ।

Fruit, *n.* ফল (2) লাভ।

Fruit, *n.* গছৰ গুটি।

Frugal, *adj.* মিতব্যয়ী, ৰাহিয়াল।

n. fugality = সাঁচ-বাথ।

Fruitful, *adj.* ফলবান্ ; ফলৱন্ত।

n. fruitfulness.

Fruitless, *adj.* বিফল।

n. fruitlessness.

Fruition, *n.* সন্তোষ। enjoyment.

Frustate, *v.* বিফল হোৱা, ছেল-খোৱা (2) পৰাজয় কৰা *n.* frustation.

Fry, *v.* ভজা (2) *n.* পুথি মাচ।

Fuel, *n.* খড়ী।

Fugitive, *adj.* চঞ্চল (2) অস্থায়ী।

Fugitive, *n.* পলৰীয়া।

Fulfil, *v.* পূৰ্ণ কৰা, সম্পন্ন কৰা।

n. fulfilment.

Fulgent, *adj.* উজ্জ্বল, চক্‌মকীয়া।

n. fulgency.

Full, *adj.* পূৰ্ণ, *e. g.* a vessal full of water (2)সম্পূৰ্ণ (3) *n.* পূৰ্ণতা। Followed by 'of'.

Full youth, = পূৰ্ণযৌবন।

Full moon = পূৰ্ণ চন্দ্ৰ।

A full year = সম্বৎসৰ।

Fully, *adv.* সম্পূৰ্ণ ৰূপে।

Fulminate, v. গৰ্জ্জন কৰা ; ভয় দেখুৱাই গৰ্জ্জা।

n. fulmination.

Fulsome, *adj*, কুচ্ছিত ; গৰ্হিত।

Fumbler, *n.* আপচু মানুহ।

Fume, *n.* ধোঁৱা (2) *fig.* কোপ (3) কল্পনা *e. g.* fumes of fancy.

Fumigate, *v.* ধোঁৱা দিয়া।

n. fumigation.

Fun, *n.* পৰিহাস।

adj. funny.

Function, *n.* কাৰ্য্য, কৰ্ম্ম (2) কৰ্ত্তব্য (3) বৃত্তি *e. g.* function of x.

Fund, *n.* ধনৰ ভঁৰাল।

Fundamental, *adj.* প্ৰধান (2) মূলীভূত *e. g.* Fundamental cause = মূল কাৰণ।

Funeral, *n.* অন্ত্যেষ্টি ক্ৰিয়া ; শোক জনক।

Funeral ceremeny = শ্ৰাদ্ধ ; শৰাধ।

Funeral fire = চিতাগ্নি।

Funeral procession = প্ৰেতযাত্ৰা।

Funeral place = মৰিশালি।

Funeral pile = চিতা।

Fungus, *n.* কাঠফুলা।

pl. fungi.

adj, fungous.

Fur, *n.* নোম।

Furnace, *n.* অগ্নিকুণ্ড ; জুইশাল।

Furrier, *n.* নোম বেচোঁতা।

Furbish, *v.* চকমকীয়া কৰা।

Furious, *adj.* মত্ত, (2) চণ্ড *e. g.* furious wind (3) থৈয়ানথৈয়া।

Furlong, *n.* এক মাইলৰ আঠ ভাগৰ এভাগ অৰ্থাৎ ২২০ গজ।

Furlough, *n.* কামৰ পৰা অৱসৰ; বিদায়।

Furnish, *v.* সজোৱা (2) জোগোৱা।

Furniture, *n.* গৃহ সামগ্ৰী, ঘৰৰ বস্তু বাহনি *e. g.* চকি, মেজ, টুল; ঘৰৰ সঁজুলি।

There are some nouns which are either not used at all in the plural, or are used in the plural in some special sense; furniture is one of them.

Furrow, *n.* নাঙ্গলেৰে খনা গাত।

Furrowed, *adj.* শোটোৱা।

Fury, *n.* উগ্ৰতা (2) কোপ।

Fuse, *v.* তাপত গলা, তাপত গলোৱা। *n.* fusion.

Fusible, *adj.* গলনীয়।
n. fusibility.

Fusil, *n.* হাত বন্দুক।

Fusion, *n.* গলন।

Fuss, *n.* গোলমাল, গোলযোগ; আড়ম্বৰ। [শয়োক্তি।
adj. fussy, বিশেষ (2) অতি-

Fustian, *n.* তুলাৰ তৈয়াৰী কাপোৰ।

Fusty, *adj.* দুৰ্গন্ধ।

Fustile, *adj.* অকামিলা, বিফল।

Future, *adj.* ভবিষ্যৎ *e. g.* ভবিষ্যৎ কাল।

Futurity, *n.* ভাবী অৱস্থা বা ঘটনা।

Fuzz, *v.* পৰমাণু হৈ উৰি যোৱা।

G

Gab, *v.* চেল্ চেলোৱা, চেল্ বেলোৱা।

Gaberdine, *n.* মোটা কাপোৰৰ কুৰ্ত্তা।

Gabble, *v.* চেল চেলোৱা, অসাৰ কথা অধিককৈ কোৱা।

Gabbler, *n.* চেলেপু।

Gad, *v.* ইফালেসিফালে ঘুৰিফুৰা।

Gadfly, *n.* ডাঁহ।

Gag, *v.* বলেৰে মুখ বন্ধ কৰা; মুখত কাপোৰ সুমুৱাই কথা কবলৈ নিদিয়া।

Gage, *v.* বন্ধক।

Gaggle, *n.* ৰাজ হাঁহৰ নিচিনাকৈ শব্দ কৰা।

Gaeity, *n.* আনন্দ, আহ্লাদ।

Gaily, *adv.* ৰংমনে; জমকালকৈ।

Gain, *v.* পোৱা (2) লাভ কৰা (3) অৰ্জ্জা। (4) জয়লাভ কৰা। *e. g.* to gain a battle.

Gainful, *adj.* লাভ জনক।

Gainsay, *v.* প্ৰতিবাদ কৰা (2) অস্বীকাৰ কৰা।

Gait, *n.* চলন, গমনৰ গতি।

Gala, *n.* উৎসব ; জাকজমক।

Galaday = উৎসৱদিন।

Galaxy, *n.* ছাতী-পটি। (2) সমাগম *e. g.* a galaxy of poets.

Gale, *n.* বতাহ ; ধুমুহা।

Gall, *n.* পিত্ত (2) বিদ্বেষ। *v.* বিৰক্ত কৰা।

Gallant, *adj.* সাহসিক, সাহিয়াল ; সুন্দৰ।

Gallantry, *n.* সাহ, সাহস (2) ভদ্ৰতা (3) তিৰোতাৰ প্ৰতি শিষ্টাচাৰ।

Gallery, *n.* The upper floor of seats in a church or theatre মঞ্চ ; (2) বাৰণ্ডা (3) A room. *e. g.* picture gallery = চিত্ৰশালিকা।

Galley, *n.* ক্ষুদ্ৰ জাহাজ। *plu.* Galleys.

Galliard, *adj.* প্ৰফুল্ল, আনন্দিত।

Gallon, *n.* 'গেলন'; তিনি সেৰ দহ ছটাক পৰিমান পনীয়া বস্তুৰ জোখ।

Gallop, *n.* ঘোৰাৰ লৰিযোৱা গতি। (2) এবিধ নাচন। [জাপে যোৱা।

Gallop, *v.* জপিয়াইযোৱা। জাঁপত

Gallows, *n.* ফাঁচী কাঠ।

This word is a true plural but is now treated as a singular.

Gamble, *v.* জুৱা খেলা ; দ্যূত-ক্ৰীড়া কৰা। *n.* Gamblar.

Gambling, *n.* জুৱা।

Gambol, *v.* জপিওৱা।

Gamesome, *adj.* ক্ৰীড়াপ্ৰিয় ; খেমেলীয়া।

Gamester, *n.* জুৱাখেলোতা।

Gammon, *n.* শুকান গাহৰিৰ মঙহ।

Gammors, *v.* গাহৰিৰ মাংস শুকুওৱা।

Gamut, *n.* সঙ্গীতৰ স্বৰ, যেনে সা, ৰি, গ, ম। [শাল্।

Gambling-house = বংঘৰ ; বঙ্গ-

Galvanise, *v.* বিজুলী-শক্তিৰ দ্বাৰা আচ্ছন্নকৰা।

Game, *n.* ক্ৰীড়া ; আমোদ (2) চিকাৰ *e. g.* almost all game is light and strengthening.

Gander, *n.* মতা ৰাজহাঁহ। *Fem.* goose. [robbers.

Gang, *n.* দল। *e. g.* gang of

Gaol, *n.* জেলখানা ; কাৰাগৃহ।

Gap, *n.* ছিদ্ৰ, বিন্ধা, ফাঁক। *adj.* gappy.

Gape, *v.* মুখ মেলা ; হাঁকে থকা ; মুখ মেলি অকৰাৰ দৰে ঠিয় হৈ থকা।

Garb, *n.* পোষাকৰ ধৰন *e. g.* The garb of a gentleman of the 16th century. (2) পোষাক, সাজ *e. g.* The garb of a clergyman. (2) বাহ্যাকৃতি।

Garden, *n.* বাগিছা ; উদ্যান। *e. g.* the beauty of the garden.

Gardener, *v.* মালী ; উদ্যান ৰক্ষক।

Garland, *n.* ফুলৰ মালা।

wild garland = বনমালা।

Garlic, *n.* নহৰু।

Garment, *n.* সাজ, পোষাক।

Garner, *n.* শস্যাগাৰ ; ভঁৰাল।

Garret, *n.* পকীঘৰৰ আটাইত কৈ ওখ খাপ।

Garnish, *v.* শোভা কৰা ; অলঙ্কাৰ আদিৰে শুৱনি কৰা।

Garrison, *n.* কিল্লা ৰক্ষাৰ নিমিত্তে সংস্থাপন কৰা সৈন্যদল, (2) দুৰ্গ; গড়।

Garrotte, } *v.* ডিঙ্গি চেপি নিশ্বাস
Garotte, } অৱৰোধ কৰি মৰা।
n. স্পেন দেশত প্ৰচলিত দোষী বধ বিশেষ।

Garter, *n.* "মোজা বন্ধ"।

Garrulity, *n.* বাচালতা।

Garrulous, *adj.* বাচাল ; কথকি।

Gas, *n.* ভাপ। *pl.* gases. *adj.* gaseous.

Gash, *v.* ৰৈকৈ কটা (2) অধিককৈ কথা কোৱা।

Gasp, *v.* নিশ্বাস লবলৈ মুখ মেলি দিয়া ; (2) ফোপোৰা।

Gate, *n.* দুৱাৰ ; প্ৰবেশ দ্বাৰ ; জপনা।

Gate man, *n.* one who watches over the opening and shutting of a gate. দুৱৰী।

Gateway, প্ৰবেশপথ, (2) পদূলি।

Gather, *v.* সংগ্ৰহ কৰ; (2) একেলগ কৰা ; গোট খুৱা।

Gathering, *n.* সংগ্ৰহ (2) হজম। (3) জনসমাগম ; A crowd.

Gaudy, *adj.* জাক-জমকাল ; হৰ্ষ *e. g.* gaudy day. *n.* gaudiness.

Gauge, *v.* জোখ কৰা (2) মূল্য নিৰ্ণয় কৰা।

Gave, v. P. T. of 'give'

Gay, *adj.* প্ৰফুল্ল, আনন্দিত ; আহ্লদিত। *n.* gaiety.।

Gaze, v. একে ঠৰে চাই থকা (2) আগ্ৰহেৰে চোৱা Followed by 'at'

Gazing, *v. n.* অনিমেষ দৰ্শণ।

Gazelle, *n.* এবিধ সুলোচন ক্ষুদ্ৰ কৃষ্ণসাৰ।

Gazette, *n.* গেজেট। [gazette. *e. g.* The E. B. and Assam

Gazetteer, *n.* নানা দেশ, নগৰ, পৰ্ব্বত, নৈ আদিৰ নাম আৰু বিবৰণৰ অভিধান। (2) সংবাদ লেখক।

Gear, *n.* সাজ (2) ব্যৱহাৰিক বস্তু ; গৃহসামগ্ৰী। (3) আভৰণ।

Out of gear = অসংলগ্ন।

Gecko, *n.* নাই পিয়া।

Geese, *n.* plural of 'goose.'

Gelatine, *n.* এঠা বিশেষ।

adj. gelatinous.

Geld, *v.* খাহী কৰা।

P. T. P. P. gelt, gelded.

Gelid, *adj.* বৰ চেঁচা।

Gem, *n.* মূল্যবান্ পাথৰ ; মণি ; ৰত্ন।

e. g. Nine. Gems=নৱৰত্ন।

Gemini, *n.* মিথুন ৰাশি।

Gender, *n.* লিঙ্গ।

Masculine-gender=পুংলিঙ্গ।

Feminine-gender=স্ত্রীলিঙ্গ।

Neuter-gender=ক্লীবলিঙ্গ।

Geneology, *n.* অন্বয় বা বংশৰ বিবৰণ। বংশাৱলী।

General, *adj.* সৰ্ব্বসাধাৰণ, সাধাৰণ (2) *n.* সেনাপতি, সৈন্যাধ্যক্ষ (3) এই শব্দ অনেক সময়ত পদবি বুজোৱা শব্দৰ পাচত ব্যৱহাৰ হলে সকলোতকৈ ডাঙৰ অৰ্থ বুজায়।

e. g. Gevernor-general. Postmaster-general. Brigadier general.

Genera, *n.* plural of 'genus'

Generate, v. উৎপাদন্ কৰা, জন্ম দিয়া। *n.* Generator.

Generally, *adv.* প্ৰায়, সাধাৰণতঃ।

Generality, *n.* expressed by প্ৰায়, অধিকাংশ *e. g.* generality of mankind.

Generation, *n.* সন্তান ; পুৰুষ ; প্ৰভৃতি ; কুল, বংশ।

e. g. next generation.

Generator, v. জন্ম দিওঁতা, উৎপাদন কৰোঁতা।

Generosity, *n.* দানশীলতা, (2) মহত্ব ; উদাৰতা।

Generous, *adj.* উদাৰ (3 মহৎ ; ত্যাগী।

Genesis, *n.* উৎপত্তি, আদি ; জন্ম।

Genial, *adj.* খেমেলীয়া, প্ৰফুল্ল।

Geniculate, *adj.* জোৰা বিশিষ্ট।

Genitive *adj.* সমন্ধ কাৰক।

Genius, *adj.* অসাধাৰণ বুদ্ধিযুক্ত মানুহ ; *e. g.* a man of genius. শক্তি (2) ভূত, প্ৰেত।

pl. Geniuses, genii.

Gent, *n.* contraction for gentleman.

Genteel, *adj.* ভদ্ৰ, নম্ৰ, শিষ্ট।

n. genteelness.

Gentility, *n.* ভদ্ৰতা, নম্ৰতা ; বিনয়।

Gentle, *adj.* ভদ্ৰ, নম্ৰ (2) সদ্‌বংশীয় ; শান্ত (3) মৃদু। *e. g.* gentle fire.

Gentleman, *n.* ভদ্ৰলোক।

Fem. gentlewoman, lady.

Gentlemanly —behaviour= সাধুবৃত্তি।

Gently, ক্রমশ: ; লাহে লাহে।

Gentry, *n.* ভদ্রলোক সমূহ।

Genuine, *adj.* যথাৰ্থ, আচল।

Genus, *n.* a group consisting of a number of species closely connected by common character.

pl. genera.

Geodesy, *n.* যি শাস্ত্ৰেৰে পৃথিবীৰ আকাৰ ও পৰিমাণ নিৰুপণ কৰা হয়।

Geography, *n.* ভূগোল।

Geology, *n.* ভূতত্ব বিদ্যা; নৈ পৰ্ব্বত ভূমিকম্প প্ৰভৃতি বিষয়ৰ মূল ও নিয়ম সমন্ধীয় বিজ্ঞান শাস্ত্ৰ।

adj. Geological. *n.* Geologist.

Geometry, *n.* জ্যামিতি।

adj. Geometrical.

Germ, *n.* জীবাণু *e. g.* জীবাণু বিলাকেই বেমাৰৰ মূল কাৰণ।

German, *n.* জাৰ্ম্মাণীৰ মানুহ।

pl. Germans.

Germinate, *v.* জীবাণুৰ পৰা উৎপন্ন হোৱা। *n.* Germination.

Gerund, *n.* This is a verb and noun combined. *e. g.* I think of retiring soon from service. Here 'retiring' is a verb, because it is a part of the verb 'retire' It is also a noun, because it is the object of the preposition 'of.' Hence a gerund has been called a verbal noun.

Gestation, *n.* বস্ত্ৰাদি পৰিধাণ (2) গৰ্ভধাৰণ।

Gesticulation, *v.* কথা কওঁতে অঙ্গভঙ্গি কৰা। *n.* gesticulation.

Gesture, *v.* অঙ্গভঙ্গি কৰা।

Get, *v.* পোৱা ; লাভ কৰা ; অধিকাৰ পোৱা। P. T. got ;
P. P. got, gotten.

Get on=উন্নতি কৰা।

Get off=পলোৱা।

Getround=আৰোগ্য লাভ কৰা।

Gewgaw, *n.* ধেমালি কৰা বস্তু ; সামান্য বস্তু।

Geyser, *n.* boiling spring which sends up jets of water.

Ghastly, *adj.* ভূতৰ নিচিনা ; (2) বিবৰ্ণ (3) ভয়ানক।

Ghost, *n.* প্ৰেতাত্মা, ভূত।

adj. ghostly, ghost-like.

Giant, *n.* অসুৰ ; দানব। *Fem.* giantess, *adj.* gigantic.

Gibbet, *n.* কাঁচী কাঠ।

Gibbon, *n.* এবিধ বনমানুহ।

Gibbous, *adj.* কুঁজা। [আচন্দ্ৰাই।

Gibe, *v.* ঠাট্টা কৰা। [*n.* Giddiness,

Giddy, *adj.* ঘুৰ্ণায়মান (2) অস্থিৰ

Gift, *n.* দান (2) ঈশ্বৰে দিয়া বুদ্ধি বা বিশেষ গুণ।

Gigantic, *adj*. মহাকায়, প্ৰকাণ্ড।

Giggle, *v*. খল্ খল কৰে হঁহা।

Gild, *v*. গিল্টি কৰা ; সোণাৰ পানী চৰোৱা। P. T. P. P. gilded, gilt.

Gillie } *n*. অনুচৰ।
Gilly }

Gimlet, *n* পাক ভেঁাহৰ।

Ginger, *n*. আদা, এদা।

Gingerade, *n*. এদা আৰু চেনিৰ সৰপত।

Gipsy, *n*. "the gipsies are a wandering race found over all the four continents of the earth ; their name is a corruption of the word Egyption, and their origin is supposed by some to be from the Jats of the Indus Valley."

Giraffe, *n*. উটজাতীয় এবিধ জন্তু।

Gird, *v*. মেৰাই বন্ধা (2) সাজ কৰা P. T. P. P. girded, girt.

Girdle, *n*. কোমৰবন্ধ, টঙ্গালি।

Girl, *n*. ছোৱালী, বালিকা। mas boy. ab. *n*. Girlhood. *adj*. Girlish.

Girondists, *n*. ফৰাসী ৰাজ-বিপ্লৱৰ সময়ৰ মধ্য শ্ৰেণীৰ প্ৰাতিনিধি বিলাক

Girt, *v*. মেৰোৱা (2) *n*. ঘোৰাৰ পেটি।

Gist, *n*. কোনো বিষয়ৰ সাৰাংশ।

Give, *v*. দিয়া, অৰ্পণ কৰা ; দানকৰা; প্ৰদৰ্শন কৰা। P. T. gave, P. P. given. প্ৰদত্ত। *n*. Giver, প্ৰদাতা।

Giveup = জলাঞ্জলি দিয়া ; ত্যাগ কৰা।

Givebirth = প্ৰসৱ কৰা।

Giveforth = প্ৰকাশ কৰা।

Gizzard, *n*. চৰাইৰ পাকস্থলী।

Glaborous, *adj*. লোম বা ওথৰা-ওথৰি নথকা।

Glacier, *n*. গ্লেচিয়াৰ ; বৰফৰ নৈ।

Glad, *adj*. সুখী, আনন্দিত। *n*. gladness. Followed by 'of' 'at'

Gladsome, *adj*. আনন্দজনক, হৃষ্ট।

Gladden, *v*. সুখী কৰা।

Glade, *n*. হাবিৰ মাজত থকা বহল ডাঙৰ বনেৰে ঢকা পৰিষ্কাৰ ঠাই।

Glair, *n*. কণীৰ বগা অংশ।

Glamour, *n*. ইন্দ্ৰজাল।

Glance, *n*. a sudden shoot of light. দৃষ্টিপাত। Followed by 'at', 'over'

Sidelongglance = কটাক্ষ।

Glanders, *n*. ঘোৰা আদিৰ ৰোগ বিশেষ।

Gladiator, *n*. মল্লযোদ্ধা।

Glare, *v*. জলকৃতবক্ কৰা।

Glass, *n*. কাচ (2) কাচৰ পাত্ৰ (3) গিলাচ (4) *pl*. চস্মা।

Glassy, *adj*. কাচৰ তৈয়াৰী বা কাচৰ নিচিনা।

Glaucous, *adj*. শ্যাম বৰণৰ।

Glaze, *v*. কাচেৰে আবৃত কৰা।

Gleam, *n*. দীপ্তি, কিৰণ।

Glean, *v*. এটা এটাকৈ সংগ্ৰহ কৰা।

Glebe, *n*. গির্জ্জা বা পুৰোহিতৰ ভূমি।

Glee, *n*. আহ্লাদ. আনন্দ ; হৰ্ষ।

Glen, *n*. ঠেক উপত্যকা।

Glib, *adj*. পিছল ; *n*. glibiness.

Glide, *v*. ধীৰে ধীৰে গমন কৰা : মৃদুভাবে যোৱা। [gliff

Gliff, *n*. ক্ষণ, খন্তেক ; *e. g*. for a

Glimmer, *v*. চকুচক্ কৰা।

Glimmering, *adj*. টিমিক্-টামাক্।

Glimse, *n*. ক্ষণিক দৃষ্টি *e. g*. to catch a glimse of light.

Glisten, *v*. চক্মক্ কৰা।

Glitter, *v*. উজ্জ্বল হোৱা, চকমক কৰা ; তিৰ্‌বিৰোৱা।

Glimmering, *adj*. ঝিলমিলীয়া।

Gloat, *v*. আনন্দেৰে বা আগ্ৰহেৰে চোৱা।

"To gaze earnstly usually in a bad sense, to gaze with malignant satisfaction, passionate desire, lust or avarice."

Globe, *v*. ভূমণ্ডল (2) ঘূৰণীয়া বস্তু।

Globous } *adj*. ভূমণ্ডলাকাৰ।
Globose }

Globular, *adj*. গোলাকাৰ, ঘূৰণীয়া।

Globule, *v*. diminutive of 'globe' (2) small particles of a matter *e. g*. globules of snow.

Glome, *v*. ফুলৰ ঘূৰণীয়া আগটো।

Glomerate, *v*. ঘূৰণীয়া কৰি গোটোৱা।

Gloom, *n*. অন্ধকাৰ, এন্ধাৰ (2) বিষম।

Gloomy, *adj*. অন্ধকাৰময় (2) বিষণ্ণ (3) অস্পষ্ট।

Glorify, *v*. ধন্যবাদ দিয়া (2) মৰ্য্যাদান্বিত কৰা (3) to elevate to power, happiness or celestial glory. গৌৰবান্বিত কৰা ; প্ৰশংসা কৰা। *n*. glorification.

Glory, *n*. গৌৰব, মহিমা (2) মৰ্য্যাদা, অভিমান ; কীৰ্ত্তি। *adj*. glorious.

Glory, *n*. স্বৰ্গ ; *e. g*. "Thou shalt guide me with thy counsel and afterwards receive me to glory."

Gloss, *n*. উজ্জ্বলতা ; (2) টীকা ; ব্যাখ্যা।

Glossy, *adj*. নিমজ, মিহি।

Glossary, *n*. vocabulary of words for explaining peculiar words, words occuring in a special class of words, &c.

Glove, *n*. হাতমোজা।

Glow, *v.* অতি উত্তম হোৱা (2) উত্তেজিত হোৱা।

Glow, *n.* তাপ ; মনৰ উত্তেজনা।

Glowing, *adj.* উজ্জ্বল ; দীপ্তিমন্ত।

Globe-fish, *n.* গঙ্গাটোপ্।

Gloze, *v.* খোচামোদ কৰা ; স্তুতি-ভক্তি দেখুৱা।

Glow-worm, *n.* জোনাকীপৰুৱা।

Glum, *adj.* বিষণ্ণ ; গোঙ্গোৱা।
e. g. I frighten people by my glum face

Glume, *n.* তুঁহ। [কৰা।

Glut, *v.* অধিক ভোজন কৰা ; গ্রাস

Glutton, *n.* খকুৱা মানুহ
adj. gluttonous.

Gluttonously, *adv.* কল্লি-খুল্লি ; খকুৱাবদৰে।

Gluttony, *n.* খক (2) অধিক ভোজন (3) অত্যাহাৰ প্রিয়তা।

Glycerin } **Glycerine** } *n.* দৰবৰ লগৰ এবিধ বস্তু।

Gnarl, *v.* গৰ্জ্জন কৰা ; গেঙ্গেৰি মৰা।

Gnash, *v.* খঙ্গত দাঁত কামোৰা।

Gnat, *n.* দাঁহ ; a blood-sucking two winged fly.

Gnaw, *v.* কামোৰা (2) ক্ষয় কৰা।

Gnome, *n.* পাতালবাসী জীৱ বিশেষ "an imaginary being supposed by the Rosicrusians to inhabit the inner parts of the earth."

Gnomon, *n.* ছাঁয়া-ঘড়ীৰ কাঁটা।

Go, *v.* যোৱা, গমন কৰা।
P. T. P. P. gone.

Goal, *n.* সীমা-স্তম্ভ।

Goat, *n.* ছাগ্, ছাগল।
mas. he-goot=ছাগ, ছাগল।
Fem. she-goot=ছাগলী।

Gobble, খাই পেলোৱা।

Goblet, *n.* পান কৰা পাত্র।

Goblin, *n.* ভূত, প্রেত।

God, *n.* ঈশ্বৰ, পৰমেশ্বৰ (2) দেৱতা।
adj. God-like.

Godly, *adj.* ধাৰ্ম্মিক।

God, *n.* দেৱ, দেৱতা।
Fem. goddess.

God-father, *n.* ধৰ্ম্ম পিতা।
Fem. god-mother

God-son, *n.* ধৰ্ম্ম পুত্র।

Goggle, চকু ঘূৰুৱা ; কটাক্ষ-পাং কৰা।

Goitre, *n.* গঁৰল।

Gold, *n.* সুবৰ্ণ, সোন ; কাঞ্চন।

Goldsmith, *n.* সোণাৰি।

Golden, *adj.* সোনৰ তৈয়াৰী (2) সোনৰ নিচিনা।

Gold-leaf, *n.* সুবৰ্ণ পাত্র।

Golf, *n.* সাহাব লোকে খেলা এবিধ খেল।

Gone, *v.* P. P. of go.

Gonorrhoea, *n.* প্রমেহ।

Good, *adj*. ভাল, শুভ ; (2) উপযুক্ত (3) হিত (4) মৃদু (5) দয়ালু (6) ধাৰ্ম্মিক।

Com. better, sup. best.

Good, *n*. উপকাৰ ; সুখ ; কুশল ; হিত *e. g.* for the good of the people. (2) *pl.* সম্পত্তি।

Good. *int*. বাঃ!

Good-breeding=ভদ্ৰতা।

Good-looking=দেখনিয়াৰ।

Good-Fryday, *n*. যিশুখৃষ্টৰ ক্ৰুশত দেহত্যাগ বা হত্যাৰ স্মৰণৰ উপলক্ষ পৰ্ব।

Goodly, *adj*. উত্তম।

Goodman, *n*. স্বামী।

Goodness, *n*. ধৰ্ম্ম ; দয়া ; ভদ্ৰতা।

Gooseling, *n*. ৰাজহাঁহ পোৱালী।

Goose, *n*. ৰাজহাঁহ

mas. gander *pl.* geese.

Gooseberry, *n*. কৌটায়াঙ্গন বেঙেনা।

Gopher, *n*. এবিধ জন্তু।

Gordianknot, *n*. সঙ্কট।

Gore, *n*. শোনিত (2) গোটখোৱা তেজ। *adj*. Gory.

Gorge, *n*. কণ্ঠ, টেঁটু।

Gorgeous, *adj*. জাকজমকাল।

n. gorgeousness.

Gormand, *n*. খকুৱা মানুহ।

Gos-hawk, *n*. এবিধ ডাঙৰ ছৰাই।

Gosling, *n*. diminutive of 'goose'

Gospel, *n*. যীশু-খ্ৰীষ্টৰ দিয়া ধৰ্ম্ম সংবাদ (2) মথি, মাৰ্ক, লূক, যোহন প্ৰভৃতিয়ে লেখা খ্ৰীষ্টিয় ধৰ্ম্ম পুস্তক।

Gossamer, *n*. অপসৰীসূতা।

Gossip, *n*. বাহিৰা কথা ; বাজেকথা। *e. g.* the whole budget of the rural gossip would then and there be opened.

Got, v. P. T., P. P. of 'get'

Goth, *n*. অতীত কালত ইউৰোপত বাস কৰা এজাতি মানুহ।

এই জাতি মানুহেই ৰোম ৰাজ্য ধ্বংশ কৰে। *adj*. gothic

Gouse. *n*. কোৰ-বটালি

(2) দন্তুৰীৰ যতন বিশেষ।

Gourd, *n*. লাও, কোমোৰা।

Bottle-gourd=জাতি লাও।

Cornered-gourd=জিকা।

Quash-gourd=বঙ্গালাও।

Gourmand, *n*. খকুৱা মানুহ।

Gout, *n*. আস্বাদ (2) বাতৰোগ।

Govern, *v*. শাসন কৰা, বশ কৰা, দমন কৰা (2) কৰ্ম্ম গ্ৰহণ কৰা

e. g. governed by the preposition

Governable, *adj*. বশ্য (2) দমনীয়।

Government, *n*. শাসন (2) সৰকাৰ

Governor, *n*. শাসন কৰ্ত্তা।

Fem. governess

Gown. *n*. 'গন', তিৰোতাই পিন্ধা সাজ বিশেষ (2) উকীল বা ৰাজ কৰ্ম্মচাৰী বিলাকে পিন্ধা পোষাক বিশেষ।

Grace, অনুগ্ৰহ ; দয়া ; কৃপা (2) সৌন্দৰ্য্য 3) ভূষণ (4) গুণ, লাৱণ্য।

Gracious, *adj*. কৰুণাময়, দয়ালু ; প্ৰসন্ন। *n*. graciousness.

Graceful, *adj*. সুশ্ৰী, সুন্দৰ ; অমিয়া।

Gradation, *n*. ক্ৰমানুসাৰে উন্নতি। progress from one degree to another.
adj. gradational.

Grade, *n*. ক্ৰম

Gradual, *adj*. ক্ৰমাগত।
e. g. gradul promotion

Gradually, *adv*. ক্ৰমশঃ, ক্ৰমান্বয়ে ; লাহে লাহে।

Graduate, *v*. কলেজত উপাধি গ্ৰহণ কৰা।

Graft, *v*. গছগছনি কলম কৰা।

Grafting, *n*. কলম। *n*. Grafter.

Grain, *n*. শস্য (2, বীজ (3) গ্ৰেন tweenty-four grains make one penny-weight.

Gram, *n*. বুতমাহ।
Horse-gram = বেজিমাহ।

Gramineal } *adj*. তৃণময়।
Gramineous }

Grammar, *n*. ব্যাকৰণ। যি কিতাপ পঢ়িলে ভাষা শুদ্ধকৈ ক'ব আৰু লিখিব পাৰি।

Grammatical, *adj*. ব্যাকৰণ সিদ্ধ।

Gramophone, *n*. 'গ্ৰেমফন' an instrument of phonograph type for recording and reproducing articulate speech.

Grand, *adj*. মহৎ ; প্ৰধান।
(2) জাকজমকাল।
n. grandness.

Grand-danghter, *n*. নাতিনী। পোৰ বা জীৰ কন্যা।

Grandee, *n*. উচ্চ পদ ব্যক্তি ; ডাঙ্গৰীয়া।

Grandeur, *n*. বিশালতা ; গৌৰব ; ঐশ্বৰ্য্য।

Grand-father, *n*. ককা। পিতাৰ বা মাতাৰ বাপেক।

Grand-mama } *n*. বুঢ়ী আই; আই দেউতা
Grand-mother }
mas. grand-papa, grand-father

Grand son, *n*. নাতি ; পো বা জীৰ পুতেক
Fem. grand-daughter

Grand-uncle } *n*. পিতামহ বা মাতামহীৰ ভাতৃ।
Great-uncle }

Grandam *n*. বুঢ়ী।

Granary, *n*. গুটী ভঁৰাল।

Grant, *v.* মঞ্জুৰ কৰা; (2) দানকৰা।

Grass-hoper, *n.* ফৰিঙ্গ। ['grain'

Granute, *n.* diminutive of

Grape, *n.* আঙুৰ। এবিধ বৰ সুমিষ্ট ফল।

adj. grapy.

Grasp, *v.* মুঠি মাৰি ধৰা (2) comprehend. অৰ্থ গ্ৰহণ কৰা; চেষ্টা কৰা।

Grass, *n.* ঘাঁহ। *adj.* grassy.

The dubgrass=দুৰ্ব্বা; দুবৰি।

The sacrificial grass=কুশ।

Grate, *n.* জুই ৰক্ষাৰ নিমিত্তে লোহেৰে নিৰ্ম্মাণ কৰা ঠাই।

Grate, *v.* দিগ্ দিয়া।

Grating *adj.* কৰ্কশ।

Grateful, *adj.* কৃতজ্ঞ।

Followed by 'for'

Gratify, *v.* তৃপ্ত হোৱা; ভোজন বা পান কৰি সন্তুষ্ট হোৱা।

e. g. We may gratify ourselves by the artificial drink, but the pure water which God has given to us is the most perfect drink. [পৰিতোষ; তুষ্টি।

Gratification, *n.* সন্তোষ;

Gratis, *adj.* বিনামূল্যে, এনেয়ে।

e. g. বিনামূল্যে বিতৰণ।

Gratitude, *n.* কৃতজ্ঞতা। Followed by 'for' 'to.'

Gratuity, *n.* দান; পুৰস্কাৰ।

Grave, *n.* কবৰ, মৰিশালি।

Grave-yard=কবৰ থানা। [গহীন।

Grave, *adj.* গধুৰ, গম্ভীৰ (2) ধীৰ,

Graveness, *n.* গহীনালি।

Gravely, *adv.* গধুৰভাৱে।

Gravity, *n.* গধুৰতা (2) গম্ভীৰতা।

Gravity, *n.* মধ্যাকৰ্ষণ। সকলো বস্তুকে পৃথিবীয়ে আকৰ্ষণ কৰে; এই আকৰ্ষণকে মধ্যাকৰ্ষণ বোলে।

Centre of gravity=ভাৰকেন্দ্ৰ।

Gravitate, *v.* আকৰ্ষণ কৰা *e. g.* Gravitates towards it according to the laws of gravitation

Gravitation, *n.* বিন্দ্বাকৰ্ষণ। যি শক্তিৰে একে ৰকমৰ বস্তুৰ বিন্দু বিলাক একে লগ কৰি ধৰি থাকে তাকে বিন্দ্বাকৰ্ষণ বোলে।

Laws of gravitation=বিন্দ্বাকৰ্ষণশক্তি

Gray, *adj.* পাণ্ডু *e. g.* covered with ash-gray hair (2) ধবল *e. g.* gray oldage (3) পলিত *e. g.* পলিত কেশ।

Graze, *v.* চৰা, ঘাহ খোৱা।

Grease, *n.* চৰ্ব্বি।

Great, *adj.* মহৎ, শ্ৰেষ্ঠ; প্ৰধান। (2) ডাঙৰ (3) গুৰুতৰ (4) প্ৰশংসনীয়, (5) বহুসংখ্যক।

n. greatness, মহত্ব; উদাৰতা।

The Great bear=সপ্তৰ্ষিমণ্ডল।

Great-grand-father=প্ৰপিতামহ।

Grecian, *adj.* pertaining to the Greeks.

Greek, *n.* গ্ৰীকবাসী (2) গ্ৰীক ভাষা

Greedy, *adj.* খকুৱা, লুভীয়া।

n. greediness.

Green, *adj.* কলপটীয়া; ঘাহৰ বৰণৰ

Green-pigeon, *n.* হাইঠক্, হাইঠা।

Greens, *n.* শাক আদি

e. g. he lives only upon greens.

Greenhouse=লতাদি যে আচ্ছাদিত ঘৰ।

Greet, *v.* অভ্যৰ্থনা কৰা; সেৱা কৰা।

Gregarious, *adj.* সঙ্গপ্ৰিয়।

n. gregariousness.

Greenade, *n.* যুদ্ধৰ বোমগুলী বিশেষ।

Grew, *v.* P. T. of grow.

Grice. *n.* গাহবিপোৱালি।

Griddle, *n.* তাওৱা a flat iron plate for baking cakes.

Grief, *n.* শোক, বেজাৰ।

Followed by 'at,' 'for'

Grieve, *v.* শোক কৰা, বেজাৰ কৰা *adj.* grievous.

n. Grievousness.

Grievance, *n.* দুঃখৰ বিষয় (2) ক্ষতি।

Grill, *v.* ভজা (2) কষ্ট দিয়া।

Grim, *adj.* ঘোৰ; ভীষণ।

Grimace, *n.* মুখৰ অঙ্গ-ভঙ্গি।

Grine, *n.* মলি।

Grimy, *adj.* মলিন্।

Grin, *v.* দাঁত ছেলোৱা; কপট হাঁহি মৰা।

Grind, *v.* গুড়ি কৰা, পিঁহা, (2) ঘহা, ঘৰ্ষণ কৰা।

Grinding, *n.* বাটন।

P. T. P. P. ground.

Grip, *v.* হাতেৰে ধৰা (2) to give pain to the bowels.

Gripes, *n.* পেট্‌-কামোৰনি।

Grisly, *adj.* ভয়ানক।

Grist, *n.* কলত গুড়ি কৰা শস্য; কলত গুড়ি কৰিবলৈ থোৱা শস্য।

Grit, *v.* ঘৰ্ষণ কৰা।

Grit, *n.* বালি (2) *pl.* rough hard particles. *adj.* Gritty= বালি-অঁহীয়া।

Grizzle, *n.* পাণ্ডু বৰণ।

Groan, *v.* আৰ্ত্তনাদ কৰা; to utter a mournful voice, as inpain or in sorrow.

Groat, *n.* অতীত কালত ইংলণ্ডত চাৰি পেঞ্চ মূল্যৰ মুদ্ৰা বিশেষ।

Groats, *n.* আধা-ভঙ্গা শস্য।

Grocer, *n.* চাহ, চেনি, মছলা, কাফি, প্ৰভৃতি বেচোঁতা দোকানি।

Grocery, *n.* a grocer's shop.

Grog, *n.* মদ, সুৰা।

Grog-shop, *n.* মদৰ দোকান।

Groggy, *adj.* মদপী।

Groom, *n.* চহিচ।

Groove, *n.* ৰেখা, (2 খাল।

Grope, *v.* এন্ধাৰত হাত-খপিয়াই যোৱা।

Gross, *adj.* স্থূল (2) অশ্লীল (3) বৃহৎ *e. g.* gross mistake.

Gross, *n.* ১২ ডৰ্জন ; ১৪৪ টা।

Grotto, *n.* গুহা, গহ্বৰ।

pl. grottos.

Ground, *n.* ভূমি (2) কাৰণ।

Ground, *v. vide* 'grind' (2) ভেঁটিৰ ওপৰত স্থাপন কৰা।

Ground, *n.* ভূমি ; মাটি *e. g.* fruitful ground (2) মূল কাৰণ।

Group, *n.* সঙ্গ, দল (2) সমূহ (3) গণ।

Grouse, *n.* কুকুহা বা কোঢ়া।

Grove, *n.* কুঞ্জবন (2 উপবন।

Grow, *v.* বঢ়া, বৃদ্ধি হোৱা (2) উৎপন্ন হোৱা।

P. T. grew, P. P. grown.

Growl, *v.* গোঁজৰা।

Growth, *n.* বৃদ্ধি (2) উন্নতি।

Grub, *v.* খন্দা (2) to beg.

Grub street = লণ্ডনৰ ৰিঠাইত ক্ষুদ্ৰ ও সামন্ত কিতাপ, লেখোঁতা ও বেচোঁতা বিলাক থাকে

Grudge, *n.* হিংসা, ঈৰ্ষা (2) enmity কক্ষ।

Gruff, *n.* কৰ্কশ।

Grumble, *v.* ভোৰ ভোৰোৱা, অসন্তোষ প্ৰকাশ কৰা ; গোদ্‌গোদোৱা।

Grunt, *v.* গাহৰিৰ দৰে চিঞৰা।

Guarantee, *n.* "গ্যাৰাণ্টি" (2) জামীন।

Followed by 'for' [দিয়া।

Guard, *v.* নিৰ্ব্বিঘ্নে ৰখা (2) পহৰা।

Guard, *v.* সাৱধান হোৱা।

Followed by. 'against'

Guard, *n.* চোকীদাৰ, পাহাৰা।

Guardian, *n.* অভিভাবক।

ab. n. guardianship.

Guava, *n.* মধুৰিআম।

Guerdon, *n.* পুৰস্কাৰ। পাৰিতোষিক।

Guess, *v.* অনুমান কৰা, আন্দাজ কৰা।

Guest, *n.* অতিথি, অভ্যাগত।

Guest-chamber = অতিথি শালা।

Guidance, *n.* উপদেশ, পথ প্ৰদৰ্শন্।

Guide, *v.* বাট দেখোৱা (2) উপদেশ দিয়া।

Guide, *n.* বাট দেখাওঁতা (2) a guide-book.

Guile, *n.* প্ৰতাৰনা, ছলনা।

Guillotine, *n.* এবিধ মুৰ কটা যতন বিশেষ।

Guile. *adj*. ধূর্ত্ত, টেঙ্গৰ।

Guile-less, *adj*. সৰল, অকপট।

Guilt, *n*. *vide*. after 'gull.

Guinea, *n*. ২১ শিলিং মূল্যৰ মুদ্রা বিশেষ।

Guise, *n*. আকাৰ (2) পোষাক, সাজ (3) ছদ্ম। [লিবে।

Guitar, *n*. টোকাৰী; এবিধ আঙ্গুবজোৱা বেহেলাৰ নিচিনা বাদ্য।

Gulf, *n*. উপসাগৰ. যি পানী ভাগৰ প্রায় চাৰিও ফালে মাটি আছে।

Gull, *v*. প্রতাৰনা কৰা, ঠগা।

Gull, *n*. ফাঁকি, প্রতাৰনা। *adj*. gullible.

Guilt, *n*. দোষ, অপৰাধ।

Guilt-less, *adj*. নিৰপৰাধ, নির্দ্দোষী

Guilty, *adj*. দোষী ; অপৰাধী। Followed by 'of'

Gulp, *v*. হেপাহেৰে গ্রাস কৰা ; কোঁৎকে গিলা।

Gum, *n*. গম, আঠা বিশেষ।

Gummy, *adj*. জেকেট্‌মেকেট্।

Gun, *n*. বন্দুক, তোপ।

Gun-powder = বাৰুদ; হিলৈ খাৰ।

Gunter's chain, = জৰিপ কৰা শিকলি।

Gurgle, *v*. কলকল শব্দ কৰা।

Gush, *n*. প্রবাহ।

Gush, *v*. তৰ হুৰ কৈ নির্গত হোৱা।

Gust, *n*. প্রবল বতাহ ; বতাহমুহা।

Guts, *n*. নাড়ী-ভুৰো।

Gutta, *n*. আঠা।

Guttar, *n*. পানীৰ লোৰ।

Guttaral, *n*. কণ্ঠ্য-বর্ণ।

Guzzle, *v*. ঢোক্ ঢোক্ কৰে পিয়া।

Gymnasium, *n*. কুস্তি কৰা ঠাই ; ব্যায়ামশালা।

Gymnastics, *n*. কুস্তি-বিদ্যা।

Gypsum, *n*. খড়ীমাটি বিশেষ। ইয়াক পুৰিলে plaster of Paris হয়।

Gypsy, *n*. a dark woman ; a silly tricky woman.

Gynarchy, *n*. স্ত্রীশাসন।

Gyrate, *v*. ঘূৰা, আবর্ত্তন কৰা। *n*. gyration ; *adj*. gyratory.

Gyve, *n*. ভৰিৰ কেৰেয়া ; শিকলি।

H

Ha, *int*. আহা !

Haberdasher, *n*. সুতা, পিন, বেজি ইত্যাদি ক্ষুদ্র দ্রব্য বেচোঁতা।

Habergeon, *n*. বুকুৰ বা ডিঙ্গিৰ সাজোৱা।

Habiliment, *n*. সাজ, পোষাক।

Habit, *n*. অভ্যাস (2) প্রকৃতি।

Habitable, *adj*. থাকিবলৈ উপযুক্ত।

Habitually, *adv*. সহজে, সততে।

Habitation, *n*. বসতি।

Habitant, *n*. নিবাসী।

Habituate, *v*. অভ্যাস কৰা।

Hack, *v.* খণ্ড খণ্ড কৰা।

Hackney, *n.* কেৰেয়াকৈ দিয়া গাড়ী।

Haddock, *n.* এবিধ সমুদ্ৰ মৎস্য।

Hades, *n.* মৃতবিলাকৰ বাসস্থান।

Hag, *n.* জৰতী (2) ডাইনী।

Hag-fish, *n.* কুঁচীয়া।

Haggard, *adj.* ক্ষীণ (2) কুৎসিত, কদাকাৰ।

Haggle, *v.* ডোখৰ ডোখৰ কৰা (2) বেচাবেচি সময়ত খেটমেটোৱা বা কেজেঁৰ কৰা।

Hagiography, *n.* ধৰ্ম্মপুথি।

Hagiographer, *n.* ধৰ্ম্মপুথি লেখক।

Hail, *v.* নমস্কাৰ কৰা, ভক্তিভাৱে মূৰ দোঁৱোৱা ।

Hail, *n.* শিলাবৃষ্টি।

Hair, *n.* কেশ, চুলি।

Clotted-hair = জটা।

Braided-hair = বেণী।

Hairy, *adj.* লোমাল।

Hairless, *adj.* অকেশ, কেশহীন।

Hair-dresser, *n.* নাপিত।

Halberd, *n.* শূলবিশেষ।

Halcyon, *adj.* শান্ত, শীতল।

Hale, *adj.* সুস্থ, সবল।

Hale and hearty = হৃষ্টপুষ্ট।

Half, *n.* আধা। *pl.* Halves,

Half-blood, *n.* বৈমাত্ৰেয়, বৈপিত্ৰেয়।

Half-bred, *adj.* অভদ্ৰ।

Half-brother } Half-sister } *n.* brother or sister by one parent but not by both.

Half-yearly, *adj.* ষাণ্মাসিক।

Hall, *n.* বহল কোঠা (2) সভাঘৰ।

Hallelujah, *n.* ঈশ্বৰগীত।

Halloo, *int.* কিহে!

Halloo, *v.* চিঞৰা।

Hallow, *v.* পবিত্ৰ কৰা।

Hallucination, *n.* ভ্ৰান্তি, ভ্ৰম, মোহ।

Halo, *n.* চন্দ্ৰ বা সূৰ্য্যৰ চাৰিউফালে থকা বেৰ। *pl.* Halos,

Halt, *v.* বিশ্ৰাম কৰা। *e. g.* halting place for troops.

Halter, *n.* কাঁচী দিয়া বটিয়া।

Halve, *v.* দুভাগ কৰা।

Hamlet, *n.* গাঁও।

Hammer, *n.* হাতুৰী।

Hammock, *n.* ওলমা শয্যা।

Hamper, *v.* বিপাকত পেলোৱা।

Hamper, *n.* শিকলি।

Hand, *n.* হাত (2) ঘড়ীৰ কাঁটা (3) লেখাৰ সাঁচ (4) কৌশল (5) অধিকাৰ।

Hand-bill, *n.* ঘোষণা পত্ৰ।

Hand-cuff, *v.* হাত কেৰেয়া দিয়া; দুয়ো হাত জুঁটি লগিবে বা লোহে বন্ধা।

Hand-ful, *adj.* মুঠি।

Handful by handful = মুঠিয়ে মুঠিয়ে।

Handi-craft, *n.* শিল্প ; বাটৈ, দৰ্জি, সোণাৰি আদিৰ কাম।

Handker-chief, *n.* ৰুমাল।

pl. Handkerchiefs.

Handle, *v.* হাত দিয়া (2) স্পৰ্শ কৰা।

Hand-maid, *n.* দাসী।

Handsome, *adj*, সুশ্ৰী, ৰূপবান্। দেখনিয়াৰ (2) উদাৰ (3) প্ৰচুৰ।

Handwriting, *n.* হাতৰ লিখা।

Hang, *v.* ওলমি থকা P. T. P. P. Hung, (2) ফাঁচী দিয়া। P. T. P. P. hanged.

Hanger, *n.* সৰু বহল তৰোৱাল।

Hanger-on = তলতীয়া।

Hangman, *n.* চাণ্ডাল।

Hanker, *v.* ইচ্ছা কৰা।

Followed by after'

Hankering, *n.* আকাঙ্ক্ষা।

Hap, *n.* ঘটনা (2) দৈব।

Haply, *adv.* হঠাৎ, অকস্মাৎ।

Happen, *v.* ঘটা ; হৈ পৰা।

Followed by 'to'

Happiness, *n.* সুখ, আনন্দ, সন্তোষ, সম্পদ।

Happy, *adj.* সুখী, আনন্দিত, হৃষ্ট, প্ৰশস্ত।

Happily, *adv.* সুখেৰে।

Harangue, *n.* বক্তৃতা।

Harass, *v.* দিগ্‌ দিয়া, আমনি কৰা।

Harassed, *adj.* হাইৰাণ্ ; হাবাথাম্ভি।

Harassing, *adj.* ক্লেশকৰ।

Harbinger, *n.* অগ্ৰগামী দূত।

Harbour, *n.* পোতাশ্ৰয়।

Harbour, *v.* আশ্ৰয় লোৱা।

Hard, *adj.* টান, কঠোৰ (2) নিমৰমিয়াল (3) কষ্টকৰ (4) ওচৰ।

Hard-hearted, *adj.* নিমৰমিয়াল, কাঠ্-চিত্।

Hardly, *adv.* কষ্টেৰে (2) কদাচিৎ *e. g.* He hardly reads. (3) ৰুক্ষভাৱে *e. g.* He has been hardly used.

Hardihood, *n.* 'দুঃসাহস'।

Hardware, *n.* লৌহাদি নিৰ্ম্মিত বস্তু।

Hardy, *adj.* সাহসী, বলী।

Hardship, *n.* পৰিশ্ৰম, শ্ৰম্ ; দুঃখ।

Harden, *v.* দৃঢ়কৰা ; কঠোৰ কৰা।

Hard-working, *adj.* পৰিশ্ৰমী।

Hard-visaged, *adj.* কুৰূপ।

Hare, *n.* শহাপহু।

Harebell, *n.* লতাবিশেষ।

Harem, *n.* অন্তেসপুৰ ; ডাঙৰ মানুহৰ ঘৰৰ তিৰোতা থকা ভিতৰৰ ভাগ।

Hark, *v.* শুনা, শ্ৰবণ কৰা।

Harbquin, *n.* বহুৱা।

Harlot, *n.* বেশ্যা, নটিনী।

Harlotry, *n.* বেশ্যালি।

Harm, *n.* অপকাৰ, ক্ষতি।

Harmful, *adj.* অনিষ্টকৰ।

Harmless, *adj.* নিৰ্দ্দোষ, সৰল।

Harmonical, *adj.* সুমধুৰ, সুস্বৰ।

Harmoniom, *n.* 'হাৰ্ম্মোনিয়ম; এবিধ বাদ্যযন্ত্ৰ বিশেষ।

Harmony, *n.* মিল, একতা।

Harmonious, *adj.* সমলয়।

Harness, *n.* ঘোঁৰাৰ সাজ।

Harp, *n.* বীণ।

Harpon, *v.* একে কথাকে পুনঃপুনঃ কোৱা।

Harridan, *n.* বৃদ্ধ বেশ্যা।

Harrier, *n.* চিকাৰী কুকুৰ।

Harrow, *n.* মৈ।

Harsh, *adj.* কৰ্কশ, উখনা-উখনি, হুটা।

Hart, *n.* মৃগ। *Fem.* 'roe'

Harvest, *n.* শস্যকাটি গোটাবৰ সময় (2) খেতিৰ গুটি।

Harvester, *n.* যি শস্য সংগ্ৰহ কৰে

Hash. *v.* ডোখৰ ডোখৰ কৰা।

Haslet, *n.* গাহৰিৰ কলিজাৰ মঙহ।

Hassock, *n.* কুশাসন।

Haste, *v.* লৰালৰি কৰা, ততাতৈয়া কৰা।

Hastily, *adv.* ততাতৈয়াকৈ, খৰকৈ, বেগাই।

Hasty, *adj.* বেগাল (2) অস্থিৰ (3) 'চণ্ড'।

Hat, *n.* টুপি; কাপোৰ আদিৰে কৰা মূৰৰ সাজ বিশেষ।

Hatch, *v.* কণী উমোৱাই জগোৱা (2) অভিসন্ধি কৰা; to plot.

Hatchet, *n.* এহাতে ব্যৱহাৰ কৰা সৰু কুঠাৰ, হাঁতোৱাহ।

Hate, *v.* ঘিণ কৰা।

Hateful, *adj.* ঘেকেটা, ঘৃণাই, গহিত।

Hatred, *n.* ঘিণ, ঘৃণা।

Hatter, *n.* টুপি কৰোঁতা।

Haughty, *adj.* অহঙ্কাৰী; গৰ্ব্বী।

Haul, *v.* বলেৰে টনা।

Haunch, *n.* 'নিতম্ব'।

Haunt, *v.* সততে গমনাগমন কৰা (2) ভূতে বাস কৰা বা দেখা দিয়া।

Haunted-house, *n.* প্ৰেত নিবাস।

Have, *v.* অধিকাৰ কৰা (2) ভোগ কৰা (3) উৎপাদন কৰা।
P. T. P. P. had.

Haven, *n.* বন্দৰ।

Havoc, *n.* ধ্বংশ, নাশ।

Haw, *n.* ভাতি, বেৰ।

Hawthorn, *n.* লতাবিশেষ।

Hawk, *n.* সেন।

Hawker, *n.* সৰু সৰু বস্তু বেচোঁতা।

Hay, *n.* শুকান ঘাহ।

Hay-cock, *n.* তৃণৰাশি।

Hazard, *n.* বিপদ, বিপত্তি, আপদ। *adj.* hazardous.

Haze, *n.* কুঁৱলী
Hazed, *n.* এবিধ গছ (2) কপিল ; মুগা বৰণৰ।
Hazy, *adj.* কুঁৱা কুঁই ; ধুৱঁাকুই।
He, pro. তেঁও।
Fem. she.
Head, *n.* মূৰ, যাই, শ্ৰেষ্ঠ (2) অগ্ৰ, ওপৰ ভাগ। [টিনটিননি।
Head-ache, *n.* মূৰ কামোৰনি ;
Head-long, *adj.* দুঃসাহসেৰে (2 তললৈ মূৰ কৰি যোৱা। [বসতি।
Head-quarter, *n.* মুখিয়াল নায়কৰ
Heads-man, *n.* ঘাতক।
Head-master, *n.* প্ৰধান শিক্ষক।
Head-strong, *adj* উগ্ৰ (2) চণ্ড।
Heady, *adj.* অজ্ঞানী, অদূৰ দৰ্শী।
Heal, v. আৰোগ্য কৰা।
Followed by 'of'
Health, *n.* সুস্থতা।
Healthy, *adj.* সুস্থ ; নিৰোগী।
Healthful, *adj.* স্বস্থ, নিৰোগী।
Healthiness, *n.* অৰোগিতা ;
Heap, *n.* ৰাশি।
Hear, *v.* শুনা, শ্ৰৱণ কৰা।
Hearken, *v.* কাণ কৰা, মন দি শুনা
Hearsay, *n.* জনশ্ৰুতি, জনৰৱ।
Hearse, *n.* শৱযান ; যি গাড়ীত শৱলৈ যোৱা হয়।
Heart, *n.* হিয়া, কলিজা। অন্তঃকৰণ (2) মন (3) অভিপ্ৰায় (4) গূঢ়াৰ্থ।
Heart-felt, *adj.* হৃদয়ঙ্গম।
Heart-burning, *n.* অসন্তোষ।
Hearty, *adj.* অকৃত্ৰিম (2) স্নেহান্বিত, মৰমিয়াল।
Hearth, *n.* জুইশাল।
Heat, *n.* উষ্ণতা ; তাপ (2) উত্তেজনা।
Heath, *n.* এবিধ লতা।
Heathen, *n.* ম্লেচ্ছ (2) অধাৰ্ম্মিক।
Heathenism, *n.* পৌত্তলিকতা (2) অসভ্যতা, ম্লেচ্ছ ব্যৱহাৰ।
Heave, *v.* স্ফীত কৰা ; ওফন্দি পৰা (2) উত্তোলন কৰা (3) বমি কৰিবলৈ চেষ্টা কৰা। P. I., P. P. heaved
Heaven, *n.* স্বৰ্গ (2) আকাশ (3) ঈশ্বৰ। [হোৱা।
Go to heaven=পৰলোক প্ৰাপ্ত
Heavenly, *adj.* স্বৰ্গীয়।
Heavenwards, *adv.* স্বৰ্গলৈ।
Heavy, *adj.* গধুৰ, (2) কষ্টজনক (3) প্ৰবল।
Heavy-headed, *adj*: মূৰ্খ।
Heavy-hearted, *adj.* শোকাভিভূত।
Heavy-bodied, *adj.* লেধা।
Heavy rain=দপদপীয়া বৰষুণ।
Hebrew, *n.* ইহুদি।
Hecatomb, *n.* শতগোবলি দান।
Hectic, *n.* তাপজ্বৰ।
Hector, *n.* আত্মশ্লাঘী ; যি অন্যক বিৰক্ত কৰে।

Hedge, *v.* লতাদি কাঁইটবে বেৰা।

Healds } *n.* ব।
Heddle, }

Heed, v. মনোযোগ দিয়া।

Heedful, *adj*. মনোযোগী।

Heedless, *adj*. অমনোযোগী।
Followed by 'of'

Heel, *n.* গোৰোৱা ; শৰীৰ পাচ ফালৰ ভাগ।

Heft, *n.* যত্ন, চেষ্টা।

Hegira, } *n.* মছলমানৰ হিজৰী
Hejira, } শক। মক্কা নগৰৰ মানুহ বিলাকে প্ৰথমে মহম্মদক ধৰ্ম্মনষ্টকাৰী বুলি বধিবলৈ উদ্যোগ কৰে। তেঁও প্ৰাণৰ আশঙ্কা কৰি ৬২২ খৃঃ আঃ মডিনা নগৰলৈ পলাই যাই। এই সনৰ পৰা মছলমান হিজৰী শকৰ গণনা হয়। [steer.

Heifer, *n. Fem.* of Bullock or

Heigh! ho!, int হয়নে ক! কিঅ'!

Height, *n.* উচ্চতা ; প্ৰধান বা ওখ ঠাই।

Heighten, *n.* উন্নত কৰা (2) ওখ কৰা।

Heir, *n.* উত্তৰাধিকাৰী।
Fem. 'heiress'

Heirless, *adj*. উত্তৰাধিকাৰী শূন্য (2 অদায়ক।

Held, *v.* P. T., P. P. of 'hold.'

Heliograph, *n.* an apparatus for signalling by means of the sun's rays.

Helioscope, *n.* এবিধ দূৰ-দৰ্শন-যন্ত্ৰ।

Hell, *n.* নৰক।
adj. hellish

Hell-hound, *n.* নৰকৰ কুকুৰ।

Helm, *n.* নাও বা জাহাজৰ গুৰি।

Helms-man গুৰিয়াল।

Helmet, *n.* আপদ নিবাৰণাৰ্থে পিন্ধা মূৰৰ পাগ।

Helot, দাস, বন্দী।

Help, *v.* সহায় কৰা। (2) কোনো কাম কৰিবলৈ উপাই দিয়া 3) to avoid, *e. g.* I cannot help saying.

Helper, *n.* সহায় কৰোঁতা।

Helpful, *adj* উপকাৰক।

Helpless, উপায়হীন, অনাথ।

Helpmate *n.* সহ ধৰ্ম্মিণী। (2) সহকাৰী।

Hem, *n.* পাৰি, কাপোৰৰ দাঁতিত দিয়া শেল। [আধা।

Hemisphere, *n. n.* ভূগোলৰ

Hemlock, *n.* বৃষবৃক্ষ বিশেষ।

Hemorrhoids, *n.* অৰ্শৰোগ।

Hen, *n.* মাইকী কুকুৰা।
mas. cock.

Hen-hearted, *adj*. ভয়াতুৰ।

Hen-pecked, *adj*. স্ত্ৰৈণ, তিৰোতা-সেৰুৱা।

Hence, *adv.* ইতিয়াৰ পৰা (2) এই কাৰণ পৰা (3) এই ঠাইৰ পৰা।

Henceforth, *adv.* ইতিয়াৰ পৰা।

Henceforward, *adv.* ইতিয়াৰ পৰা।

Heptagon, *n.* সপ্ত ভুজ।

Heptarchy, *n.* সপ্তশাসন।

Her, *pro.* তাইৰ, 'তেওঁৰ' *mas.* his.

Her, *pro.* তাইক, 'তেওঁক' *mas.* him.

Hers, *pro.* তাইৰ।

Herself, *pro.* তাই নিজেই, তেঁও নিজেই, স্বয়ং

mas. himself.

Herald, *n.* ঘোষক (2) অগ্রগামী দূত (3) যি ৰাজকৰ্ম্ম চাৰীয়ে সম্ভ্রান্ত লোকসকলৰ বংশাৱলী ও কৰচাদিৰ বিবৰণ ৰাখিছিল।

Herb, *n.* লতা, বন আদি।

Herbage, *n.* শাক, তৃণাদি উদ্ভিদ্।

Herbalist, *n.* উদ্ভিদ্ বিষয়জ্ঞ।

Herbivorous, *adj.* তৃন জীৱি।

Hercuban, *adj.* অত্যন্ত কঠিন (2) ভয়ানক।

Herd, *n.* জাক ; মথা *e. g.* মহমথা।

Herdsmon, *n.* জাকৰক্ষক ; গৰু ম'হ চৰাওঁতা।

Here, *adv.* ইয়াত, অত্ৰ।

Hereabout, *adv.* এই ঠাইৰ পৰা।

Here-to-fore, *adv.* ইতিপূৰ্ব্বে।

Hereditary, *adj.* কুল ক্রমাগত, পৈতৃক।

Heritage, *n.* পৈতৃক সম্পত্তি।

Heresy, *n.* স্থাপিত ধৰ্ম্মৰ বিৰোধি মত *plu.* heresies.

Heretic, *n.* চলিত ধৰ্ম্ম বিৰোধী।

Heretical, *adj.* বামানয়।

Herewith, *adv.* ইয়াৰে সৈতে।

Hermit, *n.* সন্ন্যাসী, তপোনিধি, 'ঋষি'।

Hermitage, *n.* আশ্রম, তপোবন। *adj.* hermitical.

Hero, *n.* বীৰ ; (2) বিখ্যাত জন (3) নায়ক। *adj.* heroic.

Fem. heroine. *plu.* heroes.

Heroic *age.*=বীৰযুগ।

Heroic enterprise=বীৰচৰিত্ৰ।

Heroism, *n.* বীৰত্ব ; দোৰ্দ্দণ্ড-প্রতাপ।

Hero-worship, *n.* মহা পুৰুষসকলৰ পূজা।

Heron, *n.* বক ; এবিধ দীঘল ঠুঁটিয়া মাছ খোৱা চৰাই।

Herring, *n.* মৎস্য বিশেষ।

Herself, *pron.* an emphasized or reflexive form of the third person *pro. Fem.* used in the same way as himself.

স্বয়ং (2) নিজক।

By herself=একাকিনী।

Hesitate, *v.* সঙ্কুচিত হোৱা ; কুণ্ঠিত হোৱা।

Followed by 'at'

Hesitation, *n.* সন্দেহ।

Hesper, *n.* শুক্র। The planet venus.

Hesperian, *adj.* পাশ্চাত্য ; পশ্চিমস্ত : western.

Hest, *n.* আদেশ; শাসন; Command

Heterodox, *n.* চলিত মতের বিরুদ্ধে ভিন্নমত ; বিরুদ্ধ ধর্ম্ম।

Hew, *v.* কটা ; ছেদন করা।
P. T. hewed P. P. hewn.

Hewer, *n.* কাঁটেটাতা।

Hexagon, *n.* ষড়ভূজ ক্ষেত্র।

Heyday, *n.* উল্লাস, আমোদ, প্রমোদ *e. g.* Heyday of youth.

Hiatus, *n.* বিষ্কা ; ফাটু।

Hibernal, *adj.* হৈমন্ত। [হেঁকটি।

Hiccough, Hiccup, Hickup, *n.*

Hiccough, *v.* হেঁকটিয়া ; হেঁকটি মরা।

Hidden, *v.* গূঢ়, গুপ্ত।

Hiddenly, *adv.* সংগোপনে ; মনে মনে ; লুকাই। *vide. hide.*

Hide, *n.* চর্ম্ম, জন্তুর ছাল।

Hide, *v.* গোপন করা ; লুকা বা ঢকা *e. g.* He will hide the body with this cloth. P. T. Hid. P. P. Hidden Followed by 'from'

Hide and seak = লুকালুকি।

Hideous, *adj.* ভীষণ ; বিকটাকার।

Hie, *v.* খর করা।

Hierarch, *n.* ধর্ম্মনায়ক।

Hierarchy, *n.* The body of the clergy. (2) A government by priests.

Hieroglyphic, *n.* চিত্রাক্ষর ; picture writing (2) সঙ্কেতের লেখন্

A sacred character.

Hierophant, *n.* আচার্য্য।

High, *adj.* উচ্চ *e. g.* high places (2) সম্ভ্রান্ত ; উচ্চ *e. g.* high born (3) মহৎ, প্রধান *e. g.* high priest ; high-admiral.

High-coloured, *adj.* অতিরঞ্জিত।

High-road, *n.* রাজ আলি।

High-way, *n.* রাজবাট।

High-way-man, *n.* ডকাইত্।

Hilarious, *adj.* উল্লাসিত।

Hilarity, *n.* উল্লাস ; হর্ষ।

Hill, *n.* সরু পর্ব্বত।
adj. hilly.
Diminutive, hillock.

Hilt, *n.* তরোয়ালের নাল।

Himself, *pro.* নিজে; আপোনাকে। The emphatic reflxive form of He.

By himself = অকলে, একাকী।

Hind, *n.* মাইকী শৰপহু ; ভেলেঙ্গী। *mas.* stag (2) কৃষক।

Hind, *adj.* পিছফাল *e. g.* hind part. com. hinder sup. hindermost, hindmost.

Hinder, *v.* হাক দিয়া ; মানা কৰা। Followed by 'from' [সৰ্ব্বশেষ ;

Hindmost, Hindermost, *adj.* সকলোৰে পাছত।

Hindrance, *n.* প্ৰতিবন্ধক ; বিঘিনি

Hinge, কব্জা।

Hint, *n.* ইঙ্গিত, সঙ্কেত। Followed by 'at'

Hip, *n.* উৰুদেশ, The fleshy part of the thigh.

Hippopotamus, *n.* সিন্ধু ঘোটক।

Hippophagist, *n.* ঘোৰা-খোৱা।

Hire, *n.* বানচ ; কেৰেয়া।

Hive out=কেৰেয়া দিয়া।

Hireling, *n.* বানচ খোৱা হজুৱা। (2) বেশ্যা, বাজহী তিৰী।

His, *pron.* তাৰ,, তেওঁৰ। possessive form of He.

Hiss, *v.* ধিক্কাৰ কৰা।

Hissing, *n.* ঘিন্-লগা চিঞৰ। The noise of a hiss.

Hist, *int.* চুপ।

History, *n.* ইতিহাস, বুৰঞ্জী।

Historian, *n.* ইতিহাস প্ৰণেতা, বুৰঞ্জী লেখক।

Historical, *adj.* ঐতিহাসিক।

Historiographer, *n.* ইতিহাস লেখক।

Histrionic, Hitrionical, *adj.* নাটকীয়। *n.* histrion.

Hit, *v.* প্ৰহাৰ কৰা ; লক্ষ কৰা *e, g.* look you are to hit the mark. P. T. P. P. hit

Hitch, *n.* প্ৰতিবন্ধক (2) A catch.

Hither, *adv.* ইয়ালৈ।

Hitherto, *adv.* ইতিয়াৈলকে।

Hitherward, *adv.* এইপিনে।

Hitter, *n.* one who hits.

Hive, *n.* মৌ-কোঁহ ; বহ-ঘৰা।

Ho, *int.* অ!

Hoar, *adj.* ধবল, বগা।

Hoary,, *adj.* white or gray with age.

Hoard, *n.* ভঁৰাল, ভণ্ডাৰ।

Hoard, *v.* সঞ্চয় কৰা ; ধন বস্তু গোটাই থোৱা। [ঘেৰ্ঘেৰীয়া।

Hoarse, *adj.* গেন্ গেনীয়া ;

Hoax, *n.* পৰিহাস (2) ফাঁকি।

Hob, *n.* হজুৱা ; চহা।

Hobble, *v.* হাড়ি মৰা ; দুই ঠেং গোটাই বন্ধা।

Hobgoblin, *n.* ভূত, প্ৰেত।

Hobnob, *adv.* খোৱা যঁদি খোৱা ; a familiar call to reciprocal drinking.

Hockey, *n.* "A game in which two parties of players, armed with sticks curved or hooked at the end, attempt to drive any small object toward opposite goals".
(2) "The stick used by the players".

Hocus-pocus, *n.* ভেলেকী-বাণ্ (2) বাজীকৰ।

Hodge-podge, *n.* সান্ মিহলি (2) খিচিৰী।

Hoe, *n.* কোৰ।

Hog, *n.* গাহৰি।

Hoggish, *adj.* Brutish. (2) মল-যুক্ত ; মলিয়ন্।

Hogshead, *n.* ওজন বিশেষ (2) A cask, পিপা।

Hoist, *n.* ওপৰলৈ দঙা ; ঠিয় কৰা।

Hold, *v.* ধাৰন কৰা ; গ্ৰহণ কৰা (2) দমন কৰা। *e. g.* I Cannot hold my tongue (3) ৰক্ষা কৰা *e. g.* hold me father (4) দখল কৰা। P. T. P. P. held.

Hold, *n,* ধৰণ (2) দুৰ্গ (3) আশ্ৰয় (4) অধিকাৰ authority, claim (5) বন্দীশাল্।

Holder, *n,* যি ধৰে ; অধিকাৰী।

Holdup, = তোলা ; উঠুৱা।

Lay hold of = ধৰা।

Holding, *n.* a farm held of a superior ; (2) ক্ষমতা।

Hole, *n,* গাঁত, খোৰ ; (2) ছিদ্ৰ, বিন্ধা (3) কদৰ্য্য বাসস্থান, a mean abode,

Hole and corner, = গুপ্ত। Secret.

Holiday, *n.* উৎসৱৰ দিন ; পৰ্ব্ব ; বন্ধৰ দিন।

Holiness, *n.* পবিত্ৰতা।

Holla, holloa, int হেৰা, হেৰ ! হেৰেই !

Hollow, *adj.* ফোঁপোলা, vain শূন্য গৰ্ভ empty,

Hollow, *n,* গাঁত, গহ্বৰ ; খোন্দ।

Hollow, *v.* গাঁত খনা ; খোল্ কৰা।

Hollowness, *n.* শূন্যগৰ্ভতা ; ভিতৰ শুদা।

Holland, *n.* A kind of linen first made in Holland.

Holly, *n.* লতা বিশেষ।

Holy, *adj.* পবিত্ৰ, নিৰ্ম্মল, নিষ্পাপ, শুচি। *n,* holiness.

Holy place = তীৰ্থ, পুণ্যস্থান্।

Homage, *n,* নমস্কাৰ, সন্মান (2) অধীনতা স্বীকাৰ।

Home, *n,* গৃহ, ঘৰবাৰী (2) আলয় (3) জন্মভূমি।

Home bred, = চহা ; গ্ৰাম্য।

Homeless, *adj.* নিৰাশ্ৰয় ; আলাই-আথা

Homeliness, *n.* গ্ৰাম্যতা, চহাগুণ; সৰলতা। [সৰল।

Homely, *adj.* গ্ৰাম্যিক, গাঁৱলীয়া;

Home made=স্বদেশী।

Home-spun,=ঘৰত বোৱা কাপোৰ

Home ward, *adv.* ঘৰৰ ফাললৈ, নিজ দেশলৈ।

Homicide, *n.* নৰহত্যা, নৰবধী; the slayer.

Homily, *n.* ধৰ্ম্মপ্ৰবন্ধ; ধৰ্ম্মকথা।

Homeopathy, *n.* "হোমোপ্যাথিক" নামৰ চিকিৎসা।
"The system of medicine founded upon the belief that drugs have the power of curing morbid conditions similar those they have the power to excite in healthy persons opposed to heteropathy or allopathy."

Homesick, ঘৰলৈ উৎকণ্ঠিত।

Homogenius } *adj.* এক-
Homogenical } জাতীয়।

Homologous, *adj.* সমান্বিত।

Homonym, *n.* একে বানানৰে ভিন্ন অৰ্থ-থকা শব্দ। *e. g.* fair *adj.* সুন্দৰ। *n.* হাট। তেনেকে still, bear ইত্যাদি।
adj. homonýmous.
apv, homonymously.

Hone, *n.* শান, ধাৰ থকা অস্ত্ৰ ঘঁহি চোকা কৰিবলৈ লা আৰু শিল্ বালিৰে বান্ধি কৰা সঁজুলি।

Honest, *adj.* সৰল, সাধু; ভদ্ৰ, ন্যায়পৰায়ণ; অকপটীয়া।
n. honesty.
adv, honestly.

Honey. *n.* মৌ; মধু. মৌ-জোল্।

Honey comb, *n.* মৌ-কোঁহ; মহ. ঘৰা।

Honeyed, *adj.* মধুময়; বৰ সোৱাদ।

Honey-moon, *n.* বিয়াৰ পিছত দম্পতীৰ প্ৰথম মাহ।

Honey-mouthed, } *adj.* মিষ্টভাষী।
Honey-tongued, }

Honey-suckle, *n.* লতা বিশেষ।

Honour, *n.* সম্মান, মান; সুযশ, গৌৰব (3) উচ্চপদ (4) সতীত্ব *e. g.* She has preserved her honour. [কৰা।

Honour, *v.* সম্মান কৰা 2) পূজা

Honour, *n.* a word of honour যি কথাৰ ইফাল-সিফাল হ'লে মান হানি হয়।

Honourary, *adj.* মৰ্য্যাদাৰস্ত (2) Done for honour and not for payment.

Honourable, *adj* সম্ভ্ৰান্ত; মাননীয়; [*adv.* houourably. পূজ্য (2) title of distinction,

Hood, *n*, শিৰোবস্ত্ৰ ; (2) ৰদ-ববষুনৰ পৰা গা ঢকা গাড়াৰ বস্ত্ৰ বিশেষ।

Hood of a snake,=ফনা, সাপৰ ফেট।

Hoof, *n*. খুৰা।

pl. hoofs,

Hoofless, *adj*, খুৰাহীন।

Hook, *n*. হাঁকোটা।

adj. hooky.

Fish-hook, *n*. বৰশী।

By hook or crook=যেনেতেনে-টক।

কোনো প্ৰকাৰে।

Hooked, *adj*. বেঁকা।

Hookah, *n*. হোঁকা ; ধোঁৱাখোৱা।

Hoop, *n*. ঘূৰণীয়া চকা।

Hoopoe. Hoopoo, } *n*. গোবৰ খোচৰা চৰাই

Hoot, *n*. ধিকাৰ।

Hoot, *v*. নিন্দাকৰি বাহিৰ কৰা।

Hop, *v*. এটা ভৰিৰে জপিওৱা।

Hope, *v*. আশা কৰা, ভৰসা কৰা।

Hope, *n*. আশা, ভৰসা।

Hopeful, *adj*. আশাযুক্ত ; আশা-জনক।

Hopeless, *adj*. আশাহীন, হতাশ।

n. hopelessness, *adv*. hopelessly

Hopple, *n*. বাওা, হাড়ি।

Hopple, *v*. হাড়ি মৰা ; দুই ঠেং গোটাই বন্ধা।

Horde, *n*. ভ্ৰমনকাৰী জাতি ; যি বিলাকে নানা ঠাইত বাসস্থান সলাই ভ্ৰমন কৰে।

Horizon, *n*. দিগন্ত, আকাশ মণ্ডল।

The apparent junction of the earth and sky.

Horizontal, *adj*. পথলীয়া, সমতল।

Horizontally, *adv*. পথলীয়াকৈ।

Horn, *n*. শিং, শিংঙা।

Horn bill, *n*. পাটৈক ঠোঁৰা (এবিধ চৰাই)।

Horny, *adj*. শিঙৰ নিচিনা টান।

Horned, *adj*. শিং যুক্ত।

Hornless, *adj*. শিংহীন।

Hornet, *n*. কোদো।

Hornlet, *n*. ক্ষুদ্ৰশিং।

Horn-pipe, *n*. বাঁহী বিশেষ।

Horography, *n*. ঘড়ীৰ ওপৰ ভাগ সজা বিদ্যা।

Horologe, *n*. সময় ঠিক কৰা যন্ত্ৰ।

Horology, *n*. উক্ত যন্ত্ৰ সজা কৌশল।

Horoscope, সোৱৰণী ; জন্ম-পত্ৰ।

Horror, *n*. ত্ৰাস, ভয়।

Horrible, *adj*. ভীষণ, বিকট-মূৰ্ত্তি।

horribleness,

Horrid, *adj*. ভয়ঙ্কৰ (2) অসন্তোষ জনক।

adv. horridly,

n. horridness.

Horrific, *adj*. ভয় জনক।

Horrify, *v.* ভয় পোৱা।

Horripilation, *n.* ৰোমাঞ্চ ; ৰোম-হৰ্ষ।

Horse, *n.* ঘোৰা (2) অশ্বাৰোহী সৈন্য *Fem.* mare.

Horse, *v.* ঘোৰা উঠা।

Horse breaker, *n.* অশ্বশিক্ষক।

Horse laugh, *n.* অট্টহাস্য।

Horse-gram, *n.* গেজিমাহ।

Horse man, *n.* অশ্বাৰোহী।

Horse litter, *n.* দুই ঘোৰাৰ গাড়ী।

Horse power, *n.* অশ্ববল।

Horse-radish, *n.* চাজনা। এবিধ লতা।

Horse race, *n.* ঘোৰ দৌৰ।

Hortative } *adj.* উপদেশক।
Hortatory }

Horticulture, *n.* উদ্যান; কৰ্ষণ বিদ্যা।

Horticulturist, *n.* উদ্যান বিদ্যাত পাৰদৰ্শী।

Hosanna, *n.* ঈশ্বৰ স্তুতি। জয় জয়

Hose, *n.* মোজা।

Hosier, *n.* মোজা বেচোঁতা।

Hospitable, *adj.* অতিথি সেৱকীয়া ; দয়ালু।

Hospitality, *n.* অতিথি-সেৱা ; আতিথ্য। [সালয়।

Hospital, *n.* "হাঁচপাতাল"; চিকিৎ-

Host, *n*, অতিথি-সেৱক ; (2) ভোজ-দাতা (3) সৈন্য।

Hostage, *n*, শৰীৰ বন্ধক।

Hostel, *n.* "হোষ্টেল", পান্থশালা"।

Hostile, *adj.* বৈৰী ; বিপক্ষীয়।

Hostility, *n.* শত্রুতা।

Hostess, *n.* a female host.

Hoster, *n.* অশ্বৰক্ষক।

Hot, *adj.* তপত ; (2) উগ্ৰ।

Hot-brained, *adj.* উগ্ৰস্বভাৱ।

Hotel, *n.* পথিকাশ্ৰম।

Hottentot, *n.* দক্ষিণ আফ্ৰিকাবাসী। Native of South Africa.

Hound, *n.* চিকাৰী কুকুৰ।

Hour, *n.* ঘণ্টা।

Hour-hand, *n.* ঘড়ীৰ কাটা।

At the 11th hour=শেষ সময়ত।

At all hours=সদা সৰ্ব্বদা।

House, *n.* ঘৰ (2) পৰিয়াৰ *e.g.* this is becomeing your house (3) সভা। A legislative body.

Houseless, *adj.* গৃহহীন।

Household, *n.* পৰিবাৰ।

Householdgod=গৃহদেৱতা।

House-rent, *n.* ঘৰকেৰেয়া।

Housewife, *n.* গৃহিণী।

House-maid, *n.* দাসী।

Housing, *n.* জিনৰ কাপোৰ। (2) ঘোৰাৰ সাজ।

Hovel, *n.* পঁজা, কুটীৰ।

Hover, *v.* শূন্যতে উৰিফুৰা।

How, *adv.* কেনেকৈ।

Howbeit, *adv.* তথাপি।

However, *adv.* যি হক্, পৰন্তু।

Howitz, *n.* এবিধ ক্ষুদ্ৰ "কামান"।

Howl, *v.* কুকুৰ নেচৌৱা বাঘৰ নিচিনা শব্দ কৰা। [লাগে।

Howsoever, *adv.* যেনেকুৱাই হক

Hoy, *n.* সৰু জাহাজ বিশেষ।

Hoy, *int.* ৰবা ! ৰবাহে!

Hubbub, *n.* গোলমাল।

Hubble-bubble, *n.* ঘুঘুৰি।

Huckle, *n.* নিতম্ব।
(2) A bunch or part projecting like the hip.

Huckle-bone, *n.* The hip bone (2) A small bone of the angle.

Huckle-backed, *adj.* Having round soldiers ; hump-backed. কুঁজা। [ব্যবসায়।

Hucksterage, *n.* খুচুৰা বস্তু বেচোতা

Huckstress, *n.* A female huckster.

Huckster, *n.* খুচুৰা বস্তু-বেচোতা।

Hnddle, *n.* তোল পাৰ।

Huddle, *v.* খেলিমেলিকে গোটাই থোৱা।

Hue, *n.* বৰণ, ৰং (2) চিঞৰ।

Hue and cry = চিঞৰ-বাখৰ।

Huff, *n.* খং (2) গওণ।।

Huffish, *adj.* গপাল।

Hug, *v.* সাবটি ধৰি চেনেহ কৰা।

Huge, *adj.* প্ৰকাণ্ড ; বিশাল।
n. hugeness.

Hulk, *n.* জীৰ্ণনাও (2) The body of a ship.

Hull, *n.* চোকোৰা ; বাকলি ; তুঁহ ; the body of a ship.

Hull, v. তুঁহ ওলিওৱা ; বাকলি পেলোৱা ; জাহাজত ফুটা কৰা।
adj. hully. [কৰা।

Hum, *v.* গুণ গুণ কৰা ; মৃদুস্বৰে গান

Hum, *n.* গুণ গুণনি।

Human, *adj.* মনুষ্য সমন্ধীয়।

Humane, *adj.* মৰমিয়াল ; পৰোপকাৰী। [সভ্য কৰা।

Humanise, *v.* কোমল কৰা ; (2)

Humanity, *n.* মানুহ জাতি (2) দয়া ; (3) মানুহালি।

Human kind, *n.* মানব জাতি।

Humble, *adj.* বিনীত ; অহঙ্কাৰ নথকা ; নম্ৰ, ভদ্ৰ।

Humble-bee, *n.* ভোমোৰা।

Humbleness, *n.* নম্ৰতা।

Humiliate, *n.* নীচ কৰা (2) বিনীত কৰা।

Humiliation, *n.* অৱমাননা; দৰ্পভঙ্গ।

Humility, *n.* বিনয় ; নম্ৰতা।

Humbug, *n.* ফাঁকি ; চালাকি।

Humbug, *v.* ফাঁকি দিয়া।

Humdrum, *n.* হোজা ; নিৰ্ব্বোধ।

Humid, *adj.* আৰ্দ্ৰ; (পানীৰে) তিতা।

Humidity, *n.* আৰ্দ্ৰতা।

Humour, *n.* ৰস (2) মানসিক ভাব (3) টেট্‌কুটি, হাঁহি তোলা কথা।

Humour, *v.* তুষ্ট কৰা।

Humorous, *adj.* টেট্‌কুটীয়া, ধেমেলীয়া কথা কোৱা (2) ৰসাল।

Humorist, *n.* ৰসিক।

Hump, *n.* কুঁজ।

Humpbacked, *adj.* কুঁজা, কুঁজ থকা।

Hunch, *n.* কুঁজ

Hunch, *v.* গতিৰাই পেলোৱা।

Hundred, *adj.* এশ (১০০) পাচ-কুৰি।

Hunger, *n.* ভোক্, খাবৰ ইচ্ছা।

Hunger, *v.* ভোক্ লগা (2) ৰৰকৈ ইচ্ছা কৰা

Hungry, *adj.* ক্ষুধাৰ্ত্ত ; ভুকীয়া। *adv.* hungrily.

Hunks, *n.* sing, কৰাইচ মানুহ।

Hunt, *n.* মৃগয়া, চিকাৰ (2) অনুসন্ধান।

Hunt, *v.* মৃগয়া কৰা, চিকাৰ কৰা, চিকাৰ কাৰবলৈ যোৱা। (2) অনুসন্ধান কৰা।

Hunter, *n.* চিকাৰী ; ব্যাধ।

Huntsman, *n.* চিকাৰী (2) চিকাৰী কুকুৰ ৰক্ষক ভৃত্য।

Hunting, *n.* মৃগয়া।

Hurdy-gurdy, *n.* বাদ্য যন্ত্ৰবিশেষ।

Hurl, *v.* বলেৰে দলিমাৰি পেলাই দিয়া ; বেগেৰে নিক্ষেপ কৰা।

Hurl, *n.* বেগেৰে নিক্ষেপ।

Hurly-burly, *n.* গোলমাল।

Hurra, Hurrah } *int.* জয়ধ্বনি।

Hurricane, *n.* ধুমুহা।

Hurry, *v.* লৰালৰি কৰা ; ব্যস্ত হোৱা।

Hurry, *n.* লৰালৰি, গোলমাল।

Hurt, *v.* ক্লেশ দিয়া।

Hurt, *n.* আঘাত।

Hurtful, *adj.* হিংসক।

Hurtless, *adj.* নিৰ্দ্দোষী।

Husband, *n.* পতি, স্বামী (2) ঘৰৰ গিৰিহঁত। *Fem.* wife.

Husband, *v.* হিচাপমতে খৰচ কৰা।

Husbandman, *n.* কৃষক।

Husbandry, *n.* কৃষি। (2) মিত ব্যয়িতা।

Hush, *v.* চুপ কৰ্ ; শান্ত হ।

Hush, *adj.* নিৰৱ।

Hush up=মনে মনে থোৱা ; লুকাই থোৱা।

Husk, *n.* তুঁহ।

Husky, *adj.* কৰ্কশ ; কঠুৱা।

Hussar, *n.* অশ্বাৰোহী সৈন্য।

Hussy, *n.* আমোদপ্ৰিয়া যুৱতী অকাজফাগী তিৰোতা।

Hustings, *n. pl.* কোনো সভাত

বক্তৃতা দিবৰ নিমিত্তে অষ্টায়ীৰূপে সজা মঞ্চ।

Hustle, *v.* ঠেলামৰা ; ঘৰ্ষণ কৰা।

Hut, *n.* পৰ্জা ; পৰ্ণশালা।

Hut, *v.* পৰ্জাত বাস কৰা।

Hutch, *n.* লোৰৰ পেৰা।
(2 খনিৰ পৰা কয়লা উঠুৱা গাড়ী বিশেষ।

Huzza. *int.* জয় ধ্বনি ; অ'হৰি !

Huzza, *v.* জয়ধ্বনি কৰা।

Hyacinth, *n.* এবিধ সুগন্ধি ফুল।
adj. hyacinthine.

Hybrid, *n.* খচ্ছৰ।

Hyaline, *adj.* ফট্‌ফটীয়া।

Hydra, *n.* সৰ্পবিশেষ (2) বহুতমুৰ থকা ৰাক্ষস।

Hydrant, *n.* এবিধ পানী তোলা কল।

Hydrogen, *n.* জলজান।

Hydrography, *n.* সমুদ্ৰ ও নদ নদীৰ বিবৰণ।

Hydropathy, *n.* জল চিকিৎসা।

Hydrophobia, *n.* বলিয়া কুকুৰে কামোৰা নিমিত্তে উন্মত্ততা। জলভীতি।

Hydrostatics, *n.* অচল দ্ৰৱবিদ্যা।

Hyena, *n.* ঘোং।

Hygeian, *adj.* স্বাস্থ্যসম্বন্ধীয়।

Hydrometer, *n.* ভাপ-যন্ত্ৰ।

Hymen, *n.* প্ৰজাপতি, বিয়াৰ দেৱতা।

Hymn, *n.* স্তুতি।
adj. hymnic.

Hymn, *v.* স্তুতি কৰা।

Hymnology, *n.* স্তৱমালা।

Hymnologist, *n.* স্তৱমালা লেখোঁতা।

Hyperbola, *n.* ক্ষেত্ৰতত্ত্বৰ বেকাঁৰেখা বিশেষ।

Hyperbole, *n.* অত্যুক্তি ; অতিশয়োক্তি

Hypercritic, *n.* দাৰুণ সমালোচক।

Hypercriticise, *v.* দাৰুণ সমালোচনা কৰা ; *n.* দাৰুণ সমালোচন।

Hyphen, *n.* (-) সংযোজক চিন্।

Hypochondria, *n.* বিষাদ ; চিত্ত-বিকাৰ। বায়ু-ৰোগ।

Hypochondriac, *adj.* বায়ু-গস্ত ; বায়ুৰা।

Hyporcrisy, *n.* কপটাচাৰ ; কপট।

Hypocrite, *n.* কপটাচাৰী ; ভণ্ড।

Hypocritical, *adj.* কপটীয়া।

Hypotenuse, *n.* সমকোণী ত্ৰিভুজৰ সমকোণৰ সম্মুখস্থ বাহু।

Hypothecate, *v.* বন্ধক ৰখা বা দিয়া।

Hypothecation, *n.* বন্ধক।

Hypothesis. *n.* অনুমান।
plu. Hypotheses.

Hypothetic } *adj.* অনুমানসিদ্ধ।
Hypothetical } অনুমানিক।

Hyssop, *n.* ঔষধ বিশেষ।

Hysteria } *n.* তিৰোতা বিলাকৰ
Hysterics } মূৰ্চ্ছাৰোগ ; বায়ুৰোগ।

adj. hysteric }
hysterical }

I

I, pro. মই, the nominative singular of the first personal pronoun, *plu*. we.
poss:sing. my, mine.
plu. our, ours
abj. sing. me
plu. us.

Ibex, *n*. এবিধ বনৰীয়া ছাগ।

Ibis, *n*. এবিধ জলচৰ চৰাই।

Ice, *n*. বৰফ

Ice is formed from water; snow is formed from aqueous vapour in the air and falls on the earth.

Iceberg, *n*. সাগৰত ওপঙ্গি ফুৰা ডাঙ্গৰ ডাঙ্গৰ বৰফৰ ডোখৰ।

Ice-house, *n*. বৰফ খানা।

Ichneumon, *n*. নকুল, নেউল।

Icy, *adj*. বৰফৰ নিচিনা, অতি চেঁচা।

Ichthy-ography, *n*. মাছৰ বিবৰণ।

Iconoclasm, *n* মূৰ্ত্তি-ভঙ্গ।

Iconoclast, *n*. প্ৰতিমা ভাঙ্গোতা।

Idea, *n*. বোধ, জ্ঞান, (2) মানসিক ভাব, ধাৰনা (3 অভিপ্ৰায়, বিশ্বাস।

Ideal, *adj*. কাল্পনিক, মানসিক (2) আদৰ্শ *e. g.* ideal character.

Idealise, *v*. কল্পনা কৰা; মনতে ৰচনা কৰা।

Idealism, *n*. বাহ্য শূন্য; that system of philosophy according to which nothing exists but the mind itself and ideas perceived by the mind.

Identical, *adj*. একে. সদৃশ।

Identify, *v*. একে কৰা (2) একে বুলি প্ৰমাণ কৰা; চিনি পোৱা।
n. Identification.

Identity, *n*. সমতা, সাদৃশ্যতা।

Ides, *n*. প্ৰাচীন ৰোম বিলাকৰ মাৰ্চ্চ মে জুলাই ও অক্টোবৰ মাহৰ ১৫ তাৰিখ আৰু আন্ মাহৰ ১৩ তাৰিখ।

Idiom, *n*. 'ভাষা পদ্ধতি'; ভাষাৰ বিশেষ ব্যৱহাৰ।
adj. idiomatic.

Idiomatical, *adj*. ভাবুক

Idiomatical Expression = ভাবুক বাক্য।

Idiosyncrasy, *n*. কোনো লোকৰ শাৰীৰিক বা মানসিক বিশেষতা।

Idiot, *n*. অধা-মূৰ্খ।

Idle, *adj*. এলেহুৱা, সৰপা (2) অকামিলা। *adv*. Idly.

Idleness, *n*. এলাহ, আলস্য অলসতা; inactivity.

Idol, *n*. মূৰ্ত্তি, প্ৰতিমা।

Idol-worship = প্ৰতিমা পূজা, মূৰ্ত্তি পূজা।

Idolater, *n*. প্ৰতিমাপূজক।
Fem. idolatress

Idolatrous veneration = পৰম-ভক্তি।

Idolatry, *n.* প্ৰতিমাপূজা।

Idolise, *v.* পূজা কৰা।

Idyl
Idyll } *n.* সৰু কবিতা।

If, *n.* যদি (2) এনেহলে *e. g.* If thou be the Son of God, Command that these stones be made breads.

If not = নচেৎ।

Igneous, *adj.* আগ্নেয়।

Ignis-fatuus, *n.* ধন-গুলৈ।

Ignite, *v.* জুই জ্বলা।

Ignition, *n.* জ্বলন।

Ignoble, *adj.* ইতৰ, নীচ। *e. g.* of Ignoble birth. *n.* Ignobleness. [(2) জঘন্য।

Ignominious, *adj.* অপমানজনক;

Ignominy, *n.* অপমান, অমৰ্য্যাদা (2) কলঙ্ক, নিন্দা।

Iguana, *n.* গুই।

Ignoramus, *n.* মূৰ্খলোক।

Ignorance, *n.* মূৰ্খতা।

Ignorant, *adj.* মূৰ্খ; অজ্ঞানী।

Ignore, *v.* কৰোঁবুলি অগ্ৰাহ্য কৰ, willfully to disregard.

Ill, *adj.* মন্দ, বেয়া, অশুভ।

Com. worse.

Sup. worst.

Ill, *adj.* পীড়িত; অসুস্থ।

n. Illness.

Ill-bred = অসভ্য (2 অবিনীত।

Ill-feeling = বৈৰভাব।

Ill-gotton money = পাপৰ ধন।

Illative, *adj.* অনুমানিক।

Illegal, *adj.* আইন-বিৰুদ্ধ, অন্যায়; অবিধি

Illegible, *adj.* পঢ়িব নোৱাৰা, অস্পষ্ট *n.* Illegibility.

Illegitimate, *adj.* born out of wedlock. জহৰা (2) অন্যায়।

Illiberal, *adj.* নীচ (2) কৃপণ।

Illicit, *adj.* অন্যায়; নিষিদ্ধ।

e. g. illicit trade; illicit intercourse.

Illimitable, *adj.* অসীম।

e. g. illimitable space

Illiterate, *adj.* অশিক্ষিত।

e. g. illiterate man.

Illness, *n.* অসুখ, পীড়া।

Illogical, *adj. Fig.* অসঙ্গত। অযুক্তিসিদ্ধ *e. g.* illogical inference.

Illude, *v.* প্ৰতাৰণা কৰা, প্ৰবঞ্চনা কৰা। [চাকি লগোৱা।

Illuminate, *v.* পোহৰ দিয়া;

Illumination, *n.* দীপ্তি (2) দীপালি।

Illusion, *n.* চকুৰ ভ্ৰম, মায়া [ময়।

Illusive, *adj.* মিছা, অসত্য; মায়া-

Illusory, *adj.* অলীক ; *e. g.* illusory promises.

Illustrate, *v.* উজ্জ্বল কৰা (2) উদাহৰণ দি বুজাই দিয়া ;

n. illustration. উদাহৰণ।

Illustrious, উজ্জ্বল (2) বিখ্যাত, প্ৰখ্যাত ; মহাভাগ।

Ill-will, *n.* হিংসা, দ্বেষ

Image, *n.* প্ৰতিমা, *e. g.* image worship.

মূৰ্ত্তি (2) প্ৰতিবিম্ব

Imaginary, *adj.* কাল্পনিক

Imagine. *v.* কল্পনা কৰা, অনুভব কৰা (2) চিন্তা কৰা।

Imagination, *n.* ভাবনা ; কল্পনা। (2) চিন্তা।

adj. imaginative.

Imbecile, *adj.* দুৰ্ব্বল, শক্তিহীন।

n. imbecility.

Imbibe. *v.* শোহা (2) পান কৰা, পি খোৱা (3) হৃদয়ঙ্গম কৰা

Imbitter, *v.* তিতা কৰা (2) কষ্টজনক কৰা।

Imbrue, *v.* আৰ্দ্ৰ কৰা, (2) শোহা।

Imbue, *v.* বোল কৰা।

Imitate, *v.* অনুকৰণ কৰা, নকল কৰা। *n.* imitation.

Imitable, *adj.* অনুকৰণীয়।

Imitator, *n.* অনুকাৰী।

Fem. imitratess.

Immaculate conception=কুমাৰি মেৰিৰ অকলঙ্ক গৰ্ভ ধাৰণ।

Imaculate, *adj.* নিষ্কলঙ্ক

Immitative, *adj.* অনুকৰণ প্ৰিয়।

Immaterial, *adj.* not consisting of matter (2) অনাৱশ্যক।

n. immateriality.=অশৰীৰত্ব।

Immature, *adj.* কেঁপা ; আপঁইতা। (2) অসম্পূৰ্ণ অপৈণত।

Immeasurable, *adj.* that cannot be measured অপৰিমিত (2) বিশাল। [(2) অব্যবহিত।

Immediate, *adj.* বৰ্ত্তমান ; এতিয়া,

Immediately, *adv.* তৎক্ষণাৎ, বেগতে, ততালিকে।

Immemorial, *adj.* স্মৰণৰ অতীত।

e. g. Immemorial time.

Immense, *adj.* অসীম, বিশাল, বিস্তৰ। *e. g.* Immense and boundless ocean.

Immerge, *v.* ডুবা, ডুবোৱা।

Immethodical, *adj.* বিশৃঙ্খল, আউল-বাউল।

Immigrate, *v.* এখন দেশৰ পৰা আন এখন দেশত বা বিদেশত বাস কৰা। *n.* Immigration.

Immigrant, *n.* যি নিজদেশ ত্যাগ কৰি বিদেশত বাস কৰে।

Imminence, *n.* আসন্ন বিপদ।

adj. Imminent.

Immobile, *adj* অচল, স্থিৰ।
n. Immobility.

Immoderate, *adj.* অতি, অধিক। অপৰিমিত, তেবাহি। [অনুচিত।

Immodest, *adj.* নিলাজ (2)

Immolate, *v.* বলিদান কৰা।
n. Immolation. বলি (2) বলিদান।

Immolator, *n.* বলিকটীয়া।

Immoral, *adj.* অসৎ (2) অসাধু।

Immortal, *n.* অমৰ (2) অবিনশ্বৰ।

Immovable, *adj.* নিশ্চল (2) অটল।

Immune, *adj.* বাধ্যতাৰ পৰা মুক্তি।

Imp, *n.* সৰু সৰু ভূত প্ৰেত।

Impair *v.* ক্ষতি কৰা, লোকচান কৰা (2) হ্লাস কৰা।

Impale, *v.* শূলত দিয়া।

Impalpable, *adj.* বুদ্ধিৰ অগম্য।

Impannel, *v.* জুৰিৰ তালিকা ভুক্ত কৰা।

Imparity, *n.* বিভিন্নতা। [জনোৱা।

Impart, *v.* দান কৰা, দিয়া (2)

Impartial, *adj.* অপক্ষপাতী, পক্ষপাত শূন্য।

Impassable. *adj.* অগম্য।

Impassionate, **Impassioned** } *adj.* তেজস্বী।

Impassive, *adj.* কষ্ট অনুভৱ কৰিব নোৱাৰা; not susceptible of pain or suffering.

Impatient, *adj.* অসহিষ্ণু, (2) ব্যগ্ৰ wanting in patience.
n. Impatience.

Impeach, *v.* দোষাৰোপ কৰা (2) নিন্দা কৰা। *adj.* Impeachable.

Impeachment, *n.* অভিযোগ (2) নিন্দা। "The accusation and prosecution of a person accused of treason or other crimes. In an impeachment the House of commons are the accusers, and the House of Lords Judges."

Impearl, *v.* মুকুতাৰে শোভা কৰা।

Impeccable, *adj.* নিষ্পাপ।

Impecunious, *adj.* দৰিদ্ৰ।

Impede, *v.* বাধা দিয়া।
n. Impediment, ব্যাঘাত ; প্ৰতিবন্ধক ; বাধা। [ঠেলি নিয়া।

Impel. *v.* উত্তেজনা কৰা ; আগলৈ

Impulsion, *n.* হঠাৎ প্ৰাদুৰ্ভাৱ হোৱা শক্তি। *adj.* Impulsive.

Impend, *v.* hang over (2) ভয় দেখোৱা।

Impending, *adj.* আসন্ন।

Impenetrable, *adj.* অগম্য, অভেদ্য *n.* Impenetrability.

Impennate, **Impennous** } *adj.* পক্ষহীন্।

Imperative, *adj.* অনুজ্ঞা বোধক।

Imperfect, *adj.* অসম্পূর্ণ।
n. Imperfectness, Imperfection.
Imperial, *adj.* ৰাজকীয়।
Imperious, *adj.* দাম্ভিক ; উদ্ধত।
Imperil, *v.* বিপদত পেলোৱা ; to endanger. [(2) অক্ষয়।
Imperishable, *adj.* অবিনশ্বৰ ;
n. imperishability.
Impermeable, *adj.* অভেদ্য।
Impersonal, *adj.* not varied according to the person.
Impersonal verb = যি ক্রিয়া কেৱল প্রথম পুৰুষৰ এক বচনত ব্যৱহাৰ হয় *e. g.* it rains, it hails.
Impertinence, *n.* অনুপযোগিতা (2) অশিষ্টাচাৰ।
adj. Impertinent.
Impervious *adj.* অভেদ্য, সোমাব নোৱাৰা ; নিবিড়।
n. Imperviousness.
Impetuous, *adj.* প্রচণ্ড, উগ্র।
Impetus, *n.* বেগ ; শক্তি [অৱহেলা।
Impiety, *n.* ভক্তি হীনতা (2) ধৰ্ম্মত
Impious, *adj.* অধাৰ্ম্মিক ; পাপিষ্ঠ।
Implacable, *adj.* অশান্তনীয়। Inexhorable. [স্থাপন হোৱা।
Implant, *v.* ৰোৱা ; মনত দৃঢ় ভাৱে
Impledge, *v.* বন্ধক দিয়া।
Implement, *n.* যন্ত্র, অস্ত্র-শস্ত্রাদি।
mplicate, *v.* লিপ্তকৰা (2) সংলগ্নথকা।

Imploration, *n.* সবিনয় প্রাৰ্থনা।
Implore, *v.* প্রাৰ্থনা কৰা, যাচ্ঞা কৰা।
Importunate, *adj.* খেচখেচীয়া।
Import, *v.* বিদেশৰ পৰা আনদানী কৰা। *n.* Importation.
Importable, *adj.* আমদানী কৰোপযোগী।
Imports, *n.* বিদেশৰ পৰা অনা বাণিজ্যৰ বস্তু।
Important, *adj.* প্রয়োজনীয়, আৱশ্যকীয় (2) গুৰুতৰ।
n. Importance.
Impose, *v.* স্থাপন কৰা (2) ভাৰ অৰ্পণ কৰা *e. g.* The burden of the state is imposed on a worthy minister.
Impose on = প্রতাৰণা কৰা।
Impossible, *adj.* অসম্ভৱ।
n. Impossibility.
Imposing, *adj.* commanding. *e. g.* an imposing air.
Impost, *n.* কৰ। Tax.
Impotent, *adj.* দুৰ্ব্বল, অক্ষম (2) পুৰুষত্ববিহীন ; পুৰুষশক্তি নথকা।
n. Impotency.
Impoverish, *v.* দুৰাৱস্থা কৰা, দুৰ্ব্বল কৰা। [দুঃসাধ্য।
Impracticable, *adj.* অসাধ্য ;
n. Impracticability.

Imprecate, *v.* কাৰো অমঙ্গল প্ৰাৰ্থনা কৰা, অভিশাপ দিয়া। *n.* Imprecation.

Impregnable, *adj.* অলঙ্ঘ্য (2) অজেয় *e. g.* impregnable fortress ; impregnable virtue.

n. { Impregnablity. Impregnableness

Impregnate, *v.* গৰ্ভৱতী কৰা (2) ফলৱতী কৰা। *n.* Impregnation. গৰ্ভধান।

Impress, *v.* মুদ্ৰিত কৰা ; অঙ্কিত কৰা। (2) to mark by pressure

Impress, *n.* মুদ্ৰাঙ্ক (২) চিন্ (3) প্ৰতিমূৰ্ত্তি

Impression, *n.* মুদ্ৰিত কৰণ, (2) the act of pressing (3) সংস্কৰণ।

Impressive, *adj.* হৃদয়গ্ৰাহী। *e. g.* an impressive discourse.

Imprest, *n.* হাওলাত দিয়া টকা।

Imprint, *v.* ছাপা কৰা। (2) মোহৰ মৰা।

Imprison, *v.* বন্দীকৰা, জেলত থোৱা। *n.* Imprisonment.

Improbable, *adj.* অসম্ভৱ। unlikely to be true *e. g.* an improbable event.
n. Improbability.

Improbity, *n.* অসাধুতা।

Improper, *adj.* অনুচিত (2) অবৈধ অনুপযুক্ত। *n.* Impropriety, অনুচিত ব্যৱহাৰ।

Impropriate, *v.* আত্মসাৎ কৰা।

Improve, *v.* উন্নতি কৰা, শ্ৰীবৃদ্ধি হোৱা।

Improvement, *n.* উন্নতি, শ্ৰীবৃদ্ধি ; উৎকৰ্ষ।

Improvident, *adj.* wanting in foresight. অপৰিণামদৰ্শী।
n. Improvidence.

Imprudent, *adj.* অবিবেচক।
ab. n. Imprudence.

Impudent, *adj.* নিলাজ, লজ্জাহীন (2) অভদ্ৰ।

Impudence, *n.* নিৰ্গতালি।

Impugn, *v.* প্ৰতিবাদ কৰা।

Impuissant, *adj.* দুৰ্বল, ক্ষীণ।
n. Impuissance.

Impunity, *n.* exemption from punishment.

Impure, *adj.* অপবিত্ৰ।

Impute, *v.* আৰোপ কৰা ; অপবাদ [দিয়া।

In, *prep.* কোনো ঠাইত থকা *e. g.* I met him in the club hall (2) অবস্থা *e. g.* He is in bad health (3) সময় *e. g.* he goes out in the evening (4) ক্ষমতা *e. g.* It is not in my power. (5) ভিতৰ *e. g.* took him in.

Inability, *n.* অপাৰগতা।

Inaccessible, অগম্য (2) দুৰ্গম (3) দুৰ্লভ

Inaccurate, *adj.* অযথাৰ্থ (2) অশুদ্ধ। *n.* inaccuracy.

Inaction, *n.* কামত এলাহ।

Inactive, *adj.* এলেহুৱা, সোৰোপা। *n.* inactivity, মিজিংমাজাং।

Inadequate, *adj.* অযথেষ্ট, অপ্ৰচুৰ।

Inadmissible, *adj.* অনহুমোদনীয়, অগ্ৰাহ্য। *e. g.* an inadmissible explanation.

Inadvertence, *n.* অৱহেলা।

Inalienable, *adj.* হস্তান্তৰযোগ্য

Inane, *adj.* শূন্য (2) অসাৰ।

Inanimate, *adj.* নিৰ্জীব (2) অচেতন; জীৱ-শূন্য।

Inappealable, *adj.* আপিলৰ অযোগ্য।

Inapplicable, *adj.* অনুপযোগী, অযোগ্য। *n* Inapplicability.

Inappreciable, *adj.* not able to be valued.

Inapproachable, *adj.* অগম্য।

Inappropriate, *adj.* অনুপযোগী। *n.* Inappropriateness.

Inaptitude. *n.* অনুপযোগিতা।

Inarticulate, *adj.* অস্পষ্ট। *n.* Inarticulateness.

Inattention *n.* অমনোযোগ, (2) অৱহেলা। *n.* Inattentive.

Inaudible, *adj.* শ্ৰুতিৰ অগোচৰ। incapable of being heard.

Inaugurate, *v.* প্ৰতিষ্ঠিত কৰা।

Inauguration, *n.* প্ৰতিষ্ঠা; অভিষেক।

Inbred, *adj.* স্বাভাবিক।

Incalculable, *adj.* অসংখ্য, অগণ্য।

Incapable, *adj.* অপাৰগ, অক্ষম। *n.* Incapability.

Incantation, *n.* মন্ত্ৰ; মন্ত্ৰ-প্ৰয়োগ।

Incapacious, *adj.* সঙ্কীৰ্ণ।

Incapacity, *n.* অসমৰ্থতা।

Incarcerate, *v.* বন্দীশালত থোৱা।

Incarnation, *n.* অৱতাৰ।

Incautious, *adj.* অসতৰ্ক। *n.* Incaustiousness.

Incense, *n.* ধূপ, ধুনা আদি সুগন্ধি বস্তু।

Incense, *v.* খং তোলা।

Incentive, *n.* কাৰণ।

Inception, *n.* আৰম্ভ।

Incertitude, *n.* অনিশ্চয়তা, সংশয়।

Incessant, *adj.* অবিৰত; অনবৰত (2) অবিশ্ৰান্ত

Incidence, *n.* পতন। A falling or occuring

Inch, *n.* ইঞ্চি ; এফুটৰ বাৰ ভাগৰ এভাগ। *pl.* Inches.

Incident, *n.* ঘটনা, দৈৱ। *adj.* Incidental.

Incipient, *adj.* প্ৰথম, আদিম।

Incise, *v.* কাটি দিয়া।
(2) বিন্ধ কৰা।

Incite, *v.* উত্তেজিত কৰা।
n. Incitement.

Incivility, *n.* অসভ্যতা, অভদ্ৰতা, অভদ্ৰ ব্যৱহাৰ।

Inclement, *adj.* কৰ্কশ (2) ঘোৰ।

Incline, *v.* ইচ্ছুক হোৱা ; অভিলাষ কৰা।

Inclose, *v.* বেৰা, বেষ্টন কৰা।

Include, *v.* to contain ভিতৰত আবদ্ধ কৰা, ভুক্ত কৰা।

Inclusive, *adj.* সহিত, ধৰি। *e. g.* Inclusive both the days.

Incognito, *adv.* ছদ্মবেশত ; *e. g.* The prince came here incognito. [অলোভলো।

Incoherent, *adj.* অসংলগ্ন ;
Incoherent speech = আবৰি-বিবৰি।

Incoherence, *n.* অসংলগ্নতা।

Incombustible, *adj.* অদাহ্য, অগ্নিত দগ্ধ নোহোৱা।

Income, *n.* আয়। [কৰা কৰ।
Income tax = আয়ৰ ওপৰত ধাৰ্য্য

Incomer, *n.* নতুন প্ৰবেশক।

Incommensurate, *adj* অপ্ৰচুৰ।

Incommode, *v.* অসুবিধাত পেলোৱা, বিৰক্ত কৰা, বাধা দিয়া।

Incommodious, *adj.* অসুবিধা-জনক, অসুখজনক।
n. Incommodiousness.

Incommunicable, *adj.* অকথনীয়। প্ৰকাশৰ অযোগ্য।

Incomparable, *adj.* অনুপম ; (2) অতুল (3) অদ্বিতীয়। matchless.
n. Incomparableness.

Incompatible, *adj.* বিসদৃশ, অসঙ্গত ; Inconsistent.
n. Incompatibility.

Incompetence } *n.* অযোগ্যতা
Incompetency } অক্ষমতা।

Incompetent, *adj.* অনুপযুক্ত, অক্ষম, অযোগ্য।

Incomplete *adj.* অসম্পূৰ্ণ, অসমাপ্ত। unfinished. Imperfect.

Incompletion, *n.* অসম্পূৰ্ণতা।

Incompliance, *n.* অমান্তি।

Incomprehensible, *adj.* বুজিব অগোচৰ ; not to be understood.

Incomprehensive, *adj.* সংক্ষিপ্ত। limited, not extensive.

Incompressible, *adj*. অসঙ্কোচনীয় *e. g.* water is almost incompressible.

Inconceivable, *adj*. কল্পনাতীত, বুদ্ধিৰ অগম্য। *n*. Inconceivableness.

Inconclusive, *adj*. not settling a point in debate.

Inconformity, *n*. নিৰ্দ্দিষ্ট নিয়ম বা ৰীতিৰ ব্যতিক্ৰম (2) মিলিৰ অভাব্যতা।

Incongruity, *n*. অসংলগ্নতা, অমিল।

Incongruous, *adj*. অসংলগ্ন, অসঙ্গত।

Inconsequence, *n*. সিদ্ধান্তাভাব।

Inconsiderable, *adj*. অগণনীয়, বৎসামান্য।

Inconsiderate, *adj*. অবিবেচক, (2) অসাৱধান।

Inconsistent, *adj*. not suitable, not consistent. অসংলগ্ন ; অসংগত। *n*. Inconsistence, Inconsistency

Inconsolable, *adj*. অসান্ত্বনীয়।

Inconstancy, *n*. অস্থিৰতা।

Inconstant, *adj*. অস্থিৰ।

Incontrollable, *adj*. অদমনীয়।

Incontrovertible, *adj*. অখণ্ডনীয়।

Inconvenience, *n*. অসুবিধা।

Inconvenient, *adj*. অসুবিধাজনক, কষ্টজনক।

Inconvertible, *adj*. অপৰিবৰ্ত্তনীয়।

Incorporate, *v*. দলবদ্ধ, একেলগ হোৱা, মিলিত হোৱা। *n*. Incorporation, সংযোগ।

Incorporeal, *adj*. অশৰীৰ। Immaterial.

Incorrect, *adj*. অশুদ্ধ, ভুল।

Incorrigible, *adj*. অসংশোধনীয় bad beyond correction or reform. (2) দুৰন্ত।

Incorrupt, *adj*. নিৰ্দ্দোষ, নিৰ্ম্মল, শুদ্ধ (2) not to be tempted by bribes. *n*. Incorruption.

Incorruptible, *adj*. that cannot be bribed (2) অধ্বংসনীয়। (3) that cannot be defiled.

Increase, *v*. বৃদ্ধি হোৱা, বৃদ্ধি কৰা, *e. g.* you are increasing my curiosity. বঢ়া, বঢ়োৱা (2) উন্নতি হোৱা।

Increase. *n*. বৃদ্ধি।

Incredible, *adj*. বিশ্বাসৰ অযোগ্য ; অসম্ভাত। *n*. Incredibility.

Incredulous, *adj*. অবিশ্বাসী। hard of belief. *n*. Incredulity, অবিশ্বাস ; অশ্ৰদ্ধা।

Increment, *n.* বৃদ্ধি, বৰ্দ্ধন।

Incriminate, *v.* দোষী কৰা, অপ-ৰাধী কৰা।

Incrust, *v.* to cover with a crust or hard coat *e. g* iron incrusted with rust.

Incubate, *v.* কণীত উমোৱা।
n. Incubation.

Incubator, *n.* কণী উমোৱা যতন বা কল।

Incubus, *n.* a male demon formerly supposed to consort with women in their sleep.
pl. Incubuses, incubi.

Inculcate, *v.* বাৰে বাৰে উপদেশ দিয়া (2) সংস্কাৰ জন্মোৱা।
n. Inculcation.

Inculcator, *n.* উপদেশক।

Inculpable, *adj.* নিৰ্দ্দোষী, নিষ্কলঙ্ক।

Inculpate, *v.* নিন্দা কৰা, দোষ দিয়া, to bring to blame.
n. Inculpation.

Incumbency, *n.* the holding of an office.
(2) যাজকৰ অধিকাৰ বা বৃত্তি ভোগ (3) the full possession of any office.

Incur, *v.* অধীন হোৱা।
to become liable to.
To incur a debt=ধৰুৱা হোৱা।

Incurable, *adj* চিকিৎসা কৰিব নোৱৰা, "অচিকিৎস্য"।

Incurious, *adj.* not curious (2) অমনোযোগী।

Incursion, *n.* আক্ৰমণ hostile inroad.

Incurve, *v.* বেঁকা কৰা।

Indebted, *adj.* ধৰুৱা।

Indecent, *adj.* অশিষ্ট, অশ্লীল, অভদ্ৰ। *n.* Indecency.

Indecision, *n.* খেৰোগেৰো ; অস্থিৰতা। *adj.* Indescisive.

Indeclinable, *adj.* অব্যয়, যাৰ ৰূপ কৰিব নোৱাৰি। *e. g.* indeclinable word.

Indecorous, *adj.* অভদ্ৰ, অশিষ্ট ; অনুচিত।

Indecorum, *n.* অশিষ্টাচাৰ।

Indeed, *adv.* বাস্তৱিক (2) সচাকৈ truly.

Indefatigable, *adj.* অক্লান্ত।

Indefinable, *adj.* অনিৰ্ব্বচনীয়।

Indefinite, *adj.* অস্থিৰ not fixed. (2) অনিশ্চিত।

Indefinite article='A' আৰু 'An' এই দুটাক ইংৰাজিত 'Indefinite article' বোলে।

Indelible, *adj.* that cannot be blotted out ; স্থায়ী *e. g.* an idelible stain.

Indelicate, *adj*. কৰ্কশ ; মাধুৰ্য্যহীন।
n. Indelicacy.
adv. Indelicately.

Indemnify, *v* ক্ষতি পূৰণ কৰা ; দণ্ড-শোধ কৰা
n. Indemnification

Act of indemnity=ৰক্ষাবিধি।

Indemnity, *n*. ক্ষতিপূৰণ।

Indemonstrable, *adj*. অপ্ৰমাণ্য ; that cannot be demonstrated or proved.

Indent, *v*. দাগ কটা (2) কোনো বস্তু পঠাবৈল আদেশ দিয়া।
n. Indentation.

Indenture, *n*. নিয়মপত্ৰ ; অঙ্গীকাৰ পত্ৰ।

Independent, *adj*. স্বাধীন, মুকলি-মূৰীয়া (2) নিচাটু।
Followed by 'of'

Independence, *n*. স্বাধীনতা।

Independently, *adv*. স্বাধীন ভাবে।

Indescribable, *adj*. অনিৰ্ব্বচনীয় ; বৰ্ণনা কৰিব নোৱাৰা।

Indestructible, *adj*. অবিনশ্বৰ : অবিনাশী

Indeterminate, *adj*. অনিশ্চিত ; অনিৰ্দ্দিষ্ট।
n. Indeterminateness.

Indetermination, *n*. অস্থিৰতা।

Index, *n*. সূচক ; প্ৰদৰ্শক (2) anything that indicates, or points out.
pl. Indexes, indices.

Indexes, *n*. কিতাপৰ সূচী।

Indices, *n*. বীজগণিতৰ ওপৰত দিয়া অঙ্ক বা আখৰ থোৰ।

Indexfingure=তৰ্জ্জনী।

Indexterity, *n*. অদক্ষতা।

India, *n*. হিন্দুস্থান, ভাৰতবৰ্ষ।

Indian Ocean=ভাৰত মহাসাগৰ।

Indian, *n*. ভাৰতবাসী।
adj. ভাৰতবৰ্ষীয়

Indicate, *v*. দেখোৱা, to point out (2 জনোৱা ; সূচনা কৰা *e.g*. Indicated by curved frowns. (3) প্ৰকাশ কৰা।

Indication, *n*. চিন্, সূচনা ; লক্ষণ।

Indicative, *adj*. জ্ঞাপক ; সূচক *e. g*. a noise indicative of man.

Indicator, *n*. প্ৰকাশক।

Indict, *v*. আইন অনুসাৰে অপৰাধী কৰা, দোষী কৰা।

Indictment, *n*. অভিযোগ পত্ৰ ; আৰজী।

Indictable, *adj*. অভিযোগৰ উপযুক্ত।

Indifference, *n*. প্ৰভেদ-শূন্যতা। অপক্ষপাতিতা (2) অমনোযোগ।

Indifferent, উদাস ; উদাসীন ; (2) মধ্যস্থ (3) মধ্যম, মজলীয়া। Followed by "to."

Indigence } Indigency } *n.* অতি দরিদ্রতা। (2) দৈন্য।
adj. indigent.

Indigenous, *adj.* দেশীয় ; স্বদেশজাত।

Indigestion, *n.* অজীর্ণ ; মন্দাগ্নি।

Indigested, *adj.* অজীর্ণ ; (2) বিশৃঙ্খল।

Indigestible, *adj.* অজীর্ণযুক্ত ; অপাকী ; উদর পীড়াদায়ক।

Indignant, *adj.* ক্রুদ্ধ ; রোষপরবশ। Followed by "at" "with."

Indignation, *n.* খং, ক্রোধ, রোষ।

Indignity, *n.* অপমান, অসম্মান ; অবজ্ঞা।

Indigo, *n.* নীল (2) নীল-গছ ; *adj.* নীল বর্ণীয়া।

Indirectly, *adv.* প্রকারান্তরে।

Indirect, *adj.* অসরল, বক্র (2) অসৎ, কুটিল।
n. Indirectness.

Indirect object = some transitive verbs have two objects. One signifies 'person' and the other signifies 'thing.' The former is called Indirect object, and the latter 'Direct object.'
e. g. Give him the book. Here 'him' Indirect object, and the 'book' Direct Object.

Indiscernible, অলক্ষ্য, অদৃশ্য।

Indiscoverable, *adj.* আবিষ্কার করিবার নোবাবা ; অপ্রকাশ্য।

Indiscreet, *adj.* বিবেচনা শূন্য ; অসাবধান, অপরিণামদর্শী।

Indiscretion, *n.* অবিবেক ; অপরিণামদর্শিতা ; হিতাহিত বিবেচনাশূন্যতা।

Indiscriminate, *adj.* বিবেচন শূন্য।
n. indiscrimination.

Indispose, *v.* অযুক্ত করা। to render unfit. (2) অলপ অসুখ করা (3) বিরক্তি করা, অপ্রবৃত্তি জন্মোরা।

Indisposed, *adj* অসুস্থ ; বিরক্ত ; অনিচ্ছুক। *n.* Indisposition.

A slight indisposition = নেহ নেহ্‌ লেহ লেহ্‌।

Indisputable, *adj.* সঠিক (2) নির্বিবাদ।

Indisputably, *adv.* নির্বিবাদে।

Indispensable, *adj.* অপরিবর্জনীয়; অত্যাবশ্যক ; অপরিহার্য।

Indispensably necessary = অত্যাবশ্যকীয়।

Followed by "to" *e. g.* indispensable to success.

Indistinct, *adj.* অস্পষ্ট ; অস্ফুট ।

n. indistinctness.

Indistinctly, *adv.* অস্পষ্টভাবে ।

Indistinguishable, *adj.* অপ্রভেদ্য; প্রভেদ কৰিব নোৱাৰা ।

Indissoluble, *adj.* অদ্ৰৱ ; সুদৃঢ় ।

Indissolvable, *adj.* অদ্ৰৱ, বিতোপনৰ নোৱাৰি ।

Indite, *v.* ৰচনা কৰা to compose. (2) লিখা to write.

Individual, *adj.* স্বয়ং, স্বতন্ত্র ব্যক্তিগত (2) এক, একমাত্র ।

n. individuality.

adv. individually.

v. Individualize.

Indivisible, *adj.* অবিভাজ্য ।

n. indivisibleness.

adv. indivisibly.

Indocile, *adj* অবিনয় ; দুৰ্দ্দম ।

Indoctrinate, *v.* কোনো তত্বত দিক্ষীত কৰা ।

Indolent, *adj.* এলেহুৱা, সৰপা ।

Indolence, *n.* এলাহ ; নিৰুৎসাহ ; জড়তা ।

Indomitable, *adj.* অদম্য not to be subdued. 2) জয় কৰিব নোৱাৰা ; অজেয় unconquerable. (3) দুৰ্দ্দান্ত ।

Indoor, *adj.* অভ্যন্তৰ ; ঘৰৰ ভিতৰৰ । *e. g.* indoor game.

Indorse, *v.* লিখা কাগজ বা দলিলাদিৰ পিঠিত লিখা (2) অনুমোদন কৰা ।

Indubious, *adj.* ঠিবাং, সঠিক ।

Indubitable, *adj.* অসন্দিগ্ধ ; নিঃসন্দেহ ।

n. indubitableness.

Induce, *v.* প্রবৃত্তি জন্মোৱা (2) উৎপাদন কৰা ।

Inducement, *n.* প্রবৃত্তি (2) প্রলোভন ।

Induction, *n.* প্রবেশ (2) বহুদৃষ্টি-অনুমান ।

Indue } *v.* মানসিক গুণেৰে
Endue } শোভা কৰা ।

Indulge, *v.* প্রশ্রয় দিয়া ; লাইদিয়া ; (2) তুষ্ট কৰা (3) অনুগ্রহ কৰা । Followed by "in."

Indulgent, *adj.* অনুকূল (2) প্রশ্রয়দায়ক । Followed by "to."

Indulgence, *n.* প্রশ্রয়, আদৰ ; অনুগ্রহ ; লাই ।

Indurate, *adj.* দৃঢ়, কঠিন ; কষ্টসহিষ্ণু । *n.* induration.

Industrious, *adj.* পৰিশ্রমী ; উদ্যোগী ; কৰ্ম্মশীল ।

Industry, *n.* পৰিশ্রম ; অধ্যবসায় ; উদ্যোগ ; কৰ্ম্মশীলতা ।

Industrial, *adj.* কৃষি-শিল্পাদি

Industrial Exhibition = কৃষি বা শিল্পজাত বস্তুৰ প্ৰদৰ্শনী।

Industrial school = a school in which agriculture or some other industrial art is taught. শিল্প-বিদ্যালয়।

Indwell, *v.* বাসকৰা।

Inebriate, *v.* 'মদে মত্ত' কৰা ; বুদ্ধি-নাশ কৰা। *n.* inebriety.

Ineffable, *adj.* অনিৰ্ব্বচনীয়, বৰ্ণনা-তীত ; অপ্ৰকাশ্য।

Ineffectual, *adj.* নিষ্ফল।

Ineffective, *adj* ব্যৰ্থ ; বিফল।

Inelligible, *adj.* অযোগ্য ; অনুপ-যোগী।

Inept, *adj.* অযোগ্য (2) অকামিলা (3) অনুচিত improper.

Inequality, *n.* বিভিন্নতা।

Inelegant, *adj.* অসুন্দৰ ; অমধুৰ ; কৰ্কশ। *n.* inelegance. *adv.* inelegantly.

Inequitable, *adj.* অন্যায় ; অযুগুত। *n.* inequity.

Inert, *adj.* অচেতন; জড় ; নিৰ্জ্জীব

Inertia, *n.* জড়তা।

Inestimable, *adj.* অমূল্য ; *e. g.* inestimable love; অতুলনীয়

Inveitable, *adj.* অনিবাৰ্য্য। এৰিব নোৱাৰা ; অপৰিহাৰ্য্য।

Inexusable, *adj.* ক্ষমা কৰিবৰ অযোগ্য ; অমাৰ্জ্জনীয়।

Inexhaustible, *adj.* অক্ষয় ; অশেষ। (2) সৰিবৰি।

Inexorable, *adj.* নিৰ্দ্দয় ; নিষ্ঠুৰ ; নিমৰমিয়াল।

Inexpedient, *adj.* অসুবিধাজনক ; অসুচল ; আচল। (2) অযোগ্য।

Inexpedience, *n.* অসুবিধা ; অযোগ্যতা।

Inexperience, *n.* অনভিজ্ঞতা ; অল্পদৰ্শিতা।

Inexpert, *adj.* অদক্ষ ; অকুশল।

Inexplicable, *adj.* ব্যাখ্যা কৰিব নোৱাৰা। not explainable.

Inexplorable, *adj.* আবিষ্কাৰৰ অসম্ভৱ ; অপ্ৰকাশ্য।

Inexpressive, *adj.* অবাচক।

Inexpressible, *adj.* বৰ্ণনাৰ অসাধ্য।

Inextinguishable, *adj.* অমৰ ; অনিৰ্ব্বাপ্য।

Infamous, *adj.* বেয়াৰ নিমিত্তে প্ৰখ্যাত ; দুষ্ট ; অখ্যাতিমন্ত।

Infamy, *n.* কলঙ্ক ; দুৰ্ণাম ; অখ্যাতি।

Infant, *n.* শিশু ; পিয়াহ খোৱা সন্তান। *adj.* Infantile ; Infantine.

Infancy, *n.* বাল্যাবস্থা।

Infanticide, *n.* শিশু হত্যা।
adj. Infanticidal.

Infantry, *n.* পদাতিক সৈন্য।

Infatuate, *v.* বিবুদ্ধি কৰা; মোহা
n. Infatuation, মোহ।
Followed by "with" "by"

Infatuated, *adj*. বিমোহিত (2) মূঢ়। Followed by "by" "with."

Infeasible, *adj*. অসাধ্য।

Infect, *v*. বিষাক্ত বস্তুৰ সংস্রৱত বেমাৰ উৎপাদন হোৱা; দূষিত কৰা; সোঁচৰা।
n. Infection. Followed by "with"

Infectious, *adj*. সোঁচৰা।

Infer, *v*. অনুমান কৰা, to guess.
adj. Inferable; Inferential

Inference, *n*. অনুমান.।
adj. Inferential.
Followed by 'from'

Inferior, *adj*. lower in any respect. নিহকিন্; হীন।
The comparative degree is followed by 'than.' But some adjectives ending in —ior are followed by 'to' *e. g.* anterior, interior, inferior, junior, senior, &c.
of inferior caste = হীন জাতি।

Inferiority, *n*. হীনতা; ক্ষুদ্রত্ব।

Infernal, *adj*. অধম (2) নৰকী।

Infernal region = নৰক।

Infertile, *adj*. অসাৰুৱা।

Infest, *v*. উপদ্ৰৱ কৰা।
n. infestation.
Followed by "with"

Infidel, *adj*. নাস্তিক (2) অবিশ্বাসী। *n*. Infidelity.

Infinite, *adj*. অসীম; অপাৰ; অনন্ত *adv*. Infinitely;
n. Infiniteness Infinitude.

Infinity, *n*. অনন্ততা; অসীমতা।

Infinitive mood = properly speaking the infinitive is not a mood but a verbal noun, for it can be either the subject or the object of a verb. In modern English it has two forms :—
(i) to write (ii) writing.

Infinitesimal, *adj*. অতি সূক্ষ্ম।

Infirm, *adj*. দুৰ্ব্বল (2) কপীয়া।
n. Infirmity.

Infirmary, *n*. চিকিৎসা কৰা ঠাই; দুৰ্ব্বলাশ্ৰম। a hospital or place for the treatment of the sick.

Infix, *v*. দৃঢ় কৰা।

Inflame, *v*. জুই লগোৱা; প্ৰজ্বলিত কৰা (2) উত্তেজিত কৰা।

Inflammable, *adj*. দাহ্য।

n. Inflammableness }
Inflammability. }

Inflammation, *n*. দাহ (2) উত্তেজনা। *adj*. inflamative.

Inflammatory, *adj*. উত্তেজক (2) বিদ্রোহীজনক। seditious.

Inflamable, *adj*. দহনীয়।

Inflate, *v*. ওফন্দা।

Inflated with pride=মদান্ধ ; মদ-মত্ত।

Inflect, *v*. বেঁকা কৰা (2) রূপ কৰা to decline.

n. inflection.

adj. inflective.

Inblexible, *adj*. শকট ; টান ; দৃঢ়। *n*. inblexibleness inblexibility.

Inflict, *v*. প্ৰদান কৰা, শাস্তি দিয়া *e. g.* to inflict punishment. Followed by 'on'

Inflection, *n*. প্ৰদান (2) দণ্ড ; শাস্তি। Followed by 'of' 'on'

Influence, *n*. ক্ষমতা, শক্তি (2) বল (3) প্ৰভুত্ব (4) বশ *e. g.* man under the influence of a woman. ["on"
Followed by "over" "with"

Influential, *adj*. শক্তিমান্ ; ক্ষমতাপন্ন।

Inform, *v*. জনোৱা (2) নিবেদন কৰা। Followed by "of" "against."

Informant, *n*. সংবাদ দিওঁতা, one who gives information.

Informer, *n*. সম্বাদ দিওঁতা one who gives information against another.

Information, *n*. খবৰ ; জাননী ; বাতৰি।

adj. } informatory
informative

Informal, *adj*. অনিয়মিক ; বিধি-বিপৰীত। *n*. informality.

Infraction, *n*. বিধি বা নিয়মৰ ব্যতিক্ৰম ; লঙ্ঘন।

Infranchise, *v*. স্বাধীনতা দিয়া।

Infrequently, *adv*. কদাচিৎ।

Infringe, *v*. লঙ্ঘন কৰা ; নিয়ম অতিক্ৰম কৰা। Followed by "on"

Infuriate, *v*. খং তোলা।

Infuriated, *adj*. ক্ৰোধান্ধ ; কুপিত।

Infuse, *v*. ঢলা to pour into. (2) উপদেশ দিয়া। *n*. infusion. Followed by "into"

Ingenious, *adj*. দক্ষ, সুচতুৰ, skilful.

Ingenuity, *n*. কৌশল ; পাৰ্গতালি।

Ingenuonsness, *n.* সৰলতা।

Ingenuous, *adj.* উদাৰ, সৰল।
adv. ingenuously.

Inglorius, *adj.* not glorious. অপযশ।

Ingraft, *v.* কলম কৰা।

Ingrain, *v.* বোল লগোৱা।

Ingraliate, *v.* দয়াৰ পাত্ৰ কৰা; অনুগ্ৰহ পোৱা।
to commend to grace or favour. Followed by "with"

Ingratitude, *n.* অকৃতজ্ঞতা।

Ingredient, *n.* মূল পদাৰ্থ।

Ingress, *n.* প্ৰবেশ।

Egress and ingress=গমনাগমন।

Inhabit, *v.* বাস কৰা to dwell in.

Thickly inhabited=ঘেপাথাই থকা।

Inhabitable, *adj.* বাস কৰিবৰ যোগ্য।

An Inhabitable place=থাকিব লগীয়া ঠাই।

Inhabitant, *n.* অধিবাসী; নিবাসী।

Inhale, *v.* নাকেৰে টানি লোৱা; নিশ্বাস লোৱা; সেৱন কৰা।
n. Inhalation

Inharmonious, *adj.* বিস্বৰ।

Inhere, *v.* টানকৈ সংলগ্ন থকা; থকা। to remain.

Inherent, *adj.* স্বাভাৱিক।
Followed by in.

Inherently, *adv.* স্বভাৱতে।

Inherit, *v.* উত্তৰাধিকাৰী বাবত পোৱা।

Inheritance, *n.* পৈতৃক সম্পত্তি; (2) উত্তৰাধিকাৰীৰ সত্ব।

Inheritor, *n.* উত্তৰাধিকাৰী।
Fem. Inheritrix.

Inhibit, *v.* নিবাৰণ কৰা, বাধা দিয়া; দমাই থোৱা।

Inhibition, *n.* বাধা; নিষেধ 2) তলৰ আদালতে কোনো কাৰ্য্য স্থগিত ৰাখিবলৈ অপৰ আদালতৰ পৰা পোৱা লিখিত আদেশ।
adj Inhibitory.

Inhuman, *n.* মনুষ্যত্বহীন; নিষ্ঠুৰ; "The word inhuman is used to mean the opposite of humane, to mean cruel, unkind, harsh"

Inhumanity, *n.* নিষ্ঠুৰতা।
adv. Inhumanly.

Inimical, *adj.* বিপক্ষীয়, hostile (2) বিপৰীত, contrary.
Followed by "to."

Inimitable, *adj.* অনুকৰণ কৰিব নোৱাৰা (2) অত্যুত্তম (3) অসাধাৰণ; অনুপম।
n. { inimitability, inimitableness }

Iniquity, *n.* অন্যায়। unrighteousness.

Inhospitable, *adj.* অতিথিৰ অনাদৰ। *n.* inhospitality.

Initial, *adj.* আদি First. *n.* আদি আখৰ।

Initiate, *v.* আৰম্ভ কৰা। (2) শিক্ষা দিয়া।

Initiated, *adj.* দীক্ষিত ; শৰণ লোৱা।

Initiation, *n* আৰম্ভ ; (2) শিক্ষা (3) দীক্ষা।

Inject, *v.* নিক্ষেপ কৰা (2) 'ফিচকাৰী' দিয়া। *n.* Injection.

Injudicial, *adj.* not legal ; illegal.

Injudicius, *adj.* অবিবেচক। Indiscreet.
adv. Injudiciously.

Injunction, *n.* আদেশ।

Injure, *v.* ক্ষতি কৰা, হানি কৰা অপকাৰ কৰা।

Injury, *n.* ক্ষতি, হানি, লোকচান।

Injurious, *adj.* অনিষ্টকৰ।

Injurer, *n.* অনিষ্টকাৰী।

Injustice, *n.* অধৰ্ম্ম (2) অন্যায়।

Ink, *n.* মহী, "চিঁয়াহি"
adj. Inky.

Inkstand } *n.* মৈলাম, মহী-
Inkhorn } চুঙা, "দোয়াত"

Inkling, *n.* ইঙ্গিত। A hint.

Inlace, *v.* জৰীৰে শোভা কৰা। to embellish, as with lace.

Inland, *adj.* সাগৰৰ পৰা দূৰ (2) স্বদেশীয়।

Inlay, *v.* To lay or insert in.

Inlet, *n* প্ৰবেশ পথ ; means of entrance.

Inly, *adj.* ভিতৰি।

Inmate, *n.* সহবাসী, সঙ্গী।

Inmost, } *adj. sup.* of 'in'
Innermost } *com.* Inner.

Inn, *n.* বাটকৰা থকা ঘৰ। পথিকাশ্ৰম।

Innate, *adj.* স্বাভাৱিক।

Innately, *adv.* স্বভাৱতে।

Innavigable, *adj.* জাহাজেৰে অগম্য।

Inner, *adj.* ভিতৰৰ *e. g.* Inner appartments.
com. of 'in'

Inning, *n.* শস্য সংগ্ৰহ।

Innings, *n.* turn for using the bat in cricket (2) lands recovered from the sea.

"Innings—This is a word used in cricket to denote the turn for going in and using the bat. It is always used as a singular. *e. g.* we have not yet had an innings. Our eleven beat the other by an Innings and ten runs'

Innocent, *adj*. নিৰ্দোষী, নিৰপৰাধী।

Innocence, *n*. নিৰ্দোষ, নিৰ্দোষিতা। Followed by "of"

Innocuous, *adj*. অনপকাৰী ; harmless. অক্ষতিকৰ।

Innovate, *v*. নতুনকৈ প্ৰচলিত কৰা ; পৰিবৰ্ত্তন কৰা।

n. innovation. innovator.

adj. innovative.

Innumerable, *adj*. অসংখ্য।

Inoculate, *v*. চিটা দিয়া, বসন্তৰ বাজ লগোৱা। *n*. inoculation.

Inoculator, *n*. চিটাদাৰ।

Inodorous, *adj*. গন্ধ হীন। having no smell.

Inoffensive, *adj*. অনপকাৰী। harmless.

Inordinate, *adj*. অপৰিমিত। Immoderate.

Inorganic, *adj*. নিৰ্জীৱ।

Inorganic matters are the constituents of lifeless things (*e. g.* rocks, minerals, &c.) which are devoid of the organs necessary for life.

Inquest, *n*. অনুসন্ধান judicial inquiry.

Inquire, *v*. সোধা (2) অনুসন্ধান কৰা।

n. Inquiry.

Inquisitive, *adj*. অনুসন্ধান-প্ৰিয়।

n. inquisitiveness.

Inquisition, *n*. নিয়মমত বিচাৰ (2) দোষ অনুসন্ধান।

Inroad, *n*. হঠাৎ আক্ৰমণ কৰণ, sudden invasion.

Insane, *adj*. উন্মাদ, বলিয়া।

n. insanity, insaneness

Insatiate, *adj*. তৃপ্তিহৰ। insatiable.

Inscribe, *v*. ওপৰত লেখা, to write on.

Inscription, *n*. কোনো বস্তুৰ ওপৰত যি নাম লেখা থাকে ; ঠিকনা।

Insect, *n*. পোক, কীট।

adj. Insectile.

Insenate, *adj*. মূৰ্খ, অজ্ঞান।

Insensible, *adj*. বোধ শূন্য। (2) লাল কাল।

n. insensibility, insensibleness

Insert, *v*. আনৰে সৈতে যুক্ত কৰা।

Inside, *n*. ভিতৰৰ ঠাই, the inner part or place.

Insignia, *n*. চিন্, লক্ষণ।

Insight, *n*. জ্ঞান।

Insignificant, *adj.* সামান্য।

Insincere, *adj*. কপটীয়া।

Insist, *v.* to stand or rest; to find support.
Followed by "in" 'on', 'upon'

Insnare, *v.* জালত পেলোৱা।

Insolate, *v.* ৰদত দিয়া, to expose to the sun's rays.
n. insolation.

Insoluble, *adj.* অদ্ৰৱনীয়, that cannot be dissolved in fluid.

Insolvable, *adj*. ব্যাখ্যা কৰিব নোৱাৰা।

Insolvent, *adj.* দেৱলীয়া; যোত্ৰ-হীন।

Inspect, *v.* দোষগুণ বিচাৰাৰ্থে পৰীক্ষা কৰা। পৰিদৰ্শন কৰা।

Inspector, *n.* 'ইন্‌চ্‌পেক্তৰ', পৰিদৰ্শক।

Inspiration, *n.* নিশ্বাস লওন, শ্বাস। inhalation.
act of drawing in breath.

Inspire, *v.* নিশ্বাস লোৱা। (2) দৈৱ শক্তি দিয়া।
n. Inspiration.

Instable, *adj.* অস্থিৰ।

Install, *v.* প্ৰতিস্থাপন কৰা।
n. installation.

Instalment, *n.* কিস্তি।

Instance, *v.* দৃষ্টান্ত, উদাহৰণ।

Instantly, *v.* তৎক্ষণাৎ।

Instate, *v.* স্থাপিত কৰা। to establish as in rank or condition.

Instead, *adv.* পৰিবৰ্ত্তে, সলনি।

Instigate, *v.* বেয়া কামত প্ৰবৃত্তি জন্মোৱা। *n.* Instigation.

Instinct, *n.* স্বাভাবিক জ্ঞান।

Institute, *v.* শিক্ষা দিয়া (2) স্থাপন কৰা। *n.* Institution.

nstruct, *v.* শিক্ষা দিয়া (2) উপদেশ দিয়া (3) আদেশ দিয়া।

Instruction, *n.* শিক্ষা (2) উপদেশ (3) আদেশ। *adj.* instructive.

Instructor, *n.* শিক্ষা দিওঁতা; শিক্ষক।
Fem. Instructress.

Instrument, *n.* অস্ত্ৰ-শস্ত্ৰ (2) প্ৰতিনিধি।

Insufficient, *adj.* অনুপযুক্ত (2) তাকৰ, কম, অপ্ৰচুৰ।

Insular, *n.* দ্বীপবাসী, one who dwells in an island.

Insult, *n.* অপমান, তিৰস্কাৰ।

Insult, *v.* অপমান কৰা, তিৰস্কাৰ কৰা।

Insurance, *n.* security against loss by paying certain sum.

Insurer, *n.* "অভিৰক্ষক"

Insurgent, *adj*. exciting sedetion.

Insurrection, *n*. বিদ্ৰোহ।

Insusceptible, *adj*. অনুভৱ কৰিবলৈ অসমৰ্থ, incapable of receiving anything.

Integral, *adj*. পূৰ্ণাঙ্ক (2) আৱশ্যকীয়।

Integrity, *n*. সৰলতা, সততা। 2) অখণ্ডতা।

Intellect *n*. বুদ্ধি, জ্ঞান।

Intellectual, *adj*. মানসিক জ্ঞান বা বুদ্ধি বিষয়ৰ।

Intelligence, *n*. জ্ঞান, বুদ্ধি (2) খবৰ, সমাচাৰ।

Intelligent, *abj*. বুদ্ধিমান, বুদ্ধিমন্ত, বুধিয়ক।

Intelligible, *adj*. বুজিব পৰা (2) সুস্পষ্ট।

Intemperate, *adj*. অতিপানাসক্ত। *n*. Intemperance.

ntend, *v*. ইচ্ছা কৰা (2) কল্পনা কৰা।

Intention, *n*. ইচ্ছা, বাঞ্ছা, কামনা; অভিপ্ৰায়।

Intent, *n*. ইচ্ছা। Followed by "upon"

Inter, *v*. পোতা, to cover with earth.

Intercept, *v*. আটক কৰা। cut [off.

Interchange, *v*. সলনা সলনি কৰা।

Intercourse, *n*. সমাগম (2) সংসৰ্গ *e. g.* intercourse with wanton woman.

Interdict, *v*. বাধা দিয়া, নিষেধ কৰা।

Interest, *n*. টকা ধাৰৰ বাঢ়ি (2) বিশেষ মনোযোগ ; আদৰ ; (3) অংশ (4) হিত (5) স্নেহ।

Interested, *adj*. স্বাৰ্থপৰ।

Interesing, *adj*. হৃদয়গ্ৰাহী (2) মনোহৰ।

Interfere, *v*. হাত দিয়া ; *e. g.* I never interfere with my subordinates in such matters *n*. interference.

Interior, *adj*. ভিতৰৰ, Internal.

Interject, *v*. ভিতৰত স্থাপন কৰা।

Interlocutor, *n*. সংবাদক।

Intermarry, *v*. বিবাহ কৰা, to marry some of each family with the other.

Intermeddle, *v*. আনৰ কাৰ্য্যত হাত দিয়া, to meddle in the affairs of others.

Intermediate, *adj*. মাজৰ lying between.

Interminable, *adj*. অসীম।

Intermission, *n*. বিৰাম।

Internal, *adj*. আন্তৰিক ; অন্তৰ্গত।

Interpret, *v.* বুজাই দিয়া।

Interpreter, *n.* দোবনীয়া।

Interregnum, *n.* the time a throne is vacant between the death of a king and his successor.

Interrogate, *v.* প্ৰশ্ন শোধা।

Interrogation, *n.* প্ৰশ্ন।

Note-of-interrogation=(?) [কুট বন্ধনীৰ ভিতৰত দিয়া চিন্‌টো। প্ৰশ্ন-

Interrogator, *n.* প্ৰশ্ন কৰোঁতা।

Interrupt, *v.* ব্যাঘাত কৰা, বাধা দিয়া। *n.* Interruption.

Intersect, *v.* ভাগ কৰা।
n. Intersection.
Followed by "with."

Interperse, *v.* ছটিওৱা।
n. Intcrpersion.

Interstice, *n.* দুটা বস্তুৰ মাজৰ ঠাই বা ফাঁক।

Intertwist, *v.* পকোৱা।

Intervene, *v.* মাজত হোৱা to come between.

Interview, *n.* সাক্ষাৎ।

Interweave, *v.* মিহলাই বোৱা to weave together.

Intestable, *adj.* উত্তৰাধিকাৰী পত্ৰ লেখিবলৈ অযোগ্য।

Intestine, *adj.* ঘৰুৱা।

Inthral, *v.* দাস কৰা।

Intimacy, *n.* প্ৰণয় Familiarity.

Intimate, *adj.* আত্মীয়।
Followed by "with"

Intimation, *n.* সমাচাৰ, জাননী।

Into, *prep.* 'ভিতৰ' আৰু 'ঘোৱা' এই দুইটা অৰ্থ বুজাই (2) এটা অৱস্থাৰ পৰা অইন অৱস্থালৈ সলোৱা এনেকুৱা অৰ্থ ও হয়।

Intolerable, *adj.* অসহ্য, অসহনীয় ; not to be borne.
n. Intolerance.

Intolerant, *adj.* অসহিষ্ণু।

Intomb, *v.* কবৰ দিয়া।

Intone, *v.* একেৰকম সুৰেৰে কথা কোৱা (2) গান কৰা।

Intoxicate, *v.* উন্মত্ত কৰা।
Followed by "with."

Intoxication, *n.* মত্ততা।

Intoxicated, *adj.* মতলীয়া।

Intoxicating, *adj.* মাদক।

Intractable, *adj.* অদম্য ; দুৰ্দান্ত।

Intransitive, *adj.* অকৰ্ম্মক।

Intrepid, *adj.* সাহসিক।
n. Intrepidity.

Intrench, *v.* গড়মৰা, to fortify with trench.
Followed by "upon"

Intrenchment, *n.* গড়খাবৈ।

Intricate, *adj.* জটিল ; ঢিলা নোহোৱা। *n.* Intricacy,

Intrigue, *n.* ষড়যন্ত্র ; কুমন্ত্রণা ; ফন্দ্।

Intrigue, *v.* ষড়যন্ত্র কৰা ; গোপনে মন্ত্রণা কৰা।

n. Intriguer.

Intrinsic, *adj.* যথাৰ্থ ; প্ৰকৃত।

Intrinsically, *adv.* স্বৰূপাৰ্থত।

Introduce, *v.* উপস্থিত কৰা (2) চিনাই দিয়া ; পৰিচিত কৰা । (3) আৰম্ভ কৰা।

Followed by "into" "to."

Introduction, *n.* চিনাকি ; (2) প্ৰস্তাৱনা (3) ভূমিকা, পুথিৰ-পাতনি।

Letter of introduction=পৰিচয় পত্ৰ।

Introductory, *adj.* প্ৰথম।

Introvert, *v.* ভিতৰে বেঁকা কৰা।

Introspection, *n.* অন্তদৃষ্টি ; আত্ম-পৰীক্ষা। View of the inside.

Intrude, *v.* নমতাকৈ অহা।

Followed by "into" "on, upon"

Intruder, *n.* অনাহুত লোক।

Intrusion, *n.* নমতাকৈ আগমন (2) অনধিকাৰ প্ৰবেশ।

Intrusive, *adj.* বিনা অনুমতিত উপস্থিত।

Intuition, *n.* প্ৰত্যক্ষ ; সহজজ্ঞান।

adj. Intuitive.

Intuitively, *adv.* বিনা তৰ্কেৰে ; দেখাতে।

Intwine, *v.* পাকলগা।

Inundate, *v.* জলপ্লাবিত কৰা ; পানীৰে তল নিওৱা।

Inundation, *n.* বানপানী।

Intwist, *v.* পাক দিয়া।

Inure, *v.* অভ্যাস কৰা।

Inured to hardships=কষ্টসহিষ্ণু।

Followed by "to"

n. Inurement.

Inurn, *v.* পোতা।

Inutibility, *n.* অনুপযোগিতা।

Invade, *v.* আক্ৰমণ কৰা।

Invader, *n.* আক্ৰমণকাৰী।

Invasion, *n.* আক্ৰমণ।

Invalid, *adj.* দুৰ্ব্বল, নিৰ্ব্বলী।

Invalid, *n.* দুৰ্ব্বল মানুহ (2) যুদ্ধত আহত সৈন্য।

Invalidate, *v.* দুৰ্ব্বল কৰা ; অকৰ্ম্মণ্য কৰা।

Invalidity, *n.* অকৰ্ম্মণ্যতা।

Invaluable, *adj.* অমূল্য ; বহুমূল্য।

Invariable, *adj.* অটল ; স্থিৰ।

Invariably, *adv.* সদাই ; সততে।

Invective, *n.* তিৰস্কাৰ ; নিন্দা।

Inveigh, *v.* কুৎসা কৰা (2) ধিক্কাৰ দিয়া।

Followed by "against."

Inveigle, *v.* ফুচুলোৱা ; ঠগোৱা।

Followed by "into."

Inveiglement, *n.* প্ৰলোভন।

Invent, *v.* কল্পনাৰে সজা ; উদ্ভাবন কৰা।

Inventive, *adj.* উদ্ভাবক।

Invention, *n.* সৃষ্টি।

Inventor, *n.* ৰচক Creator.

Inverse, *adj.* বিপৰীত ; ওলটা।

Invert, *v.* ওলোটোৱা ; বিপৰীত ভাৱে ৰখা বা ধৰা।

Inversion, *n.* ব্যতিক্ৰম।

Invest, *v.* পদমৰ্য্যাদাদিৰে ভূষিত কৰা। ভূষিত কৰা (2) বাণিজ্যাদিত ধন লগোৱা। *n.* Investment.

Followed by "with" "in."

Investigate, *v.* অনুসন্ধান কৰা।

Investigation, *n.* অনুসন্ধান।

Investigator, *n.* সোঁধোতা।

Investigative, *adj.* অনুসন্ধান-প্ৰিয়।

Investiture, *n.* অভিষেক ; (2) সংস্কাৰ।

Investment, *n.* অৰ্থ-প্ৰয়োগ (2) আক্ৰমণ।

Inveterate, *adj.* বহুকলীয়া, বহু-দিনীয়া ; বদ্ধমূল।

An inveterate enemy—অজাত-শত্ৰু।

Invidious, *adj.* ঘৃণা-উৎপাদক ; দ্বেষ-প্ৰবৰ্ত্তক।

n. Invidiousness.

Invigorate, *v.* সতেজ কৰা। বল-শক্তি দিয়া। *n.* Invigoration.

Invigorating, *adj.* বীৰ্য্য প্ৰদায়ক।

Invincible, *adj.* অজেয় (2) দুৰ্জ্জয়।

n. Invincibility
Invincibleness

adv. Invincibly.

Invioable, *adj.* অলঙ্ঘনীয় (2) অনতিক্ৰমনীয় *e. g.* your words are inviolable.

Inviolate, *adj.* অভগ্ন। unbroken.

Invisible, *adj.* অদৃশ্য *e. g.* invisible forms.

n. invisibility ; invisibleness.

Invitation, *n.* নিমন্ত্ৰণ ; আবাহন।

Invite, *v.* নিমন্ত্ৰণ কৰা (2) প্ৰবৃত্তি জন্মোৱা।

Inviting, *adj.* প্ৰলোভনীয় (2) মনোহৰ।

Invocation, *n.* আবাহন, প্ৰাৰ্থনা, মঙ্গলাচৰণ।

Invoice, *n.* দামেৰে সৈতে বস্তুৰ তালিকা।

Writing sent with goods showing the particulars and prices.

Invoke, *v.* আহ্বান কৰা (2) বন্দনা কৰা।

Involuntary, *adj.* স্বেচ্ছা বিৰুদ্ধ ; অনিচ্ছাজনক ।
adv. involuntarily.

Involve, *v.* আবৃত কৰা (2) লিপ্ত থকা (3) গ্ৰস্ত কৰা *e. g.* involved-in debt. [অবেধ্য ।

Invulnerable, *adj.* অভেদ্য । (2)

Inward, *adj.* অন্তৰ্গত ।

Inwardly, *adv.* ভিতৰে ভিতৰে ; মনে মনে ; ভিতৰফালে ।

Inwards, *adv.* অন্তৰ্গত ; ভিতৰৰ ।

Inwardness, *n.* আন্তৰিক অৱস্থা ।

Inwrap, *v.* আবৃত কৰা ; ঢকা ।

Inwrought, *adj.* অলঙ্কৃত ; বন-কৰা । [an iota of fear.

Iota, *n.* একণ *e. g.* you have not

Iou=(I owe you), "মই আপোনাক ধাৰ দিব লগীয়া আছে" এনেকুৱা ৰচিত ।

Irascible, *adj.* চণ্ড ; ক্ৰোধশীল ; ৰাগী । *n.* irascibility.

Ire, *n.* ক্ৰোধ ; কোপ ; ৰোষ ।

Ireful, *adj.* ক্ৰোধযুক্ত ; কোপান্বিত ।

Iridescent, *adj.* বিচিত্ৰৰূপ ।

Iris, *n.* আকাশ-ধেনু ; ইন্দ্ৰধেনু ।

Irksome, *adj.* ক্লান্তিজনক ; বিৰক্তিকৰ । *n.* irksomeness.

Iron, *n.* লো ; লোহ । *plu.* হাত-কেৰেয়া ; লোৰৰ শিকলি ।
adj. লোহাময় ; কঠিন ; দৃঢ় ।

Iron hearted, *adj.* কঠিন-হৃদয় ; নিষ্ঠুৰ ।

Iron age=কলিযুগ ।

Irony, *n.* বিপৰীতাৰ্থকবাক্য ; বিশ্লেষ বাক্য ।

Irony of fate=দৈৱ-বিদ্ৰূপ ; বিধিৰ বিড়ম্বনা ।

Iron monger, *n.* লৌহ দ্ৰব্য বেচোতা ।

Iron pan, *n.* লোহোৰা ; লুহীয়া ।

Irradiate, *v.* পোহৰ কৰা ; উজ্জ্বল কৰা ; দীপ্ত কৰা ।

Irradiation, *n.* দীপ্তি, পোহৰ

Irrational, *adj.* বিবেকহীন ; অজ্ঞান ; বিবেচনা হীন ।
n. Irrationality.

Irreconcilable, *adj.* পুনৰ্ম্মিলনৰ অযোগ্য ; incapable of being brought back to a state of friendship (2) অসঙ্গত ।
adv. Irreconcilably.

Irrecoverable, *adj.* অসাধ্য ; অখণ্ডনীয় । Incapable of being recovered or regained.

Irremediable, *adj.* ncapable of being remedied ; incurable.

Irreconciled, *adj.* not reconciled. *n.* Irreconcilement.

Irreducible, *adj.* that cannot be reduced.

Irrefragable, *adj.* অখণ্ডনীয়। that cannot be refuted.

Irrefrangible, *adj.* not to be broken.

Irrefutable, *adj.* অখণ্ডনীয় ; অপৰিহাৰ্য্য। that cannot be refuted.

Irregular, *adj.* অবৈধ ; অনিয়মিত (2) অসমান uneven (3) বিশৃঙ্খল।

Irregularly, *adv.* অনিয়মকৈ ; এগীয়াবগীয়াকৈ।

Irregularity, *n.* অবিধি ; অনিয়ম।

Irrelevant, *adj.* আলাগতীয়া ; অসম্বন্ধ ; বাজে (2) অসংলগ্ন। Followed by "to"
n. Irrelevance.
adv. Irrelevantly.

Irreligion, *n.* অধৰ্ম্ম ; পাষণ্ডতা।

Irreligious, *adj.* অধাৰ্ম্মিক ; নাস্তিক।
adv. Irreligiously.
n. Irreligiousness.

Irremediable, *adj.* অপ্ৰতীকাৰ ; অসাধ্য। that cannot be remedied or redressed.

Irreparable, *adj.* অশংসোধনীয় ; অসংস্কাৰ্য্য ; that cannot be repaired or rectified.

Irreprehensible, *adj.* অনিন্দিত। that cannot be blamed.

Irreproachable, *adj.* অনিন্দিত ; that cannot be reproached. অগৰ্হিত।

Irresistible, *adj.* অনিবাৰ্য্য ; incapable of being successfully opposed ; *e. g.* irresistible temptation.

Irresolute, *adj.* অস্থিৰচিত্ত। অনিশ্চিত।

Irresolution, *n.* অস্থিৰচিত্ততা ; চঞ্চলতা।

Irrespective, *adj.* নিৰপেক্ষ ; কাৰো ফলীয়া নোহোৱা। Followed by "of" *e. g.* Irrespective of the consequences.

Irrespective of = not caring.

Irresponsible, *adj.* দায়ী নোহোৱা।

Irretrievable, *adj.* অপ্ৰতীকাৰ্য্য।

Irreverence, *n.* অভক্তি ; অনাদৰ।

Irreverent, *adj.* ভক্তিহীন ; অধাৰ্ম্মিক। [নহয়।

Irrevocable, *adj.* পৰিবৰ্ত্তনশীল that cannot be recalled. "Firm and irrevocable is my doom."

Irrigate, *v.* পানী সিঁচা।
n. irrigation.

Irritable, *adj.* কোপিত ; বেগেতাই যাৰ খং উঠে ; *e. g.* an irritable temper. খঙাল।

Irritability, *n.* ক্রোধশীলতা।

Irritate, *v.* খং তোলা। (2) বিৰক্তি কৰা। Followed by "against."

Irritation, *n.* কোপ ; খং ; বিৰক্তি।

Irritative, *adj.* যিহে বিৰক্তি জন্মায়।

Irruption, *n.* উপদ্ৰৱ ; আক্ৰমণ। (2) হঠাৎ প্ৰবেশ *e. g.* irruption of the sea.

Is, *v.* হয়। The third person singular of the sulstantive verbbe, in the indicative mood, present tense : as, he is : he is a man. vide Pe.

Islam, *n.* মহম্মদীয় ধৰ্ম্ম।

Island, *n.* দ্বীপ।

Islander, *n.* দ্বীপনিবাসী।

Isle, *n.* An island (poetic) "Imperial rule of all the sea-girt isles."

Islet, *n.* ক্ষুদ্ৰদ্বীপ।

Isochronous, *adj.* সমসাময়িক ; uniform in time.

Isolate, *v.* বেলেগ্ কৰা ; পৃথক কৰা।

Isolation, *n.* বিচ্ছেদ ; বেলেগস্থিতি।

Isolated, *adj.* বেলেগতীয়া ; পৃথক।

Isosceles, *adj.* সমদ্বিবাহু।

Isosceles triangle = সমদ্বিবাহু-ত্ৰিভুজ।

Isothermal, *adj.* যিহত তাপ সমানে আছে। *e. g.* an isothermal line.

Issue, *n.* নিৰ্গম ; প্ৰবাহ ; ফল ; *e. g.* "She expects the issue in repose." পৰিণতি ; (3) সন্তানসন্ততি (4) প্ৰচাৰ। Followed by "from" In law : *Point at issue* = বিচাৰ্য্য-বিষয়।

Issue, *v.* নিৰ্গত হোৱা বাহিৰ হোৱা ; (2) উৎপন্ন কৰা (3 to deliver by authority ; *e. g.* to issue an order. জাৰি কৰা। (4) to put into circulation. প্ৰচাৰ কৰা ; বাহিৰ কৰা।

Isthmas, *n.* যোজক *e. g.* isthmus of Corinth = কৰিন্থযোজক।

It, *pron.* the person or the thing spoken of ; it is used for neuter nouns or nouns the gender of which is unknown. এইটি ক্লীবলিঙ্গ-বোধক সৰ্ব্বনাম, অচেতন পদাৰ্থ ও যি বিলাক প্ৰাণীৰ লিঙ্গ ঠিক্ নাই, সেই বিলাকৰ সলনি বহে। কোনো কোনো সময়ত অনিৰ্দ্দিষ্টৰূপে ও ব্যৱহাৰ হয় যেনে ; it rains = বৰষুণ দিছে ; it hails = শিল পৰিছে। *plu.* they ; *poss.* its, *plu.* their, theirs ; *obj.* it, *plu.* them. Reflexive form *itself*.

Italic, *n.* বেঁকা আখৰ ; *e. g.* *P. M. A. M. v.* italicize. Italic letters are used to distinguish words for emphasis, importance, antithesis.

Italian, *adj.* pertaining to Italy.

Itch, *n.* খহু । *v.* খজুৱা ।

An itching sensation = খজুৱতি ।

Item, *n.* বিষয়, subject.

Iterate, *v.* আকৌ কোৱা ; (2) আকৌ কৰা ; to do again.

Iteration, *n.* পুনৰুক্তি (2) পুনঃক্রিয়া ।

Itinerant, *adj.* ভ্রমণশীল ।

n. যি মানুহে ফুৰিফুৰে ।

Itinerary, *n.* ভ্রমণ বর্ণনা ।

Itinerate, *v.* ধর্ম্মশিক্ষার্থে নানাঠাইত ঘুৰিফুৰা ।

Itself, *pron.* নিজে ; স্বয়ং ।

Ivory *n.* হাতীৰ দাঁত ।

adj. হাতীদাঁতৰ *e. g.* ivory shuttle.

Ivy, *n.* লতাবিশেষ ।

J

Jabber, *v.* খৰকৈ আৰু অস্পষ্ট কৈ কথা কোৱা । (2) চেলচেলোৱা to babble.

n. Jabberer, চেলেপু ।

Jack, *n.* A familiar substitute for the name John.

(2) নাৱৰিয়া (3) জোতাসোলো-কোৱা যন্ত্র (4) বৃক্ষবিশেষ (5) কঁঠাল

Jack-a-lantern, *n.* ভূতৈল । Ignis fatuus.

Jack-ass, *n.* মতা গাধ (2) A stupid fellow.

Jenny-ass, *n.* মাইকী গাধ ।

Jackdaw, *n.* চোঁৰাকাউৰী ।

Jack-fruit, *n.* কঁঠাল ।

Jack-tree, *n.* কঁঠাল গছ ।

Jackal, *n.* শৃগাল ; শিয়াল ।

Jackanapes, *n.* মূর্খলোক ।

(2) বানৰ ।

Jacket, *n.* জেকেট ।

Jacketed, *adj.* furnish with a jacket.

Jack-ketch, *n.* চাউদাং । A hangman.

Jack-straw, *n.* অকামিলা মানুহ ।

Jacobite, *n.* দ্বিতীয় জেইমচৰ । অনুচৰ ও তেঁওৰ সহায়কাৰী ।

adj. Jacbitical } Jacobitic }

Jade, *n.* বেশ্যা ; দুষ্টা-স্ত্রী (2) লেবেলা ঘোঁৰা । A mean or poor horse.

Jade, *v.* ক্লান্ত হোৱা ।

Jaded, *adj.* ক্লান্ত ।

Jag, *n.* খাজ ।

Jag, *v.* খাঁজ কটা।

Jagged, *adj.* খলাবমা ; খলাখপা।

Jail, *n.* জেলখানা, বন্দীশাল।

Jail-bird, *n.* কাৰাবাসী।

Jailer, Jailor } *n.* জেল-দাৰোগা।

Jalap, *n.* জুলাপ। A purgative medicine.

Jam, *v.* চেপা মৰা ; পিহি গুড়ি কৰা।

Jamb, *n.* দুৱাৰৰ পাৰ্শ্ব।

Jangle, *v.* ঝন্‌ঝনা।

Jangle, *n.* বিবাদ (2) কৰ্কশ শব্দ ; ঝন্‌ঝননি।

Janitor, *n.* দুৱৰী।
Fem. Janitrix.

Janissary, *n.* তুৰস্কসৈন্য বিশেষ।

January, *n.* জানুৱাৰী। ইংৰাজি মাহৰ প্ৰথম মাহ।

Japan, *v.* বাৰ্নিচ কৰা ; to varnish
Japan, *n.* জাপান দ্বীপ।
adj. Japanese.

Jar, v. বিবিদ কৰা, (2) কঁপা।
Followed by against.

Jar, *n.* কৰ্কশ শব্দ (2) বিবাদ। (3) কলচী।

Jarring, *adj.* বিস্বৰ।

Jargon, *n.* বেবোৰবাং কথা ; অপভাষা। v. Jargonize.
adj. Jargonic.

Jasmine, Jassamine } *n.* মল্লিকা (2) মালতী (3) জাতি। The name of several elegant erect or climbing shrubs, with white or yellow flowers, from some of which delicious perfumes are extracted.

Jasper, *n.* এবিধ মূল্যবান্ ধাতু ; এবিধ জাংফাই।

Jaundice, *n.* পাণ্ডুৰোগ।

Jaundiced, *adj.* পাণ্ডুৰোগী।

Jaunt, *n.* ভ্ৰমণ কৰা ; পকাইজকাই ফুৰা। (2) Fig, দুষিত ; বিকৃত।

Jaunt, *n.* ভ্ৰমণ ; আনন্দেৰে ভ্ৰমণ ; বিহাৰ।

Jaunty, Janty } *adj.* বাহ্যিক আড়ম্বৰ প্ৰিয়। আমোদী ; ৰঙ্গুৱাল।
adv. Jauntily. *n.* Jauntiness.

Javelin, *n.* বৰষা ; a spear meant to be hurled, anciently used by both infantry and cavalary.

Jaw, *n.* দাঁতৰ আলু (2) মুখ।

Jaw-fall, *n.* দাঁতৰ আলুৰ পতন্ (2) *Fig.* হতাশ।

Jealous, *adj.* ঈৰ্ষালু, খিয়লীয়া।

Jealousy, *n.* ঈৰ্ষ্যা, ঈৰ্ষা।

Jean, *n.* জিন্ কাপোৰ।

Jeer, *v.* পৰিহাস কৰা, বিদ্ৰূপ কৰা।
Followed by 'at'

Jeerer, *n.* one who jeers.

Jehova, *n.* 'ঈশ্বৰ।'

Jejune, *adj.* ক্ষুধাৰ্ত্ত, ভোকাল (2) শুকান (3) নীৰস।
n. Jejuneness.

Jejunum, *n.* ক্ষুদ্ৰ অন্ত্ৰৰ প্ৰথম অংশ।

Jennet, *n.* স্পেনদেশীয় ঘোঁৰা।

Jenny, *n.* সুতা কটা যতন বিশেষ।

Jeopard / Jeopardise } *v.* বিপদগ্ৰস্ত কৰা।

Jeopardous, *adj.* বিপদ জনক।

Jeopardy, *n.* বিপদ, আপদ।

Jeremiad, *n.* a tale of grief, sorrow or complaint.

Jerk, *v.* হেঁচকা মৰা (2) হঠাৎ জোকাৰ মৰা বা আঁজোৰ মৰা।

Jerkin, *n.* 'জেকেট' A Jacket.

Jesse, *n.* গছা বিশেষ; a large brass candlestick branched into many scones, used in churches.

Jester, *n.* বহুৱা। A buffoon.

Jest, *n.* পৰিহাস, ধেমালিত কোৱা ৰঙ্গিয়াল কথা, পেংলাই।

Jest, *v.* পৰিহাস:কৰা, পেংলাই কৰা।
Followed by 'at'

Jesuitism, *n.* ধূৰ্ত্ততা।

Jet, *n.* প্ৰস্তৰ বিশেষ।

Jet-black, *adj.* ঘোৰ কৃষ্ণ।

Jet, *v.* বেগেৰে নিৰ্গত হোৱা।

Jew, *n.* ইহুদি।
adj. Jewish. *Fem.* **Jewess.**

Jewel, *n.* মণি; ৰত্ন; (2) অলঙ্কাৰ।

Jeweller, *n.* one who deals in Jewel.

Jewellery / Jewelry } *n.* The trade or occupation of a jeweller.

Jezebal, *n.* নিলাজী তিৰী।

Jibe, *v.* বিদ্ৰূপ কৰা।

Jig, *n.* নৃত্যবিশেষ; a quick dance suited to the tune.
adj. Jiggish.

Jilt, *n.* a woman who encourages a lover and then rejects him. অবিশ্বাসী মোহনী তিৰী।

Jilt, *v.* প্ৰেমত আশা দি হতাশ কৰা।

Jingle, *n.* শব্দৰ মিল।

Jingle, *v.* ঝন্ ঝন্ শব্দ কৰা।

Jingling, *adj.* ঝনঝনীয়া।

Job, *n.* সামান্য কাম।

Jobber, *n.* সামান্য ব্যৱসায়ী।

Jobbery, *n.* Act of jobbing (2) অসৎউপায়।

Jockey, *n.* 'কচোৱান' one who rides a horse in a race (2) প্ৰতাৰক।

Jocosely, *adv.* ধেমালিকৈ।

Jocose, *adj.* ধেমেলীয়া, ৰঙ্গিয়াল; ৰসিক।

Jocular, *adj.* ধেমেলীয়া।

Jocund, *adj.* প্ৰফুল্ল, আনন্দিত।

Jog, *v.* কিলাকুটি বা হাতেৰে ঠেলা মৰা (2) লাহে লাহে যোৱা।

Joggle, *v.* লাহেকৈ ঠেলা মৰা।

John Bull, *n.* ইংৰাজ। An Englishman.

Join, *v.* সংযোগ কৰা, সংযুক্ত হোৱা। Followed by 'in', 'to'

Joiner, *n.* বাঢ়ৈ।

Joint, *n.* সন্ধি (2) কজ্জা (3) গাঁঠি।

Jointly, *adj.* একেলগে; মিলেৰে।

Out of joint = বিশৃঙ্খল।

Joke, *n.* ধেমালি, পৰিহাস; ঠাট্টা।

Joker, *n.* ঠাট্টাবাজ।

Jole, *n.* গাল।

Jolity, *n.* আমোদ; উলাহ।

Jolly, *adj.* প্ৰফুল্ল; হৃষ্টচিত্ত; সদানন্দ।

Jolt, *v.* ঠেলা মৰা।

Jostle, *v.* ঠেলা মৰা; to strike against, to drive against.

Jot, *n.* বিন্দু; অতি অলপীয়া অংশ।

Jote, *v.* টুকি লোৱা।

Jotter, *n.* টোকোঁতা। one who jots. [সংক্ষেপ বিবৰণ।

Jotting, *n.* টোকা; কোনো কথাৰ

Journal, *n* সংবাদ পত্ৰ (2) a book consisting an account of each day's transaction. *v.* Journalize.

Journalism, *n.* The trade of conducting a journal.

Journalist, *n.* সংবাদপত্ৰ লেখক; সম্পাদক। [*adj.* Journalistic.

Journey, *n.* ভ্ৰমণ; এঠাইৰ পৰা আন এঠাইলৈ গমন।

Journey, *v.* ভ্ৰমণ কৰা।

Journeyer, *n.* One who journeys.

Journeyman, *n.* হজুৱা Any hired work man.

Jovial, *adj.* বিনন্দ, প্ৰফুল্ল। *n.* Joviality, jovialness, jovialty.

Jovialist, *n.* One who lives a jovial life.

Joy, *n.* আনন্দ; হৰ্ষ। Followed by 'in.'

Joy, *v.* আনন্দিত হোৱা, উল্লাসিত কৰা।

Joyful, *adj.* আনন্দিত; হৃষ্ট।

Joyfully, *adv.* আনন্দেৰে; হৃষ্টচিত্তে।

Joyless, *adj.* নিৰানন্দ। *n.* Joylessness

Joyous, *adj.* আনন্দিত, আহ্লাদিত।

adv. Joyousley.

n. Joyousness.

Jubilant, *adj*, uttering songs of triumpp,

Jubilate, *v.* ৰৰৰং কৰা ; আনন্দ প্ৰকাশ কৰা ; জয়ধ্বনি কৰা

n, Jubilation,

Jubilee, *n.* মহোৎসৱ (2) The Joyful Commemoration held on the fiftieth anniversary of any event, *g, e.* The Jubilee of Queen Victoria's reign.

Judaic / Judaica } *adj.* ইহুদি সম্বন্ধীয়

Judaism *n.* ইহুদি ধৰ্ম্ম।

Judge, *n.* বিচাৰপতি, বিচাৰক ; (2) গুণদোষজ্ঞ।

Judge, *v.* বিচাৰ কৰা (2) বিবেচনা কৰা (3 চিন্তা কৰা (4) সমালোচনা কৰা।

Followed by 'of'

Judgeship, *n.* বিচাৰপতিৰ পদ।

Judgment, *n.* বিচাৰৰ হুকুম। (2) দণ্ড (3) বিচাৰশক্তি (4) বিবেচনা (5) বিধান।

Judicial department=বিচাৰ বিভাগ।

Judgment day=ধৰ্ম্মবিচাৰৰ দিন।

Judgment-Hall=বিচাৰসভা (2) ধৰ্ম্মসভা।

Judgment seat=ধৰ্ম্মাসন।

Judicable, *adj.* বিচাৰনীয়, বিচাৰ্য্য। Capable of being tried.

Judicature, অধিকাৰ (2) বিচাৰ-শক্তি (3) Court of Justice. ধৰ্ম্মশালা।

Judicial, *adj.* বিচাৰপতি বা বিচাৰালয় সম্বন্ধীয় ; আদালত সম্বন্ধীয়।

Judiciary, *n.* বিচাৰপতি সমূহ। The judges taken collectively.

Judicious, *adj.* জ্ঞানী ; বিবেকী।

adv. Judiciously.

n, Judiciousness.

Jug, *n*, জল পাত্ৰ।

Juggle, *v.* বাজী দেখুৱা ; ভেলেকী-বাণেৰে মোহা।

Juggle, *n.* ইন্দ্ৰজাল (2) মায়া।

Juggler, *n*, বাজীকৰ ; টাটকীয়া।

Jugglery, *n.* ইন্দ্ৰজাল, ভেলেকী-বাণ।

Jugular, *adj.* ডিঙ্গি সম্বন্ধীয় *e. g.* The Jugular vein.

Juicy, *adj.* ৰসময় (2) ৰসপূৰ্ণ।

Juice, *n.* ৰস।

Juiceless, *adj.* ৰসহীন।

July, *n.* জুলাই ; ইংৰাজী মাহৰ সপ্তম মাহ।

Jumble, *v.* বিশৃঙ্খলকৈ মিহলোৱা : *n.* Jumblement.

Jump, *v.* জাপ মৰা।

Jump, *n.* জাপ।

Junction, *n.* দোমোজা ; সঙ্গম ; সংযোগ।

Juncture, *n.* critical time. সন্ধিকাল।

June, *n.* জুন ; ইংৰাজী মাহৰ ষষ্ঠ মাহ।

Jungle, *n.* জংঘল, হাবি।
adj. Jungly.

Junior, *adj.* কনিষ্ঠ।
Some adjectives ending in —*for* are followed by 'to' *e. g.* anterior, inferior, superior, junior, prior &c.

Junior, *n.* অনুজ, আপোনাতকৈ পাছে ওপজা লোক *e. g.* His Junior she, by thirty years.

Juniority, Juniorship } *n.* The state being junior.

Junk, *n.* চীনদেশীয় নাও (2 লোন মিহলোৱা গরু মঙ্গহ।

Junket, *n.* মিঠাই।

Junto, *n.* গুপ্ত-সভা ; ষড়-যন্ত্র।

Jupiter, *n.* ৰোমান বিলাকৰ প্রধান দেৱতা (2) বৃহস্পতি গ্রহ।

Juridic, Juridical } *adj.* Pertaining to a judge or to Jurisprudence.

Jurisconsult, *n.* ধৰ্ম্মজ্ঞ (2) যি ধৰ্ম্মশাস্ত্রত বিজ্ঞ।

Jurisdiction, *n.* অধিকাৰ।
Followed by 'over', 'in'

Jurisprudence, *n.* ধৰ্ম্মশাস্ত্র ; ব্যৱস্থাশাস্ত্র।

Jurist, *n.* বিধিবেত্তা ; নিয়মজানোতা ; আইনশাস্ত্রজ্ঞ।

adj. Juristic, Juristical }

Jury, *n.* জুৰি।

Juror, *n.* a juryman. [ধাৰ্ম্মিক।

Just, *adj.* ঠিক (2) ন্যায়সঙ্গত (3)

Just, *adj.* ঠিক্ (2) মাঠোন *e. g.* Just wait a moment.

Justice, *n.* বিচাৰপতি (2) ন্যায় ; ধৰ্ম্ম (3) সততা।

Justiciary, *n.* প্রধান বিচাৰপতি। a lord chief justice.

Justify, *v.* ন্যায্য বুলি প্রমাণ কৰা (2) পাপৰ পৰা মুক্তি কৰা (3) শোধন কৰা।
n. Justification.

Justly, *adv.* যথানার্য্য।

Justness, *n.* নার্য্যতা।

Justifier, *n.* পাপৰ পৰা মুক্তি কৰোঁতা (2) সচা বুলি প্রমাণ কৰোঁতা।

Jut, *v.* বিৰিঙ্গি ওলোৱা। অলপ অলপকৈ জবি ওলোৱা।

Jute, *n.* পাট।

Juvenile, *adj.* তৰুণ। যুবা *e. g.* Juvenile sports

Juvenility, *n.* ডেকা-কাল।

Juxtapose, *v.* ওচৰাউচৰিকৈ থোৱা বা ৰখা।

Juxtaposition, *n.* ওচৰাউচৰি। সমীপ। সন্নিকর্ষ *e. g.* A Juxtaposition of words.

K

Kail, Kale } *n.* এবিধ শাক ; এবিধ কবিৰ।

Kaiser, *n.* An emperor, Caesar. সম্রাট। জর্ম্মাণি দেশৰ সম্রাট সকলৰ উপাধি।

Kaleidoscope, *n.* যি যন্ত্র দ্বাৰা নানাবিধ ৰং দেখা যায়। "An optical instrument which exhibits, by reflection, a variety of beautiful colours and symmetrical forms, consisting in its simplest form of a tube containing two reflecting surfaces inclined to each other at a suitable angle with loose pieces of coloured glass &c inside."

adj. Kaleidoscopic, Kaleidoscopical }

Kangaroo, *n.* "কঙ্গৰু", an animal

Kedge, *n.* ক্ষুদ্র লঙ্গৰ। A small anchor.

Keel, *n.* জাহাজৰ তল।

Keen, *adj.* তীক্ষ্ণ, চোকা *e. g.* keen edge. (2) তীব্র (3) ব্যগ্র।

adv. Keenly.

n. Keenness.

Keen-eyed, Keen-sighted } *adj.* সূক্ষ্মবুদ্ধি ; দূৰদর্শী ; পাৰদর্শী।

Keep, *v.* ধাৰণ কৰা (2) থোৱা (3) ৰখা *e. g.* to keep daily account of one's expenses. (4) পালন কৰা।

keep your word = আপোনাৰ কথা ৰাখক।

To keep one's word = প্রতিজ্ঞা পালন কৰা।

Keep company = সংসর্গ কৰা (2) লগৰীয়া হোৱা।

Keep down = দমাই থোৱা to prevent from rising.

Keep from = বিৰত হোৱা।

Keep on = ক্ষান্ত নোহোৱা।

Keeper, *n.* ৰক্ষক ; ৰখীয়া ; থওঁতা ;

Keeping, *n.* যত্ন care. *e. g.* Before I went I entrusted to my father's keeping both the mother and child. [keeper.

Keeperless, *adj* Not having a

Keepsake, *n.* প্ৰীতিদান্। Anything given to be kept for the sake of the giver.

Keg, *n.* ক্ষুদ্ৰ পিপা।

Ken, *v.* to know (Now used only poetically)

Kennel, *n.* কুকুৰৰ দল (2) A cot for dogs.

Kerchief, *n.* মূৰৰ ঢাকন। (2) any loose cloth used in dress. *adj.* Kerchieft.

Kerosene, *n* কেৰচিন্ তেল।

Kestrel, *n.* শেন। A falcon, 13 to 15 inches in length.

Kettle, *n.* পানী তপত কৰা লো বা আন ধাতুৰ পাত্ৰ।

Kettle-drum, *n.* দৰা।

Kettle-drummer, *n.* যি দৰা বজায়।

Key, *n.* চাবি (2) টীকা (3) ব্যাখ্যা an explanation.

Key-note, *n.* প্ৰধান সুৰ। the fundamental note or tone of the scale in which a piece is composed.

Khaki *n.* এবিধ মোটা কাপোৰ। এই কাপোৰেৰে বিশেষকৈ ভাৰতবৰ্ষৰ সৈন্য বিলাকৰ সাজ কৰা হয়।

Khan, *n.* শাসনকৰ্ত্তা ; ৰজা ; প্ৰধান নেতা।

Khanate, *n.* The dominion of a khan.

Khedive, *n.* "ইজিপ্তৰ" শাসনকৰ্ত্তাৰ উপাধি।

Kick, *v.* গোৰ মৰা।

Kick, *n.* গোৰ ; পদাঘাত *e. g.* many a kick the ball receives.

Kickshaw, *n.* আচৰিত বস্তু। commonly applied to cookery =delicacy ; fanciful dish.

Kid, *n.* ছাগলী পোৱালী।

Kiddle, *n.* বাঁহৰ কাঠীৰ এবিধ মাছ ধৰা যতন।

Kidnap, *v.* মানুহ চুৰ কৰা। *e. g.* to kidnap a girl. বলেৰে ধৰি লৈ যোৱা। *n.* kidnapper.

Kilderkin, *n.* সৰু পিপা।

Kill. বধ কৰা ; জীৱ হানি কৰা ; মাৰি পেলোৱা।

Killing, *n.* বধ ; হত্যা।

Killer, *n.* বধোতা।

Killadar, *n.* দুৰ্গ দমন কৰোঁতা।

Kiln, *n.* A kind of large stove in which something is dried

Kin, *n.* সম্বন্ধ ; সমন্ধ]

Kith and kin=জাতি ; কুটুম। abs. *n.* kinship.

Kinless, *adj.* সম্বন্ধ নথকা।

Kinsman, *n.* মিতিৰ ; কুটুম্ব ।
Fem. Kinswoman.

Kind, *adj.* দয়ালু ; মৰমিয়াল ; কৃপালু Followed by "to".

Kind word=প্রিয়বাক্য ।

Kind-hearted, *adj.* সদয়হৃদয় ।
e. g. a kind hearted master.

Kind look=করুণা কটাক্ষ ।

Kindly, *adv.* অনুগ্রহ কৰি ; কৃপা-পূৰ্ব্বক ।

Kindly, *adj.* সুখকৰ ; সুখদায়ক ।

Kindness, *n.* অনুগ্রহ ; দয়া *e. g.* kindness is lost upon an ungrateful man ; কৃপা ; হিত ।

Kind, *n.* জাতি (2) প্রকাৰ (3) বিধ *e. g.* of three kinds=তিনিবিধৰ ।

Kindergarten, *n.* "A school for young children, conducted on the theory that education should be begun by gratifying and cultivating the normal aptitude for exercise, play, observation, imitation and construction."

Kindle, *v.* জুই ধৰি পোহৰ কৰা ; *e. g.* to kindle a fire. চাকি জলোৱা (2) উত্তেজিত হোৱা *e. g.* Kindled with rage.
n. kindler.

Kindred, *n.* মিতিৰ : বন্ধুতা ।
adj. স্বজাতীয় *e. g.* "who hath read or heard of any kindred action like to this ?"

Kine, *n.* old plural of cow.

Kinematics, *n.* "The branch of the science of mechanics which treats of motion, without reference to the forces producing it."

adj. Kinematic / Kinematical }

King, *n.* ৰজা (2) নৃপ, ভূপতি, মহীপাল ।

Kingdom, *n.* ৰাজ্য (2) শাসন ।

Kinglet, *n.* ক্ষুদ্রৰজা ।

Kingly, *adj.* ৰাজকীয় ; ৰাজতুল্য ।

Kingship, *n.* ৰাজপদ ।

Kingfolk, *n.* বন্ধুবৰ্গ ।

Kirtle, *n.* outer petticoat.

Kirk, *n.* গির্জ্জা । A church.

Kiss, *v.* চুমা খোৱা ।

Kitchen, *n.* ৰান্ধনি-শাল ; আখল ।

Kitchen-garden, *n.* শাকনি তলি ।

Kite, *n.* চিলা । *The bird.* (2) চিলা *The Toy.*
A female Kite=চিলনী ।

Kitten, *n.* মেকুৰী পোৱালী ।

Knack, *n.* পাৰ্গতালি ; কৌশল ।

Knag, *n.* কাঠৰ আখি ।

Knap, *v.* সশব্দে আঘাত কৰা।

Knave, *n.* জুৱাচোৰ ; ধূৰ্ত্ত ; টেটোন ; প্ৰতাৰক।

Knavery, *n.* শঠতা ; ধূৰ্ত্ততা। *adj.* Knavish,

Knee, *n.* আঠু।

Knee-deep, *adj.* আঁঠুৰনীয়া। *e. g.* "Grass knee-deep within a month".

Knead, *v.* মনা ; ৰ্কেনেকা।

Knee-cap, *n.* (আঁঠুৰ) খিলা।

Kneel, *v.* আঁঠু কঢ়া। Followed by "to".

Knell, *n.* শোকসূচক ধ্বনি। প্ৰেতঘণ্টা। *e. g.* "The dismal howling of sea-waves is the knell of the drowned seaman."

Knew, *v.* past tense of know,

Knife, *n.* সৰুকটাৰী ; ছুৰি *e. g.* Table-knife ; pen-knife. *plu.* knives.

Knight, *n.* লগুৱা (2) অশ্বাৰোহী সৈন্য (3) যোদ্ধা ; বীৰ।

Knit, *v.* বন্ধা (2) বোৱা to weave. (3) সংলগ্ন হোৱা ; (4) লগলগোৱা to connect, (5) সিয়া।

Knob, *n.* গোলাকাৰ বস্তু। (2) গাঁঠি। [কৰি দিয়া।

Knock, *v.* প্ৰহাৰ কৰা (2) বাহিৰ

Knock, *n.* প্ৰহাৰ (2) টকটক্ *e. g.* a knock of the door. Followed by "at" "for"

Knoll, *v.* ঘণ্টাৰ নিচিনা শব্দ কৰা।

Knole, *n.* পৰ্ব্বতৰ টিং ; (2) হাঁকলু।

Knot, *n.* গাঁঠি ; বান্ধনি (2) থুপ a collection (3) পক্ষিবিশেষ। *adj.* knotty.

Knotty, *adj.* hard (2) perplexed *e. g.* a knotty point.

Knont, *n.* An instrument of punishment used in Russia.

Know, *v.* জনা *e. g.* I do not know him = মই তাক নেজানো। (2) অবগত হোৱা ; বুজ পোৱা। *e. g.* I know your intelligence (3) বাছি চিনি লোৱা *e. g.* "to know faithful friend from flattering foe."

Knowable, *adj.* Capable of being known. বোধ্য।

Knowing, *adj.* জ্ঞানী (2) বিজ্ঞ *e. g.* a knowing teacher.

Knowledge, *n.* জ্ঞান *e. g.* knowledge is power. (2) বিদ্যা *e. g.* He is destitute of knowledge (3) শিক্ষা ; কোনো বিষয়ত বিশেষ পাৰ্গতালি (4) গম *e. g.* it has not come to my knowledge = এইটো মই গম পোৱা নাই।

L

La, *int.* চোৱা। Look.

Label, *n.* 'লেবেল'; a slip of paper containing a name, tittle, address or the like affixed to anything.

Labial, *adj.* ওষ্ঠ্য।

Labial, *n.* ওষ্ঠ্যবৰ্ণ (অসমীয়াত ওঁঠৰ পৰা উচ্চাৰিত উ ঊ ও ঔ প ফ ব ভ ম এই ন-টা আখৰৰ নাম ওষ্ঠ বৰ্ণ) *e.g. b. h. m. o.* ইত্যাদি।

Labor } Labour } *n.* আয়াস; পৰিশ্ৰম (2) চেষ্টা।

Hard Labour=কঠিন পৰিশ্ৰম।

Laboured, *adj.* যত্নসিদ্ধ। Produced with labour.

Laborious, *adj.* যত্নশীল (2) পৰিশ্ৰমী।

Laboriously, *adv.* যত্নেৰে।

Labour, *v.* যত্নকৰা (2) পৰিশ্ৰম কৰা; কাম কৰা।

Labourer, *n.* কুলী; হজুৰা; কৰ্ম্মজীবী।

Labyrinth, *n.* কোনো পকোৱাপকি কথা (2 কোনো জটিল বস্তু।

adj. Labirinthian } Labirinthal }

Lac, *n.* লা; লাক্ষা

Lac, *n.* লাখ *e.g.* A lac of rupees=এক লাখ টকা।

Lace, *n.* সূতা; বটিয়া; জৰী।

Lace, *v.* জৰীৰে শোভা কৰা।

Lacerate, *v.* বিদীৰ্ণ কৰা; ফলা।

Laceration, *n.* ফালন the act of rending.

Lacerable, *adj.* capable of being torn.

Lack, *n.* অভাৱ।

Lack-a-day=কি দুৰ্দ্দিন। Alas.

Lack-brain, *adj.* নিবুদ্ধি; অজলা।

Lackey, *n.* ভৃত্য; লগুৱা। a foot boy.

Laconic, } Laconical } *adj.* সংক্ষিপ্ত।

Laconism, *n.* লঘুক্তি।

Lad, *n.* লৰা; বালক (2) সঙ্গী। *Fem.* Lass.

Ladder, *n.* জখলা।

Lady, *n.* ঈশ্বৰী (2) দেবী (3) গৃহিনী; ঘৈনী *e.g.* "Is the lady within?" (4) আৰ্য্যা (5) তিৰী *mas.* "Gentleman" or "Lord."

Ladify, *v.* to render ladylike.

Ladylove, *n.* প্ৰণয়িনী।

Lady-like, *adj.* Like a lady, শান্তপ্ৰকৃতি।

Lag, *v.* লাহে লাহে যোৱা; পিছ পৰা।

Lagoon, *n.* পুখুৰী A shallow pond ; "সাগৰৰ পাৰত থকা অগতিৰ হ্রদৰ নিচিনা পানী।" (2) Marsh.

Lair, *n.* বনবীয়া জন্তুৰ বাসস্থান।

Laity, *n.* গৃহস্থ।

Lake, *n.* বিল ; হ্রদ।

Lamb, *n.* ভেঁড়া পোৱালী।
v. To bring forth a lamb.
Diminutive. Lambkin.

Lame, *adj.* খোৰা ; পেঙুৰা।
Followed by "of"

Lame, *v.* খোৰোৱা ; লেকেচিয়াই খোৰা। *adv.* Lamely.
n. Lameness.

Lament, *v.* শোক কৰা ; বিলাপ কৰা ; কন্দা।
Followed by 'for'

Lamentable, *adj.* শোচনীয়।
adv. Lamentably.

Lamentation, *n.* বিননি ; কান্দনি ; (2) হাঁহাকাৰ।

Lamish, *adj.* অলপ খোৰা।

Lammas, *n.* The first day of August. ["লেম্"

Lamp, *n.* দীপ ; প্রদীপ ; চাকি,

Lampstand, *n.* গছা।

Lampblack, *n.* তেলী-ছাই।

Lampoon, *n.* বিদ্রূপ, নিন্দালিখন a personal satire in writing.

Lampooner, *n.* দুর্ণামকাৰী।

Lance, *n.* যাঠি ; শূল।

Lance, *v.* যাঠিৰে খোছা to pierce with a lance.

Lancet, *n.* A small surgical instument, sharp-pointed and generally two-edged.

Land, *n.* দেশ *e. g.* "Know you no song of your own land."
(2) প্রদেশ (3) মাটি *e. g.* He will till the land.

Land-lotus = স্থল পদ্ম।

Land-breeze = স্থলবায়ু।

Land force = স্থলসৈন্য।

Land, *v.* জাহাজৰ পৰা নমা।

Landau, *n.* A kind of carriage whose top may be opened and thrown back.

Landing, *n.* ঘাট।

Land-holder, *n.* ভূস্বামী।

Land-lady, *n.* জমিদাৰণী।
mas. Land-lord.

Landless, *adj.* ভূমিশূন্য।

Landlord, *n.* জমিদাৰ।
Fem. Land-lady

Landmark, *n.* মাটিৰ সীমা।

Land measure, *n.* মাটিৰ কঠা-লোচা জোখ।

Landscape, *n.* কোনো স্থানৰ দৃশ্য।

Landslip, *n.* পর্ব্বতচ্যুত ভূমিখণ্ড।

Land tax, *n.* ভূমিৰ কৰ।

Lane, *n.* সৰু বাট ; "গলি"

Language, *n.* ভাষা ; বাক্য (2) উক্তি।

Languid, *adj.* অৱসন্ন ; ক্ষীণ ; নিস্তেজ ; ম্লান।

Languidness, *n.* গ্লানি ; অৱসন্নতা। *adv.* Languidly.

Languish, *v.* অৱসন্ন হোৱা ; নিস্তেজ হোৱা ; শুকুৱা। Followed by "for"

Languishing, *adj.* Becoming feeble ; pining.

Langour, *n.* ক্লান্তি ; দুৰ্ব্বলতা।

Lank, *adj.* ঢিলা ; ক্ষীণ।

Lankness, *n.* কৃশতা।

Lantern, *n.* লণ্ঠন, "লেম"

Lap, *n.* কোলা।

Lap, *v.* চেলেকা to lick.

Lap dog, *n.* a pet dog.

Lapful, *adj.* কোঁচভৰা।

Lapse, *n.* গতি। motion. পিছলন ; স্খলন্।

Lapse, *n.* লাহে লাহে অতিবাহিত হোৱা to pass slowly. Followed by "into"

Larceny, *n.* চৌৰ্য্য। theft.

Lard, *n.* গাহৰিৰ চৰ্ব্বি।

Large, *adj.* বৃহৎ ; ডাঙৰ (2) মহৎ ; ওখ *e. g.* a large mind (3) বহুত (4) বিপুল (5) উদাৰ *e. g.* a large heart. *n.* Largeness ; বিশালতা ; মহত্ব। *adv.* Largely

At large=without confinement. স্বেচ্ছাধীন।

Largess, *n.* দান ; দক্ষিণা।

Lark, *n.* এবিধ সৰু বটা চৰাই।

Lark, *n.* ধেমালি ; কেলি।

Larva, *n.* কীটৰ কণিৰ পৰা ওলাই প্ৰথমাবস্থা। An insect in the first stage after the egg. *plu.* Larvae.

Lascivious, *adj.* লম্পট ; কামুক ; কামাতুৰ। Lustful. *n.* Lasciviousness.

Lash, *n.* সোঁকা (2) বেতকোব।

Lash, *v.* বেঁতেৰে কোবোৱা ; (2) to tie (3) to sat rize.

To lash out=অপৰিমিত খৰচ কৰা।

Lass, *n.* যুবতী ; ছোৱালী। *mas.* Lad.

Lassitude, *n.* গ্লানি weakness. (2) তন্দ্ৰা sloth.

Last, *adj.* শেষ *e g.* in the last stage (2) অন্ত ; শেহ ; (3) গত *e. g.* last year=গত বছৰ।

At last=পৰিশেষত। *e. g.* "In spite of every obstacle we at last succeeded."

Last, *v.* টিকা *e. g.* it will not last long.

Lasting, *adj.* স্থায়ী (2) চিৰস্থায়ী।

Lastly, *adv.* শেষত।

Latch, *n.* A simple contrivance for fastening a door. সৰু দুৱাৰ ডাং।

Latchet, *n.* জোতাৰ ফিতা।

Late, *adj.* (May be expressed by) বেলি ; পলম। (2) অসময় ; অকাল *com.* later. super. last.

Lately, *adv.* সম্প্ৰতি ; অলপতে। *e. g.* He came lately.

of late = lately. *e. g.* He came here of late.

Late, *adv.* at an advanced time বেলেকৈ ; পলমে *e. g.* He came late (2) Far in the night *e. g.* He studies late at night.

Latent, *adj.* নিগূঢ় ; গুপ্ত। hidden ; secret *e. g.* latent motives.

Lateral, *adj.* কাষৰীয়া ; দাঁতিৰ pertaining to the side.

Lather, *n.* চাবোন-পানীৰ ফেণ। Foam made up by soap and water.

Latin, *n.* লাটিন ভাষা। *v.* Latinize.

Latinist, *n.* লাটিন ভাষাত বিজ্ঞ।

Latitude, *n.* বহল ; পঠালি breadth ; width (2) distance north or south of the equator. অক্ষৰেখা।

Latitudinarian, *adj.* অপৰিমিত liberal.

n. বামাচাৰী।

Latrine, *n.* শৌচকৰা ঘৰ ; a privy.

Latter, *adj.* দুইৰ শেষ ; the last [of two. "Latter relates to order, and is opposed to former" *e. g.* "Virtue and vice are opposite to each other : the former ennobles the mind, the latter debases it."

Lattice, *n.* জালৰ নিচিনা কাম। may be expressed thus :— lattice work = জাল কাম।

Laud, *n.* প্ৰশংসা।

Laud, *v.* প্ৰশংসা কৰা ; পূজা কৰা।

Laudable, *adj.* প্ৰশংসনীয়। Praiseworthy *e. g.* laudable ambition.

Laudableness, *n.* প্ৰশস্ততা ; [উৎকৃষ্টতা।

Laudanum, *n.* a preparation of opium *e. g.* "I was obliged to dose myself last night with laudanum."

Laugh, *v.* হঁহা, হাস্য কৰা।
Followed by "at"
Laughing, *n.* হাঁহি।
Laughter, *n.* হাঁহি। [হাস্যাস্পদ।
Laughing-stock, *n.* হাস্যপাত্ৰ ;
Laughable, *adj.* হাঁহি-উঠা।
Launch, *v.* পানীত ঠেলা মাৰি পেলোৱা ; to cause to slide from the land in the water.
Laundress, *n.* ধুবুনী।
Laundry, *n.* ধোবাৰ কাৰখানা।
Laureate, *adj.* লৰেল পাতেৰে শোভিত।
Laureate, *n.* ৰাজকবি।
Laurel, *n.* লৰেল গছ।
Larva, *n.* আগ্নেয় পৰ্ব্বতৰ পৰা যি বিলাক পদাৰ্থ নিৰ্গত হয়।
Lave, *v.* ধোৱা ; স্নান কৰা।
Laver, *n.* গাধোৱা বা আন বস্তু আওথলা পাত্ৰ।
Lavender, *n.* "লেবেন্দৰ"।
Lavish, *adj.* অপৰিমিত ; অপব্যয়ী ; খুঁৱাখুলীয়া।
Followed by "of"
Lavishness, *n.* অতিব্যয় ; অপব্যয়
Law, *n.* শাসন (2) নিয়ম (3) বিধি (4) আইন।
Go to law=মোকৰ্দ্দমা কৰা।
Lawful, *adj.* বিধি সঙ্গত।
(2) ন্যায়।

Lawfully, *adv.* আইন মতে।
Lawgiver, *n.* ব্যৱস্থাপক।
Lawless, *adj.* অবৈধ ; বিধিৰ বিৰুদ্ধ।
Lawsuit, *n.* মোকৰ্দ্দমা।
Lawyer, *n.* উকীল, উকিল।
Lawn, *n.* তৃণভূমি।
Lax, *adj.* কোমল ; ঢিলা (2) লেমলেমীয়া।
not sufficiently strict.
Followed by "in."
n. Laxness
Laxity
Laxative, *n.* যি দৰবে পেট ঢিলা কৰে।
Lay, *v.* P. T. of lie.
Lay, *v.* স্থাপন কৰা ; পোৱা to put ; (2) মাটিত শুই পৰা (3) আৰি মৰা (4) কণি পৰা। P. T., P. P. Laid
Lay aside=এৰি দিয়া ; পৰিত্যাগ কৰা। *e. g.* Lay aside your old customs.
Lay by=সঞ্চয় কৰা ; উপাৰ্জ্জিত বস্তু ৰক্ষা কৰা *e. g.* Try to lay by something for your old age.
Lay down=ত্যাগ কৰা *e. g.* to lay down on office.
Lay hold of=ধৰা।
Lay out=খৰচ কৰা।

Lay under=বশীভূত কৰা।

Lay siege=আক্ৰমণ কৰা।

Lay waste=নষ্ট কৰা।

Lay, *n.* গীত ; ক্ষুদ্ৰ কৱিতা।

Layman, *n.* গৃহস্থ। গাঁৱলীয়া a villager.

Lazar, *n.* কুষ্ঠৰোগী। [শ্ৰমকাতৰ।

Lazy, *adj.* এলেহুৱা ; সৰপা ; (2)

Laziness, *n.* এলাহ ; সৰপালি।

Lazily, *adv.* লাহে লাহে ; এলাহেৰে।

Lea, *n.* তৃণাচ্ছাদিত ভূমি। ঘাঁহ গজি থকা মাটি।

Lead, *n.* সীহ।

Lead, *v.* আগবাঢ়ি যোৱা (2) বাট দেখুৱাই নিয়া (3) আকৰ্ষণ কৰা। P. T. P. P. Led

Lead astray=অবাটে নিয়া ; বিপথগামী কৰা।

Leaden, *adj.* নিস্তেজ।

Leader, *n.* নেতা ; ঘাই-মুৰীয়া।

Leaf, *n.* গছৰ পাত (2) কিতাপৰ পিঠি। *plu.* Leaves.

Leafless, *n.* পত্ৰহীন।

Leaflet, *n.* ক্ষুদ্ৰপত্ৰ।

Leafy, *adj.* পত্ৰপূৰ্ণ।

League, *n.* সন্ধি (2) তিনি মাইল।

Leak, *n.* ফুটা ; বিন্ধা।

Leak, *v.* উকখা ; *e. g.* the house leaks. ফুটাই দি পানী পৰা।

To leak out=প্ৰকাশ হোৱা।

Leal, *adj.* সত্যপৰায়ণ ; ধাৰ্ম্মিক ; সৎ ; সাধু।

Land of the leal=গোলোকধাম।

Lean, *v.* আওজা (2) দোঁখোৱা to lend. Lollowed by 'against' 'on' 'to.'

Lean *adj.* লাহী ; কৃশ *e, g.* a lean body ; লিতা a lean man ; ক্ষীণ।

Leap, *v.* জপিওৱা।

Leap-year, *n.* Every fourth year, in which February has an additional day and there are 366 days in all.

Learn, শিকা ; শিক্ষা পোৱা ; (2) জ্ঞান লাভ কৰা।

Learn by heart=মুখস্থ কৰা।

Learning, *n.* বিদ্যা (2) শিক্ষা (3) জ্ঞান।

Learned, *adj.* বিদ্বান।

Lease, *n.* পটা।

Lease-holder, *n.* পটাদাৰ।

Leash, *n.* চৰ্ম্মবন্ধ।

Least, *adj.* নিচেই তাকৰ ; অত্যল্প।

At least, At the least=অন্ততঃ *e. g.* He has at least a high sense of honour.

Leather, *n.* "চামৰা", ছাল। *adj.* Leathern.

Leathery, *adj*. ছালৰ নাচনা।

Leave, *n*. অবসৰ ; বিদায় ; ছুটি (2) অনুমতি।

Leave, *v*. এৰি দিয়া ; পৰিত্যাগ কৰা, এৰা।

Leave in the lurch = বিপদত পেলাই যোৱা।

Leavings, *n. plu*. উচ্ছিষ্ট Refuse.

Lecher, *n*. লম্পট।

Lecherous, *adj*. কামুক ; কামাসক্ত।

Lechery, *n*. কাম ; কামুকতা।

Lecture, *n*. বক্তৃতা (2) ভৰ্ৎসনা।

Lecture, *v*. পাঠ কৰা ; বক্তৃতা কৰা (2) শাস্তি দিয়া।
Followed by "on"

Lecturer, *n*. বক্তা।

Ledge, *n*. কাষ (2) সাৰি।

Ledger, *n*. হিচাপ বহি।

Lee, *n*. The side sheltered from the wind.

Leeward, *adj*. in the direction of the lee.

Leech, *n*. জোক।

Leer, *v*. কেৰাহিকৈ চোৱা।

Lees, *n*. (গদ) খেদনি। There are some nouns which are never used in the singular, 'Lees' one of them.

Left, *adj*. বাঁও ; opposite to the sight.

Left-hand = বাঁওহাত ; লেবেৰা হাত।

Left-handed, *adj*. লেবেৰা হতীয়া। (2) *Fig*. কুৰূপ (3) দুৰ্ভগা।

Leg, *n*. ভৰি, পদ, চৰণ ; জাং।
'Foot' denotes that part below the ankle or wrist ; 'Leg' denotes that part of the limb between the knee and the foot.

Legacy, *n*. উইল কৰি দি যোৱা সম্পত্তি।

Legal, *adj*. বিধিসঙ্গত ; বৈধ।
v. Legalise.

Legally, *adv*. বিধিমতে, নিয়মমতে; আইনানুসাৰে।

Legation, *n*. দূতস্বৰূপে পঠোৱা মানুহ।

Legatee, *n*. উত্তৰাধিকাৰী।

Legeud, *n*. পৌৰাণিক উপকথা। মিছা সাধুকথা ; উপাখ্যান।

Legendary, *adj*. কাল্পনিক Consisting of legeuds.

Legible, *adj* স্পষ্ট ; ফট্‌ফটীয়া ; পঢ়িব-পৰা, পঠনীয়। Capable of being read.

n. { Legibility. / Legibleness. }

Legibly, *adv*. ফট্‌ফটীয়াকৈ।

Legion, *n.* সৈন্যদল a body of troops in general.
adj. Legionary.

Legislate, *v.* আইন তৈয়াৰ কৰা ; to propose or make laws.

Legislation, *n.* বিধি-বিধান।

Legislative, *adj.* ব্যৱস্থাপক। *e. g.* Legislative counsil.

Legislator, *n.* বিধি কৰোঁতা।

Legislature, *n.* আইন কৰিবলৈ ক্ষমতা থকা সভাসমূহ।

Legitimate, *adj.* ঔৰসজাত (2) আইন-সঙ্গত (3) যথাৰ্থ।
n. Legitimacy.

Legitimately, *adv.* আইন অনুসাৰে (2) যথাৰ্থতে।

Legume, *n.* মটৰ মাহ ইত্যাদি শস্য ; a seed vessel which splits into valves.
adj leguminous.

Leisure. *n.* অৱসৰ।

Leisurely, *adv.* লাহে লাহে ; সুবিধানুসাৰে।

Lemon, *n.* নেমু।

Lemonade, *n.* পানী, চেনি আৰ নেমুৰৰস চৰপৎ। 'লিমনেড'

Lend, *v.* ধাৰ দিয়া।

Length, *n.* দীঘল ; দীঘ।
adj. { Long. Lengthy.

Lengthen, *v.* দীঘল কৰা।

Lengthwise, *adv.* দীঘলে।

Lenient, *adj.* দয়াবান্ (2) মৃদু, কোমল।
n. Leniency.

Lenity, *n.* কোমলতা।

Lens, *n.* দৃষ্টিকাচ ; যি কাচ খণ্ডৰে বস্তু ডাঙৰ বা সৰু দেখা যায়।

Lentil, *n.* মচুৰমাহ।

Lent, *v.* P. T. & P. P. of Lend.

Leonine, *adj.* সিংহৰ নিচিনা, like a lion.

Leopard, *n.* নাহৰ ফুটুকিয়া বাঘ।

Leper, *n.* কুষ্ঠৰোগী।

Leporine, *adj.* শহাপহুৰ নিচিনা।

Leprosy, *n.* কুষ্ঠৰোগ।

Leprous, *adj.* কুষ্ঠৰোগীয়া।

Lesion, *n.* আঘাত।

Less, *adj.* ন্যূন ; কম ; তাকৰ। comparative of 'little' It refers, to quantity *e. g.* This sum is 'less' than that.

Lesser, *adj.* double comparative of 'little' (see little)

Lessee, *n.* পটাদাৰ ; the person to whom a lease is granted.

Lessen, *v.* তাকৰ কৰা ; কম কৰা ; হ্ৰাস কৰা decrease ; (2) সংকীৰ্ণ কৰা narrow.

Lesson, *n.* পাঠ ; উপদেশ।

Lesson, *v.* উপদেশ দিয়া।

Lest, *conj.* পাছত লাগো ; কি জানি th t not ; for fear that. *e. g.* Take heed lest you fall = take heed that you may not fall.

Let, *v.* অনুমতি দিয়া। to permit (2 কেৰেয়া দিয়া to lease.

"To express the first or the third person of the imperative, generally in modern English the verb 'let' is used *e. g* let us go ; let him go. In such sentences let is the second person of the imperative with its subject omitted." 'To' is generally dropped after let *e. g.* He will not let me go.

Let off = এৰি দিয়া *e. g.* The prisoner was let off with a fine.

Let go = যাব দিয়া।

Let in = আহিব দিয়া *e. g* keep your window open to let in fresh air.

Let loose = মুক্ত কৰা।

Let out = এৰি দিয়া (2) কেৰেয়া দিয়া *e. g.* Ram has let out his building on hire.

Let the cat out o the bag = গুপ্ত কথা প্ৰকাশ কৰি দিয়া।

Lethal, *adj.* প্ৰাণনাশক।

Lethargy, *n* তন্দ্ৰা ; অলসতা ; জড়তা।

Lethargic } *adj.* Dull ; sleepy.
Lethargical

Lethe, *n.* বিস্মৃতি, পাসৰণ Forgetfulness. One of the rivers of Hell causing forgetfulness.

adj. Lethean.

Letter, *n.* আখৰ 2) বৰ্ণ *e. g.* অ, আ, a, b, c, (3) চিঠি ; পত্ৰ 4) শব্দাৰ্থ (5) *plu.* literature. বিদ্যা।

Letter box = চিঠিৰ "বাকচ" (?)

Letter carrier = পত্ৰ বাহক।

Letter writer = পত্ৰ লেখক

To the letter = যথাবচন ; অবিকল।

A man of letters = বিদ্বান্।

Levant, *n.* The coast of the Mediterranean, east of Italy. ইটালিৰ পূব-ফালে ভূমধ্যসাগৰৰ উপকূল।

adj. Levantine.

Levee, *n.* ৰাজ-সভা ; দৰবাৰ (2) বান্ধ ; মাটিৰ বান্ধ an embankment on the margin of a river.

Level, *n.* সমতল-ভূমি ; সমভূমি even surface. (2) সমতা Equality (3 · An instrument for showing the horizontal. (4) লেভেল *e. g.* পানালেভেল যন্ত্র।

Level *v.* সমান করা (2) লক্ষ্য করা। Followed by 'at,' 'with.' *n.* Leveller.

Lever, *n.* তোলাযন্ত্র।

Leverage, *n.* The action of a lever.

Leveret, *n.* শহাপহৰ পোৱালী।

Leviathan, *n.* প্রকাণ্ড এবিধ জল জন্তু। Any sea monster of immense size.

Levigate, *v.* পিহি গুড়ি কৰা। *adj.* Levigable. *n.* Levigation.

Levin, *n.* বিজুলী Lightning. (used in poetry)

Levite, *n.* পুৰোহিত।

adj. { Levitical. Levitic.

Levity, *n.* লঘু চিত্ততা ; মনৰ চঞ্চলতা ; চঞ্চল স্বভাৱ।

Levy, *n* act of collecting by authority ; the troops so collected *e. g.* "The raw levies (forces) of Russia will be blown away by the Japanese guns like chaff before the wind."

Levy, *v.* সৈন্য সংগ্রহ কৰা (2) কৰ গোটোৱা। *e. g.* The Parliament did not allow the king to levy taxes on his own authority.

To levy war = যুদ্ধ আৰম্ভ কৰা। *n.* Levier. *adj.* Leviable.

Lewd, *adj.* কামুক ; কামাসক্ত ; লম্পট।

Lewdness, *n.* কামাতুৰতা ; কামুকতা।

Lexicon, *n.* কোষ ; অভিধান। *adj.* Lexical.

Lexicography, *n.* কোষ লিখন ; কোষৰচনা।

Lexicographer, *n.* অভিধান লিখক।

Liable, *adj.* দায়ী। Followed by 'to', 'for'

Liability, *n.* দায়ীত্ব। Followed by 'to'

Liabilities, *n. plu.* দেনা debts.

Liableness, *n.* Liability.

Liaison, *n.* গুপ্ত প্রণয়।

Liar *n.* মিছলীয়া।

Libation, *n.* তর্পণ।

Libel, *n.* পৰনিন্দা ; দুর্নাম ; মানহানি জনক লেখা কথা। Followed by 'on', 'against'. *adj.* Libellous.

Liberal, *adj.* উদাৰ *e. g.* a liberal mind. (2) বদান্য *e. g.* a liberal person (3) মুক্তহস্ত *e. g.* a liberal giver. (4) প্ৰচুৰ *e. g.* liberal of praise. (5) ওখ মনৰ (6) স্বাধীনতা প্ৰিয়। Followed by 'of'

Liberal arts = উচ্চবিদ্যা *e. g.* Sciences, Philosophy, History.

Liberality, *n.* উদাৰতা (2) বদান্যতা (3) সৰলতা (4) দান।

Liberally, *adv.* মুক্তহস্তে 2) উদাৰতাৰে (3) প্ৰচুৰ পৰিমাণে।

Liberalise, *v.* মহৎ কৰা ; ওখমন কৰা। [কৰি দিয়া।

Liberate, *v.* মুক্তি কৰা ; স্বাধীন

Liberation, *n.* বিমোচন।

Liberator, *n.* মুক্তকাৰী।

Libertine, *n.* পৰৰ গীত বত মানুহ। *adj.* লম্পট ; কামাতুৰ।

Libertanism, *n.* ব্যভিচাৰ।

Liberty, *n.* স্বাধীনতা ; মুকলিমূৰ ; (2) অনুমতি (3) অধিকাৰ Privilege (4) অবিনয়, to infringe the rules of decorum.

Be at liberty = স্বাধীন হোৱা *e. g.* Now you are at liberty to go any where you like.

Set at liberty = বান্ধৰ পৰা মুকলি কৰি দিয়া ; "খালাচ" দিয়া (?) *e. g.* The prisoner was set at liberty.

Libidinous, *adj.* কামুক।

Librarian, *n.* পুস্তকাগাৰাধ্যক্ষ। ab. *n.* Librarianship.

Library, *n.* পুস্তকাগাৰ।

Lice, *n. plu.* of louse.

License } *n.* অনুমতি (2) অনুমতি পত্ৰ (3) অতিৰিক্ত স্বতন্ত্ৰ (4) চলিত নিয়মৰ বহিভূত হোৱা, যেনে কোনো কিতাপ বা কবিতা লেখোতে *e. g.* "Need I to thee tell I love the license all too well"
Licence }

Licentious, *adj.* কামাসক্ত ; বিষয়াসক্ত ; বিলাসী ; লম্পট। *adv.* Licentiously. *n.* Licentiousness.

Licher, *n.* লতা বিশেষ। *adj.* Lichenic.

Lich, *n.* Dead body.

Licit, *adj.* বিধি সঙ্গত।

Lick, *v.* চেলেকা।

Lick up = গ্ৰাস কৰা।

Lictor, *n.* An officer who

attended, the Roman Magistrates.

Lid, *n.* ঢাকন Cover.

Lie, *n.* মিছা কথা।

Lie, *v.* মিছা কোৱা ; ঠগি দিয়া কথা কোৱা। P. T. P. P. Lied. *n.* Liar

Lie, *v.* শয়ন কৰা ; থকা ; বাস কৰা; জীৱন দি পাৰ থকা। P. T. Lay. P. P. Lain.

Lie down = শয়ন কৰা *e. g.* Then I lay down on a soft bed.

Lie in = প্ৰসৱাৱস্থাত থকা।

Lie in one = to be in one's power *e. g.* I will obey your command as far as lies in me.

Liege, *n.* অধীনস্থ মানুহ।

Lieu, *n.* is used chiefly in the sense of "in lieu of" = সলনি ; পৰিবৰ্ত্তে।

Lieutenant, *n.* প্ৰতিনিধি (2 an officer next below a captain..

Lieutenant-Governor = ছৰলীয়া লাট

Life, *n.* জীৱন, প্ৰাণ, জীৱ। *pl.* lives.

In this life = এই জীৱনত

For life = চিৰকাললৈ।

To lose life = মৰা।

To take life = প্ৰাণ লোৱা।

Life insurance = জীৱন-বিমা।

Lifeless, *adj.* নিৰ্জ্জীৱ।

Lifelessness, *n.* নিৰ্জ্জীৱতা।

Lift, *v.* তোলা ; *e. g.* lift up your head.

To lift the hand against = আক্ৰমণ কৰা।

Lift, *n.* দৰ্ম্মহা বাঢ়ান ; প্ৰমোছন। *e. g.* he has got a lift.

Ligament, *n.* বন্ধনী any thing that binds.

Ligation, *n.* বন্ধনক্ৰিয়া, the act of binding (2) বন্ধাৱস্থা, the state of being bound.

Light, *n.* চাকি, প্ৰদীপ, (2) দীপ্তি পোহৰ, কান্তি। *e. g.* light of the moon.

Lights, *n.* lamps.

To bring to light = প্ৰকাশ কৰা।

To come to light = প্ৰকাশ পোৱা।

A stream of light = ৰশ্মিজাল।

Light, *v.* (জুই, চাকি. "লেম্" আদি) লগোৱা, *e. g.* light the lamp. (2) পোহৰ দিয়া P. T. P. P. lighted, lit.

Lighten, *v.* লাঘব কৰা ; পাতল কৰা *e. g.* The captain ordered to lighten the ship.

Light, *adj.* পাতল, লঘু, অগধুৰ ; সেহেক্সা (2) চঞ্চল. স্থুব বা গম্ভীৰ নোহোৱা *e. g.* light appearance. (3) বেগী 4) Not dark. *n.* Lightness.

Light-fingered=হাতলৰা।
Thievish *e. g.* তাৰ হাত খৰলৰা।

Light-hearted=প্ৰফুল্লচিত্ত।

Light, *v.* নমা : to get down.
'Light on=happen to find *e. g.* to light up a person or a thing.

Light up=illuminate. *e. g.* to light up a house or a place'

Light up=cover with light. *e. g.* the evening sun lights up the little grove.

Lightsome. *adj.* উজ্জ্বল ; চক্মকীয়া ; প্ৰফুল্লচিত্ত।
adv. Lightsomely.
n. Lightsomeness.

Light house=A tower with a light at top, erected as warning of danger to navigators at night. নাবিক বিলাকক বিপদৰ পৰা ৰক্ষা কৰিবৰ নিমিত্তে সমুদ্ৰৰ মাজত দিয়া আলোক গৃহ।

Light-minded=চঞ্চল [running.

Light-footed=বেগী Nimble in

Lightning, *n.* বিদ্যুৎ, বিজুলী।

Like, *adj.* একে, অবিকল, তুল্য, সমান। 'The adjective *like* take objective case after it. *e. g.* Many talk like philosophers but live like fools.'

Like, *v.* in the sense of (1) ৰুচি লগা *e. g.* He likes fish or (2) প্ৰীতি থকা *e. g.* She does not like him.

Like this=এনেকুৱা।

Like that=তেনেকুৱা।

As you like=তুমি যেনে দেখা।

Liken, *v.* অবিকল কৰা, একে কৰা।

Liking *n.* পছন্দ ; প্ৰীতি ; ৰুচি।

Likelihood, *n.* সম্ভৱ।

Likely, *adv.* সম্ভৱতঃ। [তুল্যতা।

Likeness, *n.* আকৃতি, প্ৰতিমূৰ্ত্তি (2) Followed by "to."

Likewise, *adv.* এনেকে, এনেকৈ।

Likewise, *adv.* অপৰঞ্চ, আৰু।

Lilac, *n.* এবিধ সুগন্ধি ফুল।

Lilliputian, *n.* বাউনা।

Lily *n.* ভেট ; কুমুদ।

Limb, *n.* অঙ্গ, গাৰ কোনো এভাগ।

Limbless, *adj* অনঙ্গ, অঙ্গহীন।

Limber, *n.* মৃদু, কোমল।

Limbo, *n.* নৰক (2) বন্দীশাল

Lime-juice=নেমুৰ ৰস।

Lime, *n.* চূণ ; পোৰা শিল বা শামুকৰ গুড়ি (2) এবিধ নেমুটেঙা।

Powder lime=চূৰ্ণ

Lime stone=চূণ-শিল।

Lime water=চূণৰ পানী।

Limit, *n.* সীমা, boundary (2) restriction. (3) পাৰাপাৰ, (4) ওৰ

Limit, *v.* সীমা ঠিক্ কৰি দিয়া।

Limited, *adj.* নিৰ্দ্দিষ্ট, *e. g.* limited number.

Limitless, *adj.* অসীম।

Limn, *v.* ছবি আঁকা।

Limoner, *n.* চিত্ৰকৰ।

Limosis, *n.* ৰোগৰ ভোক, appetite caused by disease.

Limp, *v.* পেঙ্গুৰিয়োৱা ; অলপকৈ পোৱাই খোজ কঢ়া।

Limping, *adj.* পেঙ্গা, পেঙ্গুৰা।

Limp, *adj.* কোমল।

Limpid, *adj.* স্বচ্ছ, ফটফটীয়া (2) নিৰ্ম্মল, পৰিকাৰ। (3) pure.

Limy, *adj.* চুণৰ নিচিনা

Line, *n.* ৰেখা ' line is that which has length without breadth (2) ৰচি, সূতা (3) সৈন্য শ্ৰেণী ; পদাতিক সৈন্য ; *e. g.* The Japanese broke through the *lines* (4) বিষুব ৰখা ; equator (এই ৰেখাক (1) নিৰক্ষ ৰেখা (2) ভূ বৃত্ত ৰেখা (3) ভূ-পৰিধি ৰেখা বোলে) *e. g.* The Baltic fleet did cross the *line* in December (5) প্ৰণালী *e. g.* on the *lines* of the late Professor James Wilson (6) A marking *e. g.* His face is furrowed with *lines* of thought.

Line, *v.* ভিতৰ ঢাকি থোৱা *e. g.* The coat is lined with fur (2) To place along the side of. *e. g.* The troops lined the street. (3) ৰেখা টনা ; to draw lines.

Ship of line = যুদ্ধ-জাহাজ।

Lineage, *n.* বংশাৱলি (2) বংশ, গোত্ৰ।

Lineal, *adj.* বংশীয় (3) composed of lines.

Lineament, *n.* আকৃতি (2 লক্ষণ।

Linear, *adj.* ৰেখাময়।

Linen, *n.* বস্ত্ৰ, কাপোৰ ; cloth made of flax. *e. g.* a pair of *linen* mantles.

Linnet, *n.* এবিধ চৰাই।

Linseed, Lintseed } *n.* তিচি ; the seed of flax.

Linseedcake, *n.* তিচিৰ খলিহৈ।

Linger, *v.* পলম কৰা, বিলম্ব কৰা, ৰেলি কৰা। (2) অনেক দিনলৈ যন্ত্ৰণা ভোগ কৰা।

Lingual, *adj.* জিহ্বা সম্বন্ধীয়।

Linguist, *n.* ভাষাজ্ঞ *e. g.* He was a remarkable linguist.

Linguistics, *n.* ভাষা বিজ্ঞান।

Lingua Franca = "a jargon made up of Italian and mixture of Arabic, Turkish and

Greak, and cheifly used as a means of communication between western Europeans and the Natives of the Eastern Mediterranean, for purposes of commerce."

Liniment, *n.* প্রলেপ ; লিপি বা ঘহি দিয়া ঔষধ।

Link. শিকলি (2) connection

Link, *v.* সংযোগ করা।

Lion, *n.* সিংহ (2) সিংহ রাশি।

Fem. Lioness = সিংহী। [করা।

Lionise, *v.* শ্রেষ্ঠ যেন ভাবি মান

Lip, *n.* ওঠ, ওষ্ঠ।

Upper lip = ওপৰ ওঠ।

Lower lip = তল ওঠ।

Liquify, *v.* দ্রব করা।

n. liquification।

Liquified, *adj.* দ্রবীভূত।

Liquid, *n.* জল, পানী ; পনীয়া বস্তু; *e. g.* All liquids are fluids.

Liquid. *adj.* তৰল ; জুলীয়া।

Liquidate, *v.* পৰিশোধ করা।

n. liquidation.

Liquor, *n.* মদ।

Liquorice, *n.* যষ্টি মধু।

Lisp, *v.* আধা-আধি কথা কোৱা; থুহুকথামাকৃকে কথা কোৱা। Stammer.

List *n.* তালিকা।

Price list = মূল্য নিৰূপণ তালিকা।

List, *v.* (2) তালিকাত ভুক্ত করা (3) মন করা, to desire.

List, *v.* in the sense of. যদি শুনা, *e. g.* List (if you listen) to a Frank and hear a fable. (2) শুনা

Listful, *adj.* মনোযোগী।

n. listfulness.

Listless, *adj.* অমনোযোগী।

n. Listlessness.

Listen, *v.* মনোযোগ করা ; মনোযোগেৰে শুনা।

'*To listen* is to hear attentively' Followed by 'to,'

Listener, *n.* শ্রোতা, শুনোতা ;

Lit. *v.* P. T. P. P. of light.

Literal, *adj.* প্রকৃত (2) অবিকল *e. g.* literal translation.

Literal meaning = অক্ষৰাৰ্থ।

Literary, *adj.* সাহিত্য বিষয়ক *e. g.* Literary conversation.

Literate, *adj.* শিক্ষিত, বিদ্বান।

Literati, *n.* men of letters.

Literature, *n.* সাহিত্য ; কাব্যাদি (2) বিদ্যা।

Lithe, *n.* অঙ্গ।

Lithe, *adj.* 'লাহী' flexible.

n. Litheness.

Lithograph, *n.* 'লিথগ্রাফ'।

Lithography, *n.* 'লিথগ্রাফী'।

Lithology, *n.* শিলা বিষয়ক বিবরণ।
adj. lithological.

Litigate, *v.* মোকদ্দমা করা।
n. Litigation.

Litigant, *adj.* may be used in the sense of মকদ্দমাবাজ, বিবাদী।

Litigious, *adj.* মোকদ্দমাপ্রিয়; বিবাদী। *n.* litigiousness.

Litter, *n.* জন্তুর শোবার বিছানা (2) জন্তুর বিচালী (3) যান বিশেষ।

Litter, *v.* প্রসব করা (2) ছড়ান।

Little, *adj.* নরম ক্ষুদ্র।
adj. অল্প, কিঞ্চিৎ।
Com. less, lesser
sup. least.

"Little, is a negative and means not much. *e. g.* He had little money (=not much money.)

A little is an affirmative and means 'some at least'—a certain quantity, however little. *e. g.* He had a little money (=some money at least, although the amount was small.)

The little implies two statements—one negative and the other affirmative. *e. g.* He spent the little money he had. That is (1) The money he had was not much. (Negative) (2) He spent all the money he had (Affirmative)"

'Little' generally refers to deficiency in bulk ; 'small' to number *e. g.* He is a 'little' boy ; A little body often has a big soul. A very small number of the students remained. 'Small' may sometimes refers to deficiency in bulk *e. g.* a small class.

Lesser, *adj.* It is a double comparative of little. It is always used as adjective which is not the case with 'less.' Followed by 'of' *e. g* It is the lesser of the two evils.

Little, *n.* কিঞ্চিৎ *e. g.* promise little and o much.

Live, *v.* বাস করা, থাকা (2) জীবিত থাকা (3) জীবন ধারণ করা।
Followed by 'on', 'for', 'by'

Living, *adj.* জ বস্তু, জীবন্ত, জীবিত *e. g.* a living animal.
2) জ্বলন্ত *e. g.* He poured wine over the living coals

Living, *n.* manner of life, *e. g.* a riotous living leads to an early grave.

Live-long, *adj.* জীৱন *e. g.* The livelong day he rode.

Living-being=জীৱ।

Living-beings=জীৱ-জন্তু।

Living-dead=জীৱন্মৃত।

Living-state=জীৱন।

Livelihood, *n.* জীৱনোপায়, জীৱিকা, বৃত্তি ; প্ৰবৰ্ত্তনি।

Lively, *adj.* তজবজীয়া, বা-চালী, বজুৱাল।

Liveliness, *n.* উল্লাস ; প্ৰফুল্লতা ; স্ফুৰ্ত্তি।

Liver, *n.* আগমঙহ ; জন্তুৰ বুকৰ সোঁকালে থকা ওপৰে অলপ দুবা-পিঠীয়া তলে চেপেটা বৰচিয়া বৰণৰ মঙহ।

Livery, *n.* ভৃত্যৰ সাজ ; The uniform worm by servants. *e. g.* There the fellow is ; I wonder he has my old livery on, yet.

Livid, *adj.* black and blue' শ্যামবৰণৰ। *n.* lividity, lividness.

Lizard, *n.* শুঁইৰ নিচিনা ঘৰত থকা এবিধ ক্ষুদ্ৰ জন্তু ; জেঠী। [উট।

Llama, *n.* দক্ষিণ আমেৰিকাৰ এবিধ

Lo, *int.* চোৱা।

Load, *n.* ভাৰ (2) জাহাজৰ বস্তু (3) বোজাই।

Load-stone=চুম্বক শিল।

Loaf, *n.* 'লোফ', কটী বিশেষ। *pl.* loaves.

Loaf-sugar=এবিধ বিলাতি চেনি।

Loam, *n.* বালিয়ে বোকাই মিহলি মাটি। *adj.* loamy.

Loan, *n.* ধাৰ, ঋণ।

Loath, *adj.* অনিচ্ছুক।

Loathing, *n.* ঘিণ।

Loathsome, *adj.* ঘৃণিত।

Loaves, *n pl.* of loaf.

Local, *adj.* স্থানীয় *e. g.* local gentlemen.

Local self Government=administration of local offairs (as the conservancy, roads, lightning, supply of good water. &c.) of a town by representatives of the people them selves.

Local usuage=দেশাচাৰ।

Locality, *n.* স্থান, ঠাই।

Locate, *v.* স্থাপন কৰা।

Locative, *adj.* indicating place (in grammar).

Lock, *n.* তলা (2) বন্দিশাল।

Lock, *v.* চাবি দিয়া (2) বন্ধ কৰা (3) বন্ধনত ৰখা।

Locker, *n.* পেৰা, আলমাৰি।

Locket, *n.* diminative of 'lock'

Lock-up, *n.* বন্দিশাল, place of confinement.

Lock-smith, *n.* তলা নিৰ্ম্মাণ কৰোঁতা।

Locomotive, *adj.* 'সঞ্চাৰি' (2) *n.* ৰেলগাড়ীৰ কল।

Locomotion, *n.* গতি শক্তি।

Locus, *n.* ঠাই (2 'লোকচ' ; এটা ৰেখাত বা ৰেখা বিলাকত অৱস্থিত কোনো বিন্দু যদি কোনো নির্দ্দিষ্ট নিয়মিত আবদ্ধ থাকে আৰু এই ৰেখা বা ৰেখা বিলাকৰ প্ৰত্যেক বিন্দু যদি এই নিয়মে আবদ্ধ থাকে অথচ আন কোনো বিন্দু এনে নিয়মত বদ্ধ নেথাকে, তেন্তে সেই ৰেখা বা ৰেখা বিলাকক নিয়ম বদ্ধ বিন্দুৰ 'লোকচ' বোলে।

"The locus of a point satisfying an assigned condition consists of a line, lines or part of a line, to which the point is there by restricted ; provided that the condition is satisfied by every point on such line or lines and by no other

Locust, *n.* কাকতী-ফৰিং।

Lodge, *n.* সৰু ঘৰ (2) গহ্বৰ।

Lodge, *v.* স্থাপন কৰা (2) আশ্ৰয় দিয়া 3) বাস কৰা।

Lodging, *n.* বাস স্থান, থকা ঠাই।

Lodgement, *n.* বসতি

Loft, *n.* elevated story.

Lofty, *adj.* উচ্চ, ওখ (2) অহংকাৰী।

n. loftiness.

Log, *n.* কাঠৰ গুড়ি (2) মূৰ্খ।

Log-line, *n.* পানী জোখা ৰচি।

Log-wood, *n.* বোলো বা ৰঙা কাঠ।

Logger-head, *n.* মোটা বুদ্ধি।

Logic, *n.* ন্যায়শাস্ত্ৰ, তৰ্কশাস্ত্ৰ (2) তৰ্ক বিদ্যা ; the science of Reasoning.

Logical, *adj.* ন্যায়শাস্ত্ৰ সম্বন্ধীয় (2) নৈয়ায়িক ; ন্যায়শাস্ত্ৰ সঙ্গত (3) skilled in logic.

Logician, *n.* নৈয়ায়িক ; ন্যায় শাস্ত্ৰৰ পণ্ডিত।

Logography, *n.* art of taking down the words of speaker.

Logomachy, *n.* বাক্ যুদ্ধ।

Loins, *n.* কঁকাল, কটী।

Loiter, *v.* পলম কৰা, বেলি কৰা।

Loll *v.* আঁউজা ; lean idly (2) জিভা উলিওৱা।

Lollards, *n.* name given to the followers of John Wickliffe, the morning star of Reformation. Their doctrines were (1) that all men are equal in the eyes of God (2) that every one must answer for his life before Him (3) that nobles and priests must wield their power justly for the good of all.

Lombard, *n.* সোণাৰি।

Lone, *adj.* অকল (2) নিৰ্জ্জন *e. g.* He left me in these lone woods.

Lonely, *adv.* অকলে, অকলশৰে।
n. loneliness.

Lonely, *adj.* নিমহুৱা।

Lonesome, *adj.* নিৰ্জ্জন।
n. lonesomeness.

Long, *adj.* দীঘল 2) দিগলগা : tedious

Long, *v.* ৰৰকৈ হেপাহ কৰা : to desire eagerly, *e. g.* He longed for peace. Followed by 'for,' 'on'

Long, *adv.* বহুত দিনলৈ (2) বহুত দূৰলৈ।

Long-ago = ভাহানিয়েই।

Ere long = সোনকালে।

Long after = বহুত দিনৰ পাচত।

Long since = অনেক দিনৰ আগেয়ে।

The long and short = মোট কথা।

Long ago = বহুত দিনৰ পূৰ্ব্বে।

Long dozen = তেৰ (১৩)।

Longevity, *n.* দীৰ্ঘায়ু।

Long hundred = এশ কুৰি (১২০)।

Longimanous = long handed.

Longing, *n.* হেপাহৰা। স্পৃহা। *e. g.* while we journey onwards we cast a longing, lingering look behind to catch one fading beam of the joy that is left behind us.
Followed by 'for' 'after'

Longitude. *n.* 'দৈৰ্ঘ্য' (2) দ্ৰাঘিমা ; যি বিলাক ৰেখাই বিষুব ৰেখাক লম্ব ভাৱে ছেদ কৰি, উত্তৰ আৰু দক্ষিণ মেৰু স্পৰ্শ কৰিছে গৈ, সেই ৰেখা বিলাক।

Long-lasting = চিৰস্থায়ী।

In the long run = অৱশেষত।

Long-sighted, *adj.* দূৰদৃষ্টি (2) বিচক্ষণ।

Longish, *adj.* moderatly long.

Long-winded = দিগলগা।

Longer than brood = দীগগীয়া।

Long-shaped = দীঘল গঢ়ীয়া।

Long looking = দীঘল চানেকীয়া।

Long row of lamps = দীপমালা।

Long-lived = দীৰ্ঘজীবী, দীৰ্ঘায়ুস্।

Long-sight = দীৰ্ঘ দৃষ্টি।

Long-shaped = দীৰ্ঘাকাৰ, দীৰ্ঘাকৃতি।

[Length, *n.* দীঘল, দীৰ্ঘতা, দীঘ, দীঘা।

In length = দীঘলে, দীঘে।

Lengthwise, *adv.* দীঘলৈ, দীঘে।

At legth = অবশেষত। [কালে।
Legth and breadth = চাবিও
Lengthen, *v.* দীঘলোৱা।
Lengthy, *adj*. দীঘল।]
Looby, *n* মোটা বুদ্ধি (2) মূৰ্খ।
Look, *v*. চোৱা (2) দেখা।
"We look at a thing when we make an effort to see it *e. g.* He is looking at himself in the glass"
Look, *v*. অনুসন্ধান কৰা (2) to appear.
Look, *n*. মুখৰ চেহেৰা *e. g.* He has an amiable look.
Old-look = বুঢ়াযুৱা।
Ill-look = আগড়ী।
Look about = চাবিওফালে চোৱা। *e. g.* The thief stood there and looked about.
Look after = যতন লোৱা। *e. g.* It is your duty to look after your children.
Look on = মনোযোগেৰে চোৱা।
Look at = দৃষ্টিপাত কৰা। *e. g.* Look at the Scotsman who is eating his own blood!
Look into = পৰীক্ষা কৰা। *e. g.* I have looked into the accounts.
Look for = আশা কৰা। *e. g.* I look for no help from that quarter.
Look on = মনা *e. g.* I look on you as my patron.
Look down upon = ঘিণ কৰা। *e. g.* He is proud of his birth and looks down upon persons of humble origin.
Look out = কৰ্ত্তব্য *e. g.* it is your look out (2) watch *e. g.* The police are on the look out for the murderer.
Look on = consider. *e. g.* I look on Virgil as a great writer.
Look, *n*. দৃষ্টি, কটাক্ষ। *e. g.* While we journey onwards we cast a longing, lingering *look* behind to catch one fading beam of joy that is left behind us. The stranger cast a lingering *look*.
Looking, *n*. দৰ্শন (2) অনুসন্ধান।
Looking-glass = দৰ্পণ, আৰ্চি।
Loom, *n*. তাঁত, তাঁতশাল। (2) বশিষ।
Loon, *n*. এবিধ চৰাই।
Loop, *n*. খান্দবি, খান্দি; গুনঠি সুমুৱাব নিমিত্তে মোকোঁটোৱা একীৰ মেৰ।

Loop-hole=বিন্ধা।

Loose, *adj*. ঢিলা, শিথিল, হেলেকা, হেলেকলেকীয়া।

(2) লাকৃপাক; আট নোখোৱা।

Break loose=পলোৱা।

Let loose=হেদাঙ্গি, মেলা।

To let loose without a keeper =হেদানি মেলা; ৰখীয়া নথকাকৈ এৰি দিয়া।

Having looseness of the bowles=হগুৱা।

Loose *v*. মেলি দিয়া (2) মুক্তি কৰা (3) মুক্তি হোৱা।

Loosen, *v*. ঢিলা কৰা, শিথিল কৰা (2) ঢিলা হোৱা।

Loot, *v*. লুট কৰা, হৰণ কৰা, বলেৰে নিয়া।

Lop, *v*. কটা; ছেদন কৰা।

Loquacious, *adj*. কথকী।

n. { loquaciousness. loquacity.

Lord, *n*. প্ৰভু (2) শাসনকৰ্ত্তা (3) উচ্চ ভদ্ৰ;লাক।

fem. lady.

Lord, *n*. ৰাজপুত্ৰ (2) 'লৰ্ড'; ভাৰতৰ জমিদাৰ শ্ৰেণীৰ ওপৰৰ ইংলণ্ডৰ বেৰণৰ শ্ৰেণীৰ এক শ্ৰেণী লোক (3) স্বামী, নাথ।

Lord, *v*. প্ৰভুত্ব কৰা। *e. g*. He lords over all.

Lordling, *n*. diminutive of 'lord.'

Lordly, *adj*. মহৎ, (2) গকাল

Fig. *n*. lordliness.

Lordship, *n*. প্ৰভুত্ব।

Lore, *n*. শিক্ষা, বিদ্যা।

Lorn, *adj*. অনাথ;

Lose, *v*. হেৰোৱা (2) নষ্ট কৰা (3) বঞ্চিত কৰা।

P. T. P. P. lost.

Lose battle=যুদ্ধত পৰাজয় হোৱা।

Lose heart=নিৰাশ হোৱা।

Lose life=প্ৰাণ হেৰোৱা।

Loss, *n*. ক্ষতি, হানি, লোকচান।

(2) পৰাজয়।

Be at a loss=বিবুদ্ধি হোৱা।

Lost, *v*. P. T. P. P. of lose.

Lost, *adj*. no longer possessed.

Lot, *n*. অংশ (2) ভাগ্য, কপাল।

Lottery, *n*. চিঠি খেল; চিঠি খেলা। "লাভৰ নিমিত্তে খেলা এক প্ৰকাৰ খেমালি; তাত কেইবা জন মানুহ গোট খাই কোনো বস্তুৰ মূল্যৰ ভাগ দিয়ে, পাছে সক সক একোডোখৰ কাকত সিঁবিলাকৰ প্ৰতি জনৰ নামে লিখি একোটা গুলি কৰে, সেই বস্তুৰ নাম লেখা গুলি এটাত সেইবোৰৰ লগতে থয়। পাছে এজনে এহা-তেৰে মানুহৰ নামৰ গুলি এটা, আৰ

আন হাতেৰে বস্তুৰ নাম থকা আক্ষৰ গুলি বিলাকৰ ভিতৰৰ গুলি এটা আনে; তাতে যাৰ নামেৰে সৈতে বস্তুৰ নাম আছে সেই জনেই তাক পায়।"

Lotus, *n.* পদ্ম, পদুম, পঙ্কজ, নীৰজ।

Lotus-seated-Deity = ব্ৰহ্মা।

Lotion, *n.* 'লোচন'; বাহ্যিক ব্যৱহাৰৰ পনীয়া ঔষধ; *e. g.* eye-lotion, skin-lotion.

Lottery, see under *lot.*

Loud, *adj.* হাইযুক্ত।

Loud, *n.* হাই-উৰুমি, চিঞৰ-বাখৰ।

Loud voice = হাই, উচ্চশব্দ।

Loudly, *adv.* চিঞৰি, উচ্চস্বৰে।

Lounge, *v.* আৰামেৰে বহা, to recline-lazily (2) এলাহতে সময় কটোৱা।

Lounge, *n.* সুখাসন।

Louse, *n.* ওকণী। *pl.* lice.

Louse eggs = লেপি।

To search for lice in the head = ওকণী চোৱা।

Lout, *n.* চহা। *adj.* loutish.

Louver } Louvre } *adj.* ধোঁৱা চুঙা।

Lovable, *adj.* প্ৰিয়, প্ৰণয়ৰ যোগ্য

Love, *n.* প্ৰণয়, মৰম, চেনেহ, প্ৰীতি, বেথা, প্ৰেম; নেহা।

Love, *v.* ভাল পোৱা।

Lovely, *adj.* লাহৰি (2) মনোৰম (3) মনোহৰ (4) মনোহাৰী।

Lover, *n.* প্ৰেমিক।

Low, *v.* হেম্বা হেম্বা কৰা।

n. গৰুৰ শব্দ।

Low, *adj.* নীচ, হীন, ইতৰ (2) তলৰ (3) মৃত (4) চাপৰ।

Low land = দ মাটি।

Lower, *v.* কমোৱা (2 চাপৰোৱা।

Loyal, *adj.* ৰাজভক্ত *e. g.* loyal subjects.

Loyalty, *n.* ৰাজভক্তি।

Lubber } Labbard } *n.* এলেহুৱা (2) মোটা বুদ্ধিৰ মানুহ।

Lubricate, *v.* চিকণ কৰা, to make smooth (2) তেলীয়া কৰা।
n. lubrication.

Lucern, *n.* উদ্ভিদ বিশেষ।

Lucid, *adj.* উজ্জ্বল, চিকমিকীয়া (2) কটকটীয়া।

n. { Lucidity Lucidness.

Lucifer, *n.* দীপ-কাঠী।

Luck, *n.* ভাগ্য কপাল, দশা (2) সুভাগ্য।

Good-luck = সুভাগ্য।

Ill-luck = দুৰ্ভাগ্য।

Lucky, *adj.* ভাগ্যবান্, ভাগ্যৱন্ত।

Lucrative, *adj.* লাভজনক, অৰ্থকৰ *e. g.* lucrative appointment.

Lucre, *n.* অৰ্থলাভ, ধনলাভ।

Lucubrate, *v.* প্ৰদীপৰ পোহৰত পঢ়া (2) ৰাতি পঢ়া।

Lucubration, *n.* ৰাতি পাঠ (2) নৈশ-ৰচনা।

Ludicrous, *adj.* হাঁহি উঠা।
n. Ludicrousness.

Luff, *n.* বায়ুমুখে গমন।

Lug, *v.* বলেৰে আকৰ্ষণ কৰা; জোৰেৰে টানি নৈ যোৱা।

Luggage, *n.* ভ্ৰমণকাৰীৰ পেড়া আৰু আন টালি-টোপলা।

Lugubrious, *adj.* শোচনীয়।
n. lugubriou ness.

Lug-worm, *n.* এবিধ কেঁচো।

Luke-warm, *adj.* অলপ তপত।

Lull, *v.* শাঁত কৰা (2) টোপনি নিওৱা।

Lullaby, *n.* a song to quiet infants; a song to lull infants; *e. g.* sing in our sweet lullaby.

Lumbago, *n.* কঁকালৰ বিষ।

Lumber, *v.* বিশৃঙ্খলকৈ গোটোৱা।

Lumber, *n.* বেৰেৰি-বাং বস্তু।

Luminary, *n.* উজ্জ্বল বস্তু (2) প্ৰখৰ বুদ্ধিমান *e. g.* Kalidas is one of the brightest luminaries of the world.

Luminous, *adj.* উজ্জ্বল; Light; bright.

Lump, *n.* সোপা।

Lumpish, *adj.* গধুৰ (2) নিৰ্বোধ।

Lunacy, *n.* উন্মাদ, বলিয়া।

Lunatic, *adj.* পগলা।

Lunatic asylum = পাগল খানা।

Lunar, *adj.* চান্দ্ৰ; চন্দ্ৰ সম্বন্ধীয়।

Lunation, *n.* চান্দ্ৰ মাহ।

Lunch / Luncheon } *n.* জলপান।

Lunch / Luncheon } *v.* জলপান খোৱা।

Lunette, *n.* a crescent-shaped decoration for the body.

Lungs, *n.* হাওফাও; জন্তুৰ বুকুত থকা নিচেই মিহি জালৰ নিচিনা বিন্ধাযুক্ত দোডোখৰ বঙচীয়া মঙহ, সিঁহতে ভাতিৰ দৰে নিশ্বাসৰ বায়ু সিঁহতৰ ভিতৰলৈ সুমাই আৰু উলিয়াই তেজ নিৰ্ম্মল কৰে।

Lunge, *n.* a sudden thrust in fencing.

Lunt, *n.* জুইৰ ফিৰিঙটি।

Lunula, *n.* নখৰ বিচোখৰ বগা হয়।

Lupine, *adj.* like a wolf.

Lurch, *n.* পিছড় পতন।

To leave in the lurch = বিপদাৱস্থাত এৰি যোৱা।

Lure, *v.* লোভ লগোৱা; লোভ লগাই আকৰ্ষণ কৰা।

Lurid, *adj.* ভীষণ, ডাঙৰ।

Lurk, *v.* ঠিয় দি থকা (2) লুকাই [থকা।

Lurking place = গুপ্ত স্থান।

Luscious, *adj*. সুমিষ্ট, মিঠা (2) সুগন্ধি। *e. g.* Luscious woodbine. *n.* lusciousness.

Lust, *n.* কাম ; তিৰোতা-মতা-ৰ পৰস্পৰৰ সহবাসৰ ইচ্ছা।
(2) carnal appetite

Lust, *v.* সম্ভোগ ইচ্ছা কৰা।
(2) desire earnestly.
Followed by 'after.'

Lustre, *n.* দীপ্তি ; জ্যোতিঃ।
জলক।
adj. lustrous.

Luster, same as 'lustre.'

Lusty, *adj.* সবল। *n.* lustiness.

Lute, *n.* বীণা।

Luxuriance, *n.* abundant plenty or growth.

Luxuriant, *adj.* Rich in growth.

Luxurious, *adj.* বিলাস।
given to luxury.
n. luxuriousness.

Luxury. *n.* বিলাস।

Lying, *n.* মিছা কথন।

Lying, *adj.* being in a horizontal position. [জোবা।

Lying at a full length = খোবাং.

Lymph, *n.* পানী (2) ফটফটীয়া পনীয়া বস্তু।

Lynch, *v.* বে-আইন কৈ বিচাৰ কৰা আৰু শাস্তি দিয়া।

Lyre, *n.* বীণা বিশেষ।

M.

Mab, *n.* পৰীবিলাকৰ ৰাণী, queen of the fairies.

Macaroni, *n.* আটাৰ ৰুটি (2) ফুল বাবু। (3) a fop.

Macaroon, *n.* বাদাম আদি দিয়া সুমিষ্ট ৰুটি।

Macano, *n.* বানৰ।

Macaw, *n.* ভাটৌ।

Mace, *n.* গদা (2) জাইপত্ৰী, জাই-ফলৰ বাকলী।

Macer, *n.* দণ্ডধৰ।

Machiavelian, *adj.* টেঙৰ, চালাক, ধূৰ্ত্ত।

Machinate, *v.* কুমন্ত্ৰণা কৰা, ফিকিৰ কৰা to plot. *n.* Machination.

Machine, *n.* যন্ত্ৰ, যতন, কল।

Machinery, *n.* যন্ত্ৰবিলাক। কল বা যন্ত্ৰৰ কাম বা তাৰ প্ৰত্যঙ্গবিলাক।

Machinist, *n.* যন্ত্ৰ তৈয়াৰ কৰোতা।

Macula, *n.* a spot as on the skin.

Macrocosm, *n.* পৃথিবী।

Maculate, *v.* দাগ দিয়া, (2) অপবিত্ৰ কৰা।
n. maculation.

Mad, *adj*. পগলা, বলিয়া (2) খঙাল (3) উন্মত।
Followed by 'with.'
n. madness.

Run mad=বলিয়া হোৱা।

Madcap, *n*. পগলা মানুহ।

Madhouse, *n*. 'পাগলখানা'।

Madman, *n*. পগলা, বলিয়া।

Madden, *v*. পগলা কৰা (2) পগলা হোৱা ; বলিয়া হোৱা। (3) খং তোলা।

Madam, *n*. আৰ্যা, courteous form of address to a married lady.

Mas Sir.

pl. madams
masdames.

Madona
Madonna } *n.* কুমাৰী মেৰীৰ চবি।

Made, *adj*. প্ৰস্তুত, সৃষ্ট।
Followed by 'of' 'in.'

Made, *v*. P. T. P. P. of make.

Mediator, *n*. মধ্যস্থ।

Mediatorship, *n*. মধ্যস্থতা।

Madness, *n*. পাগলালি, বলিয়ালি।

Mademoiselle, *n*. কুমাৰী ; Miss.

Madrepore, *n*. এবিধ পোৱাল।

Madrigal, *n*. গান বিশেষ।

Magazine, *n*. ভৰাল (2) গুদাম।

Magazine, *n*. সাময়িক কাকত বা পুস্তক ; a pamphlet or small book published periodically containing compositions on miscellaneous subjects.

Magazine, *n*. অস্ত্ৰাগাৰ।

Maggot, *n*. উই, পোক।

Magi, *n. pl*. পাৰস্য দেশৰ জ্ঞানী মানুহ সমূহ।

Magic, *n*. ইন্দ্ৰজাল, চিত্ৰকৰ্ম্ম, ভোজবাজী।

Magic-lantern, *n*. 'ছায়াবাজীৰ লেম্'।

Magic
Magical } *adj*. ইন্দ্ৰজালিক।

Magically, *adv*. ভেলকীৰে।

Magician, *n*. বাজীকৰ, one skilled in magic. [প্ৰতাপী।

Magisterial, *adj*. গপাল, অহঙ্কাৰী ; *n.* magisterialness.

Magistrate, *n*. মাজিষ্ট্ৰেট, হাকিম, শাসন কৰ্ত্তা।

Magistracy, *n*. শাসন কৰ্ত্তাৰ পদ (2) শাসন কৰ্ত্তা বিলাক।

Magna Charta, *n*. মেগনা কাৰ্টা ; The Great charter of the English liberties, formed the corner stone of the rights and liberties of the English people. Its main provisions were that (1) The King could not raise money without the consent of the Parliament. (2) No man is to be punished without a trial and that trial must be before a jury.

Magnanimity. *n.* মহত্ত্ব, উদারতা।

Magnanimous *adj.* মহৎ, উদার।
e. g. "There is an indissoluble union between a *Magnanimous* policy and the solid rewards of public prosperity and felicity."

Magnate, *n.* ভদ্রলোক, ধনী, মহৎ লোক।

Magnet *n.* চুম্বক।

Magnetic } Magnetical } *adj.* having the properties of the magnet. *e. g.* The magnetic needle under the influence of the earth's attraction always turns towards the North Pole.

Magnetise, *v.* চুম্বক শক্তি যুক্ত করা।

Magnetism *n.* চুম্বক শক্তি।

Magnifical } Magnific } *adj.* মহৎ ; ডাম্বর।

Magnificent, *adj.* মহৎ (2) বর জাকজমকাল।

Magnificence. *n.* ঐশ্বর্য্য (2) বর জাকজমক *e. g.* Jumna Majid is a work of extraordinary beauty and magnificence.

Magnify, *v.* বরকৈ বর্ণনা করা ; to make great (2) প্রশংসা করা। to extol.

Magniloquent, *adj.* গফাল (2) ডাম্বর ডাম্বর শব্দযুক্ত।
adj. Magniloquence.

Magnitude, *n.* বৃহত্ব ; greatness (2) গুরুত্ব ; importance.

Magnolia, *n.* এবিধ গছ।

Magpie, *n.* ভদবকলা।

Mahomedan, *n.* মছলমান।

Mahomedanism *n.* মছলমান ধর্ম্ম।

Maid, *n.* কুমাৰী।
mas. bachelor.

Maid, *adj.* বিশুদ্ধ।

Maid, *n.* দাসী, পৰিচাৰিকা।

Maiden, *n.* কুমাৰী (2) *adj.* কুমাৰী সমন্ধীয়।

Maiden-essay, *n.* প্ৰথম চেষ্টা।

Maiden-name = The surname of a woman before her marriage.

Maiden speech = প্ৰথম বক্তৃতা।

Maidenly, *adj.* লাজকুৰীয়া, লাজুক।
n. maidenliness.

Mail. *n.* কৱচ (2) any defensive covering. (3) মোনা।

Mail *v.* কৱচ পিন্ধা।

Maim, *v.* অঙ্গহীন করা।

Main, *n.* প্ৰধান (2) জোৰ,

violence (3) বল, strength.

Mainly, *adv.* প্ৰধানতঃ, chiefly.

Mainfast, *adj.* বলী।

Mainland, *n.* মহাদেশ।

Mainmast, *n.* প্ৰধান মাস্তল।

Maintain, *v.* ধাৰণ কৰা (2) ৰক্ষা কৰা (3) ভৰণ পোষণ কৰা। *adj.* maintainable·

Maintenance, ধাৰণ (2) ৰক্ষা (3) ভৰণ পোষণ ; বৃত্তি।

Maintainer, *n.* ভৰ্ত্তা ; one who maintains.

Maize, *n.* গোমধান।

Majesty, *n.* মৰ্য্যাদা ; ৰাজশ্ৰী (2) ৰাজপদবী ; the title of Kings, Queens and Emperors. [গম্ভীৰ।

Majestic, *adj* উদাৰ, মহৎ ; শ্ৰেষ্ঠ :

Major, *n.* 'কেপটেইনৰ' ওপৰৰ সৈনা বিভাগৰৰ কৰ্ম্মচাৰী।

Majority, *n.* অধিকাংশ. The greater number. *e. g.* Majority must be granted (2) সাবালক full age.

Make *v.* সৃষ্টি কৰা, নিৰ্ম্মাণ কৰা (3) উপাৰ্জ্জন কৰা {(4) স্থাপন কৰা। P. T. P. P. made.

Make away with = বিনাশ কৰা *e. g.* Being disappointed he made away with himself.

Make after = পিছে পিছে যোৱা।

Make amends = ক্ষতিপূৰণ কৰা।

Make for—To move towards *e. g.* the sportsman made for the tiger.

Make good = ক্ষতি পূৰণ কৰা।

Make mouths = মুখ, ইকটা-বিকটা কৰা *e. g.* They make mouths upon me when I turn my back.

Make off = পলায় যোৱা।

Make out = উলিওৱা *e. g* I cannot make out the meaning of this letter. (2) প্ৰমাণ কৰা।

Make over = সমৰ্পণ কৰা।

Make up = ক্ষতি পূৰণ কৰা (2) (2) স্থিৰসংকল্প কৰা *e. g.* I have made up my mind to go to Japan.

Make up with = দন্দ ভঙ্গা।

Make water = সক পানী চোৱা।

Make a mountain of a mole hill = বৌটোকে টৌটো কৰা।

Maker = সৃষ্টিকৰ্ত্তা ; বিধাতা ; ব্ৰহ্মা

Malady, *n.* ৰোগ, ব্যাধ।

Malapert, *adj.* দুৰন্ত।

Malapropos. *adv.* অনুপযুক্তকৈ।

Malaria, *n.* আমকাৰ্য্যস্বাস্থ্য অহিত-কৰ বতাহ।

Malaria Fever = "মেলেৰিয়া অৰ"

Male, *n.* পুৰুষ, মটা, *e. g.* male child. [পাতকী।

Malefactor, *n.* অপৰাধী, দোষী ;

Malevolence, *n.* দ্বেষ, ঈর্ষ্যা, খিয়াল। *adj.* malevolent.

Malformation, *n.* অযথাৰ্থ গঠন।

Malice, *n.* দ্বেষ, ঈর্ষ্যা, খিয়াল।

Malicious, *adj.* খিয়লীয়া, হিংসুক।

Maliciously, *adv.* with a bad or malicious intention.

Malign, *v.* খলতাচৰণ কৰা, to act maliciously.

Malignancy, *n.* দ্বেষ, খলতা, খিয়াল। *adj.* Malignant.

Malignity, *n.* শক্ৰতা, খিয়াল।

Malignly, *adv.* বেয়া অভিপ্ৰায়েৰে।

Malison, *n.* শাও ; অভিশাপ।

Mallard, *n.* এবিধ বনৰিয়া হাঁহ।

Malleability, *n.* যি বিলাক খুন্দিয়ালে বাঢ়ে।
adj. malleable.

Mellet, *n.* কাঠৰ মুগৰ।

Malmesy, *n.* এবিধ দ্ৰাক্ষা।

Maltreat, *v.* নিগ্ৰহ কৰা, to treat ill. *n.* maltreatment. বেয়া ব্যবহাৰ।

Malversation, *n.* দুশ্চৰিত্ৰ, bad couduct.

Mam
Mamma } *n.* আই, 'মা'।
mas. Papa.

Mammal, *n.* যি বিলাক জন্তুয়ে নিজৰ পোৱালীক স্তন পান কৰায়।

Mammiferous, *adj.* স্তনেৰে পালিত।

Mammon, *n.* ধনদেৱতা, কুবেৰ। the god of the riches.

Manmoth, *n.* হাতিৰ নিচিনা এবিধ জন্তু।

Man, *n.* মানুহ, নৰ, মনুষ্য (2) মনুষ্য জাতি।
Fem. woman.
pl. men.

Manes, *n.* পিতৃগণ।

Manful, *adj.* সাহসিক। *n.* manfulness.

Manhood, *n.* মনুষ্যত্ব।

Manly, *adj.* সাহসিক (2) মহৎ *n.* manliness.

Manacle, *n.* হাতকেৰেয়া।

Manage, *v.* চলোৱা (2) শিক্ষা দিয়া। *n.* Management.

Manager, *n.* কাৰ্য্য চলাওঁতা ; অধ্যক্ষ। 'মেনেজৰ' ?

Mandate, *n.* আদেশ, হুকুম।

Mandatary
Mandatory } *n.* যাক হুকুম দিয়া হয়।

Mandril, *n.* এবিধ বানৰ।

Mane, *n.* কেশৰ।

Manes, *n.* পিতামহ, প্ৰপিতামহ।

Magnauese, *n.* ধাতু বিশেষ]

Manger, *n.* ঘোৰা আদিৰে আহাৰ কৰা পাত্ৰ ; খোলনী ।

Mangle, *v.* ছেদন কৰা, কটা । *n.* mangler.

Mangle, *n.* কাপোৰৰ 'ইস্ত্ৰি' (2) *v.* কাপোৰ 'ইস্ত্ৰি' কৰা ।

Mangled, *adj.* ক্ষতবিক্ষত ।

Mango, *n.* আম । *pl.* mangoes.

Manhater, *n.* নৰনিন্দক ।

Mania, *n.* উন্মাদ । *adj.* maniac.

Manifest, *adj.* স্পষ্ট (2) *v.* প্ৰকাশ কৰা । *e. g.* The tiger knew him instantly and manifested great pleasure at seeing him.

Manifestation, *n.* আবিৰ্ভাব, প্ৰকাশ ।

Manifesto, *n.* ঘোষণা পত্ৰ ।

Manifold, *n.* বিবিধ, নানাপ্ৰকাৰৰ ।

Manikin, *n.* diminutive of 'man'

Maniple, *n.* মুঠি ।

Manipulate, *v.* হাতেৰে কাম কৰা । *n.* manipulation.

Manna, *n.* অমৃত ; The food which God fed the Israelites during their journey through the wilderness of Arabia of which taste was like wafers made with honey.

Manner, *n.* আচৰণ (2) ৰীতি (3) বিধ ।

Manners, *n.* methods (2) ব্যৱহাৰ, ভদ্ৰতা ।

Mannerism, *n.* ধৰণ ।

Mannerly, *adj.* ভদ্ৰ । *n.* mannerliness.

Manor, *n.* ভূসম্পত্তিৰ অধিকাৰ ; lordship of an estate.

Mansion, *n.* অট্টালিকা ; পকাঘৰ ।

Manslaughter, *n.* নৰহত্যা ।

Mantel, *n.* covering of a chimney or fire-place.

Mantellet, **Mantlet** } *n.* তিৰোতাৰ 'কুৰ্ত্তা' ।

Mantle, *n.* সাধাৰণ পোষাকৰ ওপৰত পিন্ধা ডাঙৰ চোলা বিশেষ ।

Mantle, *v.* উক্ত সাজ পিন্ধা ।

Mantua, *n.* তিৰোতাৰ 'গণ' বিশেষ ।

Mantuamaker, *n.* one who makes gowns for ladies.

Manual, *adj.* হাতেৰে কৰা (2) *n.* 'মেন্নুয়েল' ; handbook.

Manual labour=হজ, হজুৱালি । Doing manual work may be expressed by হজুৱা ।

Manufacture, *v.* নিৰ্ম্মাণ কৰা, to make by hand or art.

Manufacture, *n.* নিৰ্ম্মাণ, process

of manufacturing (2) নিৰ্ম্মাণ কৰা বস্তু।

adj. manufactural.

Manufactory, *n*. শিল্পশাল, কাৰখানা।

The building where manufacture is carried on (2) *adj*. কাৰখানাত নিযুক্ত।

Manufacturer, *n*. শিল্পী।

Manumit, *v*. দাসত্বৰ পৰা মুক্তি কৰা। *n*. manumission.

Manure, *v*. সাৰ দিয়া, (2) *n*. সাৰ।

Manurial, *adj*. সাৰুৱা।

Manuscript, *adj*. হাতেৰে লিখা, written with hand (2) *n*. হাতেৰে লিখা পত্ৰ বা কিতাপ।

Many, *n*. বহুত।

Many শব্দ সংখ্যা আৰু much শব্দ পৰিমাণ সম্বন্ধে ব্যৱহাৰ হয়।

Many a=কেবাজন ; বহুত *e. g*. "Many a bold knight started up in heat"

"(1) Many a (2) A many—: The former phrase is followed by singular nouns ; and the latter by plural ones *e. g*. 'Many a man'='many times one man' or 'many men' ; 'A many -here many has a collective force ; *e. g*. they have not shed a many tears." used in poetry, here "a" is an old remnant of the preposition "of."

Map, *n*. মানচিত্ৰ।

Mar, *v*. নষ্ট কৰা, ক্ষতি কৰা।

Maranatha, *n*. শাও a word of cursing.

Marasmus, *n*. ৰোগ বিশেষ।

Maraud, *v*. লুট কৰা (2) লুট কৰিবলৈ অন্বেষণ কৰা।

Marauder, *n*. লুটোতা।

Marble, *n*. মাৰ্ব্বোল ; a fine limestone highly polished.

Marble-hearted, *adj*. নিষ্ঠুৰ।

Marble-constant, *adj*. স্থিৰ।

March, *n*. মাৰ্চ্চ মাহ (2) সৈন্যৰ যাত্ৰা।

March, *v*. যুদ্ধযাত্ৰা কৰা (2) to move in order as soldier. Followed by "with"

Marches, *n*. দেশৰ সীমা, borders, confines.

Marchioness, *n*. Fem of [marquis.

Mare, *n*. মাইকী ঘোঁৰা।

mas. Horse, or stallion.

Margin, *n*. দাঁতি। 'মাৰ্জিন'।

e. g. Figures in the margin

indicate full marks.

adj marginal.

Marigold, *n* এবিধ হালধীয়া ফুল।

Marine, *adj*. সামুদ্রিক (2) *n*. যুদ্ধ জাহাজ সমূহ (3) সামুদ্রিক ঘটনা।

Mariner, *n*. নাবিক।

Marital, *adj*. বিবাহ সম্বন্ধীয়।

Maritime, *adj*. সামুদ্রিক।

Maritime law=সামুদ্রিক আইন।

Mark *n*. নম্বৰ (2) চিন্ 3) দাগ।

A man of mark=গণ্যমান্য মানুহ। *e. g.* Rai Jagannath Barua Bahadur was a man of mark.

Mark out=select ; *e. g.* the ring-leaders were marked out for punishment.

Marksman, *n*. লক্ষ্যভেদী, one who shoots well.

Dasarath was an excellent marksman. [হাট

Market, *n*. বজাৰ, বেচা কিনা ঠাই,

Marl, *n*. a rich earth used as manure. *adj*. marlaceous.

Marmorate, *adj*. Covered with a marble.

Marmose, *n*. আমেৰিকাৰ এবিধ জন্তু।

Marmot, *n*. পৰ্ব্বতীয়া ইন্দুৰ।

Maroon, *v*. নিৰ্জ্জন দ্বীপত নাবিকক থোৱা ; to put a sailor on a desolate island.

Marquis } **Marquess** } *n*. 'মাৰ্কেয়েচ ; tittle next under a duke. *Fem.* marchioness.

Marriage, see under marry

Marrow, *n*. কোনো বস্তুৰ সাৰাংশ।

Marry, *v*. বিবাহ কৰা ; বিয়া কৰোৱা Followed by 'to'

Marriage, *n*. বিবাহ, বিয়া।

Marrige able, *adj*. বিবাহৰ যোগ্য। marriageableness.

Marriage-portion } **Marriage-gift** } *n*. যৌতুক।

Mars, *n*. যুদ্ধ দেৱতা।

Marsh, *n*. দোপনি, দলদলীয়া মাটি। *adj*. marshy

Marshal, *n*. সেনাপতি (2) পুলিচৰ প্ৰধান কৰ্মচাৰী বিশেষ।

Marshal, *v*. শৃঙ্খলা কৰা। (2) Lead ; *e. g.* Permit I marshal you the way.

Mart, *n*. হাট, বজাৰ, বেচা-কিনা ঠাই

Martial, *adj*. যুদ্ধোপযুক্ত (2) সাহসী।

Martello, *n*. সাগৰৰ দাঁতি ৰক্ষাৰ নিমিত্তে তৈয়াৰ কৰা দুৰ্গ।

Martin } **Martinet** } *n*. এবিধ চৰাই।

Martinmas, *n.* ছেণ্ট মাটিনৰ উদ্দ্যেশ্যৰ উৎসৱ ১১ নবেম্বৰত হয়।

Martyr, *n.* one who suffers for his belief. স্বধৰ্ম্মত জীৱন ত্যাগী।

Marvel, *n.* অদ্ভুত, অচৰিত।

Marvellous, *adj.* আচৰিত, নেদেখা-নুশুনা, wonderful.

Masculine, *adj.* পুৰুষৰ নিচিনা (2) *Fig.* সাহসিক।

Masculine-gender = পুংলিঙ্গ।

Mash, *v.* মিহলোৱা (2) পিহা to crush.

Mask } *n.* মুখৰ ঢাকন, cover
Masque } for the face. মুখা

Masquerade, *v.* ছদ্ম বেশ ধাৰণ কৰা।

Mason, *n.* ঘৰকৰ্মীয়া; ইটাৰ কাম কৰা বাটৈ।

Mass, *n.* any quantity of matter contained in a body (2) *v.* সংগ্ৰহ কৰা।

Massive, *adj.* গধুৰ *n.* massiveness

Massacre, *n.* হত্যা

e. g. massacre of St. Brices day (see 'murder')

Mast, *n.* মাস্তুল।

Master, *n.* প্ৰভু, নাথ, গৰাকী, (2) শিক্ষক।

Masterful, *adj.* অহঙ্কাৰী।

Masterless, *n.* প্ৰভুহীন।

Masticate, *v.* চোবোৱা।

Masticatory, *adj.* চোবাবৰ যোগ্য।

Mastodon, *n.* হাতিৰ নিচিনা এবিধ জন্তু। "A genus of extinct fossil quadrupeds resembling the elephant, but larger, named from the mimmallary processes on its teeth."

Mat, *n.* a texture of straw, &c for cleansing the foot on.

Matadore } *n.* ষাঁৰ হত্যাকাৰী।
Matador }

Match, *n.* জ্বিয়াশলাই (2) বিবাহ। (3) খেমালি (4) a contest or game. (5) তুল্য।

Match, *v.* সমান আকৃতি কৰা (2) বিয়া দিয়া (3) to be able to compete with.
Followed by 'with'

Matchless, *adj.* অদ্বিতীয় (2) in comparable. অপ্ৰতিম।

Mate, *n.* সঙ্গী ; সহচৰ।

Mateless, *adj.* অকলসৰীয়া।

Material, see under matter

Maternal, *adj.* মাতৃবৎ (2) আইৰ ফালৰ *e. g.* maternal relation *n.* maternity.

Mathematics, *n.* অঙ্ক শাস্ত্ৰ, গণিত। This word is a true plural but is now treated as a singular *e. g.* Mathematics is the science of quantity.

Mathematic } adj. অঙ্ক শাস্ত্র
Mathematical } সমন্ধীয়।

Mathematician, adj. গণিত পণ্ডিত।

Matrix } n. গর্ভ।
Matrice }

Matricide, n. মাতৃহত্যা, মাতৃবধী।

Matriculation, n. প্ৰবেশিকা পৰীক্ষা।

Matrimony, n. বিবাহ।

Matron, n. গৃহিণী, ঘৰৰ ঘৈনী; বৃদ্ধা। mother of a family.

ab. n. matronage, matronhood

Matronal, *adj*. মাতৃবৎ।

Matronly, *adj*. becoming a matron.

(2) গম্ভীৰ। [উদ্বেগৰ কাৰণ।

Matter, *n*. বিষয়, (2) সাৰ (3)

Material, *adj*. ভৌমিক; not spiritual; *e. g.* she seemed to enjoy all the happiness of a material world.

(2) শাৰিৰীক। (3) আৱশ্যকীয়।

Mattock, *n*. কোৰ বিশেষ।

Maturate, *v*. পকা to ripen.

n. maturity

Mausoleum, *n*. কবৰ; মৈদাম।

Maw, *n*. পশুৰ পাকস্থলী।

Mawkish, *adj* ঘৃণনীয়; কুৎসিৎ।

Maxilla, *n*. a jawbone.

adj. maxillar, maxillary.

Maxim, *n*. বচন।

Maximum, *adj*. সকলোতকৈ অধিক (2) the greatest

Maximise, *v*. to make as great as possible. [মাহ।

May, *n*. মেই; ইংৰাজী বছৰৰ পঞ্চম

May, *v*. ইচ্ছা *e. g.* May you be happy (2) অনুমতি *e. g.* may I go out? (3) সম্ভাবনা *e. g.* he may come. P. T. P. P. Might 'can denotes power; *e. g.* I can do it for you; I cannot stand.

Mayor, *n*. নগৰৰ অধ্যক্ষ (2) the chief magistrate of a city. "অধিনায়ক"

Fem. mayoress "অধিনায়িকা"

Maze, *n*. পকোৰাপকি ঠাই।

Me, *pro*. মোক, the objective case of I. *pl.* us. [ভূমি।

Mead, *n*. মধু (2) পথাৰ; তৃণাচ্ছাদিত

Meagre, *adj*. কৃশ (2) কম; তাকৰ।

Meal, *n*. ভোজন, আহাৰ। *e. g.* meal time.

Mean, *adj*. নীচ, অধম, হীন (2 ক্ষুদ্ৰ (3) অমৰ্য্যাত। *n.* meaness. (see under *meaning*)

In the meantime=ইতিমধ্যে।

Means, *n*. দিহা (2) উপায়।

Means is a true plural, but is now used as a singular.

"Means—This is now almost

always used as a singular ; as By this means"

Meaning, *n.* অভিপ্রায়, (2) অর্থ।

Meaningless *adj.* having no meaning (3) non-sense.

Meanness, *n.* অমর্য্যতালি (2) ক্ষুদ্রতা।

Mean, *adj.* মধ্য, middle.

Mean, *v.* Intend ; signify. *e. g.* what do you mean to do? what do you mean by this ? P. T. P. P. meant.

Measure, *n.* পৰিমাণ, জোখ (2) কোনো উদ্দেশ্য সাধনৰ উপায় 3) a rule by which anything is adjusted. *adj.* measurable.

Measureless, *adj.* অসীম।

Meat, *n.* মঙ্গহ (2) খাদ্য।

Mechanic } *adj.* যন্ত্র বিষয়ক,
Mechanical } Pertaining to mechanics, the science which treats of machine.

Mechanics, *n.* কল বিজ্ঞান। There are some nouns which are never used in the singular ; 'Mechanics' one of them.

Mechanism, *n.* কলৰ গথন।

Medal ; *n.* 'মেডেল', পুৰস্কাৰ মুদ্রা। *e. g.* gold medal, silver medal.

Medalist, *n.* 'মেডেল' পাওঁতা।

Meddle, *v.* হাত দিয়া ; *e. g* Meddle not with that which corcerns you not. Followed by with.

Medial, *adj.* মাজ।

Mediate. *v.* মাজ হোৱা। *n.* mediation

Mediatise, *v.* ৰাজ্যভুক্ত কৰা।

Mediocre, *adj.* মজলীয়া, মধ্যম ; সামান্য।

Medium, *n.* মধ্য 2) উপায়।

Medical, *adj.* ভেষজ্য ; চিকিৎসা-সমন্ধীয়। *e. g.* medical help.

Medical science = আয়ুর্ব্বেদ। [কৰা।

Medicate, *v.* ঔষধ দিয়া, চিকিৎসা

Medicine, *n.* ঔষধ, দৰব।

Medieval, *adj.* relating to Middle Ages *e. g.* " ogic is the warp upon which nearly the whole web of Ancient, Medieval and modern philosophy has been woven."

Meditate, *v.* ধ্যান কৰা (2) ভবা *n.* meditation Followed by 'w th'

Medulla, *n.* ভিতৰৰ ভাগ। marrow.

Meed, *n.* পুৰস্কাৰ।

Meek, *adj.* নম্র. ভদ্র। *e. g.* she was meek and resolute.

Meet, *adj.* উচিত, উপযুক্ত।

Meet, *v.* সাক্ষাৎ কৰা, দেখা কৰা। (2) পোৱা
P. T. P. P, met
Followed by 'with'

Meeting, *n.* সভা, মেল। Any assembly may be called 'meeting', while *council* is an assembly of men summoned for consultation or advice *e. g.* he called a council of war

Megrim, *n.* মূৰৰ বেমাৰ।

Melancholy, *n.* দুখজনক বেজাৰ *e, g,* melancholy cry.
adj. (2) জলকা ; বিমৰ্ষ।

Meliorate, *v.* উন্নতি কৰা। to make better *n.* melioration

Mellifluent } **Mellifluous** } *adj.* মিঠা ; মধুময়।

Mellow, *adj.* পকা (2) *v.* পকোৱা

Melt, *v.* গলা, দ্ৰব হোৱা।

Member, *n.* শৰীৰৰ কোনো অঙ্গ (2) সভ্য *e. g.* member of the Legislative council (3) সমজুৱা, সভাসদ

Memorial, *n.* স্মৰণৰ চিন্ (2) আবেদন পত্ৰ (3 চিয়া।

Memorable, *adj.* স্মৰনীয়।

Memorendum, *n.* টোকা।
pl, memorenda.

Menagery, } **Menagerie** } *n.* পশুশালা।

Menance, *v.* Threat [কৰা।

Mend, *v.* সংশোধন কৰা (2) ভাল

Mendacious, *adj.* মিছা।

Mendicant, *n.* মগনীয়া।
"Beggar is he who makes it his business to ask alms; Mendicant is one who makes a business begging, *especially a begging friar*'

Mendicancy, *n.* দৰীদ্ৰতা।

Menial, *adj.* নীচ, হীন।

Menial, *n.* ঘৰৰ চাকৰ (2) সৰু মানুহ, 'ছোটলোক'।

Menial service = পৰিচৰ্য্যা।

Menial servant = পৰিচাৰক।

Menses, *n.* ঋতু, চুৱা। There are some nouns which are never used in the singular; menses one of them.

Menstrual, *adj.* মাহিলি।

Menstruant, *adj.* subject to menses,

Menstruation, *n.* স্ত্ৰী-ধৰ্ম্ম, ঋতু, তিৰোতাৰ মাহেকীয়া স্ৰৱ।

Menstruate, *v.* চুৱা হোৱা।

Menstruous, *adj.* ঋতুমতী, ৰজস্বলা
The period of menstruation = ঋতুকাল।

Mensuration, *n.* জৰিপ।

Mental, *adj.* মানসিক।

Mental call=স্মৰণ।

Mention, *v.* উল্লেখ কৰা (2) *n.* উল্লেখ।

Mentionable, *adj.* উল্লেখৰ যোগ্য।

Mentor, *n.* উপদেশক।

Mercantile, *adj.* বেপাৰ সমন্ধীয়।

Merchant, *n.* সদাগৰ। মুদৈ।

Merchandise, *n.* বেপাৰৰ বস্তু।

Mercenary, *adj.* বেচোৱাই।

Mercury, *n,* পাৰা (2) দেৱতাৰ দূত (3) বুধ, the name of a planet (4) a news paper

Mercurial, *adj.* পাৰাযুক্ত (2) চঞ্চল।

Mercy, *n,* দয়া, কৃপা।

Merciful, *adj.* দয়ালু

Mere, *n,* সীমা (2) জলাশয়

Mere, *adv.* কেৱলমাত্ৰ, only

e. g. The Emperor was a mere puppet in her hands.

Merge, *v* ডুবা (2) ডুবোৱা

Followed by 'into'

Meridian. *n,* মেৰ্ড়িডিয়ন, মাধ্যন্দিন ৰেখা। যি বিলাক ঘূৰণীয়া ৰেখাই ছুয়ো মেৰুয়েদি গৈ পৃথিবীক বেঢ়ি আছে।

Merino, *n,* এবিধ ভেৰা (2) এই ভেৰাৰ নাম। *pl,* merinos,

Merit, *n,* গুণ (2) পূৰ্ণ।

Meritorious, *adj.* প্ৰশংসনীয় *n,* meritoriousness.

Mermaid, *n,* জল-কুঁৱৰী। mas. merman.

Merry, *adj,* আনন্দ, প্ৰফুল, সুখী। *e, g,* Eat and drink and be merry.

Make merry=আমোদ কৰা।

Merriment, *n.* আনন্দ, ৰং ধেমালি (2) হাইচ কাইচ্

Mesh, *n,* the space between the cords of a net.

Mesh, *v.* জালেৰে ধৰা।

Mess, *n,* এগাল খাদ্য (2) একেলগে খোৱা লোকবিলাক (3) 'মেচ'।

Message, *n.* খবৰ, বাতৰি, জাননী; বুজ।

Messenger, *n.* দূত, পাঁচনি, বাৰ্ত্তা নিওঁতা।

Mesmerism *n.* যি শক্তিৰে শৰীৰক [স্বপ্নাৱস্থা কৰা হয়।

Metal, *n,* ধাতু *adj,* metallic

Metallic calx=জাৰণ; ধাতু পুৰি [কৰা ভস্ম।

Metallic, *adj.* ধাতুময়।

Metalline, *adj.* ধাতুময়।

Metaphor, *n.* উপমা।

e. g. our eldest son is the 'Star' 'brighest member' of the family. The wish is 'father' to the thought.

Metaphrase, *n*, অবিকল তৰ্জ্জমা ।

Metaphysics, *n*. তত্ববিজ্ঞান ।

adj. metaphysical.

There are some nouns which are never used in the plural ; 'metaphysics' one of them.

Meteor, *n*. উল্কা ।

Metempsychosis, *n*. পুনর্জ্জন্ম

Methinks, *v*. মই ভাবো, it seems, to me ; I think.

Method, *n*. শৃঙ্খলা (2) ধৰণ (3) লাগবান্ধ ; কাৰ্য্যৰ ভাল প্ৰণালী

adj. methodic, methodical

Methodise, *v*. সুশৃঙ্খলা কৰা

Metonymy, *n*. substitution of the thing named for the thing meant.

e. g. Gray hairs (=old men) should be respected.

Meter }
Metre } *n*. ছন্দ

adj. Metric, Metrical.

Metropolis, *n*. ৰাজধানী

adj. metropolitian *n*. পৌৰাচাৰ্য্য ।

Mettle, *n*. তেজ, spirit,

e. g. A horse shows mettle when checked in course.

adj. mettlesome তেজাল ।

Mew, *v*. মেকুৰীয়ে মিউ মিউ কৰা (2) পাখি সৰি পৰা ।

Mica, *n*. বালিচন্দা

Mice, *n*. *pl*. of mouse.

Microcosm, *n*. ক্ষুদ্ৰ পৃথিবী ; মানুহ ।

adj. microcosmic, microcosmical

Micrography, *n*. অতি সৰু বস্তুৰ বিবৰণ ।

Microscope, *n*. অনুবীক্ষণ ।

adj. microscopic, microscopical.

Mid, *adj*. মাজত থকা ।

Mid-day = দুপৰীয়া ।

Mid-night = মাজ নিশা ।

Midday worship = মধ্যাহ্নৰ সন্ধ্যা ।

Middle, *adj*. মাজৰ, মধ্যম, মধ্য ।

Middle-born = মধ্যম ।

Middle-age = আদ বয়স, আদহ ।

Middle Ages = The time from 4 7 6 A. D. to the first quarter of the 16th century. [হীয়া ।

Middle-aged = আদবয়সীয়া, আদ-

Middle-man = প্ৰতিনিধি, an agent between two parties

The state of being in the middle = মধ্যস্থতা ।

Middling, *adj*. মধ্যম, মজলীয়া ।

Midday, *n*. দুপৰীয়া, মাজ-দিন ।

Mid-night, *n*. দুপৰ-ৰাতি ; মাজ-নিশা ।

Midshipman, *n*. জাহাজৰ কৰ্ম্মচাৰি বিশেষ ।

Midst, *n.* মাজ, মধ্য।

Midst, *adv.* মাজত, মাজৰ।

Midway, *n.* অৰ্দ্ধপথ, আধা-বাট।

Mid-wife, *n.* ধাত্ৰী, ধাই।

Midwifery, *n.* ধাত্ৰী বিদ্যা।

Mien, *n.* বাহিৰেক আকৃতি, চেহেৰা।

Might, *v.* P. T. of May.

Might, *n.* ক্ষমতা, শক্তি; *e. g* Might is *not* right.

Mighty, *adj.* ক্ষমতা শালী (2) মহৎ *e. g.* mighty minds of the old.

Mignonette, *n.* সুগন্ধি লতা বিশেষ।

Migrate, *v.* এখন দেশৰ পৰা আন এখন দেশলৈ যোৱা।

n. migration

Migratory, *adj.* ভ্ৰমনকাৰী।

e. g. migratory birds.

Milch, *adj.* গাখীৰতী।

Mild, *adj.* কোমল, মৃদু (2) দয়ালু (3) শান্ত; (4) নিজুৰ।

n. mildness.

Mile, *n.* ১৭৬০ গজ; আধা ক্ৰোশ; 'মাইল'।

Mileage, *n.* 'মাইল' অনুসাৰে কেৰেয়া।

Mile, *n.* ১ মাইল, ২ মাইল ইত্যাদি লিখি পোটা শিল।

Militate, *v.* বিপক্ষে হোৱা।

Militant, *adj.* যুদ্ধত ৰত।

n. militancy.

Military, *adj.* পল্টনীয়া, সৈন্যৰ; সৈনিক (2) যুদ্ধপ্ৰিয় (3) যুদ্ধ সমন্ধীয় *e. g.* Military renown.

Military, *n.* সৈন্য।

Military Police are soldiers doing the duties of policemen and generally employed in newly conquered districts with a turbulent population; while civil police are ordinary police of peaceful times.

Militia, *n.* citizens trained for war and not for standing army. ৰক্ষাদল।

Militiaman, *n.* সৈন্য।

Milk, *n.* দুগ্ধ, এৰা-গাখীৰ।

Milk, *v.* গাখীৰ খিৰোৱা; *e. g.* milk the cow.

Milky way *n.* হাতী-পটি।

Milkpail, *n.* গাখীৰ খিৰোৱা পাত্ৰ গাখীৰ খিৰোৱা কঁৰায়া।

Milkmaid, *n.* গোপী, গোপিনী।

mas. milkman.

Milk-white = গাখীৰ যেন বগা।

Milksop, *n.* গাখীৰত তিতোৱা কটি (2) মিজিং-মাজাং অকামিলা মানুহ।

Milk-tooth, *n.* পিয়াহ খোৱা দাঁত।

Milk-woman, *n.* গোপী।

mas. milkman.

Mill, *n.* গুড়ি কৰা কল (2) কল।

Mill, *v.* গুড়ি কৰা; পিহা।

Mill, *n.* যাঁত।

Oil-mill=তেলৰ কল।

Flour-mill=আটাৰ কল।

Millenary, *adj.* হেজেৰীয়া (2) *n.* হেজাৰ বছৰ।

Millennium, *n.* হেজাৰ বছৰ। *adj.* millenarian.

Millennial, *adj.* হেজাৰ বছৰীয়া।

Million, *n.* ১,০০০,০০০ ; দহ লাখ। (2) *Fig.* বহুত, অলেখ। *adj.* Millionary.

Millionair, *n.* দহ লক্ষপতি (2) *Fig.* বৰ ধনী ; কুবেৰ।

Millet, *n.* শস্য বিশেষ।

Milliner, *n.* তিৰোতাৰ টুপী তৈয়াৰ কৰোঁতা।

Millinary, *n.* articles sold by milliners.

Mimetic / Mimetical } *adj.* অনুকৰণ প্ৰিয়।

Mimic, *n.* imitator (2) বহুৰূপী।

Mimicry, *n.* বহুৰূপালি।

Mimosa, *n.* নিলাজী লতা বিশেষ।

Mince, *v.* খণ্ড খণ্ড কৰা (2) থমক্ খাই কথা কোৱা।

Minaret, *n.* a kind of steeple attached to a mosque, consisting of a tall column ending in a cone.

Mince matters=সঁচা গোপন কৰ।

Minced-meat=মঙ্গহৰ খুতুৰা।

Mind, *n.* মন (2) ইচ্ছা (3) অভিপ্ৰায়।

Mind, *v.* মন দিয়া, মনোযোগ দিয়া।

Formed in the mind=মনোগত।

Mindful, *adj.* মনোযোগী। Followed by 'of' *e. g.* mindful of promise. *n.* mindfulness.

Mine, *v.* মোৰ। *pl.* ours.

Mine, *n.* খনি, আকৰ (2) the rich source of wealth.

Mine, *v.* খন্দা, to excavate.

Mineral, *n.* ধাতু ; খনিজ বস্তু।

Mineralise, *v.* ধাতু মিহলোৱা।

Mineralogy, *n.* ধাতু বিদ্যা।

Minerva, *n.* goddess of wisdom of the Greeks and Romans: বিদ্যাদেবী।

Mingle, *v.* মিহলোৱা।

Miniature, *n.* ক্ষুদ্ৰচিত্ৰ ; very small picture.

Minimum, *n.* নিচেই তাকৰ ; opposed to maximum. *e. g.* minimum salary, minimum income.

Minim, *n.* এফোটা।

Minion *n.* উচ্চাঁওতা।

Minister, *n.* ৰাজমন্ত্ৰী (2) আচাৰ্য্য *adj.* ministral [সহায় কৰা।

Minister, *v.* সেৱা শুশ্ৰূষা কৰা (2)

Followed by 'to'

Ministrant, *n.* সহগামী।

Ministry, *n.* office or duty of a Minister, (2) ৰাজমন্ত্ৰী সমূহ।

Mink, *n.* নকুল, নেউল।

Minor, *adj.* সৰু, ক্ষুদ্ৰ।

Minor, *n.* নাবালক।

ab. n. minority [নবৰষভ।

Minotour, *n.* কাল্পনিক জীৱ বিশেষ,

Minster, *n.* প্ৰধান ধৰ্ম্মালয়।

Ministrel, *n.* গায়ন্; কবি।

Mint, *n.* টকা কৰা ঠাই (2) টকাশাল ?

Mint, *v.* টকা কৰা,. (2) আবিস্কাৰ কৰা।

Mint, *n.* পদিনা।

Minter, *n.* টকা কৰোঁতা (2) আবিস্কাৰ কৰোঁতা।

Minuet, *n.* ৰাজকীয় নৃত্যোৎসব ;

Minus, *n.* বিয়োগ চিন্; (—) বন্ধনীৰ ভিতৰত দিয়া চিনটো।

Minute, *adj.* নিচেই সৰু, অতি ক্ষুদ্ৰ, (2) খুদীয়া, খুদ।

Minx, *n.* চতুৰা নাৰী।

Miracle, *n.* আচৰিত কথা, anything wonderfnl. [অলৌকিক।

Miraculous, *adj.* অদ্ভুত, আচৰিত ;

Mirage, *n.* মৃগতৃষ্ণা, মৰীচিকা।

Mire, *n.* বোকা, পঙ্ক।

Miry, *adj.* বোকা, পঙ্কময়।

Mirror, *n* আৰ্চি, দৰ্পন। [উল্লাস।

Mirth, *n.* আমোদ, আহ্লাদ ; হৰ্ষ,

Mirthful, *adj.* ধেমেলীয়া।

Misadventure, *n.* দুৰ্ঘটনা।

Misapply, *v.* ভূলকৈ ব্যৱহাৰ কৰা।

n. misapplication

Misapprehend, *v.* অন্যায় অৰ্থ বুজা, ভ্ৰম বুজা।

n. misapprehension

Misappropriate, *v.* অন্যায় কৈ ব্যৱহাৰ কৰা।

n. misappropriation

Misarrange, *v.* to arrange wrongly

n. missarrangement.

Misbecome, *v.* অযোগ্য হোৱা।

Misbehave, *v.* অসৎ ব্যৱহাৰ কৰা।

Misbelieve, *v.* মিছা বিশ্বাস কৰা ; to believe wrongly or falsely.

Miscall, *v.* গালি পৰা।

Miscalculate, *v.* ভুলকৈ গণনা কৰা

n. miscalculation

Miscarry, *v.* অকৃত কাৰ্য্য হোৱা (2) গৰ্ভনষ্ট হোৱা।

Miscarriage, *n.* গৰ্ভনষ্ট (2) বিফল।

Miscellaneous, *adj.* বিবিধ, নানা, বহুবিধৰ। *e. g.* miscellaneous example = নানা তৰহৰ উদাহৰণ।

Miscellany, *n.* মিহলি। a mixture of various kinds

Mischance, *n.* দুৰ্ঘটনা, দুৰ্ভাগ্য। misfortune, misadventure

Mischief, *n.* অপকাৰ. হানি, ক্ষতি।

Mischievous, *adj.* অহিতকৰ, হিংসুক ; ঘাতুক ; ক্ষতিজনক। *n.* mischievousness.

Misconceive, *v.* ভুলকে ভবা ; ভুল কল্পনা কৰা। to conceive a false opinion of anything. *n.* misconception ভ্ৰম।

Misconduct, *n.* বেয়া স্বভাৱ, দুশ্চৰিত্ৰ, অন্যায় আচৰণ, অসদ্ ব্যৱহাৰ।

Misconduct, *v.* অসদ্ ব্যৱহাৰ কৰা।

Miscount, *v.* ভুলকে লেখা।

Miscreant, *n.* দুৰাচাৰ ; কুকৰ্ম্মত ৰত মানুহ। স্বধৰ্ম্মত্যাগী ; an infidel ; one who embraces false faith.

Misdate, *v.* ভুল তাৰিখ দিয়া।

Misdeed, *n.* কুকৰ্ম্ম, অন্যায় কাৰ্য্য, অসদ কৰ্ম্ম, অপকৰ্ম্ম ; অকাৰ্য্য ; an evildeed ; a bad action.

Misdemeanour, *n.* অশিষ্টাচৰণ, ill behaviour ; an evil conduct.

Misdo, *v.* অন্যায় কৰা। [কৰা।

Misdemean, *v.* অশিষ্টাচাৰ ব্যৱহাৰ

Misemploy, *v.* অন্যায়কৈ নিয়োগ কৰা। *n.* misemployment.

Miser, *n.* কৃপণ, কৰাইচ মানুহ।

Miserable, *adj.* শোচনীয়। দীন ; দুৰ্দশাগ্ৰস্ত ; (2) অকামিলা। *n.* miserableness.

Miserly, *adj.* কৃপণ, চিকটা। like a miser in habits.

Misery, *n.* দুখ, কষ্ট, দৰিদ্ৰতা ; দৈন্য ; দুৰ্গতি ; বিপদ।

Misfortune, *n.* দুৰ্ভাগ্য, মন্দ দশা। without misfortune = নিৰ্ব্বিঘিনিয়ে।

Misfortunate, *adj.* দুৰ্ভগীয়া, দুৰ্কপলীয়া।

Misgovern, *v.* অত্যাচাৰ কৰা। to administer unfaithfully. *n.* misgovernment, কুশাসন।

Mishap, *n.* দুৰ্ভাগ্য। দুৰ্ঘটনা।

Misinform, *v.* মিছা খবৰ দিয়া to give false information. *n.* misinformation.

Misjudge *v.* ঠিক বিচাৰ নকৰা ; অন্যায় বিচাৰ কৰা। *n.* misjudgment.

Mislead, *v.* কুপথ দেখুওৱা। (2)ঠগা।

Mismanage, *v.* বেয়াকৈ কাৰ্য্য চলোৱা। to manage improperly. *n.* mismanagement.

Misname, *v.* ভুল নাম দিয়া ; to call by the wrong name.

Misogynist *n.* নাৰীদ্বেষী।

Misogamist, *n.* বিবাহ দ্বেষী, a hater of marriage

Misprint, *n.* ছাপাৰ ভুল।
মুদ্ৰাক্ষৰ দোষ।

Misprint, *v.* অশুদ্ধকৈ ছপোৱা।

Misprise, *v.* তুচ্ছ-জ্ঞান কৰা, অৱহেলা কৰা। অবজ্ঞা কৰা ; হেলা কৰা। undervalue

Mispronounce, *v.* অশুদ্ধ উচ্চাৰণ কৰা। to utter erroneously.
n. mispronunciation.

Misrepresent, *v.* মিছা বৰ্ণনা কৰা to give a false representation of.
n. misrepresentation
adj. misrepresentative

Misrule, *n.* অৰাজকতা ; কুশাসন।

Miss, *n.* কুমাৰী। শ্ৰীমতী (2) a title prefixed to an unmarried female

Miss, *v.* নলগা ; to fail to hit (2) এৰি দিয়া (3) অভাৱ বোধ কৰা

Missend, *v.* ভুলকৈ পঠোৱা। to send incorrectly

Misshape, *v.* কদাকাৰ কৰা। to give an ill form to.

Missile, *n.* নিক্ষেপ কৰা অস্ত্ৰ।

Missile, *adj* ক্ষেপনীয়।

Mission, *n.* দূত (2) উদ্দেশ্য।

Missionary, *n.* ধৰ্ম্ম প্ৰচাৰক।

Misspend, *v* অপব্যয় কৰা।

Misstate, *v.* মিছাকৈ কোৱা। মিছা বৰ্ণনা দিয়া।

Mist, *n.* কুঁৱলী ; The vapour of atmosphere when condensed and converted into water-drops so small that for a time they remained suspended in the air near the ground and cannot be seen apart from each other.
adj. misty.

Mistake, *v.* ভুল কৰা, অশুদ্ধ কৰা।

Mistake,, *n.* ভ্ৰম ; ভুল।

Mistaken, *adj.* মিছা।

Mister, Mr. } *n.* মহাশয়।

Misterm, *v.* ভুলকৈ নাম কোৱা।

Mistime, *v.* সময়ৰ ভুল কৰা।

Mistress, *n.* ঘৈণী গৃহিনী, (2) বাটলু তিৰোতা। (3) প্ৰিয়া ; প্ৰিয়তমা।

Mistress, *n.* শ্ৰীমতী (as a title)

Mistress of life = জীবিতেশ্বৰী।

Mistrust, *v.* অবিশ্বাস কৰা।

Mistrustful, *adj.* অবিশ্বাসী।
n. mistrustfulness.

Misty, *adj.* see 'mist'

Misunderstand, *v.* ভুল বুজা।
P. T. P. P. misunderstood

Misunderstanding, *n.* misconception (2 মনান্তৰ।

Misuse, *v.* অন্যায় ব্যৱহাৰ কৰা।

Mite, *n.* ক্ষুদ্ৰ বস্তু।

Mitigate, *v.* লাঘৱ কৰা।
n. mitigation.

Mitre *n.* ছন্দ। (2) পদা।

Milt, *n.* the spleen of an animal

Mix, *v.* মিহলোৱা, মিহলি কৰা।

Mixture, *n.* 'মিক্চাৰ' mixture is a mingling, of two or more liquid substances; *e. g.* a mixture of water & coloured ink. [কৰা।

Moan, *v.* বিলাপ কৰা, শোক প্ৰকাশ

Moat, *n.* দুৰ্গৰ চাৰিওফালৰ খাল।

Mob, *n.* ইতৰ লোক, নীহলোক।

Moccasin, *n.* এবিধপহুছানৰ জোতা।

Mock, *v.* ঠাট্টা কৰা, বিদ্ৰূপ কৰা উপহাস কৰা।

Mock, *n.* ঠাট্টা, বিদ্ৰূপ। উপহাস

Mockery, *n.* উপহাস, ঠাট্টা, বিদ্ৰূপ।

Mode, *n.* আকৃতি (2) প্ৰকাৰ, (3) নিয়ম (4) আচাৰ, ৰীতি

Model. *n.* আদৰ্শ, চানেকি।
e. g. model school; model of prudence; model of virtue.

Model. *v.* আদৰ্শানুসাৰে গঠন কৰা

Moderate. *v.* লঘু কৰা (2) to restrain from excess of any kind.

Moderate, *adj.* মধ্যম; মজলীয়া (2) পৰিমিত ব্যয়া। পৰিমিত।

Moderation, *n.* মিতাচাৰ, temperateness. [বিবেচক।

Moderator, *n.* সভাপতি (2)

Modern, *adj* আধুনিক।
e. g. characterise the modern village.
v. modernise

Modest, *adj.* ভদ্ৰ, নম্ৰ (2) লাজকুৰীয়া *e. g.* He was modest & gentle.

Modesty, *n.* ভদ্ৰতা, নম্ৰতা (2, লাজ কাজ
with modesty = চুচুক-চামাকৈ

Modify, *v.* ৰূপান্তৰ কৰা; to vary.
n. modification

Modulate, *v.* সুৰ মিলোৱা।
n. modulation

Mohammedan, *n.* মহম্মদ ধৰ্মাবলম্বী

Mohur, *n.* মোহৰ; a gold coin of fifteen rupees.

Moiety, *n.* অৰ্দ্ধাংশ; আধা।

Moil, *v.* পৰিশ্ৰম কৰা।

Moist, *adj.* সেমেকা, আৰ্দ্ৰ।
n. moistness.

Moisture, *n.* আদ্ৰতা।

Molar, *n.* গুৰিৰ দাঁত; জামু দাঁত।

Molasses, *n.* গুৰ, গুড় ।

Mole, *n.* তিল (2) উতনুৰা, a kind of small animal.

Molecule, *n.* পৰমাণুৰ জাক ।
The smallest cluster of atoms of any substance

Molest, *v.* দিগ কৰা ।
n. molestation

Mollify, *v.* কোমল কৰা । মৃদু কৰা

Molten, *adj.* ধাতুময় ।

Moment, *n.* মুহূৰ্ত, ক্ষণ । Moment is applied to time present, past or future ; instant only to time present. Taken for time present instant is much shorter moment. In a moment = টপকতে ।

Momentary, *adj.* ক্ষণিক, থন্তেকীয়া

Momentous, *adj.* লাগতীয়াল, অৱশ্যকীয় ।

Momentum, *n.* বেগ ; (The momentum is the quantity of motion of a moving body being always porpotional to the mass of the body multiplied by its velocity)

Monarch, *n.* ৰজা, দেশৰ গৰাকী ; সম্রাট ; একাধিপতি ।

Monarchical, *adj.* ৰাজকীয় ।

Monarchist, *n.* ৰজাৰ পক্ষীয় লোক ।

Monarchy, *n.* ৰাজত্ব ।

Absolate monarchy = ইচ্ছাতন্ত্র শাসন প্রণালী ।

Limited monarchy = নিয়মতন্ত্র শাসন প্র ণালী ।

Constitutional monarchy = প্রজাতন্ত্র শাসন প্রণালী ।

Monastery, *n.* মঠ ।

Monastic, *adj.* সন্যাসী সম্বন্ধীয় ।

Monday, *n.* সোমবাৰ ।

Monetary *n.* টকা সমন্ধীয় ।

Money, *n.* ধন; টকা-পইচা; মূল ধন । অৰ্থ ; বিত্ত ; ধন-সম্পত্তি ।

Money-bag = থুনপাক ।

Monered / Monied } *adj.* ধনবান্ (2 ধনী ।

Moneyless, *adj.* ধনহীন ; অৰ্থশূন্য ।

Mongoose, *n.* নেউল ; কেৰ্কেটুৰাৰ নিচিনা এবিধ জন্তু ।

Mongrel, *n.* খচ্চৰ ।
an animal of mixed breed.

Monitor, *n.* জলগুই ; পানীত থকা এবিধ গুই জাতিৰ জন্তু (2) 'মণিটৰ' উপদেশক ; শাসক ।

Monk, *n.* সন্ন্যাসী । যোগী ; ফকিৰ ।
Fem. nun.
adj. monkish

Monkey, *n.* বানৰ, বান্দৰ ।

Monocracy, *n.* এক ৰজাৰ শাসন ।

Monocrat, *n.* ৰজা । যি অকলে

শাসন কৰে।

Monody *n.* শোক প্ৰকাশ কৰা গান। বিলাপগীত।

Monogamy *n.* এজনী তিৰোতাৰে মাথোন বিবাহ। এক ভাৰ্য্যা বিবাহ।

M nograph, *n.* কোনো এক বিষয়ৰ বিবৰণ।

Monogram, *n.* আদ্যক্ষৰ সম্মিলিত ন ম?

Monologue, *n.* আপোনা আপুনি কথোপকথন।

Monomania, *n.* কোনো এক বিষয়ত বলিয় লি।

Monopolise, *v.* এক চেটিয়া কৰা।

Monopoliser / **Monopolist** *n.* একচেটিয়া বৰসাগী।

Monopoly, *n.* এক চেটীয়া ব্যবসায়

Monotone, *n.* সমস্বৰ, sameness of sound. একস্বৰ।

adj. monotonous.

Monsoon, *n.* 'মনচুন'; "a wind blowing part of the year from one direction, alternating with a wind from opposite direction—a term applied particularly to a periodical wind of the Indian Ocean, which blow from the southwest from the latter part of May to the Middle of september, and from the northeast from about the middle of December." ছমাহে ছমাহে এফালৰ পৰা যি বতাহ বহে।

Monster, *n.* ভূত; ৰাক্ষস।

Monstrous, *adj.* অস্বাভাবিক ও অসাধাৰণ; ভয়ানক; ভয়জনক।

Montanic, *adj.* পৰ্ব্বতীয়া।

Month, *n.* মাহ, মাস; বছৰেকৰ বাৰ ভাগৰ এভাগ।

Monthly, *adj.* মাহিলি; মাহে-পতি; মাসিক।

Monument, *n.* কীৰ্ত্তি-স্তম্ভ; memorial of the living or dea .

Mood, *n.* প্ৰকাৰ, the manner of an action (2) ক্ৰোধ (3) মনৰ ভ ৱ। মনৰ অৱস্থা।

Moody, *adj.* খঙাল; খিঙিয়া।

Moon, *n.* চন্দ্ৰ, জোন।

Moony, *adj.* চন্দ্ৰ সম্বন্ধীয়।

e, g. moony beam.

Moon-beam, *n.* চন্দ্ৰ কিৰণ।

Moon-blind, *adj.* dimsighted.

Moon-light, *n.* জোনাক। চন্দ্ৰাবলী; জ্যোৎস্না।

Moonplant, *n.* সোমলতা। [পূৰ্ণিমা The day of the full moon=

Moor, *v.* জাহাজ লঙ্গৰ কৰা।

Moorage, *n.* জাহাজ লঙ্গৰ কৰিবৰ ঠাই।

Moot, *n.* সভা, hundred moot, folk-moot, &c. [চৰ্চা কৰা

Moot, *v.* তৰ্ক কৰা, বাদানুবাদ কৰা

Moppet, *n.* কাপোৰৰ পুতলা ।

Mope, *v.* নিস্তেজ হোৱা ।

Moral, *adj.* নীতি সম্বন্ধীয় ; সাধু, ধাৰ্ম্মিক ; সৎঅসৎ বিষয়ক ।

Moral, *n.* তাৎপৰ্য্য (2) নীতি ।

Morals, *n.* নীতি-বিজ্ঞান ; It is used generally in plural in this sense *e. g.* He is a man of bad morals.

Moral-character = চৰিত্ৰ ।

Moral-instruction = ধৰ্ম্মোপদেশ

Moral-instructor = ধৰ্ম্মোপদেশক

Moral-philosophy = নীতি শাস্ত্ৰ ।

Moral-tale = নীতিকথা ।

Moralise, *v.* নীতি সম্বন্ধে ব্যাখ্যা কৰা (2) নীতি বিষয়ে কোৱা বা লিখা বা আলোচনা কৰা ।

Moralist, *n.* নীতি শিক্ষক (2) নীতিৰ অনুষ্ঠান কৰোঁতা, one who practises morality.

Morality, *n.* কৰ্ত্তব্য বিষয়ৰ জ্ঞান (2) নীতি (3) ধৰ্ম্ম

A work on morality = নীতিশাস্ত্ৰ ।

Instruction on morality = নীতি শিক্ষা ।

Morally, *adv.* ন্যায়মতে ।
from a moral point of view. *e. g.* morally speaking, there is nothing that a strong will cannot achieve. [অসুস্থ ।

Morbid, *adj.* ৰুগীয়া, বেমাৰী ; *n.* morbidness. Morbidity

Morbific, *adj.* পীড়াজনক ; ৰোগকৰ ।

More, *adv.* অধিক পৰিমাণে (2) *com.* of 'many' and much.'

More, *adj.* অতিৰিক্ত ; অধিকতৰ ; আৰু । *com.* of 'many' and 'more'

Moreover, *adv.* আৰুও ।

Moregantic, *adj.* বাওঁহতীয়া । লেবেৰা হতীয়া ।

Moribund, *adj.* মুমূৰ্ষু । মৃতপ্ৰায়, আসন্নমৃত্যু ।

Morion, *n.* শিৰস্ত্ৰ বিশেষ ।

Morn, *n.* ৰাতিপুৱা ।
(used poetically)

Morning, *n.* ৰাতিপুৱা, প্ৰাতঃকাল *Fig.* শিশুকাল ; লৰা কাল ।

Morrow, *n.* পাছ দিনা ।

Morrocco, *n.* ভেৰা বা ছাগলীৰ ছাল ।

Morose, *adj.* কৰ্কশ ; উগ্ৰস্বভাবৰ । *n.* moroseness.

Morningland = পূব ।

Morsel, *n.* গৰাহ, a little bite or bit of food. খণ্ড ।

Mortal, *adj*. মৃত্যুৰ অধীন *e. g.* man is mortal (২) সাংঘাতিক ; প্ৰাণনাশক ; (3) অমাৰ্জ্জনীয় *e. g.* mortal sin.

Mortality, *n*. মৃত্যু (2) মৃত্যুৰ সংখ্যা (3) মৃত্যুৰ অধীনতা।

Mortgage, *n*. বন্ধক, (2) *v*. বন্ধক দিয়া ।

Mortiferous, *adj*. সাংঘাতিক।

Mortify, *v*. নষ্ট কৰা (2) বৈৰাগ্য অভ্যাস কৰা ; ইন্দ্ৰিয় দমন কৰা। (3) বিৰক্ত কৰা।

Mortification, *n*. দিগ ; ৰিপুদমন।

Mortifying, *adj*. মানহানীজনক।

Mortmain *n*. যি সম্পত্তি হস্তান্তৰ হব নোৱাৰে ; যেনে: স্থাবৰাদি।

Mortuary *n*. শ্মশান।

Mortar, *n*. চুন (2 বন্দুক বিশেষ :

Mosaic, *adj*. pertaining to Moses, *e. g.* Mosaic history.

Moslem, *n*. মছলমান।

Mosque, *n*. মস্‌জিদ্।

Mosquito, *n*. মহ।
pl. mosquitoes.

Mosquito-curtain } *n*. আঠুৰা
Mosquito-net }

Moss, *n*. শেলাই।

Most, *adj*. *suq*. of 'many' and 'much' (2) প্ৰায়।

Mostly, *adv*. প্ৰায়ই।

Mote, *n*. বিন্দু ; অণু।

Moth, *n*. এবিধ ক্ষুদ্ৰ পোক।

Silk moth=চাকৰা, চঁকৰী।

Moth—eaten, *adj*. ঘুণে খোৱা।

Mother, *n*. মাতৃ, আই। *mas.* father *ab. n.* motherhood.

Mother=tongue, *n*. মাতৃভাষা।

Mother-in-law, *n*. শাহু।
mas. father-in-low.

Motherly, *adj*. মাতৃবৎ।

Mother's brother, *n*. মোমাই।

Mother-—wit, *n*. স্বাভাবিক বুদ্ধি।

Motion, *n*. গতি (2 ভাব (3) প্ৰস্তাব।

Motive, *n*. অভিপ্ৰায় (2) কাৰণ, reason. (3) প্ৰলোভন। [' motion.

Motor, *n*. that which gives

Motley, *n*. বিবিধ বৰণ ; চিত্ৰবিচিত্ৰ।

Motto, *n*. মুখবন্ধ শ্লোক ; মূলকথা

Mould, *n*. গড় (2) ধূলি ; মাট।

Mould, *v*. গঠন কৰা, গঢ়া ;

Moulder, *v*. ক্ৰমশঃ নাশ হোৱা।

Moult, *v*. পাখি সলোৱা।

Mound, *n*. ধাপ, বাঁধ ; গড় (2) ইঁফলু।

Mount, *n*. সৰু পৰ্ব্বত।

Mount, *v*. উঠা, আৰোহণ কৰা (2) ঘোৰাত উঠা।

Mountain, *n*. শৈল ; পৰ্ব্বত। 'অতি ওখ শিলাময় ঠাইক পৰ্ব্বত বোলে।'

Mountain pass=গিৰিশঙ্কট।

Mountaineer, *n.* পৰ্ব্বতীয়া জাতি।

Mountainous, *adj.* পৰ্ব্বতীয়া।

Mounted, *adj.* আৰূঢ়।

Mourn, *v.* দুখিত হোৱা (2) দুখ প্ৰকাশ কৰা।

Followed by 'for'

Mournful, *adj.* শোচনীয় ; বিলাপনীয় ; শোককৰ।

n. mournfulness. বিলাপ।

Mourning, *n.* দুখ, শোক (2) শোকসূচক বস্ত্ৰ।

Mouse, *n.* মূষিক, ইন্দুৰ ; নিগনি ; শলিয়া। *pl.* mice.

Mouth, *n.* মুখ, (2) মোহানা; নদীমুখ।

Mouth, *v.* দীঘল দীঘল কথা কোৱা (2) গ্ৰাস কৰা।

To l ve from hand to mouth= পেট পোহা ; কোনোমতে খাই বৈ থকা।

Mo thful. *n.* অলপ, a small quantity. *cf.* I take only a few mouthful, of rice [টেপে।

Mouthful by mouthful=টেপা

Mouth-friend, *n.* কপটীয়া বন্ধু।

Foul mouthed=কটু ভাষী।

Move, *v.* লৰা 2) লৰোৱা (3 ভৱিবে যোৱা ; উত্তেজিত কৰা ; প্ৰস্তাব কৰা।

n. movement. গতি (2) উত্তেজনা (3) আন্দোলন।

Movable, *adj.* লৰাব পৰা (2) অস্থাৱৰ।

Movables, *n.* অস্থাৱৰ সম্পত্তি।

Movement, *n.* গতি (2 উত্তেজনা। (3) আন্দোলন।

Mow, *n.* তৃণৰাশি।

Mow, *v.* কাচিৰে কটা।

Much, *adj.* অনেক, বহুত।

com. more, sup most

Much, *adv.* অনেক পৰিমাণে।

com. more, *sup.* most

"Much শব্দ পৰিমাণ আৰু Many শব্দ সংখ্যা সম্বন্ধে ব্যৱহাৰ হয় ; *e g.* He sufferd much ; Many followed his advice" so much= সিমান।

Muck, *n.* মল।

Mucus, *n.* শ্লেষ্মা।

Muckworm, *n.* গোবৰৰ পোক (2) কৃপণ ; নিহকিন।

Mud, *n.* বোকা, পঙ্ক।

adj. Muddy

Muddy, *adj.* পেৰেকাপেৰেক।

Muddle, *v.* ঘোলা কৰা ; (2) অৰ্দ্ধমত্ত কৰ'

Muff, *n.* soft cover of fur to wrap the hands in. শীত নিবাৰণাৰ্থে হাতৰ আচ্ছাদন

Muffin, ৰুটি বিশেষ। [কৰা।

Muffle, *v.* আচ্ছাদন কৰা (2, গোপন

Mug, *n.* জলপাত্ৰ ; বাটি।

Muggy
Muggish } *adj* সেমেকা।

Mulberry, *n.* মুনি 2 মুনিগছ।

Mulct, *v.* অৰ্থদণ্ড কৰা, জৰিমনা কৰা

Mule, *n.* খচ্চৰ, an offspring of a horse and an ass

Muleteer, *n.* খচ্চৰ বাহক।

Mulish, *adj.* খচ্চৰৰ নিচিনা।

Mull *v.* মচলাদি দি ভপত কৰি সোৱাদ কৰা।

Mullet, *n.* বৌমাছ।

Mullion, *n.* শলা ;
a bar in a window frame.

Multangular, *adj.* বহুকোণবিশিষ্ট।
adv. Multangularly.
n. Multangularness.

Multifarious, *adj.* বিবিধ, না-না।

Multiform, *adj* having many forms. বহুৰূপ ; নানামূৰ্ত্তি।
Multiformity.

Multiple, *adj.* গুণিতক। এটি সংখ্যা দ্বাৰা আক এটি সংখ্যাক ভাগ কৰিলে যদি ভাগশেষ নেথাকে, তেনে হলে ভাজ্যক ভাজকৰ গুণিতক বোলে। যেনে ; ১৬, ৪ৰ গুণিতক।

Multiplicand, *n.* গুণ্য, পূৰ্য্য ; যি ৰাশিক পূৰণ কৰা হয়।

Multiplication, *n.* গুণন, পূৰণ।

Multiplier, *n.* গুণক, পূৰক ; যাৰে পূৰণ কৰা হয়।

Multiply, *v.* গুণ কৰা, পূৰণ কৰা (2) অধিক কৰা।

Multitude, *n.* সমূহ ; বহুসংখ্যা ; মানুহৰ ভিড় ; সাধাৰণ লোক।
adj. Multitudinous.
adv. Multitudinously.
n Multitudinousness.

Mumble, *v.* সোঁ-সাঁ কৰা ; অস্পষ্টকৈ কথা কোৱা ; চোবোৱা।

Mumm, *v.* ছদ্মবেশ কৰা।
মুখাপিন্ধি ৰং কৰা।

Mummer, *n.* ছদ্মবেশী ; মুখাধাৰী।

Mump, *v.* অস্পষ্ট কথা কোৱা (2) বাচএগ কৰা।

Mumper, *n.* ভিক্ষুক।

Munch, *v.* চোবোৱা।

Mundane, *adj.* পাৰ্থিব ; সাংসাৰিক; ঐহিক।

Mongoose, *n.* নেউল।

Municipal, *adj.* নগৰৰ কাৰ্য্য-সম্পাদক সমাজ সম্বন্ধীয়।
n. Municipality.

Munificent, *adj.* দানী, দানশীল।
n. Munificence. দানশীলতা।
adv. Munificently.

Muniment, *n.* দুৰ্গ।

Munition, *n.* দুৰ্গ, fortification (2) যুদ্ধসামগ্ৰী।

Mural, *adj.* দেৱাল সম্বন্ধীয়, relating to a wall.

Murder, *v.* নৰহত্যা কৰা, বধ কৰা। খুন কৰা

Murder *n.* হত্যা ; বধ ; খুন।

'massacre' denotes indiscriminate slaughter with cruelty. 'murder' denotes to take away life with malicious and criminal intention. 'Kill' denotes to take away life, it may be by accident or in self defence,

Murderer, *n.* হত্যাকাৰী, বধ কৰোঁতা।

Fem. murderess.

Murderous, *adj.* fond of murder 2) নিষ্ঠুৰ।

adv. murderously.

Murk. *n.* অন্ধকাৰ ; ঘোপমৰা এন্ধাৰ।

adj. Murky.

adv. Murkily.

n. Murkiness.

Murmur, *v.* গোদগোদোৱা ; অসন্তোষ প্ৰকাশ কৰা ; ভোৎ-ভোতোৱা ; ভোৰভোৰোৱা

Followed by 'at,' 'against'

Murmur, *n.* [illegible] ভোৰ্-ভোৰ ; বকবকনি ; (2) নৰ [illegible] নিচিনা শব্দ ; কল কল।

Murrain, *n.* বকৰা জন্তুৰ মহামাৰি ; aplague amongst cattle.

Muscle, *n.* a fleshy fibre

Muscular, *adj.* full of muscles= বলবান্।

Muse, *n.* গভীৰ চিন্তা ; (2 বিদ্যা অধিষ্ঠাত্ৰী দেৱী। The muses, in Greek mythology, were certain Goddesses who presided over poetry, music, dancing and all liberal arts. They were nine in number. The palm tree, the laurels and the fountains of parnassus were sacred to them.

Muse; *v.* চিন্তা কৰা ; ধ্যানকৰা ; ভবা *e. g.* Night is the time to *muse.*

Followed by 'at,' 'upon'

Museum, *n.* "যাদুঘৰ" ; নানা দেশৰ আচৰিত বস্তু আদি থোৱা ঘৰ ; যি ঘৰত চাব লগীয়া, দুষ্প্ৰাপ্য, আশ্চৰ্য্যজনক বস্তুবিলাক সংগ্ৰহ কৰি ৰখা হয়।

Music. *n.* সঙ্গীত ; গীত ; গানবাজনা (2) মধুৰ 3) বিদগাত ৰ্ত [illegible]

Musical, *adj.* মধুৰ ; সুশ্ৰাব্য

adv. musically.

Fond of music=গানপ্ৰিয় [ওজা

Music-master *n.* সঙ্গীত শিক্ষক

Musician, *n.* গায়ক।

Mash-room, *n.* কাঠফুলা। *Fig.* নচহকা; যি হঠাৎ অবস্থাপন্ন হয়।

Musk, *n.* মৃগ-নাভি; কস্তুৰী।

Musket, *n.* 'বন্দুক'; ফিৰৈ *e. g.* the soldiers of the guard were armed with *musket* to welcome the noble lord.

Musketeer, *n.* বন্দুকধাৰী সৈন্য

Musketoon, *n.* সৰু বন্দুক বিশেষ।

Muslin, *n.* fine stuff made of cotton মলমল।

Musquito, *n.* মহ।

pl. Musquitoes

Mussalman, *n.* মছলমান।

pl. Mussalmans.

Must, *v.* বাধ্যহোৱা, আৱশ্যকতা, প্ৰবল ইচ্ছা, নিশ্চয়তা ইত্যাদি শব্দৰ সলনি ব্যৱহাৰ হয় "Must denotes (1 necessity or compulsion, *e. g.* You must do it (2) strong intention *e. g.* I must finish this work before I go to school 3 certainty *e. g.* He must be a fool to spend so much money

Mustard, *n.* সৰিয়হ।

Mustard-oil, *n.* সৰিয়হ তেল। 'খোৱাতেল''।

Mustache
Mustachio } *n.* গোঁফ।

Muster, *v.* সংগ্ৰহ কৰা (2) থুপ খোৱা। গোটোৱা; সৈনাদি সংগ্ৰহ কৰা।

Muster-roll *n.* সৈন্য বিলাকৰ নামৰ তালিকা।

Musty, *adj.* বাহি; পচা; গেলা গোন্ধোৱা।

adv. Mustily.

n. Mustiness.

Mutable, *adj.* সলাব পৰা। পৰিবৰ্ত্তনীয়; (2) চঞ্চল।

adv. Mutably.

n. Mutability. / Mutableness. }

Mutation, *n.* পৰিবৰ্ত্তন, সলনি।

Mute, *n.* বোবা। অকৰা।

Mutter, *v.* ওঠ ছপাই অস্পষ্টকৈ কথা কোৱা গোজগোজোৱা।

Mutilate, *v.* ছেদন কৰা, কটা। mangle, maim.

n. mutilation

Mutiny, *n.* বিদ্ৰোহ। [হোৱা।

Mutiny, *v.* বিদ্ৰোহী কৰা। অবাধ্য

Mutineer, *n.* বিদ্ৰোহী; ৰজাৰ বিৰুদ্ধে উঠোঁতা বা অস্ত্ৰ ধৰোঁতা।

Mutinous, *adj.* বিদ্ৰোহী।

adv. Mutinously.

Mutton, *n.* ভেৰাৰ মঙহ।

Mutual, *adj.* পৰস্পৰ, ইটো-সিটোৰ। *n.* mutuality.

Mutual acquaintance—চিনা-চিনি।

Mutual contest—ফেৰিয়াফেৰি।

Muzzle, *n.* জন্তুৰ ওলমি থকা মুখ আৰু নাক। *v.* জন্তুৰে কামুৰিব নোৱাৰাকৈ মুখ বান্ধি থোৱা *e. g.* to muzzle the beer. মুখবন্ধা।
Fig. may be used in the sense of মাতবন্ধা।

My, *pro.* মোৰ।
Possessive form of 'I'
pl. our.

Myself, *pro.* মই নিজেই।
pl. ourselves.

Myopy, *n.* ক্ষিণ দৃষ্টি;
short-sightedness.
adj. myopic.

Myriad, *n.* দহ হেজাৰ; the number of ten thousand (2) fig. অসংখ্যাত, অলেখ; any indefinite mumber. *e. g.* myriads of thanks for your kindness.

Myriad-minded, *adj*, প্ৰতিভাশালী

Myrtle, *n.* লতাবিশেষ।

Myrrh, *n.* গন্ধৰস।
adj. myrrhic.

Myrmidon, *n.* অসভ্য গোঁয়াৰ সৈন্য।
adj. myrmidonion.

Mystery, *n.* ৰহস্য; গুপ্ত কথা; নিগূঢ়তত্ব (2) বুদ্ধিৰ অগম্য বিষয় (3) প্ৰহেলিকা।
something obscure.

Mysterious, *adj*, full of mystery; obscure.

Mystic / Mystical } *adj* Obscure; secret; অস্পষ্ট; গূঢ়; গুপ্ত

Mystic, *n.* "পৰমহংস"

Mysticisn, *n.* the doctrine of the mystics.

Mystify, *v.* গোপন কৰা। অস্পষ্ট কৰা। সহজে বোধগম্য নোহোৱা কৰা।
n. Mystification.

Myth, *n.* পৌৰাণিক কথা (2) উপাখ্যাণ; গল্প। *e. g.* The *myths* of the Greeks are valuable because they have become an inseparable part of literature.

Mythic / Mythical } *adj*. কাল্পনিক।

Mythology, *n.* পুৰাণ (2) উপাখ্যান।

Mythologic / Mythological } *adj*. relating to Mythology (2) কাল্পনিক।

Mythologist / Mythologer } *n.* কল্পিত দেবদেবীৰ বিষয় যি জানে।

N

Nab, *v.* হঠাৎ ধৰা; অকস্মাৎ ধৰা।

Nabob, *n.* নবাব (2) ধনী মানুহ

Nacre, *n.* Mother-of-pearl.
adj. Nacreous.

Nadir, *n.* অধোবিন্দু।

Nag, *n.* ক্ষুদ্র ঘোৰা, সৰু ঘোৰা।

Nag, *v.* দিগ দিয়া, ভৎসনা কৰা (2) সময়ে অসময়ে দোষ বিচৰা।

Naiad, *n.* জলদেৱতা। অপেস্বৰা।

Nail, *v.* গজাল মৰা।

Nail, *n.* নখ (2) গজাল

Nailery, *n.* গজাল তৈয়াৰ কৰা ঠাই।

On the nail = তৎক্ষণাৎ।

Tooth and nail = যথাসাধ্য।

Naive, *adj.* সৰল, অকৃত্রিম, অকপট।

Naked, *adj.* নাঙ্গঠ ; নাঙ্গঠা ; বিবস্ত্র ; উলঙ্গ ; দিগম্বৰ ; (2) প্রত্যক্ষ।
n. Nakedness.

Name, *v.* নাম, নাও (2) উপাধি যশস্যা, সুনাম (3) নামমাত্র। not reality.

Name, *v.* নাম দিয়া 2) নিযুক্ত কৰা। (3) নাম উল্লেখ কৰা।

To call names = গালি পৰা।

To name a day = দিন নির্দ্ধাৰণ কৰি দিয়া।

In the name of God = ঈশ্বৰ সাক্ষি কৰি

Namely, *adv.* অর্থাৎ, যথা *e. g.* there are two ways of correcting disaffective people, *namely* favour and chastisement.

Namesake, *n.* একে নামৰ মানুহ ; মিতা।

Nap, *n.* তন্দ্রা (2) কাপোৰৰ আঁহ ; লোম।
adj. nappy (2) napless, জীর্ণ।

Nap, *v.* অলপ সময় লৈ শোৱা (2) অমনোযোগী হোৱা

Nape *n.* গলধন

Naptha, *n.* এবিধ তেলযুক্ত বস্তু "নেপথা

Napkin, *n.* গামছা, গামোছা ; ৰুমাল।

Narcotic, *n.* যি দ্রব্যে বেদনা গুচাই ও তোপনি আনে ; যেনে, কানি।
e. g. Opium is a wonderful *narcotic*.

Narcotic } Narcotical } *adj.* মাদক ; নিদ্রাকৰ।
v. narcotize.

Narcissus, *n.* পুষ্পবিশেষ।

Nameless, *adj.* নামহীন ; অপ্রসিদ্ধ।
e. g. a *nameless* life I lead.
অকথনীয় *e. g. nameless* horror,
n. namelessness
adv. namelessly.

Narrowly, *adv.* কথম্পি।

Narrow-minded, *adj.* ক্ষুদ্রমনৰ ; নিগকিন্ ।

Narrow-souled, *adj.* অমুদাৰ Illiberal.

Narrate, *v.* বৰ্ণনা কৰা ; বিস্তাৰিত ৰূপে কোৱা বা লিখা

Narration, *n.* বৰ্ণনা ; কাহিনী (2) কথা ।

adj. narrative, বিবৰণ সম্বন্ধীয় *e. g.* Relate in simple *narrative* style the story of John of Arc

Narrator, *n.* বৰ্ণনা কৰোঁতা বা লিখোঁতা

Narrow, *adj.* ঠেক, সংকীৰ্ণ, বহল কম (2) ক্ষুদ্ৰ ;

n. narrowness.

Narrow, *v.* সংকীৰ্ণ কৰা ; *e. g.* It will serve you only to *narrow* your views.

Nasal, *adj.* নাক সম্বন্ধীয় (2) অনুনাসিক । *e. g.* nasal utterance.

v. nasalize.

Nascent, *adj.* বৰ্দ্ধনশীল ।

n. nascency.

Nasiform, *n.* নাকৰ নিচিনা গঢ়

Nasty, *adj.* অপৰিষ্কাৰ, মলিন (2) অশ্লীল ; কুৎসিৎ ।

n. nastiness.

Natal, *adj.* জন্ম বা উৎপত্তি সম্বন্ধীয় *e. g.* *natal* day=জন্মদিন ।

n. natality.

Natant, *adj.* পানীত ওপঙা ।

Natation, *n.* সাঁতোৰ ।

adj. natatory.

Nathless, *conj.* তথাপি, তত্ৰাচ । "used in poetry for *nevertheless*"

Nation, *n.* জাতি *e. g.* English nation ; একে দেশৰ একে ৰজাৰ অধীনৰ প্ৰজাবিলাক । একে ভাষা কোৱা জনসমূহ ।

To satisfy the call of nature= সৰুপানি চোৱা বা শৌচ কৰা ।

Natural death=স্বাভাৱিক মৃত্যু । কোনো আকস্মিক দুৰ্ঘটনাৎ নমৰি যথা সময়ত যথা কালত মৰা ।

Natural history=প্ৰাণিতত্ত্ব ।

Natural philosophy=পদাৰ্থ বিজ্ঞান । physics.

Natural numbers=the numbers 1, 2, 3 &c.

Naturalism, *n.* স্বাভাৱিকাৱস্থা ;

Naturalize, *v.* দেশীয় কৰা ; বিদেশীয়ক স্বদেশীয় কৰা *e. g.* he has *naturalised* foreign languages. *n.* naturalization.

Naturally, *adv.* স্বভাৱতে *e. g.* Every creature *naturally*

confides in its own kind.
আপোনা-আপুনি *e. g.* Good men are *naturally* bent for others.

National, *adj.* জাতীয় *e. g.* national prejudice. সাধাৰণ। দেশীয় *e. g.* national dress.
v. nationalise.
n. nationality, জাতীয়ত্ব।

Native, *adj.* জন্ম সম্বন্ধীয় *e. g.* he left the city and started for the *native* village. (2) স্বাভাৱিক (3 দেশীয়।
n. দেশবাসী *e. g.* a native of Assam.

Native-land, *n.* জন্মভূমি।

Nativity, *n.* জন্ম, জন্মকাল।

Natty, *adj.* পৰিপাটি।

Natural, *adj.* স্বাভাৱিক ; প্ৰাকৃত নৈসৰ্গিক ; অকৃত্ৰিম।
Followed by 'to'
n. জন্মাৱধি পগলা।

Nature, *n.* স্বভাৱ ; প্ৰকৃতি ; সৃষ্টি বিধ sort ; জাতি।

Naught, *n.* একো নাই. শূন্য

To set at naught=তৃণৱৎ জ্ঞান কৰা ; একেবাৰে গণ্য নকৰা।

Naughty, *adj.* দুষ্ট, বেয়া স্বভাৱৰ।
n. naughtiness.
adv. naughtily.

Nausea, *n.* সামুদ্ৰিক নবীয়া (2) বাতি আহিব খোজা বিধৰ নবীয়া।
v. nauseate.

Nautical, *adj.* নাবিক বা জাহাজ সম্বন্ধীয় (2 সামুদ্ৰিক। *e. g.* *nautical* enterprise.

Naval, *adj.* জাহাজ সম্বন্ধীয় ; সামুদ্ৰিক। *e. g.* The battle of Trafalgar was one of the m st hard fought *naval* battles that the English had fought in the seas.

Navel, *n* নাই।

Navigable, *adj.* জাহাজ বা নাও যাবপৰা *e. g.* India possesses *navigable* rivers.

Navigate, *v.* নাও চলাই গতি কৰা (2) নাও বা জাহাজেৰে জলযাত্ৰা কৰা (3) জাহাজ চলোৱা।

Navigation, *n.* নাৱাই ; নাও চলাই কৰা গতি।

Navigator, *n.* জাহাজ বা নাৱৰ গতি দেখুৱাই দিয়া মানুহ। নাবিক।

Navvy, *n.* ৰেলৰ আলিত কাম কৰা বা খাৱৈ খন্দা কুলী।

Navy, *n.* জাহাজ সমূহ ; যুদ্ধজাহাজ সমূহ ; জাহাজৰ বিভাগ
e. g. English navy.

Nawab, *n.* নবাব (See Nabob).

Nay, *adv.* নহয় (2) not this alone. এয়ে নহয় আৰুও।

To say nay = **নুই কৰা।**

Nazarite, *n.* শুদ্ধচাৰী ইহুদী।

Naze, *n.* টেক অন্তৰীপ।

Neap *adj.* চাপৰ ; ওখ নোহোৱা।

Near, *v.* আগবাঢ়, ওচৰ চপা।

Near, *adj.* ওচৰ, নিকট, চমু, অদূৰ (2) ঘনিষ্ঠ ; প্ৰিয় *e. g.* a *near* friend of mine told me to go there.

Com. nearer sup. nearest, next.

n. nearness.

Near, *adv.* ওচৰত, অদূৰত। (2) প্ৰায়।

Com. } vide ante.
Sup. }

Nearly, *adv.* প্ৰায় *e. g.* *nearly* five thousand men were present.

Near is used as :—

(*a*) An adjective ; as, he is a near friend of mine.

(*b*) A verb ; as, the boat neared the land.

(*c* An adverb ; as, keep him near.

(*d*) A preposition ; as, He lives near the town.

Nearest, *adj.* sup. of near ; আটাইতকৈ ওচৰ *e. g.* this street is the nearest to my house. The word *nearest* denotes space or distance, but the word *next* denotes order or position.

Neat, *adj.* পৰিপাটি, নিয়াৰি *e. g.* This village consists of a cluster of *neat* dwellings. পৰিষ্কাৰ। *n.* neatness.

adv. neatly.

Neat, *n.* গৰু ; বাঁহ।

Neat-herd, *n.* গৰখীয়া।

Nebula, *n.* পাতল ডাৱৰ

plu. nebulae.

Nebulous, *adj.* মেঘাচ্ছন্ন ; মেঘাবৃত

Necessary, *adj.* লাগতীয়াল, আৱশ্যকীয়। প্ৰয়োজনীয়।

Followed by 'to'

adv. necessarily.

necessary, is stronger word than *need* and implies that the want is keenly felt.

Necessity, *n.* আৱশ্যক, প্ৰয়োজন। *e. g.* *necessity* is the mother of invention.

Followed by 'for' 'of.'

v. necessitate.

Necessaries, *n.* আৱশ্যকীয় বস্তু বিলাক।

Necessitous, *adj.* অতি দৰিদ্ৰ।

Neck, *n.* ডিঙি, গল।

Neck and crop=সম্পূৰ্ণৰূপে।

Narrow-necked=ডিঙি চিক্ৰা।

Necklace, *n.* মালা ; ডিঙিত পিন্ধা অলঙ্কাৰ বিশেষ। হাৰ।

Necktie, *n.* 'ডিঙি বন্ধা,' tie or cloth for the neck.

Necrology, *n.* মৃত্যু সংখ্যাৰ তালিকা।

Necrologist, *n.* মৃত্যু সংখ্যাৰ তালিকা লেখক।

Necromancy, *n.* ইন্দ্ৰজাল, ভোজ বাজী।

adj. necromantic, necromantical

Necromancer, *n.* বাজীকৰ, টাট-কীয়া, ইন্দ্ৰজালিক।

Necropolis, *n.* শ্মশান।

Nectar, *n.* অমৃত, সুধা। দেৱতা সকলে খোৱা এবিধ সুমিষ্ট কাল্পনিক বস্তু। পিয়ুস্।

adj. nectareal, nectareous

Neither, *conj.* দুটাৰ ভিতৰত এটাও নহয় ; এটাও নহয়। "This is the negative of 'either' and signifies 'neither the one nor the other,'

Followed by 'nor' *e. g.* He is neither a Hindu nor a Mussalman.

Nemesis, *n.* প্ৰতি হিংসা দেৱতা।

Nemoral, *adj.* কুঞ্জবন বা হাবি সম্বন্ধীয়।

Neology, *n.* কোনো ভাষাত নতুন শব্দৰ ব্যৱহাৰ (2) নতুন শব্দ বা খণ্ড বাক্য।

v. neologise

neologic, neological } *adj.*

adv. neologically.

Neophyte, *n.* নতুন দিক্ষা লওঁতা।

Neoteric, Neoterical } *adj.* নতুন।

Nephew, *n.* ভতিজা, ভাগিন।

Fem. niece.

Neptune, *n.* সমুদ্ৰ দেৱতা। (2) গ্ৰহ বিশেষ।

Nereid, *n.* জল কুঁৱৰী, জল দেৱ-তাৰ কোনো এক কন্যা।

Nerve, *n.* বল ; শক্তি (2) শিৰ।

Nerveless, *adj.* দুৰ্ব্বল।

Nervous, *adj.* শিৰসম্বন্ধীয় (2) সবল ; সতেজ ;

Nervousness, *n.* তৰল প্ৰকৃতি। weakness of nerves.

Nest, *n.* চৰাইৰ বাহ (2) কোনো প্ৰাণীৰ কণী উমোৱা ঠাই (3) আৰামজনক বাসস্থান।

Nestle, *v.* বাসস্থানত থকা। থেপাথেপিকে থকা।

Nescience, *n.* মূৰ্খতা ।

Nestling, *n.* পক্ষিশাবক ।

Net, *n.* জাল ; ফাঁদ ; মাছ চৰাই আদি ধৰা এবিধ ৰচিৰে কৰা যতন (2) the amount deducting all charges, *e, g,* net profit. আচল ; খৰচবাদ ।

Nether, *adj.* তলৰ ; অধস্থ ।

Nether is the comparative of "nithe" whence beneath ; the superlative of which is 'nethermost.'

'Nether world" may be expressed by পাতাল ।

Neuter, *adj.* neither masculine nor feminine.

Neuter-gender=ক্লীব-লিঙ্গ ।

Neutral, *adj.* অপক্ষপাতী ; কোনো একালে বিশেষ ভৰ নিদিয়া । (2) Indifferent.

Never mind=একো কথা নাই ; "পৰোৱাই" ন কৰিবা ।

Never, *adv.* কেতিয়াও নহয়, কোনো কালে নহয় । *e. g.* never entrust to another what you can do yourself.

Nevermore, *adv.* পুনৰ কেতিয়াও নহয় । [অনেক দিনীয়া নোহোৱা ;

New, *adj* নতুন ; অলপ দিনীয়া ; নব ; আধুনিক ।

Nevertheless, *adv.* তথাপি ।

New year=নববৰ্ষ ।

New year's day=the first day of a new year. নববৰ্ষৰ প্ৰথমদিন ।

News, *n.* খবৰ, সংবাদ ; সমাচাৰ ; বাৰ্ত্তা ।

Good news=শুভসংবাদ ।

Bad news=অশুভবাৰ্ত্তা ।

Pleasant news=সন্তোষজনক বাতৰি ।

News is a true plural, but it is now treated as a singular *e. g.* News has arrived.

Newsman. *n.* বাতৰি কাকত বিলনীয়া (2) সংবাদ-পত্ৰ বেচোঁতা ।

News paper, *n.* সংবাদপত্ৰ ; বাতৰি কাকত ; খবৰৰ কাগজ ।

News room *n.* যি কোঠাত খবৰৰ কাগজ, আলোচনী আদি পঢ়া হয় ।

Next, *adj.* নিচেই ওচৰৰ ; নিকটস্থ *e. g.* next boy.

sup. nearest } *com.* nearer.
next } *pos.* near.

Nearest refers to *order of distance.*

Next is limited to *order of succession.*

Next, *adv,* অনন্তৰ ; ইয়াৰ পিছত *e. g.* what follows next ?

Nib, *n.* "নিব" ; কলমৰ আগটো ; (2) চৰাইৰ ঠোঁট ।

Nibble, *v.* অলপ অলপকে কামোৰা। মাছে টোপ খোটাৰ দৰে অলপ অলপকে কামোৰা। (2) চেলুবিচৰা।

Nice, *adj.* চিকুণ *e. g.* This is a *nice* field. কোমল ; ধুনিয়া ; সুৰলা। সোৱাদ in the sense of agreeable ;

ঠিক্ exact.

Nicely, *adv.* সুন্দৰৰূপে।

n. niceness, nicety

Nick, *n.* ঠিক্ সময়।

In the nick of time=যথাসময়ত ; ঠিক্‌সময়ত।

Nickel, *n.* ৰূপৰ নিচিনা এবিধ ধাতু।

Nickname, *n.* উপনাম, অবজ্ঞাসূচক নাম ; উপলুঙা নাম, ঘৰুৱা নাম।

Nidification, *n.* চৰাইৰ বাহ সজা কাৰ্য্য *e. g.* "Every species of bird has a mode of *nidification* peculiar to itself"

Niece, *n.* ভতিজা-জী, ভাগিনী।

mas. nephew

Niggard, *adj.* কৃপণ, কৰাইচ্, কট্ কিনা।

Niggard, *n.* কৃপণ লোক, কৰাইচ মানুহ (2) নীচ প্ৰকৃতিৰ লোক।

Niggardly, *adj.* চিকতা, কৃপণ।

n. niggardliness.

Nigger, *n.* ক'লা মানুহ, কাফ্ৰি।

Nigh, *adj.* ওচৰ ; নিকট।

prep. ওচৰতে।

com. nigher.

sup. nighest, next.

Night, *n.* ৰাতি, ৰাত্ৰি, নিশা *e. g.* *Night* is the time for rest. *Fig.* intellectual darkness. (2) a time of sorrow.

adj. nightly.

Nightly, *adv.* প্ৰতিনিশা।

Night soil, *n.* বিষ্ঠা।

Night cap, *n.* ৰাতিৰ টুপি।

Night dress, *n.* ৰাতিৰ পোষাক।

Night fall, *n.* দিনান্ত।

Nightingale, *n.* A well known migratory bird that sings at night.

(A. S. *Niht* night and *galan*, to sing)

Night mare, *n.* কুস্বপ্ন; উকমুকীয়া।

Night watch, *n.* ৰাতিৰ প্ৰহৰিতা।

Nihility, *n.* শূন্যত্ব।

Nihilist, *n.* শূন্যবাদী।

Nihilism, *n.* ৰুষিয়াদেশৰ এদল ৰাজনৈতিকৰ মত।

Nil, *n.* শূন্য।

Nimble, *adj.* বেগী ; লঘু ; চঞ্চল। খৰতকীয়া prompt.

adv. nimbly.

n. nimbleness.

Nimble footed, *adj.* দ্ৰুতগামী।

Nine, *adj.* ন, এক কম দহ।

Ninefold, *adj.* নবাৰ ; নগুণ।

Nine-score, *adj.* নকুৰি।

Nineteen, *adj.* ঊনৈশ ; এক কম কুৰি।

Nineteenth, *adj.* ঊনবিংশ।

Ninth, *adj.* নৱম (2) ন-ভাগৰ এভাগ।
adv. ninthly.

Ninety, *adj.* নব্বৈ ; চাৰি কুৰি দহ।

Ninny, *n.* মূৰ্খমানুহ।

Nip, *v.* চিকুটা ; কামোৰা (2) বিনাশ কৰা ; নষ্ট কৰা।

To nip in the bud = জাতমাত্ৰ নষ্ট কৰা ; অকালত বিনাশ কৰা।
e. g. Alas ! his hope was nipped in the bud.

Nipple, *n.* কুচাগ্ৰ।

Nit, *n.* উকণীৰ কণি ; লেখি।

Nitre, *n.* যৱক্ষাৰ।

Nitrogen, *n.* যৱক্ষাৰোৎপাদক ; এবিধ ভাপৰ নাম। "নাইট্ৰজেন"
adj. nitrogenous.

No, *adv.* না, নহয়।
(2) নাহি (পদাত)।

Nobility, *n.* উচ্চপদ (2) শ্ৰেষ্ঠতা (3) সদ্বংশ ; (4) নায়ক সম্প্ৰদায়। the persons of rank.

Noble, *adj.* মহৎ *e. g.* To speak the truth is a *noble* thing.
(2) সদ্বংশোৎপন্ন ; ভদ্ৰ (3) উদাৰ (4) কুলীন।

Noble-minded = উদাৰচিত্তৰ ; ওখমনৰ। [মানুহ।

Nobleman, *n.* মহাপুৰুষ। মাননীয়
Fem. noblewoman.

Nobody, *n.* কোনো নহয়।

Nocturnal, *adj.* ৰাতি সম্বন্ধীয় (2) নৈশিক ; ৰাত্ৰিচৰ। opposed to "diurnal".

Nod, *v.* সম্মতি দেখোৱাই তললৈ মূৰ কৰা (2) মূৰ থৰকৈ নমাই নত হোৱা ; তললৈ মূৰ কৰা ; নমস্কাৰ কৰা।

Noddle, *n.* মূৰ (বিদ্ৰূপাৰ্থে)

Noddy, *n.* ক্ষুদ্ৰবুদ্ধি ; মূৰ্খ ; হেবাং।

Node, *n.* গাঁঠি।
adj. nodal.

Nodule, *n.* সৰু গাঁঠি।
A little knot.

Noggin, *n.* কাঠৰ সৰু পিয়লা।

Nog, *n.* কাঠৰ পিন। গোঁজ।

Noise, *n.* গোলমাল, হাই, কোৰ্হাল ; কোলাহল ; (2) শব্দ ; ধ্বনি।

To make noise = হাই কৰা *e. g.* Make no noise at the time of reading.
adj. noisy.

Noiseless, *adj*. নীৰব।
adv. noiselessly.
n. noiselessness.

Noisome, *adj*. অস্বাস্থ্যকৰ, অপ-কাৰী ; দুৰ্গন্ধযুক্ত।
adv. noisomely.
n. noisomeness.

Nomad, *n*. ভ্ৰমনকাৰী। যি জাতিয়ে একে ঠাইতে বাস নকৰি ঘুৰি-পকী ফুৰে।
adj. nomadic.
adv. nomadically.

Nomenclator, *n*. নাম দিওঁতা।
Fem. nomenclatress.
adj. nomenclatory.

Nomenclature, *n*. "শব্দকোষ"
adj. nomenclatural.

Nominal, *adj*. নামমাত্ৰ।
e. g. nominal refreshment. মিছা।
adv. nominally.

Nominate, *v*. নাম দিয়া; নাম উল্লেখ কৰা ; নিযুক্তাৰ্থে নাম বছা।
n nomination.

Nominative, *n*. কৰ্ত্তা।

Nominative-case = কৰ্ত্তাকাৰক। যেনে ; কোন গল ? উত্তৰ ;—হৰি। ইয়াত হৰি *nominative case*. [কৰ্ত্তা।

Nominative-obsolute = অক্ৰিয়া।

Nominee, *n*. যাক নিযুক্ত কৰিবলৈ বাছি দিয়া হৈছে।

Nomology, *n*. আইন, শাসনাদিৰ বিদ্যা।

Nomothetic, *adj*. আইনত স্থাপিত।

Non, *adv*. নহয়, নাই প্ৰভৃতি অৰ্থে উপসৰ্গ ; *e. g*. non-payment ; non-attendance ; non-attention.

Nonage, *n*. নাবালকতা।

None, *pro*. কোনো নহয়।
This word is followed by a plural noun after it *e. g*. None of my friends were at home.

Non-plus, *n*. হতবুদ্ধি, বিবুদ্ধি।
v. হতবুদ্ধি হোৱা।

Nonsense, *n*. অৰ্থ নোহোৱা কথা ; অসঙ্গত কথা। প্ৰলাপ। আবৰিবিবৰি।
adj. nonsensical.
adv. nonsensically.

Non-attendance, *n*. অনুপস্থিতি।

Non-attention, *n*. অমনোযোগ।

Non-chalant, *adj*. careless.
adv. non-chalantly.

Non-chalance *n*. উৎসাহহীনতা।

Non-conformity, *n*. স্থাপিতমত্ত বিষয়ে অসন্মতি।

Non-descript, *adj*. অবৰ্ণিত।

Non-essential, *adj*. অনাবশ্যক।

Non-existence, *n.* অস্তিত্বহীনতা।

Nonesuch, *n.* অনুপম পুৰুষ।

Nonpareil, *n.* তুলনাহীন বস্তু বা মানুহ। অনুপম বস্তু। অতিসুন্দৰ পুৰুষ। অতিসুন্দৰী তিৰোতা। (This may be better expressed by তিলোত্তমা)

Nonsuit, *n.* মোকৰ্দ্দমা নামঞ্জুৰ।

Noodle, *n.* মূৰ্খলোক ; stupid person.

Nook, *n.* চুক, কোণ।

Noon, *n.* দুপৰ, দুপৰীয়া, দুপৰবেলা।

Noonday, *n.* দিনৰ মাজ ভাগ।

Noose, *n.* খোবোজা, খোচনি গাঁঠি।

Nor, *conj.* নহয়, vide neither.

Neither the earth *nor* the stars are fixed.

When 'neither' and 'nor' are used singly, each of them means 'and not.'

Normal, *adj.* নিয়মিত।

Normal school=যি বিদ্যালয়ত শিক্ষক সকলক শিক্ষা প্ৰণালী শিক্ষা দিয়া হয়।

v normalize.

Norman *n.* নৰ্ম্মাণ্ডী দেশৰ অধিবাসী

North, *n.* উত্তৰ।

North-east, *n.* পূৰ্ব্বোত্তৰ ; পূব ও উত্তৰৰ মাজ। *adj.* north-eastern.

Northern, *adj.* উত্তৰ ফালৰ। another, *adj.* northerly, northwards.

North pole=সুমেৰু।

North wind, *n.* উত্তৰ ফালৰ পৰা যি বতাহ আহে।

Nose, *n.* নাক, নাসিকা। To lead by the nose=কণামুণাকৈ লৈ ফুৰা। Under one's nose=চকুৰ আগতে।

Nose, *v.* গন্ধ লোৱা ; সুঙা।

Nose-string=নাকী। To turn up the nose=তাচ্ছিল্য কৰা।

Nose gay, *n.* "ফুলৰ তোড়া"।

Nostril, *n.* নাকৰ বিন্ধা। নাসাৰন্ধ্ৰ।

Nosology, *n.* ৰোগ বিজ্ঞান।

Not, *adv.* নহয় (2) নাহি (পদ্যত)।

Not is a negative word, denotes refusal or denial.

Notation, *n.* আখৰেৰে লিখা সংখ্যা বিলাক অঙ্কৰে কোৱা বা লিখা বিদ্যা।

Notation is the art of representing by figures a number expressed in words. অঙ্কৰে লিখন।

Notch, *n.* খোপ, খাজ। ছিদ্ৰ, বিন্ধা। পৰ্ব্বতৰ খোন্দ।

Note, *n.* টোকা, (2) চিন্ (3) নোট *e. g.* দহ টকীয়া নোট (4) টিপনী, *e. g.* তলত লিখা শব্দবোৰৰ টিপনী লিখা। (5) স্বৰ।

Note-book = টোকা বহি।

Note, *v.* সাৱধানে পৰ্য্যবেক্ষণ কৰা; কোনো কথা টুকি লোৱা।

Notable, *adj.* বিখ্যাত; খ্যাত।

Notary, *n.* আদালতৰ দলিলাদি পৰীক্ষা কৰা- কৰ্ম্মচাৰি।

Noteworthy, *adj.* আৱশ্যকীয় *e. g.* noteworthy points.

Noted, *adj.* খ্যাত, বিখ্যাত। (see notorious.)

Nothing, *n.* একো নাই; *e. g,* There is *nothing* like true friendship.

একোকে। শূন্য; *e. g. Nothing* is great unless it be good.

e. g. It was so dark that we could see *nothing.*

For nothing = মিছাকে; অকাৰণতে।

Notice, *n.* জাননী; ইস্তাহাৰ; বিজ্ঞাপন।

Notice, *v.* 'To notice is to observe in a cursory way.

Notify, *v.* জাননী দিয়া, ইস্তাহাৰ জাৰি কৰা, ঘোষনা কৰা, বিজ্ঞাপন কৰা। *n.* notification.

Notion, *n.* মনৰ ভাৱ, ধাৰণা; অনুমান। *adj.* notional.

Notorious, *adj.* বেয়াৰ নিমিত্তে প্ৰখ্যাত, কুখ্যাতৰ নিমিত্তে সকলোৰে জনা। Followed by 'for.' *adv.* notoriously.

"*Notorious* is always used in bad sense; *noted* in either a good or bad sense; *illustrious, notable* and *renowed* are in good sense. A man is famous or renowned for his achievements: illustrious from his high rank; notable for some special act; notorious for his crimes, and noted for his peculiarities."

Notwithstanding, *prep.* তথাপি, in spite of.

Nought, *adj.* একো নাই।

Noun, বিশেষ্য। বিবোৰ কথাই জন্তু, বস্তু, মানুহ, ঠাই বা নাম বুজায়। *e. g.* cat, pencil, man, Calcutta, Krisna.

Nourish, *v.* পালন কৰা; পোষণ কৰা; পুষ্টিকৰা *e. g.* milk *nourishes* the body. (2) শিক্ষা দিয়া।

Nourishment, *n.* That which nourishes পুষ্টি (2) আহাৰ।

Nourishing, *adj.* পুষ্টিকৰ।

Nourisher, *n.* পোষক।

Novel, *adj.* নতুন (2) অসাধাৰণ; আগে পাছে নেদেখা নুশুনা।

Novel, *n.* উপন্যাস, সাধু কথা। *e. g.* reader of *novels.*

Novelist, *n.* সাধু কথা লিখক।

November, *n.* নবেম্বৰ। ইংৰাজী মাহৰ ১১শ মাহ।

Novice, *n.* কোনো কাৰ্য্যত প্ৰথমেই আৰম্ভ কৰা মানুহ (2,) অকামিলা লোক।

Now, *adj.* এতিয়া।

Now, *conj.* কিন্তু, ইয়াৰ পাচত, পিছে, পূৰ্ব্বে কোনো কথা কোৱা হ'লে তাক বুজাই দিবৰ নিমিত্তে যি বাক্য ব্যৱহাৰ কৰা যাই তাৰ আগত now শব্দ ব্যৱহাৰ কৰিব লাগে। *e. g.* Diligent boys are succesful; *now* you are a diligent boy; therefore, you will succeed.

Now-a-days, *adv.* আজকালি; বৰ্ত্তমান কাল।

Now and then=মাজে সময়ে।

Every now and then=ঘনে ঘনে *e. g.* He writes to me every now and then.

Nowhere, *adv.* কতোনাই।

Nowise, *adv.* কোনোমতে বা কোনো প্ৰকাৰে নহয়।

Noxious, *adj.* অপকাৰী, অহিতকৰ (2) বিষাক্ত।

Nozzle, *n.* নাকৰ আগটো (2) ফিচকাৰীৰ আগটো।

Nucleus, *n.* ঘাগি; যি বস্তুক আশ্ৰয় কৰি আন বস্তু গোট খাই।

Nudge, *v.* লাহেকৈ ঠেলা মাৰি টিপনি দিয়া। গুঁজা মৰা।

Nude, *adj.* নাঙঠা।

adv. nudely.

n. nudity.

Nugatory, *adj.* বৃথা। নিষ্ফল।

Nuisance, *n.* আমনি কৰা বিষয়। অপকাৰী বস্তু বা বিষয়। উৎপাত। *e. g.* A liar is a *nuisance* to society.

Null, *adj.* আইন মতে দুৰ্ব্বল বা নিষ্ফল।

Nullify, *v.* ধ্বংশ কৰা; বিফল কৰা; নিষ্ফল কৰা।

Numb, *adj.* গতিহীন, জ্ঞান শূন্য হোৱা। অবশ।

v. অবশ কৰা।

Number, *v.* লেখা। গণনা কৰা।

Number, *n.* নম্বৰ (2) সংখ্যা; পদ্য। শ্লোক। *e. g.* "I am ill at these *numbers*"

the singular number=একবচন।

the dual number=দ্বিবচন।

the plural number=বহুবচন।

Numberless, *adj.* অসংখ্য।

Numerable, *adj.* গণনীয়।

Numeral, *adj.* সংখ্যা বোধক।

Numeral adjectives=যি বোৰ বিশেষণে সংখ্যা বুজায়।

(ইংৰাজীত) এই শ্ৰেণী বিশেষণ তিনি ভাগে বিভক্ত ;

1. The Definite Numeral Adjectives.
2. The Indefinite Numeral Adjectives.
3. The Distributive Numeral Adjectives.

Numerous, *adj.* বহুত সংখ্যক ; অনেক
adv. numerously,
n. numerousness.

Numismatic, Numismatical } *adj.* pertaining to coins.

Numismatics, *n.* the science of coins.

Numismatist, Numismatologist } *n.* মুদ্ৰাবিজ্ঞান বিশাৰদ।

Numerate, *v.* গণনা কৰা, লেখ কৰা।

Numeration, *n.* অঙ্কৰে লিখা শব্দ বিলাক পঢ়িব পৰা বিদ্যা।
"*Numeration* is the art of reading a number expressed in words."

Need, *n.* আৱশ্যক *e. g.* a friend in *need* is a friend indeed (2) অভাৱ। Followed by 'for.'
adj. needful.

Need, *v.* আৱশ্যক হোৱা, প্ৰয়োজন হোৱা। (2) অভাৱ হোৱা।
This word when used as an auxiliary has for its third person singular need (not needs), provided it is followed by a negative *e. g.* He *need* not keep me. *Needs* is used adverbially *e. g.* I must *needs* go at once. "*Needs* must I see this battle day." [যতন।

Needle, *n.* বেজী। এবিধ কাপোৰ সিয়া

Neediness, *n.* দৈন্য। *adj.* needy.

Needle-work, *n.* বেজীৰ কাম।

Nefarious, *adj.* অতি ঘৃণনীয়, অতি অধম (2) বৰ দুষ্ট।
adv. nefariously:
ab. n. nefariousness.

Needless, *adj.* অনৰ্থক ; অকাৰণ।

Needlessly, *adv.* অকাৰণতে।

Negative, *n.* নাস্থচক অবাৱ।
opposed to affirmative.

Neglect, *n.* অৱহেলা ; আওকাণ।
e. g. he is guilty of *neglect* of duty.
Followed by 'of' 'in.'

Neglect *v.* অৱহেলা কৰা, আওকাণ কৰা। আওহেলা কৰা ; (2) অনাদৰ কৰা ; হেয় জ্ঞান কৰা। তুচ্ছ জ্ঞান কৰা।

adj. neglectful.

adv. neglectfully.

Followed by 'of.'

Negligent. *adj*. আওহেলা ; অমনোযোগী।

"*Idle* is opposed to busy; *lazy* to alert; *negligent* to diligent, *Indolent* to active; An idleman dislikes doing work, a lazy man; dislikes taking trouble; negligent man dislikes taking care; and an indolent man dislikes being roused or disquieted."

Followed by "of" "in."

n. negligence.

Negotiate, *v*. বাণিজ্যৰ সংবাদ চলনাচলন কৰা, বেচা কিনা বিষয়ে কথা বার্ত্তা কোৱা। (2) বাণিজ্য কৰা (3) আনৰ সহিত কথাবার্ত্তা হোৱা *e.g.* to negotiate peace.

n. negotiation.

adj. negotiable.

Negro, *n*. কাফ্রি।

pl. Negroes.

Fem. Negress.

Neighbouring, *adj*. ওচৰৰ *e.g.* *neighbouring* villages.

Neighbour, *n*. ওচৰ-চুবুৰীয়া, চুবুৰীয়া, প্ৰতিবাসী।

adj. neighbourly.

ab. n. neighbourhood.

Numbles, *n*. পহুৰ নাড়ী ভুঁক।

Numerous, *adj*. বহুত, প্ৰচুৰ।

Numskull, *n*. মূৰ্খ।

Nun, *n*. ব্ৰহ্মচাৰিণী।

mas. monk.

adj. nunnish.

Nunnery, *n*. উদাসীনা নাৰীৰ মঠ।

Nuncio, *n*. "প'পৰ" দূত; খবৰবাহক।

Nuncapative, *adj*. মৌখিক।

Nuncupatory, *adj*. মৌখিক।

Nundinal, *adj*. বজাৰ সমন্ধীয়।

Nuptial, *adj*. বৈবাহিক, বিবাহ সমন্ধীয়।

Nuptials, *n*. বিবাহ।

There are some nouns which are never used in the singular. Nuplials one of them.

Nurse, *v*. প্ৰতিপালন কৰা; সেৱা শুশ্ৰূষা কৰা; ৰোগীক আলপোচন ধৰা।

Nurse, *n*. ধাত্ৰী, ধাই (2) ৰোগীৰ আলপৈচান ধৰোঁতা।

Nursery, *n*. ধাতৃ-গৃহ (2) a piece of ground where plants are reared.

Nursling, *n*. দুগ্ধপোষা শিশু।

Nurture, *n*. শিক্ষা, (2) উপদেশ (3) আহাৰ।

Nut, *n.* চোফাৰি, তামোল, বাদাম ইত্যাদি। *adj.* nutty.

Nut-shell, *n.* তামোলৰ বাকলি।

Nut-hatch, *n.* ইউৰূপৰ পক্ষিবিশেষ।

Nutmeg, *n.* জাঁই, জাঁইফল।

Nutriment, *n.* আহাৰ। পথ্য।

Nutrimental } *adj.* পুষ্টিকৰ।
Nutrimentious }

n. nutrition.

Nutritious *adj.* পুষ্টিকৰ।

adv. nutritiously. *n.* nutritiousness.

Nutritive, *adj.* nutritious.

adv. nutrively.

n, nutriveness.

Nymph, *n. Fem.* of swain.

Nymph, *n.* জলকুঁৱৰী ; বন দেৱতা, কিন্নৰী ; সুৰাঙ্গনা, অপেস্বৰা।

adj. nymphal } *Fig.* বিদ্যাধৰি ; সুন্দৰী।
nymphean }
nymphic }

Nymphomania, *n.* তিৰোতাত অদম্য কামভাৱ।

O

O ! *int.* অ'হ ! অস্ ! হে।

Oaf, *n.* মূৰ্খ ; ভোদা।

adj. Oafish.

n. oafishness.

Oak, *n.* এবিধ বিলাতৰ বিখ্যাত গছ।

e. g: She sat beneath the spreading *oak.*

adj. oaken.

Oakling, *n.* young oak.

Oar, *n.* বঠা। এবিধ চেপেটা আৰু বহল আগেৰে নাও বোৱা সজুলি।

Oarsman, *n.* নাৱৰীয়া।

To lie on the oars = ক্ষন্তেক জিৰোৱা।

Oar, *v.* বঠা মৰা।

Oasis, *n.* ওৱেচিচ্। মৰুভূমিৰ মাজত খেতি হোৱা ঠাই।

pl. oases.

Oat, *n.* A grain.

Oath, *n.* শপথ।

Obdurate, *n.* কঠিন, নিমৰমিয়াল, নিষ্ঠুৰ। *e. g.* Evil temptations make one's heart *obdurate.*

adv. obdurately.

n. obduracy. }
obdurateness }

Obedience, *n.* বশ্যতা ; আজ্ঞাৰ অধীনতা ; বশবৰ্ত্তিতা।

followed by 'to'

Obedient, *adj.* আজ্ঞাকাৰী ; বাধ্য অধীন।

e. g. your *obedient* servant. dutiful

e. g. Be *obedient* to your father.

adv. obediently.

Obeisance, *n.* সম্মান (2) প্ৰণাম, সেৱা।

Obey, *v.* আদেশ মনা ; কথা শুনা *e. g.* you must *obey* me. যেনেকৈ আদেশ দিয়া হয় তেনেকৈ কৰা ; আজ্ঞানুসাৰে সম্পাদন কৰা ; আজ্ঞাপালন কৰা (2) বশ্যতা স্বীকাৰ কৰা।

Obituary, *n.* মৰা সকলৰ বিৱৰণ।

Obit, *n.* মৃত্যু (2) মৃত্যুকৰ কাজ-কৰম।

Object, *n.* উদ্দেশ্য ; অভিপ্ৰায় ; *e. g.* he goes there with some *object.* (2) পদাৰ্থ, বস্তু। আমি আনাৰ ওপৰত ভগত নাইবা চাৰি-ওফালে যি বিলাক বস্তু দেখিবলৈ পাও all things which we see are called *objects.*

(3) in gram : কৰ্ম্ম *e. g.* He reads his book ; here "book" is the *object* of the transitive verb "read."

Object, *v.* আপত্তি কৰা ; ওজৰ কৰা ; বিৰুদ্ধে প্ৰস্তাৱ কৰা। *adj.* objectionable. followed by 'to'.

Objection, *n.* আপত্তি, *e. g.* He should have no objection = তেঁওৰ একো আপত্তি থাকিব নেপায়। ওজৰ।

followed by 'to'.

v. objectify.

Objurgate, *v.* ভৎসনা কৰা, তিৰস্কাৰ কৰা।

n. objurgation.

Objective case = কৰ্ম্মকাৰক।

Oblation, *n.* পূজা, হোমদ্ৰব্য ; ঈশ্বৰ সেৱা।

Obligatory, *adj.* অৱশ্য কৰ্ত্তব্য, compulsory. নিয়মাধীন। Followed by 'on'

Oblige, *v.* কোনো উপকাৰ কৰি অনুগ্ৰহ কৰা বা সন্তোষ কৰা।

Obliging, *adj.* বাধিত কৰা ; সজ ; শিষ্ট ; উপকাৰী।

Obligation, *n.* বাধ্যতা (2) কৰ্ত্তব্য।

Oblique, *adj.* বেঁকা। একতীয়া। কেঁচীয়া। হলনীয়া।

Obliquely, *adv.* কেঁচীয়াকৈ ; একতীয়াকৈ।

Obliquity / Obliqueness } *n.* বক্ৰতা। (2) অবাটে গমন *e. g.* moral *obliquity.*

Obliterate, *v.* পঢ়িব নোৱাৰাকৈ মচা ; মচি পেলোৱা ; মনৰ পৰা গুচাই পেলোৱা। লোপ কৰা।

n. obliteration.

adj. obliterative.

Oblivion, *n.* পাহৰণ, বিস্মৰণ (2) ক্ষমা।

Oblivious, *adj.* স্মৃতিহৰ।
adv. obliviously.

Oblong, *n.* দীঘলিবা ; পথালিতকৈ সৰহ দীঘল।
adj. oblongish.
adv. oblongly.

Obloquy, *n.* গৰিহণা, নিন্দা ; কুখ্যাতি।
adj. obloquious.

Obnoxious, *adj.* গৰিহিত, নিন্দিত, নিন্দাৰ যোগ্য অপ্ৰিয়, (2) Liable.
adv. obnoxiously.
n. obnoxiousness.
Followed by 'to'

Obnubilate, *v.* এন্ধাৰ কৰা, ডাৱৰ কৰা।
n. obnubilation.

Obscene, *adj.* অশ্লীল ; কুৎসিৎ ; অপবিত্ৰ ; নিলৰ্জ্জীয় ; নিলাজ। অবাচ্য।
n. obscenity. / obsceneness.
adv. obscenely.

Obscure, *adj.* এন্ধাৰ, অন্ধকাৰ (2) অস্পষ্ট, ফটফটীয়া নোহোৱা (3) অপ্ৰসিদ্ধ ; সকলোৱে নজনা ;
adv. obscurely.

Obscure, *v.* এন্ধাৰ কৰা, ডাৱৰে ঢকা (2) অস্পষ্ট কৰা। লুকুৱা।
n. obscuration, obscurement.

Obscure, *n.* এন্ধাৰ, অন্ধকাৰ (2) অস্পষ্টতা।

Obsequies, *n.* পিতৃকৰ্ম্ম, অন্ত্যেষ্টি ক্ৰিয়া, প্ৰেত ক্ৰিয়া।
There are some nouns which are never used in the singular; obsequies one of them.

Obsequious, *adj.* শৰণাগত।
n. obsequiousness / obsequience

Observe, *v.* অৱলোকন কৰা, মন দি চোৱা (2) অৱধান কৰা (3) পালন কৰা, *e. g.* we do not *observe* 'Janmastomy'

Observance, *n.* পালন (2) মনোযোগ (3) ব্ৰত।

Observation, *n.* মনোযোগ (2) মনোযোগেৰে চাওন (3) মন্তব্য।

Observatory, *n.* A place for making observations of natural phenomena.

Obsolete, *adj.* ব্যৱহাৰৰ বাহিৰ হোৱা, লুপ্ত। *e. g.* It is an *obsolete* word.
n. obsoleteness.

Obstacle, *n.* প্ৰতিবন্ধক, বাধা, বিঘিনি।

Obstetrics, *n.* ধাত্ৰী বিদ্যা।

adj. obstetric } obstetrical }

Obstinate, *adj.* মইমত ; গোঁৱাৰ ; অবাধ্য ; আঁকোৰগোঁজা । হাক্-নুশুনা । অবৈয়াল ; আমঠ ; অবুজন ; আবৰী ।

n. obstinacy } obstinateness }

adv. obstinately.

Followed by 'in'

Obstreperous, *adj.* কোৰ্হালীয়া, কোলাহল পূৰ্ণ ।

Obstruct, *v.* বাধা দিয়া, আগভেটি ধৰা ; ব্যাঘাত কৰা ।

n. obstruction. প্ৰতিবন্ধক *e. g.* solitude is not an *obstruction* to culture.

Obstructor, *v.* হাক্ দিওঁতা, নিষেধ কৰোঁতা, আগভেটি ধৰোঁতা ।

Obtain, *v.* পোৱা *e. g.* He works hard because he hopes to *obtain* a prize.

লাভ কৰা ।

n. obtainment.

Obtainable, *adj.* পাবৰ যোগ্য ।

Obtest, *v.* মিনতি কৰা ।

Obtrude, *v.* বিনা অনুমতিত প্ৰবেশ কৰা ।

n. obtrusion.

Obtuse, *adj.* নিস্তেজ, ভোতা

Obtuse-angle, *n.* স্থূল কোণ ; সমকোণতকৈ ডাঙৰ কোণ । one greater than a right angle.

Obvert, *v.* to turn towards.

n. obversion.

Obverse, *n.* মুদ্ৰাৰ যি ফালে চবি থাকে ।

Obviate, *v.* কষ্ট দূৰ কৰা ; প্ৰতিকাৰ কৰা ।

Obvious, *adj.* স্পষ্ট ; দেখা-শুনা ; জক্-জকীয়া ।

adv. obviously.

n. obviousness.

Occasion, *n.* সুবিধা, সুযোগ (2) বিশেষ সময় (3) নিমিত্ত, হেতু । (4) ঘটনা ।

Occasional, *adj.* সাময়িক *e. g.* Spinoza's relaxation consisted in an *occasional* pipe. *occasional* visits.

Occasion, *v.* ঘটা ।

Occasionally, *adv.* সময়ে সময়ে । আঠে-পষে । সুবিধানুসাৰে । কেতিয়া কেতিয়াবা । মাজে সময়ে ।

Occident, *n.* পশ্চিম ।

adj. occidental.

adv. occidentally.

Occiput, *n.* মূৰৰ বা লাউখোলাৰ পাচ ফাল ।

adj. occipital.'

Occult, *adj*. গুপ্ত, গোপনীয় ; গূঢ়।
n. occultation.

Occupy, *v*. অধিকাৰ কৰা ; দখল কৰা। (2) to busy *e. g.* In fine weather many gentlemen occupy themselves with their gardens.

Occupancy, *n*. অধিকাৰ ; দখল।

Occupation, *n*. অধিকাৰ (2) ব্যৱসায়।

Occupier, *n*. দখলকাৰী।

Occur, *v*. ঘটা (2) মনত অহা (3) অ'ত ত'ত দেখিবলৈ পোৱা। To be found here and there. Followed by 'to'

Occurence, *n*. ঘটনা।

Ocean, *n*. মহাসাগৰ ; পয়োনিধি।
adj. oceanic.

Ochre, *n*. A coloured clay.

Octagon, *n*. অষ্টভুজ ; অষ্টকোণ। A figure of eight sides and eight angles.
adj. octagonal.

Octangular, *adj*. আঠ-চুকীয়া।

Octavo, *n*. a book having eight leaves to each sheet ; এখন কাগজৰ আঠ পিঠীয়া কিতাপ।

Octave, *adj*. consisting of eight.

Octodentate, *adj*. আঠ দঁতীয়া।

Octennical, *adj*. আঠবছেৰেকীয়া।

October, *n*. অক্টোবৰ। ইংৰাজী মাহৰ ১০ম মাহ।

Octogenarian, *n*. আশীবছৰীয়া মানুহ ; বহুকলীয়া বুঢ়া ; বুঢ়াআপ।

Octopede, *n*. অষ্টপদযুক্ত জন্তু, আঠ ঠেঙীয়া প্ৰাণী।

Octuple, *adj*. আঠগুণ।

Ocular, *adj*. চকু সম্বন্ধীয় (2) *n*. the eye piece of an optical instrument.

Odd, *adj*. অসমান ; বিযুৰীয়া। (2) অপৰূপ।

Odds, *n*. সুবিধা।

Odds is a true plural but is now treated as a singular ; *e. g.* we gave him a heavy Odds against ourselves.

Odd-fellow, *n*. আচহুৱা মানুহ।

Ods and ends=লাংখালিংখি বস্তু। *e. g.* "who could believe that a box so rigidly locked had nothing in it but *odds and ends*"

Ode, *n*. কবিতা, গীত।

Odious, *adj*. নিন্দনীয় ; কুৎসিৎ। Followed by 'to'
adv. odiously.
n. odiousness.

Odium, *n.* ঘৃণা ; অৰুচি ।

Odontalgia } *n.* দাঁতৰ বিষ ।
Odontalgy }

Odontagic, *n.* দাঁতৰ দৰব ।

Odour, *n.* গন্ধ (2) সুগন্ধ ।

adj. odorous.

Odoriferous, *adj.* সুগন্ধময় ।

Odourless, *adj.* গন্ধহীন ।

Of, *prep.* —ৰ, সমন্ধ । (2) পৰা
e. g. I acquit you of blame.
(3) বিষয়ে *e. g.* A book of proverbs. (4) অচেতন বস্তু বুজোৱা শব্দ বোৰত 'of' দি possessive case কৰিব লাগে ।

Of course = অবশ্য । A man's wickedness will *of course* bring upon him disgrace.

Off, *adv.* এই শব্দই (1) দূৰ (2) কম হৈ যোৱা (3) বেলেগ কৰা ইত্যাদি অৰ্থ বুজাই ।
e. g. (1) a mile off. (2) The fever is off. (3) He took off his hat.

Off, *int.* যা ।

to cut off = কাটি পেলোৱা ।

to be off = গুচি যোৱা ।

to be off one's guard = অসাৱধানে থকা ।

Off and on = মাজে মাজে ।

Get off = পলাই যোৱা ।

Offence, *n.* দোষ, দাই, জগৰ ।

Offend, *v.* দোষ কৰা, দাই লগোৱা (2) খং তোলা । অসন্তোষ কৰা ।

Offender, *n.* অপৰাধী, দোষী ।

Offensive, *adj.* অসন্তোষজনক ; জগৰীয়া *e. g.* জগৰীয়া কথা ; বেয়া ।
(2) Assailant.
adv. offensively.
Followed by 'to'
Act on the offensive = আক্ৰমণ কৰা ।

Offer, *v.* উপহাৰ দিয়া (2) দিয়া ; দিব খোজা (3) প্ৰস্তাৱ কৰা ।
adj. offerable.

Offering, *n.* উপহাৰ ।

Office, *n.* কাৰ্য্য, কাম । (2) place of business. "আপিচ" ?
adj. official.

Officer, *n.* আমোলা, কৰ্ম্মচাৰী ।

Officiate, *v.* "একটিন্" কৰা ; আনৰ ঠাইত অস্থায়ীৰূপে কাম কৰা ।
Followed by 'for'

Officious, *adj.* Forward in kindness.
adv. officiously.
n. officiousness.

Offspring, *n.* বংশ ।
লৰা-ছোৱালী ।

Oh ! *int.* অস্ । দুখ বা বেজাৰ বুজোৱা মাত ।

Oil, *n.* তেল।

Oil, *v.* তেল ঘঁহা। *adj.* oily.

Oilcake, *n.* খলিহৈ।

Oilman, *n.* তেলীয়া।

Oinment, *n.* মলম।

Old, *adj.* বুঢ়া *e. g.* oldman (2) পুৰণি *e. g.* old clothes (3) বহুকলীয়া। *e. g.* old habits অনেক দিনীয়া। প্ৰাচীন; *e. g.* The *old* systems of instruction seem to be worthless. Ancient. *com.* older, elder. *sup.* oldest, eldest. *elder* and *oldest* are applied to persons of the same family; *older* and *oldest* are applied to animate and inanimate objects in general

Olden, *v.* to grow old.

Olive, *n.* জলফাই গছ। জলফাই টেঙ্গা।

Old age=বুঢ়াকাল।

Oldness, *n.* বৃদ্ধত্ব।

of old=আগেয়ে।

Omen, *n.* চিন্; লক্ষণ।

Oligarcly, *n.* A Government by few.

Ominous, *adj.* অমঙ্গলীয়া। উৎপতীয়া। Followed by 'in' *adv.* ominously. *n.* ominousness.

Omit, *v.* ত্যাগ কৰা, ভুলত এৰা। এৰিথৈ যোৱা। *n.* omission. *adj.* omissible.

Omission, *n.* কৰ্ত্তব্য কামত অৱহেলা; ত্ৰুটি; ভুল।

Omnipotent, *adj.* সৰ্ব্বশক্তিমান। (এই শব্দই ঈশ্বৰক বুজাই) *n.* omnipotence.

Omnivorous, *adj.* সৰ্ব্বভক্ষক।

Omnifarious, *adj.* সকলো বিধৰ।

Omniferous, *adj.* producing all kinds.

Omniscient, *adj.* সৰ্ব্বজ্ঞ। *n.* omniscience

The omnipotent=God.

On, *prep.* ওপৰত; ওপৰাউপৰি; প্ৰতি; ওচৰত। (এই অব্যয়টি স্থান বিশেষে ওপৰত কোৱা নানা অৰ্থে ব্যবহৃত হয়) পিছত; *e. g.* on her departure.

On, *adv.* Forward.

On, *intj.* Go on ধক্।

On a sudden=হঠাৎ; অকস্মাৎ।

On the alert=সাৱধান।

On the way=বাটত।

On and on=ক্ৰমাগত।

Once, *adv.* এবাৰ ;*e. g.* He generally comes to see me *once* a month. (2) এসময়ত ; *e. g.* *once* in a time of famine my father was wandering with me. একালত । *e. g.* *once* he was a rich man.

Once-again } *advs.* আৰু এবাৰ
Once-more

Once upon a time=তাহানি *e. g.* *Once upon a time* there lived a certain merchant, who had seven daughters.=তাহানি এজন মুদৈৰ সাতজনী ছোৱালী আছিল।

Once and again=পুনঃ পুনঃ।

At once=বেগেতাই ; তত্কালকে *e. g.* if you are certain it is so, then go *at once.* (2) at the same time.

All at once=হঠাৎ।

Once for all=একেবাৰে ; চিৰকাললৈ। *e. g.* A murderer when led to the scaffold embraced his child *once for all.*

One, *adj.* এক।

One, pron কোনোবা। কোনো মানুহ।

One day=এদিন *e. g.* *one day* he put to me this question.

One and the same=একে। *e. g.* It is *one and the same* thing to me.

One by one=এটা এটাকৈ।

One another=ইটোসিটোৰে।

One way or another=কোনো নিহাবে।

One sided=একপক্ষীয়া।

Onion, *n.* পনৰু।

Onerous, *adj.* ভাৰগ্ৰস্ত *e. g.* he occupies the *onerous* position.

Only, *adv.* কেৱল। অকল। মাঠোন।

Only is used as :—(*a*) An a jective. *e. g.* There was a rich man who had an *only* son. এজন চহকী মানুহৰ অকল এটা লৰা আছিল।

(*b*) An Adverb *e. g.* He can see *only* with one eye=সি চকু এটাৰে হে দেখে।

(*c*) A conjunction, *e. g.* Do what you like ; *only* (but) do not disturb me=যি ইচ্ছা কৰা, মোক কিন্তু দিগ নকৰিবা

Onset, *n.* আক্ৰমণ।

Onslaught, *n.* আক্ৰমণ।

Onus, *n.* ভাৰ।

Onward } *advs.* আগলৈ।
Onwards

Ooze, *v.* বিৰিডি ওলোৱা।
n. বোকা।
adj. oozy.

Opaque, *adj.* bodies which do totally stop the passage of light through them ;
e, g. wood.

Open, *v.* মেলা (2) আৰম্ভ কৰা। (3) প্ৰকাশ কৰা।

Open, *adj.* মুক্ত ; প্ৰকাশিত ; মুকলি *e g.* We should exercise in the *open* air.
সৰল।
adv. openly, দেখাদেখিকৈ।

Opening, *n.* ছিদ্ৰ।

In the open air = মুকলিত।

Open air = মুকলি।

Open hearted, *adj.* সৰল। ভংতৰীয়া।

Open handed, *adj.* উদাৰ। *e. g.* He is nobleminded openhanded and liberal in bestowing on others.

Opera, *n.* যাত্ৰা, নাটক।

Opera house, *n.* নাট ঘৰ।

Operation, *n.* কাৰ্য্য (2 surgical performances.
v. operate.
Followed by 'on'

Operose, *adj.* laboured.
ns. { operoseness. operosity.

Opiate, *n.* টোপনি অনোৱা দৰব। যেনে ; কানি। (2) যি বস্তুৱে জলকা কৰি ৰাখে।

Opine, *v.* বিবেচনা কৰা ; অনুমান কৰা।
adj. opinable.

Opinion, *n.* মত।

Opium, *n.* কানি, আফিং।

Opium eater, *n.* কানীয়া।

Opponent, *n.* শত্ৰু।

Opportune, *adj.* সময়োচিত।

Opportunity, *n.* সুযোগ. সুবিধা ; সুচল। ছেগ। *e. g.* Omit no *opportunity* of doing good, and you will find no *opportunity* for doing ill.
Followed by 'for'

Oppose, *v.* বাধা কৰা (2) ওজৰ কৰা ; আপত্তি কৰা।
adj opposable.
n. opposability.

Opposite, *adj.* বিপৰীত (2) সম্মুখ।

Opposition, *n.* বাধা (2) বিপক্ষতা।
Followed by 'to'

Oppress, *v.* অত্যাচাৰ কৰা ; অন্যায় কৰা। জুলুকি জুলুকিকৈ শিকুৱা। উপদ্ৰৱ কৰা।

adj. oppressive.

n. oppression, দৌৰাত্ম্য ; উপদ্ৰৱ ; অত্যাচাৰ।

Oppressor, *n*. অত্যাচাৰী ; উপদ্ৰৱী। "প্ৰজাপীড়ক"।

Opprobious, *adj*. আপচু, কদাকাৰ; মানহানিজনক।

adv. opprobriously.

n. opprobriousness.

Opprobrium, *n*. নিন্দা, কুখ্যাতি। দুৰ্যশ।

Optative, *adj*. expressing wish.

Optics, *n*. that branch of physical science which deals with the properties of light.

Optic } Optical } *adj*. আলোক বিদ্যা সম্বন্ধীয়।

Optician, *n*. যি আলোক বিদ্যাত নিপুণ।

Optimism, *n*. the doctrine that everything in nature is for the best.

Option, *n*. ইচ্ছা।

adj. optional.

adv. optionally.

Opulence } Opulency } *n*. ধন, সম্পত্তি, ঐশ্বৰ্য্য ; বিভব।

adj. opulent.

adv. opulently.

Or, *conj*. বা, যেনে ; মাছ বা মঙহ এটা আনিবা। ৰামকে বা হৰিকে মাতলে ক'বা। It may be expressed also by নতুবা ; অথবা।

e. g. Hold your tongue *or* I will punish you.

Oral, *adj*. মৌখিক। *e. g.* oral Examination.

Oracle, *n*. দৈৱবাণী (2) ভবিষ্যদ্বক্তা।

adj. oracular.

adv. oracularly.

Orang-otang, *n*. বনমানুহ।

Orange, *n*. সুমথিৰা টেঙা।

Oration, *n*. বক্তৃতা।

Oratory, *n*. বাক্চতুৰতা।

adj. oratorical.

Orator, *n*. বক্তা; সুকথক; বাক্পটু।

Fem. oratrix.

Orb, *n*. চক্ৰ, মণ্ডল (2) চকু।

Orbicular, *adj*. ঘুৰণীয়া।

Orbit, *n*. পৃথিবীয়ে যি বাটে সূৰ্য্যক প্ৰদক্ষিণ কৰে।

adjs. orbital } orbitary }

Orchard, *n*. ফুল আদিৰ বাগিছা।

Ordain, *v*. নিযুক্ত কৰা ; স্থাপিত কৰা to establish.

n. ordainment.

Ordeal, *n*. নিৰ্দ্দোষিতা বুজাবৰ

কাৰণে ধৰ্ম্ম সাক্ষী কৰি জুই বা পানীৰে কৰা কঠোৰ পৰীক্ষা।

Order, *n.* হুকুম ; আদেশ ; (2 নিয়ম ; সাধাৰণৰ শান্তি (3) শ্ৰেণী ; সম্প্ৰদায়।

adj. orderly. নিয়মিত ; ক্ৰমাগত ; শৃঙ্খলা।

Followed by 'for' 'against'.

Order, *v.* আদেশ দিয়া (2) শৃঙ্খলা কৰা।

Orderly, *adj.* নিয়মিত।

In order to = নিমিত্তে, অভিপ্ৰায়ে।

Order book = যি বহিত হুকুম দিয়া কথা বিলাক লেখা থাকে।

In regular order = নিয়মমতে।

Orderless, *adj.* বিশৃঙ্খল।

n. orderliness.

Out of order = আউল বাউল। খেলমেল।

Ordinal, *n.* ক্ৰমিক বুজোৱা সংখ্যা।

e. g. ordinal numbers. (They are first, second, third, fourth &c.).

Ordinary, *adj.* সাধাৰণ।

adv. Ordinarily.

Ordinance, *n.* ব্যৱস্থা ; বিধি।

Ordinate, *adj.* ব্যৱস্থা অনুসৰি।

Ordination, *n.* the act of investing with holy orders.

Ordance, *n.* ডাঙৰ বন্দুক ; বৰটোপ।

Ordure, *n.* বিষ্ঠা, গু।

adj. ordurous.

Ore, *n.* অপৰিষ্কাৰ আকৰৰ ধাতু the native form of metal ; metal as it comes from the mine.

e. g. The ship was laden with precious *ore*.

Organ, *n.* ইন্দ্ৰিয় *e. g.* The heart and lungs are the chief *organs* of life. (2) বাদ্যযন্ত্ৰ বিশেষ। অৰ্গেন।

adjs. organic, organical }

adv. organically.

Organise, *v.* গঠন কৰা, তৈয়াৰ কৰা ; স্থাপিত ও শ্ৰেণীবদ্ধ কৰা।

Organisation, *n.* গঠন। *e. g.* the *organisation* of the districts for administrative purposes.

Orient, *adj.* পূবৰ (2) চক্‌মকীয়া ; উজ্জ্বল। (3) Rising.

Orient, *n.* দীপ্তি। কান্তি।

The orient = পূব।

Oriental, *adj.* পূব-ফলীয়া। এচিয়াৰ (2) *Fig.* বহুমূলীয়া।

v. orientate.

Orifice, *n.* বিন্ধা ; ছিদ্ৰ।

Origin, *n.* আদি, মূল ; আৰম্ভ ; উৎপত্তি স্থান।

adj. original. আচল। *e. g.* Carlyle was an *original* writer. It is abridged from the *original* narrative.

n. originality অসাধাৰণ শক্তি ; অসামান্য প্ৰখৰ বুদ্ধি ; বিশেষ চোকা স্বাভাবিক বুদ্ধি।

Originate, *v*. সৃষ্টি কৰা, জন্মা।
Followed by "in" "with"
n. origination
adj. originative.
adv. originatively.

Originator, *n*. সৃষ্টিকৰ্ত্তা।

Orison, *n*. প্ৰাৰ্থনা, prayer.

Ornament, *n*. অলঙ্কাৰ, ভূষণ ; আভৰণ।

Ornament, *v*. অলঙ্কাৰেৰে শোভা কৰা ; ভূষিত কৰা।

Ornamental, *adj*. অলঙ্কাৰেৰে শোভিত।
adv. ornamentally.
n. ornamentation.

Ornamented, *adj*. ভূষিত।

Ornate, *adj*. Decorated বিভূষিত।

Ornithology, *n*. চৰাইৰ বিজ্ঞান।
adj. ornithological.

Orphan, *n*. মাউৰা ব মাউৰী। পিতৃ মাতৃ দুয়ো বা এজনা নথকা লৰা বা ছোৱালী ; অনাথ।
ab. *ns*. orphanage. }
orphanhood. }

Orthodox, *adj*. "স্বধৰ্ম্ম পৰায়ণ"। চলিত ধৰ্ম্মাবলম্বী। নৈষ্ঠিক।
e. g. orthodox Hindus.
adj. orthodoxical.
adv. orthodoxly.

Orthography, *n*. ব্যাকৰণত বানানৰও উচ্চাৰণৰ ভাগ, বৰ্ণশুদ্ধ বিভাগ।
adj. orthographical.
adv. orthographically.

Oscillate, *v*. ওলমি লৰি থকা ; এবাৰ আগলে এবাৰ পিছলে যোৱা।
n. oscillation.

Ostensible, *adj*. দেখুৱাব পৰা ; বাহিৰ কৰা যোগ্য।
n. Ostensibility.
adv. Ostensibly.

Osseous, *adj*. অস্থিময়, হাৰক নিচিনা।

Ossify, *v*. অস্থিময় কৰা।
n. ossification.

Ostentation, *n*. জাকজমক।

Ostentatious, *adj*. জাকজমককাল ; আড়ম্বৰ।
adv. ostentatiously.

Osteology, *n*. হাৰৰ বিষয়ৰ বিজ্ঞান।
adj. osteological.

Ostracise, *v*. সমাজৰ পৰা বাহিৰ কৰা।

Ostritch, *n*. উট চৰাই ; এবিধ বৰ ডাঙৰ চৰাই।

Other, *adj.* আন *e. g.* What other books shall you read ? অপৰ ; অন্য। *e. g.* Have you any *other* pens beside those ?

Other when *pronoun*, is preceded by the and means the *second of the two* ; as, Give me one apple, you can take *the other*. *others* is the plural of other.

The others = বাকিবিলাক ;

The other day = সিদিনা *e. g.* I wrote to you a letter *the other day.*

Other than = except *e. g.* No *other than* a graduate need apply.

Ottoman, *n.* তুৰস্কৰ মানুহ।

pl. ottomans.

Ought, *v.* উচিত হোৱা। Both *ought* and *should* denote obligation, but ought is the stronger. It is to be noted that 'to' is used after ought but not after should. *e. g.* We *ought* to obey the law.

There is no reason why he *should* blame me. Ought is used in the sense of duty. This verb is transitive and the Infinitive following is its object *e. g.* You ought *to do* this.

We ought *to consider* before we act.

Ounce, *n.* আউন্চ্। প্ৰায় আধা ছটাক পৰিমাণ জোখ।

Our
Ours } *pro.* আমাৰ, আমালোকৰ।

sing. my, mine.

Oust, *v.* বাহিৰ কৰা।

Out, *adv.* বাহিৰে ; বাহিৰলৈ, (2) completely (3) loudly.

Com. outer, utter.

sup. { outmost, outermost.
utmost, uttermost.

Out, *v.* বাহিৰ কৰি দিয়া।

Out, *int.* ছুচ্ ; আতৰহ।

Outbalance, *v.* জোখতকৈ গধুৰ হোৱা।

Out-bid, *v.* অন্যায়কৈ গধুৰ বেচ দি ডকা।

Out break, *n.* উদ্ভেদ, প্ৰাদুৰ্ভাৱ ; গোলমাল।

Out and out = পূৰাকৈ ; সম্পূৰ্ণৰূপে। *e. g.* he is *out and out* a rogue.

Out of = From (2) ভিতৰত।

Out of joint = বিশৃঙ্খল।

Out of doors = ঘৰৰ বাহিৰলৈ *e. g.*

Don't allow him to go *ont of doors.*

Out of countenance=Abashed.

Out of date
Out of fashion } অপ্রচলিত
Out of use } চলন-শুচা।

Out of place=not in the proper place.

In season and out of season= সময়াসময় নেভাবি যেতিয়াইতেতিয়াই।

Out of temper=iritated.

Out of sorts=অসুস্থ।

Out of sight out of mind=চকুৰ আন্তৰ হলেই মনৰ আতৰ হয়।

Out of hand=তৎক্ষণাৎ।

Ins and outs=ভিতৰ বাহিৰ সকলো।

Out of one's mind=বলিয়া।

Out of fear=ভয়ত।

Out of the common run=অসাধাৰণ।

Out of the question=স্বপ্নৰ অগোচৰ *e. g.* It was *out of the question* to dream for a moment of escaping across the threshold of the prison.

He is out of harm's way=সি নিৰাপদ, he is safe.

Time out of mind=time im memorial.

Outcast, *n.* one who is cast out, or expelled, or driven, from society, home or country. পতিত ; বৰ্জ্জিত। জাতি ভ্ৰষ্ট।

Outcry, *n.* কোলাহল ; চিঞৰ।

Out come, *n.* ফল। the result.

Outermost, *adj. sup.* of out.

Outcrier, *n.* যি নিলাম ডাকে।

Out-fit, *n.* সাজু কৰণ, সাজ।

Out going, *n.* খৰচ।

Out-grow, *v.* অতিকৈ বৃদ্ধি হোৱা।

Out-house, *n.* বাহিৰৰ ঘৰ।

Outlandish, *adj.* বিদেশীয়।

Outlay, *n.* যি ধন কোনো কামত লগোৱা হয়। খৰচ। *e. g.* The *outlay* in building a house varies, according to dimensions

Outlaw, *n.* যি অপৰাধী আইনৰ আশ্ৰয়ৰ পৰা বাহিৰ।

Outlet, *n.* নিৰ্গমন পথ ; নলা ;. খাল।

Outline, *n.* চিত্ৰৰ পুৰ্ব্বাঙ্ক the line by which a figure is defined. মোটামুটি বিষয়।

Outlive, *v.* আনতকৈ সৰহ দিন জিয়াই থকা।

Outlook, *n.* দৃশ্য prospect *e. g.* The general *outlook* of the crops is promising. (2) সতৰ্কপহৰা। (3) দৃশ্য স্থান।

Outport, *n.* ৰাজধানীৰ পৰা দূৰত থকা বন্দৰ।

Outpost, *n.* সৈন্যৰ বাহ্যিক আড্ডা।

Outpour, *v.* ঢলা, to pour out.

Outrage, *n.* উপদ্ৰৱ ; উৎপাত ; দৌৰাত্ম্য ; অত্যাচাৰ।

adj. outrageous.

adv. outrageously. বলেৰে ; অন্যায়কে।

Out spoken, *adj.* হলহলীয়া।

Outreach, *v.* গমন অতিক্ৰম কৰা।

Outrider, *n.* গাড়ীৰ পাচত ঘোঁৰা অশ্বাৰোহী।

Outright, *adv.* সোন কালে, ততালিকে (2) সম্পূৰ্ণৰূপে ; পূৰাকৈ ; গোটেই।

Outshine, *v.* বৰকৈ পোহৰ দি চেৰ পেলোৱা।

Outrun, *v.* বেগাই আমক পাচ পেলোৱা।

Out-side, *adj.* বাহিৰৰ।

Outstand, *v.* to remain standing out.

Outstanding, *n.* নোগোটোৱাকৈ থকা ধন বা বস্তু।

Outvie, *v.* অতিক্ৰম কৰা (2) চেৰ্ পেলোৱা।

Outward, *adj.* বাহিৰৰ।

. *g.* outward application.

Outwards, *adv.* বাহিৰলৈ।

Outweigh, *v.* জোখতকৈ সৰহ হোৱা।

Outwit, *v.* প্ৰতাৰণা কৰা।

Oval, *adj.* কণীৰ নিচিনা, কণীৰ আকৃতিৰ।

Ovation, *n.* জয়োৎসৱ।

Over, *prep.* (1) ওপৰত (2) সৰহ (3) ওপৰেদি *e. g.* (1) The sun shines *over* the earth. (2) He was absent *over* two weeks. (3) The river is flowing *over. adv.*

Over and over=বাৰম্বাৰ।

Over again=আকৌ এবাৰ।

Over and above=আঁকিও। উপৰি।

Over and over again=বাৰম্বাৰ ; পুনঃ পুনঃ।

Overawe, *v.* ভয় দেখুৱা, ভয় দেখুৱাই দমাই থোৱা।

Overbearing, *adj.* অহঙ্কাৰী, *e. g.* *Overbearing* manners are always disagreeable. গঁপাল। *e. g.* If he succeed in life, he will be *overbearing.*

Over bear, *v.* তৰ্ককৰি পৰাজয় কৰা ; হেচা মাৰি থোৱা। বলেৰে (যুক্তিৰে নহয়) জয়লাভ কৰা।

Overbright, *adj.* অতি চকুচকীয়া।

Overbold, *adj.* দুঃসাহসী।

Overburden / **Over burthen** } *vs.* অতিকৈ

বোঝাই কৰা।

Overboard, *adv.* জাহাজৰ পৰা পানীত। *e. g.* He fell *overboard* and was drowned.

Over cast, *v.* এন্ধাৰ কৰা, ডাৱৰ কৰা ; আন্ধাৰে ঢাকি ধৰা।

Over charge, *v.* উচিততকৈ অধিক দাম লোৱা, যিমান লব লাগে তাতকৈ সৰহ দাম ধৰা।

Overcloud, *v.* ডাৱৰে ঢাকি ধৰা।

Overcoat, *n.* বৰচোলা।

Overcome, *v.* জয় কৰা, পৰাস্ত কৰা ; পৰাজয় কৰা। হকৰা।

Overconfident, *adj.* অতিনিশ্চিত।
n. overconfidence.
adv. overconfidently.

Overdo, *v.* অধিক কৰা (2) ক্লান্ত হোৱা (3) বৰকৈ সিজোৱা, পেনপেনীয়া হোৱা *e. g.* The rice is *overdone.* P. T. overdid, P. P. overdone.

Overcrowd, *v.* ঠাহ খোৱা।

Over dose, *v.* জোখতকৈ সৰহ মাত্ৰা লোৱা।

Overdraw, *v.* সৰহকে অনা।
(2) বঢ়াই কোৱা। অত্যুক্তি কৰা। P. T. overdrew, P. P. over drawn.

Overeager, *adj.* অত্যুৎসুক্‌।
adv. over-eagerly.
n. over-eagerness.

Overestimate, *v.* to estimate too highly.

Overexcited, *v.* অতি উত্তেজিত হোৱা।
n. over excitement.

Over-fatigue, *n.* অতিক্লান্ত হোৱা। বৰ ভাগৰ লগা।

Overflow, *v.* জলপ্লাবিত হোৱা। পানীৰে তল যোৱা।

Overflowing, *adj.* দোকোল টঁকা।
adv. overflowingly.

Overhead, *adv.* মূৰৰ ওপৰত।

Overgrow, *v.* অস্বাভাবিকৰূপে বৃদ্ধি হোৱা ; অতি লহলহ কৰে বঢ়া।
n. overgrowth.

Overhear, *v.* মনে মনে শুনি থকা ; হঠাৎ বা কৌশলে মনে মনে শুনা।

Overhang, *v.* ওলমি থকা।

Overjoy, *v.* বৰকৈ ৰং পোৱা। অতি হৰ্ষ দিয়া।

Overland, *adj* স্থলপথে। বাটে।

Overlive, *v.* to survive.

Overlook, *v.* neglect. আওহেলা কৰা ; তুচ্ছ কৰা ; 2) উখ ঠাইৰ পৰা চোৱা (3) দোষ আওকাণ কৰা। He *over-looked* his son's fault.

Over-night, *adv.* কালিৰাতি *e. g.* *overnight* it was resolved that the walk should be performed next morning.

Over-reach, *v.* প্ৰতাৰণা কৰা ; ঠগা। *e. g.* Any shop keeper who tries to *over-reach* his customers will, in the long run, become a loser.

Override, *v.* অতিক্ৰে উঠি ক্লান্ত কৰা। *Fig.* যিমান দূৰ হব লাগে তাতকে অধিক যোৱা।

To override one's Commission = অতি গপেৰে ক্ষমতা চলোৱা।

Overripe, *adj.* বৰকৈ পকা ; গুল গুলিয়া।

Over rule, *v.* শাসন কৰা (2) অগ্ৰাহ্য কৰা।

Over run, *v.* আগবাঢ়ি লৰ মৰা (2) আক্ৰমণ কৰি উপদ্ৰৱ কৰা (3) (3) পৰাস্ত কৰা ও বস্তু লুট কৰা।

Oversight, *n.* ভুল ; ভ্ৰম।

Oversee, *v.* পৰিদৰ্শন কৰা।
n. overseer, পৰিদৰ্শক।

Oversleep, *v.* অধিক সময় শোৱা। (It is a reflexive verb).

Overspread, *v.* to cover completely.

Overthrow, *v.* পৰাজয় কৰা (2) ওলোটাই পেলোৱা (3) ধ্বংস কৰা।

Over scrupulous, *adj.* অতি সাৱধান 2) অতি সন্দিগ্ধ।

Overtop, *v.* ওপৰলৈ উঠা।

Overt, *adj.* স্পষ্ট।

Over turn, *v.* ওলোটাই পেলোৱা।

Overwhelm, *v.* বিহ্বল কৰা *e. g.* The news *overwhelmed* him with despair and horror. (2) পানীত ডুবোৱা।
Followed by 'with'

Overwhelmed with grief = শোকাভিভূত। আউলি জাউলি।

Overwork, *v.* অতিৰিক্ত পৰিশ্ৰম কৰা।

Overwork, *n.* অতিৰিক্ত পৰিশ্ৰম। *e. g.* The mind should not be pressed by *overwork.*

Overwise, *adj.* অতিবুদ্ধি।

Overworn, *adj.* অতিক্লান্ত।

Oviparus, *adj.* গৰ্ভাণ্ডজ।

Ovum, *n.* কণী। *plu.* ova.

Owe, *v.* বাধ্য হোৱা (2) ধাৰ দিব লগীয়া হোৱা।

Owing, *adj.* due দেয়।

Owing to = নিমিত্ত।

Own, *adj.* নিজৰ, আপনাৰ *e. g.* *own* life, *own* land.

Own, *v.* অধিকাৰী হোৱা (2) স্বীকাৰ কৰা।

Owner, *n.* অধিকাৰী, গিৰিহঁত।
ab, *n.* ownership, স্বত্ব।

Owl, *n.* ফেঁচা, এবিধ সক হুহুজাতিব চৰাই।
Dim. owlet.
adj. owlish.

Ox, *n.* ষাঁৰ গৰু ; বলদ ; বৃষ।
pl. oxen.
Fem. heifer.

Oxide, *n.* এবিধ 'গেচ'।

Oxygen, *n.* অম্লজান ; এবিধ 'গেচ'
v. oxygenate.

Oxymoron, *n.* বিপৰীত-লক্ষণা।
e. g. bitter thanks ; noble shame.

Ozaena, *n.* নাকৰ ঘাঁ।

Ozone, *n.* এবিধ 'গেচ'।
v. ozonize.
adj. ozoniferous.

Oyster, *n.* শামুকবিশেষ।

P.

Pabulum, *n.* খাদ্য, আহাৰ।

Pabular / **Pabulous** } *adjs.* খাদ্য সম্বন্ধীয়

Pace, *n.* এখোজ (2) গতি (3) খোজ কাঢ়োতে দুটা ভৰিৰ মাজৰ ঠাই ; সাধাৰণতঃ ৩০ ইঞ্চি।

Within ten paces = দহখোজৰ ভিতৰতে।

At quick pace = বেগাই।

Pace, *v.* গমন কৰা, খোৱা (2) লাহে লাহে খোজ কঢ়া।

Pacific, *adj.* শান্তি-জনক। জুৰ। মৃদু।
adv. pacifically.

Pacific Ocean = প্ৰশান্ত মহাসাগৰ।

Pacification, *n.* শান্তি-সংস্থাপন।
adj. pacificatory.

Pacificator, *n.* সন্ধি-স্থাপক।

Pacify, *v.* শান্ত কৰা (2) স্থিৰ কৰা। জুৰ কৰা।

Pack, *n.* বোজা (2) বৰ টোপোলা (3) এযোৰা তাচ (4) একেলগে চিকাৰ কৰা কুকুৰ বোৰ (5) ডকাইত বা দুষ্টমানুহৰ দল।

Pack, *v.* একেলগ কৰি বন্ধা (2) লৰালৰিকে পঠোৱা (3) কুঅভিপ্ৰায়ে মানুহ গোটোৱা।

Package, *n.* টোপোলা।

Packer, *n.* যি টোপোলা বান্ধে।

Packet, *n.* সৰু টোপোলা (2) ডাক অনানিয়া কৰা জাহাজ।

Packhorse, *n.* বোজানিয়া ঘোঁৰা।

Pack thread, *n.* টোপোলা বন্ধা বচি।

Pact, / **Paction** *n.* A contract.
adjs. Pactional / Pactitious }

Pad, *n.* কোমল গদি ; কোমল জিন্।

Paddle, *v.* হাত ভৰি মাৰি পানীত ধেমালি কৰা; পানীত হাত-ভৰি এছৰা। (2) বঠা বোৱা।
n. বঠা।

Paddock, *n.* বেং, চুকভেকোলা, চুকভেকুলী।

Paddock-stool = কাঠফুলা।

Paddy, *n.* ধান।

Padlock, *n.* বাহুলি-সঁচাৰ।

Paean, *n.* জয়স্তুতি।

Pagan, *n.* মিছাদেৱতা পূজক।
ab. *n.* Paganism.
adj. Paganish.

Page, *n.* পৃষ্ঠা, one side of the leaf of a book.

Page, *n.* ডাঙ্গৰীয়া সকলক আল-পৈচান ধৰা সক লগুৱা; লিগিৰা।

Pageant, *n.* জাঁকজমক।

Pageant, *adj.* জাঁকজম কাল।

Pageantry, *n.* splendid display. বাহ্যাড়ম্বৰ।

Pagoda, *n.* দেৱালয়।

Pah, *int.* ছিঃ।

Paid, *v.* F. T. P. P. of 'pay'.

Pail, *n.* গাখিৰ, পানী আদি থোৱা কাঠৰ পাত্ৰ বিশেষ।

Pain, *n.* ক্লেশ, কষ্ট; বেদনা; ব্যথা; মনৰ দুঃখ।

Pains of childbirth = প্ৰসব বেদনা।

Pain, *v.* পীড়া দিয়া, কষ্ট দিয়া।

Painful, *adj.* কষ্টদায়ক, কষ্টজনক।
Followed by 'to'

Painfully, *adv.* কষ্টপূৰ্ব্বক, দুখেৰে।
n. painfulness.

Painstaker, *n.* পৰিশ্ৰমী লোক।

Painstaking, *n.* পৰিশ্ৰম।
adj. পৰিশ্ৰমী।

Paint, *v.* ৰোল দিয়া, (2) চিত্ৰ বিদ্যা অভ্যাস কৰা (3) বৰ্ণনা কৰা (4) মুখ শুৱনী কৰিবলৈ ৰং লগোৱা।

Paint, *n.* ৰোল, ৰং।

Painter, *n.* চিত্ৰকৰ, চিত্ৰকাৰ।

Painting, *n.* চিত্ৰবিদ্যা।

Pair, *n.* যোৰ, যুগল (2) পৈৰেক তিৰোতাক দুইও A man and his wife.

Palace, *n.* ৰাজঘৰ (2) জাঁকজমকাল ঘৰ।

Palanquin / Palankeen. } *ns.* পালকী॥

Palatable, *adj.* সোৱাদ, সুমিষ্ট।
(May be expressed also by ৰুচিকৰ)
adv. palatably.
n. palatableness,
Followed by "to"

Palatal, *n.* তালব্যবৰ্ণ।
adj. তালুসম্বন্ধীয়।

Palate, *n.* তালু (2) স্বাদ; সোৱাদ taste.

Palatial, *adj*. ৰাজকীয় ।

Palatine, *n*. one invested with royal privileges.

Palaver, *v*. খোচামদ কৰা । (may be used also in the sense of ফেদ্‌ফেদাই থকা)

Pale, *n*. খুটি, শূল (2) An inclosure. (3) সীমা ।

Followed by 'with'

Pale, *v*. বিবৰণ পৰা, মলিন হোৱা । বিবর্ণ হোৱা ।

adj. ম্লান ; শেঁতা ।

n. paleness.

Palaœgraphy, *n*. অতীজকালৰ লেখা ।

Palæology, *n*. অতীজকালৰ বিবৰণ ।

Palestric, Palestral Palestrion } *adjs*. বাহুযুদ্ধ বিষয়ক ।

Palfrey, *n*. 'বিবি' সকলৰ উপযুক্ত সৰু ঘোৰা ।

Palisade, *n*. কাঠৰ গড় ।

Palisade, *v*. কাঠেৰে গড় মৰা ।

Palish, *adj* পাণ্ডু বৰণৰ ।

Pall, *n*. শৱ ঢকা কাপোৰ ।

Pall, *v*. নিৰস, নিস্তেজ হোৱা ।

Palladium, *n*. 'পেলাচ' দেৱীৰ প্ৰতিমা (2) *Fig*. দুৰ্গ ; আশ্ৰয় ।

Pallet, *n*. তৃণশয্যা (2) কুমাৰৰ চাক ।

Palliate, *v*. দোষ ঢকা (2) দোষ লঘু কৰা ।

হ্ৰাস কৰা ; উপশম কৰা ।

Palliation, *n*. শান্ত-কৰণ, দোষ লঘু কৰণ ; উপশান্তি ।

adj. palliative.

Pallid. *adj*. মলিন, বিবৰণ ; চেল-চেলীয়া ।

adv. pallidly.

ns. palidity palidness }

Pall-mall, *n*. খেলবিশেষ ।

Palm, *n*. তাল (2) হাতৰ তলুৱা ; (3) জয় ।

Palm-tree, *n*. তাল গছ ।

To carry the palm = জয়লাভ কৰা ।

Palm, *v*. মুঠিতে লুকোৱা, ঠগা ।

Palmistry, *n*. সামুদ্ৰিক বিদ্যা ; হাতত থকা চিনৰ দ্বাৰা মানুহৰ ভৱিষ্যতৰ শুভাশুভ কব পৰা বিদ্যা ।

Palmister, *n*. গণক ।

Palmy, *adj*. উন্নতি. শ্ৰীবৃদ্ধি হোৱা ।

Palpable, *adj*. স্পষ্ট ।

ns. palpability, palpableness.

adv. palpably.

Palpitate, *v*. কপা ; ধপধপোৱা ।

n. palpitation. ধপ্‌ধপনি ।

Palsy, *n*. অৰ্দ্ধাঙ্গী ; paralysis.

Palter, *v*. ছল কৰা ।

Paltry, *adj.* ক্ষুদ্র ; সামান্য। তুচ্ছ *e. g.* The matter is about a *paltry* gilt ring.

adv. paltrily.

n. paltriness.

Paly, *adj.* বিবর্ণ।

Pamper, অতিৰিক্ত ভোজন কৰা ; গেৰেউ-গেঁথেউকে খোৱা ; ৰবকৈ আসক্ত হোৱা। *e. g.* "to pamper luxury"

Pamphlet, *n.* সৰু নবন্ধা কিতাপ।

Pamphleteer, *n.* নবন্ধা কিতাপ লেখক।

Pan, *n.* মেলাহি পাত্র। a broad shallow vessel.

(2) বন-দেৱতা।

Panacea, *n.* সকলোৰোগৰ ঔষধ ; সৰ্ব্ববাধিনাশক দৰব।

e. g. Work is a *panacea* for all ills.

Pandect, *n.* কোনো বিজ্ঞানৰ সৰ্ব্ববৃত্তান্ত বিষয়ৰ পুস্তক।

Pandemic, *adj.* affecting a whole people.

Pandaemoniun. } Pandaemonium } *ns.* নৰক ; ভূত-পিশাচ বোৰৰ সভা ; আওকথীয়া মেল।

Pandit, *n.* পণ্ডিত।

Pandour, *n.* পদাতিক সৈন্য বিশেষ।

Pane, *n.* a plate of glass inserted in a door.

Panegyric, *n.* প্ৰশংসা ; স্তুতি ; স্তোত্ৰ।

adjs. panegyric } panegyrical }

adv. panegyrically.

Panegyrise, *v.* প্ৰশংসা কৰা ; স্তুতি কৰা ; গুণ গোৱা।

Panel, *n.* জুৰি বিলাকৰ ফৰ্দ্দ।

(2) a piece of wood upon which a picture is painted.

Panic, *n* আকস্মিক ভয়। বিশেষ ভয়ৰ কাৰণ নথকা সত্বেও অনিষ্ট হব বুলি হোৱা মনৰ অস্থিৰতা।

Pang, *n.* যন্ত্ৰণা ; বিষ ; পীড়া। বেদনা। *e. g.* pangs of separation=বিচ্ছেদ-যন্ত্ৰনা। pangs of childbirth=প্ৰসব-বেদনা।

Panic-stricken } Panic-struck } *adjs.* ভয় ব্যাকুল।

Pannier, *n* Bread-basket.

Panoply, *n.* ভৰিৰ পৰা মূৰলৈকে আত্মা ৰক্ষাৰ নিমিত্তে পিন্ধা পোষাক। জাপৰ। কৱচ।

Panorama, *n.* চিত্ৰ। ঘূৰণীয়াকৈ বিস্তৃত চিত্ৰপট।

adj. panoramic.

Pant, *v.* ফোপোৱা ; পৰিশ্ৰম হোৱাৰ কাৰণ থৰকৈ চুটি উশাহ

পোৱা ; কষ্টেৰে উশাহ পোৱা । (2) অতি স্পৃহা কৰা । *e. g.* "Who *pants* for glory finds but short repose."

Followed by "for"

Pant, *n.* খোঁপনি ।

Pantaloon, *n.* বহুৰা ।

Pantaloons, *n.* পাইজমা ।

There are some nouns which are never used in the singular. pantaloons one of them.

Pantheism, *n.* the doctrine that the universe is God.

adjs. pantheistic, pantheistical

Pantheology, *n.* দেৱতাসকলৰ জ্ঞান; knowledge of all the gods.

Pantheon, *n.* ৰোমনগৰৰ দেৱতা সকলৰ মন্দিৰ ।

Panther, *n.* নতামাকৰী বাঘ ।

Pantomime, *n.* dumb-show.

adjs. pantomimic, pantomimical

adv. pantomimically.

Pantomimist, *n.* may be expressed by বহুৰা ।

Pantry, *n.* খোৱাবস্তু থোৱা গুদাম ।

Pap, *n.* লৰাৰ কোমল আহাৰ (2) স্তনৰ আগটো ।

Papa, *n.* পিত্রি ।

Fem. mother.

Papal *adj.* পোপ সম্বন্ধীয় ।

n. papacy.

Paper, *n.* কাগজ (2) দলিল (3) বাতৰি-কাকত ।

Papilla, *n.* স্তনৰ আগটো ।

Par, *n.* দামৰ সমতা ; তুল্যতা ; সমনতা ।

Parable, *n.* তাৎপৰ্য্য থকা সাধু কথা ; গল্প ।

Parade, *n.* আড়ম্বৰ ; "ধুমধাম" । চিপাহীবোৰৰ কাৱাজ কৰা ঠাই ।

Parade, *v.* আড়ম্বৰ কৰা ; লোকক দেখোৱাবলৈ ধুমধামকে ফুৰা ; ফিতাহি মাৰি ফুৰা ।

Parade-ground, *n.* ব্যায়াম কৰা ঠাই ।

Paradigm, *n.* উদাহৰণ ।

Paradise, *n.* স্বৰ্গ ; দেৱলোক । অমৰাৱতী । সুখস্থান a place of bliss.

adjs. paradisaic, paradisaical

Paradox, *n.* যিটো অসম্ভৱ বুলি বোধ হয়, কিন্তু আচলতে সঁচা । দেখোতে অসম্ভৱ অথচ অসত্যকথা নহয় ।

adj. paradoxical.

adv. paradoxically.

Paragon, *n.* আদৰ্শ, আৰ্হি ।
Better expressed by অনুপম।

Paragraph, *n.* পৰিচ্ছেদ ; প্ৰকৰণ।

adjs. paragraphic, paragraphical

adv. paragraphically.

Parallel, *n.* সমসৰল ৰেখা (2) সাদৃশ্য ; উপমা ।
Followed by 'to', 'with'

Parallel, *adj.* সমান্তৰ ; সৰল ; পোন ।

Parallelism, *n.* সাদৃশ্য ।

Parallelogram, *n.* সমান্তৰ সৰল ৰৈখিক ক্ষেত্ৰ ।
adj, parallelogramatic.

Paralysis, *n.* অৰ্দ্ধাঙ্গী, অবশাঙ্গৰোগ।

Paralyzed, *adj.* স্তব্ধ ; স্তম্ভিত ; অবশ ।

Paralytic, Paralytical } *adjs.* অঙ্গ লৰচৰ কৰিব নোৱাৰা ।

Paralytic, *n.* অৰ্দ্ধাঙ্গী ৰোগী ।

Paralyze, *v.* অবশ কৰা ।

Paramount, *adj.* প্ৰধান, যাই । ডাঙৰ ; সৰ্ব্ব শ্ৰেষ্ঠ ; মহান্।
Followed by 'to'

Paramour, *n.* উপপতি বা উপপত্নী ; গোপনে ৰখা পৈ বা লুকাই ৰখা মাইকী ।

Parapet, *n.* বুকুৰ সমান ওখ দেওৱাল বিশেষ ; বুকুৱা প্ৰাচীৰ ।

Paraphernalia, *n.* যৌতকত দিয়া বস্তৰ বাজে অলঙ্কাৰাদি আন স্ত্ৰীধন ; অলঙ্কাৰাদি বসনভূষণ ।

Paraphrase, *v.* ব্যাখ্যা কৰা ; শব্দান্তৰে অৰ্থ ভাঙ্গি দেখুৱা ।

Paraphrase, *n*, ব্যাখ্যা ।

adjs. paraphrastic, paraphrastical

adv. paraphrastically.

Parasite, *n.* আন গছৰ ওপৰত ভৰদি হোৱালতা (2) যি খোচামদ কৰি লোকৰ ওপৰত খায় ; আনৰ অধীনে থাকোঁতা । পৰপ্ৰতিপালীত জীব । যি বিলাকে ডাঙৰক অলীক প্ৰশংসাদ্বাৰা প্ৰীত ও প্ৰতাৰিত কৰি জীৱিকা নিৰ্ব্বাহ কৰে। পৰান্নভোগী। কেলেহুৱা ।

adjs. parasitic, parasitical

adv. parasitically.

Parcel, *n.* অংশ (2) "পাৰ্শেল" টোপোলা ।

Parcel, *v.* বেলেগ বেলেগ অংশত ভাগ কৰা ।

Parch, *v.* দগ্ধ কৰা ; ভজা ; শুকান হোৱা ।

Parchment, *n.* লিখিবলৈ তৈয়াৰ কৰা ছাগ বা ভেৰাৰ ছাল ।

Pard, *n.* নডামাকৰি। The leopard.

Pardon, *n.* ক্ষমা; দোষ পৰিত্যাগ। মাফ্।

Pardon, *v.* ক্ষমা কৰা; দোষ এৰা। মাফ্ কৰা।

Pardonable, *adj.* ক্ষমাযোগ্য, ক্ষমা কৰিব পৰা; ক্ষমণীয়।
n. pardonableness.
adv. pardonably.

Pare, *v.* কটা।

Paregoric, *n.* বেদনানাশক ঔষধ, বিষ গুচোৱা দৰব।

Parent, *n.* পিতৃ বা মাতৃ; আই বা বোপাই।
adj. parental.

Parentage, *n.* জন্ম, বংশ।

Parentless, *adj.* মাক বাপেক নাইকিয়া; মাউৰা।
Fig. আলাই-আথানী; নিৰাশ্রয়।

Parenthesis, *n.* "literlly *an insertion by the way*; that is, a clause or phrase wedged into a sentence in passing. *e. g.* I am—*to tell you the truth*—quite tired of this work."

Parer, *n.* কাটোঁতা, one who pares (2) কটা যতন।

Parial, *n.* An outcast.

Parish, *n.* মহন্ত সকলৰ এলাকা।

Parochial, *adj.* relating to a parish.

Park, *n.* উদ্যান; উপবন; আমোদ-কানন।

Park-keeper, *n.* উপবন ৰক্ষক।

Parlance, *n.* কথাবাৰ্ত্তা, কথোপকথন।

Parley, *n.* কথাবাৰ্ত্তা কোৱা; শত্রুৰ লগত সন্ধিস্থাপন কৰিবলৈ বা যুদ্ধবন্দীবোৰকে সালসলনি কৰিবলৈ কথা হোৱা।

Parliament, *n.* 'পাৰ্লিমেণ্ট' মহাসভা; the name given to the national council of England. বৃটিচৰাজ্যৰ শাসন প্ৰণালী সুশৃঙ্খলে চলাবৰ নিমিত্তে কৰা মহাসভা। এই সভা দুইভাগে বিভক্ত। এটি সম্ভ্ৰান্ত মৰ্য্যাদাবন্ত ডাঙ্গৰীয়া সকলৰ আৰু আনটি সৰ্ব্বসাধাৰণ প্ৰজাবিলাকৰ। দেশৰ নানা ঠাইৰ পৰা প্ৰতিনিধি নিৰ্ব্বাচিত কৰি এই সভালৈ পঠিওৱা হয়। আগৰটিত প্ৰায় ৫৫০ জন সভ্য থাকে আৰু পিছৰটিত ৬৭০ জন সভ্য। সাধাৰণ প্ৰজাবিলাকৰ সভায়হে দেশৰ আইন সম্বন্ধে, কৰ ও অন্যান্য ৰাজকাৰ্য্যৰ পৰ্য্যালোচনা কৰি থাকে। কোনো কাৰ্য্যৰ ঠিৰাং হবলৈ এই সভায় প্ৰস্তাব কৰি সম্ভ্ৰান্ত ডাঙ্গৰীয়া সকলৰ সভালৈ পঠিয়াই ও তাৰপিছত ৰজাই সম্মত প্ৰকাশ কৰি তাতে চহি কৰে।

Parliamentarian, *n.* প্ৰথম চাৰ্লচৰ সময়ত যিবিলাকে পাৰ্লিমেণ্টৰ পক্ষত আছিল।

Parliamentary, *adj.* পাৰ্লিমেণ্ট মহাসভা সম্বন্ধীয়।

Parlour, *n.* বৈঠকখানা। May be used also in the sense of চৰাঘৰ।

Parole, *n.* যুদ্ধবন্দীৰ অঙ্গিকাৰ। "a promise upon one's faith and honour to fulfil stated conditions ; as, not to bear arms against the captors, to return to custody, &c."

Prisoner on parole = যি বিলাক কৰ্ম্মচাৰীক যুদ্ধত বন্দী কৰা হয়, সিবিলাকক সাধাৰণ বন্দীৰ দৰে ব্যৱহাৰ কৰা নহয়। যদি তেঁও বিলাকে কোনো অন্যায় কাৰ্য্য নকৰো, বা পলাবলৈ চেষ্টা নকৰো বুলি অঙ্গিকাৰ কৰে, তেতিয়া সিবিলাকক নিজ স্বাধীনতা (personal liberty) দিয়া হয়। এনে বিলাক যুদ্ধ বন্দীক prisoners on parole বোলে।

Paroquet
Parroquet } *ns.* ভাটৌ।

Paroxysm, *n.* মূৰ্চ্ছা। A fit.

Parricide, *n.* পিতৃহন্তা ; আপোনাৰ বাপেকক বধোঁতা।

Parricide, *n.* পিতৃহত্যা।
adj. parricidal.

Parrot, *n.* ভাটৌ, শুকপক্ষী। [কৰা।

Parse, *v.* ব্যাকৰণানুসাৰে পদ-নিৰ্ণয়

Parsimony, *n.* কৃপণতা : মিত-ব্যয়ীতা।

Parsimonious, *adj.* কৃপণ, চিকটা ; হাত-টান ; মিতব্যয়ী।
adv. parsimoniously.

Parsnip
Parsnep } *ns.* খাব-পৰা মূল বিশেষ।

Parsley, *n.* শাকবিশেষ।

Parson, *n.* পুৰোহিত। যাজক।

Parsonage, *n.* পুৰোহিতৰ বাসস্থান, পৌৰিহিত্য।

Part, *n.* অংশ, ভাগ ; কোনো বস্তুৰ এডোখৰ। (2) Alloted duty (3) character asigned to an actor. ভাও? Parts, *n.* অংশ সমূহ ; portions (2) ভিন্নদেশ। বুদ্ধি ; গুণ।

Partly, *adv.* অলপ ;
e. g. partly black, partly white.

In part = partly.

Part, *v.* ভাগ কৰা, অংশ কৰা ; (2) বেলেগ কৰা ; আতৰ কৰা। *e. g.* poverty *parts* friends.

Part with = এৰা *e. g.* I cannot *part with* him = মই তাক এৰিব

নোৱাৰো। What-have you so soon *parted with* your new master?

Take the part of=কাৰো পক্ষ অবলম্বন কৰা।

For the post part=প্ৰায়েই।

In good part=বন্ধুভাৱে।

For my part=মোৰ বিষয়ে হলে।

Part and parcel=প্ৰধান অংশ।

Partake, *v.* গ্ৰহণ কৰা, লোৱা। *e. g.* Let us *partake* of refreshments.

Followed by 'of'

Partaker, *n.* one who partakes.

Parting, *adj.* গমনোদ্যত departing. *e. g.* "Beside the bed where *parting* life was laid." here may be expressed by চিপ্ কঢ়া।

Partial, *adj.* আংশিক *e. g.* partial eclipse. (2) পক্ষপাতী।

adv. partially,

Followed by 'to'

Partiality, *n.* পক্ষপাত, পক্ষপাতিতা।

v. partialize.

Partible } Partable } *adjs.* বিভাজ্য।

Participate, *v.* ভাগী হোৱা।

n. participation.

adj. participative.

Participant, *n.* অংশীদাৰ, ভাগী।

Participator, *n.* one who participates.

Participable, *adj.* capable of being participated.

Participle, *n.* This is a verb and an adjective combined. *e. g.* pray to God on *bended* knees. The word *bended* is a verb, because it is part of the verb *bend.* It is a also an adjective, because it qualifies the noun *knees*

Particle, *n.* অণু ; বিন্দু।

Particular, *adj.* বিশেষ (2) নিৰ্দ্দিষ্ট।

Particular, *n.* বিশেষ বিষয় (2) *pl.* সবিশেষ বিবৰণ।

Particularly, *adv.* বিশেষতঃ ; বিশেষকৈ।

Particularise *v.* সবিশেষ বিবৰণ উল্লেখ কৰা।

Particularity, *n.* বিশেষত্ব।

Parting, *n.* প্ৰস্থান, বিয়োগ ; *e. g.* The *parting* from his wife was a painful effort.

At parting=বিদায়লোৱা সময়।

Partisan, *n.* দলভুক্ত মানুহ।

ab. *n.* partisanship.

Partition, *n.* বিভাগ। (2) দুই কোঠাৰ মাজৰ বেৰ।
adj. partitive.

Partition, *v*, ভাগ কৰা ; বিভাগ কৰা ; (2) দেওৱালেৰে ভাগ কৰা।

Patner, *n.* অংশীদাৰ, ভাগী।

Partner, *n.* স্বামী বা তিৰোতা। (2) লগৰীয়া।

Partnership, *n.* অংশীদাৰী।
Followed by 'in' 'for'

Partridge, *n.* এবিধ কইৰ A bird.

Parturient, *adj.* আসন্ন-প্রসবা।

Parturition, *n*, প্রসব ; প্রসৱকৰণ।

Party, *n.* পক্ষ ; দল ; জাক ; জুম মনোনীত জনচেৰেকৰ সমাগম। *e. g.* Evening parties ; Garden party.

Partyman, *n.* জুমৰ মানুহ।

Party-coloured, *adj.* চিত্ৰবিচিত্ৰ।

Party spirit, *n.* পক্ষানুৰাগ।

Parvenu, *n.* 'ন-চহকী', নতুন ডাঙ্গৰ মানুহ। an upstart.

Pasch, *n.* পৰ্ব্ব বিশেষ।
adj. paschal.

Pass, *n.* সঙ্কীৰ্ণ বাট ; ঠেক্ বাট ; (2) condition (3) গমনা-দেশ-পত্ৰ।

Pass, *v.* যোৱা ; ফুৰা (2) ঘটা, হৈ পৰা (3) নেদেখা হোৱা to disappear. মৰা (4) দিন কটোৱা (5) অতিক্ৰম কৰা (6) হস্তান্তৰ কৰা (7) কোৱা। (8) মনোনীত কৰা (9) to enact (10) to give official sanction to (11) মহলাত উঠা to be successful at an examination.

Pass-away = নেদেখা হোৱা ; মৰা *e. g.* A learned man has *passed away.*

Pass-by = ouerlook *e. g.* I can pass by that error.

To come to pass = ঘটা to happen.

Pass over = উপেক্ষা কৰা ; তুচ্ছ জ্ঞান কৰা।

To pass sentence = দণ্ডাজ্ঞা কৰা।

Passable, *adj.* অহা যোৱা কৰিব পৰা (2) current (3) allowable.

Passing, *adj*. বৰকৈ *e. g. passing* fair ; "*passing* rich with forty pounds a year."

Passage, *n.* গমন (2) বাট ; পথ (3) প্ৰবেশ।

Passage money = অহাযোৱা খৰচ।

Passenger, *n.* যাত্ৰী।

Passport, *n.* কোনো দেশলৈ যাবলৈ হুকুম দিয়া আদেশ পত্ৰ।

Past, *adj*. অতীত, *e. g.* the past time, the past quarrel.

Passer-by, *n.* বাটৰুৱা। *e. g.*

He inquired of *passer-by* what that music meant.

pl. passers-by.

Passion, *n.* emotion of the mind. ক্ৰোধ, খং, সুখ ; দুঃখ (2) *e. g.* হেপাহ ; a passion for music. অভিলাষ (3) উত্তেজনা (4) প্ৰেম। Followed by 'for'.

Passionate, *adj.* খঙ্গাল; অগ্নিকলাই (2) উৎসাহী (3) কামুক।

adv. passionately.

Passive, *adj.* সহি থকা স্বভাৱ-যুক্ত। (2) Not active.

adv. passively.

passivity.

Paste, *n.* A mixture of flour with water. It may be expressed by মাড়।

Paste-like — লেপ্‌লেপীয়াকৈ।

Pastry, *n.* পিঠা।

Pastor, *n.* মহন্ত, ধৰ্ম্ম বিষয়ে উপদেশ দিওঁতা।

Pastoral, *adj.* গ্ৰাম্যিক : গাঁৱলীয়া rural (2) relating to pastor.

Pasture, *n.* ঘাঁহ (2) ঘাহনি।

Pasture, *v.* চৰোৱা।

Pasturable, *adj.* চৰাবৰ যোগ্য।

Pasturage, *n.* গৰু-মহ চৰোৱা ঠাই।

Pat, *v.* থপৰিয়োৱা ; হাতৰ তলুৱাৰ আগ ভাগেৰে অলপ অলপকৈ আঘাত কৰা ; চপৰিওৱা।

Pat, *adj*, উপযুক্ত, ঠিক্।

n. patness.

Patch, *v.* তাপলি মৰা।

Patch, *n.* তালি। (2) a piece of ground. ডৰা।

Patch-work, *n.* তাপলি কাম।

Pate, *n.* মূৰ। the head.

Patent, *adj.* স্পষ্ট।

Patent, *n.* বিশেষ অধিকাৰ পত্ৰ।

Paternal, *adj.* পৈতৃক।

Paternity, *n.* পিতৃত্ব।

Path, *n.* পথ, বাট।

Pathway, *n.* মানুহ অহাযোৱা কৰা বাট।

Pathetic, *adj.* মৰ্ম্মভেদী ; কাৰুণিক।

adv. pathetically.

Pathology, *n.* ব্যাধি স্থিৰ কৰা বিজ্ঞান।

adjs. pathologic, pathological

adv. pathologically.

Pathologist, *n.* one versed in the science of diseases.

Pathos, *n.* যি গুণে চিত্তাকৰ্ষণ কৰি দয়া, কৃপা, মৰম জন্মায়।

Patient, *n.* চিকিৎসাধীন ৰোগী।

Patient, *adj.* ধৈৰ্য্যধৰি থকা। সহনশীল। (2) ধীৰ।

Followed by "in" "under"

Patience, *n.* সহিষ্ণুতা। *e. g.* He that can have *patience*, can have what he will.

Patriarch, *n.* গোত্ৰৰ প্ৰধান জন। সম্ভ্ৰান্ত বুঢ়া মানুহ।

adjs. patriarchal, patriarchic

Patois, *n.* চহা ভাষা।

The patriarchs = আব্ৰাহাম, ইছাক, জেকব, ও তেওঁৰ ১২পুত্ৰ।

Patrician, *n.* মৰ্য্যাদাৱন্ত ভদ্ৰ লোক।

Patrician, *adj.* শ্ৰেষ্ঠ ; সদ্বংশজাত।

Patrimoney, *n.* পৈতৃক সম্পত্তি। *adj.* patrimonial.

Patriot, *n.* স্বদেশ-হিতৈষী।

Patriotic, *adj.* স্বদেশানুৰক্ত।

Patriotism, *n.* স্বদেশানুৰাগ।

Patrol, *n.* চকীদাৰ। *v.* ইফালে-সিফালে ঘৈ ঘুৰি-পকি চায় ফুৰা। parton *n.* শুভাকাঙ্খী ; প্ৰতিপালক।

Patron of learning = বিদ্যোৎসাহী।

Patroness, *n. Fem.* of patron

Patronise, *v.* উৎসাহদি সহায় কৰা; অনুগ্ৰহ কৰা।

Patronymic, *n.* পৈতৃক নাম।

Patten, *n.* জুতৰ ভিত্তি। (2) খৰম।

Patter, *v.* দপদপাই থকা (2) ভোৰভোৰাই থকা।

Pattern, *n.* আদৰ্শ ; চানেকি (2) নমুনা।

Paucity, *n.* Fewness.

Paunch, *n.* পেট ও নাড়ী ; তলপেট the abdomen.

Pauper, *n.* দুখীয়া মানুহ। (2) অনাথ। *v.* pauperise.

Pauperism. *n.* দৰিদ্ৰতা।

Pause *n.* বিৰাম।

Pave, *v.* ইটা বা শিল পৰা ; *e. g.* to pave the street (2) প্ৰস্তুত কৰা।

Pave the way = বাট উলিওৱা।

Pavement, *n.* পকা-আলি ; A paved road.

Pavillion, *n.* তম্বু।

Paw, *n.* হাঁতোৰা The foot of an animal. বাঘাদিৰ চোকা নখ।

Pawn, *n.* বন্ধক।

Pawn, *v.* বন্ধক দিয়া।

Pawn-broker, *n.* বন্ধক লৈ টকা দিওঁতা।

Pay, *v.* ধাৰ শুজা (2) পুৰস্কাৰ দিয়া। Followed by 'for'

Pay, *n.* দৰ্মহা। (2) কামৰ বেচ্ বা বানচ্।

Pay off = ধাৰ শুজা।

Pay dearly for = কোনো কাৰ্য্যৰ নিমিত্তে দণ্ড পোৱা।

Pay the penalty of = দুষ্কৰ্ম্মৰ নিমিত্তে শাস্তি ভোগ কৰা *e. g.* "Many indeed had to *pay the penalty* of their indulgence in wild speculations."

Pay one's respect = দেখা কৰা।

Payee, *n.* যি পাব।

Payment, *n.* টকা দিয়ন্ (2) পুৰস্কাৰ।

Payable, *adj.* capable of being paid.

Pay-clerk, *n,* যি কেৰাণীয়ে দৰ্ম্মহা দিয়ে।

pay day, *n.* দৰ্ম্মহাৰ দিন।

Pea, *n.* মটৰ। *pl.* peas, pease.

Peace, *n.* শান্তি, হুলস্থুলৰ অভাৱ। (2 সন্ধি ; মিল 3) জিৰণি rest.

Peace, *int.* স্থিৰ হোৱা।

Peaceable, *adj.* শান্ত।

adv. peaceably.

n. peaceableness.

Peaceful, *adj.* শান্তিময়।

adv. peacefully.

Make peace = সন্ধিস্থাপন কৰা।

Peace-officer = শান্তিৰখোঁতা।

Pea-cock, *n.* ম'ৰা চৰাই।

Fem. pea-hen.

Peak, *n.* শিখৰ ; টিং।

Peal, *n.* চেৰেকনিৰ নিচিনা ধ্বনি। *v.* উচ্চশব্দ কৰা ; ঘন্টাৰ নিচিনা অতি শব্দ কৰা।

Pear, *n.* এবিধ সুমিষ্ট ফল।

Pearl, *n.* মুকুতা।

adj. pearly.

Pearl-diver = যি সাগৰৰ তলত মুকুতা বিচাৰে।

Peasant, *n.* কৃষক। চহা।

Peasantry, *n.* কৃষক সমূহ ; গাঁৱলীয়া মানুহবোৰ।

Pease, *n. pl.* of pea.

Pebble, *n.* ক্ষুদ্ৰ পাথৰ ; শিলগুটি।

Peccant, *adj.* দোষী ; অপৰাধী ; পাপী। *n.* peccancy.

adv. peccantly.

Peck, *n.* ২ গেলন্।

Peck, *v.* ঠোঁটেৰে খোঁচা মৰা ; খোঁট মৰা।

Pectoral, *adj.* বুকু সম্বন্ধীয়।

Pectoral, *n.* a protection for the breast. (2) বুকুৰ দৰব।

Peculate, *v.* to rob the public money. *n.* peculation.

Peculiar, *adj.* বিশেষ।

adv. peculiarly.

Followed by 'to'

Peculiarity, *n.* বিশেষত্ব।

Pecuniary, *adj.* অৰ্থ সম্বন্ধীয়। টকা-পয়চা সম্বন্ধীয় *e. g.* pecuniary difficulties.

Pedagogue, *n.* পঢ়াশালিৰ পণ্ডিত।

শিক্ষা গুৰু। পাঠশালা পণ্ডিত। (This word is generally used contemptuously.)

Pedagogic } adjs. শিক্ষা
Pedagogical }
সম্বন্ধীয়।

Pedagogics } ns. শিক্ষা বিজ্ঞান।
Pedagogy }

Pedal, *n.* ঢেঁকি।

Pedant, *n.* ফোঁপ-যহী ; অলপ বিদ্যাৰে ফোঁপডাং মাৰি ফুৰা মানুহ।

adjs. Pedantic }
Pedantical }

n. Pedantry.

adv. Pedantically

Peddle, *v.* বস্তু লৈ বেচিবৰ উদ্দেশ্যে ফুৰা। তাকৰ তাকৰকৈ বেচা ; খুচুৰা বস্তুৰ ব্যৱসায় কৰা।

Peddler } *ns.* বেচিবৰ উদ্দেশ্যে বস্তু লৈ ফুৰোতা ;
Pedler }
খুচুৰা-বেচোঁতা।

Peddlery, *n.* বেচিবলৈ বস্তু লৈ ফুৰোৱা ব্যৱসায় (2) বেচিবলৈ লৈ ফুৰোৱা বস্তু।

Pedestral, *n.* স্তম্ভৰ তল-ভাগ।

Pedestrian, *n.* ভৰিৰে যাওঁতা।

Pedigree, *n.* বংশাৱলী।

Peel, *v.* ছাল ছেলোৱা ; বাকলি গুচুৱা।

Peel, *n.* ছাল ; বাকলি।

Peeler, *n.* ছাল ছেলাওঁতা (2) লুট কৰোঁতা।

Peep, *v.* কুকুৰা পোৱালিৰ দৰে মতা (2) উকি মৰা।
Followed by "at"

Peep, *n.* কুকুৰা পোৱালিৰ মাত (2) উকি।

Peep of day=উষা।

Peer, *n.* সম্ভ্রান্ত মৰ্য্যাদাৱন্ত ডাঙ্গৰীয়া। nobleman (2) লগৰীয়া ; সঙ্গী।
Fem. peeress.

Peerless, *adj.* অনুপম। having no equal. [কেটীয়া।

Peevish, *adj.* খিখিঙ্গীয়া ; কেট-
adv. Peevishly.
n. peevishness.

Peg, *n.* গোঁজ। (2) a drink of brandy.

Pelf, *n.* ধন। (used contemptuously)

Pelican, *n.* ঢেঁৰা। A kind of bird.

Pellet, *n.* গুলি।

Pellicle, *n.* A thin skin.

Pell-mell, *adv.* লাংলাং ঠাংঠাংকে।

Pellucid, *apj.* স্বচ্ছ, ফটকটিয়া।

ns. pellucidity }
pellucidness }

adv. pellucidly. [আঘাত।

Pelt, *n.* ছাল, raw hide (2)

Pelt, *n.* পেলাই দিয়া ; মাৰি পঠিওৱা; দলি মৰা ; *e.g.* He was hooted and hissed by men and boys and even *pelted* with stones.

Pelvis, *n.* তলপেট ।
adj. pelvic.

Pen, *n.* কলম (2) small enclosure.

Pen, *n.* আবদ্ধ কৰা ; to enclose ; *e. g.* shepherds *pen* their flocks at evening. P. T. P. P. pent, penned (2) write ; লেখা can't you *pen* a few lines to your brother ?
P. T. P. P. penned.

Penknife, *n.* কলম কটা ছুৰি কটাৰী ।

Penman, *n.* লেখক ।

Penmanship, *n.* লেখাত পাৰ্গটালি ।

Pencutter, *n.* কলম তৈয়াৰ কৰোঁতা (2) কলম কটা যতন ।

Penal, *adj.* দণ্ড সমন্ধীয় ।

Penalty, *n.* দণ্ড ; শাস্তি ।

Penal code=দণ্ডবিধি ।

Penance, *n.* পৰাচিত ; পাপ শুচা- ৰৰ নিমিত্তে ব্ৰত ।

Pence, *n. pl.* of penny.

Pencil, *n.* 'পেনচিল্' ।
v. পেনচিলৰে আঁকা ।

Pendant, *n.* ওলমি থকা অংশ (2) নিশান ।

Pendant, *adj.* ওলমি থকা ।

Pending, *adj.* বাকীথকা ; শেষ নোহোৱা ।

Pendulous, *adj.* ওলোম-খোলম swinging.
n. pendulousness.

Pendulum, *n.* "ওলোম বা পেণ্ডুলম; যদি কোনো বস্তু শলি বা জৰিত বান্ধি এনেভাৱে ওলোমাই ৰখা যায়, যে তাক অলপমান লৰালে বহুত সময় দোলনি খাই বা লৰি থাকে, তাকে পেণ্ডুলম বা ওলোম বোলে ।"

Penetrate, *v.* ভেদ কৰা ; মনৰ ভিতৰলৈ সোমোৱা ; ভিতৰলৈ সোমাই মনতলগা ; আচল-কথা বুজি লোৱা । বুজা to understand.
Followed by 'into'

Penetrating, *adj.* তীক্ষ্ণ ; প্ৰখৰ ; চোকা । *n.* penetration.
adj. penetrative.
n. penetrativeness.

Penetrable, *adj.* capable of being penetrated.
adv. penetrably.

Peninsula, *n.* উপদ্বীপ ; যি ঠাইৰ প্ৰায় চাৰিওকালে পানী আছে ।
adj. peninsular.
v. peninsulate.

Penitent, *n.* যি অনুতাপ কৰে ।

Penitence, *n.* অনুতাপ ; বেজাৰ ;

শোক।

Followed by 'for'

adj. penitential.

adv. penitentially.

Penitentiary, *n.* a penitent (2) যি ঠাইত পপীয়াবোৰক সুমুৱাই থয়। কাৰাগাৰ।

pennant } pennon } *ns.* সৰু নিশান।

Penny, *n.* পেনি; ইংলণ্ডত প্ৰচলিত তামৰ পয়চা বিশেষ; ইয়াৰ মূল প্ৰায় চৰতীয়াটোৰ সমান। (2) ধন।

pl. pennies, pence.

pennies denote the number of coins *e. g.* 5 pennies; *pence* the amount in value.

Pennyweight, *n.* ২৪ গ্ৰেণ্ পৰিমাণ জোখ।

Penniless, *adj.* ধনহীন; দৰিদ্ৰ; দুখীয়া।

Pension, *n.* 'পেনচন্' সৰু কামৰ-বাবে ৰজাঘৰৰ পৰা পোৱা জীৱিকা।

Pensionary, *adj.* পেনচন পোৱা।

Pensioner, *n.* যি পেনচন পায়।

Pensive, *adj.* বিমৰ্ষ; আমনজিমন; *e. g.* An expensive wife makes a *pensive* husband.

চিন্তাশীল।

adv. pensively.

n. pensiveness.

Pent, *v.* P. T. P. P. of pen.

Pentachard, *n.* এবিধ বাদ্যযন্ত্ৰ।

Pentagon, *n.* পঞ্চভুজ।

adj. pentagonal.

Pentangular, *adj.* পঞ্চকোণ বিশিষ্ট।

Penthouse, *n.* আওলা; আগচালি।

Penumbra, *n.* when by the interception of an opaque body a space behind it is *partially* deprived of light, that space is called *penumbra*

Penurious, *adj.* কৃপণ। আক্ৰোহী।

adv. penuriously.

n. penuriousness.

Penury, *n.* দৰিদ্ৰতা।

Peon, *n.* টেকেলা।

People, *n.* একে জাতিৰ লোকসমূহ; (2) মানুহ। লোক।

The people = the popular classes *e. g.* The people of India suffered from a plague in the last century.

A people = a nation.

People = persons generally.

People, *v.* মানুহৰে পূৰুৱা; মানুহৰে নিবাস কৰোৱা।

Pepo, *n.* কোমোৰাৰ নিচিনা এবিধ ফল।

Pepper, *n.* জলকীয়া।

Red pepper, *n.* লঙ্কামৰিছ।

Black pepper, *n.* জালুক।

adj. peppery. জলা।

Peptic, *adj.* জীন-নিয়া। digestive.

n. pepticity হজম ; জীন।

Per, a prep denoting প্ৰতি, দ্বাৰা ইত্যাদি। যেনে ; *per annum* by the year ; in each year. বছেৰেকে ; বছৰি।

Peradventure, *adv.* সম্ভবতে। may be expressed by হয় হবলা।

Perambulate, *v.* ঘূৰি-পকি ফুৰা। (2) সীমা প্ৰদক্ষিণ কৰা।

n. perambulation.

Perambulator, *n.* one who perambulates. (2) সৰু-লৰাৰ হাত-গাড়ী।

Perceive, *v.* ইন্দ্ৰিয় বিলাকৰ দ্বাৰা গম পোৱা। দেখা। জনা *e. g.* No one *perceived* how great the risk was বুজা ; জ্ঞানলাভ কৰা।

Perceivable, *adj.* capable of being perceived.

adv. perceivably.

Perception, *n.* উপলব্ধি ; অনুমান ; বাহিৰ বস্তুৰ জ্ঞান।

adj. perceptible.

adv. perceptibly.

Perceiver, *n.* one who perceives.

Percept, *n.* that which is perceived. যিটো বস্তুৰ বিষয় অনুভৱ হয়। যেনে ; মেজৰ ওপৰত থকা ঘৰিটো মই দেখিছো। এই "ঘৰিটো;" এটা percept.

Perceptive, *adj.* having the faculty of discerning.

n. perceptivity.

Percentage, *n.* an allowance given for hundred.

Perch, *n.* ৫½ গজীয়া এডাল জোখৰ মাৰি (2) চৰাই বহা ডাঁৰ (3) এবিধ নৈ বা পুখুৰীৰ মাছ।

Perch, *v.* ডাঁৰত বহা ; ওখত বহা।

Perchance, *adj.* হয় হবলা। Peradventure.

Percipient, *adj.* অনুভৱশক্তি-যুক্ত।

ns. percipience, percipiency

Percolate, *v.* ছেকা।

n. percolation.

Percolator, *n.* ছেকোঁতা। (2) ছেকা-পাত্ৰ।

Percuss, *v.* ঠেলা মৰা।

n. percussion.

adj. percussive.

Perdition, *n.* ধ্বংস, নাশ ; সমূলঞ্চে নাশ।

Peregrinate, *v.* ঘূৰি-পকি ফুৰা ; এঠাইৰ পৰা আন এঠাইলৈ কোনো বিশেষ উদ্দেশ্য নোহোৱাকৈ যোৱা।

Perrenial, *adj.* সম্বৎসৰ স্থায়ী। নিত্য ; চিৰস্থায়ী ; সৰ্ব্বত-কাল।
adv. perrenially.

Peremptory, *adj.* শুনিবই-লগা ; পালনীয় ; অলৰ ; ঠিক্-কৰা ; লৰ-চৰ-নকৰা।
adv. peremptorily.
n. peremptoriness.

Perfect, *adj.* সম্পূৰ্ণ ; দোষ-শূন্য ; নিঘূণীয়া ; নিখুঁত ; সম্পূৰ্ণে পাৰ্গত ; পূৰ্ণ-পটু।
n. perfection.

Peregrinator, *n.* ভ্ৰমণকাৰী।

Peregrine, *adj.* বিদেশী।
n. peregrinity.

adv. perfectly. সম্পূৰ্ণৰূপে ; পূৰাকৈ ; নিঘূণীয়াকৈ ; নিখুঁতকৈ। Followed by "in"

Perfectness, *n.* the quality of being perfect.

Perfidy, *n.* বিশ্বাস-ঘাতকতা ; অবিশ্বাস ; ভাওনা।
adj. perfidious.
adv. perfidiously.

Perforate, *v.* বিন্ধা কৰা।
n. perforation.
adj. perforative.

Perforce, *adv.* বলেৰে।

Perform, *v.* কৰা ; সম্পাদন কৰা ; সম্পন্ন কৰা ; (2) ভাৱনা কৰা।
adj. performable.
n. performance.

Performer, *n.* নিৰ্ব্বাহক (2) ভাৱৰীয়া।

Perfume, *n.* সুগন্ধি বস্তু ; সুগন্ধ। সুঘ্ৰাণ। *v.* সুঘ্ৰাণ কৰা।

Perfumery, *n.* আতৰ-ফুলতেলাদি।

Perfunctory, *adj.* আওকণীয়াকে-কৰা ; গা সাৰিবৰ নিমিত্তে গা ঢিলা কৰি কৰা ; আওহেলা ; মন-নিদিয়া।
adv. perfunctorily.
n. perfunctoriness.

Perhaps, *adv.* হয় হবলা ; সম্ভৱতে। জানোচা ; কিবা জানি *e. g.* They will perhaps depart tomorrow.

Peri, *n.* পৰী।

Pericarp, *n.* বীজ-কোষ।

Perigee, *n.* the point of the moon''s orbit nearest the earth.

Peril, *n.* বিপদ ; সঙ্কট।
adj. perilous.
adv. perilously.

Perimeter, *n.* the sum of the bounding lines of plane figure.
adj. perimetrical.

Period, *n.* কালচক্ৰ (2) সময় ; যিটো সময়ত কোনো কাম কৰা হয়।

(3) অন্ত ; শেষ ; (4) সম্পূৰ্ণ-ছেদ।

adj. periodic / periodical

adv. periodically.

Periodical, *n.* সাময়িক সম্বাদ পত্ৰ।

Periodical diseases = যি বেমাৰ পূৰ্ণিমা অমাৱস্যাত উকাই।

Peripatetic / Peripatetical } *adj.* walking about. (Aristotle taught his philosophy while walking in the Lyceum at Athens) "ভ্ৰমণশীল"

Periphrasis, *n.* ঘূৰাই-পকাই কোৱা কথা ; যিমান তাতকৈ বেচিকৈ বৰ্ণনা কৰি কোৱা কথা।

plu. periphrases.

adj. periphrastic / periphrastical

adv. periphrastically.

Perish, *v.* ধ্বংস হোৱা ; ক্ষয় পোৱা ; মৰা ; নষ্ট হোৱা।

adj. perishable.

n. perishability / perishableness

Followed by "by" "for" "with".

Periwig, *n.* "উপকেশ"।

Perjure, *v.* মিছা শপত খোৱা। (generally used refl. *e. g.* the witness perjured himself)

n. perjury. মিছা শপত।

Perk, *adj.* চতুৰ।

Permanent, *adj.* নিগাজী ; দৃঢ়।

adv. permanently.

n. permanence / permanency

Permeat, *v.* ভিতৰেদি সৰকি যোৱা। to pass through the pores.

adj. permeable.

adv. permeably.

n. permeation. ভেদ।

Permit, *v.* অনুমতি দিয়া ; সম্মতি প্ৰকাশ কৰা ; ছুটি মঞ্জুৰ কৰা।

n. permission.

adj. permissible.

adv. permissibly.

Permittance, *n.* permission.

Permute, *v.* পৰিবৰ্ত্তন কৰা।

adj. permutable, পৰিবৰ্ত্তনীয়।

n. permutableness.

adv. permutably

Permutation, *n.* পৰিবৰ্ত্তন। Interchange.

Pernicious, *adj.* হানিজনক ; অহিতকৰ ; ক্ষতিজনক।

adv. perniciously.

n. perniciousness.

Peroration, *n.* বক্তৃতাৰ শেষ ভাগ।

v. perorate.

Perpend, *v.* মনদি ডকে ভবা।

Perpendicular, *adj.* থিয়।

adv. perpendicularly. থিয়কে।

n. perpendicularity.

Perpetrate, *v.* বেয়াকাম কৰা।

n. perpetrator, *n.* বেয়াকাম কৰোঁতা।

Perpetual, *adj.* সদা-সৰ্ব্বদা; চিৰস্থায়ী; অবিৰত; অনৰ; অনবৰত; অবিশ্ৰান্ত; নেৰানেপেৰা। may be expressed also by লাগীকে।

Perpetuate, *v.* চিৰস্থায়ী কৰা।

n. perpetuation / perpetuity }

adv. perpetually. অবিচ্ছেদে।

Perplex, *v.* মোৰ:হেকৰা;, বুদ্ধি হত হোৱা; ব্যাকুল হোৱা। বিচুৰ্ত্তি হোৱা *e. g.* I am perplexed and know not what to say"

n. perplexity.

Followed by "at"

Perquisite, *n.* উপৰিলাভ; something gained beyond the fixed salary.

n. perquisition.

Perry, *n.* এবিধ (ভটি বসৰ সুৰা।

Persecute, *v.* নিদাৰুণভাবে পুনঃ পুনঃ দিগ্ দিয়া,; কোনো ধৰ্ম্মাবলম্বন কৰাবাবে শাস্তি দিয়া।

n. persecution.

Persecutor, *n.* one who persecutes.

Persevere, *v.* নেৰানেপেৰাকৈ ধৰা। মন পুতিলগা।

Followed by "in".

Persevering, *adj.* নেৰোঁপানী।

n. perseverance অধ্যৱসায়। *e. g.* *perseve* rance is a prime quality in every pursuit.

adv. perseveringly.

Persiflage, *n.* a frivolous talk.

Persist, *v.* দৃঢ়ভাৱে গাতলাগি মন পুতি কাম কৰা; বাধাবিঘিনি ঠেলি নেৰানেপেৰাকৈ কামত লগা।

Followed by "in"

adj. persistent.

adv. persistently.

n. persistency / persistence }

Person, *n.* A human being ব্যক্তি; জন। *e. g.* This is the person who wrote the letter. a man, woman or child. মুনিহ, তিৰোতা বা সন্তান (2) ৰূপ; গঢ় form. (3) এজন (4) In Gram: পুৰুষ। The first person = উত্তম পুৰুষ; (মই)

The second person = মধ্যম পুৰুষ। (তুমি; তই)

The third person = প্ৰথম পুৰুষ।

(তেঁও ; সি ; আপনি ; আনে)

In person = নিজে।

Personable, *adj.* দেখনিয়াৰ।

Personage, *n.* প্ৰসিদ্ধ বা সম্ভ্ৰান্ত জন।

Personal, *adj* ব্যক্তিবিষয়ক ; নিজৰ।

Personal opinion = নিজমত।

Personal property = অস্থাৱৰ ধন।

Personally, *adv.* নিজে।

Personality, *n.* ব্যক্তিত্ব (2) কোনো মানুহক উদ্দেশ্য কৰি কোৱা অপমানজনক কথা।

Personalize, *v.* to make personal.

Personate, *v.* ভাও কৰি নিজে আনক বুজোৱা ; ছদ্মবেশ ধৰা।

n. personation.

Personator, *n.* one who personates.

Personify, *v.* মানুহবুলি ভাবি লোৱা ; জীৱ আছে বুলি ধৰি লোৱা;

n. personification.

Perspective, *n.* চিত্ৰ অঁকা বিদ্যা। দৃশ্য view.

Perspicacous, *adj.* কুটমনিয়াৰ।

adv. perspicacously.

Perspicacousness / Perspicacity } *n.* প্ৰখৰ বুদ্ধি।

Perspicuity, *n.* স্পষ্টতা। *e. g. perspicuity* is one of the essentials of good composition.

Perspicuous, *adj.* স্পষ্ট ; ফটফটীয়া ; পাক্ নথকা।

adv. perspicuously.

n. perspicuousness.

Perspire, *v.* ঘাম ওলোৱা।

n. perspiration, ঘাম।

adj perspirative / perspiratory

Persuade, *v.* উদগাই দিয়া ; বুজনি দিয়া ; পৰামৰ্শদি, লোভ দেখুৱাই বা তৰ্কবিতৰ্ক কৰি সম্মত কৰা।

Persuadable, *adj.* capable of being persuaded.

adv. persuadably.

Persuader, *n.* one who persuades.

Persuation, *n.* the act of persuading.

Persuasive, *adj.* প্ৰবৃত্তিজনক।

adv. persuasively.

n. persuasiveness.

Pert, *adj.* চালাক, চঞ্চল; কথাবাহী।

adv. pertly.

n. pertness.

Pertain, *v.* সম্বন্ধীয় হোৱা।

Followed by "to"

Pertainacious, *adj.* গোঁৱাৰ ; যুক্তি আৰু সজ কথা নুশুনি আপোন

ইচ্ছাৰে চলা।

adv. pertinacioulỵ.

n. pertinacity / pertinaciousness

Pertinent, *adj*. যোগ্য ; শঠিক।

n. pertinence / pertinency

adv. pertinently.

Perturb, *v*. দিগ্ কৰা; আমনি কৰা।

n. perturbability অস্থিৰতা ; অশান্তি ; চিত্তান্দোলন।

Perturbable, *adj*. capable, of being perturbed.

Perturber, *n*. one who perturbs.

Pertruse, *v*. গাঁত কৰা।

Peruse, *v*. পঢ়া, পাঠকৰা।

n. perusal.

Pervade, *v*. ব্যাপী থোৱা।

n. pervasion.

Perverse, *adj*. বিপথগামী।

n. perversion / perversity

Pervert, *v*. বিপথে যোৱা ; নষ্ট কৰা ; বেয়া কৰা ; কুকাৰ্য্যত ৰত কৰা ; অন্যায় অৰ্থ কৰা।

Pervertible, *adj*. capable of being perverted.

Pervicacious, *adj*. আমঠ।

n. pervicacity.

adv. pervicaciously.

Pervious, *adj*. ভেদনীয়।

penetrable.

Pessimism, *n*. the doctrine that holds that everything in nature is for the evil.

যি মতে বিশ্বাস কৰে যে এই সুখময় সংসাৰ আছে মাথোন দুখৰনিমিত্তে opposed to optimism.

Pessimistic, *n*. one who believes in pessimism.

Pest, *n*. মাৰি। a plague. (2) হিংসা-কৰীয়া : মাৰাত্মক মানুহ।

Pester, *v*. উৎপাত কৰা।

Pesterer, *n*. one who pesters.

Pestiferous, *adj*. স্বাস্থ্যৰ নিমিত্তে অপকাৰী।

Pestilence, *n*. মাৰী, সাংঘাতিক ৰোগ। is expressed also by জহনী।

Pestilent, *adj*. সাংঘাতিক।

adv. pestilently.

Pestilentially.

Pet, *n*. বিৰক্তি (2) চেনেহী মানুহ। may be exprssed also by. simply চেনেহ।

Pet, *v*. চেনেহ কৰা।

Petal, *n*. ফুলৰ পাত।

Petit, *n*. ক্ষুদ্ৰ।

Petition, *n*. দৰ্খাস্ত ; আৰ্জি ; প্ৰাৰ্থনা।

Petitioner, *n.* দৰ্খাস্তকাৰী।

Petition, *v.* দৰ্খাস্ত কৰা ; নিবেদন কৰা ; প্ৰাৰ্থনা কৰা।

Petrify, *v.* শিলাময় কৰা।
n. petrifaction.

Petroglyphy, *n.* শিলত লিখা বিদ্যা।

adj petrographic / petrographical

Petroleum, *n.* শিল-তেল ? মাটি-তেল ?

Petrology, *n.* প্ৰস্তৰ বিদ্যা।
adj. petrological.

Petrous, *adj.* টান ; শিলৰ-নিচিনা।

Petticoat, *n.* মাইকী মানুহৰ অধো-বস্ত্ৰ ; মেখেলা (is the petticoat worn by Assamese women).

Petticoat government=তিৰী-শাসন। (either political or domestic)

Pettifog, *v.* ক্ষুদ্ৰ বা নীচ মকৰ্দ্দমাত ওকালতি কৰা।

Pettifogger, *n.* ক্ষুদ্ৰ উকীল।

Pettifoggery, *n.* নীচকাম।

Petty, *adj.* সামান্য ; ক্ষুদ্ৰ ; সৰু ; কিঞ্চিৎ ; নীচ ; অপকৃষ্ট।
adv. pettily.
n. pettiness.

Petulant, *adj.* খিঙ্খিঙীয়া।
n. petulance / petulancy

Pew, *n.* ধৰ্ম্মালয়ত বহা আসন।

Pewter, *n* দস্তা।

Phaeton. *n.* খোলা চাৰি-চকীয়া দুই ঘোঁৰাৰ বাগী।

Phalanx, *n.* সৈন্যৰ (বিশেষকৈ আগৰ দিনৰ গ্ৰীক্ সৈন্যৰ) দল।

Phantasm, *n.* পৰছাঁয়া ; অকস্মাৎ দেখা ভূত ; কল্পনা।

Phantasmagoria, *n.* show of images by means of the magic-lantern.

Phantom, *n.* কল্পিত দৰ্শন, ভূত ; অশৰীৰ।
adj. phantomatic.

Pharisee, *n.* A sect among the Jews who considered much the outward forms of religion without the spirit of it. Hence (2) কপটাচাৰী।

adj. pharisaic / pharisaical } কপটীয়া।

Pharmacy, *n.* দৰবতৈয়াৰ কৰা বিদ্যা।

Phases, *n.* চন্দ্ৰকলাৰ বৃদ্ধি-হ্ৰাস দৰ্শন।

Pheasant, *n.* এবিধ ডঁৰিক চৰাই।

Phenomenon, *n.* দৃশ্যমান দৰ্শন। যিটো আমাৰ মনত লাগে আচৰিত ও অসাধাৰণ বুলি। অসাধাৰণ আচ-ৰিত সচৰাচৰ নেদেখা-নুশুনা ব্যাপাৰ।

plu. phenomena.

adj. phenomenal.

Phial, *n*. মদাদি থোৱা সৰু চিচা।

Philanthropy, *n*. জগতৰ প্ৰতি স্নেহ।

সকলোৰ প্ৰতি শুভকামনা; পৰহিতৈষিতা।

adj. philanthropic / philanthropical } জগৎ-প্ৰেম সম্বন্ধীয়; নৰ-হিতৈষী; পৃথিবী-শুভাকাঙ্ক্ষী।

adv. philanthropically.

Philanthropist, *n*. বিশ্ব-হিতাকাঙ্ক্ষী; পৃথিবী-মঙ্গল কৰোঁতা।

Philippic, *n*. নিন্দাকৰা বাক্য।

Philippize, *v*. বেয়া কথা কোৱা বা লিখা; গালি পৰা।

Philology, *n*. সাহিত্য ও ভাষা-নির্ণয় বিদ্যা।

Philologist / Philologer } *n*. one versed in philology.

adj. philological.

adv. philologically.

Philosopher, *n*. দর্শন পণ্ডিত।

Philosophy, *n*, দর্শন শাস্ত্ৰ।

adj. philosophic. / philosophical }

adv. philosophically.

Philosopher's stone=স্পর্শ মণি।

Philosophize, *v*. দর্শন বিজ্ঞ পণ্ডিতৰ দৰে কাৰণ বিচাৰি ফুৰা বা অনুসন্ধান কৰা।

Philter, *n* আহুদি।

Phlegm *n*. খেকাৰ।

Phoebus, *n*. বেলি।

Phonetic, / Phonetical } *adj*. স্বৰবিষয়ক। শব্দ সম্বন্ধীয়।

Phonetics, *n*. শব্দ বিদ্যা।

Phonograph, *n*. শ্ৰুতশব্দ ধৰা যন্ত্ৰ।

adj. Phonographic / Phonographical }

Phonology, *n*. শব্দ বিজ্ঞান।

Photograph, *n*. চিত্ৰ বিশেষ।

Phrase, *n*. খণ্ডবাক্য।

adj. Phrasalogic. / Phrasalogical. }

Phrenetic, *adj*. পগলা।

Physic, *n*. ভেষজ-বিদ্য। (2) দৰব।

Physical, *adj*. Pertaining to nature. (2) শাৰিৰীক।

Physician, *n*. বেজ।

Pnysics, *n*. প্ৰাকৃত বিজ্ঞান।

Physiognomy, *n*. মুখ দেখি মনৰ ভাব বুজা বিদ্যা। চেহেৰা চাই চৰিত্ৰ নিচয় কৰা।

Physiology, *n*. প্ৰাণী বিদ্যা।

adj. Physiological.

Physique, *n*. A person's bodily constitution.

Piano, *n.* বাদ্য যন্ত্ৰ বিশেষ ।

Piazza, *n.* "বাৰাণ্ডা" ।

Pick, *v.* জোঙ্গা বস্তুৰে বিন্ধা, খোটা ; বিন্ধা । (2) বেলেগ কৰা (3) বচা to select (4) গোটোৱা, (5) ছলেৰে নিয়া ।

Pick out=বচা ।

Pick up=অৰ্জ্জা ।

To pick a hole in one's coat= চেলু বিচৰা ।

Pick a quarrel=ইচ্ছা কৰি দন্দ্ কৰা ।

Pick a pocket=চোলাজেপৰ পৰা চুৰ কৰা ।

Pick thank, *n.* খোচামোদ প্ৰিয় লোক ।

Picket, *n.* জোঙা খুটি ।

Pickle, *n.* আচাৰ ।

Picnic, *n.* বন ভোজ ।

Picture, *n.* চিত্ৰ, চবি, চিত্ৰপট ।

Pictorial, *adj.* pertaing to pictures.

Picture, *v.* চবি, অকা ।

Picture-gallery, *n.* চিত্ৰ-শালিকা ।

Picturesque, *adj.* মনোহৰ : *e. g.* That village is small and pictaresque.

adv. Picturesquely.

n. Picturesqueness.

Piddle, *v.* ক্ষুদ্ৰ বিষয়ত হাত দিয়া ।

Pic, *n.* আবৰুণি (2) পিঠা ।

Piebald, *adj.* নানাবৰণৰ ।

Piece. *n.* ডোখৰ *e. g.* to tear in pieces=ডোখৰ ডোখৰকৈ কৰা (2) অংশ (3) মুদ্ৰা (4) বন্দুক বিশেষ ।

Piece, *v.* তাপলি মৰা (2) একে লগ কৰা ।

Piecemeal, *adv.* লাহে লাহে ; অলপ অলপকৈ ।

Pied, *adj.* চিত্ৰবিচিত্ৰ ।

n. piedness.

Pier, *n.* খুঁটা ।

Pierce, *v.* ফুটা কৰা ; সুমুৱাই দিয়া ।

Pierian, *adj.* belonging to the muses.

Pierian spring=বিদ্যাখনি ?

Piety, *n.* ধৰ্ম্মপৰায়ণতা ; গুৰু-সেৱা; ভক্তি ।

Pig, *n.* গাহৰি পোৱালী ।

adj. piggish.

Pig-headed, *adj.* একেবাৰে অবুজন ।

Pig-tail, *n.* বেণী

Pigeon, *u.* পাৰ (2) ভোদা ।

Pigeon-hearted, *adj.* ভয়াতুৰ ।

Pigeon-livered, *adj.* ক্ষুৰ ; নম্ৰ ।

Pigment, *n.* ৰং ।

Pike, *n.* বৰ্ষা । a weapon.

Pilaster, *n.* দেওৱালৰ পৰা অলপ ওলাই থকা খুঁটা ।

Pile, *n.* স্তূপ (2) ভাৰৰ পকীঘৰ। (3) চিতাৰ খৰি।

v. স্তূপা গোটোৱা।

Funeral pile = চিতা।

Piles, *n.* অৰ্শৰোগ।

Pilfer, *v.* খুচুৰা বস্তু চুৰ কৰা ; তাৰৰ তাকৰকে চুৰ কৰা। [মানুহ।

Pilgrim, *n.* তীৰ্থ-যাত্ৰী ; বাটৰুৱা

Pilgrimage, *n.* journey undertaken by a pilgrim.

Pill, *n.* বৰি।

Pill, *v.* লুট কৰা।

n, pillage. লুট।

Pillar, *n.* পকী খুঁটা।

Pillow, *n.* গাঁৰু।

adj. pillowy কোমল।

Pillow-case, *n.* গাঁৰু-গিলিপ।

Pilose, *adj* hairy.

n. pilosity.

Pilot, *n.* গুৰিয়াল ; "আড়কাটি"।

Pilot, *v.* গুৰি-ধৰা।

Pimp, *n.* কুটনা। a procurer.

Pimple, *n.* ব্ৰণ।

adj. pimply.

Pimpled, *adj.* বোবোৰাবোৰোৰ।

Pin, *n.* "পিন", "আলপিন"।

Pincers, *n.* চেপেনা।

some nouns are used only in the plural form : pincers one of them.

Pinch, *v.* চিকুটা ; চিকুট মৰা (2) দুখ দিয়া।

Pinch, *n.* চিকুট (2) অনুচিত আচৰণ।

Pinchbeck, *adj.* কৃত্ৰিম।

Pine, *n.* দেবদাৰু।

Pineapple, *n.* মাটি কঁঠাল।

Pine, *v.* শুকাই যোৱা।

Pinion, *n.* পাখী।

v. পাখী কটা (2) হাতকেৰেৱা দিয়া।

Pink, *n.* এবিধ লতাফুল। (2) পাটল বৰণ (3) অত্যুত্তম বস্তু।

Pinmoney, *n.* ঘৈনীয়েকক খৰচ কৰিবলৈ গিৰিয়েকে যি ধন দিয়ে।

Pinnace, *n.* ক্ষুদ্ৰনৌকাবিশেষ।

Pinnacle, *n.* টিং। আটাইতকৈ ওখ ঠাই।

Pint, *n.* the eighth part of a gallon.

Pioneer, *n.* যি কোনো সেনাদলৰ লগতে বা আগবাঢ়ি গৈ হাবিবননি কাটি বাট উলিয়ায় দিয়ে ; বাট দেখাওঁতা ; অগ্ৰবৰ্ত্তি মানুহ।

Pious, *adj.* ধাৰ্ম্মিক, সত্যপৰায়ণ ; পুণ্যাত্মা ; ধৰমী।

adv. piously.

Pipe, *n.* নলা (2) নলী (3) বাঁহী।

adj. pipy.

Piquant, *adj.* চোকা ; জ্বলা।

adv. piquantly.

n. piquancy.

Pique, *v.* দিগ্ দিয়া ; খং তোলা ।

Pirate, *n.* জলদস্যু (2) who steals the literary works of another without permission.

ab. *n.* piracy.

adj. piratic / piratical

adv. piratically.

Piscator, *n.* ডোম ; জালোৱাই ।

adj. Piscatory.

Pisces, *n.* মীনৰাশি ।

Pish, *int.* ছি ! এহ ।

Pismire, *n.* পকৰা ।

Piss, *v.* সৰু প্ৰস্ৰাৱ ছোৰা ।

Pistachio, *n.* পেস্তা ।

Pistol, *v.* সৰু বন্দুক ; হাতনিহিলৈ ।

Pistole, *n.* a spanish coin worth about 16 s. sterling. এবিধ সোণমুদ্ৰা ।

Pit, *n.* গাঁত, বৰ বা অলপ দ খাল ।

Pitful, *n.* গুপ্তগাঁত ।

Pitsaw, *n.* বৰকৰতা ।

Pitch, *v.* তৰা *e. g.* pitch the tent (2) তললৈ মূৰ কৰি লুটি খাই পৰা (3) দলি মাৰি পেলোৱা (4) to fix গড়া ।

Pitch, *n.* A thick black tenacious oily substance. (2) height. ওখ (3) the relative height of a sound. পৰিমাণ ।

Pitch dark, *adj.* ধূমকলা ; unusually dark.

Pitcher, *n.* কলহ ।

Pith, *n.* গছৰ শাহ ; সাৰ ; তেজ ; শক্তি ; বল ।

adj. pithy.

adv. pithily.

Pithless, *adj.* অসাৰ ।

Pittance, *n.* ক্ষুদ্ৰাংশ ; অলপমান ।

Pity, *n.* করুণা ; দয়া ; কৃপা ; পুতৌ (2) দুঃখজনকবিষয় cause of grief.

Pity, *v.* কৃপা কৰা ; পুতৌ কৰা ; মৰম পতিয়োৱা ; আনৰ দুখত বেজাৰ পোৱা ।

Piteous, *adj.* lamentable. দুঃখজনক ।

adv. piteously.

n. piteousness.

Pitiable, *adj.* দয়াই (2) দৰিদ্ৰ ।

Pitiful, *adj.* মৰমিয়াল ; কারুণিক (2) miserable (3) paltry সামান্য ।

Pitiless, *adj.* নিদাৰুণ ।

adv. pitilessly.

n. pitilessness.

Pivot, *n.* a pin on which anything turns.

Placable, *adj*, capable of being pacified. ক্ষমাশীল।

n. placability
placableness }

Placard, *n.* ঘোষণাপত্র।

Placard, *v.* ঘোষণা কৰা।

Place, *n.* ঠাই (2) ভূমি (3) স্থান locality. (4) Rank ; শ্রেণী। (5) অৱস্থা (6) ব্যৱসায় ; (7) town or village নগৰ বা চহৰ।

In the place = সলনি।

To take place = ঘটা। to happen

To give place = সেও হোৱা। to yield.

Place, *v.* থোৱা ; (2) নিয়োগ কৰা।

Placeman, *n.* one who holds an office under Government.

Placid; *adj.* শান্ত ; ধীৰ ; স্থিৰ ; গহীন।

n. placidity
placidness }

adv. placidly.

Plagiarize, *v.* আনৰ লেখা চুৰ কৰা। আনৰ লেখা চুৰ কৰি নিজৰ বুলি প্ৰকাশ কৰা।

Plagiarist, *n.* যি আনৰ লেখা চুৰ কৰে। one who steals the writings of another & passes them off as his own.

Plagiarism, *n.* the act of plagiarising : the crime of stealing the literary composition of another writer.

Plague, *n.* মাৰি ; মাউৰ (2) Any great calamity. উপদ্ৰৱ।

Plague, *v.* বিৰক্তি জন্মোৱা ; দিগ্ কৰা ; দুঃখ দিয়া ; বিপন্ন কৰা।

Plaguer, *n.* one who plagues.

Plaice
Plaise } *n.* এবিধ চেপেটা মাছ।

Plaid, *n.* a kind of garment worn generally by the people of Scotland.

Plain, *n.* ভৈয়াম ; সমভূমি।

Plain, *adj.* মিহি smooth. (2) স্পষ্ট ; জকজকীয়া ; evident. (3) সৰল ; অকপট ; উদাৰ। Sincere. (4) সামান্য simple. (5) মাত্ৰ mere (6) অলঙ্কাৰ শূন্য unadorned. (7) দেখা-শুনা open. (8) অশিক্ষিত ; অচতুৰ not learned ; without cunning.

adv. plainly.

n. plainness.

Plain-speaking, *n.* অকপট কথা।

Plain spoken, *adj.* ভোলোঙ্গা।

Plaint, *n.* খেদ ; বিলাপ ; বিননি (2) গোচৰ-কৰা আৰ্জি।

adj. plaintful.

Plaintiff, *n.* বাদী। (opposed to defendant প্ৰতিবাদী)

Plaintiff, *adj.* শোকজনক; দুঃখজনক।

adv. plaintively.

n. plaintiveness.

Plait, *v.* চুলৰ বেণী বটা to plait the hair. (2) To fold জপা।

Plan, *n.* মন্ত্ৰণা; (2) কল্পনা; অভিপ্ৰায়; উপায় *e. g.* It is easy for the student to form good *plans* of study & of daily habits (3) নক্সা। a drawing of anything on a plane.

Plan, *v.* উপায় কৰা (2) নক্সা কৰা।

Planner, *n.* one who forms a plan.

Plane, *n.* সমভূমি; সমক্ষেত্ৰ; (2) The tool ৰেণ্ডা।

Plane, *adj.* সমান; সম। Even.

Plane, *v.* সমান কৰা; খলা-বমা আঁতোহাৰা কৰা।

Plane angle = সামতলিক কোণ। "A plane angle is the inclination of two lines to one another, which meet together, but are not in the same direction."

Plane superficies = সমতল।

Plane rectilineal angle = সামতলিক সৰল ৰৈখিক কোণ। "A plane rectilineal angle is the inclination of two straight lines to one another, which meet together, but are not in the same straight line."

Planimeter, *n.* the instrument for measuring the area of a plane figure.

Plane geometry = "plane geometry deals with the properties of all lines & figures that may be drawn upon a plane surface."

Planet, *n.* গ্ৰহ।

adj. planetary.

Minor planets = উপগ্ৰহ। The group of planets situated between Mars (মঙ্গল গ্ৰহ) and Jupiter (বৃহস্পতি গ্ৰহ)।

Plank, *n.* পাট; পাতল আৰু চেপেটা কাঠ; "তক্তা"।

Plant, *n.* গছ; লতা।

Plant, *v.* ৰোৱা to put in to the ground for growth. (2) ৰোৱা। *e. g.* trees are to be *planted* on the banks of tanks. পুখুৰী পাৰত গছ কৰা লাগে।

The gardener planted the

tree=মাণীৰে গছ ৰোপা স্থলে। ৰোপণ কৰা ; (3) স্থাপন কৰা।

Planter, *n.* ক্ষেত্ৰ স্বামী।

Planting, *n.* ৰোৱণ।

Plantain, *n.* কল ; কলা। [কলনি। A garden of plantain trees=

Plash, *v.* পানী ছটিওৱা।

Plaster, *n.* A composition of lime, water and sand. May be expressed by লেও।

Plaster, *v.* লিপ ; ঘেনে ; সি আঙ্গ বেৰখন লিপিণ।

Plastic, *adj.* capable of being moulded. ঢিলা।

Plate, *n.* থাল।

plate for eating=কাঁহী।

Plateau, *n.* মালভূমি ; "সাগৰৰ পৰা কিছু ওখ সাৰ্ব্বা সমভূমিক মালভূমি বোলে। যেনে, পানাৰ"

plu plateaus }
p.ateaux }

Plat form, *n.* মঞ্চ।

Plat form, *n.* a raised floor for the speakers at public meetings.

Platinum, *n.* ধাতুবিশেষ।

Platitude, *n.* ৰসহীন কথা।

Platitudinarian, *n.* one who indulges in platitudes.

adj. platitudinous.

Platoon, *n.* সৈন্যদল। a subdivision of a company.

Platter, *n.* বহল থাল।

Plaudit, *n.* প্ৰশংসা।

adj. plauditory.

Plausible, *adj.* অনুমোদনীয়। that may be applauded. যেখোতে শাহিবৰ পৰা প্ৰশংসনীয় ; শাহিবে সন্তোষজনক ; দেখোতে সম্ভবনীয় ; নাযাভাস-থকা।

n. plausibility }
plausibluess }

adv. plausibly.

Play, *v.* খেমালি কৰা। *e. g.* Let us go to play=বলা, খেমালি কৰিবলৈ যাওঁ। I have no time to play=মোৰ খেমালি কৰিবৰ সময় নাই।

খেলা *e. g.* They played at cards for two hours=তাঁহতে দুঘণ্টা কাল তাচ খেলিলে; ক্ৰীড়া কৰা। ওমলা ; *e. g.* The child is playing=লৰাটিৰে ওমলিছে।

(2) "জুৱাখেলা" to gamble.

(3) বজোৱা *e. g.* He plays on the violin=সি বেহেলা বজাইছে, to play on a lute=বীণাবজোৱা।

(4) ভাওলোৱা. *e. g.* Betharam played the part of Ravana=বেথাৰামে ৰাৱণৰ ভাও লৈছিল।

Followed by "at" "with" "on"

Play, *n.* খেমালি, ক্ৰীড়, আমোদ : (2) নাটক (3) movement.

Playful, *adj.* ক্ৰীড়াসক্ত; খেমেলাগ্ৰা: ৰজুৱাল ; আমোদপ্ৰিয় ।

adv. playfully.

n. playfulness.

Play-actor, *n.* an actor.

Play-bill, *n.* অভিনয় পত্ৰ । an advertisement of a play.

Play book, *n.* a book of plays.

Play-goer, *n.* যি সদাই থিয়েটৰলৈ যায় ।

Play-ground, *n.* খেল-মাটি ।

Play-thing, *n.* ওমলা-বস্তু ।

Play-writer, *n.* writer of plays.

Play first and loose = এটা কই এটা কৰা ।

Play-false = ঠগোৱা ।

Play a double game = কপট ব্যৱহাৰ কৰা ।

Play-mate, *n.* সহক্ৰীড়ক ।

Play-house, *n.* নাটঘৰ, নাচঘৰ ।

Play off = দেখুওৱা : Display. *e. g.* The magican *played off* some tricks.

Play wright, *n.* a maker of plays.

Plea, *n.* প্ৰাৰ্থনা entreaty. (2) চেনু ।

Plead, *v.* উত্তৰ প্ৰত্যুত্তৰ কৰা (2) তৰ্কবিতৰ্ক কৰি দা প দেখুওৱা *e. g.* Mr. Chaliha pleaded your case veryably. (3) তৰ্কবিতৰ্ক কৰা ।

Pleadable, *adj.* capable of being pleaded.

n. pleader. উকীল ।

To plead guilty = দোষ স্বীকাৰ কৰা ।

To plead not guilty = দোষ অস্বীকাৰ কৰা ।

Please, *v.* হৰ্ষ কৰা ; সন্তোষ কৰা ; *e. g.* He who tries to please every one, pleases no one. সুখ দিয়া ; প্ৰীতিলাভ কৰা । আমোদ দিয়া ; তৃপ্তিলাভ কৰা । *e. g.* He was very much *pleased* with the performance. ভাল লগা । *e. g.* The boy was much *pleased* at having won a prize.

Please take your seat = অনুগ্ৰহ কৰি বহক ।

If it please you = যদি আপোনাৰ মন যায় ।

Followed by "with" "at".

Pleasant, *adj.* সুন্দৰ ; ধুনীয়া । হৰ্ষজনক ; আনন্দজনক ।

Followed by "to."

adv. pleasantly.

n. pleasantness.

Pleasantry, *n*. সুখ pleasure (2) পৰিহাস।

Pleasing, *adj*. উত্তম, সুন্দৰ, মনোজ্ঞ ; মনোৰম ; মনোহৰ ; সন্তোষদায়ক ; ৰম্য ; সুখকৰ।

adv. pleasingly.

n. pleasingness.

Pleasurable, *adj*. সুখকৰ।

adv. pleasurably.

n. pleasurableness.

Pleasure, *n*. সুখ opposed to pain. *e. g.* wise men do not seek pleasure=জ্ঞানী মানুহে সুখ নিবিচাৰে। There can be no pleasure without pain=দুখ ন কৰিলে সুখ হব নোৱাৰে। (2 সন্তোষ; উল্লাহ ; হৰ্ষ ; আনন্দ। *e. g.* He takes *pleasure* in reading novels. (3) ইচ্ছা purpose.

Pleasure boat, *n*. খেলনাও।

Pleasure house, *n*. ৰংঘৰ।

Pleasure ground, *n*. উপবন।

Pleasure trip, *n*. বিহাৰ।

At pleasure=মন কৰিলেই।

Pleasurer, *n*. যি সুখ বিচাৰি ফুৰে। one who seeks pleasure.

Plebeian, *n*. ইতৰ মানুহ বিলাক।

v. plebeianise,

Plebify, *v*. to make plebeian.

Pledge, *n*. বন্ধক।

v. বন্ধক দিয়া, (2) মদ খাবলৈ খটা

Hold in pledge=বন্ধক ৰখা।

Put in pledge=বন্ধক দিয়া।

Plenary, *adj*. সম্পূৰ্ণ। full.

adv. plenarily.

n. plenariness / plenitude

Plenipotence / Plenipotency } *ns*. সম্পূৰ্ণ শক্তি।

adj. plenipotent.

Plenipotentiary, *n*. মহাদূত।

Plenty, *n*. প্ৰচুৰতা ; আধিক্য।

adj, plenteous, প্ৰচুৰ ; অধিক। ধনী। Rich.

adv. plenteously.

n. plenteousness.

Plentiful, *adj*. প্ৰচুৰ ; বহুত ; অনেক ; দমাদম ; বাহাক ; ওৰাদানি।

adv. plentifully, দমাদমে।

n. plentifulness.

Pleonasm, *n*. অধিক পদতা।

adj. pleonastic / pleonastical

adv. pleonastically.

Plethora, *n*. অতিতেজ ; অতিপাত তেজ। may be expressed also by using the *adj* অতপ

adj. plethoric / plethorical

adv. plethorically.

Pliable, *adj.* কলাবাতাস ফিৰ খোৱা মেতুৰ্মত ; মৃদু ; নম্ৰ।

n. pliability / pliableness

adv. pliably.

Pliant, *adj.* may be expressed by লেকেকা ; কোঁৱা-পৰা।

n. pliancy / pliantness

adv. pliantly.

Plight, *n.* দশা ; অৱস্থা (2) বন্ধক

Plight *v.* বন্ধক দিয়া (2) অঙ্গীকাৰ কৰা ; কোনো কথাৰ বা কাৰ্য্যৰ নিশ্চিতৰ মাত্তি দেৱা।

Plighted, *adj.* গাত লোৱা।

Plod, *v.* থিৰেৰে কাম কৰা ; পৰিশ্ৰম কৰা to toil. থিৰ-ভাৱে পঢ়া।

Plodder, *n.* a dull, heavy, laborious man. দেহেম অথচ পৰিশ্ৰমী মানুহ।

Plot, *n.* ডৰা ; A plot of land = এডৰা মাটি ; (2) ষড়যন্ত্ৰ ; ফিকিৰ।

Plot, *v.* নকসা কৰা ; (2) ষড়যন্ত্ৰ কৰা ; বেয়া আলোচনা কৰা।

adj. plotful.

Plotter, *n.* one who plots.

Plough, *n.* নাঙল।

v. হালবোৱা।

Followed by "in" "up" "out".

Ploughman, *n.* কৃষক ; খেতিয়ক।

A husbandman

Plougher, *n.* হালোৱা।

Ploughbeam, *n.* ঈহ।

Ploughshare, *n.* ফাল।

Pluck, *v.* পাখি কঢ়া ; আঁতোৱা ; to snatch. (2) পৰা ছিঙা।

(2) to reject an examinee as insufficient.

Pluck, *n* সাহ। *e. g.* He is a man of *pluck.*

Plug, *n.* ঠিলা।

v. ঠিলা মৰা।

Plum, *n.* বগৰি।

Plumage, *n.* the whole feathers of a bird.

Plumb, *adj.* perpendicular.

Plume, *n.* চৰাইৰ পাখী (2) সন্মানৰ চিন।

Plummet, *n.* a plumb-line.

Plump, *adj.* নোহোৰা ; নোদোকা; শাহৰাল ; শকত দোৱা ; ওফন্দা।

Plumpy, *adj.* fat. শকত।

Plunder, *v.* লুট কৰা ; আনৰ ধন-সম্পত্তি বলেৰে কাঢ়ি অনা।

n. plunderer. ডকাইত।

adj. plunderous.

Plunge, *v.* পানীত বুৰ মৰা ; জুমা ; আপমাৰি পৰা।

Followed by "in" "into."

Plunger, *n.* one who plunges.

Pluperfect, *adj.* noting that an action was finished before another past action. দুটা হৈ যোৱা কামৰ ভিতৰত যিটো আনটোতকৈ আগেয়ে হয় তাৰ pluperfect বা past perfect tense হয়। দুটা অতীতকালৰ ক্ৰিয়াৰ ভিতৰত আগেয়েই যোৱা ক্ৰিয়াটো past perfect tense (pluperfect tense) অত হয়। *e. g.* He arrived after the door had been closed =দুৱাৰ বন্ধ কৰাৰ পিছত তেঁও আহিছিল। I had written the letter before he came here= তেঁও ইয়ালৈ অহাৰ আগেয়েই মই চিঠি খন লেখিলোঁ।

Plural, *adj.* একতকৈ সৰহ।
n. বহুবচন।
v. pluralise.
n. plurality.
adv. plurally.

Plus, *adj.* more.

Plus, *n.* যোগৰ চিন্; যোগচিন্; (+) বন্ধনীৰ ভিতৰত দিয়া চিন্‌টো।
opposite to minus.

Plutocracy *n.* government by the wealthy.

Pluto, *n.* যম-ৰজা।
adj. plutonian.

Pluvial, *adj.* বৰষুণীয়া

Ply *v.* পৰিশ্ৰমেৰে কাম কৰা; লেগ লাগি কাম কৰা; সদাই কামত লাগি থকা।
(2) কোনো অভিপ্ৰায়েৰে কাকুতিমিনতিকৈ ধৰকে কটা।

Pneumatics, *n* বায়ুবিজ্ঞান; the science of air. (This is plural in form but singular in use)

adjs. pneumatic, pneumatical

Pneumatology, *n.* pneumatics.
adj. pneumatological

Pneumatologist, *n* one versed in pneumatology.

Poach, *v.* হাঁহ-পাৰাৰি চুৰ কৰা; চুৰ কৰা।

Poacher, *n.* চোৰ।

Poach, *v.* তপতপানীত কণী সিজুৱা।

Poachy, *adj.* জেকা; সেমেকা।

Pock, *n.* বসন্তৰোগৰ খুটখাহ।

Pock-pitted *adj.* আই-কাখ্ থকা।

Pocket, *n.* জেপ।
adj. Pocketful. pocket. *v.* জেপত থোৱা (2 লুকুৱা (3) মনে মনে লৈ যোৱা।

Pocket-book=note-book.

Pocket-money=খৰুৱা খৰচৰ নিমিত্তে জেপত থকা ধন। [কৰা।
Pocket an insult=অপমান সহ্য
Pick a person's pocket=জেপৰ পৰা চুৰ কৰা।
Pod, *n.* বীজ-ঢাকনী।
Poem, *n.* কবিতা। (2) "A composition not in verse, of which the language is highly imaginative or impassioned."
adj. poematic.
Poesy, *n.* poem ; poetry.
Poet, *n.* কবি ; *e. g.* Kalidas was a great poet=কালিদাস এজন মহাকবি আছিল।
Fem. poetess.
adjs. poetic, poetical
adv. poetically.
v. poetise.
Poetaster, *n.* ক্ষুদ্ৰকবি।
Poetcule, *n.* ক্ষুদ্ৰকবি।
Poetics, *n.* কাব্যশাস্ত্ৰ।
Poetry, *n.* কাব্য। *e. g.* "And thou, sweet *poetry* thou loveliest maid. Still first to fly where sensual joys invade" পদ্য *e. g.* what is in this paper? poetry=এই কাগজ খনত কি আছে? পদ্য।
Poignant, *adj.* তীব্ৰ (2) তীক্ষ্ণ sharp.
n. poigancy
adv. poignantly.
Point, *n.* আগ *e. g.* with the point of a needle=বেজী এটাৰ আগটোৰে। (2) বিন্দু (3) পদ Degree 4) লক্ষ্যবিষয় aim. (5) টেক a cape.
Point, *v.* ধৰোৱা। *e. g.* He has pointed the knife. (2) লক্ষ্য কৰা।
Followed by "at" "to"
Pointed, adj জোঙা।
Pointer, *n.* দেখাওঁতা।
Pointless *adj.* জোঙাহীন।
Come to the point=আচল কথালৈ অহা। *e. g.* Now let us come to the point. [মুখ।
On the point of death=মৰণো-
Point out=দেখুৱাই দিয়া।
Point blank=স্পষ্ট।
Poise, *v.* সমপৰিমাণ কৰা ; (2) জোখা।
Poison, *n.* বিহ।
adj. poisonous.
Poisonable, *adj.* capable of being poisoned.
Poke, *v.* খোঁচা। শিঙেৰে খোঁচা।
Poky, *adj.* Dull.

Poke fun at=ইতিকিং কৰা।

Polar, *adj*. কেন্দ্ৰ সম্বন্ধীয়

Pole, *n*. কেন্দ্ৰ (2) দীঘল মাৰি ; (3) 30 ¼ yds=pole.

Pole star=ধ্ৰুবতৰা ।

Polemic, Polemical *adj.* } বাদানুবাদী।

adv. polemically.

Polemier, *n*. sing=ধৰ্ম্মবিষয়ে বাদানুবাদ ।

Police, *n*. পুলিচ।

Policeman, ৰক্ষক ; কোতোৱাল।

Police officer, Police constable } *n*. a policeman.

Policy, *n*. মনৰ ভাৱ ; অভিপ্ৰায় ; object (2) নীতি ; (3) কৌশল।

Polish, *adj*. মিহি কৰা ; চিকচিকীয়া কৰা ; চিকণ কৰা ; সংস্কাৰ কৰা। to refine বিনয় কৰা ।

Polite, *adj*, শিষ্ট ; নম্ৰ ; ভদ্ৰ ; বিনীত Followed by "in" "towards"

adv. politely.

n. politeness.

Politic, *adj*. চতুৰ।

Political, *adj*. ৰাজনীতি বিষয়ক।

adv. politically.

Politician, *n*. নীতিবিশাৰদ।

Polities, *n*. ৰাজনীতি ।

Political science=নীতিশাস্ত্ৰ ।

Political economy=অৰ্থবিজ্ঞান ।

Polity, *n*. ৰাজতন্ত্ৰ ।

Poll, *n*. Head মূৰ। (2) নামৰ তালিকা ।

Pollen, *n*. পৰাগ ।

Pollent, *adj*, strong. [কৰা ।

Pollute, *v*. অপবিত্ৰ কৰা ; কলুষিত *n*. pollution.

Polo, *n*. ঘোঁৰাৰ ওপৰত গেন খেল । a kind of hockey on horseback.

Poltroon, *n*. কাপুৰুষ ; সৰপা।

Poltroonery, *n*. কাপুৰুষতা : সৰপালি ।

Polyandry, *n*. বহুভৰ্তৃকতা ।

Polygamy, *n*. বহুবিবাহ ।

adj. polygamian, polygamous }

Polygamist, *n*. যি বহুতভিৰতা বিয়া কৰায় । যি বহুবিবাহৰ পক্ষপাতী ।

Polygot, *n*. যি বহুত ভাষা বুজে।

Polygon, *n*. বহু ভুজ ।

adj. polygonal, pol gonous }

Polygram, *n*. a figure consisting of many lines.

adj. poligrammatic.

Polymathy, *n*. বহুশাস্ত্ৰৰ জ্ঞান ।

adj. polymathic.

Polyonymous, *adj.* বহুতনাম যুক্ত

Polypode, *n.* বহুত ঠেংজীয়া জন্তু।

Polystome, *n.* বহুত মুখী। জন্তু।

Polytheism, *n.* দৈত্যবাদ।

Polytheist, *n.* দৈত্যবাদী।

Pomegranate, *n.* দালিম।

Pomp, *n.* আড়ম্বর; জিতাহি; জাকজক। *e. g.* The marriage of his daughter was celebrated with great *pomp*.

adj. pompous.

adv. pompously.

Pond, *n.* পুখুরী।

Ponder, *v.* ভবা; ধ্যান কৰা।
Followed by "on" "over".

Ponderous, *adj.* গধুৰ।

adv. ponderously.

n. penderousness, ponderosity.

Poniard, *n.* মিত -রা।

Pontiff, *n.* প্ৰধান ধৰ্ম্মাচাৰ্য্য।

Pony, *n.* সৰু ঘোৰা।

Jerusalem pony = an ass.

Pool, *n.* a small body of water.

Poop, *n.* জাহাজৰ পিচ ফাল।
the hinder part of a ship

Poor, *adj.* দুখীয়া; নিজলা; ছাগ-ছিগা; দৰিদ্ৰ; ধন-নথকা; সম্পত্তি-হীন; নিৰ্ধনী; দীন। wretched. অধম; নীচ; নিকৃষ্ট paltry; mean. গাঁপোৰা; দুৰ্ব্বল lean; weak. নিস্তেজ spiritless. অনুৰ্ব্বৰা barren. গুণহীন; অশোভা; অশুৱনী wanting in beauty, fitness. নিৰুপায় without means.

adv. poorly.

The poor = দুখীয়া মানুহবোৰ।

Poor-house. দৰিদ্ৰশালা।

Pop, *v.* ধুমকৰে শব্দ কৰা।

Populace, *n.* সাধাৰণ মানুহ; এলা-পেচা মানুহ

Popular, *adj.* pertaining to the people. (2) লোকপ্ৰিয়।
Followed by "with".

v. popularise.

n. popularity.

adv. popularly.

Populate, *v.* মানুহেৰে ভৰোৱা।

Population, *n.* লোকসংখ্যা।

Populous, *adj.* জনপূৰ্ণ।

n. populousness.

Porcelain, *n.* চীন দেশৰ ধুনিয়া পাত্ৰ।

Porch, *n.* বাৰাণ্ডা।

Porcupine, *n.* কেঁটেলা পহু।

Pore, *n.* লোমছিদ্ৰ।

adj. poral.

Porous, *adj.* having pores.

adv. porously.

Pork, *n.* গাহৰি মঙহ।

Porker, *n*. গাহৰি পোৱালি।

Porky, *adj*. fat.

Port, *n*. বন্দৰ ; (2) মদবিশেষ ; (3) দ্বাৰ (4) ভাবভঙ্গী।

Portable, *adj*. বহনীয় that may be carried.

Portal, *n*. দ্বাৰ।

Portend, *v*. ভবিষ্যৎ বিষয় জনোৱা।

Portent, *n*. অমঙ্গলসূচক চিন্।

Portentious, *adj*. অমঙ্গলসূচক। portentiously.

Porter, *n*. দুৱৰী ; (2) মুটিয়া।

Portico, *n*. বাৰাণ্ডা।

Portion, *n*. অংশ ; ভাগ ; যৌতুক ; a wife's fortune. *e. g.* "She is born of honest parents, and though she has no *portion* she has a great deal of virtue."

Portion, *v*. ভাগ কৰা ; বাটি দিয়া।

Portly, *adj*. স্থূলকায়।

n. portliness.

Portrait, *n*. মূৰ্ত্তিৰ ছবি।

Portray, *v*. ছবি আঁকা।

n. portrayal.

Pose, *v*. বিবুদ্ধি খোৱা।

Position, *n*. অৱস্থা ; সামাজিক অৱস্থা : social rank.

Positive, *adj*. স্পষ্ট (2) আচল Real. (3) সঠিক্।

adv. positively.

n. positiveness.

Possess, *v*. অধিকাৰ কৰা ; দখল কৰা ; পোৱা। Followed by "of" "with".

n. possession.

adj. possessive.

Possessive case = সম্বন্ধকাৰক।

Possessor, *n*. গৰাকী ; গিৰিহত।

Possible, *adj*. সম্ভৱ ; সম্ভাৱনা থকা।

n. possibility. সম্ভাৱনা।

adv. possibly. সম্ভৱতে।

Post, *n*. খুঁটা ; (2) পদ ; কাম ; (3) খবটকীয়া দূত।

Post, *v*. ডাকঘৰত দিয়া ; চিঠি দিয়া ; (2) খবখেদা কৰা।

Postage, *n*. চিঠিৰ মাচুল।

Post office = ডাকঘৰ।

Postal, *adj*. ডাকঘৰ সম্বন্ধীয়।

Post man, *n*. ডাকোৱাই।

Post master, *n*. ডাকঘৰৰ অধ্যক্ষ।

Postdiluvian, *n*. প্ৰলয়ৰ পিচৰ মানুহ।

Posterior, *adj*. পাচত।

Posteriors, *n*. জন্তুৰ পিচ ফাল।

Posteriority, *n*. সন্ততি। নাতিপুতি।

Postern, *n*. ক্ষুদ্ৰ দুৱাৰ।

Posthumous, *adj*. বাপেক মৰা পাচত ওপজা born after the death of the father.

Postmeridian, *adj.* belonging to the afternoon. ভাটি-বেলাৰ।

Postmortem, *adj.* মৰাৰ পিচত।

Postpone, *v.* হেঁাহোঁকাই থোৱা; স্থগিত ৰখা।

n. postponement.

Postscript. *n.* চিঠি লেখি এতাই আকৌ.লিখন।

Postulate, *n.* স্বীকৃতবিষয়।

Posture, *n.* গাৰ অঙ্গিভঙ্গি; (2) অৱস্থা; দশা।

Pot, *n.* কলহ; টেকেলি; পানী-খোৱা পাত্র। [পেটাল।

Pot-bellied, *adj.* পেটুলা, পেটুৱা;

Pot-house, *n,* যি দোকানত ইতৰ মানুহে মদ খায়।

Potter, *n.* কুমাৰ।

Pottery, *n.* কুমাৰৰ কাৰখানা।

Potable, *adj.* পানযোগ্য।

n. potableness. [ing.

Potation, *n.* the act of drink-

adj. potatory,

Potato, *n.* আলুগুটি।

plu. potatoes.

Potent, *adj.* বলবান্; শক্তিশালী।

n. potency.

Potentate, *n.* a prince.

Potential, *adj.* Latent.

Pother, *n.* হাই; কোৰ্হাল।

Pother, *v.* দিগ্ কৰা।

Pottage, *n.* আঞ্জাবিশেষ। porridge.

Pouch, *n.* সৰুমোনা।

Poultry, *n.* পোহনীয়া চৰাই।

Pounce, *n.* থাপ্ মৰা

Pound, *n.* আধেৰ। A standard weight consist ng of 12 ounces troy or 16 ounces avoirdupois. (2) গৰাঁল।

Poundage, *n.* গৰাঁলত থোৱা বাবে খোৰাকী-খৰচা।

Pound, *v.* খুন্দিমিহি কৰা।

Pour, *v,* ঢলা; (২) হুব্হুব্কৈ পৰা; (3) নিৰ্গত হোৱা।

Pout, *v.* (ঘিণত) ওঠ উলিয়াই দিয়া।

Poverty, *n.* দৰিদ্রতা (2) দৈন্য wretchedness.

Powder, *n.* গুড়ি।

Powdery, *adj.* powder-like.

Powder-mill, *n.* A mill in which gunpowder is made.

Power, *n.* শক্তি Ability to act. (2) প্ৰভাৱ (3) বীৰ্য্য strength. (4) প্ৰভুত্ব। [যথাশক্তি।

As far as lies in one's power=

Powerful, *adj.* বলী, প্ৰবল; (2) Efficacious. *adv.* powerfully.

A powerful man=পুৰুষ সিংহ।

Powerless, *adj.* নিৰ্ব্বলী: (2) অসমৰ্থ।

Pox, *n.* pustules on the body.

Small pox = আই সকল

Chicken pox = পানীচামৰি আই

Practicable, *adj.* সাধ্য ; কৰিব পৰা

n. practicability } practicableness

adv. practicably.

Practical, *adj.* ব্যবহাৰিক ; ক্ৰিয়াসিদ্ধ *e. g.* Books which contain *practical knowledge* are rare.

adv. practically.

n practicality } practicalness

Practice, *n* অভ্যাস ; (2 আচাৰ (3) ব্যৱসায় ; Exercise of any profession. (4) Artifice.

Practise, *v.* অভ্যাস কৰা ; নিতৌ শিকিবলৈ কৰা (2) ব্যৱসায় কৰা।

Practitioner, *n.* ব্যৱসায়ী মানুহ।

e. g. medical practitioner = বেজ।

Pragmatic, } **Pragmatical** *adj.* meddle some. [বখান।

Praise, *n.* প্ৰশংসা ; শলাগ ; গুণ-

v. প্ৰশংসা কৰা।

Praiseworthy, *adj.* প্ৰশংসাৰ যোগ্য ; প্ৰশস্ত।

adv. praiseworthily.

n. praiseworthiness.

Prance, *v.* জপিয়াই উঠা।

Prank, *n.* লৰাধেমালি।

Prate, *v.* কেদ্‌কেদোৱা।

Prattle, *v.* চেলচেলোৱা।

Prattler, *n.* কথকী ; চেলেপু।

Pravity, *n.* চৰিত্ৰ নষ্টতা।

Pray, *v.* প্ৰাৰ্থনা কৰা ; মিনতি কৰা।

Prayer, *n.* প্ৰাৰ্থনা ; মিনতি ; উপাসনা।

Preach, *v.* ধৰ্ম্ম-সম্বন্ধে উপদেশ দিয়া।

Preacher, *n.* ধৰ্ম্মোপদেশক।

Preamble, *n.* ভূমিকা।

Prebendary, *n.* বৃত্তিভোগী ধৰ্ম্মালয়ৰ যাজক।

Precarious, *adj.* অনিশ্চিত ; নিচয়-নথকা।

adv. precariously.

Precaution, *n.* সতৰ্কতা ; সাৱধানতা

Precede, *v.* আগবাঢ়ি যোৱা।

Precedence, *n* প্ৰাথমিকতা।

Precedent, *adj,* অগ্ৰগামী।

Precedent, *n.* পূৰ্ব্বে কৰা নিয়ম।

Precept. *n.* উপদেশ ; বিধি।

Preceptors, *n.* উপদেশক ; গুৰু।

Precint, *n.* সীমা।

Precious, *adj,* বহমূলীয়া ; বহুত বেচ লগা।

Pre cipice, *n.* খিয় ঠাই।

Precipitant, *adj.* উৎকুৰা।

Precipitate, *v.* তললৈ পেলোৱা ; (2) খৰ্‌খৰ্ কৰা to hasten.

Precipitately, *adv.* তললৈ মূৰ কৰি ; (2) খৰখৰকৈ।

Precipitous, *adj.* খিয়।

Precise, *adj.* সঠিক্ ; ঠাৱৰ

Precisely, *adv.* ঠাৱৰঠিকে।

n. precision.

Preclude, *v.* নিষেধ কৰা ; বাহিৰ কৰা।

Precocious, *adj.* অকালত-পকা

n. precociousness, preoocity

adv. precociously.

Precognition, *n.* পূৰ্ব্বজ্ঞান

Preconceive, *v.* আগেয়ে গম পোৱা।

n. preconception.

Preconcert, *v.* আগেয়ে ঠিক্ কৰা।

Precursor, *n.* আগ'বাঢ়ি যোৱা দূত।

Predecessor, *n.* আগৰ জনা।

Predestinarian, *n.* অদৃষ্টবাদী।

Predetermine, *v.* আগেয়ে ঠিক্ কৰা।

n. predetermination.

Predicable, *adj.* কথনীয়। capable of being affirmed of something.

n. predicability.

Predicament, *n.* অৱস্থা ; গতি।

Predict, *v.* ভবিষ্যৎ কোৱা

n. prediction.

adj. predictive.

Predictor, *n.* ভবিষ্যদ্বক্তা।

Predilection, *n.* পূৰ্ব্বপ্ৰবৃত্তি।

Predispose, *v.* আগৰেপৰা মনঠিক কৰা।

n. Predisposition.

Predominate, *v.* প্ৰধান হোৱা ; বলী হোৱা।

Predominant, *adj.* প্ৰবল।

n. predominance.

Pre-elect, *v.* আগেয়ে বাছি থোৱা।

Preeminent, *adj.* সৰ্ব্বশ্ৰেষ্ঠ।

Pre-eminence, *n.* সৰ্ব্বশ্ৰেষ্ঠতা।

adv. pre-eminently.

Pre-engage, *v,* আগেয়ে "বন্ধবস্ত" কৰা।

n. pre-engagement.

Pre-establish, *v.* আগেয়ে স্থাপন কৰা।

Pre-establishment, *n.* settlement beforehand.

Pre-exist, *v.* পূৰ্ব্বজীৱী হোৱা।

Pre-existence, *n.* পূৰ্ব্বজীৱন।

Pre-existent, *adj.* পূৰ্ব্বজীৱী। Existing before hand.

Preface, *n.* ভূমিকা ; পুথিৰ পাতনি।

adj. prefatory.

adv. prefatorily.

Prefect, *n*. শাসনকর্ত্তা ।

A Governor.

ab. *n* prefectship.

Prefer, *v*. পছন্দ করা ; অধিক ভাল পাওয়া (2) উন্নত করা ।

Preferable, *adj*. আর-ভাল ।

more desirable.

n. preferableness } preferability. }

adv. preferably.

Preference, *n*. অভিরুচি ।

Choice of one thing rather than another.

adj. preferential.

Preferment, *n*. উন্নতি ।

Prefigure, *v*. দেখুওয়া ।

n. prefiguration.

adj. prefigurative.

Prefix, *v*. আগে রখা ।

n. prefixion.

Prefix, *n*. উপসর্গ ।

Pregnant, *adj*, গর্ভবতী ; গর্ভিণী ; গাভিনী (2) অর্থপূর্ণ *e*. *g*. His speech was full of *pregnant* significances.

n. pregnancy.

adv. pregnantly.

Prejudge, *v*. শুনান আগেরে বিচার করা ।

n. prejudgment.

Prejudicate, *v*. বিচারর আগেরে ঠিক করা ।

n. prejudication.

Prejudice, *n*. পক্ষপাত ।

v. পক্ষপাত করা

adj. prejudicial.

adv. prejudicially.

Preknowledge, *n*. foreknowledge.

Prelate, *n*. মহাধর্ম্ম আচার্য্য ।

Prelect, *v*. to read a lecture before public.

n. prelection.

Prelector, *n*. a lecturer.

Preliminary, *adj*. প্রাথমিক ; সূচক ।

Prelude, *n*. প্রস্তাবনা ; পূর্ব্ববাক্য ।

adj. preludial.

Prelusive } Prelusory } *adj*. Having the character of a prelude.

adv. prelusively } prelusorily }

Premature, *adj*. অসাময়িক ; অকালত-পকা ; অকালত-করা ।

adv. prematurely.

n. prematureness } prematurity }

Premeditate, *v*. আগেরে চিন্তা করা ।

adv. premeditately.

n. premeditation.

Premier, *adj.* প্ৰথম ; প্ৰধান ; শ্ৰেষ্ঠ ।

n. প্ৰধান মন্ত্ৰী

Premiership, *n.* the office of premier.

Premises, *n.* ঘৰ বাৰী মাটি আদি

Premium, *n.* বটা ; পুৰস্কাৰ ।

A reward.

Premonish, *v.* পূৰ্ব্বে সতৰ্ক কৰা ।

n. prmonition.

Premonitor, *n.* one who gives premonition.

adv. premonitorily.

adj. premonitory / premonitive

Preoccupy, *v.* আগেয়ে অধিকাৰ কৰা ।

n. preoccupancy.

Preordain, *v.* আগেয়ে নিৰ্দ্দিষ্ট কৰা ।

n. preordination.

Prepare, *v.* সাজু কৰা (2) সজা । কামৰ নিমিত্তে আপোনাক প্ৰস্তুত কৰা ; উদ্যোগ হোৱা ।

Followed by "against" "for"

n. preparation.

adj. preparative / preparatory

Prepay, *v.* আগেয়ে দাম দিয়া । to pay in advance.

n. prepayment.

Preponderate, *v.* অধিক বল পোৱা; অধিক ক্ষমতা পোৱা ।

Preponderance, Prepond rancy } *n.* আধিক্যতা ।

Preponderant, *adj.* superior in power or influence.

adv. preponderantly.

n. prepondeᴚat on.

Preposition, *n.* অব্যয় ।

adj. prepositional.

adv. preponsitionally.

Prepossess, *v.* আগেয়ে মনত-লগা মন বা হৃদয়ত আগেয়ে অধিকাৰ কৰা । *e. g.* my heart was *prepossessed* by his good qualities. [চিকণ ।

Prepossessing, *adj.* হৃদয়হাৰী ;

Prepossession, *n.* আগেয়ে কৰা মত ; কোনো মানুহৰ প্ৰতি ভাল বা বেয়া মনৰ ভাব ।

Preposterous, *adj.* অসঙ্গত ; অসম্ভৱ ।

adv. preposterously.

n. preposterousnes.

Prepotent, *adj.* অতি বলী ; প্ৰবল ।

n. prepotency.

Prepuce, *n.* the foreskin.

Prerequisite, *adj.* আগেয়ে থিবোৰ দৰকাৰী।

Prerogative, *n.* অসামান্য অধিকাৰ। a special privilege. বিশেষ ক্ষমতা।

Presage, *n.* লক্ষণ।
adj. presageful.

Presagement, *n.* লক্ষণ।

Presbyter, *n.* পুৰোহিত।
a priest.

Prescience, *n.* ভবিষ্যৎ জ্ঞান।

Prescient, *adj.* পূৰ্ব্বদশী।

Prescribe, *v.* নিদৰ্শন কৰা (2) বিধান দিয়া ; দিহা দিয়া।
Followed by "to" "for"

Presciber, *n.* one who prescibes.

Prescript, *n.* বিধি।

Prescription, *n.* বহুকাল ভোগ, অধিকাৰ right based on long use (2 ঔষধ নিৰ্দ্দেশ।
adj. presciptive.

Present, *adj.* উপস্থিত (2) বৰ্ত্তমান।

Presence, *n.* উপস্থিত ; সান্নিধি।

Pr sence of mtnd = প্ৰত্যুৎপন্নমতি *e. g.* presence of mind will extricate us from imminent d nger.

Present, *n.* দান ; ভেঁটী।
adj. Presentable.

Present, *v.* দেখা কৰা ; সাক্ষাৎ কৰা (2) চিনাকি কৰোৱা ; (3) দান কৰা ; উপহাৰ দিয়া। (4) উপস্থিত হোৱা to present one'self.

Presentation, *n.* the act of presenting. (2) নিৰ্ব্বাচন।

Presntiment, *n.* পূৰ্ব্ব-অনুমান।

Presently, *adv.* ততালিকে।

Preserve, *v.* ৰক্ষা কৰা। *e. g.* It is our duty to study how to *preserve* our health.
নিস্তাৰ কৰা ; ত্ৰাণ কৰা।
n. preservation.
Followed by "from"

Preserver, *n.* ৰক্ষক ; নিস্তাৰক।

Preservable, *adj.* capable of being preserved.

Preservatory, *adj* having power to preserve.

Preside, *v.* সভাপতি হোৱা
Followed by "over" "at"

President, *n.* সভাপতি ; প্ৰধান অধ্যক্ষ।
adj. presidential.

Presidentship, *n.* the office of president.

Presidency, *n.* Superintendenee. তত্বাবধাৰণ। (2) প্ৰদেশ।

Presider, *n.* one who presides.

Press, *v.* চেপা ধৰা ; হেঁচামৰা ; (2) স্বাপত্তি ধৰা to embrace । 3) দুখ দিয়া to distress (4) উদগাই দিয়া to urge. (5) জুম বন্ধা । to throng.

Press, *n.* ছাপাখানা ; মুদ্রাযন্ত্র

Pressing, *adj.* অতি দৰ্কাৰী ।

adv. pressingly বলেৰে ।

Pressure, *n.* হেঁচা ; ভাৰ (2) দুখ ।

Atmospheric pressure = বায়ুভৰ

Prestige, *n.* গৌৰব ।

Presume, *v.* ভাবি লোৱা ; অনুমান কৰা ।

adj. presumable.

adv. presumably.

n. presumption,

Presumption, *n.* অনুমান (2) অহঙ্কাৰ arrogance.

(3) সাহস boldness.

Presumptive, *adj.* অনুমানিক ।

Presumptuous, *adj.* সাহসী ; নিৰ্ভীক ; গপাল ।

adv. presumptuously.

n. presumptuousness.

Presuppose, *v.* আগেয়ে অনুমান কৰা ।

n. presupposition.

Pretend, *v.* ভণ্ড ধৰা to feign. (2) ছল কৰা

Pretence, *n.* ছল deceit. (2) চেলু a pretext. Followed by "to"

Pretension, *n.* দাবি । claim true or false.

adj. pretentious.

adv. pretentiously.

n. pretentiousness.

Preterit, *adj.* Gram : expressing past time.

Pretermit, *v.* এৰি যোৱা to omit.

n pretermission.

Preternatural, *adj.* অপৰূপ ; আচৰিত ।

adv. preternaturally.

n. preternaturalness / preternaturalism

Pretext, *n.* চেলু ; ছলনা ; ফাকটি

Pretty. *adj.* উত্তম ; কমনীয় । চাৰু ; সুন্দৰ ; ভাল ।

Pretty, *adv.* অলপ পৰিমাণে । in some degree. কিঞ্চিত মান ।

Prettily, *adv.* pleasingly.

n. prettiness.

Prettyish, *adj.* somewhat pretty.

Prevail, *v.* প্ৰবল হোৱা ; (2) চলিত হোৱা to be current. (3) দৃঢ়-বিশ্বাস জন্মায় জয়লাভ কৰা Followed by "on" "with" "over" "against" "upon".

Prevailing, *adj.* চলিত ; প্ৰধান ।

Prevalent, *adj.* প্ৰবল predominant (2) চলিত current (3) সাধাৰণ common.

n. prevalence / prevalency

adv. prevalently.

Prevaricate, *v.* ছিপা । to speak evasively.

n. prevarication.

Prevaricator, *n.* one who prevaricates.

Prevenient, *adj.* পূৰ্ব্বগামী ।

Prevent, *v.* মানা কৰা ; হাক দিয়া । নিষেধ কৰা ; বাৰণ কৰা ।

Followed by "from"

e. g. Do not *prevent* me from doing this.

Prevention, *n.* হাক ; নিষেধ ।

adj. preventive.

adv. preventively.

Preventer, *n.* one who prevents.

Previous, *adj.* পূৰ্ব্বৰ ; আগৰ ।

adv. previously.

n. previousness.

Previse, *v.* আগেয়ে দেখা ।

n. prevision. পূৰ্ব্বজ্ঞান ।

Prey, *v.* লুট কৰা ; বলেৰে কাঢ়ি নিয়া (2) অপহৰণ কৰা ; (3) ক্ষয় কৰা ।

Followed by "on" "upon"

Prey, *n.* লুটৰ বস্তু ; (2) চিকাৰত পোৱা বস্তু ।

Beast of prey = হিংসক জন্তু ।

Price, *n.* দাম ; বেচ *e. g.* what is the price of the book ? কিতাপটোৰ বেচ কিমান ? দৰ ; নিৰিখ rate. মূল্য worth *e. g.* a necklace of great price.

Priceless, *adj.* অমূল্য ।

Prick, *v.* বিন্ধা ; ফুটা । to pierce. (2) উত্তেজনা কৰা । (3) চুণ দিয়া ।

Prick up one's ear = কাণ ঠিয় কৰা hence শুনিবলৈ ধৰকৈ হেঁপাহ কৰা ।

Prick off = বাছি লোৱা *e. g.* "Let the soldiers for duty be carefully *pricked off*.

Prickle, *n.* কাঁইট ; হুল ।

adj. prickly.

Prickly-heat, *n.* ঘামচি ।

Prickly-hear, *n.* এজাতি কাঁইটীয়া উদ্ভিদ ।

Pride, *n.* In good sense অভিমান (2) In bad sense অহঙ্কাৰ *e. g.* the nobler the blood the less the pride. গৰ্ব্ব ; গপ *e. g.* *pride* and grace never dwell in one place. (3) অলঙ্কাৰ ;

শোভা। *e. g.* Mr. A. B. is the *pride* of his country. ornament ; splendid show.
adj. prideful.
adv. pridefully.

Pridefulness, *n.* the state of being prideful.

Prideless, *adj.* অহঙ্কার-শূন্য। Destitute of pride.

Priest, *n.* পুরোহিত ; যাজক।
Fem. priestess.
adj. priestly.
ab. n. priesthood.

Priestlike, *adj.* resembling a priest.

Priestcraft, *n.* যাজক ফিকিৰ।

Priest ridden, *adj* governed by priests.

Prig, *n.* দাম্ভিক।
adj. priggish.
adv. priggishly.

Prim, *adj.* পৰিপাটি।

Primary, *adj.* আদি, প্ৰথম ; প্ৰধান ; ধই ; মুখ্য।
adv. primarily.

Primacy, *n.* প্ৰধান আচাৰ্য্যপদ।

Prime, *n.* আদি ; প্ৰাৰম্ভ (2) যৌৱনকাল ; ডেকাকাল। (3) উৎকৃষ্ট ভাগ firs in excellence. (4) নিচেই ৰাতিপুৱা early.

Prime cost=আচল দৰ।

Primeminister=প্ৰধান মন্ত্ৰী।

In the prime of life=ডেকা-কালত।

Primer, *n.* সবাৰ প্ৰথম পাঠ্য-কিতাপ।

Primeval, *adj.* আদিম।

Primitive, *adj.* আদিম। *e. g.* primitive state=আদিমঅৱস্থা। আগৰ দিনৰ ancient.
adv. primitively.

Primogeniture, *n.* জ্যেষ্ঠত্ব। the state of being born first of the same parents.
adj. primogenitary.

Primogenitor, *n.* an ancestor.

Primordial, *adj.* আদিম।
adv. primordially.

Primrose, *n.* লতাফুলবিশেষ।

Prince, *n.* অধিপতি (2) কুমাৰ। ৰাজপুত্ৰ।
Fem. princess.
adj. princely.

Princely, *adj.* ৰাজযোগ্য ; জাকজমককাল। Grand.

Princelike, *adj.* like a prince.

Prince-royal, *n.* ৰজাৰ বৰপুতেক।
Fem. princess-royal.

Principal, *adj* ঘাই ; প্ৰধান ; *e. g.* The *principal* cause of Ram' failure was his want of principle.

মুখ্যাল ; বৰ-মূৰীয়া; *n.* মুখ্যাল মানুহ ; অধ্যক্ষ ; (2) মূলধন ।

n. principality.

adv. principally.

Principle, *n.* মূলমত ; A fundamental truth. (2) নীতি ; (3) তত্ব ।

Prink, *v.* ৰচকপচক কৰা ।

Print, *v* ছাপাকৰা ।

Followed by "on" "for" "in".

Print, *n.* চিন্ mark.

Prior, *adj.* প্ৰধান chief. গৰিষ্ঠ ।

Priority, *n.* শ্ৰেষ্ঠতা ।

Prior, *n.* সন্ন্যাসী ।

Fem. prioress.

Priory, *n.* মঠ ।

Prison, *n.* কাৰাগাৰ ; বন্দীশাল ।

Prisoner, *n.* বন্দী ; কয়দী ; ফাটকীয়াল ।

Prison house, *n.* "জেলখানা" ।

Pristine, *adj.* আদিম ; প্ৰথম ।

Prithee=I pray thee.

Private, *adj.* Secret. গূঢ় ; গুপ্ত । (2) অনস্পৃষ্ট secluded. (3) নিজৰ personal. (4) অপ্ৰকাশিত not open.

In private=গোপনে ।

Private education=ঘৰত শিক্ষা ।

Private part=আথান ।

Privacy, *n.* নিৰ্জ্জন ঠাই ।

Privately, *adv.* মনে মনে ।

Privation, *n.* অভাৱ want. কষ্ট Destitution.

Privet, *n.* লতাবিশেষ ।

Privilege, *n.* বিশেষ অধিকাৰ ; বিশেষ ক্ষমতা ।

Privileged, *adj.* invested with privileges.

Privy, *adj.* লুকোৱা । private.

n. শৌচ-কৰা ঘৰ ।

Privy-council=ৰাজসভা ।

Privy-purse=ৰাজধন ।

Prize, *n.* বটা ; পুৰস্কাৰ ; পাৰিতোষিক ; (2) যুদ্ধত শত্ৰুৰ পৰা লোৱা বস্তু ।

Prize, *v.* বহুমূল্য ভবা ।

Prizable, *adj.* estimable.

Probable *adj.* হব-পৰা ।

n. probability.

Probably, *adv.*

sometimes expressed by কিজানি *e.g.* Malati is passing this time *probably* by the river side=কি জানি মালতী এই সময়ত নৈ-কাষত আছে ।

Probation, *n.* পৰীক্ষা ।

On probation=পৰীক্ষাৰ্থ ।

Probity, *n.* সৰলতা ; সাধুতা ।

Sincerity. Honesty.

Problem, *n.* (in Geometry) সম্পাদ্য ; (অৰ্থাৎ যি প্ৰতিজ্ঞাত কোনো ক্ৰিয়া সম্পন্ন কৰিব লাগে) (2) কঠিন প্ৰশ্ন।

adj. prob'ematic / problematical

adv. problematically.

v. problematize.

Proceed, *v.* আগ বঢ়া (2) উৎপন্ন হোৱা ; জন্ম হোৱা *e. g.* desire *proceeds* from association. Followed by "against" "from" "on".

Procedure, *n.* কাৰ্য্যৰ ধৰণ ; কাৰ্য্য-প্ৰণালী।

Proceedings, *n.* কাৰ্য্যবিবৰণ।

Proceeds, *n.* লাভ।

Process, *n.* কাৰ্য্যকৰ নিয়ম।

In process of time = সময়ৰ গতিত।

Procession, *n.* আড়ম্বৰেৰে বহুত মানুহৰ একেলগে গমন।

Proclaim, *v.* ঘোষণাকৰা।

Proclaimer, *n.* ঘোষক।

Proclamation, *n.* ঘোষণা

Proclivity, *n.* প্ৰবৃত্তি।

Proconsul, *n.* প্ৰাচীন ৰোমৰ শাসনকৰ্ত্তা।

Procrastinate, *v.* পলম কৰা ; কাৰ্য্য হেলা কৰি বেলি কৰা ; কাম কৰিম কৰিম বুলি কাল নিওৱা। হেঙ্গা-পুঙ্গা কৰি থকা।

Procrastination, *n.* গহৰি ; বিলম্ব ; পলম।

Procrete, *v.* জন্মোৱা to beget.

n. procreation.

adj. procreative.

Procreator, *n.* যি জনম দিয়ে one who begets.

Proctor, *n.* মুক্তিয়াৰ (2) An official in a university.

adj. proctorical.

Proctorship, *n.* the office of a proctor.

Procurator, *n.* আনৰ কামকৰোঁতা।

adj. procuratorial.

n. procuration.

Procuratorship, *n.* the office of a procurator.

Procure, *v.* গোটোৱা ; সংগ্ৰহ কৰা: অনা ; to bring. পোৱা। to get.

adj. procurable.

n. procurement.

Procurer, *n.* কুটনা ; বেশ্যালিৰ কাৰণে তিৰোতা যোগোৱা পুৰুষ।

Fem. procuress.

Prodigal, *adj.* অতিব্যয়ী, বহুব্যয়ী, অমিতব্যয়ী ; খৰচী ; ব্যয়কাৰী ; ত্যাগী ; দানশীল।

n. prodigality.

adv. prodigally.

Prodigious, *adj.* অদ্ভুৎ ; বৃহৎ । big.

adv. prodigiously.

n. prodigiousness.

Prodigy, *n.* অদ্ভুত বিষয় ; আচৰিত বিষয় ।

A prodigy of learning=আচৰিত বিদ্বান্ ; উগ্ৰবুদ্ধিয়ক ; অসাধাৰণ পণ্ডিৎ ।

Produce, *v.* উৎপাদন কৰা । *e. g.* Earth, heat and water *produce* crops প্ৰসৱ কৰা ; কৰা to bring about চলোৱা *e. g.* Earth produces nothing worse than an ungrateful man.

Produce, *n.* ফল fruit. (2) উৎপন্ন বস্তু *e. g.* The ships bring to London the *produce* of all the countries of the world= জাহাজবোৰে পৃথিবীৰ সকলোদেশৰ উৎপন্ন বস্তুবোৰ লণ্ডনলৈ আনে ।

Product, *n.* ফল (2) কাম work (3) গুণফল ।

Production, *n.* উৎপাদন (2) উৎপন্ন (3) কাম work.

adj. productive.

adv. productively.

n. productiveness.

Proem, *n.* পাতনি preface.

adj. proemial.

Profane, *adj.* অপবিত্ৰ ; অশুচি ; অধাৰ্ম্মিক Impious.

n. profanation.

adv. profanely.

Profane, *v.* অপবিত্ৰ কৰা ; অপব্যৱহাৰ কৰা *e. g.* He *profaned* the God-given strength.

Profess, *v.* কোৱা ; প্ৰকাশ কৰা ।

Profession, *n.* উক্তি (2) ব্যৱসায় ; বৃত্তি । *e. g.* pedantry is a vice in all *professions*.

adj. professional.

Professor, *n.* অধ্যাপক ; পঢ়োৱা গুৰু ।

adj. professional.

Professorship, *n.* the office of a professor.

Proffer, *v.* প্ৰসঙ্গ কৰা । to propose.

Proficiency, *n.* কৌশল; পাকতালি ; পাৰগতা ।

Proficient, *adj.* পটু ।

adv. proficiently.

Profile, *n.* মুখৰ এফালৰ চেহেৰা ।

Profiit, *n.* লাভ ।

Profit and loss=লাভলোকচান ।

Profit, *v.* লাভ কৰা ; উপকাৰ পোৱা ; উন্নত কৰা ।

Profit by=জ্ঞান লাভ কৰা *e. g.*

"I will have you profitted by my instruction."

Profitable, *adj*. লাভ-জনা ; হিতকৰ ।

adv. profitably.

Profitless, *adj*. লাভ-নাইকীয়া ।

Profligate, *adj*. লম্পট ; লটপটীয়া ; কামাতুৰ ; দুষ্ট ; পাপী ; অসৎ ; নিলাজ ; নষ্ট ; ভ্ৰষ্ট ।

Lost to good principles, virtue or decency.

adv. profligately.

n. profligacy. profligateness }

Profound, *adj*. দ : ৱৰং নোহোৱা । গভীৰ ; অগাধ ; আথাউনি ; (2) শ্ৰেষ্ঠ ; ডাঙৰ ।

(3) নম্ৰ ; বিনীত ; সেও : অহংকাৰহীন ।

Profound scholar = অতি বিদ্বান ;

Profound grief — অতিশোক ।

Profound reverence = অতি ভক্তি

adv. profoundly.

n. profoundness. profundity }

Profuse, *adj*. prodigal. (2) দমাদম ; বহুত ; প্ৰচুৰ ।

adv. profusely.

n. profusion.

Progeny, *n*. সন্তান সন্ততি ; নাতি পুতি ।

Progenitor, *n*. পূৰ্ব্বপুৰুষ ।

Prognostic, *n*. ভবিষ্যৎ লক্ষণ ।

adj. prognosticable.

Prognosticate, *v*. ভাবি কোৱা ।

n. prognostication.

adj. prognosticative.

Prognosticator, *n*. ভবিষ্যৎ বক্তা । one who prognosticates.

Programme, *n*. কৰিবলগীয়া কামৰ আগেয়ে কৰি থোৱা বিৱৰণ ।

Progress, *n*. বৃদ্ধি growth.

(2) উন্নতি Improvement.

(3) গমন ; গতি ; ভ্ৰমণ । journey.

Progressive, *adj*. Improving. ক্ৰমে বৃদ্ধি হোৱা ।

adv. progressively.

n. progressiveness.

Progress, *v*. আগবঢ়া ; উন্নতি কৰা ।

Prohibit, *v*. হাক দিয়া ; বাধা কৰা; মানা কৰা ।

Prohibition, *n*. বাধা ; মানা ; হাক ; নিষেধ ; প্ৰতিষেধ ; নিবাৰণ ।

adj. prohibitive prohibitory }

Project, *v*. বাহিৰলৈ দলি মাৰি পেলোৱা ; (2) কল্পনা কৰা ; ফিকিৰ কৰা ।

Projectile, *adj.* ক্ষেপনীয়।

Prolific, *adj.* লাগনি producing fruit. ফলবান্; বহুফল।

adv. prolifically.

n. prolificness.

Prolix, *adj.* বৰদীবল; বহুত ঠাই লোৱা; প্ৰপঞ্চি বিবেচনা কৰা। discussing at great length.

n. prolixity / prolixness

adv. prolixly.

Prolocutor, *n.* সভাপতি।

Prologue, *n.* প্ৰস্তাৱনা; আদি বন্দনা।

v. prologize.

Prolong, *v.* দীঘল কৰা; বঢ়োৱা; বেলি কৰা। to extent the duration of.

n. prolongation.

Prolusion, *n.* আদি পৰীক্ষা।

Promenade, *n.* বিহৰণ; আনন্দেৰে ভ্ৰমণ; ৰঙ্গেৰে ফুৰা ঠাই; বতাহ-খোৱা ঠাই।

v. মনত ৰঙেৰে ফুৰা।

Prominent, *adj.* দাং খোৱা; ওখ; (2) বিখ্যাত; প্ৰসিদ্ধ। জনা-শুনা; প্ৰখ্যাত।

adv. prominently.

n. prominence ওখ-ঠাই।

Promiscuous, *adj.* সানমিহলি; উদাপন্থমা; আউল-বাউল; লেটি-পেটি; অবিশেষ।

adv. promiscuously.

n. promiscuousness / promiscuity

Promise, *v.* প্ৰতিজ্ঞা কৰা; অঙ্গীকাৰ কৰা; কোনো কাম কৰিবলৈ গাত লোৱা। *e. g. promise* little and do much. (2) আশা দিয়া। the year *promises* good crops.

Promise, *n.* প্ৰতিজ্ঞা; to fulfil a promise = প্ৰতিজ্ঞা পূৰণ কৰা; অঙ্গীকাৰ *e. g. promises* make friends but it is performance keeps them. (2) আশা expectation. *A youth of promise* may be expressed by উঠি-অহা লৰা।

Promising, *adj.* আশা-প্ৰদ। আশা-থকা

Promissory, *adj.* অঙ্গীকাৰ-থকা; কথা-বন্ধা।

Promissory note = খত্?

Promontory, *n.* অন্তৰীপ।

Promote, *v.* উন্নতি হোৱা; বঢ়া; আগবঢ়া; (2) উদগাই দিয়া to excite.

Promotion, *n.* উন্নতি; পদবৃদ্ধি; পদোন্নতি।

adj. promotive.

Prompt, *adj.* খৰ্‌টকীয়া ; খৰ্‌পোচ ; উদ্যোগী ; কোবাল।

Prompt, *v.* উত্তেজিত কৰা ; (2) কোৱোত সহায়কৰা।

n. promtitude.

adj. promtly.

Promulgate, *v.* প্ৰকাশ কৰা ; প্ৰচাৰ কৰা ; ইস্তাহাৰ দিয়া ; জাননি দিয়া ; ঘোষণা কৰা।

n promugation.

Promulgator, *n.* one who promulgates.

Promulge, *v.* to promulgate.

Prone, *adj.* নত ; নম্ৰ Bent. (2) অধোমুখ ; মুখ-চাপৰোৱা with the face downward. (3) Inclined; disposed. অভিলাষী ; ইচ্ছুক *e. g.* men p one to mischief.

adv. prone y.

n. proneness.

Prong, *n.* শূল : A pointed intrument.

Pronomial, *adj*. of the nature of a pronoun. *e. g. pronomial* adjectives.

Pronoun, *n.* সৰ্ব্বনাম। The function of a pronoun is to avoid the repetition of a noun. pronoun সদায় nounৰ সলনি ব্যৱহাৰ হয় ; classified generally under the heads of personal (ব্যক্তি বাচক) Relative (সম্বন্ধবাচক) Demonstrative (নির্দ্দেশ বাচক) Interrogative (প্ৰশ্নবোধক)

Pronounce, *v.* উচ্চাৰণ কৰা। *e. g.* Boys must pronounce, every word with the proper accent. কোৱা ; to utter.

Pronunciation, *n.* উচ্চাৰণ *e. g.* pronu ciation of words = শব্দোচ্চাৰণ

adj. pronunciative / pronunciatory }

Pronounceable, *adj*. capable of being pronounced.

Proof, *n.* প্ৰমাণ ; (2) পৰীক্ষা Trial.

Proof-sheet = পৰীক্ষা-পত্ৰ ; ছাপাৰ অশুদ্ধ-শুদ্ধ কৰিবলৈ যি আদৰ্শ প্ৰথমে ছাপা হয়। আহি-তোলা কাকত।

Proof, *adj*. অভেদ্য *e. g.* He is proof against temptation. টান ; দৃঢ়।

Prop, *n.* আশ্ৰয় ; অৱলম্ব ; সহায়। a support, *v.* উৎপন্ন কৰা ;

Propagate, *v.* ওপজোৱা ; to beget. (2) বহলোৱা to spread. ব্যাপোৱা।

n. propagation.

adj. propagative.

Propagator, *n.* one who propagates.

Propaganda, *n.* কোনো মত প্রচার করিবার ব্যবস্থা।

Propagandism, *n.* the practice of propagating principles.

Propagandist, *n.* মতপ্রচারক।

Propel, *v.* চলোরা ; ঠেলা ; হেঁচা।

Propense, *adj.* Disposed.

Propensity, *n.* অনুরাগ ; আসক্তি ; প্রবৃত্তি ; ইচ্ছা ; মতি।

Proper, *adj.* উপযুক্ত ; fit. *e. g.* it was not *proper* for you to utter such words. উচিত *e. g.* it is *proper* for us to attend to the helpless. সঙ্গত ; ঠিক ; just. নিজের own. বিশেষ peculiar.

Properly, *adv.* উপযুক্তরূপে ; উচিতমতে ; ঠিক্‌কে ; ভালকে strictly.

Property, *n.* বিশেষগুণ (2) সম্পত্তি ধন, অর্থ ; ধনসম্পত্তি।

Prophecy, *n.* ভবিষ্যৎ বাণী।
v. prophesy.

Prophet, *n.* ভাবী-বক্তা।
Fem. prophetess.
adj. prophetic. / prophetical
adv. prophetically.

Propinquity, *n.* ওচর।

Propitiate, *v.* প্রসন্ন করা।
n. propitiation.

Propitiator, *n.* one who propitiates.

Propitious, *adj.* প্রসন্ন ; তুষ্ট। *e. g.* If fate be *propitious*, everything is possible to win.
adv. propitiously.
n. propitiousness.

Proportion, *n.* Symmetrical arrangement. অনুপাত ? (2) Relation.
In proportion to = অনুসরি। *e. g.* In proportion to his strength = তারবল অনুসরি। (3) অংশ ; (4) the similary of ratios.
adj. proportionate / proportional
adv. proportionally. / proportionately

Propose, *v.* প্রস্তাব করা ; *e. g.* It is *proposed* to burn the refuse of the town of Calcutta.

Proposition, *n.* প্রসঙ্গ (2) প্রতিজ্ঞা।
adj. propositional.

Propound, *v.* প্রস্তাব করা ; আলোচনা করা।

Proprietor, *n.* স্বামী ; গরাকী।
ab. *n.* proprietorship.
Fem. preprietress.

Propriety, *n.* উপযুক্ততা।

Prorogue, *v.* থৈ দিয়া ; to put off.

Prorogate, *v.* to prorogue.

n. prorogation.

Proscribe, *v.* অপাত্ৰ জানি বাহিৰ কৰা to reject.

n. proscription.

adj. proscriptive.

adv. proscpritively

Prose, *n.* গদ্য।

adj. prosaic / prosaical } uninteresting. ৰসহীন ; বিসোৱাদ।

Prosy, *adj.* like prose.

Prosecute, *v.* পিছে পিছে খেদা। to pursue. (2) জগৰ ধৰা ; অভিযোগ কৰা।

n. prosecution.

Prosecutable, *adj.* capable of being prosecuted.

Prosecutor, *n.* যি অভিযোগ কৰে।

Fem. prosecutrix. [লওঁতা।

Proselyte, *n.* স্বধৰ্ম্ম এৰি আন ধৰ্ম্ম

Prosody, *n.* ছন্দশাস্ত্ৰ।

adj. prosodical.

Prospect, *n.* দেখা বস্তু ; দৃষ্টি ; আশা ; ভৰসা।

adj. prospective.

adv. prospectively.

Prospectus, *n.* প্ৰস্তাবিত কোনো কথাৰ আভাস-থকা সংক্ষিপ্ত বিবৰণ।

Prosper, *v.* কৃতকাৰ্য্য হোৱা ; শ্ৰীবৃদ্ধি হোৱা ; লহপহকৈ বঢ়া। to thrive.

Prosperity, *n.* উন্নতি। Advancement. (2) সম্পদ *e. g. prosperity* gains friends, adversity tries them. (3) ঐশ্বৰ্য্য ; সৌভাগ্য ; সম্পত্তি। *e. g.* My father's *prosperity* had been of advantage to many.

adj. prosperous.

adv. prosperously.

Prosperousness, *n.* prosperity.

Prostitute, *n.* বেশ্যা, বাৰাঙ্গনা ; বনৰী ; বাৰেপেয়াঁতি ; নটনী।

Prostrate, *v.* দণ্ডৱৎ কৰা ; দীঘল হৈ মাটিত পৰা।

n. prostration.

Protect, *v.* ৰক্ষা কৰা ; আশ্ৰয় কৰা; আপদত নপৰাকৈ ৰখা।

n. protection.

adj. protective.

Protector, *n.* ৰক্ষক।

Fem. pretectress.

Protectorate, *n.* Government by a protector.

adj. protectorial.

Protectorship, *n.* the office of a protector.

Protege, *n.* আশ্ৰিত জন।
Fem. protegee.

Protest, *v.* প্ৰতিবাদ কৰা ; আপত্তি কৰা।

Protestant, *n.* লুথাৰ নামক এজন ধৰ্ম্মসংস্কাৰকৰ মতাবলম্বী খৃষ্টান ; ৰোমাণ কেথলিক মতৰ বিপৰীত মানুহ।

Protomartyr, *n.* the first martyr. Stephen was the first Christian martyr. [মূল।

Prototype, *n.* আদৰ্শ ; আচল ;

Protract, *v.* বেলি কৰা; দীঘলোৱা

Protractive, *adj.* prolonging.

Protrude, *v.* আগলৈ ঠেলা।

Protrudable, *adj.* capable of being protruded
n. protrusion.

Protuberant, *adj.* উন্নত ; ওখ।
adv. protuberant.
n. protuberance. [ওফোন্দা।

Protuberate, *v.* স্ফীত হোৱা ;
n. protuberation.

Proud, *adj.* অভিমানী ; (In bad sense গপাল ; অহঙ্কাৰী ; গৰ্ব্বী।)
ostentations জাকজমক।
adv. proudly.
n. proudness.

Proud-stomached, *adj.* গৰ্ব্বী।

Prove, *v.* প্ৰমাণ কৰা ; পৰীক্ষা কৰা to test দেখুওৱা to shew.
সহা to suffer.
adj. provable.
adv. provably.

Provender, *n* শুকান ঘাঁহ (for cattle).

Proverb, *n.* দৃষ্টান্ত ; পটন্তৰ ॥
e. g. provebs are the echoes of experience.
adj. proverbial.
v. proverbialize.
adv. proverbially.

Provide, *v.* তৈয়াৰ কৰা to prepare. (2) যোগোৱা to supply.

Provided, *conj.* expressed with যদি। *e. g. provided* he does come to my house=যদি সি মোৰ ঘৰলৈ আহে।
(provide=provided that)

Providence, *n.* বিধাতা ; *e. g.* Sow your fields and *Providence* would bless you with an abundant crop.
পৰিণামদৰ্শন prudence.

Provident, *adj.* পৰিণামদৰ্শী ; মিতব্যয়ী। frugal.

Providential, *adj.* দৈবাধীন;
adv. providentially.

Province, *n.* প্ৰদেশ।
(2) কাৰ্য্য business.
Provincial, *adj.* প্ৰদেশ সম্বন্ধীয়;
(2) গাঁৱলীয়া; চহা। rustic.
Provincialism, *n.* গাঁৱলীয়া ভাষা; চহা মাত।
Povision, *n.* খোৱাবস্তু; খাদ্য।
আহাৰ। (usually in the plural) *e. g.* They consumed all the *provisions* which we had collected.
(2) বিধান; নিয়ম।
Provisional, *adj.* সাময়িক; আপাততঃ।
adv. provisionally.
Proviso, *n.* বিশেষ নিয়ম।
Provoke, *v.* জোকোৱা; খংউঠোৱা; কোপ জন্মোৱা; উত্তেজনা কৰা।
e. g. "Beauty *provoketh* thieves sooner than gold."
n. provocation.
adj. provocative.
Provost, *n.* বিশ্ববিদ্যালয়ৰ প্ৰধান মানুহ; নায়ক।
Prow, *n.* জাহাজৰ আগভাগ।
Prowess, *n.* সাহস; বীৰ্য্য; দক্ষতা।
Prowl, *v.* বনৰীয়া জন্তুৰ দৰে ফুৰা।
Proximal, *adj.* nearest.
Proximate, *adj.* near ওচৰ।
n. proximity.

Proxy, *n.* প্ৰতিনিধি।
Prude, *n.* কপটীয়া তিৰী।
adj. prudish.
Prudent, *adj.* বিবেকী; সুবিবেচক।
Prudential, *adj.* সুবিবেচিত।
Prune, *v.* গছৰ ডাল বোৰ কাটি চিকনোৱা।
Pry, *v.* অনধিকাৰ চৰ্চ্চা কৰা; *e. g.* *pry* not into the affairs of others.
উকি মৰা।
Psalm, *n.* ধৰ্ম্ম গান।
Pseudo, *n.* মিছা।
Pshaw, *int.* ছি, ধিক।
Psychology, *n.* মনোদৰ্শন।
science of mind.
adj. psychological.
Puberty, *n.* যৌবনাবস্থা।
Puberal, *adj.* pertaining to puberty.
Public, *adj.* Relating to a state ৰাজহুৱা; জাতীয় relating to a nation. মুকলি কৰা Not secret. জনাজনি; সাধাৰণ। Common.
Public benefit = সাধাৰণৰ উপকাৰ।
Public house = মদৰ দোকান।
Publicman = ৰাজহুৱা মানুহ।
Public woman = ৰাজহী-তিৰী।
Public road = ৰাজ-আলি।
Public, *n.* ৰাইজ the general body

of a nation.

প্ৰজা সমূহ subjects.

adj. publicly. দেখাদেখিকৈ।

In public=openly দেখাদেখিকৈ।

e. g. "We are to speak *in public*"

Publicity, *n.* প্ৰকাশতা।

Public minded }
Public spirited } তেজস্বী।

Publish, *v.* প্ৰকাশ কৰা। *e. g.* The monthly magazine "Arundoi" was the first periodical *published* in the assamese language. (2) প্ৰচাৰ কৰা to put into circulation.

Publisher, *n.* প্ৰকাশক ; (2) প্ৰচাৰক।

adj. publishable.

Publication, *n.* প্ৰকাশ *e. g.* the *publication* of the book is at last completed. (2) প্ৰকাশিত পুথি।

Pucker, *v*, to wrinkle.

Puckery, *adj.* full of wrinkles.

Pudding, *n.* পিঠা-পনা ; পায়স।

Puddle, *v.* ঘোলোৱা; মাটি বোকা-যুক্ত কৰা।

Puddly, *adj*. ঘোলা।

Puerile, *adj*. লৰাৰ নিচিনা ; চুলুকাৰি।

n. puerility.

Puff, *v.* বতাহৰ দ্বাৰা বহল হোৱা। (2 অহঙ্কাৰ কৰা ; ওফন্দি পৰা to be puffed up.

Pug, *n.* বান্দৰ বা কুকুৰ।

Pugnacious, *adj.* দন্দুৰা ; কন্দল-প্ৰিয় ; অজীণ্।

adv. pugnaciously.

n. pugnacity.

Puisne, *adj*. সৰু ; কনিষ্ঠ।

Puissant, *adj*. বলী ; পৰাক্ৰমী ; প্ৰতাপী ; ক্ষমতাপন্ন।

adv. puissantly.

n. puissance.

Puke, *v.* ওকালিওৱা।

Pule, *v.* কেনকেনোৱা।

Pull, *v.* টনা (2) ছিঙা to tear.

Pull down=ভঙা।

Pull up=উঘালি পেলোৱা।

Pulley, *n.* টনা-যন্ত্ৰ।

plu. pulleys.

Pullman-car, *n.* ৰেলত শোৱা-গাড়ী।

Pullulate, *v.* গজালি ধৰা।

n. pullulation.

Pulmonary, *adj*. pertaining to the lungs.

Pulp, *n.* শাহ ; শস্যাদিৰ কোমল ভাগ।

v. pulpify.

Pulpit, *n.* মঞ্চ।

The pulpit=উপদেশক ; ধৰ্ম্মোপদেশক।

Pulpous, Pulpy } *adj.* soft. কোমল।

Pulsate, *v.* ধপধপোৱা।

n. pulsation. নাড়ীৰ গতি।

Pulse, *v.* ধপধপোৱা ; *n.* নাড়ী।

examination of pulse=নাড়ীপৰীক্ষা।

Pulse less, *adj.* জোৰ-শূন্য ; জোৰ-নাইকীয়া।

Pulse, *n.* মাহ।

Pulverize, *v.* মিহিকৈ গুড়ি কৰা।

Pulverable Pulverisable } *adj.* that may be reduced to fine powder. চূৰ্ণ হোৱা কৰিব-পৰা।

Pulvil, *n.* সুগন্ধি গুড়িৰ মোনা।

Puma, *n.* মেকুৰীৰ নিচনা এবিধ জন্তু।

Pump, *n.* পানী-তোলা কল।

v. কলেৰে পানী তোলা ; (2) কথা পাবলৈ ঘূৰাই-পকাই সোধা।

Pump, *n.* গোবোহা নথকা জোতা।

Pumpkin, *n.* কোমোৰা।

Pun, *n.* পৰিহাস-বাক্য।

Punster, *n.* one skilled in punning.

Punchy, *adj.* নোদোকা।

Punctilious, *adj.* সূক্ষ্মনিয়মৰে কৰা। *e. g.* Pope examined lines and words with *punctilious* observation বিধিব্ৰতী।

n. punctilio, সূক্ষ্মনিয়ম।

Punctual, *adj.* ঠিক exact. expressed by যথাসময়ে *e. g.* you are punctual to day=তুমি আজি যথাসময়ত আহিছা।

adv. punctually.

Punctuality, *n.* যথাসময় *e. g.* *punctuality* in the soul of business.

Punctualness, *n.* punctuality.

Punctuate, *v.* ৰবলৈ চিন দিয়া।

Punctuation, *n.* কুটৰ কথা ; চিহ্ন-বিদ্যা the art of punctuating. চিন্।

Punctuist, *n.* one who undestands the art of punctuation.

Puncture, *v.* বিন্ধা কৰা।

Pungent, *adj.* জলা।

n. pungency. puugence } জাল।

Punish, *v.* শাস্তি দিয়া ; দণ্ড দিয়া।

adj. punishable দণ্ডনীয়।

n. punishment.

Punisher, *n.* দণ্ডদাতা।

Punitive, *adj.* শাস্তি সম্বন্ধীয়।

Punt, *n.* মাৰ-নাও ?

Puny, *adj.* ক্ষুদ্ৰ ; দুৰ্ব্বল ; মুনিয়া ।

Pupil, *n.* চকুৰমণি ; পুতলী ; (2) ছাত্ৰ ; ছাত্তৰ ; শিষ্য ।
adj. pupilary.

Puppet, *n.* পুতলা ।

Puppet-show = পুতলা ভাৱনা ।

Puppy, *n.* কুকুৰ-পোৱালী ।

Purchase, *v.* কিনা ।

Purchaser, *n.* কিনোতা ।

Purchasable, *adj.* capable of being purchased.

Pure, *adj*, শুদ্ধ ; নিৰ্ম্মল ; শুচি ; নিষ্পাপ innocent, নিৰ্দ্দোষ incorrupt, পবিত্ৰ ; (2) নিভাঁজ ; অমিশ্ৰিত gennine আচল । (3) কেৱল ; mere অকল ।
adv. purely.
n. pureness.
v. purify.

Purify, *v.* to make pure.
n. purification.
adj. purificatory, purificative

Purifier, *n.* one who or that which purifies.

Purge, *v.* শোধন কৰা ; (2) ভেদ কৰা to evacuate the bowels.

Purging, *n.* ভেদ ।

Purgative, *adj.* পেট-চলোৱা ; পেট-বোৱোৱা ।

Puritan, *n.* অতি-নৈষ্ঠিক ।
adj. puritanic, puritanical

Purity, *n.* শুদ্ধতা ; নিৰ্দ্দোষতা ; পবিত্ৰতা ।

Purl, *v.* হুৰ্হুৰ কৰা ।

Purlieu, *n.* অঞ্চল ।

Purloin, *v.* চুৰ কৰা ।

Purple, *adj.* বেঙ্গেনা-বুলীয়া ; জামু-কলীয়া ?

Purplish, *adj.* some what purple.

Purport, *n.* অভিপ্ৰায় । Intention. ভাবাৰ্থ ।

Purpose, *n.* অভিপ্ৰায় ; উদ্দেশ্য ।

Purposeless, *adj.* নিৰৰ্থক ।

Purposely, *adv.* ইচ্ছাপূৰ্ব্বক ; জানি-শুনি ।

For what purpose = কেলৈ ।

To no purpose = মিছাতে ।

Purr, *v.* মেকুৰীৰ নিচিনা মেও মেও কৰা ।

Purse, *n.* ধনৰ মোনা ।
to have a long purpose = বহুত ধন থকা ; (2) hence ধন Money.
adj. purseful.

Purse-proud, *adj.* ধনগৰ্ব্বী ।

Pursue, *v.* পিচে পিচে যোৱা to

follow e. g. Depart from evi and do good ; seek peace and *pursue* it. অনুগামী হোৱা ; (2) কোনো কামৰ চেষ্টা কৰা । e. g. She busily *pursues* her work. (3) পাবলৈ চেষ্টা কৰা to endeavour to obtain.

n. pursuit.

Pursuable, *adj.* capable of being pursued.

Pursuant, *adj.* অনুযায়ী।

n. pursuance.

Pursuivant, *n.* ৰাজদূত ; আলধৰা ; ৰাজকটকী।

Purvey, *v.* সিধা যোগোৱা ; সিধা-পাতি দিয়া।

n. purveyance.

Purveyor, *n.* one who purveys.

Pus, *n.* পুঁজ।

Push, *v.* ঠেলা মৰা ; হেচা মৰা ; আগলৈ ঠেলা (2) উদ্যোগৰে উন্নতি কৰা (3) উদগাই দিয়া ; উঠাই দিয়া।

Pushing, *adj.* উদ্যোগী।

Puss, *n.* বিৰলা। A name for the cat.

Pussy, *n.* Diminutive of puss.

Put. *v.* স্থাপনকৰা ; থোৱা e. g. put it in the box পেৰাত থোৱা।

Put-away = এৰি দিয়া।

Put-back = বাধা দিয়া ; পলম কৰা।

Put by = খঁচা ; সাঁচি থোৱা। e. g. "An income and the power of *puttting by* something for old age is the wholesome and acknowledged desire of all profesional men".

Put-down = দমোৱা। e. g. The out breaks had been *put down.*

Put down = লেখা e. g. *put down.* your name,

Put forth = পোখা ধৰা e. g. when spring comes, and the sun shines bright, the trees *put forth* their leaves.

Put forth = প্ৰস্তাৱ কৰা e. g. He *put forth* several questions.

Put in for = দাবি কৰা e. g. He now *puts in for* a share in the profits.

Put in a good word = কাৰোৰ পক্ষ হৈ এশাৰী ভাল কথা কোৱা। e. g. when you go to see the principal of the College, will you put in a good word for me ?

Put in mind = সোঁৱৰাই দিয়া।

Put in mind = আৰম্ভ কৰা।

Put in order = তুথকং কৰা।

Put in peril = বিপদত পেলোৱা।

Put in to=সোমোৱা।

Put off=হেঁচেহকাই থোৱা ; পিচত কৰিম বুলি পেলাই থোৱা। *e. g.* Never *put off* till tomorrow what you can do to-day

Put off=এৰা। *e. g, put off* your clothes.

Put on=পিন্ধা। *e. g. put on* your best clothes.

Put-out=নুমাই পেলোৱা *e. g.* please *put out* the candle.

Put out=প্ৰকাশ কৰা *e. g.* Madhav has tried his best to *put out* a book. (2) to place money at interest. *e. g.* He *put out* at good interest a capital of 500. (3) বিৰক্তি হোৱা *e. g.* I was *put out* at his haughty manners.

Put to death=বধ কৰা।

Put to the proof=পৰীক্ষা কৰা।

Put to the sword=বধ কৰা।

Put to flight=পলাবলগীয়া হোৱা।

Put to the blush=লাজ দিয়া।

Put to shame=নাকনি-কাণনি কৰা।

Put to the test=পৰীক্ষা কৰা *e. g.* His diligence was *put to the test.*

Put up=বাস কৰা ; থাকিবলৈ দিয়া বা পোৱা *e. g.* when you come to this place you may *put up* with me,

Put up with=সহ্য কৰা ; সহি থকা *e. g.* we cannot *put up with* such impertinence.

Put up at=take abode at *e. g.* We *put up* for the night *at* an obscure hotel.

Put an end to=নষ্ট কৰা (2) খাটাং কৰা।

Putative, *adj.* লোকে-কোৱা।

Putrefy, *v.* পচা ; গেলা ; জহিযোৱা।

n. putrefaction.

adj. putrefactive.

Putrescent, *adj.* becoming putrid.

n. putrescence.

Putrecible, *adj.* capable of being putrified.

Putrid, *adj.* গেলা ; পচা ; দুৰ্গন্ধ।

n. putridity, putr dness

Puzzle, *v,* সোধোৰমোৰত পৰা ; বিবুদ্ধি হোৱা ; কি কৰিম কি নকৰিম একো থিৰাং কৰিব নোৱাৰা ; হত-বুদ্ধি হোৱা ; বিচুৰ্ত্তি হোৱা ; টানত পৰি বুদ্ধি হেৰোৱা।

Followed by "by" "with".

Puzzle, *n.* খুন্দা।

Pygmy, *n.* বাউনা।

adj. pygmean.

Pyramid, *n.* জোঙ্গা ডাঙৰ স্তম্ভ।

adj. pyramidal / pyramidic / pyramidical

adv. pyramidally / pyramidically

Pyre, *n.* চিতা।

adj. pyral.

Pyrrhic, *n.* বণ-নৃত্য।

Python, *n.* অজগৰ।

Q

Quack, *n.* হাঁহৰ টেট্‌টেট্‌ টনি (2) যি পণ্ডিত নহৈও পণ্ডিতালি দেখুৱাই; (3) কোঁপবহা-বেজ ; কুবৈদ্য।

Quack, *v.* টেট্‌টেট্‌ টোৱা। (2) পণ্ডিতালি দেখুৱা ; (3) আত্মশ্লাঘা কৰা।

Quackery, *n.* কুচিকিৎসা ; মিছা ডাক্তৰ-মৰা আধকেঁচেলুৱা বেজৰ বিদ্যা।

Quadrangle, *n.* চতুৰ্ভুজ।

Quadrant, *n.* এখৰ পাৰিমাণ জোখা যন্ত্ৰ।

Quadrate, *adj.* চাৰি চুকীয়া।

Quadrennial, *adj.* চাৰি বছৰৰ অন্তে হোৱা।

Quadrilateral, *n.* চতুৰ্ভুজ।

Quadrille, *n.* a dance by four couples.

Quadrillion, *n.* একত ২৪টা শূন্য দিলে যিটো সংখ্যা হয়।

Quadripartite, *adj.* চাৰি ভাগে বিভক্ত।

Quadruped, *n.* চাৰি ঠেঙ্গীয়া জন্তু।

Quadruple, *adj* চাৰি গুণ।

Quaff, *v.* ঢোক ঢোক কৰে পি খোৱা।

Quaggy, *adj.* দলাদোপা।

Quagmire, *n.* দোপনি।

Quail, *n.* বটা ; এবিধ সৰু চৰাই।

Quail, *v.* ভয় বা বিপদ দেখি বুকু চপ খোৱা।

Quaint, *adj* অদ্ভুত।

Quake, *v.* জাৰত বা ভয়ত কপা।

Followed by 'with'

Qualify, *v.* কোনো কাম বা ব্যৱসায়ৰ নিমিত্তে উপযুক্ত কৰা ; (2) শিক্ষিত হোৱা ; (3) কমোৱা।

Followed by 'for'

Qualification, *n.* গুণ (2) মৰ্যাদা।

Qualified, *adj.* গুণী।

Quality, *n.* বিশেষ গুণ (2) কুল-মৰ্যাদা। *e. g.* ladies of quality (3) ভাল বা বেয়া স্বভাৱ।

Qualm, *v.* হঠাৎ ৰোগৰ আক্ৰমণ ; (2) অনুতাপ।

Quantify, *v.* জোখ মাত্রা বা পৰিমাণ স্থিৰ কৰা।
n. quantification.

Quantity, *n*, জোখ, মাত্ৰা, পৰিমাণ; আকৃতি, মোট।
adj. quantitative.

Quantum, *n.* মোট।
pl. quanta.

Quarantine, *v.* সংক্রামক যেন বোধ কৰি অহাযোৱা বা সলনাসংনি বন্ধ কৰা।

Quarrel, *n.* দ্বন্দ্ব ; বিবাদ ; কলহ ; কন্দল ;
খোৱা-কামোৰা ; (2) বন্ধুত্ব ভগন্।

Quarrel, *v.* দ্বন্দ্ব কৰা, বিবাদ কৰা, কাজিয়া কৰা (2) মতভেদ হোৱা। Followed by 'with' 'about'

Quarrelsome, *adj.* দন্দুৰা ; অজীণ-পাতকী।

Quarry, *n.* শিলৰ খনি ; (2) মৃ য়াত পোৱা জন্তু।

Quartan, *adj.* চাৰি দিনৰ অন্তৰে জ্বৰ হোৱা।

Quart, *n.* কোৱাৰ্ট ; এক গেলনৰ চাৰি ভাগৰ এভাগ।

Quarter, *n.* চাৰি ভাগৰ এভাগ (2) কোৱাৰ্টাৰ, ২৮ পাউণ্ড (28lb.) (3) প্ৰদেশ (4) কাল।

Quarters, *n.* অস্থায়ী বাসস্থান বহা ; (2) সৈনাদিৰ বাসস্থান ; (3) কোনো কামৰ আৰম্ভতে কৰ্মচাৰি সকলৰ বহা ; (4) আশ্ৰয়।
e. g. He will find quarters somewhere.

Quartered, *adj.* চাৰি ভাগে বিভক্ত।

Quarter, *v.* চাৰি ফাল কৰা ; (2) ডোখৰ ডোখৰকৈ কটা ; (3) আশ্ৰয় ও বাসস্থান দিয়া।

Quarterly, *adj.* তিনি মহীয়া।
n. তিনি মহীয়া বাতৰিকাকত।

Quarto, *n.* এখন কাকত সমানে চাৰি ভাজ কৰিলে যেনেকুৱা হয় তেনেকুৱা আকাৰৰ কিতাপ ; a book in which a sheet is folded into four leaves.
p. quartos.

Quash, *v*, দমন কৰা *e. g.* to quash a revolt. ধ্বংশ কৰা। লুপ্ত কৰা।

Quaver, *v.* কঁপা।

Quay, *n.* জাহাজ আদিৰ পৰা নমা ঠাই।

Queachy, *adj.* অস্থিৰ, লৰকুকৰকু।

Queasy, *adj.* পেট্ৰ পকেৱা।
adv. queasily.

Queen, *n.* ৰাণী, ৰাজ্ঞী, ৰজাৰ কুৱঁৰী।
mas. King.

Queen dowager = মৃতবজাৰ পত্নী।
Queen mother = ৰাজ মাও।
adj. queenly.
n. queen hood.
Queen-consort, *n.* পাটেশ্বৰী ; পাটমাৰৈ ; মহাদৈ।
Queer, *adj.* অসাধাৰণ, অদ্ভুত।
Quell, *v.* দমন কৰা (2) শান্ত কৰা ; (3) পিয়াহ গুচুৱা।
adj. quenchable.
Quern, *n.* যাঁত।
Query, *n.* প্ৰশ্ন-কুট (?) প্ৰশ্ন।
v. প্ৰশ্ন-সোধা।
Quest, *n.* অনুসন্ধান।
Question, *n.* প্ৰশ্ন (2) অনুসন্ধান; (3) সন্দেহ ; আশঙ্কা।
Question, *v.* সোধা, প্ৰশ্ন কৰা (2) প্ৰশ্ন সুধি পৰীক্ষা কৰা ; (3) সন্দেহ কৰা।
adj. questionable.
out of the question = অসম্ভৱ।
put a question = সোধা।
Questioner, *n.* সোধোতা, প্ৰশ্ন কৰোঁতা।
Quey, *n.* চেউৰী গৰু।
Quibble, *n.* কথাৰ পাক।
v. দোপাকী-তেপাকীকৈ কোৱা।
Quick, *adj.* খৰ, শীঘ্ৰ, দ্ৰুত ; (2) জীয়া (3) চোকা।
Quick, *adj.* কামিলা, কাৰ্য্যদক্ষ।

Quick-sighted, *adj.* সূক্ষ্মনিৰাখ।
Quick-witted, *adj.* প্ৰত্যুৎপন্নমতি।
Quicken, *v.* খৰ কৰা, লৰালৰি কৰা।
Quickly, *adv.* খৰকৈ, তত্ক্ষণিকে, লৰালৰিকৈ, বেগতে।
Quickness, *n.* সোন কাল, অবিলম্ব।
Quicksilver, *n.* ৰস ; পাৰদ।
Quiddle, *v.* মিছা কাৰ্য্যত সময় কটোৱা।
Quiet, *adj.* সুস্থিৰ, জুৰ, শান্ত (2) নিজম।
Quietness, *n.* জুৰ (2) নিজমাল, নিজম ; নিটাল, নিস্তব্ধতা।
Quietude, *n.* শান্তি।
Quill, *n.* পাখি কলম ; কাপ।
Quilt, *n.* লেপ, নিহালী।
Quinine, *n.* কুইনাইন। এবিধ বৰ তিতা জ্বৰ দমোৱা দৰব।
Quinquangular, *adj.* পাঁচোতা কোন বিশিষ্ট।
Quinquennial, *adj.* পঞ্চবাৰ্ষিক।
Quintessence, *n.* সাৰাংশ। The best and purest part of a thing.
cf :—"He had known a man, a *quintessence* of man, The life of all"
Quintan, *adj.* পাঁচ দিনীয়া।

Quintuple, *adj.* পাঁচ গুণ।

Quire, *n.* দিস্তা (কাগজৰ) (2) দোহাৰ

Quit, *v.* অভিযোগ বা বাধ্যতাৰ পৰা মুক্তি কৰা (2) খালাচ দিয়া ; ত্যাগ কৰা ; এৰি দিয়া (3) শুজা to repay.

n quittance.

Quite, *adv.* সম্পূৰ্ণৰূপে।

Quite-sure—একেবাৰে সঁচা।

Quiver, *n.* টোণ, তূণ।

Quiver, *v.* লৰা ; কঁপা।

Quiz, *n.* প্ৰহেলিকা ; something designed to puzzle (2) আচহুৱা মানুহ ; an odd fellow.

Quiz, *v.* কাৰো সৈতে বিদ্ৰূপ কৰা ; উপলুঙা কৰা।

Quondum, *adj.* "চাবেক" ; পূৰ্বৰ।

Quorum, *n.* সভাৰ কোনো কাৰ্য্য সম্পাদন কৰিবলৈ কম পক্ষে যিমান সভ্যৰ আৱশ্যক সেই সংখ্যা।

Quote, *v.* কাৰো শব্দ বা কথা বিলাক পুণৰ উক্তি কৰা (2) চালত কথা উল্লেখ কৰা।

Followed by 'from' *e. g.* Quote from *Thou art O God* ; the lines descriptive of sunset.

n. quotation.

Quotidian, *adj.* দৈনিক।

n. এঁকৰা।

Quoth, *v.* কলে ; কলো। said. It is used only in the third and first person in the past tense. It is followed by its nominative. *e. g.* Quoth he ; Quoth I.

Quotient, *n.* ভাগ ফল।

এটা অঙ্ক আন এটা অঙ্কৰে হৰণ কৰিলে যি ফল বা অঙ্ক হয়।

R

Rabbet, *v.* এখন তক্তাত আন এখন তক্তাৰ জোৰা খুৱাবলৈ খোপ কটা।

Rabbet, *n.* এখন তক্তাত আন এখন তক্তা জোৰা লগাবলৈ কটা খোপ।

Rabbi } Rabbin } *n.* Jewish title of a Doctor or expounder of law.

Rabbit, *n.* শহা পহু।

Rabbiter, *n.* শহা পহু চিকাৰী।

Rabble, *n.* ইতৰ শ্ৰেণীৰ লোক।

Rabid, *adj.* ক্ৰোধান্ধ, খঙাল ; বলিয়া।

adv. Rabidly.

Race, *n.* বংশ Lineage (2) জাতি Tribe (3) দৌৰ A contest in running.

adj. racial.

Race-horse, *n.* ঘোঁৰা দৌৰৰ ঘোঁৰা।

Race-ground, *n.* ঘোঁৰাদৌৰ পথাৰ ; ঘোঁৰা-খেল পথাৰ।

Rack, *v.* সিটাৰ বা কাঁইটৰ পৰা বেলেগ কৰা।

Rack, *v.* যন্ত্ৰণা দিয়া, শাস্তি দিয়া ; কষ্ট দিয়া ; (2) চেপি খাজানা আদায় কৰা।

Racket, *n.* 'টেনিচ' খেলা 'বেট' (2) বৰফৰ ওপৰত খোজ কঢ়া জোতা (3) clattering noise.

Racket, *v.* খেমালি কৰা ; ধুমধামকে ফুৰা।

Racy, *adj.* তেজাল ; ৰসাল।
adv. racily.

Radial. *adj.* shooting out like a ray or radius.

Radiant, *adj.* উজ্জ্বল, চকমকীয়া, তৰবৰীয়া।
Followed by 'with'

Radiance
Radiancy } *n.* উজ্জ্বলতা। দীপ্তি ; কান্তি।

Radiate, *n.* পোহৰ দিয়া ; উজ্জ্বল কৰা (2) বাহিৰ কৰা।

Radiation, *n.* the transmission or throwing off of heat in all directions.

Radical, *adj.* ভিতি সম্বন্ধীয়। original আচল ; মূলীভূত।

Radicate, *v.* দৃঢ়কে স্থাপন কৰা।
n. radication.

Radish, *n.* মূলা।

Radius, *n.* ব্যাসাৰ্দ্ধ ; বৃত্তৰ কেন্দ্ৰৰ পৰা পৰিধিলৈকে অঙ্কিত সৰল ৰেখা।
pl. radii ; radiuses.

Radix. *n.* আদি, মূল।

Raff, *n.* জাবৰ (2) অকামিলা [মানুহ।
adj. raffish.

Raffle, *n.* চিঠি খেল ; "a lottery in which several persons deposit a part of the value of the thing on the chance of becoming a sole possessor by casting dice or otherwise."

Raft, *n.* সোঁতত ওপঙা কাঠৰ আঁতি।

Rafter, *n.* বৰগা, কৰ্‌চী।

Rag, *n.* ফটাকানি, নাট কাপোৰ। wornout cloth.

Rage, *n.* খং, ক্ৰোধ, কোপ (2) বৰ হেপাহ বা বৰ অনুৰাগ।

Ragged, *adj.* জীৰ্ণ ; ফটা।

Raid, *n.* আকস্মিক আক্ৰমণ।

Rail, *n.* ৰেলগাড়ী চলিবলৈ তৈয়াৰ কৰা লোৰ সমান মাৰিকিডাল। গৌজ পুতি দিয়া বেৰা।

Rail, *v.* গালি পৰা, বিকৰ্থনা কৰা।
Followed by "at" "against" "in."

Raiment, *n.* কাপোৰ, পোষাক ; গাৰ আবৰণ ; বস্ত্র ; কাপোৰ-কানি ; গাত পিন্ধা কাপৰ।

Rain, *n.* বৰষুণ ; বৃষ্টি।
in plural, the rainy season. বৰ্ষা। *adj.* rainy.

Rain-bow, *n.* বামধেনু।

Rainless, *adj.* খৰাং।

Rain-water, *n.* বৰষুণৰ পানী।

Raise, *v.* উঠোৱা ; তোলা (2) উত্তেজিত কৰা (3) উৎপন্ন কৰা।

Raisin, *n.* "কিচমিচ্"।

Rake, *n.* জবকা, কোৰৰ লগৰ দন আদি গোটোৱা এবিধ যতন। (2) লম্পট।

Rake, *v.* জবকাৰে গোটোৱা, জবকাৰে পৰিষ্কাৰ কৰা।
(2) to lead a debauched life.

Rally, *v.* পুণৰ গোটোৱা বা একে-কৰা (2) যুদ্ধক্ষেত্ৰত সৈন্য বিশৃঙ্খল হ'লে পুণৰ শ্ৰেণী বদ্ধ কৰা।

Rally, *v.* ঠাট্টা কৰা ; উপহাস কৰা।

Ram, *n.* মতা মেৰ ছাগ।
Fem. ewe.

Ram, *v.* বিন্ধাত হেঁচি সুমোৱা।

Ramble, *v.* কোনো উদ্দেশ্য নকৰা। নোহোৱাকৈ ইফালে সিফালে ঘূৰে

Ramify, *v.* শাখা কৰা ; to divide into branches.
n. ramification.

Ramp, *v.* গছৰ পৰা জপিওৱা (2) জাপ মৰা।

Rampart, *n.* গড়ৰ চাৰিও ফালৰ মাটিৰ ভেটি।

Rancid, *adj.* দুৰ্গন্ধ ; গেলা-গোন্ধোৱা।

Rancore, *n.* আন্তৰিক শত্রুতা।
adj. rancorous.

Random, *n.* লেটিপেটি
At random = যেনিয়াই তেনিয়াই।

Range, *n.* শ্ৰেণী। (2) একে মতৰ চলা লোক সমূহ ; (3) পৰি-ভ্ৰমণ Excursion.

Range, *v.* শৃঙ্খলাকৈ থোৱা ; যত যি বস্তু যেনেকৈ থব লাগে ত'ত সি বস্তু তেনেকৈ থোৱা।

Rank, *n.* সৈন্যৰ শাৰী ; শাৰী কৰা ; শ্ৰেণী।

Ranger, *n.* বিষয়াবনপালক।
(2) পদ position. (3) মান। honour.

Rank, *adj.* Growing high and luxuriantly.
অতি excessive.
সাৰুৱা fertile.

Rankle, *n.* to inflame.

Ransack, *v.* অপহৰণ কৰা।

Ransom, *n.* শাস্তি বা বন্দিৰ পৰা ৰক্ষাৰে দিয়া ধন (2) উদ্ধাৰ।

Ransom, *v.* মোকোলোৱা।
to release.

Rant, *v.* কেঁ-কেঁওৱা, চিঞৰ-বাখৰ কৰি হাই কৰা।

Rap, *n.* নক্‌কোৱা ; থকৰা মুকুটি (2) প্ৰথম জৰ্জৰ সময়ত আইৰলেণ্ডত চলা এবিধ ক্যাক মুদ্ৰা।

Hence, not worth a rap = একো কামৰ নহয়।

P. T. P P. Rapped.

Rap, *v.* to affect with rapture,

Rapacious, *adj.* দুৰন্ত ; বৰ লুভীয়া; অপকাৰী ; হিংসক।

n. Rapacity / Rapaciousness

adv. rapaciously.

Rape, *n.* বলাৎকাৰ ; বলেৰে স্ত্ৰী সম্ভোগ কৰণ ; বলেৰে হৰণ।

Rapid, *adj.* খৰ, শীঘ্ৰ।

n. rapidity.

Rapidity, *n.* বেগ। velocity.

Rapid, *n.* আফলা, সোঁতৰ খুন্দা।

adv. rapidly.

n. rapidity / rapidness

Rapier, *n.* কিৰিচ্‌ ; তৰোৱাল বিশেষ।

Repine, *n.* লুট ; লোৰায়া।

Rapport, *n.* সাদৃশ্যতা resemblance.

Rapt, *adj.* হৰ্ষোন্মত্ত। *e. g.* Every one listens with *rapt* attention to what he says.

Rapture, *n.* আনন্দ : উল্লাস ; উৎসাহ। *e. g.* The king's son gazed upon her with *rapture.* Ecstasy.

adj. rapturous.

Rare, *adj.* দুষ্প্ৰাপ্য ; অটকীয়া ; দুৰ্লভ ; (2) uncommon. অসাধাৰণ (3) পাতল not dense. (4) অপূৰ্ব্ব Excellent.

com. Rarer *sup.* Rarest.

adv. rarely.

n. rareness / rarity

Rarie-show, *n.* যি ছবি পেৰাৰ ভিতৰত থৈ সাধাৰণক দেখোৱা হয়।

Rarefy, *v.* পাতল কৰা।

to expand.

n. Rarefaction.

adj. rarefiable.

Rascal, *n.* লেৰেলা পশু। অবাধ্য লোক ; দুষ্ট মানুহ ; দুৰাত্মা ; দুৰ্জন ; দুৰাচাৰ ; নীচমানুহ।

Rascal, *adj.* নীচ ; অধম ; অপদাৰ্থ, আলাবাহু। worthless. পাষণ্ড ; বেংবেচ। base.

n. rascality.

Rase, *v.* মোহাৰি বা মচি পেলোৱা।

n. rasure.

Rash, *adj.* বিবেচনা হীন ; উদ্ধত ; অতি সাহসিক। অবিবেকা ; উত্তমুৰা; উত্ৰাৱল। উখা মুখা।
adv. rashly.

Rashness, *n.* উদ্ধতালি।

Rashly, *adv.* হঠাৎ, ভাল বেয়া নভবা নিচিন্তাকৈ।

Rasp, *n.* মৰপা।

Rasp, *v.* To rub with a coarse file (2) To grate.

Rat, *n.* ইন্দুৰ, এন্দুৰ।

Rate, *v.* ভৎ´সনা কৰা, নিন্দা কৰা ; বিতণ্ডোৱা।

Rate, *n.* হাৰ *e. g.* শত ১২ টকা হাৰে সুত দিয়. (2) নিৰিখ ; ভাও ; Taxes imposed by the municipalities called *rates.*

Rath / Rathe } *adv.* সোনকালে, ততালিকৈ, বেগতে।

Rather, *adv.* বৰং *e. g.* He would *rather* beg than steal. (2) অলপ *e. g.* He is *rather* late to-day.

Ratify, *v.* নিশ্চয় কৰা ; মঞ্জুৰ কৰা।
n. ratification.

Ratio, *n.* এটা ৰাশিৰ সৈতে আন এটাৰ সম্বন্ধ।
Followed by 'of' 'to'.

Ration, *n.* সৈন্যৰ দৈনিক খোৰাক।

Rational, *adj.* যুক্তিসঙ্গত

Rationalism, *n.* হেতুবাদ।

Rationalist, *n.* হেতুবাদী।

Ratline, *n.* মস্তুল বন্ধা ৰচিৰ মাজত থকা ৰচি বিশেষ।

Rattan, *n.* ৰাইডাং।

Rattle, *v.* জন্‌জননি বা ঝন্‌ঝননি শব্দ কৰা ; জুনজুনুৱা। (2) কেল-কেলাই থকা। বকৰকোৱা।

Ravage, *v.* উপদ্ৰৱ কৰা ; দৌৰাত্ম্য কৰা ; (2) লুট কৰা (3) ধ্বংশ কৰা ; উৎপাত কৰা।

Rave, *v.* বকা ; বলিয়াৰ দৰে অকামিলা কথা কোৱা।

Raven, *n.* ধোঁৱা কাউৰি।

Ravenous, *adj.* খকুৱা ; লুভীয়া।
n. ravenousness.

Ravine, *n.* জান্ পানী বৈ যোৱা স্বাভাবিক খাৱৈ।

Raving, *n.* প্ৰলাপ ; আবৰিবিৰি।

Ravish, *v.* বলেৰে হৰণ কৰা (2) বলেৰে স্ত্ৰী সম্ভোগ কৰা (3) বৰ আনন্দিত হোৱা।
n. Ravishment.

Raw, *adj.* কেঁচা। নিসিজা।

Ray, *n.* ৰ'দ, সূৰ্য্যৰ আলো ; কিৰণ ; ৰশ্মি।

Razor, *n.* ক্ষুৰ বা খুৰ।

Reach, *v.* হাত মেলি পোৱা।

ঢুকি পোৱা। (2) পোৱা e. g. He Reached Calcutta. কোনো ঠাইত উপস্থিত হোৱা।

Reach, *n.* বিষয় ; গোচৰ *e. g.* beyond the reach of the senses.

React, *v.* পুনৰ কোনো কাৰ্য্য কৰা।

n. Reaction.

Read, *v.* পঢ়া P. T. P. P. Read.

adj. Readable. পাঠযোগ্য।

Reader, *n.* পাঠক। (2) পাঠ্য-কিতাপ।

Readily, *adv.* উৎসাহেৰে। বেগেতকৰে ; Quickly ; সঠিককৰে।

Reading, *n.* পাঠ ; পঠন। perusal. অধ্যয়ন। Studying.

Reading book = পাঠ্য-কিতাপ।

Ready, *adj.* প্ৰস্তুত।

উৎসুক Willing.

n. readiness.

Followed by "in" "at" "for".

Real, *adj.* বাস্তবিক, যথাৰ্থ, সঁচা ; সত্য true. প্ৰকৃত। আচল *e. g.* it is easy to give what one can spare but *real* generosity consists in giving what one wants one-self

n. Reality.

adv. really যথাৰ্থতে।

Realise, *v.* উলিওৱা, আদায় কৰা। *e. g.* Realise the fine. ওৱাচিল কৰা।

n. Realisation.

Realised, p *adj.* ওৱাচিল।

Reality, *n.* সত্যতা, যথাৰ্থতা, সঁচা ; প্ৰকৃতত্তা।

Realm, *n.* ৰাজ্য। Kingdom.

Ream, *n.* বিম্ বা ২০ দিস্তা।

Reanimate, *v.* পুনৰ জন্ম দিয়া।

Reap, *v.* ধান বা আন শস্য কটা (2) পৰিশ্ৰমেৰ ফল লাভ কৰা।

Reaper, *n.* দাউনি, দাওতা, ধান কাটোতা।

Rear, *v.* প্ৰতিপাল কৰা। তোলা।

Rear, *n.* পৃষ্ঠ। পিঠি।

Reason, *n.* cause কাৰণ। (2) যুক্তি ; *e. g.* A judgment that is not based on *reason* causes the decadence of righteousness. (3) বুদ্ধি ; বিচাৰ শক্তি। ধীশক্তি *e. g.* Cats have some kind of *reason* বিবেক the intellect.

Reasonable, *adj.* যুক্তি যুক্ত, যুক্তি-সঙ্গত ; উচিত ; ন্যায়সঙ্গত।

Reason, *v.* তৰ্ককৰা ; বিচাৰ কৰা।

Reasoning faculty = ধীশক্তি।

Reasonably, *adv.* বাটে; নিয়মমতে; যুক্তি অনুসাৰে।

Reasoning, *n.* তর্ক ; বিচাৰ।

Rebel, *v.* বিদ্রোহ কৰা ; Rebel not against the dictates of reason. ন্যায়অহিত চেষ্টা কৰা।

Rebellion, *n.* বিদ্রোহ ; ৰাজদ্রোহ।
adj. Rebellious.

Rebuke, *v.* ভৎসনা কৰা, গালি পৰা ; তিৰস্কাৰ কৰা, কেট্কেটোৱা।

Rebutter, *n.* A plaintiff's answer to a defendant's rejoinder.

Recalcitrate, *v.* বিদ্বেষ প্রকাশ কৰা।
adj. Recalcitrant.

Recall, *v.* পুনৰ আহ্বান কৰা (2) স্মৰণ কৰা।

Recapitulate, *v.* পুনৰ সংক্ষেপ কৈ বৰ্ণনা কৰা।
n. Recapitulation.

Recast, *v.* To cast or mould anew.

Recede, *v.* পিচ হোঁহোকা।

Receipt, *n.* ৰচিত (2) আয়।
adj. Receivable.

Receive, *v.* গ্রহণ কৰা ; লোৱা ; পোৱা। *e. g.* I have not received a letter from you for a long time. (2) আতিথ্য কৰা ; সোধপোচ কৰা *e. g.* He was *received* hospitably.

Recent, *adj.* নতুন।
n. Recency }
Recentness }

Reception, *n.* গ্রহণ, লোৱা কাৰ্য্য (2) অভ্যৰ্থনা।

Recipe, *n.* দৰবৰ ব্যৱস্থা।

Recess, *n.* জিৰণি দিন ; বিশ্ৰাম স্থান (2) বিশ্রামকাল।

Reciprocal, *adj.* পৰস্পৰ, ইটো সিটোৰে।

Recite, *v.* মুখস্থ গোৱা, মুখস্থ কৰা।
n. Recitation.

Reckless, *adj.* প্রমত্ত।
Followed by "of".

Reckon, *v.* গণনা কৰা; সন্মান কৰা।
Followed by "on" "upon" "with" "for".

Reclaim, *v.* সংশোধন কৰা ; চিক্ৰৱা।

Recline, *v.* দৌলোৱা। আঁউজা। হেলনীয়া হোৱা (2) জিৰণি লোৱা ; বিশ্ৰাম কৰা to repose.
Followed by "on" "upon"

Recluse, *adj.* নিৰ্জন ; জনশূন্য।

Recluse, *n.* সন্ন্যাসী।

Recognise, *v.* চিনা, চিনি পোৱা ; (2) স্বীকাৰ কৰা।

Recoil, *v.* পাচলৈ যোৱা ; কোঁচ খোৱা।

Recollect, *v.* সোঁৱৰোৱা, স্মৰণ কৰা ; মনত পেলোৱা ।

Recollection, *n.* স্মৃতি ; সোঁৱৰণ ।

Recommend, *v.* আনৰ ওচৰত প্ৰশংসা কৰা ; গুণ বখোৱা ।

(2) To introduce favourably. সুপাৰিস কৰা । (3) অনুৰোধ কৰা । কোনো কাৰ্য্য কৰিবলৈ খটা ।

n. Recommenation. গুণবৰ্ণনা ; শলাগ ; অনুৰোধ ।

Recompense, *v.* লোকচানি দিয়া, ক্ষতিপূৰণ কৰা ; মূল্য দিয়া ।

Reconcile, *v.* পুনৰ মিল কৰা ; বিবাদ এৰি মিল হোৱা ; মিলন কৰা ; কোপকমোৱা ।

Followed by "with" "to".

Reconciliation, *n.* মিঠমামলা, বিবাদ এৰি মিল হওন ; মিলন ।

Recondite, *adj.* গোপনীয় ।

n. Reconditeness.

Reconsider, *v.* পুনৰ বিচাৰ কৰা ।

Record, *v.* To write anything formally to preserve evidence of it to Register.

Record, *n.* Formal writing of any fact or proceeding A register.

Recount, *v.* বৰ্ণনা কৰা ।

Recourse, *n.* সহায়ৰ চেষ্টা ; আশ্ৰয় ।

To have recourse to = আশ্ৰয় লোৱা ।

Recover, *v.* পুনৰ লাভ কৰা (2) আৰোগ্য হোৱা ।

n. Recovery. পুনৰলাভ ।

Followed by "from".

Recoverable *adj.* লভ্য ; প্ৰাপ্য ।

Recreant, *adj.* ভয়াতুৰ (2) স্বধৰ্ম্মত্যাগী ; ধৰ্ম্মভ্ৰষ্ট ।

Recreate, *v.* পুনৰ সৃজন কৰা ।

Recreation, *n.* নতুন সৃজন, জিৰণি, বিশ্ৰাম ; Rest. বিহাৰ ।

Recreative, *adj.* সুখকৰ ।

Recriminate, *v.* To accuse in return.

n. Recrimination.

Recruit, *v.* আৰোগ্যলাভ কৰা (2) নতুন সৈন্য গোটোৱা ।

Rectangle, *n.* সমান কোন থকা *adj.* rectangular.

Rectify, *v.* সংশোধন কৰা ।

Rectification, *n.* শোধন ।

Rectillineal, *n.* সমান ৰেখা বিশিষ্ট

Rectitude, *n.* সাধুতা ।

Rector, *n.* কোনো পঢ়াশালীৰ প্ৰধান শিক্ষক ; নায়ক ।

(2) A clergyman in charge of a parish.

Recur, *v.* পুনৰ ঘটা ।

Red, *adj.* ৰঙা।

n. ৰঙা বৰণ।

Red-letter-day = শুভদিন।

Redden, *v.*. to make red.

Reddish, *adj.* ৰঙচুৱা Somewhat red. ইটাগুড়ীয়া।

Red-arsenic, *n.* মনঃশিলা।

Reddishness, *n.* ৰঙচা।

Redeemer, *n.* নিস্তাৰক।

Redeem, *v.* উদ্ধাৰ কৰা; মুক্তি দিয়া; পৰাজিত কৰা।

n. Redemption.

Redoutable, *adj.* ভয়ানক; সাহসী।

Redound, *v.* ফল ধৰা।

Redolent, *adj.* সুগন্ধি।

n. Redolency.

Redress, *v.* প্ৰতিকাৰ কৰা; শুধোৱা।

n. Redressible. Redressive }

Reduce, *v.* লাঘৱ কৰা; হ্ৰাস কৰা; তললৈ অনা (2) To change numbers from one denomination to another.

n. Reduction.

Redundant, *adj.* ওৱাদানি; ওগাইবহ; অতিৰিক্ত Excessive.

Reduplicate, *v.* দুগুণ কৰা।

Reed, *n.* খাগৰি; নল।

Reedpen = খাগৰি কলম।

Reek, *n* ধোঁৱা, বাষ্প; ভাপ।

Reel, *n.* স্কটলেণ্ডৰ এবিধ নাচ (2) লেটাই উঘা। for winding thread.

Reel, *v.* উগটি খোৱা।

Reinforce, *v.* নতুন বল বা সৈন্যৰ আগৰ বল বৃদ্ধি কৰা।

n. Reinforcement.

Refection, *n.* জলপান।

Refer, *v.* উল্লেখ কৰা; *e. g.* I referred him to his own letter. সুধোৱা; জনোৱা।

Followed by 'to'.

Referee, *n.* An arbitrator, umpire or judge মধ্যস্থ।

Reference, *n.* উল্লেখ (2) সম্বন্ধ।

Refine, *v.* শুদ্ধ কৰা (2) সংস্কাৰ কৰা (3) শিষ্টাচাৰ কৰা।

Refined, *p. adj.* শুদ্ধ, অকৃত্ৰিম, শিষ্টাচাৰ; শিক্ষিত; বিশুদ্ধ। polished.

Refinement, *n.* সভ্যতা, সভ্যলোকৰ গুণ বা আচৰণ সংস্কাৰ; বিনয়; শিষ্টাচাৰ Polished manners

Reflect, *v.* ভবা, চিন্তা কৰা; টিকি ছোৱা। (2) To be thrown back as light, heat (2) গালিপৰা।

Followed by 'on'.

Reflection, *n.* অনুধাবন. চিন্তা, (2) প্ৰতিবিম্ব ; (3) নিন্দা, গালি। *adj.* reflective.

Reflector, *n.* আৰ্চী।

Reflex. *adj.* বেঁকোৰা (2) প্ৰতি-বিম্বিত।

Reflux. *n.* a flowing back.

Reform. *v.* পুনৰ বা নতুনকৈ গঠন কৰা ; সংশোধন কৰা ; শুধৰোৱা। to amend. 2) উন্নতি কৰা।

Reformation, *n.* পুনৰ বা নতুন গঠন 2) সংস্কৰণ ; উন্নতি ; সংশোধন ; amendment.

Reformer, *n.* ধৰ্ম্মসংস্কাৰক।

Refract, *v.* To break the natural course, or bend from a directline, as the rays of the sun.

n. Refraction.

Refrain. *v.* দমন কৰা ; বশ কৰা। ক্ষান্ত হোৱা to abstain. Followed by 'from'.

Refresh, *v.* পৰিশ্ৰমৰ পাচত জিৰণি লৈ পৰিশ্ৰম লাঘৱ কৰা ; জিৰণি লোৱা ; জিৰোৱা ; বিশ্ৰাম কৰা ; শান্তি লোৱা।

Refreshment.

adj. Refreshful.

Refreshing, *adj.* invigorating.

Refuge, *v.* শৰণ লোৱা ; আশ্ৰয় লোৱা ; আশ্ৰয় দিয়া।

Refugee, *n.* শৰণাগত।

Refuge, *n.* আশ্ৰম, শৰণ (2) আলয় (3) ঘাগি।

Refulgence, *n.* জলমলনি. জিলিকনি, চকমকনি।

Refund, *v.* ওলোটাই দিয়া, ফিৰত দিয়া।

Refuse, *v.* অস্বীকাৰ কৰা ; My master refused me this slight favour. আসৈমতা। গ্ৰহণ নকৰা। *n.* Refusal.

Refuse, *v.* জাবৰ *e. g.* All the refuse must be thrown into the street. (2) উচ্ছিষ্ট আগলিকা

Refute, *v.* খণ্ডা, খণ্ডন কৰা। *n.* Refutation.

Regain, *v.* পুনৰ পোৱা।

Regale, *v.* তৃপ্তি কৰা, (2) ভোজ দিয়া।

Regal, *adj.* ৰাজকীয়।

Regail, *n.* আমোদ 2) ভোজ।

Regalia, *n.* ৰাজ চিহ্ন ; ৰজাৰ চিন।

Regality, *n.* ৰাজত্ব।

Regard, *v.* সন্মান কৰা (2) বিবেচনা কৰা।

Regarding, *prep.* বিষয়ে *e. g.* *Regarding* this I know nothing.

Re-generate, *v.* পুনৰ উৎপন্ন কৰা
n Regeneration.

Regent, *n* ৰাজ প্ৰতিনিধি, ৰজাৰ প্ৰতিনিধি।
abn. Regency.

Regicide, *n.* ৰাজহন্তা।

Regimen, *n.* পথ্যাপথ্যৰ নিয়ম।.

Regiment, *n.* পল্টন, সৈন্যৰ দল।
adj. Regimental.

Region, *n.* প্ৰদেশ, দেশ।

Register, *n.* ৰেজেষ্টৰি।

Registrar, *n.* যি ৰেজেষ্টৰি কৰে বা বা যি ৰেজেষ্টাৰ ৰাখে।

Registration, *n.* ৰেজেষ্টৰি।

Registory, *n.* যত ৰেজিষ্টাৰবোৰ থোৱা হয়।

Regress, *v.* প্ৰত্যাগমন কৰা।
n. Regression.

Regret, *v.* দুঃখিত হোৱা।

Regular, *adj.* নিয়মিক, নিয়মমত চলা (2) ঠিক। (3) যথাক্ৰম coming in order.
Regularity,

Regulate, *v.* নিয়ম অনুসাৰে স্থিৰ কৰা (2) ভাল ব্যৱস্থা কৰা।

Regulation, *n.* নিয়ম, 2) সুব্যৱস্থা।

Regulator, শাসন কৰোঁতা ; গতি চলাওঁতা।

Rehearsal, *n.* আখৰা।

Reign, *v.* দেশ শাসন কৰা 2) ৰাজত্ব কৰা।

Reign, *n.* দেশ শাসন (2) ৰাজত্ব।

Rein, *n.* লেকাম।

Reindeer, *n.* এবিধ পছু।

Reinstate; *v.* পুনৰ অধিকাৰ দিয়া। পুনৰ স্থাপন কৰা।

Reject, *v.* নামঞ্জুৰ কৰা।

Rejoice, *v.* আনন্দিত হোৱা ; মনত ৰং লগা। *e. g.* His safe return rejoiced usall.
Followed by 'at' 'in'.

Rejoin, *v.* পুনৰ অগা।

Relapse, *v.* দুৰচা।
Followed by 'into'.

Relate, *v.* বৰ্ণনা কৰা, বিবৰণ কোৱা বা লিখা (2) সম্বন্ধ লগোৱা বা লগা।

Relation, *n.* সম্পৰ্ক ; সম্বন্ধ। আখ্যান, বৰ্ণনা।

Relative, *n.* জ্ঞাতি, বান্ধব, কুটুম।
Followed by 'to'

Relax, *v.* লাঘৱ কৰা (2) আমোদ কৰা।

Release, *v.* মুক্তি কৰা (2) সত্ত এৰি দিয়া।

Relegate, *v.* নিৰ্ব্বাসন কৰা, বাদ কৰা ঠাইৰ পৰা খেদোৱা।
n. Relegation.

Releat, *v.* দয়া অনুভব কৰা (2) কোমল কৰা।

Relevant, *adj.* প্ৰাসঙ্গিক।

Reliance, *n.* ভৰসা। বিশ্বাস।

Reliable, *adj.* বিশ্বাস। যোগ্য।

Relic, *n.* ধ্বংসৰ বাকী অংশ। plural ধাৰ্ম্মিক পুৰুষৰ অস্থি।

Relieve, *v.* দুখ বা কষ্টৰ পৰা উদ্ধাৰ কৰা, দুখ বা কষ্ট দূৰ কৰা (2) সহায় কৰা। *n.* Relief.
Followed by 'of', 'from'.

Religion, *n.* ধৰ্ম্ম ;
adj Religions.

Relinquish, *v.* ত্যাগ কৰা, এৰি দিয়া।
n. Relinquishment.

Reliquary, *n.* অস্থি থোৱা পেৰা।

Relish, *v.* তৃপ্তি পোৱা (2) আনন্দ দিয়া। *n.* ৰুচি।

Reluctance, *n.* অনিচ্ছা।
adj. Reluctant.

Remain, *v.* থকা, অবস্থান কৰা।

Remains, *n.* অৱশিষ্ট অংশ।
Remains is a true plural and has now no singular in use.

Remainder, *n.* বাকী, অৱশিষ্ট। শেষ।

Remark, *v.* মন্তব্য প্ৰকাশ কৰা (2) To notice.

Remarkable, *n.* বিখ্যাত, প্ৰখ্যাত।

Remedy, *n.* প্ৰতিকাৰ, দুখ বা অনিষ্ট গুচোৱা।

Remmember, *v.* স্মৰণ কৰা ; সোঁৱৰা, মনত ৰখা।

Remembrance, *n.* স্মৰণ, সোঁৱৰণ, সুমৰণ (২) স্মৰণ শক্তি। (3) স্মৃতি *e g* I will take this ring as a remembrance of her.

Remind, *v.* সোঁৱৰাই দিয়া ; সোঁৱৰোৱা।
Followed by 'of'

Reminder, *n.* সোঁৱৰণী ; কোনো কথা মনত পেলাবলৈ লিখা কাকত।

Remit, *v.* মাফ দিয়া (2) টকা পঠিওৱা, (3) লাঘৱ কৰা ;
n. Remittance. প্ৰেৰণ।

Remonstrate, *v.* প্ৰতিবাদ কৰা, আপত্তি কৰা।
n. Remonstration.
Followed by 'with', 'against.'

Remorse, *n.* অনুতাপ। *e. g.* Remorse is the echo of a lost virtue.

Remote, *adj.* দূৰৈ (2) মূল *e. g.* Remote cause of the war.

Remove, *v.* স্থানান্তৰ কৰা ; এঠাইৰ পৰা আন ঠাইত থোৱা ; গুচোৱা। দূৰ কৰা।
n. Removal.

Remunerate, *v.* লোকচানি দিয়া (2) পুৰস্কাৰ দিয়া।
n. Remuneration.

Render, *v.* সম্পাদন কৰা। কৰা *e. g.* to render assistance= সহায় কৰা। (2) অপণ কৰা (3) এটা ভাষাৰ পৰা আন এটা ভাষালৈ অনুবাদ কৰা

Rendezvous, *n.* সাক্ষাৎ হোৱা ঠাই ; মেল।

Renegade, *n.* নিজধৰ্ম্ম ত্যাগী। পাষণ্ড।

Renew, *v.* নতুন কৰা, পুনৰ আৰম্ভ কৰা।

n. Renewal.

adj. Renewable.

Renounce, *v.* ত্যাগ কৰা।

Renovate, *v.* to renew.

Renown, *n.* যশ, কীৰ্ত্তি, সুখ্যাতি।

Renowned, *adj.* বিখ্যাত, প্ৰখ্যাত, প্ৰসিদ্ধ, জগৎ-জাননি।

Rent, *n.* ৰাজহ, খাজনা, ৰাজকৰ (2) মাটি খোৱা মানুহে মাটিৰ গৰাকীক দিব লগা ধন।

Renunciation, *n.* পৰিত্যাগ।

Repair, *v.* মেৰামত কৰা, ভগা ছিগা বটা। সংস্কাৰ কৰা।

n. Reparation.

Repairer, *n.* সংস্কাৰক, মেৰামত কৰোঁতা।

Repast, *n.* আহাৰ। খাদ্য।

Repay, *v.* পৰিশোধ কৰা ; ঘূৰাই দিয়া।

Repeal *v.* বাতিল কৰা।

Repeat, *v* পুনৰ উল্লেখ কৰা ; আকৌ কোৱা। বেলিএ বেলিএ কোৱা।

n. Repetition.

Repeatedly, *adv.* ঘূৰি ঘূৰি, বাৰেপতি।

Repel, *v.* To drive back.

Repent, *v.* অনুতাপ কৰা, কোনো অন্যায় বা বেয়া কাম কৰি পাচত বেজাৰ কৰা।

n. Repentence.

Followed by 'at'

Repertory, *n.* ভঁৰাল।

Repine, *v.* অসন্তোষ হোৱা ; দিগ্ দিয়া ; খিয়াল কৰা।

Followed by 'at'

Replace, *v.* পুনৰ থোৱা

Replenish, *v.* পুৰা কৰা, পূৰ্ণ কৰা।

Reply, *v.* উত্তৰ কৰা, উত্তৰ দিয়া

Report, *n.* ৰেপট। ইতলা ; বিবৰণী (2) খবৰ (3) যশস্যা।

Report, *v.* ৰেপট কৰা। ইতলা দিয়া। (2) খবৰ দিয়া। সংবাদ দিয়া।

Repose, *v.* জিৰণি লোৱা ; (2) জিৰণি লবৰ কাৰণে শয়ন কৰা

Followed by 'on

Repository, *n.* ভঁৰাল *e. g.* The box was the *repository* of all valuable documents.

Reprehension, *n.* নিন্দা, গালি, দুৰ্ণাম।

adj. Reprehensible, Reprehensive.

Represent, *v.* বৰ্ণনা কৰা (2) প্ৰতিনিধি হোৱা।

Representation, *n.* নিবেদন-পত্ৰ। দৰ্খাস্ত।

Representative, *n.* প্ৰতিনিধি।

Repress, *v.* দমন কৰা, দমোৱা।

n. Repression.

Reprieve, *v.* দিনচেৰেকৰ নিমিত্তে শাস্তি স্থগিত কৰা।

Reprimand, *v.* ভৎ'সনা কৰা, তিৰস্কাৰ কৰা।

Reprint, *v.* পুনৰ ছাপা কৰা।

Reproach, *n.* গৰিহনা। তিৰস্কাৰ। ভৎ'সনা। নেওচা। ছদকা। [পৰা।

Reproach, *v.* তিৰস্কাৰ কৰা, গালি

adj. Reproachable.

Reprobate, *adj.* পপীয়া। দুৰাচাৰ।

Reprobation, *n.* শাস্তি।

Reproduction, *n.* পুনৰুৎপত্তি।

Reprove, *v.* নিন্দা কৰা, বেয়া বোলা, তিৰস্কাৰ কৰা।

adj. Reprovable.

n. reproof.

Republic, *n.* সাধাৰণ তন্ত্ৰ। যি দেশত ৰজা নেপাতি প্ৰজা সমূহে মিলি ৰাজকাৰ্য্য চলায়। প্ৰজাতন্ত্ৰ।

Republish, *v.* পুনৰ প্ৰকাশ কৰা।

Repudiate, *v.* ত্যাগ কৰা।

n. Repudiation.

Repugnance, *n.* ঘৃণা, অসন্তোষ। বিৰাগ।

adj. repugnant.

Repulse, *v.* খেদি দিয়া ; দূৰ কৰা।

Repute, Reputation, *n.* সুখ্যাতি, যশস্যা, সুনাম। *e. g.* Pope may be said to write always with *reputation* in his head. [কৰা।

Request, *v.* অনুৰোধ কৰা ; প্ৰাৰ্থনা

Request, *n.* অনুৰোধ।

Require, *v.* আৱশ্যক হোৱা ; দৰকাৰ কৰা ; লগা *e. g.* Great designs *require* great deliberations.

Requisite, *adj.* আৱশ্যকীয়।

Followed by 'for'

Requisition, *n.* দাবি, প্ৰাৰ্থনা।

Requite, *v.* পুৰস্কাৰ দিয়া।

n. Requital.

Rescind, *v.* to repeal

Rescue, *v.* মুক্তি কৰা। উদ্ধাৰ কৰা।

Research, *v.* অনুসন্ধান কৰা।

Resemble, *v.* সদৃশ্য কৰা, একে কৰা, একে হোৱা।

Resemblance, *n.* সাদৃশ্যতা। প্ৰতিমূৰ্ত্তি। মিল।

Resent, *v.* খং উঠা ; কোপিত হোৱা।

adj. Resentful. [অসন্তোষ।

Resentment, *n*. ক্ৰোধ, খং, কোপ,

Reserve, *v*. হাতত ৰখা। গোটাই খোৱা (2) To keep safe.

Reserve, *adj*. লাজকুৰীয়া ; not free or frank in words or behaviour. নিবোকা।_নিমুৰা।

Reservoir, *n*. পানী বা আন কোনো বস্তু খোৱা পাত্ৰ।

Reside, *v*. বাস কৰা। চিৰস্থায়ীকৈ থকা। বসতি কৰা।

Residence, *n*. থকা ঠাই। স্থিতি।

Residue, *n*. বাকী, অৱশিষ্ট। *adj*. Residual.

Resign, *v*. ধীৰেৰে সহি থকা ; (2) ত্যাগ কৰা, এৰি দিয়া *n*. Resignation. ইস্তফা

Resist, *v*. আগভেটী ধৰা, বাধা কৰা। *n*. Resistance.

Resolve, *v*. গলোৱা, (2) ভাজি দেখোৱা (2) স্থিৰ কৰা। মনস্থ কৰা।

Resolution, *n*. প্ৰস্তাৱ; দৃঢ়প্ৰতিজ্ঞা। to move a resolution = প্ৰস্তাৱ কৰা।

Resolute, *adj*. মন-ডাঠ ; দৃঢ়মনী *e. g*. Resolute mind.

Resort, *v*. আশ্ৰয় লোৱা।

Resort, *n*. গমন (2) আশ্ৰয় স্থান (3) উপায়।

Resource, *n*. উপায় ; in plu. ধন।

Resound, *v*. প্ৰতিধ্বনি কৰা, কোনো ঠাইত শব্দৰ ঠেকা লাগি শব্দ উঠা। গিৰিংকৈ উঠা।

Respect, *n*. মান, সন্মান, সংকাৰ (2) সম্বন্ধে।

Respectable, *adj*. পূজনীয়, সম্ভ্ৰান্ত, মাননীয়।

Respectful, *adj*. (1) সবিনয়, সাদৰ, (2) নম্ৰ। Followed by 'to' 'towards'

Respectability, *n*. গৌৰৱ, মৰ্যাদা, সন্মান।

Respective, *adj*. আপোন আপোন; নিজ নিজ।

Respectively, *adv*. ক্ৰমান্বয়ে।

Respire, *v*. উশাহ লোৱা ; জিৰোৱা।

Respiration, *n*. শ্বাস, (2)শ্বাসপ্ৰশ্বাস।

Respite, *n*. বিৰাগ।

Resplendent, *adj*. বৰ চকমকীয়া,

Respond, *v*. উত্তৰ দিয়া।

Responsible, *adj*. দায়ী। Followed by 'to', 'for'

Responsibility, *n*. লেঠা, দায়িত্ব।

Rest, *n*. জিৰণি, *e. g*. The brain works best after *rest*. (2) মৃত্যু (3) অৱশিষ্ট।

Restless, *adj*. অস্থিৰ ; চটফটীয়া, কচ্‌কচীয়া ; উগুল-থুগুল।

Restlessness, *n*. উচ্‌পিচনি।

Restore, *v.* মেৰামত কৰা (2) পুনৰ আগৰ অৱস্থালৈ অনা। পুনৰ লাভ কৰা।
n. Restoration.

Restraint, *v.* আগচেটী ধৰা, আটক কৰা, আবদ্ধ কৰা (2) দমন কৰা।

Restraint, *n.* বাধা।

Restrict, *v.* বাধা কৰা, (2) সীমা বন্ধ।

Result, *n.* ফল, পৰিণাম।
Bollowed by 'of'

Resume, *v.* পুনৰ আৰম্ভ কৰা।

Resuscitate, *v.* পুনৰ জীবিত কৰা বা জিয়োৱা।

Retail, *v.* খুচুৰাকৈ বেচা।
n. Retailer.

Retain, *v.* ৰখা ; আটক কৰা, আবদ্ধ কৰা। (2) to engage ধৰা।

Retainer, *n.* অনুচৰ, লগুৱা।

Retinue, *n.* পৰিচাৰক, লগুৱা, অনুচৰ।

Retaliate, *v.* প্ৰতিশোধ লোৱা ; প্ৰতিফল দিয়া, পোটক দিয়া।
Followed by 'on'

Retaliation, *n.* প্ৰতিফল ; পোটক, প্ৰতিশোধ, বৈৰ নিৰ্য্যাতন।

Retch, *v.* ওঁকালি দিয়া।

Reticular, *adj.* জালৰ। মিহিনা বা জালৰ দৰে গঁথা।

Retrace, *v.* পুনৰ অনুসন্ধান কৰা।

Retreat, *v.* হটা, বলত পাচ হোঁহকা। (2) প্ৰস্থান কৰা। পলোৱা।
n. লুকাই থকা ঠাই।

Retrench, *v.* লাঘৱ কৰা, (2) যিমান লাগে ঠিক সিমান ব্যয় কৰা।

Retrieve, *v.* উদ্ধাৰ কৰা, লোকচানি পূৰণ কৰা।

Retrospect, *n.* যোৱা কথাৰ চিন্তা। অতীত পৰিদৰ্শন।

Return, *v.* ওভোতাই দিয়া, ওলটাই দিয়া।

Return, *n.* পুনৰ আগমন। (2) official declaration এতলা।

Reunite, *v.* পুনৰ যোগ কৰা (2) পুনৰ মিল কৰা।

Reveal, *v.* প্ৰকাশ কৰা।

Revel, *n.* আমোদ প্ৰমোদ।

Revenge, *n.* প্ৰতিশোধ, প্ৰতিহিংসা, প্ৰতিফল, বৈৰনিৰ্য্যাতন।

Revenge, *v.* প্ৰতিশোধ লোৱা।
Followed by 'on' 'for'

Revenue, *n.* ৰাজহ, খাজনা, ৰাজ-কৰ।

Reverberate, *v.* প্ৰতিধ্বনি কৰা।

Revere, *n.* মান, মৰ্য্যাদা, সন্মান।

Reverence, *n.* সন্মান, শ্ৰদ্ধা, ভক্তি, (2) নম্ৰতা।

Reverential, *adj.* সন্মানজনক (2) নম্ৰ।

Reverie, *n.* কল্পনা।

Reverse, *v.* ওলটোৱা (2) সম্পূর্ণ-ৰূপে সলনি কৰা।

Revert, *v.* উভতি অহা।

Review. *v.* পুনৰ বিচাৰ কৰা (2) পৰীক্ষা কৰা : দোষ গুণ বিচাৰ কৰা। *n.* বাতৰি-কাকত।

Revile, *v.* ভৰ্ৎসনা কৰা, নিন্দা কৰা।

Revise, *v.* পুনৰ পৰীক্ষা কৰি সংশোধন কৰা। ওলোটাই চোৱা। লুটিয়াই চোৱা।

Revive, *v.* জ্ঞান পোৱা, চেতনা লাভ কৰা।

Revoke, *v.* to repeal.

Revolt. *v.* বিদ্রোহ কৰা, ৰজাৰ বিপক্ষে আৰু অপকাৰাৰ্থে কাৰ্য্য কৰা। Followed by 'against'

Revolution, *n.* ৰাজবিদ্রোহ (2) ৰাজবিপ্লব (3 পৃথিবীৰ বাৰ্ষিক গতি।

Revolve, *v.* কক্ষৰ চাৰিওফালে ভ্ৰমণ কৰা

Reward, *n.* বঁটা, পুৰস্কাৰ।

Rhetoric, *n.* অলঙ্কাৰ শাস্ত্ৰ, শুৱলাকৈ কবলৈ বা লিখিবলৈ শিকা পুথি বা বিদ্যা।

Rheter cal, *adj*, অলঙ্কৃত *e. g.* Rhetorical expression. [শিক্ষক

Rhetorician. *n.* অলঙ্কাৰ শাস্ত্ৰৰ

Rheum, *n.* কফ

Rheumatism, *n.* বাত বেমাৰ।

Rhinoceros *n.* গঁড় ; এবিধ চাৰি ঠেঙীয়া জন্তু।

(it is better to write rhinocerose)

Rib, *n.* কাষ্লি হাড়

Ribald, *adj.* নীচ, অধম, অভদ্ৰ।

Ribbon, *n.* ৰেচমি ফিটা।

Rice, *n.* চাউল।

Rice-bard, *n.* টুনি চৰাই।

Rich, *adj.* ধনী, সম্পত্তিমান ; চহকী, সমৃদ্ধিশালী ; আটচিয়াৰ ; ঐশ্বৰ্য্যৱন্ত wealthy. (2) মূল্যবান ; দামী costly (3) ওজাদানি ; প্ৰচুৰ ; ওপচাইৰত abundant.

Riches, *n.* ধন-সম্পত্তি সমৃদ্ধি *e. g.* *Riches* serve a wise man but command a fool. This word is a true singular but is now used as a plural.

Rid, *adj.* to free. Followed by 'of'.

Riddle, *n.* সাঁথৰ, প্ৰহেলিকা (2) চালনী। sieve.

Ride, *v.* ঘোঁৰা, গাড়ীত উঠা।

Rider, *n.* ঘোঁৰা উঠোঁতা

Ridicule. *n.* ইতিকিং ; উপহাস। *adj.* ridiculous.

Rife, *adj.* সাধাৰণ। প্ৰচলিত

Rifle, *v.* হৰণ কৰা ; কাঢ়ি নিয়া।

Rifle, *n.* এবিধ সৰু হাতৰ বন্দুক।

Rift, *n.* ছিদ্ৰ, বিন্ধা।

Rig, *v.* পিন্ধা, পৰিধান কৰা to clothe. *n.* জাহাজৰ ৰচি।

Right, *adj.* দক্ষিণ, সোঁ। *e. g.* right hand (2) পোন (3) উচিত; *e. g.* Do everything at the *right* time.

ন্যায্য; যথাৰ্থ; (4) সচা; হক। true.

Right, *n.* ধৰ্ম্ম justice. (2) সত্ব (3) দক্ষিণ ফাল Right side.

Righteous, *adj.* ন্যায়পৰায়ণ; ধাৰ্ম্মিক; সাধু।

Rigid, *adj.* কঠোৰ। severe.

Rigidity, *n.* কঠোৰতা Hardness.

Rigorous, *adj.* কঠোৰ *e. g.* Rigorous imprisonment.

Rigour, *n.* কঠোৰতা। (2) উগ্ৰতা।

Rill, *n.* ক্ষুদ্ৰ নৈ।

Rim, *n.* দাঁতি; কাণ; কোষ।

Rind, *n.* বাকলি। চোকোৰা।

Ring, *n.* আঙ্গঠি, আঙ্গঠী।

Ring, *v.* বজোৱা, *e. g.* The servant knows when to *ring* the bell. P. T. Rang P. P. Rung.

Ring-leader, *n.* নায়ক।

Ringlet, *n.* সৰু ঘন্টা (2) কেঁকোৰা চুলি।

Ring, *n.* মণ্ডল; A circle.

Ring-worm, *n.* খৰ; এবিধ বৰ ঘৃণনীয় ছালৰ বেমাৰ।

Rinse, *v.* পানীৰে ধুই পৰিকাৰ কৰা। আওখলা।

Riot, *n.* কোৰাহাল। হাই।

Riotous, *adj.* noisy.

Rip, *v.* কটা to cut.

Ripe, *adj.* পকা।

Ripen, *v.* পকোৱা (2) কোনো কামত সম্পূৰ্ণতা প্ৰাপ্ত হোৱা।

Ripple, *n.* বুৰবুৰণি; (2) ঢৌ;

Rise *v.* ওলোৱা to appear. *e. g.* the moon has risen.

Rise, *v.* উঠা; গা দঙ্গা (2) বঢ়া P. P. Rose, P. P. Risen. (3) উন্নত হোৱা। to advance.

Rising, *adj.* উঠি-অহা *e. g.* a rising man,

Risk, *n.* বিপদ; সঙ্কট।

Rite, *n.* ধৰ্ম্ম-কৰ্ম্ম। a religious ceremony.

adj. ritual.

Rival, *n.* প্ৰতিদ্বন্দী; প্ৰতিযোগী।

Rivalry, *n.* অনিয়াঅনি; ফেৰিয়া-ফেৰি; অৰিয়াঅৰি। Followed by with.'

River, *n.* নৈ, নদী।

Rivulet, *n.* সৰু নৈ।

Road, *n.* বাট, পথ, ৰাস্তা, আলি।

Road-stead, *n.* দাঁতিৰ পৰা সোমোৱা সাগৰৰ কোনো এক অংশ। তাত জাহাজবিলাক লঙ্গৰ কৰিব পাৰি।

Roam, *v.* ভ্ৰমণ কৰা ; ইকালে-
সিকালে ঘূৰিফুৰা।

Roar, *n.* গৰ্জ্জন ; গৰ্গৰণি।

Roast, *v.* খৰিকা দিয়া।

Rob, *v.* লুট্ কৰা ; ডকাইটি কৰা।
হৰণ কৰা ; বলেৰে নিয়া।
Followed by 'of'.

Robbery, *n.* অপহৰণ, বলেৰে নিয়ন;
দস্যুতা।

Robe, *n.* বসন।

Robust, *adj*. বলী।
n. Robustness.

Rock, *n.* শিল।
adj. Rocky.

Rock, *v.* আগলৈ-পিচলৈ সঞ্চালন [কৰা।

Rod, *n.* আচাৰি। বেঁত।

Roe, *n.* মাছৰ কণী।

Rogue, *n.* ফাকিদাৰ, বঞ্চক।
n. Roguery. ধূৰ্ত্ত, খল ;
দুৰ্জ্জন। ab.

Roguish, *adj*. অসাধু, দুষ্ট।
(2) ছলাহী ; বঞ্চক।

Role, *v.* চকাৰ দৰে ঘূৰা (2) ঘূৰা।

Roman, *n.* ৰোমৰ অধিবাসী।

Romance, *n.* অদ্ভুত উপাখ্যান।

Romanatic, *adj*. আশ্চৰ্য্য।
Strange. অদ্ভুত।

Romp, *v.* হাই উকমি কৰি ধেমালি
কৰা ; ধেমালিত জপিওৱা ;
বিহাৰ কৰা।

Rood, *n.* কদ, এক একৰৰ চাৰি
ভাগৰ এভাগ।

Roof, *n.* ঘৰৰ চাল।

Roofless, *adj.* নিৰাশ্ৰয়।

Rook, *n.* ঢোঁৱা কাউৰী।

Room, *n.* কোঠা, কুঠৰি, ঠাই।

Roost, *n.* দাঁড়।

Root, *n.* আদি, মূল। *e. g.* root
of a tree শিপা। গুৰি।
Verbal root=ধাতু।

Rope, *n.* ৰচি ; জৰী। পঘা। লেজু।

Rosary, *n.* ৰোমান কেথলিক
বিলাকৰ জপমালা (2) জপমালা।

Rose, *n.* গোলাপফুল।
adj. Rosy.

Rose water, *n.* গোলাপ জল।

Rosary, *n.* জপমালা।

Rot, *v.* পচা। গেলা।

Rotate, *v.* চকাৰ দৰে ঘূৰা।
adj. Rotary.

Rotation, *n.* ঘূৰণ ; চক্ৰগতি।

Rotten, *adj.* পচা। গেলা।

Rotund, *adj.* ঘূৰণীয়া round.

Rough, *adj.* খহটা। অসমান।
খলাবমা not smooth. মটহা।
কৰ্কশ। Hard.
adv. roughly.

Round, *adj.* মণ্ডলাকাৰ, circular
গোলাকাৰ spherical ঘূৰণীয়া।
গোটা। cylindrical (2) সমগ্ৰ

Complete.

In round numbers=মোটতে।

All the year round=গোটেই বছৰ।

n. Roundness.

Round is used as :—

(1) An Adjective ; as, A square thing does not fit into a *round* (ঘূৰণীয়া) hole.

(2) A noun ; as, Men must go their daily *round* (নিত্য-কৰ্মৰ ব্যৱস্থা) of duty.

The *rounds* (খলপ) of a ladder.

(3) A preposition ; as, The squirrel ran *round* (চাৰিওফালে) the tree & went up the other side.

(4) An adverb ; as, The wheel turns *round*.

(5 A verb ; as, Cook tried his best *to round* (ঘূৰিবলৈ) the earth.

Round about, *adj.* বেঁকাবেঁকি।

All round=in all respects সকলোপিনে।

Rout, *v.* হৰুৱা ; পৰাস্ত কৰা।

Route, *n.* পথ, বাট।

Routine, *n.* নিত্যকৰ্ম। দৈনিক কাৰ্য্য বিধান।

Rove, *v.* ভ্ৰমণ কৰা; (2) ডকাইত বা চোৰৰ দৰে ঘূৰি ফুৰা।

Row, *v.* বঠা বোৱা।

Row, *n.* গোলমাল, হাইউৰুমি (2) শ্ৰেণী, শাৰী। লানী।

Royal, *adj.* ৰাজকীয়। ৰাজযোগ্য। (2 জাকজমকাল

Royalty, *n.* ৰাজত্ব। ৰাজচেলামি। Kingdom. ৰাজধৰ্ম্ম Kingship.

Rub, *v.* ঘঁহা, মোহৰা, *e. g.* Rubbed his eyes. (2 পানীৰে ধোৱা ; পৰিষ্কাৰ কৰা।

Rubber, *n.* ৰবৰ।

Rubbish, *n.* জাবৰ ; উচ্ছিষ্ট

Rubify, *v.* ৰঙা কৰা।

n. Rubification.

Rubric, *n.* ৰঙা আখৰেৰে লিখা অংশ (2) বিধি।

Ruby, *n.* পদ্মৰাগ।

Ruck, *n.* a crowd.

Rudder, *n.* যি যন্ত্ৰেৰে জাহাজৰ গতি চলোৱা হয়, হালি।

Ruddy, *adj.* ৰঙা, উজ্জ্বল ; গোলাপী

Rude, *adj.* দুৰ্ব্বিনীত ; গোঁৱাৰ ; অশিষ্ট , আবৰী ; উদ্ধত। অভদ্ৰ ; অসভ্য। Followed by "in".

Rudeness, *n.* হজুৱালি; অশিষ্টতা।

Rudement, *n.* প্ৰথম মূল মত। *adj.* rudimental.

Rue, *v.* দুখিত হোৱা, দুঃখ প্ৰকাশ কৰা।

Rueful, *adj.* বেজাৰত আতুৰ।

Ruff, *n.* পাৰজাতীয় এবিধ চৰাই।

Ruffian, *n.* দুষ্ট ; দুৰ্ব্বৃত্ত ; দুৰাচাৰ ; দুৰ্জ্জন ; দুৰাত্মা ; দস্যু।

Ruffle, *v.* গোলমাল কৰা। বেমেজালি কৰা। অথিৰ কৰা।

Rufous, *adj.* ৰঙচুৱা।

Rug, *n.* কম্বল আদি লোমৰ কাপোৰ। দলিচা ; থঙ্গা।

Rugged, P. *adj.* অসভ্য ; অশিষ্ট ; অসমান।

Ruin, *n.* ধ্বংশ ; নষ্ট।

Ruin, *v.* ধ্বংশ কৰা ; নষ্ট কৰা।

Rule, *n.* দেশ শাসন, ৰাজত্ব শাসন, (2) মূলমত। নিয়ম। (3) An instrument.

Rule, *v.* শাসন কৰা, ৰাজত্ব কৰা ; ক্ষমতা চলোৱা (2) আঁক পৰা।

Ruler, *n.* শাসনকৰ্ত্তা।

Rum, *n.* মদ। ফটিকা।

Rumble, *v.* হিৰ্‌হিৰোৱা। হুম্‌হুমোৱা।

Ruminate, *v.* পাগুলা (2) পুনৰ ভবা।

n. Rumination.

Rummage, *v.* তন্নতন্নকৈ অনুসন্ধান কৰা। লুতিয়াই বগৰাই চোৱা।

Rumour, *n.* উৰা বতৰা ; শুনা কথা ; বৌটি। লোকপ্ৰ বাদ। জনবাদ। জনৰৱ।

Rumple, *v.* কোঁচোৱা। [বোৱা।

Run, *v.* দৌৰা ; লৰ মৰা ; পলাই Followed by "against" "to" "over" "into" "along".

Rump, *n.* টিকা।

The run of mankind = সাধাৰণ মানুহ।

Runagate, *n.* স্বধৰ্ম্মত্যাগী (2) পলৰীয়া।

Rundle, *n.* খলপা step of a ladder.

Rune, *n.* টিউটনিক জাতিৰ এবিধ প্ৰাচীন আখৰ।

adj. Runic.

Rung, *v.* past tense of Ring.

Runnel, *n.* সৰু নৈ।

Runt, *n.* বোন্দোৰা জন্তু।

Rupee, *n.* টকা।

Rupture, *n.* অমিল।

Rural, *adj.* চহা ; গাৱঁলীয়া। গঞা।

v. ruralise.

n. rurality.

adv. rurally.

Ruse, *n.* ছল, কৌশল।

Rush, *v.* সাউৎকৰে যোৱা। Followed by "against" "upon" "down".

Russet, *adj.* কপিল। (2)

মোটা coarse.

Rust, *n.* মামৰ।

adj. Rusty
Rustful }

Rusticate, *v.* বাহিৰ কৰি দিয়া।

Rustic, *adj.* খাহ-বজীয়া ; চহা।
অসভ্য; rude. হোজা simple.
n. হজুৱা।

Rusticity, *n.* হজুৱালি।
v. Rusticise.
adj. Rustical.
adv. Rustically.

Rustle, *v.* মৰ্ম্মৰোৱা। মৰ্ম্মৰ শব্দ কৰা, খহমহা।

Rustling, *n.* মৰ্ম্মৰণি। খমৃথমনি।

Rut, *n.* চকাৰ চিন ; Track left by a wheel (2) জাকফুৰাৰ সময়ত চিঞৰা পছৰ চিঞৰ।

Rut, *v.* বলিয়া তিওৱা।

Ruth, *n.* দয়া, করুণা, কৃপা।
adj. Ruthful,

Ruthless, *adj.* নিদাৰুণ।

Rutilant, *adj.* উজ্জল, চকমকীয়া।

Rye, *n.* যৱৰ নিচিনা এবিধ শস্য।

Royt, *n.* ৰায়ত ; কৃষক ; খেতিয়ক ; প্ৰজা।

S.

Sabaoth, *n.* সৈন্য।

Sabbath, *n.* দেওবাৰ। জিৰণি লোৱা দিন। বিশ্ৰাম-বাৰ। a day of rest. (The Sabbath of the Jews is on *Saturday*, the last day of the week; and the Sabbath of the Christians is on *Sunday*, the first day of the week.)

adj. Sabbatic
Sabbatical }

Sabine, *n.* a plant.

Sable, *n.* এবিধ জন্তু।

Sable, *adj.* কলা, কৃষ্ণবৰ্ণ।

Sabot, *n.* কাঠৰ জোতা।

Sabre, *n.* দা। তৰোৱাল। *v.* দাৰে কটা।

Sabulous, *adj.* বালীয়া Sandy.

Saccharine, *adj.* চেনি সম্বন্ধীয়।
v. Saccharify.

Sacerdotal, *adj.* পুৰোহিত সম্বন্ধীয় Priestly. *v.* Sacerdotalise.
adv. Sacerdotally.

Sacerdotalism, *n.* the spirit of the priesthood.

Sacerdotalist, *n.* a supporter of sacerdotalism.

Sack, *n.* জোলোঙা। থৈলা।

Sock-cloth. *n.* a coarse cloth formerly worn in mourning.

Sack-race, *n.* থৈলাৰ ভিতৰত গাটো সুমোৱাই কৰা দৌৰ।

Sack, *v.* লুট কৰা, কাঢ়ি লোৱা। to plunder. *n.* লুট (2) মদ।

Sacrament, *n.* সংস্কাৰ। *adj.* Sacramental.

Sacred, *adj.* পবিত্ৰ holy. ঈশ্বৰৰ উদ্দেশে দিয়া dedicated to God. অলঙ্ঘ্য inviolable.
adv. sacredly.
n. sacredness.

Sacrifice, *n.* যজ্ঞ। যাগ। পূজা হোম। (2) বলি (3) হানি।
Horse sacrifice = অশ্বমেধ।
Human sacrifice = নৰমেধ।
Imperial sacrifice = ৰাজসূয়।
Sacrifice one's self = আত্মোৎসৰ্গ।
v. উৎসৰ্গ কৰা। আন কোনোৰ নিমিত্তে নাশ কৰা। বিনাশ কৰা। বধ কৰা to kill. ত্যাগ কৰা। to aband on. বলি দিয়া।

Sacrificial. *adj.* যজ্ঞীয়।

Sacrificant, *n.* one who offers a sacrifice.

Sacrificer, *n.* পুৰোহিত a priest.

Sacrilege, *n.* পবিত্ৰ বস্তু বা ঠাইৰ অপবিত্ৰতা।

Sacrilegious, *adj.* অপবিত্ৰ। পাষণ্ড।
adv. Sacrilegiously.
n. Sacrilegiousness.

Sacrilegist, *n.* one guilty of sacrilege.

Sad, *adj.* শোকাকুল। শোকান্বিত। শোচনীয়। ম্লান। দুঃখজনক। বিষণ্ণ। বিমৰ্ষ, বেজাৰমুৱা, বিৰস, বিমন, মন-মৰা, আনন্দহীন, নিৰানন্দ, মলিয়ন, মোলান। Sorrowful; dejected.
v. Sadden—to make sad.
adv. Sadly. *n.* Sadness.
com. sadder. super. saddest.

Saddle, *n.* জীন।

To put the saddle on the right horse = আচল দোষীক নিন্দা কৰা।

Safe, *adj.* নিৰাপদ। unharmed. সুৰক্ষিত well protected.
n. Safety Followed by "in" "from" [Safe *in* a place. Safe *from* harm.] *adv.* Safely.

Safe, *n.* লোৰৰ পেৰা।

Safeguard, *n.* ৰক্ষা protection.

Saffron, *n.* কুঙ্কুম।

Sagacious, *adj.* তীক্ষ্ণ বুদ্ধি, চতুৰ।
adv. Sagaciously.
n. Sagacity.

Sage, *n.* জ্ঞানী মানুহ।

Holy Sage = ঋষি, মুনি।

Sago, *n.* চাগু।

Sail, *n.* পাল।

To set sail = নাও মেলা।

Sailor, *n.* নাবিক।

Saint, *n.* ঋষি, সিদ্ধপুৰুষ।

adj. Saintly,

Saintship, *n.* the character of a saint,

Saintly, *adj.* পবিত্ৰ।

Sake, *n.* কাৰণ।

For the sake of = কাৰণে।

For one's sake = কাৰো নিমিত্তে।

Salacious, *adj.* কামুক।

Salary, *n.* বেতন, দৰমহা।

Sale, *n.* বেচন।

adj. Saleable.

adv. Saleably.

Salesman, *n.* বেচোঁতা।

Fem. Saleswoman.

Salient. *adj.* প্ৰধান।

n. Salience.

adv. Saliently.

Saline, *adj.* লুনীয়া।

Salite, *v.* লোণ সনা।

Saliva, *n.* লালটি, লেলাউটি।

adj. Salival. Salivant. }

v. Salivate.

n. Salivation.

adj. Salivous.

Sallow, *adj.* হালধীয়া।

Sallowish *adj.* Somewhat sallow.

Sally, *v.* বাহিৰলৈ ওলোৱা।

Sally, *n.* নিৰ্গম।

Salmon, *n.* বৌ মাছৰ নিচিনা এবিধ মাছ।

Saloon, *n.* আহল বহল কোঠা।

Salt, *n.* লোণ। "নিমখ।"

adj. Salty Saltish }

Salubrious, *adj.* স্বাস্থ্যকৰ। wholesome.

n. salubrity.

adj. salubriously.

Salutary. *adj.* স্বাস্থ্যকৰ। হিতকৰ beneficial.

Salute, *v.* প্ৰণাম কৰা, নমস্কাৰ কৰা, চেলাম দিয়া।

Salutation, *n.* অভিবাদন। প্ৰণাম। ওলগ।

adj. Salutatory.

adv. Salutatorily.

Salvage, *n* উদ্ধাৰ।

Salvation, *n.* ত্ৰাণ। পৰিত্ৰাণ। মুক্তি। উদ্ধাৰ।

Same, *adj.* একে। সেই। সমান।

All the same = একেই।

In the same place = একে ঠাইতে।

At the same time = একে সময়তে। (2) তথাপি।

In the same manner = তেনেকৈ

তেনেকুৱাকৈ।
adv. Samely.
n. Sameness.
Sample, *n.* আদৰ্শ, নমুনা ।
Sanable, *adj.* সুস্থ কৰিব পৰা।
n. Sanability.
Sanative, *adj.* ৰোগ নাশক।
n. Sanativeness.
Sanatory *adj.* Conducing to health.
Sanctify, *v.* পবিত্ৰ কৰা। শুচি কৰা।
n. sanctification.
Sanctimonious, *adj.* নিষ্পাপ। শুচি। পবিত্ৰ।
Sanctity, *n.* শুদ্ধতা, পবিত্ৰতা।
Sanctuary, *n.* ধৰ্মালয়। পবিত্ৰ-স্থান। আশ্ৰম।
Sanction, *v.* মঞ্জুৰ কৰা।
Sand, *n.* বালি।
Sandy, *adj.* বালি-অঁহীয়া
Sandal, *n.* খৰম।
Sandalwood, *n.* চন্দন কাঠ। চন্দন গছ।
Sane, *adj.* সুস্থ healthy, অবিচলিত বুদ্ধি। not disordered in intellect.
adv. sanely.
n. saneness.
Sanguinary, *adj.* ৰক্তপ্ৰিয়। bloodthirsty. নিষ্ঠুৰ।
Sanguine, *adj.* Hopeful. Followed by "of" ব্যগ্ৰ। *v.* Sanguify.
Sanitary, *adj.* স্বাস্থ্য সম্বন্ধীয়। স্বাস্থ্যকৰ। tending to promote health.
Sanitarian, *n.* a promoter of sanitary reforms.
Sanitation, *n.* স্বাস্থ্য বিজ্ঞান। (বিশেষকৈ ঘৰ দুৱাৰ ভালকৈ ৰাখিবৰ প্ৰণালী।)
Sanitorium, *n.* স্বাস্থ্যকৰ ঠাই।
Sanitary Science = স্বাস্থ্য বিজ্ঞান।
Sanity, *n.* সুস্থতা।
Sap, *n.* সাৰ।
adj. sapful.
Sappy, *adj.* ৰসাল *n.* sappiness
Sap, *v.* খানি নষ্ট কৰা। P.T. P.P. Sapped. Present P. Sapping.
Sapless, *adj.* নীৰস, বিৰস
Sapid, *adj.* সোৱাদ।
n. Sapidity.
Sapience, *n.* নিপুণতা, জ্ঞান, যুক্তি reason.
adj. sapient.
adv. sapiently,
Saponaceous, *adj.* চাবোনৰ নিচিনা।
Saponify, *v.* চাবোনলৈ নিয়া।
saponification.

Saporific } Saporous } *adj*. giving a taste

n. Saporosity.

Sapper, *n*. দুৰ্গসজাত নিযুক্ত যোদ্ধা

Sapphire, *n*. নীলকান্ত মণি a gem

adj. Sapphirine.

Sarcasm, *n*. খেঁজালনি।

adj. sarcastic } sarcastical }

adv. sarcastically.

Sardonic, *adj*. ৰসহীন।

Sardonic laugh = কাঠ-হাঁহি।

Sash, *n*. টঙ্গালি।

(2) a frame for panes of glass.

Satan, *n*. পিচাশ, চয়তান।

adj. Satanic } Satanical }

Satchel, *n*. কিতাপাদি নিয়া মোনা।

Satellite, *n*. উপগ্ৰহ।

Satiate, *v*. হেঁপাহ পলুৱাই দিয়া, to give enough; আমুৱা to gratify fully.

n. satiability.

adj. Satiable.

Satiety, *n*. ওকোল-মোকল। অতি তৃপ্তি।

Satire, *n*. ঠাট্টা।

adj. Satiric } Satirical }

v. Satirise.

Satisfy, *v*. তৃপ্তি দিয়া, সন্তোষ কৰা।

Satisfaction, *n*. সন্তোষ, তৃপ্তি। শান্তি (2) প্ৰত্যয় conviction (3) পৰিশোধ payment.

adj. Satisfactory.

adv. Satisfactorily.

Satisfiable, *adj*. capable of being satisfied.

Satrap, *n*. A Persian viceroy.

Fem. Satrapess.

Saturate, *v*. টেঁপা কৰা।

Saturated *adj*. টেঁপাটেঁপ।

n. Saturation.

Saturable, *adj* that may be saturated.

Saturday, *n* শনিবাৰ।

Saturn, *n*. শনি।

Saturnalia, *n*. শনিৰ মহোৎসৱ। the annual festival in honour of Saturn.

Satyr, *n*. বনদেৱতা।

Sauce, *n*. আচাৰ, চাটনি, ইত্যাদি ৰুচিকৰ বস্তু।

Saucer, *n*. the plate or a teacup.

Saucer-eyed, *adj*. টেলেকা চকু-থকা।

Saucy, *adj*.ধৃষ্ট। Comp saucier Super sauciest.

adv. Saucily.

n. Sauciness.

Saunter, *v*. ইফালে সিফালে ফুৰা। গা ষেলোৱা।

Savage, *adj*. অসভ্য। uncivilised নিষ্ঠুৰ cruel.

Savagedom, *n*. savages collectively.

Savageness, *n*. barbarity; cruelty.

Savant, *n*. বিদ্বান মানুহ। a learned man.

Save, *v*. ৰক্ষা কৰা। পৰিত্ৰাণ কৰা। নিস্তাৰ কৰা। উদ্ধাৰ কৰা, তৰোৱা। সঙ্কটৰ পৰা ৰক্ষা কৰা। আপদৰ পৰা সৰোৱা। মুক্তি দিয়া to deliver from the power of sin (2) সঁচা to hoard (3) অধিক ব্যয় নকৰা to be frugal.

Save, prep. Except.

adj. Savable / Saveable

Saver, *n*. উদ্ধাৰক।

Saving, *adj*. সঞ্চিত, ৰক্ষিত। plu. earnings. উপাৰ্জ্জন।

Savings-bank = সঞ্চিত কোষ।

Saviour, *n*. উদ্ধাৰক। ত্ৰাতা।

Savour, *n*. আস্বাদ।

adj. Savoury.

Saw, *n*. কৰত।

Sawyer, *n*. কৰতী, one who saws timber.

Saw, *n*. a proverb.

Say *v*. কোৱা। (2) To take for granted. [কয়।

They say; it is said = মানুহে

That is to say = অৰ্থাৎ।

Saying *n*. উক্তি। বচন।

Say one's say = যি কব লগীয়া আছে কোৱা।

Scab, *n*. ভেৰাৰ ৰোগৰ। (2) ঘাৰ মুখত লাগি থকা শুকান পুঁজ।

Scabbard *n*. কাক।

Scaffold *n*. মঞ্চ। কাঠ বা বাঁহেৰে সজা চাংৰ নিচিনা আধাৰ।

Scald, *v*. দগ্ধ কৰা।

Scale, *n*. জখলা a ladder. (2) গ্ৰাম a succession of notes arranged in the order of pitch. (3) পৰিমাণ measure *e. g.* on a small scale অলপ পৰিমাণে। (4) in plu. তুলাচালনী a balance. (5) মাছৰ গা ঢাকি থকা বাকলি।

Scale, *v*. জখলা দি উঠা।

Scaly, *adj*. বাকলীয়া।

Scalpel, *n*. a knife.

Scamp, *n*. a rogue.

Scan, *v*. সূক্ষ্মৰূপে পৰীক্ষা কৰা। (2) to measure a verse.

Scandal, *n.* নিন্দা ; কলঙ্ক ; মিছা অপবাদ ; কুচ্ছা ।
v. Scandalise.
adj. Scandalous.
adv. Scandalously.

Scant, *adj.* কম ।
adv. Scantly / Scantily

Scanty, *adj.* Scant. অপ্রচুৰ ।
n. Scantiness / Scantness

Scape-goat, *n.* বলি ।

Scape-grace, *n.* নিৰ্গত । shameless idle fellow.

Scar, *n.* কটা দাগ । সাঁচ ।

Scarce, *adj.* দুষ্প্ৰাপ্য । আটকীয়া ।

Scarcely, *adv.* কথমপি (2) কাচিৎ ।
n. Scarceness / Scarcity

Scare, *v.* ভয় দেখুওৱা ।

Scarf, *n.* ৰিহা ।

Scarify, *v.* খুচি তেজ উলিওৱা ।
n. Scarification.

Scarificator, *n.* an instrument used in scarification.

Scarifier, *n* one who scarifies.

Scarlet, *n.* টিক্‌টিকীয়া ৰঙা ।

Scathe, *n.* ক্ষতি injury.
adj. Scatheful.

Scatter, *v.* ঠাই ঠাই কৰা ; ছটিওৱা ।

Scattered, *adj.* ছেৰেলি-বেৰেলি । থান্‌-বান ।

Scavenger, *n.* মেথৰ ।

Scene, *n.* ভাবনা কৰা ঠাই । stage. (2) দৃশ্য । spectacle (3) নাট্যবিষয়ৰ এক অংশ । part of a play. (4) ঘটনাৰ ঠাই ।

Scenery, *n.* দৃশ্য । *e. g.* How beautiful is the *scenery* of this place.

Scent, *n.* গোন্ধ ; গন্ধ । (2) সৌৰভ ।
adj. Scentful.

Scentless, *adj.* গন্ধহীন ।

Sceptic, *n.* সন্দেহকাৰী one who hesitates to believe.
adj. Sceptical.
adv. Sceptically.

Scepticism, *n.* সন্দেহ ।
v. Scepticize.

Sceptre, *n.* ৰাজশক্তি ।
To hold the sceptre = ৰাজত্ব কৰা ।

Schedule, *n.* তালিকা । তপচিল ।

Scheme, *n.* প্ৰণালী system. কল্পনা plan.
adj. Schemeful.

Scheme, *v.* (in bad sense) কল্পিপতা ।

Schism, *n.* মতভেদ।

adj. Schismatic. Schismatical }

Scholar, *n.* ছাত্র ; ছাতৰ। শিষ্য disciple. বিদ্বান a learned man.

adj. Scholarly.

Scholarship, *n.* বৃত্তি। জলপানী। (2) পাণ্ডিত্য।

Scholastic, *adj.* pertaining to a scholar or school.

adv. Scholastically.

School, *n.* পঢ়াশালি। ছাতৰশালি। পাঠশালা।

School Master, *n.* শিক্ষক। অধ্যাপক।

Fem. School mistress.

School teacher, *n.* শিক্ষক।

Science, *n.* জ্ঞান knowledge. (2) শাস্ত্র *e. g.* the science of astronomy=জ্যোর্তিবিদ্যা। (3) বিজ্ঞান।

adj. Scientific Scientifical }

adv. Scientifically.

Scientist, *n.* বিজ্ঞানবেত্তা।

Scimitar, *n.* তৰোৱাল।

Scintillate, *v.* ফিৰিঙতি বাহিৰ হোৱা। to emit sparks.

n. Scintillation.

adj. Scintillant.

Sciolist, *n.* যি কোনো বিষয় অলপ মোটামুটিকৈ জানে।

Sciolism, *n.* অল্পবিদ্যা।

Scion, *n.* পোখা।

Scissors, *n.* কেচি। (This word is true plural)

Scoff, *n.* পৰিহাস।

Scold, *v.* গালি পৰা। ভৎর্সনা কৰা। কেট্‌কেটোৱা।

n. কেচ্‌কেচী তিৰোতা।

Scolding, *n.* কেট্‌কেটনি।

Sconce, *n.* গড় a fort. (2) a covering for the head.

Scoop, *v.* খোল কৰা to hollow out. বোকা। ঘোঁকা। (2) সিচা। *n.* সেওঁত। লেহেতি।

Scope, *n.* অভিপ্রায়। মর্ম্ম।

Scorch, *v.* ডেওৱা। আধা পোৰা।

Score, *v.* চিন mark। গণনা। A reckoning.

Scorn, *v.* আওহেলা কৰা। নিন্দা কৰা। ঘিণোৱা। অসম্মান কৰা। অশ্রদ্ধা কৰা।

adj. Scornful.

adv. Scornfully.

To laugh to scorn=to deride. উপলুঙা কৰা।

Scorpion, *n.* বিছা (2) বিছা। অষ্টম বাশি The sign.

Scot, *n.* কৰ tax.

Scot free, *adj.* নিৰাপদ।

Scoundrel, *n.* অধম। খেৰেচ মানুহ।

Scoundrelism, *n.* baseness.

Scour, *v.* মচা। to make clean.

Scourge, *n.* চেকনী। চাবুক। (2) শাস্তি।

Scourge, *v,* কোবোৱা to whip. শাস্তি দিয়া। to chastise.

Scout, *n.* চোৰাং-চোৱা। Spy.

Scowl, *v.* খোপা কৰা।

Scrabble, *v.* আঁকা। মিছামিছিকৈ লিখা।

Shraggy, *adj.* খীণ। lean. *adv.* Scraggily. *n.* Scrag.

Scramble, *v.* হাতেভৰে ধৰি উঠা to climb up.

Scrap, *n.* খণ্ড। এডোখৰ। Fragment.

Scrape, *v.* চোঁচা। চাঁচা।

Scraper, *n.* চোঁচোঁতা।

Scraping, *n.* চোঁচান।

Scratch, *v.* বাকোহা। আঁচোৰা।

Scratch out=মোহাৰি পেলোৱা। to rub.

Scrawl, *v.* মিছামিছিকৈ লিখা। to scribble.

Scream, *n.* আটাহ। বিং।

Scream, *v.* আটাহ পৰা।

Screech, *v.* চিঞৰা। কেঁসৰ নিচিনা শব্দ কৰা।

Screen, *n.* পৰ্দা। আৰ। ঢাকনী। *v.* to cover ; to conceal.

Screw, *n.* পেঁচ। পাক। *v.* বন্ধা to fasten. (2) অত্যাচাৰ কৰা

Scribble, *v.* to scrawl. আঁকবাঁক কৰা।

Scribbler, *n.* লিখক।

Scrip, *n.* জোলোঙা। a wallet.

Scripture, *n.* ধৰ্মপুথি। *adj.* Scriptural.

Scrivener, *n.* মহাজন a financial agent.

Scroll, *n.* মুৰা।

Scrub, *v.* শোটাকানিৰে মচা।

Scruple, *n.* সন্দেহ (2) A weight of 20 grains.

Scrupulous, *adj.* অতি সাৱধান। careful. (2) সূক্ষ্ম Exact. (3) আশংকাযুক্ত full of scruples. *adv.* Scrupulously.

Scrupulousness, *n.* আশঙ্কা।

Scrutinize, *v.* দকৈ চোৱা। সূক্ষ্মৰূপে পৰীক্ষা কৰা। (2) বিচৰা। to search. ভালকৈ খোৰ লোৱা। *n.* Scrutiny. *adj.* Scrutinous.

adv. Scrutinously.

Scrutinizer, *n.* one who scrutinizes.

Scudo, *n.* a kind of coin. plu. scudi.

Scuffle, *v.* জোটাপুটি কৰা। হাই কৰি দন্দ কৰা। মৰামৰি কৰা।

Scull, *n.* সৰু নাও।

Scullery, *n.* আখলৰ যি ঠাইত কাঁহী-বাটি ধোৱা হয়।

Scullion, *n.* ৰান্ধনি ঘৰত কাম কৰা চাকৰ। কাঁহী-বাটি ধোৱা চাকৰ। (2) অকামিলা মানুহ। অবাল্চন্ক মানুহ।

adj. Scullionly.

Sculpin, *n.* এবিধ সাগৰৰ মাছ।

Sculpture, *n.* শিলত মূৰ্ত্তি অঁকা বিদ্যা। শিল বা আন ধাতুত কাৰি-কৰি কৰা বিদ্যা।

Sculptor, *n.* কাৰিকৰ।

adj. Sculptural.

adv. Sculpturally.

Scum, *n.* ভেৰেৰ। গেদেৰি।

Scurf, *n.* ফাপৰ।

Scurrile, Scurrilous } *adj.* অযাচ্য। উডং। অশ্লীল। indecent.

adv. Scurrilously

n. Scurrili y.

Scurrilousness, *n.* Scurrility.

Scurry, *v.* উতালিকে লৰ মৰা।

Scurvy, *adj.* নীচ। নীহ। নিকৃষ্ট। Low ; mean.

adv. Scurvily.

n. Scurviness.

Scutch, *v.* ধুনা। to separate from the core, as flax.

Scutcheon, *n.* আবৰণ। আখৰ।

Scuttle, *n.* পাচি।

Scuttle, *v.* to hurry.

Scythe, *n.* ঘাঁহ কটা কাচি।

Sea, *n.* সাগৰ। সমুদ্ৰ। (2) ঢৌ (3) ভালেখিনি।

At sea = সাগৰত। মাটি নেদেখা ঠাইত। (2) অনিশ্চিত অৱস্থাত।

Beyond the seas = দেশৰ বাহিৰত।

To go to se a = নাবিকৰ ব্যৱসায় অৱলম্বন কৰা।

Sea-bear, *n.* বগা গাহৰি।

Sea-board, *n.* the sea coast.

Sea-born *adj.* সমুদ্ৰজাত। produced by the sea.

Sea-farer, *n.* নাবিক।

Sea-fight, *n.* জাহাজেৰে সাগৰত কৰা যুদ্ধ।

Sea-girt, *adj.* সাগৰে বেৰি থোৱা।

Sea-man, *n.* নাবিক।

Sea-port, *n.* বন্দৰ।

Sea-serpent, *n.* সমুদ্ৰনাগ।

Sea-shore, *n.* সাগৰৰ দাঁতি।

Sea-sickness, *n.* "সাগৰৰ বেমাৰ। সমুদ্ৰলৈ প্ৰথম আহিয়েই এই বেমাৰ হয় বুলি ইয়াক "সাগৰৰ বেমাৰ" নাম দিয়ে। প্ৰথমে মূৰটো গধুৰ লাগে, লাহে লাহে মূৰ ঘূৰাবৰ নিচিনা হয়। বাতি অহাৰ ভাব হয়। তাৰ পিচত মূৰৰ ভিতৰত মস্তিষ্কৰ মাজত খোচা কটাৰ অনুভৱ আৰু বমি হয়। এই বেমাৰ বেচি দিন নেথাকে, সোনকালে ভাল হয়। সাগৰত ধুমুহা আদি নেথাকিলে এই বেমাৰ ১ কি ১॥ দিন থাকে কিন্তু যদি ধুমুহা থাকে তেন্তে সি কেবাদিনো থাকিব পাৰে।"

Sea ward, *adv.* toward the sea.

Sea worthy, *adj.* সাগৰত যাবলৈ যোগ্য।

Seal, *n.* মোহৰ। চাপ।
v. মোহৰ মৰা। সাঁচত মৰা to put a seal to.

Seam, *n.* কাপোৰৰ গাঠি। সিয়নি।

Seamstress, *n.* যি জনী তিৰোতাই সিয়া কাম কৰি জীৱিকা উপাৰ্জ্জন কৰে।
a sempstress.

Sear, *v.* শুকাই খৰ্খৰীয়া হোৱা।
adj. শুকান। মৰ্ম্মৰীয়া।

Search, *v.* বিচৰা। বুজবাজ কৰা। (2) তথ লোৱা to make inquiry.

Search, *n.* বিচাৰ-খোচাৰ।

Season, *n.* ঋতু। (2) কাল। সময় time.

In due season = যথাসময়ত। (3) উপযুক্ত সময় a fit time.

Season, *v.* খাবলৈ উপযুক্ত কৰা।
adj. Seasonable.

Seasoning, *n.* মচলাদি বস্তু।

In season and out of season = যেতিয়াই তেতিয়াই।

Seat, *n.* আসন। (2) চকী, পীৰা a chair. (3) স্থান abode.

Seat, *v.* বহোৱা।

Seclude, *v.* আঁতৰি থকা। বেলেগে থোৱা। to shut up. জনশূন্য ঠাইত থকা।
Followed by "from"

Secluded, *adj.* নিৰ্জন। মানুহ-নথকা।
n. Seclusion.

Second, *adj.* দ্বিতীয়।

Without a second = অদ্বিতীয়।

Second, *n.* "চেকেণ্ড"। the 60th part of a minute. (2) সহায়।

Second hand = পুৰণি। নতুন নোহোৱা। হাত-বাগৰা।

Second rate = মধ্যমশ্ৰেণী।

Second, *v.* সহায় কৰা to assist. সমৰ্থন কৰা to support.

Secret, *adj*. গুপ্ত। লুকাই থোৱা। ভিতৰুৱা। (2) নিৰ্জ্জন।
n. Secrecy.

Secretly, *adv*. মনে মনে। আনে নজনাকৈ। ভিতৰি।

In secret = secretly.

Secretary, *n*. Writer লেখক। চেক্রেটৰী। (2) সম্পাদক।

Secrete, *v*. লুকোৱা। লুকাই থোৱা। to conceal.

Sect, *n*. সম্প্রদায়। একে ধৰ্ম্ম, মত লোৱা এদল মানুহ।
adj. Sectarian.

Section, *n*. ভাগ।

Secular, *adj*. সংসাৰিক। লৌকিক।

Secularity, *n*. ইহকালৰ বিষয়ে চিন্তা। ঐহিকতা।
v. Secularize.
adv. Secularly.

Secure, *adj*. নিৰ্ভয় free from fear.
(2) স্থিৰ firm. (3) অসাৱধান careless.
Followed by "against" "from"

Secure, *v*. বিপদৰ পৰা সতৰ্ক হোৱা। (2) ৰক্ষা কৰা। (3) নিশ্চয় কৰা। (4) ধৰি আটক কৰা। (5) অধিকাৰ কৰা। পোৱা। গৰাকী হোৱা *e. g.* to secure an estate.
adj, Securable.
adv. Securely.

Security, *n*. ৰক্ষা। (2) জামিন। লগা।

Sedate, *adj*. শান্ত। ধীৰ। স্থিৰ। গম্ভীৰ। নিজু।
adv. Sedately.
n. Sedateness.

Sedative, *n*. নবিয়াক খুওৱা কাথ।

Sedentary, *adj*. বহি থকা। অব্যায়ামী
adv. Sedentarily.
n. Sedentariness.

Sedge, *n*. নল। Reed.

Sediment, *n*. মেদ। জুলীয়া বস্তুৰ তলত পৰি থকা মল।
adj. Sedimentary.

Sedition, *n*. ৰাজবিদ্রোহ।
adj. Seditious.
adv. Seditiously.

Seduce, *v*. অবাটে নিয়া। দোষযুক্ত কৰা। প্রলোভন দেখুৱাই তিৰীৰ সতীত্ব নাশ কৰা। দুষ্টই প্রলোভন দি ভুলোৱা।
n. Seducement. / Seduction.

Seductive, *adj*. প্রলোভক।
adv. Seductively.

Sedulous, *adj*. পৰিশ্রমী।
adv. Sedulously.
n. Sedulity.

See, *n.* গোসাঁই, মহন্তৰ অধিকাৰ। the jurisdiction of a bishop

See, *v.* দেখা। চোৱা। (2) গম পোৱা। বুজা। (3) মন দিয়া। (4) দেখা কৰা। to visit.

See, *int.* চোৱা Look.

Seeing, *n.* দৰ্শন।

Seeing, *conj.* কাৰণ।

Seed, *n.* বীজ। গুটি। *adj.* Seedy.

Seedling, *n.* পুলি।

Seed plot, *n.* যি ঠাইত গুটী সিচা হয়।

Seedsman, *n.* a person who deals in seeds.

Seed time, *n.* বোৱাকাল।

Seed vessel, *n.* বীজকোষ।

Seek, *v.* বিচৰা। পাবলৈ চেষ্ট কৰা। (2) চেষ্টা কৰা। to attempt. (3) মগা to solicit.

Seek after=পিছত লগা ধৰা। উলিয়াবলৈ যত্ন কৰা।

Seek for=উলিয়াবলৈ চেষ্টা কৰা।

Seem, *v.* অনুমান হোৱা ; বোধ হোৱা। *e. g.* Sad hours *seem* long.

(May be expressed by using the অব্যয়—যেন। *e. g.* His word *seems* to be true=তাৰ কথাটো সঁচা যেন লাগিছে।)

It seems to me=I think. [মোৰ মনেৰে।

Seemingly, *adv.* ওপৰে ওপৰে।

Seemly, *adj.* উপযুক্ত। proper.

Seer, *n.* a prophet.

See-saw, *n.* a game.

Seethe, *v.* সিজোৱা।

Segment, *n.* অংশ।

Segment of a circle=বৃত্তখণ্ড।

Segregate, *v.* বেলেগ কৰা। আঁতৰোৱা। *n.* Segregation.

Seignior, *n.* ডাঙৰীয়া।

Seismic, Seismal } *adj.* pertaining to earthquakes.

Seize, *v.* খপ্‌কৰে ধৰা। ঘপৰাই খামোচা মাৰি ধৰা। (2) বলেৰে কাঢ়ি লোৱা। (3) আক্ৰমণ কৰা। (4) ধৰা to take hold of (5) দখল কৰা। হাতলৈ অনা। Followed by "on" "upon" "with".

Seldom, *adv.* কদাচিৎ। সদায় নহয়। not frequently.

Select, *v.* বাছি লোৱা। ভাল বুলি লোৱা। *n.* Selection. *adj.* Selective.

Selenology, *n.* that branch of astronomy which treats of the moon.

Self, *n.* pron. স্বয়ং; আপুনি ;নিজে ।
plu. selves.
Self-acquired, *adj.* স্বোপার্জ্জিত ।
Self-conceit, *n.* আত্ম-শ্লাঘা ।
Self-control, *n.* আত্ম-সংযম ।
Self-culture, *n.* আত্মোৎকৰ্ষ ।
Self-denial, *n.* আত্ম-ত্যাগ ।
Self-defence, *n.* আত্ম-ৰক্ষা ।
Self-done, *adj.* স্বকৃত ।
Self-interest, *n.* আত্ম-হিত ।
Self-reliance, *n.* আত্ম-নির্ভৰ ।
Self-support, *n.* স্বাৱলম্বন ।
Self-made man = আপোন চেষ্টাত মানুহ হোৱা মানুহ ।
Self-willed, *adj.* মইমত ।
Selfish, *adj.* আপোনপেটা ।
Selfishness, *n.* আপোনপেটালি ।
Sell, *v.* বেচা । বিক্ৰী কৰা । বিকা ।
Seller, *n.* বেচোতা ।
Selling, *n.* বিক্ৰী ।
Selvedge, Selvage } *n.* পাৰি । শেল ।
Semblance, *n.* আভাস ।
Semen, *n.* শুক্ৰ ।
Semicircle, *n.* বৃত্তাৰ্দ্ধ ।
adj. Semicircular.
Semicololon, *n.* শুক-যতি ।
Semidiameter, *n.* a radius.
Seminal, *adj.* pertaining to semen.

Seminary, *n.* পঢ়াশালি । বিদ্যালয় ।
Semivowel, *n.* A half-vowel. (*w* anb *y* are called semi-vowels)
Sempiternal, *adj.* নিত্য ।
n. Sempiternity.
Sempstress, *n.* কটনাকাটি যি জনী তিৰোতাই জীবিকা উপাৰ্জ্জন কৰে ।
Senate, *n.* মন্ত্ৰসভা । ব্যৱস্থাসভা ।
Senate-house, *n.* সভাঘৰ ।
Senator, *n.* সভাসদ ।
adj. Senatorial.
Senatorship, *n.* the office of a Senator.
Send, *v.* পঠিওৱা ।
Sender, *n.* প্ৰেৰক ।
Sending, *n.* প্ৰেৰণ ।
Send for = মাতি পঠিওৱা ।
Senility, *n.* বৃদ্ধাবস্থা ।
adj. Senile.
Senior, *adj.* জ্যেষ্ঠ । Elder. বয়সীয়াল । পুৰণি
Sennight, *n.* সপ্তাহ a week. [জ্ঞান ।
Sensation, *n.* সাৰ । চেতনা । ইন্দ্ৰিয়-সংজ্ঞা । (2) perception. উপলব্ধি । (3) A great impression.
adj. Sensational.
Sensationary, *adj.* Sensational.

Sense, *n.* জ্ঞানেন্দ্ৰিয়।

Sense of touch = স্পৰ্শেন্দ্ৰিয়।

Sense of taste = ৰসনেন্দ্ৰিয়।

Sense of sight = দৰ্শনেন্দ্ৰিয়।

Sense of smell = ঘ্ৰাণেন্দ্ৰিয়।

Sense of hearing = শ্ৰৱণেন্দ্ৰিয়।

(2) উপলব্ধি perception.

(3) জ্ঞান। বুদ্ধি (4) অৰ্থ meaning. (5) ভাৱ purport.

Common sense = বিবেক।

Moral sense = ধৰ্ম্মবুদ্ধি।

To come to senses = চেতনা পোৱা।

Sensible, *adj.* চেতনাযুক্ত। জনা *e. g.* Few young persons are *sensible* of the importance of punctuality. (2) বুদ্ধিমান (3) উপযুক্ত।

n. Sensibility. অনুভৱ।

adv. Sensibly.

Sensitive, *adj.* সচেতন। (2) Having feelings easily excited.

Sensual, *adj.* কামাতুৰ। ইন্দ্ৰিয় সুখাভিলাষী।

Sensuality, *n.* ইন্দ্ৰিয়সুখোপভোগ।

Sensual pleasures = ইন্দ্ৰিয়সুখ।

Sensualist, *n.* লুতুৰা মানুহ।

v. Sensualize.

adv. Sensually.

Sensuous, *adj.* readily affected through the senses.

Sentence, *n.* নিৰ্ণয়। Decision. (2) condemnation দণ্ডাজ্ঞা। (3) বাক্য।

Sentence, *v.* শাস্তিৰ হুকুম দিয়া।

Sententious, *adj.* সংক্ষিপ্ত।

adv. Sententiously.

n. Sententiousness.

Sentient, *adj* having the faculty of perception.

adv. Sentiently.

Sentiment, *n.* মত। ভাব। ৰস। Feeling.

adj. Sentimental.

Sentinel, Sentry } *n.* পাৰী-পহৰি।

Separate, *v.* অতৰাই দিয়া। বেলেগ কৰা। সুকীয়াকৈ থোৱা। আলগ কৰা। বায়ঙ্গে থোৱা।

adv. Separately.

n. Separation.

Sepoy, *n.* চিপাহী।

September, *n.* ইংৰাজী মাহৰ নৱম মাহ।

Septenary, Septennial } *adj.* সপ্তবাৰ্ষিক।

Sepulchral, *adj.* মৰি-শালি সম্বন্ধীয়।

Sepulchre, *n.* মৈদাম। মৰিশালি।

Sepulture, *n.* পোতন। Burial.

Sequacious, *adj.* যুক্ত। logically consistent.

n. Sequaciousness. / Sequacity.

Sequel, *n.* ফল।

পৰিণাম। পৰিণতি।
Followed by 'to' 'of.'

e. g. sequel an event ; sequel of a battle.

Sequence, *n.* অনুক্ৰম।

adj. Sequent / Sequential

Sequester, *v.* বেলেগ কৰা। এপিনে থৈ দিয়া (2) অকল শৰীয়া হোৱা।

Sequestrate, *v.* ক্ৰোক কৰা।

n. Sequestration.

Sequestor, *n.* one who sequesters.

Seraglio, *n.* অন্তেস্পুৰ a place for keeping wives. (2) চেমনীৰ ঘৰ।

a place for keeping concubines.

Seraph, *n.* স্বৰ্গৰ দূত An angel.

plu. Seraphs. / Seraphim

adj. Seraphic / Seraphical

adv. Seraphically.

Serenade, *n.* ৰাতি প্ৰিয়তমাৰ উদ্দেশে গোৱা সুললিত গীত।

Serene, *adj.* বিমল pure. (2) শান্ত calm.

adv. Serenely.

n. Sereneness / Serenity

Serf, *n.* দাস। বন্দী। slave.

ab. *n.* Serfdom / Serfhood

Serge, *n.* এবিধ কাপোৰ।

Serjeant, *n.* পুলিচ কৰ্ম্মচাৰী।

Series, *n.* লানী। ক্ৰম। নানি। আৱলি।

adj. Serial.

Serious, *adj.* গম্ভীৰ। অলঘু not light. গধুৰ।

Seriously, *adv.* সচাঁকৈ truly. (2) দৃঢ়কৈ *e. g.* This is a matter which ought to be *seriously* looked into. (3) ডাঠকৈ।

n. Seriousness.

Sermon, *n.* ধৰ্ম্ম-বিষয়ক বক্তৃতা।

v. Sermonize.

Serous, *adj.* পনীয়া। (2) পাতল।

n. Serosity.

Serpent, *n.* সাপ, সৰ্প।

A loud hissing sound of a serpent = ফোঁপাউৰি।

Serpentine, *adj.* সাপৰ নিচিনা বেঁকোবাবেঁকোবি।

Serpent-charmer, *n.* যুগী।

Serve, *v.* সেৱা কৰা। শুশ্ৰূষা কৰা।
(2) আলপৈচান ধৰা attend.
(3) পৰিচৰ্য্যা কৰা
as in table. (4) খটা to work.
(5) উপকাৰ কৰ to do good.
(6) ঠাইত হোৱা to be in the place of *e. g.* the bench served him for a bed.

Service, *n.* সেৱা (2) কাম work খাটনি। (3) উপকাৰ, help ; সহায় assistance (4) উপযোগিতা, usefulness. (5) ধৰ্ম্ম আচাৰ religions rites.
adj. Serviceable.
adv. Serviceably.
n. Serviceableness.

Service-book, *n.* a prayer book.

Servant, *n.* চাকৰ ; ভৃত্য ; দাস সেৱক ; কিঙ্কৰ ; বন্ধুৱা।

Servantman, *n.* বন্দী। আলধৰা।

Servant maid, Servant girl } *n.* বেটী; বান্দী।

Servile, *adj.* নীচ। অধম। নীহ। দাস্য ; অধীন dependent.
with Servility.=লটি সুটি।

Servility, *n.* দাসত্ব। লোটনি।

Serving-maid. *n.* বান্দী।

Serving man, *n.* বন্দী।

Servitor, *n.* সেৱক, লগুৱা। (2) পৰিচাৰক "formerly, in Oxford University, a student aided by College funds and doing menial duties."

Servitude, *n.* দাসত্ব; দাস্য অধীনতা।

Sesame, *n.* তিল।

Sesquipedalian, *adj.* দুহাতমান দীঘল।

Session, *n.* a sitting. উপবেশন। আদালতৰ, বিদ্যালয়ৰ সমজুৱাসকলৰ, আৰু সভাদিৰ বহন। (in *law* generally in *plural*)

Set, *v.* থোৱা to place.
(2) পোনকৈ থোৱা। (3) দাম ঠিক কৰা। (4) সুবিধানুসাৰে নিৰ্দ্ধাৰণ কৰা। (5) গতি নিয়মিত কৰা। *e. g.* to set a timepiece.
(6) লগোৱা। পতা। *e. g.* set with precious stones=বাখৰ পতা। (7) মনতে ঠিক কৰা।
(8) কৰতাদি শানত দি ধৰোৱা।
(9) অস্ত যোৱা। পৰা।
e. g. বেলি পৰিছে।

Set about=আৰম্ভ কৰা।

Set against=to oppose.

Set apart=আঁতৰাই থোৱা। সুকীয়াকৈ থোৱা।

Set aside=পেলাই দিয়া। এৰি দিয়া। to reject.

Set before=দেখুওৱা।

Set at defiance=তুচ্ছ কৰা। আস্পৰ্দ্ধা কৰা।

Set at ease=স্থিৰ কৰা। শান্ত কৰা।

Set at naught=তৃণবৎ মন কৰা।

Set a snare=জাল পতা।

Set at work=কামত লগোৱা।

Set by=এপিনে থৈ দিয়া।

Set case=অনুমান কৰা। to suppose..

Set down=টুকি থোৱা। to enter.

Set eyes on=চোৱা to see.

Set fire to / Set on fire } জুই লগোৱা।

Set forth=প্ৰকাশ কৰা। to manifest.

Set free=খালাচ দিয়া। মুকলি কৰি দিয়া।

Set in=আৰম্ভ হোৱা। অহা *e. g.* the hot season had set in.

Set in order=লাগবান্ধ খুৱাই থোৱা।

Set off=বেলেগ কৰা। (2) ধুন পেচ মৰা। (3) যাত্ৰা কৰা। *e. g.* she immediately *set off* for village where her grand-mother lived.

Set on=উদগাই দিয়া।

Set on foot=যাত্ৰা কৰা। (2) কৰিবলৈ ধৰা। *e. g.* He will soon *set on foot* a subscription.

Set out=যোৱা *e. g.* He has *set out* for Delhi.

Set sail=নাও মেলা।

set up=তোলা। উঠোৱা। (2) পতা। স্থাপন কৰা। *e. g.* to set up a school.

Set upon=আক্ৰমণ কৰা।

Set an example=আদৰ্শ হোৱা।

Set, *adj.* দৃঢ়। অলৰ। অচল।

Settee, *n.* বহুত মানুহ একেলগে বহি আঁউজিব পৰা আসন।

Setter, *n.* চিকাৰী কুকুৰ।

Settle, *v.* ঠাই লোৱা। (2) নিষ্পত্তি কৰা (3) সন্ধি কৰা। (4) তলত পৰা to fall to the bottom.

n. Settlement.

Settler, *n.* অধিবাসী।

Seven, *adj.* সাত।

Sevenfold, *adj.* সাতগুণ।

Seventeen, *adj.* সোতৰ। সতৰ।

Seventh, *adj.* সপ্তম।

Seventy, *adj.* সত্তৰ। সত্তৰি।

Sever, *v.* বেলেগ কৰা। বিচ্ছেদ কৰা। পৃথক কৰা। কুটাছিঙ্গি এৰা।

Several, *adj.* কেইবা। অনেক। ভালেমান।

বহুত। *e. g.* The north-east storm drove *several* ships

from their anchors. কেইবাটা।
গোটাচেবেক।

Severally, *adv.* প্ৰত্যেকে (2)
বেলেগে Separately. [টান।

Severe, *adj.* তীব্ৰ। উগ্ৰ। কঠোৰ।
(2) নিয়মনিষ্ঠ। cruel.
adv. Severely.
n. Severeness }
Severity.

Sew, *v.* সিয়া।

Sex, *n.* স্ত্ৰী-পুৰুষৰ চিন। লিঙ্গ।
The fair sex=স্ত্ৰীজাতি।

Sexual, *adj.* pertaining to sex.
sexual love=আদি ৰস।
Sexual intercourse=মতা তিৰোতাৰ সংসৰ্গ। স্ত্ৰীসঙ্গম। মদনকেলি।

Sexagenerian, *n.* ষাঠি বছৰীয়া মানুহ।

Sexangle, *n.* a figure having six angles.

Sexennial, *adj.* ছবছৰীয়া। ছবছৰৰ অন্তৰে হোৱা।

Sexton, *n.* গিৰ্জ্জাঘৰৰ পৰিচাৰক।

Sextonship, *n.* the office of a sexton.

Shabby, *adj.* ফটাছিটা কাপোৰ পিন্ধা। কদৰ্য্য। কুচ্ছিত।
n. Shabbiness.

Shackle, *n.* শিকলি। (2) হাতকেৰেঙা।

Shaddock, *n.* বেৰাব টেঙা।

Shade, *n.* ছাঁ।
adj. Shady. চেঁচুকীয়া।

Shadow, *n.* ছাঁ।

Shaft, *n.* কাঁড়। শৰ।

Shaggy, *adj.* নোমাল।
n. Shagginess.

Shah, *n.* যৱনৰজা।

Shake, *v.* কঁপা; লৰা।
(2) লৰোৱা। জোকৰা।
shaking of the eye=চকুস্পন্দ, চকুলৰা, চকুকঁপা।

Shake off=গুচোৱা।

To shake hands=প্ৰীতি মনেৰে হাত ধৰা।

Shaky, *adj.* লৰকফৰক। [ক্ৰিয়া।

Shall, *v.* ভৱিষ্যৎ কালসূচক সহকাৰী

Shallop, *n.* সৰু নাও।

Shallow, *adj.* তৰং। দ-নোহোৱা।

Sham, *adj.* কৃত্ৰিম। মিছা। ফাঁকিফুকা।

Sham fight=ধেমালি যুঁজ।

Shame, *n.* লাজ। (2) অপমান
Followed by 'at,' 'for.'

Shame, *int.* ধিক্।

Shame, *v.* to cause to feel shame; to be ashamed. চন্দুৱা পৰা।
লাজ দিয়া। লাজ পেলোৱা।
অপমান কৰা। লঘুকৰা।

Shameless, *adj*. নিলাজ। নির্গত; অপমানলৈ ভয় নথকা।

Shamelessness, *n*. নির্লজ্জতা। নির্গতালি।

Shampoo, *v*. গা পিটিকা। গা টিপা।

Shape, *n*. আকাৰ। গঢ়। আকৃতি। ঠাচ। ৰূপ। ঠগ।
Form ; figure ; cast ; cut.

Shapeable, *adj*. capable of being shaped.

Shapeless, *adj*. নিৰাকাৰ। (2) কুৰূপ। আগঢ়ী। অশুৱনি। [শুৱনি।
n. Shapelessness.

Shapely, *adj*. সুৰূপ। গঢ়িত।

Shape, *v*. গঢ়া। সজা। প্ৰস্তুত কৰা।

Share, *n*. ভাগ। অংশ। (2) ফাল of the plough.
Followed by 'of,' 'for.'

Sharer, *n*. ভাগী। ভগিয়াৰ। অংশীদাৰ।

Share, *v*. অংশ কৰা। ভগা। বটা।

Shark, *n*. a kind of fish. (2) a cheat.

Sharp, *adj*. চোকা। ধাৰাল। তীখাল। প্ৰবল। উগ্ৰ। তীক্ষ্ণ। প্ৰখৰ। তীব্ৰ। কঠোৰ।
adv. Sharply.

Sharpen, *v*. ধৰোৱা। শানত দিয়া।
n. Sharpness.

Sharper, *n*. ধূৰ্ত্ত। টেঙৰ।

Sharp witted, *adj*. চোকা বুদ্ধিযুক্ত।

Shatter, *v*. ডোখৰ ডোখৰকৈ ভঙা। to break into many pieces. উৰলি যোৱা।

Shave, *v*. খুৰোৱা with a razor. চঁচা।

Shaving, *n*. the act of one who shaves.

She, *pron*. তাই। জনা। তেঁও।
mascu : He.

Sheaf, *n*. আটি। পোলা।
plu. Sheaves.
v. মুঠা বন্ধা। আটি বন্ধা।
adj. Sheafy.

Shear, *v*. কাতিৰে কটা।

Shearer, *n*. লোমছেদক।

Sheath, *n*. ফাঁক। a case for the reception of an instrument.
v. Sheathe.
adj. Sheathy.

Sheathless, *adj*. without a sheath.

Sheave, *n*. চকৰি। the wheel of a pulley.

Shed, *v*. পেলোৱা to let fall.
(2) এৰা। ত্যাগ কৰা to cast off.
To shed tears = চকুপানী পেলোৱা।
To shed blood = ৰক্তপাত কৰা।
To shed fragrance = সুগন্ধি কৰা।
To shed lustre = পোহৰোৱা।

To shed a lustre on the country=দেশৰ মুখ পোহৰোৱা।

Shed, *n.* চালি।

Cow-shed=গোহালি। গো-শালা, গৰুৰ ঘৰ।

Sheen, *adj:* উজ্জ্বল। চকচকীয়া। চক্‌মকীয়া। Glittering.

Sheeny, *adj.* bright.

Sheep, *n.* ভেঁড়া। It has the *same* form for the plural as for the singular.

Sheepeaded, *adj.* অধামূৰ্খ।

Sheepish, *adj.* like a sheep.

Sheep-walk, *n.* ভেঁড়া চৰোৱা পথাৰ।

Sheer, *adj.* শুদ্ধ pure.

(2) কেৱল mere (3) থিয়, perpendicular.

Sheer, *v.* আওপকীয়াকৈ যোৱা।

Sheet, *n.* চেলেং চাদৰ।

(2) of paper কাগজ। (3) ৰচি, a rope.

Sheet-anchor, *n.* মহালঙ্কৰ।

Shelf, *n.* a board in a wall for laying things on, such as vessels, books &. পাভটি। plu. shelves.

Shell, *n.* বাকলি। চোকোৰা।

(2) বম্-গোলা।

Conch-shell=শঙ্খ।

Shell-fish, *n.* শামুক।

Shelly, *adj.* Consisting of shells.

Shelter, *n.* আশ্ৰয়। আলম protection.

Shelter, *v.* to protect; to save.

To take shelter=শৰণাগত হোৱা।

Shepherd, *n.* ভেঁড়াৰখীয়া।

(2) যাজক।

Fem. Shepherdess.

Sheriff, *n.* বিলাতৰ প্ৰত্যেক জিলাৰ হাকিম।

Shew, *v.* to show.

Shield, *n.* ঢাল। বাৰু।

Long shield=ফৰ।

Shield, *v.* to defend.

Shift, *v.* পৰিবৰ্ত্তন কৰা। আতৰোৱা। to remove.

(2) উপায় অবলম্বন কৰা। (3) ফিকিৰ পতা।

Shift, *n.* উপায়; কৌশল trick.

Shifty, *adj.* টেঙৰ।

Shilling, *n.* চিলিং। বিলাতৰ ৰূপমুদ্ৰা-বিশেষ। সময়ানুসাৰে ইয়াৰ দাম আঠৰ পৰা বাৰ অনালৈকে হয়।

Shin, *n.* আঠুৰ তলৰ আক সৰু গাঁঠিৰ ওপৰৰ ভৰিৰ সম্মুখ ভাগ।

Shine, *v.* পোহৰ কৰা। উজ্জ্বল কৰা। দীপ্তি দিয়া। জিলিকা।

তিৰবিৰোৱা। (2) প্ৰখ্যাত হোৱা।

Shine, *n.* প্ৰভা। কিৰণ। দীপ্তি। ৰশ্মি।

Shiny, *adj.* bright.

Shingle, *n.* তক্তা।

Ship, *n.* সমুদ্ৰ-জাহাজ।

Ship-wreck, *n.* সমুদ্ৰ-জাহাজ বিনাশ।

Ship-wright, *n.* জাহাজ নিৰ্ম্মাণ কৰোঁতা।

Shipyard, *n.* যি ঠাইত জাহাজ সজা হয়।

Shirk, *v.* গা-এৰাই ফুৰা। to avoid.

Shirt, *n.* কামিজ।

Shiver, *v.* কঁপা।

Shiver, *v.* গুড়ি কৰা। to break into pieces.
adv. shiveringly
adj. shivery.

Shoal, *n.* জুম। (2) মাছৰ জাক।

Shock, *n.* আঘাত। মনৰ ব্যথা।

Shocking, *adj.* হিয়াত লগা। ভীষণ। উদ্বেগকৰ।
Followed by 'to.'

Shoe, *n.* জোতা।

Shoemaker, *n.* মুছিয়াৰ, মুচি।

Shoe-string, *n.* জোতাৰ ফিতা।

Shoot, *n.* পোখা। গজালি।

Shoot, *v.* বেগেৰে মৰা (2) গুলী মৰা (3) গজালি ওলোৱা।

Shop, *n.* দোকান।

Shop-keeper, *n.* দোকানী।

Shop-lifter, *n.* যি বস্তু কিনা ছলতে দোকানৰ পৰা বস্তু চুৰকৰি লৈ যায়।

Shore, *n.* সাগৰৰ দাঁতি।

Short, *adj.* চুটি। চাপৰ (2) কম। তাকৰ। (3) সংক্ষিপ্ত।
Followed by 'of.'

Short-cut = পোন বাট।

In a short time = বেগেত ই।

To cut short = সংক্ষেপ কৰা।

At short notice = তত্তালিকে।

In short = মুঠতে।

Short coming, *n.* দোষ।

Short-hand, *n.* সংক্ষিপ্তলিপি।

Short-lived, *adj.* খন্তেকীয়া।

Shortly, *adv.* শীঘ্ৰে। বেগেতাই (2) সংক্ষেপে।

Shortness, *n.* brevity.

Short-sighted, *adj.* অদূৰদৰ্শী।
n. short-sightedness.

Shorten, *v.* to make short.

Shot, *n.* গুলি। (2) চিকাৰী।

Should, *v.* denotes obligation.
(As shall is used after a present or a future tense, *should* is simiady used after a past **tense**)

Shoulder, *n.* কান্ধ। কান।

Shout, *n.* জয়ধ্বনি। (2) আটাহ। চিঞৰ। Scream (3) ফুকলি।

Shout, *v.* চিঞৰ মৰা। আটাহ পৰা। উচ্চ শব্দ কৰা (2) জয়ধ্বনি কৰা (3) ফুকলি মৰা।

Shovel, *n.* দঁতাল

Show. *v* দেখুওৱা। (2) প্ৰমাণ কৰা। (3) শিক্ষা দিয়া।

Show forth = ঘোষণা কৰা। প্ৰচাৰ কৰা।

Show, *n.* দৰ্শন। (2) আভাস। (3) দৃশ্য spectacle. (4) জাকজমক। আড়ম্বৰ। ফিতাহি। display.

Showy, *adj.* ৰং চং। ৰমকজমক। Gaudy.

Shower, *n.* বৰষুণৰ ধাৰা। *adj.* showery.

Shower, *v.* বৰষা।

Shower-bath, *n.* ধাৰা স্নান।

Shred, *v.* ফালি ডোখৰ ডোখৰ কৰা।

Shrew, *n.* দন্দুৰী, মুখ-চোকা তিৰোতা। *adj.* Shrewish. *adv.* shrewishly. *n.* shrewishness.

Shrewd, *adj.* চতুৰ। সুজন। টেঙৰ। সলিসিয়ান। বিচক্ষণ। *adv.* shrewdly. *n.* shrewdness.

Shrick, *n.* আতুৰৰ চিঞৰ। কান্দোন cry. কৰ্কশ শব্দ।

Shrill, *adj.* কৰ্কশ। কঠুৱা। *n.* shrillness. *adv.* shrilly.

Shrimp, *n.* মিছামাছ। (2) বাউনা a dwarf.

Shrine, *n,* দেৱালয়। তীৰ্থ।

Shrink, *v.* কোঁচ খোৱা। সঙ্কোচিত হোৱা।

Shrivel, *v.* টোটোৱা পৰা।

Shroud, *v.* ঢকা। লুকাই থোৱা। to conceal.

Shroud, *n.* a covering, ঢাকোন। (2) ropes of a ship.

Shrub, *n.* সৰুগছ। (2) মদ।

Shrubby, *adj.* full of shrubs.

Shrug, *v.* অসন্তোষত বা অৱজ্ঞাত কান্ধ তোলা।

Shudder, *v.* থৰ্ থৰ্কৈ কঁপা।

Shuffle, *v.* বেমেজালি কৰা। (2) নকৈ তাচ তচা।

Shuffler, *n* one who shuffles.

Shun, *v.* এৰা। পৰিহাৰ কৰা। ত্যাগ কৰা।

Shunless, *adj.* unavoidable. এৰিব নোৱৰা।

Shunt, *v.* ৰেলৰ গাড়ীবোৰ ইফালৰ পৰা সিফাললৈ নিয়া।

Shut, *v.* বন্ধ কৰা। জপোৱা।

To be shut=মাৰখোৱা ; জাপ খোৱা।

To shut the eyes=চকুমুদা।

Shut in=আটক কৰা। আবদ্ধ কৰা।

Shut out=সোমাবলৈ নিদিয়া।

Shut up=বন্ধ কৰি থোৱা। জপোৱা। (2) মুখ বন্ধ কৰা। (3) কদ্ধ ; কেউফালে বেৰি আটক কৰা।

To shut one's eyes to anything =নেদেখা। কাণ নিদিয়া।

Shutter, *n.* খিড়কীৰ ঢাকন।

Shuttle, *n.* মাকো। An instrument used in weaving.

Shy, *adj.* লাজুক। লাজকুৰীয়া। (2) ভয়াতুৰ timid. (3) নিবোকা reserved.

adv. shyly / shily

n. shyness / shiness

Sibilate, *v.* to pronounce with a hissing sound.

n. sibilance / sibilancy

Sibilation, *n.* a hiss.

adj. sibilatory / sibilous

Sibyl, *n.* যোগিনী। ডাইনী।

Sick, *adj*, বিতুষ্ট। অসন্তুষ্ট। Displeased. (2) ওকোল-মোকল লগা। (3) কগীয়া। নৰিয়া। অসুস্থ। Followed by 'of'

Sickly, *adj.* কগীয়া। of sickly constitution=কুৰীয়া।

Sickish, *adj.* অসুস্থ।

Sickness, *n.* ৰোগ। নৰিয়া।

Sickle, *n.* কাচি। কাতি।

Side, *n.* দাঁতি, কাষ। ফাল। *e. g.* the left side of the body=গাৰ বাঁওফাল।

From the mother's side=মাকৰ ফালৰ পৰা।

Of this side=ইফলীয়া।

On the same side=একে ফালে। একে পিনে।

From one side to another= ইকাতি-সিকাতি।

On all sides=সকলো ফালে। সকলো পিনে।

By the side of=ওচৰে। দাঁতিয়ে।

Side by side=লগালগিকৈ।

To take a side=কাৰো মত লোৱা। কাৰো পক্ষ লোৱা।

Turn to this side and that= ইফাল-সিফাল কৰা ; ইভিতি-সিভিতি কৰা।

Sidelong, *adv.* কেৰাহিকৈ।

A sidelong look=কেবাহিকৈ চোবা দৃষ্টি।

Sidle, *v.* একালে যোৱা।

Siege, *n.* আক্রমণ।

To lay a siege to=আক্রমণ কৰা।

Sieve, *n.* চালনী।

Sift, *v.* চলা। বেলেগ কৰা (2) মনপাতি পৰীক্ষা কৰা।

to examine minutely.

Sigh, *v.* হুমুনিয়াহ কঢ়া।

Sigh, *n.* হুমুনিয়াহ।

To sigh for=হেঁপাহ কৰা।

Sight, *n.* দৃষ্টি। দৰ্শন। (2) the sense of sight=দর্শনেন্দ্রিয়।

To find favour in one's *sight*= কাৰো ওচৰত অনুগ্ৰহ পোৱা।

The *sights* of a town=নগৰৰ শুৱনি বস্তু।

Sight, *v.* দেখা।

Sightless, *n.* blind. দেখেলো।

Sightly, *adj.* চাবলগীয়া। শুৱনি।

Out of sight=চকুৰ আতৰত।

Sight-seeing, *n.* নতুন দৃশ্য চোৱা কাৰ্য্য।

Sight seer, *n.* যি নন বস্তু চাবলৈ যায়।

Sign, *n.* চিন (2) লক্ষণ (3) ইঙ্গিত। চিয়াৰ।

Sign, *v.* ইঙ্গিত কৰা। সংকেত দিয়া। (2) চহি কৰা। দস্তখত কৰা।

Sign-board, *n.* যি চন্তা তক্তাত কোনো ব্যৱসায়ীৰ নাম, ধাম ডাঙৰ ডাঙৰ আখৰেৰে লিখা থাকে।

Signal, *n.* সঙ্কেত। ঠাৰ। নিচান।

Signal, *adj.* অসাধাৰণ। অসামান্য।

v. signalize.

adv. signally.

Signature, *n.* দস্তখত। চহি।

Signet, *n.* মোহৰ।

Signify, *v.* বুজোৱা। অৰ্থ কৰা।

to mean; to import.

Significance, *n.* ভাব। অৰ্থ।

adj. Significant.

Significant, *adj.* গধুৰ। প্ৰধান। অৰ্থ থকা।

adv. Significantly.

Followed by 'of.'

Signification, *n.* অৰ্থ।

adj. Significative.

adv. Significatively.

Significatory, *adj,* অৰ্থ থকা।

Signior, *n.* ডাঙৰীয়া। মহাশয়। বোপাদেও, বাপাদেও।

Signora, *n.* ডাঙৰীয়ানী। আইদেও।

Silence, *n.* নিজম। নিটাল।

Silent, *adj.* নিৰব। নিৰোল। নিমাত।

Followed by 'about'. *e. g:* silent about a subject.

adv. Silently.

Silence, *v.* নিতাল মৰা।

Silentious, *adj.* শোদ্‌বুদীয়া।

Silk, *n.* পাট। মুগা।

Silk-cotton tree, *n.* শিমলুগছ।

Silk-worm, *n.* পলু। পাটপলু।

Silky, *adj.* কোমল।

Silken *adj.* like silk.

Sill, *n.* চৰাৰডলি।

Silly, *adj.* মূৰ্খ। নিৰ্ব্বোধ।
অবোধ। অবুজ। ভেৰা। ভোদা।
ভোজা। হাবাং।
adv. Sillily,
n. Silliness.

Silt, *n.* পল। ভেৰ।

Silver, *n.* ৰূপ। ৰজত।
adj. Silvery.
v. Silverize.

Silversmith, *n.* সোণাৰি।

Similar, *adj.* নিচিনা। সদৃশ।
তুল্য। একে বিধৰ। একে গঢ়ৰ।
adv. Similarly. এনেকৈ। এনে-
কুৱাকৈ। তেনেকৈ। তেনেকুৱাকৈ।
একদৰে।
n. Similarity.
Followed by 'to.'

Simile, *n.* উপমা।

Simmer, *v.* অলপ্‌কৈ উতলা।

Simper, *v.* মাহিমুহাকৈ মিচিকিওৱা।
adv. Simperingly.

Simple, *adj.* নিভাজ। আভঁজুৱা।
পোন। উজু। স্পষ্ট clear. সাধাৰণ
common. (2) সৰল। অচতুৰ।
অকপটীয়া Frank. (3) হোজা,
আজলা। নিৰ্ব্বোধ। unwise.
n. Simplicity. আজলালি।

Simpleton, *n.* আজলা; একো
নজনা বা হোজা মানুহ। মূৰ্খ।

Simple-minded, *adj.* সৰল।

Simplify, *v.* সৰল কৰা। চিলাকৰা।
উজুকৰা। পোন কৰা। স্পষ্ট কৰা।
n. Simplification.

Simply, *adv.* plainly.
(2) মাথোন। কেৱল।

Simulate, *v.* ভাওধৰা।
n. Simulation.

Simultaneous, *adj.* একে সময়তে
হোৱা। সমকালীন।
Followed by 'with.'

Simulataneously. *adv.* একেলগে।
একেবাৰেই।
n. Simultaneousness.
Simultaneity

Sin, *n.* পাপ। অধৰ্ম্ম।
Followed by 'against'

Sin, *v.* পাপ কৰা। ঈশ্বৰৰ আজ্ঞা
লঙ্ঘন কৰা। অবৈধ কাম কৰা।
দাই লগোৱা। দোষকৰা অপৰাধ
কৰা। অবিহিত কাৰ্য্য কৰা।

Sinful, *adj.* অধৰ্ম্মী, পাপী।

Sinless, *adj.* free from sin
সাধু। পাপশূন্য

adv. Sinlessly.

Sinner, *n.* পাপী, পাতকী।

Since, adv. তেতিয়াৰ পৰা। সেই সময়ৰ পৰা, তাহানিৰ পৰা। from then till now.

(2) আগেয়ে। পূৰ্ব্বে ago.

Ten years since = ইয়াৰ দহবছৰৰ আগেয়ে।

Long since = বহুত দিনৰ মূৰত। in such a sentence as this :—It is long since I saw you.

prep:— may be expressed by তেতিয়াৰ পৰা। সেই দিনৰ পৰা *e. g.* He has been ill since Monday last = সোমবাৰৰ পৰা তাৰ বেমাৰ।

Since birth = ওপজিবৰ পৰা।

Ever since = যেতিয়াৰ পৰা।

conj. কাৰণ। হেতু। হেতুকে *e. g.* I will go there, *since* you request me. = তুমি কোৱা কাৰণে মই তালৈ যাম। *since* he is ill he need not work = তাৰ জ্বৰ হোৱা হেতুকে সি কাম কৰিব নেলাগে।

Sincere, *adj.* বিশুদ্ধ ; আচল ; অকৃত্ৰিম। যথাৰ্থ। true. সৰল। উদাৰচিত্তৰ। আশাগুধীয়া। অকপটীয়া। Frank অকুটিল। সাধু honest.

adv. Sincerely.

n. Sincereness. / Sincerity

Sinecure, *n.* বহি-খোৱা চাকৰী।

Sinew, *n*, সিৰ। স্নায়ু।

adj. Sinewy.

Sing, *v.* গান গোৱা। গীতগোৱা।

Singer, *n.* গায়ক। গায়ন।

Singe, *v.* অলপকৈ পোৰা।

Single, *adj.* এক। এটা। এটীয়া। শুটীয়া। অকলশৰীয়া *e. g.* a single life.

Single, *v*, বাছি লোৱা। *e. g.* I have *singled* him *out* of a thousand.

Single-handed, *adj.* অসহায়।

Single-hearted, *adj.* সাধু।

Single-minded, *adj.* ধাৰ্ম্মিক।

adv. singly.

Singular, *adj.* এক। *e. g.* singular number = একবচন। অকল। (2) একজতীয়া peculiar. (3) অপূৰ্ব্ব : আচৰিত। অদ্ভুত। strange.

adv. singularly.

v. singularize.

n. singularity.

Sinister, *adj.* বাঁও। Left. (2) অমঙ্গল। (3) দুষ্ট।

adv. sinisterly.

Sinistrous, *adj*. sinister.

Sink, *v*. ডুবা। বুৰা, ডুবোৱা (2) কম হোৱা।

Sink, *n*. চুৰাখাল।

Sinologue, *n*. চীন ভাষাত পণ্ডিত।

Sinuate, *v*. বেঁকা কৰা।

adj. sinuous.

n. sinuation. sinuosity.

Sinus, *n*. বোন্দা ; পকা ঘাৰ ভিতৰে ভিতৰে হোৱা বিন্ধা ; ছিদ্ৰ।

Sip, *v*. অলপ অলপকৈ পিখোৱা। শুহিখোৱা।

Siphon, *n*. 'চাইফন' ; a bent tube for drawing off liquids from one vessel into another,

adj. { siphonal. siphonic.

Sir, *n*. মহাশয় ; দেউতা, ডাঙ্গৰীয়া।

Grammarians give us 'Madam' or 'dame' the Feminine form of 'sir' ; but we very often use only the former form.

Sire, *n*. মহাশয়, পিতা। সৰ্গদেউ।

Sire, *n*. the male parent of colt.

Fem. Dam.

Siren, *n*. মনমোহা তিৰোতা। জলকুঁৱৰী।

This word is used only in the Feminine and it has no corres. ponding masculine form.

Siroco, *n*. বতাহ বিশেষ।

Sirrah, *n*. হেৰ, হেৰা (used in anger or contempt).

Sirup, *n*. চৰ্পত।

Sirius, *n*. নক্ষত্ৰ বিশেষ।

Siskin, *n*. চৰাই বিশেষ।

Sister, *n*. ভনী, younger sister (2) বাই ; জ্যেষ্ঠা ভগিনী, eldersister.

mas. brother.

adj. Sisterly.

Sister-in-law, *n*. বৌ, ককায়েকৰ তিৰোতা wife of elder brother (2) খুলশালী ; তিৰোতাৰ সক ভনীয়েক।

mas. Brother-in-law.

plu. Brothers-in-law.

Sister arts = Arts of the same kind *e,g*. Poetry and Painting.

Sisterlike Sisterly } *adj*. Fig. মৰমিয়াল

adj. বাই-ভনীৰ নিচিনা।

Sit, *v*. বহা। (2) জিৰোৱা।

P. T. P. P. } sat.

Followed by 'over' 'under'

Sit down = বহা। আঁঠু কাঢ়ি বহা।

Sit for = প্ৰতিনিধি হোৱা।

Sit out—সকলো শেষ হোৱা পৰ্য্যন্ত বহি থকা।

Sit up—শাৰে থকা, উজাগৰে থকা।

Sitting, *n.* সভা, মেল।

Site, *n.* স্থান, ঠাই। (2) আসন seat.

Situated, *adj.* উপবিষ্ট, placed *e. g.* situated on the Ganges.

Situation, *n.* অৱস্থা, গতি, ঠাই। (2) post. পদ

Situated, *adj.* স্থাপিত।
Followed by 'on' 'in' *e. g.* situated in a valley.

Six, *adj.* ছয়।

Sixteen, *adj* ষোল।

Sixth, *adj.* ষষ্ঠ।

Sixty, *adj.* ষাঠি। তিনিকুৰি।

Size, *n.* জোখ (2) আকৃতি। আকাৰ।

Size, *v.* জোখ অনুসাৰে শৃঙ্খলা কৰা ; to arrange according to size.
adj. Sizable.

Size, *n.* আঠা বিশেষ ;
a kind of glue used by painters, paper manufacturers. &c.

Skate, *n.* বৰফৰ ওপৰত ফুৰা এবিধ জোতা।

Skean, *n.* 'আই ৰিচ' বিলাকে হাতত লৈ ফুৰোৱা এবিধ কটাৰি।

Skein, *n.* নেছা।

Skeleton, *n.* জঁকা ; ছাল মঙহ গুচি প্ৰাণীৰ আকৃতিৰে থকা হাড়বিলাক। *Fig.* হাড়-ছাল মাত্ৰ থকা মানুহ।

Skeletology, *n.* শৰীৰৰ হাড়-বিজ্ঞান।

Skep, *n.* তলাইল জোঙা আৰু ওপৰলৈ বহল এবিধ পাচি।

Skerry, *n.* শিল, পাথৰ থকা দ্বীপ।

Sketch, *n.* নক্সা an outline of anything.

Sketch, *v.* নক্সা কৰা, কোঁকোৱা।

Skew, *adj.* আওঢলীয়া।

Skewer, *n.* মঙহ আদি খৰিকা দিওঁতে ব্যৱহাৰ কৰা লোৰ বা কাঠৰ খৰিকা বিশেষ।

Skid, *n.* খুন্দাৰ পৰা ৰক্ষাৰ্থে জাহাজৰ কামত ব্যৱহাৰ কৰা বৰ্গা বিশেষ। (2) গাড়ীৰ চকা টনা শিকলি।

Skiff, *n.* সৰু নাও, a small light boat.

Skill, *n.* নৈপুণ্যতা, পাৰ্গতালি, dexterity in practice (2) knowledge of anything. অভিজ্ঞতা। (3) বুধিয়কালি। চতুৰালি। টেঙৰালি cleverness.

Skilful, *adj* নিপুণ, পাৰ্গত, ভালকৈ কাম কৰিব পৰা। পটু। কৰ্ম্মঠ।

কমকম। কাজুৱা। কাজ-ভাগী।
চতুৰ clever.
Followed by 'in'. *e. g.* skilful in doing a thing.
n. Skilfulness.

Skim, *v.* সৰ তোলা।

Skin, *n.* ছাল।

Skin, *v.* ছাল গুছোৱা।
e. g. Ram has skinned the goat

Skin-deep=superficial. [সৰা।

Save one's skin=আপদৰ পৰা

Skinny, *adj.* চেৰেলা।

Skinflint, *n.* কৃপণ। কৰাইচ।

Skip, *v.* লাহেকৈ জাপমৰা ; to leap lightly.

Skip-jack=নির্গত।

Skipper, *n.* সদাগৰ জাহাজৰ গৰাকী।

Skipper, *n.* one who skips.

Skippet, *n.* সৰু নাও।

Skirmish, *n.* খেটেংমেটেং। যুঁজ। জোটাপুটি।

Skirt, *n.* তিৰোতাৰ পোষাক বিশেষ, the lower part of gown চুটি কাপোৰ। (2) কাষ। দাঁতি। border.

Skittish, *adj.* ভয়াতুৰ। (2) চঞ্চল অশান্ত। চটফটীয়া।

Skiver, *n.* কিতাপ বন্ধাত ব্যৱহাৰ হোৱা এবিধ চামৰা।

Skulk, *v.* লুকাই থকা

Skull, *n.* লাউ-খোলা

Sky, *n.* আকাশ (2) বতৰ।
adj. Skyey.

Sky blue, *adj.* নীল বৰণীয়া।

Sky lark, *n.* a lark.

Slab, *n.* পটা।

Slack, *adj.* ঢিলা ; আটখাই নধৰা; সোলোকচোলোক।
n. slackness.

Slack, *adv* সোলোকচোলোককৈ।

Slacken, *v.* ঢিলাই দিয়া ; *e. g.* I slackened the bridle.

Slake, *v.* কমকৰা।

Slam, *v.* to shut with force. বলেৰে জপোৱা।

Slander, *n.* অপবাদ।
adj. slanderous.
adv. slanderously.

Slang, *n.* ইতৰ ভাষা, অপভাষা। চহা মাত।

Slant, *adj.* কতীয়া ; হলনীয়া।

Slant, *v.* কতীয়া কৰা, to incline towards.

Slantingly, *adv.* আওঢলীয়াকৈ।

Slap, *n.* চপৰিয়োৱা।

Slap, *n.* চাপৰ।

Slap-dash, *adv.* ধপধাই। সাউৎ-কৰে।

Slash, *v.* ঘা মৰা। কোৰ মৰা।

Slashing, *adj.* খেঁজেলিয়া।

Sarcastic.

Slat, *n.* তক্তাৰ ডোখৰ।

Slate, *n.* ছিলট ; ফলি ;

লৰাই আখৰ লিখা শিলৰ পাট।

adj. slaty.

Slate-pencil=ছিলট-পেঞ্চিল ; কলিগুটি।

Slattern, *n.* আলাইজাবৰী।

Slatternly, *adj.* লেতেৰা।

Slaughter, *n.* হত্যা, বধ।

Slaughter, *v.* হত্যা কৰা। বধ কৰা।

adj. Slaughterous.

adv. slaughterously.

Slave, *n.* গোলাম, দাস। বন্দী।

(2) তলতীয়া, বশ।

Slave, *v.* দাসৰ নিচিনা কাম কৰা।

Slavery, *n.* দাসত্ব ; গোলামি। the condition of a slave.

adj. slavish

adv. slavishly.

Slaughterman, *n.* কচাই।

Slavish, *adj.* গোলামি (2) নীচ, হীন, অধম।

n. slavishness.

Slay, *v.* হত্যা কৰা, বধ কৰা, মৰা।

P. T.—slew.

P. P.—slain.

Slayer, *n.* বধী, বধকৰোঁতা।

Sleazy, *adj.* জেলাইলাই।

n. sleaziness.

Sled, *n.* এবিধ বৰফৰ ওপৰত ফুৰা চকা নথকা গাড়ী ; a small light vehicle for sliding on snow or ice.

Sledge, *n.* ওপৰত লিখা 'sled'ৰ নিচিনা চকা নথকা এবিধ মজবুট গাড়ী।

Sledgehammer=কমাৰৰ ডাঙৰ হাতুৰি।

Sleek, *adj.* মিহি। চিক্‌চিকীয়া।

e. g. sleek hair.

n. sleekness.

Sleek, *v.* সমান আৰু মিহি কৰা।

e. g. "sleeking her soft alluring locks."

adv. sleekly.

Sleep, *n.* নিদ্ৰা, টোপনি ; ঘুমটি। বিশ্ৰাম ; repose, slumber.

Light sleep=কলাঘুমটি।

Dead sleep=দোৰ্ঘোৰ টোপনি।

Sleep, *v.* শোৱা। নিদ্ৰা যোৱা। টোপনিওৱা। (2) বিশ্ৰাম লোৱা।

P. T. P. P. slept

Sleepy, *adj.* টোপনিগদুৰা। টোপনি-বহীয়া। drowsy.

Sleepless, *adj*- নিদ্ৰাহীন, অনিদ্ৰা, সাৰে থকা।

n. sleeplessness.

Sleep-producing, *adj*. নিদ্ৰাকৰ। টোপনি-অনা।

Sleepy, *adj*. নিদ্ৰালু। এলেহুৱা। lazy.

Sleet, *n*. শিলাবৃষ্টি ; hail or snow mingled with rain usually falling or driven by the wind in fine particles.

adj. sleety.

Sleeve, *n*. 'আস্তিন,' the dress covering the arm.

Laugh in one's sleeve=মনে মনে হঁহা।

Sleight, *adj*. চতুৰালি।

Sleigh, *n*. বৰফৰ ওপৰত চলোৱা এবিধ গাড়ী।

Slender, *adj* সৰু অথচ দীঘল ; লেংপেঙীয়া ; কিকোঁয়া। নালীয়া। লাহী। কঁকিলা-সজীয়া।

thin and small but long. লাহী। (2) নাটনি meagre. *e. g.* slender diet.

adv. Slenderly.

n. Slenderness.

Slept, P. P. & P. T. of sleep.

Sleuth hound, *n*. মানুহ বা চিকাৰি জন্তুৰ ভৰি খোজ গোন্ধে গোন্ধে বিচাৰি উলিওৱা এবিধ কুকুৰ।

Slice, *v*. চকলিওৱা, পতহিওৱা।

Slice, *n*. পতহা, চকলা, চকল। *e. g.* a slice of bread

Slick, *adj*. মিহি। পিচল।

slid,= P. P. / P. T. } of slide.

Sliden=P. P. of slide.

Slide, *v*. পিছলি পৰা, *e. g.* snow slides. (2) to glide on ice.

Slide *v*. মনে মনে, লাহে লাহে যোৱা, লুককৈ যোৱা। লুতকৰে যোৱা। to pass unnoticed.

Slight, *adj*. সৰু তুচ্ছ,। little, small, insignificant (2) সামান্য unimportant.

Slight, *n*. নিন্দা। অবজ্ঞা, অবহেলা।

Slight, *v*. তুচ্ছ কৰা, অবহেলা কৰা। আওহেলা কৰা। কাণসাৰ নকৰা। অবজ্ঞা কৰা, to disregard as of little value or unworthy of notice. উপ্‌লুঙা কৰা। উলাই কৰা। সামান্য জ্ঞান কৰা।

Slightly, *adv*. অমনোযোগেৰে। কাণসাৰনিদিয়াকৈ।

(2) কিঞ্চিতমান।

Slightness, *n*. দুৰ্ব্বলতা weakness (2) অবহেলা negligence.

Slim, *adj*. সৰু, পাতল। কঁকিলা-সজীয়া।

Slime, *n.* বোকা। *adj.* slimy লেহুকেতীয়া।

Sling, *n.* সজুলি বিশেষ, an instrument for throwing stones or missiles.

Sling, *v.* দলিমাৰি পেলোৱা। (2) ওলমোৱা, to hang up.

Slink, *v.* মনে মনে লৈ যোৱা (2) পশ্বাদিৰ গৰ্ভনষ্ট হোৱা।

Slip, *n.* ডোখৰ, a slip of paper.

slip, *v.* পিছল খোৱা। পিছলি যোৱা to slide বহা to slip off. (2) ভুলত পৰা, to fall into error ভুল হোৱা। (3) fall out of memory. পাহৰা।

Slip, *n.* ভুল mistake (2) পতন। (3) পিছলন।

Slipon, *n.* কোটৰ ওপৰত পিন্ধা ডাঙৰ চোলা বিশেষ।

Slipper, *n.* চটিজোতা ; পইজাৰ।

Slippery, *adj.* পিছল। *n.* Slipperiness.

Slit, *v.* ফলা। কটা।
P. T.—Slit
P. P.—Slitten.

Slitting-mill ; *n.* লোৰৰ শলি কটা কল।

Sloe, *n.* ফল বিশেষ, the fruit of the black thorn.

Sloop, *n.* এটা মাথোন মস্তুল থকা জাহাজ. a vessel having one mast only.

Slop, n. পানী বা বোকাৰ চেকা (2) in *plu.* খেহেন্ডা মদ ; a mean liquor.

Slope, *adj.* কতীয়া, slanting.

Slope, *v.* কতীয়া কৰা।

Sloping, *adj.* কতীয়া। হলনীয়া। আওগৰীয়া। এঢলীয়া।
adv. Slopingly.

Slopy, *adj.* Sloping.

Slot, *n.* 'বোল্ট,' a bolt ডাং (2) দুৱাৰডলি আদিত বোল্টু সুমুৱাবলৈ কৰা বিন্ধা। [আদিৰ খোজ।

Slot, *n,* গোৰুৰ পৰা ধৰিব পৰা হৰিণ

Sloth, *adj.* সোৰোপা। এলেহুৱা। খোদ *n.* এলাহ, আলস্য।

Sloth, *n.* এবিধ জন্তু, sloth is a kind of disgusting animal with an awkward form.

Slothful, *adj.* এলেহুৱা। সৰপা। *n.* slothfulness. সৰপালি।

Slouch, *n.* খোজকাঢ়োতে ধৰা ভাও, a stoop in walking.

Slough, *n.* পলসুৱা ঠাই। পেবেকাপেবেকু ঠাই।

Slough, *n.* সাপৰ মোট।

Sloven, *n.* হেবাং। জলহ মানুহ। Feminine '*slut.*' আলাইজাবৰী ভিৰোতা।

Slovenly, *adj.* অলহ।

Slow, *adj.* ধীৰ। মেদা। লেহেম। মাহিমুহা। মূৰ্খ।
n. slowness.

Slowly, *adv.* লাহে লাহে, ধীৰে ধীৰে।

Sludge, *n.* থেপ্‌থেপীয়া বোকা।
adj. Sludgy.

Slue, *v.* ঘুৰোৱা।

Slug, *n.* এলেহুৱা, থোদ, (2) এবিধ বৰ অপকাৰী শামুক।

Sluggard, *adj.* এলেহুৱা। সৰপা।
n. থোদ।

Sluggish, *adj.* লৰিব নোখোজা; এলেহুৱা। থোদৰ নিচিনা সৰপা; অকামিলা (2) having little motion.
n. sluggishness.

Sluice, *n.* পানী-দুৱাৰ।

Slumber, *n.* চিলমিলীয়া টোপনি।
adj. slumberous.

Slumber, *v.* কলাঘুমটি মৰা।

Slumberless, *adj.* টোপনি-নাইকীয়া।

Slump, *n.* হঠাৎ দাম পতন।

Slump, *n.* মুঠ।
the gross amount.

Slump, *v.* একমোট কৰা।

Slung, *v.* P. T. P. P. of sling.

Slunk, *v.* P. T. P. P. of slink.

Slur, *v.* সামান্য কলঙ্ক।

Slush, *n.* ভেৰ্ভেৰীয়া বোকা; থেপ্‌থেপীয়া বোকা।
adj. slushy. ভেৰ্ভেৰীয়া।

Slut, *n.* ধুনপেচত আৰু আন কাৰ্য্যত আলাবাহ্ তিৰোতা; অকাজভাগী তিৰোতা।
the corresponding Masculine is *sloven.*

Sluttish, *adj.* ধুন পেঁচ নমৰা।

Sly, *n.* টেঙৰ, ধূৰ্ত্ত।

Sly-boots, *n.* ধূৰ্ত্তলোক। টেঙৰ জন্তু।

Slyly, *adv.* টেঙৰালিৰে, চতুৰতাৰে।

Smack, *v.* চুমা খোৱা। (2) গুপালিবোৱা। সাৰোপ কৰে শব্দ কৰা। *e. g.* to smack a whip.

Smack, *n.* টপৰকৰে খোৱা চুমা। সাৰোপ। (2) চাপৰ।

Small, *adj.* সৰু, ক্ষুদ্ৰ। অলপ্-অচৰপ। ডাকৰ। অলপীয়া। নীচ।
n. smallness.

Small-arms = হাত-বন্দুক।

Small-craft = সৰু জাহাজ।

Small-pox, *n.* বসন্ত ৰোগ। আই।
There are some nouns which are never used in the singular and *small-pox* is one of them.

Smart, *adj.* সোনকাল (2) টেঙৰ। টামটিঙালী। (3) প্ৰফুল্ল। চতুৰ।

বুধিয়ক। (4) আটক্-ধুনীয়া।
n. smartness.

Smart-money, *n.* কোনো কষ্টৰ পৰা নিজক মোকোলাবলৈ দিয়া ধন।

Smash, *v.* টুকুৰা-টুকুৰ কৰা।

Smatch, *n.* চৰাই বিশেষ।

Smatter, *v.* ওপৰে ওপৰে কথা কোৱা।

Smatterer, *n.* চেলেকা চুচুৰা জ্ঞান থকা মানুহ।

Smattering, *n.* অলপীয়া জ্ঞান।

Smear, *v.* ঘহা (2) লিপা।

Smell, *n.* গোন্ধ।

Smell, *v.* গোন্ধ লোৱা। শুঙা।

P. T. { Smelled / Smelt

P, P. { Smelled / Smelt.

Smelt, *v.* আউটা।
নিকা কৰা।

Smelter, *n.* ধাতু জালত দিপৰিষ্কাৰ কৰোতা।

Smeltery, *n.* ধাতু গলোৱা কাৰখানা।

Smirk, *v.* ভাও ধৰি হঁহা।

Smile, *v.* মিচিকিয়োৱা।

Smile, *n.* মিচিকিয়া হাঁহি।

Smiling, *adj.* প্ৰফুল্ল, হৰ্ষিত।

Smite, *v.* মৰা। বিনাশ কৰা। বধ কৰা। সৰ্ব্বনাশ কৰা। হত হোৱা।

P. T.—Smote

P. P. { Smit / Smitten.

Smith, *n.* কমাৰ। লোৰ কাম কৰোঁতা।

Smithy, *n.* কমাৰশাল।

Smithing, *n.* লো পিটি গঢ়ন।

Smock, *n.* তিৰোতাবিলাকে পিন্ধা সাজ বিশেষ।

Smoke *n.* ধোঁৱা।

Smoke, *v.* ধোঁৱা ওলোৱা। ধোঁৱা।

Smoke, *v.* ধঁপাত, চুৰত আদি খোৱা। ধূমপান কৰা।

Smoker, *n.* ধঁপতুৱা মানুহ, ধঁপাত খাওঁতা।

Smoky, *adj.* ধোঁৱাৰ নিচিনা (2) এন্ধাৰ।

Smooth, *adj.* মিহি। নিমজ। চিক।
n. Smoothness.

Smooth, *v.* মিহি কৰা।

Smoothly, *adj.* মিহিকৈ। (2) সুকলমে।

Smother, *v.* উশাহ বন্ধ কৰা।

Smoulder, *v.* গুপ্‌গুপ কৰে জ্বলা।

Smudge, *v.* ধোঁৱাৰে কলা কৰা।

Smudge, *n.* দাগ। চেকা।

Smug, *adj.* নিকা, পৰিষ্কাৰ। শুৱলা। পৰিপাটি। আটক্-ধুনীয়া।

Smuggle, *v.* বে-আইনকৈ আমদানি বা ৰপ্তানি কৰা।
adv. Smugly.

Smuggler, *n.* বে-আইনকৈ আমদানি বা ৰপ্তানি কৰোঁতা।

Smut, *n.* কয়লাৰ দাগ (2) অবাচ্য কথা। লাজ-কথা। লাজ-মাত। (3) শস্যৰ বেমাৰ।
adj. Smutty.
adv. Smuttily.

Smutch, *v.* এলান্ধুৰে কলা কৰা।

Smutch, *n.* এলান্ধুৰ দাগ। কলা দাগ। কলা চেকা। (2) লৰালৰিকৈ কৰা ভোজন।

Snack, *n.* অংশ, ভাগ।

Snag, *n.* ডালি। ঠালি। (2) বেৰীয়া-গজা দাঁত।

Snail, *n.* জেলুক ;

Snake, *n.* সাপ, সৰ্প।
adj. Snaky.

Snake-charmer, *n.* যুগী।

Snap, *v.* মটৰকৈ ভঙা, ঠনৰ কৰে ভঙা। (2) কামোৰা।

Snap, *n.* মটমটনি। ঠন্‌ঠননি (2) টিলিকি।

To snap the fingers — টিলিকি মৰা।

Snappish, *adj.* কেটেৰীয়া। খঙাল, খিংখিঙোৰা।
adv. Snappishly.
n. Snappishness.

Snare, *n.* ফাঁদ, জাল।

Snare, *v.* ফাঁদপতা।

Snarl, *v.* গেঙেৰিয়োৱা।

Snarling, *n.* গেঙেৰি।

Snatch, *v.* ধৰা (2) কাঢ়ি লোৱা।
e. g. He snatched the book.

Snatch at = কাঢ়িলবলৈ চেষ্টা কৰা।
e. g. He snatched at the book.

Snatch, *n.* ডোখৰ।

Sneak, *v.* সুৰুকা মৰা। সুৰুক কৰে গুচি যোৱা।

Sneak, *n.* ভয়াতুৰ।

Sneer, *v.* নাক তুলি বা মুখ বিকটাই অশ্ৰদ্ধা প্ৰকাশ কৰা (2) উপহাস কৰা (3) অৱজ্ঞা কৰা।

Sneer, *n.* মুখ ইকটাসিকটা (2) উপহাস (3) অৱজ্ঞা।
Followed by 'at'

Sneeze, *v.* হাঁচিয়া, হাঁচি মৰা।

Sneezing, *n.* হাঁচি।

to sneeze at = তুচ্ছ জ্ঞান কৰা।

Snicker, *v.* খিল্‌খিলোৱা।
to giggle.

Snicker, *n.* খিলখিলনি।

Sniff, *v.* সুঙা।

Snigger, *v.* খিল্‌গিলোৱা।

Snigger, *n.* খিলখিলনি।

Snip, *v.* বেগেতাই কেচিৰে কটা। (2) কাটি পেলোৱা।

Snipper, *n.* কেচিৰে কাটোঁতা (2) দৰ্জী।

Snipe, *n.* এবিধ চৰাই (2) অধা মূৰ্খ।

Snivel, *v.* থুনথুনুৱা। সোৰসোৰাই থকা।

Snob, *n.* অসভ্য মানুহ (2) মুচি।

adj. Snobbish }
Snobby }

adv. Snobbishly.

Snood, *n.* স্কট্লণ্ডৰ গাভৰুবিলাকে ব্যৱহাৰ কৰা ৰেচমী ফিতা বিশেষ।

Snooze, *v.* কলাঘুমটি মৰা।

Snore, *v.* টোপনিত ঘোঁ-ঘোঁৱা। ঘোৰ্ঘোৰা

Snore, *n.* টোপনিত ঘোঁ-ঘোৰনি।

Snort, *v.* ঘোৰাৰ দৰে শব্দ কৰি প্ৰশ্বাস লোৱা। (2) ফিৰোলি মৰা।

Snot, *n.* শেঙুণ (2) নীচ লোক।

Snout, *n.* পশ্বাদিৰ ওলমি-থকা নাক। *adj.* Snouty.

Snow, *n.* বৰফ ; হিম।

Snow-bird, *n.* উত্তৰ আমেৰিকাৰ এবিধ চৰাই।

Snow-blink, *n.* বৰফৰ পথাৰৰ পৰা ওলোৱা প্ৰতিবিম্ব। Snow-light.

Snow-boot, *n.* বৰফত ফুৰোতে ভৰিৰক্ষা কৰা ওখ গোবোহা-থকা জোতা।

Snow-break = বৰফ গলন।

Snow-fall = বৰফ পতন।

Snow-hut = বৰফৰে ছোৱা ঘৰ।

Snow-field = ওচৰত বৰফেৰে ঢাকি থকা ঠাই।

Snow-plough = বাট, আলিৰ পৰা বৰফ পৰিষ্কাৰ কৰা কল। [জোতা।

Snow-shoe = বৰফৰ ওপৰত ফুৰা

Snow-white = বৰফৰ নিচিনা বগা।

Snowy, *adj.* বৰফৰ নিচিনা, বৰফেৰে ঢাক খাই থকা।

Snub, *v.* ভৰ্ৎসনা কৰা। থেকেচি বকা। উলাই কৰা। উপলুঙ্গ কৰা। তুচ্ছ জ্ঞান কৰি ইতিকিং কৰা।

adj. Snubbish.

Snub-nosed, *adj.* খঁৰা-নকা।

Snub-nose, *n.* খঁৰা-নাক।

Snuff, *v.* ঘোঁ-ঘোঁৱাই নিশ্বাস লোৱা। (2) চোভা কৰি কোনো বস্তু সুঙা (3) গোন্ধ লৈ পৰীক্ষা কৰা।

Snuff, *n.* নস্য। নাকত উঁজোৱা ধপাতৰ গুড়ি। (2) জলা-চাকিৰ শলাকানিৰ আগত হোৱা কলা ডোখৰ।

Snuff-box, *n.* নস্যৰ টেমা।

Snuffle, *v.* ঘোঁ-ঘোঁৱাই নিশ্বাস লোৱা।

Snuffles, *n.* পানী লগাত শেঙুণৰ দ্বাৰা নাকৰ বিন্ধা বন্ধন।

Snuff, *n.* মমবাতিৰ বা আন চাকিৰ শলিতাৰ পোৰা অংশ।

Snug, *adj.* আৰাম জনক।

সুবিধাজনক। সুচল। জুতি-লগা।]

v. জুতি লগাই লোৱা।

Snugly, *adv.* সুখেৰে। সুচলে।

জুতি লগাইলৈ। (2) মনে মনে

Secretly.

So, *int.* ৰ। সও।

So, *adv.* এইদৰে, ইমান বেচি, সেই নিমিত্তে, এনে অৰ্থ বুজায় ; *e. g.* "As two is to three so six is to nine It is so hot to-day that we cannot work.

He was industrious and so he was successful in the examination."

So, *conj.* অতএব। *e. g.* There were no seats for us, so we went away.

So far = ইয়ালৈকেহে।

So forth } এই দৰে।
So on }

So much = ইমান।

So that = যাতে *e. g.* He shouted at the top of his voice so that he might be heard.

So and so = অমুকতমুক।

e. g. I told him *so and so*

Quite so = ঠিক তেনে।

Soak, *v.* পনীয়া বস্তুত তিতোৱা। সম্পূৰ্ণৰূপে তিতোৱা। (3) অতিকৈ পান কৰা।

n. Soakage.

Soaker, *n.* মৰাহী।

Soaky, *adj.* তিতা।

Soap, *n.* চাবোন।

Soap-ball = চাবোনৰ বল।

Soap-boiler = চাবোন তৈয়াৰ কৰি জীৱিকা আৰ্জ্জন কৰোঁতা।

Soap pan = চাবোন তৈয়াৰ কৰা পাত্ৰ।

Soap-suds = চাবোনৰ ফেন থকা পানী।

Soapy, *adj.* চাবোনৰ নিচিনা ; চাবোনৰ গুণ থকা।

n. soapiness.

Soar, *v.* আকাশলৈ উঠা (2) ওপৰত উড়া।

Followed by 'above'

Sob, *v.* উচুপি উচুপি কন্দা। ফেঁকুৰা। (2) চকুৰ পানী উলিয়াই দীঘল উশাহ পেলোৱা (3) উচুপি উচুপি কান্দি কিবা-কিবি কোৱা।

Sobeit, *conj.* যদি এনে হয়।

Sober, *adj.* গম্ভীৰ। শান্ত। গহীন। পৰিমিতাচাৰী। থগালনোহোৱা। ধীৰ। জুৰ।

n. soberness.

Sober blooded = জুৰ।

Sober-minded = জুৰ। ধীৰ।

Sobriety, *n.* মিতাচাৰ।

Sociable, *n.* এবিধ চাৰি চকাৰ মুখামুখিকৈ বহিব পৰা গাড়ী (2) ওচৰাওচৰিকৈ দুটা বহিব পৰা 'ট্ৰাইচেকোল'।

Sociable, *adj* সঙ্গপ্ৰিয় ; লগ ভাল পোৱা। আলাপী।

n. { Sociability, Sociableness

Social, *adj.* সামাজিক। সমাজ সম্বন্ধীয়।

v. Socialise.

Society, *n.* সমাজ। সভা। (2) সমিতি। (3) সঙ্গ *e. g.* Society of good men = সৎসঙ্গ।

Social science = সামাজিক বিষয়ৰ বিজ্ঞান।

Sociology, *n.* সামাজিক বিষয়ৰ বিজ্ঞান।

Sock, *n.* মোজা (2) থিয়েটাৰত পিন্ধা বিশেষ জোতা।

Socket, *n.* কোনো বস্তু থকা ফোঁপ (2) নাদ খান্দোতে কোনো পৰা সজুলি তোলা সজুলি (3) মমবাতিৰ ফোঁপোলা ভাগ।

Socket, *v.* মমবাতিৰ লেমৰ ভিতৰত মমবাতি সুমোৱা। *e. g.* will you please socket the candle ?

Sod, *n.* ঘাঁহেৰে ঢাকি থকা ঠাই।

adj. soddy.

Soda, *n.* 'খাৰ'।

adj. Sodaic.

Soda-water = বিলাতী পানী।

Sodality, *n.* বন্ধুত্ব।

Sodden, *adj.* উতলা (2) সম্পূৰ্ণ-ৰূপে তিতা। টেপ্‌টেপীয়া।

Soever = who, what, where ইত্যাদি শব্দৰে সৈতে ব্যৱহাৰ হয় *e. g.* whosoever, whatsoever, wheresoever, &c. [মধুৰ।

Sofa, *n.* কোমল বহা আসন।

Soft, *adj.* কোমল। (2) মৃদু।

n. softness.

Soft-bodied = কোমল শৰীৰৰ।

Soften, *v.* কোমল কৰা (2) শান্ত কৰা।

Softly, *adv.* কোমলকৈ।

Soft-hearted, *adj.* দয়ালু।

n. soft-heartedness.

Soft-spoken, Soft-voiced } *adj.* কোমল মাতৰ।

Sog, *n.* দোপনি।

Soggy, *adj.* জেকা।

Soho, *adj.* হেৰ।

Soil, *n.* মাটি (2) ওখল। মল।

Soil-bound, *adj.* মাটিত লাগি থকা।

Soil, *n.* মলি (2) দাগ (3) সাকৰা মাটি।

Soiree, *n.* গধূলি গোট খোৱা মেল (2) গধূলি গোট খাই চাহ খোৱা মেল।

Sojourn, *v.* প্ৰবাস কটা। থপা।
n. Sojournment.
Sojourn, *n.* অস্থায়ী বাস স্থান।
Solace, *n.* সান্ত্বনা, প্ৰবোধ।
Solace, *v.* সান্ত্বনা কৰা, প্ৰবোধ দিয়া।
n. solacement.
Solano, *n.* বতাহ বিশেষ।
Solar, *adj.* সূৰ্য্য সম্বন্ধীয়। সৌৰ।
Solder, *v.* দুটা ধাতু উত্তাপৰ দ্বাৰা একেলগ কৰা (2) লগোৱা।
Soldier, *n.* সৈন্য, চিপাহী।
Soldiership, *n.* সৈন্যত্ব।
Soldiery, *n.* সৈন্য।
Sole, *n.* ভৰিৰ তলুৱা (2) ভৰি (3) জোতা বা ভৰিৰ নিচেই তলৰ অংশ।
v. তলুৱা লগোৱা।
Sole, *adj.* অকলশৰ, (2) কেৱল
n. soleness.
Sole, *adj.* বিয়া নকৰোৱা।
Sole
Solely, } *adv.* অকলশৰে; অকলে। 2) কেৱল।
Solemn, *adj.* গম্ভীৰ (2) পবিত্ৰ।
n. solemnity.
Solemnise, *v.* বিধি অনুসাৰে সম্পাদন কৰা।
n. solemnisation.
Solemnly, *adv.* শাস্ত্ৰমতে। গম্ভীৰভাৱে।
Solicit, *v.* কাকতিমিনতিকৈ প্ৰাৰ্থনা কৰা (2) অনুৰোধ কৰা (3) বিচৰা (4) দিগ কৰা।
Solicitor, *n.* সবিনয়ে প্ৰাৰ্থনা কৰে তা। কাকুতি-মিনতিকৈ বিচাৰে তা। (2) উকীল।
Solicitious, *adj.* খু-দুৱা।
n. solicitiousness.
Solicitude, *n.* খী-খিয়নি। খু-দুৱনি (3) the state of being solicitous
Solid, *adj.* শকত, টান, দৃঢ় (2) গধুৰ।
n. solidness.
Solid, *adj.* আচল, যথাৰ্থ, *e. g.* solid work.
n. solidity.
Solid, *n.* গোটা। *e. g.* বস্তুৰ তিনি অৱস্থা বাষ্প বা গ্যাচ, পানীয় আৰু গোটা।
Solidify, *v.* টান কৰা (2) টান হোৱা। গোট মৰা।
n. solidity.
Soliloquy, *n.* অকলে অকলে কোৱা কথা; স্বগতবচন।
Soliloquize, *v.* অকলে অকলে কথা কোৱা।
Solitary, *adj.* অকল শৰীয়া; গুটীয়া। সঙ্গহীন; (2) নিৰ্জ্জন, জনশূন্য।
Solitary, *adj.* এৰা। এৰি-দিয়া।

Solitude, *n*. নির্জন ঠাই।

Solo, *n*. এটা মাতৰ গান বিশেষ। *pl*. solos.

Solstice, *n*. "অয়নান্ত"। *adj*. solstitial.

Soluble, *adj*. দ্রবনীয়। গলাব পৰা।

n. { solubility / solubleness

Solus, *adj*. অকলশৰ।

Solution, *n*. টান বস্তু গলাই-লোৱা পানী *e. g*. solution of salt.

Solve, *v*. কৰা *e. g*. you must give me a little time to solve this problem. বুজাই দিয়া।

Solve doubt = সংশয় গুচোৱা। *adj*. Solvable.

n. { solvability. / solvableness

Solvency, *n*. দেৱলীয়া নোহোৱা অৱস্থা, দেনা সুজিব পৰা অৱস্থা।

Solvent, *adj*. দেনা পৰিশোধ কৰিব পৰা।

Sombre, *adj*. বিমৰ্ষ, মলিন, বেজাৰ-মুৱা। আন্ধাৰ।

n. { sombreness / sombrousness

Sombrero, *n*. এবিধ টুপি।

Some, *adj*. কিছু। গোটাচেৰেক। কোনো। কেতো। *e. g*. some well-to-do merchant. অলপমান। প্ৰায় *e. g*. Some fifty rupees.

Somehow = কোনো মতে। যেন্-তেন্‌কৈ। কথমপি।

Somehow or rather = যেনেতেনে মতে। কোনোগতিকে।

Something, *n*. কিছু, কিবা (2) অলপ।

Sometime, *adv*. তাহানি। এসময়ত।

Sometimes, *adv*. মাজে সময়ে। কেতিয়াবা।
e. g, The field is ploughed three or four times and *sometimes* oftener.

Somersaut / **Somerset** } *n*. থঁৰ।

Somewhat, *adv*. অলপ। *e. g*. Somewhat ashamed.

Somewhere, *adv*. কোনো এঠাইত।

Somewhile, *adv*. কেতিয়াবা।

Somnambulate, *v*. টোপনিত খোজ কঢ়া।
adj. somnambulant.
n. somnambulation.

Somnambulism, *n*. ঘুমটি-ঘূৰণ। টোপনি-ফুৰণ। নিদ্ৰাভ্ৰমণ।
adj. Somnambulic.

Somnambulist / **Somnambulator** } *n*. টোপনিত গঁচাটকৈ যি খোজকাঢ়ি ফুৰে।

Somniferous, *adj.* টোপনি অহা।

Somnial, *adj.* স্বপ্ন বিষয়ৰ।

Somniloquence } *n.* টোপনিত
Somniloquism }

কোৱা বকবকনি।

Somniloquy, *n.* টোপনিত কোৱা কথা।

Somnolence } *n.* টোপনি
Somnolency }

গধুৰতা।

adj. Somnolent.

Son, *n.* পো, লৰা ; The corresponding Feminine is *daughter* (2) শিষ্য।

Son-in-law, *n.* জোঁৱাই।

Fem. daughter-in-law.

plu. Sons-in-law.

The Son = যিশু খৃষ্ট।

Sonant, *adj.* শব্দ হোৱা ।

n. { sonance
sonancy

Song. *n.* গান (2) গীত।

Song-book = গানৰ কিতাপ।

Song-craft = গান তৈয়াৰ কৰা কৌশল।

Songman, *n.* গান গাওঁতা।

Songster, *n.* গানত পাকৈত। গায়ক

Fem. songstress.

The word generally refers to a class of birds.

Song = P. T. of sing.

Soniferous, *adj* শব্দ বহনীয়।

Sonnet, *n.* চৈধ্য শাৰী-থকা কবিতা। ক্ষুদ্ৰ কবিতা। "গীতিকা।"

[The sonnet is a short poem usually complete in itself ; and the subject is usually either reflective or amatory.]

Sonorous, *adj.* বণ জনীয়া। সন্তোষ-লগোৱা।

n. { sonority
sonorousness

Soon, *adv.* সোনকালে, বেগতে, ততালিকে, খৰকৈ, পলম নকৰাকৈ।

cf. He managed to get back *soon* after six.

Soon-believing, *adj.* ততালিকে বিশ্বাস কৰা।

Sooner or later = আজি বা কালি। অলপ দিনৰ ভিতৰতে। আগলৈ যেতিয়াই তেতিয়াই। এসময়ত।

As soon as = যেতিয়াই।

e. g. I shall go there as soon as he comes.

No sooner than = তেতিয়াই।

e. g. No sooner had he heard the news than he wept aloud.

Soot, *n.* এলান্ধু ; চক, কেৰাহি আদিত লাগি থকা ধোঁৱা।

adj. sooty.

Sooth, *adj*. সঁচা, প্ৰকৃত।
used with *in*.
Sooth saying = ভবিষ্যৎ কথা।
Soothe, *v*. কোমল ম্নাতেৰে সান্ত্বনা কৰা. নিচুকুৱা।
Soothing, *adj*. শান্তিকৰ।
Sopbi, *n*. যৱনৰজাৰ উপাধি।
Sophism, *n*. বাহিৰে দেখাত শুদ্ধ কিন্তু প্ৰকৃততে ভুল তৰ্ক-বিদ্যা ; এনে তৰ্কৰ অভ্যাস।
Sophist, *n*. এনে তৰ্ক কৰোঁতা। বাক-চতুৰ।
Sophister ; same as sophist.
Sophistry, *n*. বাহ্যিক শুদ্ধ কিন্তু প্ৰকৃততে ভুল তৰ্ক।
Soporific, *adj*. টোপনি অনোৱা।
Soporiferous. *adj*. টোপনি-ধৰোৱা।
Soporose } *adj* টোপনি অহা।
Soporous }
Soppy, *adj*. পনীয়া বস্তুত তিতোৱা।
Sop, *n*. পানীত তিয়াই-খোৱা খোৱা বস্তু।
Sorcery, *n*., ভেলেকী-বাণ। ইন্দ্ৰজাল, মায়া।
Sorcerer, *n*. বাজীকৰ।
Fem. sorceress.
Sordes, *n*. মলি।
Sordid, *adj*. নীচ, হীন, অধম (2) লুভীয়া। কৰাইচ।
n. sordidness.
Sore, *adj*. ঘা।
Soreness, *n*. বিষ।
Sorner, *n*. বলেৰে যোৱা বা নিমন্ত্ৰণ নকৰা আলহি।
Sororicide, *n*. ভনী হত্যা।
Sororise, *v*. বাই-ভনীৰ দৰে আলাপ-প্ৰলাপ কৰা।
adj. sororal.
Sororially, *adv*. বাই-ভনীৰ দৰে।
Sorrel, *n*. চুকা।
Sorrow, *n*. দুখ, কষ্ট, বেজাৰ, মনোকষ্ট। শোক।
Sorrowful, *adj*. শোকাকুল, বেজাৰ-লগোৱা। (2) dejected.
Sorrow, *n*. দুখ অনুভৱ কৰা। বেজাৰ কৰা, কষ্ট পোৱা।
Sorrow, *n*. দুখ, কষ্ট, বেজাৰ।
Followed by 'for'
Sorry, *adj*. দুঃখিত।
Followed by 'for'
n. sorriness.
Sort, *n*. বিধ ; প্ৰকাৰ ; জাত ; শ্ৰেণী।
Sort, *v*. বিধ বিধ কৰা। শ্ৰেণী অনুযায়ী ভাগ কৰা। বছা।
Out of sorts = অসুস্থ।
Soss, *v*. মমলা কৰা (2) যেনেকে-তেনেকে পেলোৱা।

Sostrum, *n.* জীৱন ৰক্ষাৰ নিমিত্তে দিয়া বঁটা, বেঅক দিয়া ধন।

Soteriology, *n.* যিশুখ্ৰীষ্টই দিয়া মুক্তিৰ শিক্ষা।

Sough, *n.* উৰা বাতৰি।

To keep a calm sough=মনে মনে থকা।

Sough, *n.* খাল।

Soul, *n.* আত্মা, জীউ, প্ৰাণ, জীৱ।

Soulless, *adj.* নীচমনৰ।

Sound, *adj.* সুস্থ, সবল (2) সম্পূৰ্ণ (3) ঠিক (4) গধুৰ।

n. soundness.

Sound, *n.* প্ৰণালী, যি ঠেক পানীয়ে দুই ডাঙ্গৰ জলভাগক সংযুক্ত কৰে।

Sound, *n.* মাত, হাই, শব্দ।

Sound, *v.* দ-বাম জোখা (2) গোপনীয় ভাব আদি উলিয়াবলৈ চেষ্টা কৰা।

Sounder, *n.* গাহৰি।

Soup, *n.* মঙহৰ কাথ, 'চুৰুহা'।

Sour, *adj.* টেঙ্গা (2) তিতা।

Source, *n.* উৎপত্তিৰ ঠাই, আকৰ।

e. g. source of knowledge

আদি। কাৰণ। cause.

South, *n.* দক্ষিণ।

adj. Southern.

South-sea=প্ৰশান্ত মহাসাগৰ।

Southward, *adv.* দক্ষিণ ফালে।

Sovereign, *n.* ২০ ছিলিং মূল্যৰ সোণৰ মুদ্ৰা।

Sovereign, *adj.* সৰ্বাতকৈ ডাঙ্গৰ, উৎকৃষ্ট।

Sovereign, *n.* ৰজা। ৰাণী।

Sovereignty, *n.* ৰাজত্ব। প্ৰভুত্ব।

Sow, *n.* মাইকী গাহৰি।

mas. boar.

Sow, *v.* সোৱা। গুটি সিঁচা, কঠিয়া সিঁচা।

e. g. The best part of your fields is selected for sowing.

Space, *n.* ঠাই (2) দূৰত্ব (3) সময়।

Spacious, *adj.* বহল।

e. g. a spacious room.

Spaciously, *adv.* বহলাই।

Spade, *n.* কোৰ।

Span, *n.* বেগেত।

Spaniel, *n.* কুকুৰ বিশেষ।

Spanish, *adj.* স্পেন দেশীয়।

Spank, *v.* চপৰিওৱা।

Spar, *v.* মল্ল-যুদ্ধ কৰা।

Spare, *adj.* অলপ তাকৰ। বাহিৰাল। (2) বৰ্ত্তমান নলগা।

n. spareness.

Spare, *v.* তাকৰকৈ খৰচ কৰা। সাঁচা।

e. g. spare when you are young and spend when you are old. (2) ক্ষমা কৰা। (3) ৰক্ষা কৰা।

Sparely, *adv.* খৰচ ৰাখি।
হাতত ৰাখি।

Spark, *n.* জুইৰ ফিৰিঙটি (2)
প্ৰেমিক।

Sparkle, *v.* জিলিকা, জিল্‌মিলোৱা।
চকমকোৱা;
জকমকোৱা, জল্‌মলোৱা।
ৰিৰ্‌বিৰোৱা।

Sparkle, *n.* জুইৰ ফিৰিঙটি।
জিলিকান, তিৰ্‌বিৰণি, টল্‌বল;
জগ্‌মগ্।

Sparkling, *adj.* প্ৰফুল্ল।

Sparrer, *n.* মল্ল-যোদ্ধা।

Sparrow, *n.* ঘৰ চিৰিকা।
ঘন চাৰকা।

Sparse, *adj.* পাতলীয়া (2) দূৰত।

Spartan. *adj.* সাহসী (2)
সহ্যকাৰী।

Spawn, *n.* ভেকুলিৰ কণি (2)
মাছৰ কণি।

Speak, *v.* কথা কোৱা (2) বক্তৃতা দিয়া।

P. T. { spoke spake

P. P. { spoken.

Speak well of=গুণ বখোৱা।

Speakable, *adj.* কথনীয়, কব পৰা, কবৰ যোগ্য. কবলগীয়া।

Speaker, *n.* বক্তা। কথা কওঁতা।

Speaking, *n.* কথোপকথন।
কথাবাৰ্ত্তা। কথা।

Spear, *n.* 'বৰছা'। যাঠী।

Special, *adj.* বিশেষ (2) স্বতন্ত্ৰ।

Speciality, *n.* বিশেষত্ব।

Species, *n.* জাতি, বিধ, ৰকম।
e. g. peculiar species of insect
A single cane of that species

Specify, *v.* বিশেষকৈ কোৱা।
n. specification.

Specimen, *n.* চানেকি, নমুনা।

Specious, *adj.* বাহিৰে ভাল। মিছা।

Speck, *n.* ডাগ, চিন।

Speck, *v.* ডাগ দিয়া।

Speckle, *n.* ক্ষুদ্ৰ চিন বা ডাগ।
ফুটুকা।

Speckle, *v.* ফুটুকীয়া ডাগ দিয়া।

Spectacle, *n.* দৃষ্ট, দৰ্শন, দৃশ্য।

Spectacles, *n.* চকু. চসমা।
This word must always be used in plural in this sense.

Spectator, *n.* দৰ্শক।

Spectre, *n.* ভূত, প্ৰেত।
adj. spectral.

Speculate, *v.* চিন্তা কৰা; ভবা;
বিবেচনা কৰা; ভাবত ডুবা।
Followed by 'with' 'on' 'upon'
n. speculation.

Speculation, *n.* ধাঁনি।
Followed by 'in'
Speculative, *adj.* ধ্যান, চিন্তা, বা বিবেচনাত মগ্ন।
Speculum, *n.* আৰ্চি।
Speech, *n.* কথা (2) বক্তৃতা।
Goddess of speech=সৰস্বতী।
Speed, *n.* বেগ, খৰ।
Speed, *v.* বেগ দিয়া, খৰ কৰা।
P. T. } sped.
P. P.
Speedy, *adj.* বেগী।
adv. speedily.
Spell, *n.* মন্ত্ৰ, যাদু।
Spell, *v.* বানাম কৰা।
P. T. { spelled spelt
P. P. { spelled spelt.
Spelling, *n.* বৰ্ণবিন্যাস। বানান। আখৰ-যোটনি।
e. g. spelling mistake.
Spencer, *n.* তিৰোতাৰ কুৰ্তা বিশেষ।
Spend, *v.* খৰচ কৰা, ব্যয় কৰা। (2) ক্ষয় কৰা।
P. T. { spent.
P. P.
Spendthrift, *adj.* অপব্যয়ী।
Spew, *v.* বঁতিওৱা, বমি কৰা, বাঁতি অহা।

Sphere, *n.* মণ্ডল।
Sphere, *v.* ঘূৰণীয়া কৰি তাৰ মাজত থোৱা।
Spherical } *adj.* ঘূৰণীয়া।
Spheric
n. sphericity.
Sphinx, *n.* "নৰসিংহী।"
Spice, *n.* মচলা, (2) জাঁই-পত্ৰী।
adj. spicy.
Spicery, *n.* মচলা, মচলাৰ গুদাম।
Spider, *n.* মকৰা।
Spike, *n.* ডাঙৰ গজাল।
Spike, *v.* গজাল মৰা।
Spill, *v.* ঢলা।
P. T. } spilled, spilt.
P. P.
Spin, *v.* সূতা কটা।
P. T. } spin.
P. P.
Spin and weave=কটা আৰু বোৱা।
Spindle, *n.* মুহকৰা ইত্যাদি।
Spine, *n.* বাজ-হাড়।
Spinster, *n.* সূতা কটা তিৰোতা (2) কুমাৰী।
Spiracle, *n.* নিশ্বাস লোৱা বাট।
Spiral, *adj.* পকোৱাপকী।
Spire, *n.* পাক (2) টিং।
Spirit, *n.* তেজ, প্ৰাণ (2) মদ।
Hgh spirit=উগাহ।

Low spirit = বিষাদ।

Spirit, *n.* ভূত ; প্ৰেত। মৃতকৰ আত্মা।

Spirit, *v.* সচেতন কৰা (2) সাহ দিয়া।

Spirited, *adj.* তেজস্বী, সজীৱ।
n. spiritedness.

Spiritless, *adj.* নিৰ্জীৱ (2) দুৰ্ব্বল ; (3) নিস্তেজ।

Spirituous, *adj.* তেজাল। (2) ব্যগ্ৰ।

Spiritual, *adj.* আধ্যাত্মিক ; শুদ্ধ pure.
মানসিক। ধাৰ্ম্মিক। Religious
n. spirituality.

Spissitude, *n.* ঘনত্ব।

Spit, *n.* থু।

Spit, *v.* থু পেলোৱা।

P. T. } Spit.
P. P. }

Spite, *n.* হিংসা ; ঈৰ্ষা।
Followed by 'against'.

Spiteful, *adj.* ঘৃণনীয় (2) অপকাৰী (3) হিংসুক।
n. spitefulness.

Spittle, *n.* থু (2) পিক।

Inspite of = সত্বেও।
e. g. "*Inspite of* all the advice I gave him, he took to the practice of smoking."

Spittoon, *n.* পিকদানি।

Splash, *n.* ছাট। ছিটিকনি, উফৰি পৰা পানী।
adj. splashy.

Spleen, *n.* জৰ থাপৰি (2) ঈৰ্ষা।

Splendid, *adj.* উজ্জ্বল, জাকজমকাল।

Splendour, *n.* উজ্জ্বলতা, জাকজমক, শোভা। জেউতি।

Split, *v.* ফলা।

P. T. } Split.
P. P. }

Splinter, *n.* চলি।

Spoil, *v.* নষ্ট কৰা ; বেয়া কৰা। একেবাৰে লোকচান কৰা। (2) অপহৰণ কৰা ; চুৰ কৰা (3) কাঢ়ি নিয়া।

P. T. { spoiled / spoilt

P. P. { spoiled / spoilt

Spoke, *v.* P. T. of speak.

Spokesman, *n.* যি আনৰ নিমিত্তে কথা কয়।

Spoliate, *v.* লুট কৰা।

Spoliation, *n.* অপহৰণ (2) লুট।

Sponge, *n.* সাগৰৰ ফেন।

Spongy, *adj.* সাগৰৰ ফেনৰ নিচিনা (2) সোপ্‌সুপীয়া।

Sponge, *v.* মচি পেলোৱা।

Sponsor, *n.* জামিন।
adj. sponsorial.

Spontaneous, *adj.* আপোনা আপুনি।

n. } spontaneity
spontaneousness.

Spool, *n.* মহুৰা, টাকুৰী।

Spoon, *n.* চামুচ।

Spoonful, *n.* এচামুচত যিমান ধৰে।

e. g. Give me three spoonfuls of milk = মোক তিনি চামুচ গাখীৰ দিয়া।

Sport, *n.* ক্ৰীড়া। কৌতুক; খেমালি। খেলা।

Sportful, *adj.* ধেমেলীয়া। ৰঙ্গিয়াল। আমোদী। ধেমালি প্ৰিয়।

adv. sportfully.

n. sportfulness.

Sporting, *adj.* খেলা সম্বন্ধীয়।

Sportive, *adj.* আমোদী। ধেমেলীয়া।

adv. sportively.

n. sportiveness. [(2) পহুমৰীয়া।

Sportsman, *n.* খেলাত পৈণত মানুহ

Spot, *n.* ডাগ। চিন। দোষ। চেকা। (2) স্থান, ঠাই। কলঙ্ক।

On the spot = থিতাতে।

Spot, *v.* ডাগ দিয়া। চিন দিয়া। দোষী কৰা।

Spotless, *adj.* নিষ্কলঙ্ক। চেকা-নথকা।

adv. spotlessly.

n. spotlessness.

Spotted, *adj.* ফুটুকাফুটুক।

Spousal, *n.* বিবাহ।

generally in the plural.

Spouse, *n.* স্বামী বা স্ত্ৰী।

A married person, husband or wife.

Spouseless, *adj.* বৰলা। বিয়া নকৰোৱা।

Spout, *n.* নলা। চুঙ্গা

Sprain, *n.* মোচোকা।

Sprain, *v.* গা-মোচোকা খোৱা।

Sprang = P. T. of spring.

Sprawl, *v.* কাতি হৈ পৰোতে হাত ভৰি মেলি দিয়া।

Spray, *n.* শাখা। সৰু ডাল। (2) water-drop.

Spread, *v.* মেলা। তৰা। বহলোৱা। বিস্তীৰ্ণ কৰা। প্ৰচাৰ কৰা। প্ৰকাশ কৰা। বিয়পি যোৱা। বিয়পা।

P. T. } spread.
P. P.

Spread, *n.* বিস্তাৰ।

Spree, *n.* ৰং-ধেমালি।

Sprite, *n.* ভূত।

Sprig, *n.* ঠালি।

adj. spriggy.

Spriteful, *adj.* প্ৰফুল্ল।

Spritely
Sprightly } *adj*. প্ৰফুল্ল।

n. spriteliness.

Spring, *v*. ওলোৱা ; ওপজা । *e. g.* sprung from a noble family. গজা। (2) জাপ মৰা (3) ওফৰা।

P. T. } sprung. sprang

P. P. sprung.

Spring at=to attempt to reach by a leap.

Spring, *n*. বসন্তকাল (2) জাপ (3) fountain. পুং। ভুমুক। (4) কোবনি।

Springe, *n*. জাল।

Spring-head=উৎপত্তিৰ ঠাই।

Springy, *adj*. বহুত ভুমুক থকা।

Spring-time, *n*. বসন্তকাল (2) *Fig*. ডেকা কাল।

Sprinkle, *v*. ছটিওৱা। ছাটিমৰা।

Sprite, *n*. উপদেবতা ; ভুত ; প্ৰেত।

Sprout, *v*. পোখা ওলোৱা ; গজা। কুঁহিপাত ধৰা।

Sprout, *n*. পোখা ; গজালি।

Spruce, *adj*. আটক্-ধুনীয়া।

n. spruceness.

Spud, *n*. খন্তি।

Spue, *v*. বতিওৱা ; বমি কৰা।

Spume, *n*. ফেন।

adj. spumeous.

Spunk, *n*. লাগনী খৰি।

Spur, *n*. ঘোঁৰা চলাবলৈ ঘোঁৰাত উঠোতাৰ জোতাত থকা কাঁইট। (2) উৎসাহ।

Spurious, *adj*. কৃত্রিম। নকল। মিছা।

n. spuriousness.

Spurn, *v*. ঘিণ কৰি এৰা।
Followed by 'at.'

Spurt, *n*. সোঁত।

Sputter, *v*. থু-পেলোৱা, লেলাউটি ওলোৱা (2) লেবাই কথা কোৱা।

Spy, *n*. চৰ ; চোৰাং চোৱা।

Spy, *v*. বিচাৰি উলিওৱা।

Spy-glass, *n*. a small telescope.

Squab, *adj*. খোলোকা।

Squabble, *v*. হাই-উকমি কৰি তৰ্ক কৰা।

Squabble, *n*. হাই-উকমি। খেচেং-মেচেং

e. g. She heard the noise of a squabble between them.

Squalid, *adj*. ফেহুৰা।

n. squalidity.

Squall, *v*. বৰকৈ চিঞৰি উঠা।

Squander, *v*. অপৰিমিত খৰচ কৰা ; অপব্যয় কৰা।

Squash, *n*. [illegible] a kind of gourd.

Square, *adj.* চাৰিচুক সমান।
চাৰিওফালে সমান।
(2) In Arithmetic বৰ্গ।
n. squareness.

Squat, *v.* লেপেটা পাৰি বহা।

Squeak, *v.* চেঁচেঁওৱা।

Squeamish, *adj.* পেট বেমাৰী।
(2) "জুনীয়া"। অলপতে সন্তোষ নোহোৱা।
n. squeamishness. খজিনা।

Squeeze, *n.* চেপা। (2 . টিপা।
adj. squeezable.

Squeeze, *v.* চেপা ; চেপা মৰা ;
টান বস্তুৰ মাজত সুমাই টেপা মৰা।
(2) টিপা।

Squint, *v.* কতীয়াকৈ চোৱা।

Squint-eyed, *adj.* কেঁৰা। টেকৰা।

Squire, *n.* ডাঙ্গৰীয়া। Gentleman.

Squirrel, *n.* কেৰ্কেটুৱা।

Stab, *v.* খোচা। জোঙ্গা অস্ত্ৰৰে আঘাত কৰা। (2) মনে মনে অপ-কাৰ কৰা।

Stable, *adj.* দৃঢ় (2) দৃঢ়স্থাপিত।
(3.) দিন যোৱা। durable.

Stable, *n.* 'আস্তাবল' ; ঘোঁৰা-শাল।

Stack, *n.* দম। ৰাশি।

Stactometer, *n.* টোপাটোপে পৰা পনীয়া বস্তু জোখা নল।

Staff, *n.* লাঠী ; লাখুটি।
(2) কৰ্ম্মচাৰী।
pl. { staffs / staves

Stag, *n.* পহু।
Fem. Hind.

Stage, *n.* 'থিয়েটাৰ' কৰা ঠাই। (2) দশা। অৱস্থা। *e. g.* the various stages of life.

Stagger, *v.* টগবগোৱা। ঢলংপলং কৰা।

Stagnant, *adj.* বৈ থকা।
সোঁত নোবোৱা।
e. g. stagnant water.

Stain, *v.* ৰং দিয়া (2) বেলেগ বেলেগ ৰং লগোৱা। (3) দুৰ্ণাম ৰটোৱা।

Stain, *n.* ডাগ। চেকা। (2) কলঙ্ক, দুৰ্ণাম।

Stairs, *n.* খটুখটী।

Stair, *n.* জখলা। a series of steps.

Stake, *n.* একালে জোঙ্গা লাঠী।
গোঁজ।
At stake = বিপদত.
e. g. "Our all is at stake."

Stale, *adj.* পুৰণি। বাহি।
n. staleness.

Stalk, *n.* গছৰ গুৰি। ঠাৰি।

Stalk, *v.* পেঙ্গাতে ফুৰা।

Stall, *n.* পশুক খুৱোৱা ঠাই।

Stalwart, *adj.* শকত। বলী। বলৱন্ত।

n. stalwartness.

Stamina, *n.* গাৰ শক্তি।

Stammer, *v.* খোথোৱা। খোকোন্দা-লগা। খোনোৱা।

Stamp, *v.* ছাপ মৰা; ছাপৰে আখৰৰ সাঁচ বহোৱা। মোহৰ মৰা (2) মুদ্ৰা গঢ়া (3) গচ়া।

Stamp, *n.* মোহৰ; ছাপ। (2) 'ষ্টাম্প,' *e. g.* postage stamps (3) পদাঘাত। গোবৰোহনি (of foot).

Stanch, *v.* তেজ বখোৱা।

Stand, *n.* a stop

Stand for lamps=গছা।

Ink-stand=মৈলাম।

Stand, *v.* থিয় হোৱা; থকা। *e. g.* this argument will not stand long. (2) সহা। to endure.

of long standing=বহুদিনীয়া।

Stand in the way=আগভেটি ধৰা।

P. T. } stood.
P. P. }

Stand against=oppose *e. g.* No King could stand against Alexander.

Stand up=থিয় হোৱা।

e. g. The man stood up as we came near.

Standard, *n.* বিধি। নিয়ম। নিৰিখ। (2) ধ্বজ।

Standhope, *n.* দুই বা চাৰি চকাৰ এবিধ যান।

Stannary, *n.* টিনৰ খনি।

Stanza, *n.* শ্লোক।

Staple, *adj.* প্ৰধান।

n. দেশত উৎপন্ন হোৱা ঘাই বস্তু।

Star, *n.* তৰা।

Shooting star=পৰীয়া তৰা।

adj. starry.

Star-board, *n.* জাহাজৰ সোঁ-ফাল।

Starch, *n.* মাড়।

Stare, *v.* একেঠৰে চাই থকা। Followed by 'at' *e.g.* It is not desirable to stare at a person.

Stark, *adj.* সমগ্ৰ। গোটেই।

adv. একেবাৰে।

Start, *v.* চাঁতকৰে যোৱা।

Starter, *n.* one who starts.

Starting-point, *n.* the point of departure.

Start, *v.* যাত্ৰা কৰা, ওলোৱা (2) আৰম্ভ কৰা। (3) জিকাৰ খোৱা। (4) এৰা *e. g.* The train has started. Followed by 'for 'up' e. g. I expect to start very shortly for England. "A new-cotton spinning Company has started up here."

start, *n.* যাত্ৰা। e. g. take your start (2) আৰম্ভ।

Startle, *v.* চমক খোৱা।

To start against = বাধা দিয়া।

To start up = ঘপকৰে উঠা।

Starve, *v.* ভোকত মৰা। খাবলৈ নেপায় মৰা; ভোকত অনাহাৰে থকা।

n. starvation.

State, *v.* বৰ্ণনা কৰা।

n. statement.

State, অৱস্থা। (2) দশা। (3) ৰাজ্য। দেশ। (4) জাকজমক। ঐশ্বৰ্য্য। pomp.

(5) চৰ্কাৰী। *e. g.* state-servant = চৰ্কাৰী চাকৰ।

Stately, *adj.* ৰাজকীয়।

Stateball, *n.* ৰজাঘৰত কৰা গান-বাজনা, ভোজ।

Statesman, *n.* ৰাজনীতিজ্ঞ।

pl, statesmen.

Statesmanlike, *adj.* worthy of a statesman.

Station, *n.* 'ষ্টেচন' (2) অৱস্থা (3) পদ।

adj. stational.

Stationary, *adj.* অচল।

e. g The figure is stationary.

Stationery, *n* মণিহাৰি বস্তু; the articles sold by stationers; as, paper, pen. pencil, knife, &c. *e. g.* we do not keep any stationery in our shop.

Statistics, *n* ৰাজ্যৰ লোক সংখ্যা অৱস্থাদিৰ বিবৰণ।

adj. statistical / statistic

There are some nouns which are never used in the singular number and *statistics* is one of them.

Statue, *n.* মূৰ্ত্তি।

adj. statuesque.

Stature, *n.* ওখ।

Statute, *n.* আইন। *e. g.* statute of labourers

Statutable, adj. আইন দ্বাৰা নিৰ্ম্মিত (2) আইনানুসাৰে।

Stay, *v.* ৰোৱা থকা। কিছু দিনলৈ থকা *e g.* I shall stay with a friend for two days.

(2) বিশ্বাস কৰা। Followed by 'with.'

P, T. / P P. Stayed, staid.

Stay, *n.* ঢোকা, সহায়-সাৰথি। *e. g.* The youngman was the stay of the old father.

Stead, adj. সলনি।
Instead of=সলনি।
e g. You had much better work in stead of idling away your time.
Steadfast, adj. অচল
(2) resolute
Followed by 'in' [অচল।
Steady, *adj*. লৰ-চৰ নকৰা।
e. g, Heis steady in his principles.
(2) থিৰ, জুৰ। e. g slow and steady wins the race.
Followded by 'in.'
Com. Steadier.
Sup. steadiest.
Steal, *v*. চুৰ কৰা, অপহৰণ কৰা।
P. T. } Stole
P. P. } Stolen
Followed by 'into' 'upon.'
Stealing, *n*. চুৰ কৰা কাৰ্য্য
(2) চুৰ কৰা বস্তু।
Steam, *n*. ভাপ, বাষ্প।
ad*j*. Steamy
Steamer, *n*. ভাপ জাহাজ।
Stealthily, *adv*. মনে মনে।
Steed, *n*. ঘোঁৰা।
Steel, *n*. টিথা।
adj. Steely
Steel-yard *n*. তুলাচালনী।

Steep, *adj*. ওখ। খিয়।
(2) *v*. ডিবা।
Steeple, *n*. টিং।
Steeplechase, *n*. ঘোঁৰা জাপ-মৰা দৌৰ।
Steer, *v*. হালি ধৰি চলোৱা।
Followed by 'for'
e. g. The ship steered for London.
Steersman, *n*. নাওৰ গুৰিয়াল।
Steganograph, *n*. কোনো গোপনীয়া ভাষাৰে লিখা কৌশল।
Stem, *n*. ঠাৰি।
Stench, *n*. বেয়া গোন্ধ। দুৰ্গন্ধ।
adj. Stenchy.
Stenography, *n*. Shorthand. সংক্ষেপ লিখা।
adj. } Stenographic
} Stenographical.
Step, *n* গতি, খোজ (2) খোপ।
e. g. This staircase has twenty steps.
Step, *v*. লৰা। আতৰা। *e. g.* please step aside
Step-mother=বিমাতা। মাহীমাক।
Step-brother মাহীমাকৰ পুতেক।
Stephane. *n*. মুৰৰ সাজ বিশেষ।
Stereograph, *n*. ফটোগ্ৰাফ বিশেষ
Stereoscope, *n*. 'ষ্টেৰিয়োস্কোপ।' চবি চোৱা কল।

Stereotyped; adj. সগনি নোহোৱা।

Sterling, adj. আচল।

Stern, adj. কঠোৰ।

n. Sterness.

Stew, *v.* লাহে লাহে উতলোৱা।

Steward, *n.* ঘৰ-গিৰী।

Stick, *v.* আঘাত কৰা (2) বিন্ধাই দৃঢ় কৰা।

P. T. } stuck
P. P. }

Stick, *v.* থকা, বৈ থকা (2) লাগি ধৰা। *e. g.* I don't know why the thing should not be done, if you only stick to it. (3) কামোৰ খাই ধৰা।

Followed by 'to'

Sticky, *adj.* জেপেটীয়া।

Stick, *n.* লাঠি। টাকোন। আচাৰি।

Stickle, *v.* দন্দ কৰা।

Stiff, *adj.* ঠৰঙ্গা। জঠৰ।

(2) obstinate.

Stiffness, *n.* জড়তা। লৰচৰ কৰিব নোৱাৰা অৱস্থা।

Stiffen, *v.* পোন কৰা, পোন হোৱা। ঠৰঙা কৰা।

Stifle, *v.* নিশ্বাস বন্ধ হোৱা।

Stigma, *n.* কুচ্ছা। কলঙ্ক।

pl. } stigmas
 } stigmata

Stigmatize, *v.* কুচ্ছা কৰা। নিন্দা কৰা।

Stile, *n.* জখলা।

Stiletto, *n.* অস্ত্র বিশেষ

pl. stilettos.

Still, *adj.* নিস্তব্ধ। নিজ্জাল। *e g.* The andience is still.

Still, *adv.* সদায়, তথাপি।

(2) তথাপি। (3) একেদৰে।

v. নিৰৱ কৰা।

Stilt, *n.* পেঙ্গা।

Stimulant, *adj.* উত্তেজক।

Stingy, *adj.* কৃপণ।

Sting, *v.* হুলে ফুটা।

P. T. } Stung.
P. P. }

Stink, *v.* দুৰ্গন্ধ ওলোৱা।

P. T. Stank

P. P. Stunk.

Stint, *v.* কমোৱা

(2) সীমা বন্ধকৰা।

Stipend, *n.* দৰমহা (2) বৃত্তি।

Stipple, *v.* চিন দি দি ফুটা কৰা।

Stipulate, *v.* ঠিক্‌া কৰা।

(2) নিয়ম বন্ধা।

Stir, *v.* লৰোৱা। (2) খং তোলা।

(3) উত্তেজিত কৰা।

Stirrup, *n.* ৰিকাপি।

Stitch, *n.* ফোৰ।

Stithy, *n.* নিয়াৰি।

Stock, *n.* ভৰাল।

(2) গছৰ গুৰি। (3) মূল।

Stocking, *n.* মোজা।

St ck-still, *adj.* অলৰ।

Stoke, *v* জুই খেʼচৰা।

Stolid, *adj.* ভোদা।

Stomach, *n.* তলপেট।

adj. Stomachal.

Stone, *n.* শিল।

(2) ১৪ পাউণ্ড পৰিমাণ ওজন।

Stone-hearted, *adj.* নিৰ্মমিয়াল।

Stool, *n.* "টুল"।

A bamboo stool = মূঢ়া। (2) পেটৰ মল।

Stoop, *v.* তলমূৰ কৰা। কুঁজাহোৱা।

Stoor, *n.* উৰা ধুলি।

adj. Stoory.

Stop, *v.* ৰোৱা, থমক মৰা। (2 বাধা দিয়া, (3 যাব নোৱাৰা কৰা। *n.* Stoppage.

Stop, *n.* চিন (In punctuation).

Store, *n.* ভৰাল, গুদাম।

Store-keeper, *n.* ভৰালী।

Store, *v.* গোটোৱা।

Stork, *n.* সাৰেং চৰাই।

Storm, *n.* বতাহ ধুমুহা।

ধুমুহা, tempest. cf. He has struggled in the storm of fate.

adj. Stormy,

Storm, *v.* বতাহ ধুমুহামৰা।

ধুমুহা মৰা (2) আক্রমণ কৰা।

e.g. They will storm the town.

Story, *n.* গল্প, সাধু কথা।

Story, *n.* থাক, খলপা।

Story, *v* সাধু কথা কোৱা গল্প কৰা।

Storied *adj.* সাধু কথাত উল্লেখিত, গল্পত কোৱা।

Stot, *n.* ষাড়।

Stound, *n.* খন্তেক সময়। ঘণ্টা, মিনিট।

Stout, *adj.* শকত, লোদোৰ পোদোৰ। ধেদেদোপা। নোদোকা। নোকোহা।

Stout-hearted, *adj.* সাহসী।

n Stout-heartedness.

Stove, *n.* 'ষ্টভ'

Stove, *v.* উত্তাপ দিয়া (2) তপতে ৰখা।

Stow, *v.* থোৱা; (2) শৃঙ্খলা কৰা।

n. Stowage.

Straddle, *v.* ফেৰেকা মেলা (2) ফেৰেকা খোজ দিয়া।

Stradivarius, *n.* বেহেলা বিশেষ।

Straggle, *v.* আচল বাটৰ পৰা এফলীয়া দি ফুৰা। (2) নিয়মিত সীমাৰ বাহিৰ হোৱা।

Straight-way, *adv.* বেগেতে।

Straight, *adj.* পোন, বেকা নোহোৱা (2) সৰল।

n. Straightness.

Straighten, *v.* পোন কৰা।

Straight, *adv.* ততালিকে।

Strain, *v.* চকা।

Strainer, *n.* চাকনী।

Strait, *adj*. কষ্ট; দুখ।
n. Straitness.

Strait *n*. প্ৰণালী। যি ঠেক পানীয়ে দুই ডাঙৰ জলভাৰক সংযুক্ত কৰে।

Strait, *v*. ঠেক কৰা। (2) সীমা বদ্ধ কৰা। (3) দুৰাবস্থা কৰা।
n. Straitness.

Stramash, *n*. গোলমাল।

Strand, *n*. সাগৰ বা নৈৰ দাঁতি (2) সৰু নৈ।

Strange, *adj*. বিদেশী (2) অচিনাকি
e. g. strange faces.
(3) নোহোৱা-নোপজা। আচৰিত। আচহুৱা।

Stranger, *n*. বিদেশী।
(2) আলহি।

Strangle, *v*. ডিঙি চেপি মৰা।

Strangury *n*. মূত্ৰ কষ্ট।

Strap, *n*. বৰটি।

Strata *n*. *pl*. of stratum

Stratagem, *n*. ফাকি। ছল।

Stratum, *n*. তৰপ।
pl. Strata.

Stratus, *n*. ডাৱৰ বিশেষ।

Straw *n*. ধানখেৰ।

Stray, *v*. ঘুৰি ফুৰা (2) সীমাৰ বাহিৰ হোৱা (3) ভুল কৰা।
cf. we have strayed from Thy ways.

Stream, *n*. সোঁত। (2) সৰু নৈ।
e. g. He set by the side of the stream. জান।
adj. Streamy.

Stream, *v*. সোঁত বোৱা দৰে বোৱা।
e. g. People streamed in from different places.

Streamlet
Streamling } *n*. নিচেই সৰু নৈ।

Street, *n*. আলি, বাট।
Royal street=ৰাজ আলি।

Strength *n*. বল; শক্তি; সাহস; পৰাক্ৰম।

Strengthen *v*. বলী কৰা (2) সাহসী হোৱা (3) to encourage.

Strenuous, *adj*. উদ্যোগী। উৎসাহ। উদ্যোগ। উদ্যম। (2) বলী।
n. Strenuousness.

Stress, *n*. বল। (2) জোৰ।
(3) হেঁচা।

Stretch, *v*. বিস্তৃত কৰা, বহলা। মেলা *e. g*. to stretch hand= হাতমেলা।
Followed by 'to' 'towards.'

Strew, *v*. ছটিয়া।
P T.
P P. } Strewed, strewn.

Stricken, *v*, P P of strike
Stricken in years=বয়সীয়া।

Strict, *adj*. ঢিলা নোহোৱা। টান। কঠোৰ। severe কটকটীয়া।
n, strictness.

adv. strictly.

Strictly speaking=টানি কবলৈ হলে। *e g* strictly speaking, every one must educate himself.

Stride. *v.* দীঘল খোজ দিয়া। বেঙ্কা মেলা।

P. T. Strode

P. P. stridden

Stricture, *n.* নিন্দা।

Strident, *adj.* কৰ্কশ। harsh

Strife, *n.* দন্দ। কন্দল। অমিল।

adj. Strifeful.

Strike, *v.* আঘাত কৰা। কিলা। মৰা। কোবা।

e g Ram struck Jadu=ৰামে যদুক কিলালে।

Striking, *adj.* আচৰিত।

String, *n.* ডোল। জৰী, (2) ফিতা (3) 'তাঁৰ' the cord of a musical instrument.

adj stringy.

String, *v.* জৰী গোটায় দিয়া (2) মাতভোলা।

P. T. } Strung.
P. P. }

Stringent, *adj.* টানি বন্ধা। (2) কঢ়ুৱা।

n. Stringency.

Strip, *n.* ছিটা। দীঘল চেপেটা খণ্ড।

Strive, *v.* চেষ্টা কৰা, যতন কৰা।

Followed by 'with,' 'against.' 'for.' *e g* They are striving with all their might against difficulties for success.

P T strove.

P P striven

Stroke, *n.* আঘাত (2) হঠাৎ আক্ৰমণ (3) calamity.

(4) ঘড়ীৰ শব্দ (5) কাপৰ খোচ।

Stroke, *v.* একে ফালে মোহৰা। (2) মৰমত হাত মোহৰা। হাত ফুৰা। হাত বুলা।

Stroke, *v.* P P of strike.

Stroll, *v.* হেলা (2) মিছাতে ফুৰা। গা ঘেলোৱা।

Strong, adj. বলী, (2) দৃঢ় (3) solid.

Followed by 'In.'

Strong-minded, *adj.* ডাঠ-মনৰ।

n. Strong-mindedness.

Structure, *n.* গঠন, গঢ়, ঠগ।

(2) পকীঘৰ, দালান।

Struggle, *v.* জোটাপুটি কৰা।

Followed by 'for' 'with' 'against.'

Strumpet, *n.* বেশ্যা।

Strumpet, *adj.* বেশ্যাৰ নিচিনা (2) অস্থিৰ (3) মিছা।

Strung, *v.* P T. / P P. of string.

Strut, *v.* অহঙ্কাৰেৰে ফুৰা।

Strut about=টকচালি পৰা।

Strychnine, *n.* এবিধ দৰৰত ব্যৱহাৰ কৰা বিহ।

Stubble, *n.* নৰা।

কুঁহিয়াৰৰ মুঢ়া।

adj. Stubbly.

Stubborn, *adj.* কোনোমতৰ পৰা নৰলা, (2) obstinate.

(3) পোন (4) ঘূৰাব নোৱাৰা।

Stucco, *n.* চুন আৰু বালি আদিৰ 'প্লেচ্টাৰ।'

Stuck, *v.* P T / P P of stick.

Stud, *n.* পোহনীয়া ঘোৰাৰ সমূহ (2) এই ঘোৰা থোৱা ঠাই।

Stud, *n.* গজাল।

(2) কামিজৰ গুলাম।

Student, *n.* ছাত্র, ছাত্ৰৰ।

বিদ্যাৰ্থী।

ab. *n.* Studentship.

Studentry, *n.* ছাত্র সমূহ।

Studies, *n.* পঢ়া-শুনা।

e g How is he getting on with his studies ?

=তাৰ পঢ়া-শুনা কেনে চলিছে ?

Study, *v.* মনোযোগ দিয়া (2) শিকিবলৈ পুংখানুপুংখকৈ পৰীক্ষা কৰা। মনপুতি পঢ়া (3) চিন্তাকৰা।

Study, *n.* বিদ্যাভ্যাস।

Stuff, *n.* কোনো বস্তু তৈয়াৰ কৰিবলৈ যি যি বস্তু লাগে (2) আচলবস্তু। সাৰভাগ।

cf. Time is the stuff of which life is made.

Stuffy, *adj.* ভাল বায়ু নচলা। (2) উশাহ লোৱাত কষ্ট। [কৰা।

Stultify, *v.* মুৰ্খৰ নিচিনা আচৰণ

Stumble, *v.* খুন্দাখোৱা (2) to puzzle.

Stump, *n.* কটাগছৰ মুঢ়া। (2) বেটবলৰ খুটি।

Stun, *n.* মাৰি বা কোৰ্হাল কৰি অজ্ঞান কৰা (2) আচৰিত কৰ Followed by 'at.'

Stung, *v.* P T / P P of sting

Stunk, *v.* P P of stink.

Stunt, *v.* বাঢ়িব নিদিয়া (2) বাওনা কৰা।

Stupefy v. অজ্ঞান কৰা।

n. stupefication

adj stupefacient

Stupendous, *adj.* আচৰিত।

n. Stupendousness.

Stupid *n.* মূৰ্খ (2) অজ্ঞান (3) ভেবা। অকামিলা।

n. { Stupidity.
Stupidness.

Stuprum, *n.* বলৎকাৰ।

Stuprate, *v.* বলৎকাৰ কৰা।

n. Stupration.

Sturdy, *adj.* দৃঢ়, (2) বলী।
(3) শকত।

n. Sturdinees.

Stutter, *v.* খোনোৱা।

Style, *n.* ৰীতি, ধাৰা, নিয়ম (2) নাম। (3) ধকাৰ বা লিখাৰ ধৰণ।

adj. Stylish.

Style, *v.* নাম থোৱা। মতা। কোৱা।

Styptic, *n.* তেজ বন্ধ কৰা দ্ৰব্য।

Suasion *n.* পৰামৰ্শ।

Suave, *adj.* মধুৰ, মনোহৰ।

Suavity, *n.* মাধুৰ্য্য। (2 কোমলতা, (3) সভ্যতা।

Subdivide, *v.* ভাগকে ভাগ কৰা।

n. Subdivision.

Subdivision, *n,* ভাগৰো ভাগ, (2) মহকুমা।

Subdue. v. পৰাস্ত কৰা, পৰাজয় কৰা, দমন কৰা, বশীভূত কৰা, মৰ্দ্দা।

Sub-editor, *n.* সহকাৰী সম্পাদক।

Subjacent, *adj.* অধীন।

Subject, *n.* প্ৰজা, (2) বিষয়, (3) কৰ্ত্তা।

Subject, *v.* অধীন কৰা, বশীভূত কৰা, দমন কৰা।

n. Subjeetion.

Subject, adj. বাধ্য। অধীন।
Followed by 'to.'
e. g. All human beings are subjeet to decay.

Sujection, *n.* অধীন। তন্ত্ৰ।
Followed by 'to,'

Subjective, *adj.* আধ্যাত্মিক।

n. Subjectivity.

Subjoin, *v.* সংযোগ কৰা। [কৰা।

Subjugate, *v.* পৰাজয় কৰি অধীন

a. Subjugation.

Subjunctive, *adj.* সংযুক্ত।

Sublime, *adj.* মহান, মহৎ।
(2) অত্যুচ্চ। (3) শ্ৰেষ্ঠ।

n. { Sublimity.
Sublimeness.

Sublunary, *adj.* চন্দ্ৰৰ অধীনৰ, পাৰ্থিৱ ; *e. g.* of all sublunary things knowledge is the best.

Submarine, *adj.* সাগৰৰ তলৰ।

Submerge, *v.* ছাটমৰা, ঢাকি ধৰা।

n. { Submergence.
Submersion.

Submissive, *adj.* বিনীত, বাধ্য।

n. Submissiveness.

Submit, *v.* বশতাস্বীকাৰ কৰা।
(2) সমৰ্পণ কৰা।

Submission, *n.* বশ্যতা।

Followed by 'to.'

Subordinate, *adj.* অধীন। চত্

n. Subordination.

Subordinate, *n.* অধীনৰ লোক।

তলৰ কৰ্ম্মচাৰী।

Suborn, *v.* মিছা সাক্ষী দিবলৈ ওলা।

n. Subornation.

Subscribe, *v.* নিজৰ নাম চহি দিয়া

(2) বৰঙনি তোলা, চাদা তোলা।

Followed by 'to.'

Subscription, *n.* চহি' (2) চাঁদা।

বৰঙনি।

Followed by 'to.'

Subserve, *v.* সাধন কৰা।

ch. Travelling is taken to subserve the double end of health and culture.

n. { Subservience. Subserviency.

Subside, *v.* ডুবা।

n. { Subsidence. Subsidency.

Subsidy, *n.* সহায়।

adj. Subsidiary.

adv. Subsidiarily.

Subsist, *v.* থকা। (2) জীৱাই

থাকিবৰ উপায় থকা।

n. Subsistence.

adj. Subsistent

Subsistence, *n.* জীবিকা।

Followed by 'on,'

Subsoil, *n.* তলৰ মাটি।

Substance, *n.* বস্তু। (2) সাৰাংশ

(3) বিষয়।

Substantial, *adj.* সাৰ থকা

cf. Like substantial husbandmen of the district.

n. Substantiality.

Substitute, *v.* এটাৰ ঠাইত আন

এটা দিয়া।

n. Substitution.

adj. } Substitutional. Substitutionary.

Substincture, *n.* অট্টালিকাৰ

ভেঁটি।

Subnatural, *daj* অস্বাভাবিক।

Subtererranean Subterrneous Subterrene } *adj.* মাটিৰ তলৰ।

cf. Subterraneous fire.

Subtile, *adj.* মিহি।

(2) delicately constructed.

n. } Subtileness. Subtilisation.

Subtle, *adj.* চতুৰ, টেঙৰ

n. } Subteleness. Subtlety.

Substract, *v.* বাদ দিয়া, বিয়োগ

কৰা।

Substraction, *n.* বাদ, বিয়োগ।
adj. Substractive.

Subvert, *v.* লুতিয়াই পেলোৱা।
(2) একেবাৰে নষ্ট কৰা।

Subversion, *n.* বিনাশ।

Succeed, *v.* অনুসৰণ কৰা। (2) ঠাই লোৱা। (3) সফল হোৱা। কৃতকাৰ্য্য হোৱা।
n. Succession.
adj. Succeedable.
Followed by 'to.'

Success, *n.* কৃতকাৰ্য্য, সফল।

Successful, *n.* সাৰ্থক, সফল।
adv. Successfully.

Succeeding, *adj.* অহা। coming.

Succeession, *n.* উত্তৰাধিকাৰ।
(2) শানি।

Succinct, *adj.* সংক্ষেপ।

Succour, *v.* সহায় কৰা।
(2) পৰিত্ৰাণ কৰা।

Succour, *n.* সহায় (2) পৰিত্ৰাণ।

Succulent, *adj.* ৰসাল।
n. { Succulence. Succulency.

Succumb, *v.* ডুবা, মৰা। (2) সমৰ্পণ কৰা to yield.

Such, *adj.* এনে। তেনেকুৱা। এনেকুৱা *e. g.* India has never enjoyed such peace and tranquillity as under the British.

Such, pro. এনে। *e. g.* Life is such that some think it not worth living.

Such and such = এনে তেনে। অমুক তমুক।

Suck *v.* চোপা। চোহা, চৰহা।

Suction, *n.* সোহা কাৰ্য্য বা সুহিব পৰা ক্ষমতা।

Suckle, *v.* পিয়াহ খুৱা।

Sudden, *adj.* হঠাৎ। খামাখা। ঘুপুৰাই। অকস্মাৎ।
a. Suddenness.

Suddenly, *adv.* অকস্মাৎ, হঠাৎ। গিৰিসাই।

Sudor, *n.* ঘাম।
adj. { Sudored. Sudoriferous.

Suffer, *v.* সহ্য কৰা। সহা।
(2) কষ্ট পোৱা। দুখ পোৱা
Followed by 'for.'
n. Sufferance.

Suffering, *n.* কষ্ট, দুখ।

Sufferable, *adj.* সহিব পৰা।
n. Sufferableness.

Suffice, *v.* যথেষ্ট হোৱা, আঁটা। জোৱা।
n. Sufficiency.

Sufficient, *adj.* প্ৰচুৰ, যথেষ্ট। ওৱাদানি, দমাদম, জোৱা। যিমান লাগে সিমান as much as desired.
Followed by 'for.'

Suffrate, *v.* উশাহ বন্ধ হোৱা, উশাহ বন্ধ কৰা।
n. Sufforation.

Suffruge, *n.* ভোট ; মত।

Suffulted, *adj.* লাহে লাহে আন বৰণলৈ চাল লোৱা।

Sugar, *n.* চেনি।

Sugar-cane = কুহিয়াৰ।

Sugar-candy, *n.* মিছিৰী।

Sugar-coated = চেনিৰে ঢকা।
e. g. Sugar coated quinine pills.

Suggest, *a.* সঙ্কেত দিয়া। (2) প্ৰকাৰান্তৰে কোৱা।
adj. Suggestible.

Suggestion, *n.* সঙ্কেত (2) প্ৰস্তাৱ।
adj. Suggestive,

Suicide, *n.* আত্মহত্যা।
adj. Suicidal.

Suit, *n.* মোকৰ্দ্দমা।

Suit, *v.* উপযুক্ত হোৱা।
Followed by 'to' 'with.'

Suitor, *n.* পাত্ৰ।
e. g. উপযুক্ত পাত্ৰ পোৱা। (suitor.)
Fem. Suitress.

Suitable, *adj.* উপযুক্ত।
n. { Suitability. Suitableness.

Sujee, *n.* চুজি। আটাৰ লগৰ এবিধ [বস্তু।

Sulky, *adj.* ভেৰ্শেৰীয়া।

Sullen, *adj.* বিমৰ্ষ।
n. Sullenness.

Sulphur, *n.* গন্ধক।

Sultan, *n.* মছলমান ৰজা।
Fem. { Sultana. Sultaness.

Sum, *n.* কোনো বস্তুৰ মুঠ। মুঠ। অঙ্ক। (3) chief points (4) সাৰাংশ।

Sum, *v.* এতে লগ কৰা। (2) লেখা (3) সংক্ষেপ কৰা। *e. g.* In a few words he summed up the moral of the fable.

Summary, *adj.* সংক্ষেপ।

Summer, *n.* ঘামকাল। জহকালি। জহকাল। সাধাৰণত জুন, জুলাই, আগষ্ট এই তিনি মাহ গৰম কালি বুলি ধৰা হয়।

Summit, *n.* উৰ্দ্ধ ; টিং।

Summon, *v.* চমন দিয়া, আদালতত হাজিৰ হবলৈ হুকুম দিয়া। (2) মতা
e. g. Let a doctor be summoned.

Summons, *n.* চমন। Summons is a true singular and its plural summonses.

Sumpter, *n.* ভাৰবোৱা ঘোৰা।

Supervise, *v.* তদাৰক কৰা।

Sun, *n.* সূৰ্য্য, বেলি (2) বদ।
adj. Sunny.

Under the sun=সূৰ্য্য অধীনত) পৃথিবীত। *e. g.* Nothing is impossible under the sun.

Sun-beam=বেলিৰ পোহৰ।

Sun beaten=ৰদত খৰা।

Sun-burnt=ৰদত বং নষ্ট হোৱা।

Sunday, *n.* দেওবাৰ।

Sun-set=সূৰ্য্যাস্ত।

At sunset=বেলি মাৰ যাওতে।

Sun-picture. } ফটোগ্ৰাফ।
Suu-print

Sun-shine,=সূৰ্য্যৰ বশ্মি।

Sun-worship=সূৰ্য্য পূজা।

Sunday *n.* দেওবাৰ, ৰবিবাৰ।

Sunder, *v.* পৃথক কৰা, বেলেগ কৰা, আতবোৱা। একলীয়া কৰা।

n. } Sunderance. Sunderment.

Sundry, *adj.* পৃথক। বেলেগ (2) অ'কি (3) এটা বা দুটাত কৈ সৰহ।

All and sundry=সকলো একেলগে আৰু গাইগোটাকৈ।

Sung, *v.* P. T. } of sing
P. T.

Sunk, *v.* P P of sink

Sunken, *v* P P of sink

Sup, *v.* খোৱা (2) চামুচেৰে খোৱা (3) ৰাতিৰ আহাৰ খোৱা।

Superable, *adj.* বলে পৰা। চেৰ পেলাব পৰা।

n. Superableness.

Superabundant, *adj.* প্ৰচুৰ, ওবাদানি, যথেষ্ট, চেৰ, দমাদম, ভৰা, বহুত।

n. Superabundance.

Superaded, *v.* যি আছে তাতে যোগ দিয়া।

n. Superaddition.

Supereminent, *adj.* বৰ বিখ্যাত।

n. Supereminence.

Superogation, *n.* অদৰ্কাৰী বস্তু।

Superexcellent *adj.* ভালতকৈ ও ভাল।

n. Superexcellence.

Superfluous, *adj.* আবশ্যকতকৈ সৰহ।

(2) অদৰ্কাৰী, অনাবশ্যকীয়।

n. } superfluity. superfluousness.

Super-heat, *v.* অতিকৈ তপত কৰা।

Superhuman, *adj.* মানুহৰ নোহোৱা। (2) স্বৰ্গীয়।

n. Superhumanity.

Superintend, *v.* দিহা দিয়া।

Superintendent, *n.* দিহাদাৰ।

Superior, *adj.* উচ্চ ; শ্ৰেষ্ঠ।

n. Superiority. ওজালি।

Superior, *n.* ওজাইদাৰ। মান্যলোক।

e. g. Respect your superiors =মান্যলোকসকলক ভক্তি কৰিবা।

We have 'superioress' as the feminine form of 'superior'

Superlunar, Superlunary { adj. চন্দ্ৰৰ ওপৰৰ। স্বৰ্গীয়।

Supermundane, adj. পৃথিবীৰ ওপৰৰ।

Supernal, adj. স্বৰ্গীয়।

Supernatant, adj. ওপৰত ওপঙা।

n. Supernatation.

Supernatural, adj. অস্বাভাবিক, আচৰিত।

n. Supernaturalness.

Supernumary, adj. উপকৰা।

Superpraise, v. অতিকৈ প্ৰশংসা কৰা।

Superscribe, v. বাহিৰে নাম লিখা

n. { Superscription, Superscript.

Supersede, v. চেৰপেলাই আগবঢ়া।

n. { Supersedence. Supersedure, Supersession.

Supersensible, adj. আধ্যাত্মিক।

n. Supersensibleness.

Supersolar, adj. সূৰ্য্যৰ ওপৰৰ; স্বৰ্গীয়।

Supervene, v. ঘটা।

n. Supervention.

Supine, adj. পিচপৰা।

পিচ হোৱা, (2) এলেহুৱা।

n. Supination.

Suppeditate, v. যোগোৱা।

n. Suppeditation.

Supper, n. ৰাতিৰ আহাৰ।

Supplement, n. পৰিশিষ্ট।

Followed by 'to.'

adj. Supplementary.

Suppliant, n. ৰৰকৈ কাকুতি মিনতি কৰি অনুৰোধ কৰোঁতা; বৰ সক হৈ অনুৰোধ কৰোঁতা।

Supplication, n. কাউৰাউ। কাকুতি।

Supplicate, v. বৰ কাকুতি মিনতি কৈ প্ৰাৰ্থনা কৰা। (2) উপাসনা কৰা।

Supply, v. যোগোৱা।

Support v. সমৰ্থন কৰা, (2) সহা। (3) উপকাৰ কৰা।

Support, n. আধাৰ।

(2) পোহপাল।

ভৰণ পোষণ। e. g. You get less paddy than is sufficient for the *support* of your family = পৰিয়ালক ভৰণ-পোষণ কৰিবলৈ যিমান ধান লাগে তাতকৈ তুমি কম পোৱা।

Supporter, n. সমৰ্থন কৰোতা।

e g. The supporter of a resolution. ৰক্ষক।

Fem. Supportress.

Suppose, *v.* মনেৰে ভাবি লোৱা।
adj. Supposable.

Suppose, *n.* অনুমান।
adj. Supposal.

Supposition, *n.* অনুমান, আন্দাজ।
adj. Suppositional.

Supposure, *n.* অনুমান।

Supposititious, *adj.* অনুমানিক।
n. Suppositititiousness.

Suppress, *v.* দমোৱা, দমন কৰা।
n. Suppression.

Suppurate, *v.* পক উঠা।

Suppurative, *adj.* পকনী।

Supramundane, *adj.* পৃথিবীৰ ওপৰৰ ; স্বৰ্গীয়।

Supreme, *adj.* প্ৰধান। ওখ।
n. { Supremeness. Supremity, Supremacy.

The Supreme Being=পৰমেশ্বৰ।

Surcharge, *n.* অতিৰিক্ত বোজা ;
(2) an overcharge.

Surcoat, *n.* 'ওভাৰ কোট।'

Sure, *adj.* নিশ্চয়, সঠিক।
n. Sureness.

Surely, *adv.* নিশ্চয়।

To be sure=সন্দেহ নথকা।

Make sure,—নিশ্চয় কৰা।

Surety, *n.* নিশ্চয়তা।

Surface, *n.* ওপৰৰ ভাগ।

Surfeit, *v.* অপৰিমিত আহাৰ কৰা; অধিককৈ খোৱা ; সবহ খোৱা।

Surfeit, *n.* অপৰিমিত আহাৰ।

Surge, *n.* ঢৌ।
adj. Surgy.

Surge, *v.* বঢ়া ; বৃদ্ধি হোৱা।

Surly, *adj.* কঠুৱা।
n. Surliness.

Surmise, *v.* অনুমান কৰা।
আন্দাজ কৰা (2) সন্দেহ কৰা।

Surmise, *n.* অনুমান,
আন্দাজ।
(2) সন্দেহ, চোভা। অবিশ্বাস।

Surmount, *v.* ওপৰত উঠা।
(2 অতিক্ৰম কৰা। চেৰ পেলোৱা। দমোৱা।
adj. Surmountable.

Surpass, *v.* চেৰ পেলোৱা ; (2) শ্ৰেষ্ঠ হোৱা।
adj. Surpassable.

Surplice, *n.* পুৰোহিতৰ সাজ।

Surplus, *n.* ডেৰি। বাঢ়তি।

Surprise, *v.* আচৰিত কৰা।
(2) হঠাৎ আক্ৰমণ কৰা।
Followed by 'at.'

Surprise, *n.* আচৰিত, বিস্ময়।
e. g. to our utter surprise, he has entirely deceived us.
(2) হঠাৎ আক্ৰমণ।

Surprising, *adj.* আচৰিত।

Surrender, *v.* অৰ্পণ কৰা (2) শৰণ লোৱা।
Followed by 'to.'

Surrogate, *n.* প্ৰতিনিধি।

Surround, *v.* বেৰি ধৰা।

Surveillance, *n.* তত্ত্বাবধান।

Survey, *v.* মনপুতি চোৱা (2) জৰিপ কৰা (3) জোখা। (4) পৰীক্ষা কৰা।

Survey, *n.* দৃশ্য। (2) জৰিপ। (3) পৰীক্ষা।

Surveyor, *n.* পৰিদৰ্শক (2) আমিন।

Survived, *v.* কোনো বা কিছুমান মৰাৰ পাচত জীৱাই থকা।
e. g. She survived her husband 20 years.
n. Survival.

Suspect, *v.* সন্দেহ কৰা। (2) অবিশ্বাস কৰা।

Suspision, *n.* অবিশ্বাস (2) সন্দেহ। (3) চোভা, আশঙ্কা।

Suspend, *v.* ওলমাই থোৱা। আৰি থোৱা।

Suspense, *n.* সন্দেহ।

Sustain, *v.* বহন কৰা। (2) পলম কৰা।
adj. Sustainable.

Sustenance, *n.* ভৰণ পোষণ। (2) খাদ্য. খোৱা বস্তু।

Sulter. *n.* সৈন্যাদিক খোৱা বস্তু বেচোঁতা।
ab. *n.* Sultery.

Suzerain, *n.* ৰজা।
ab. *n.* Suzerainty.

Swab, *v.* পৰিষ্কাৰ কৰা।

Swaddle, *v.* লৰাক কাপোৰে মেৰোৱা।

Swaddling cloth, *n.* দগলা।

Swagger, *v.* গপ কৰা।

Swagger, *n.* গপ, অহঙ্কাৰ, অভিমান, ডাঙ্কোপ।

Swaggerer, *n.* গপ কৰোতা। ডাঙ্কোপ মৰা লোক।

Swain, *n.* গাৱঁলীয়া ডেকা।

Swallow, *n.* এবিধ চৰাই।

Swallow *v.* খোৱা; ভক্ষণ কৰা। (3 হুটামুটাকৈ খোৱা।

Swam, *v.* P. P. of swain.

Swan, *n.* এবিধ চৰাই।

Sward, } **Swarth** } *n.* বননি।

adj. } Swardy. Swarded.

Sware,=Biblical P. T. of swear.

Swarm. *n.* জাক। *e. g.* a swarm of bees.
Followed by 'of.'

Swarm, *v* জাকে জাকে উৰি ফুৰা।

Swath, *n.* পটি ।

Swathe, *v.* পটি বন্ধা ।

Sway, *n.* শাসন, প্ৰভুত্ব (2) ক্ষমতা ।

Sway, *v.* শাসন কৰা ।

Swear, *v.* শপত খোৱা ।
Followed by 'at.'
P, T. Swore,
P. P.=Sworn.

Sweat, *n.* ঘাম । (2) পৰিশ্ৰম ।

Sweat, *v.* ঘাম ওলোৱা ।
(2) পৰিশ্ৰম কৰা ।

Sweep, *v.* সৰা ।
P. T.
P. P. } Swept.

Sweeper, *n.* মেতৰ ।

Sweepings, *n.* ভাবৰ ।

Sweet, *adj.* সোৱাদ ; মিষ্ট ; মিঠা ।
(2) মনোহৰ, সুমিষ্ট (3) শুৱলা ।
(4) মধুৰ ।
n. Sweetness.

Sweeten, *v.* সোৱাদ কৰা, মধুৰ কৰা ।

Sweetish, *adj.* সোৰল সোৱাদ লগা; অলপ মিঠা ।

Sweetmeat,=মিঠাই ।

Sweetness, *n.* মধুৰতা ।

e. g. Sweetness of scent as well as brightness of colour make the rose the queen of of flowers. সুগোন্ধ ।

Swell, *v.* বৃদ্ধি হোৱা ।
(2) ওফন্দা
P. T. Swelled.
P. P. { Swelled. Swollen.

Swerve, *v.* লঙ্ঘন কৰা ।

Swift, *adj.* বেগী ।
n. Swiftness.

Swill, *v.* সৰহ খোৱা ।

Swim, *v.* সাঁতোৰা ।
P. T. Swam,.
P P. { Swam. Swum.
adj. Swimable.

Swimming, *n.* সাঁতোৰ ।

Swindle, *v.* ঠগা, প্ৰতাৰণা কৰা ।
adj. Swindleable.

Swine, *n.* বৰাগাহৰি ।

There are some nouns which have the same form in the singular as in the plural, 'swine' one of them.

Swing, *v.* ইফালে সিফালে লৰা ।
হেন্দোলা ।
P. T.
P. P. { Swung.

Swinge, *v.* কিলোৱা । গালি পৰা, ভৎসনা কৰা ।

Swiss, *adj.* চুইজাৰ লেণ্ড দেশীয় ।

Switch, *n.* সিৰিপনী । চেকনী ।

Swoon, *v.* মুৰ্চ্ছিত হোৱা ।

Swoon, *n.* মুছৰ্কছ।

Swollen,—P. P. of swell.

Swoop, *v.* থাপ মাৰি নিয়া।

Sword, *n.* তৰোৱাল

Swung— P. P. { P. P. { of swing.

Swum—P. T. of swim.

Sycophant, *n.* উচটাওঁতা।

ab. *n.* { Sycophancy. Sycophaneism.

Sylph, *n.* পৰী।

dim. Sylphid.

Symbol *n.* চিন (2) লক্ষণ।

Sympathy, সহানুভুতি, পৰৰ দুখত দুখী। পুতৌ। (2) দয়া, কৃপা।

Followed by 'with' 'for.'

adj. { Sympathetic Sympathetical.

Sympathyse, *v.* সহানুভূতি প্ৰকাশ কৰা; পুতৌ কৰা।

Followed by 'with.'

n. Sympathism.

Symphony, *n.* একসুৰ।

adj. Simphonious.

Symptom, *n.* লক্ষণ।

Syncope, *v.* সংক্ষেপ কৰা।

Synagogue, *n.* ইহুদিবিলাকৰ উপাসনাৰ্থে একেলগ হোৱা ঠাই।

adj. { Synagogal. Synagogical.

Synod, *n.* সভা, মেল।

Synopsis, *n.* সংক্ষিপ্ত বিবৰণ।

adj. { Synoptic, Synoptical.

Syntax, *n* বাক্যবিন্যাস।

Syringe, *n.* 'ফিচকাৰী'

Sirup, } *n.*
Syrup, }

'চিৰাপ,' চেনী পানী।

adj. Syrupy,

System, *n.* ৰীতি, নিয়ম, আচাৰ (2) ব্যৱস্থা।

adj. { systematic sytematical.

T

Tabard, *n.* যুদ্ধত পিন্ধা চোলা বিশেষ।

Tabby, *n.* এবিধ মোটা ৰেচমী কাপোৰ। (2) মাইকী মেকুৰী।

Tabefy, *v.* কোকোহা পৰা।

n. Tabefaction.

Tablature, *n.* পকীঘৰৰ দেওৱালত আঁকা চিত্ৰ। (2) ছবি।

Table, *n.* মেজ (2) তালিকা। (3) সংক্ষেপ বিবৰণ। (4) খাদ্য; food, diet.

Table, *v.* লিষ্টি কৰা, (2) 'কেটেলগ' কৰা (3) মেজত থোৱা।

Table-book, *n.* টোকা বহি।

Table-land, *n* অধিত্যকা।

Table-spoon, *n.* ডাঙৰ চামুচ।

Table-cloth, *n.* মেজত পৰা কাপোৰ

Tableam, *n.* ছবি।

pl. tableaux.

Table-talk, *n.* ভাত খাওঁতে কোৱা কথা-বাৰ্ত্তা।

Tabour, *n.* মৃদং বিশেষ।

Tabular, *adj.* মেজৰ দৰে সমতল। (2 চেপেটা।

Tabularise, *v.* লিষ্টি কৰা।

n. Tabularisation.

Table-wise *adv.* মেজৰ দৰে।

Tachygraphy, *n.* সংক্ষেপকৈ লিখা কৌশল।

adj. { Tachygraphic
Tachygraphical

Tacit, *adj* ভাবত কথা বুজা (2) নিস্তব্ধ। silent.

n. Tacitness *adv.* tacitly

Taciturn, *n.* নিবোকা। বোবাবুদিয়া।

ab *n.* Taciturnity—মৌনতা।

"A man may be silent from circumstances; he is taciturn from dispositions."

Tack, *n.* গজাল।

Tack, *v.* গজালেৰে লগোৱা। (2) to fasten in a slight or hasty manner.

Tackle, *n.* জাহাজৰ ৰচি (2) জাহাজৰ যতন, সজুলি। (3) A machine for raising or lowering weights.

Tackling, *n.* জাহাজৰ মস্তুলৰ ৰচি আদি (2) গাড়ী টনা লেকাম প্ৰভৃতি।

Tadpole, *n.* লালুকী।

Tail, *n,* নেজ।

Tailings, *n.* মেদনি।

There are some nouns which are never used in the singu'ar and 'Tailings' one of them.

Tailless, *adj* নেজ নথকা।

Tailor, *n,* দৰ্জ্জি।

Fem. { Tailoress
seamstress

Tailor, *v.* দৰ্জ্জিৰ দৰে কাম কৰা (2) কাপোৰ তৈয়াৰ কৰা।

Tailoring, *n.* দৰ্জিকাম। দৰ্জ্জিগিৰি।

Taint, *v.* দাগ লগোৱা। দূষিত কৰা।

Taint, *n.* দাগ, চেকা।

Tainture, *n.* দাগ। চেকা।

Taj, *n.* মুকুট।

Take, *v.* লোৱা।

P T—took

P P—taken.

Take air প্ৰকাশ হোৱা *e. g.* it has taken air, এই কথাটো প্ৰকাশ হৈ পৰিল।

Take away আঁতৰকৰা, গুচুৱা ; to remove, to deprive one of

e. g. The Supdt. ordered the the inkstands to be taken away from the examination hall.

'By forbidding him to sell books you have taken away his means of living.'

Take down.—লিখা (2) ওপৰৰ পৰা তললৈ অনা।

e. g. 'I have taken down the names of the boys.'

(2) 'He took down a book from the shelf.'

Take for—ভাবি লোৱা।

e. g. 'I took him for a lawyer' =I thought he was a lawyer.

Take off— গুচুৱা। *e. g.* Take off your overcoat.

Take out—উলিওৱা। *e. g.* To take out a tooth.

Take place—ঘটা। হোৱা।

e. g. 'The meeting will take place on Monday next.'

Take exception to—দোষ ধৰা *e. g.* He has taken exception to my argument.

Take to Task —বিতণ্ডা কৰা।

e. g. He has taken me to task.

Take for granted=জানিবা।

Taky, *adj* মনমোহা, attractive

Tale, *n.* গল্প, সাধু কথা। উপাখ্যান। *adj*. taleful.

Tale, *v.* সাধু কথা কোৱা।

Tale-bearer, *n.* টুটকীয়া।

Talent, *n* প্ৰাচীন কালৰ মুদ্ৰা বিশেষ, (2) স্বাভাবিক বা উপাৰ্জ্জিত বুদ্ধি, গুণ।

Talk, *v.* কথা কোৱা। (2) গল্প কৰা। (3) কাৰণ দিয়া।

Followed by { 'of' 'about' 'to' 'with.' }

Talk, *n.* কথা (2) গল্প। (3) আলাপ Followed by 'of' or 'about' 'over' and 'to' or 'with.'

adj. talkable.

Talkative, *adj* কথকী, অধিক কথা কোৱা।

Talk idly-মহলা মৰা।

Talk-big=গপ কৰা।

Tall, *adj*, দীঘল। noun Tallness

Tallow, *n*, চৰ্ব্বি।

Tallow-candle=চৰ্ব্বিৰ তৈয়াৰি মমবাটি।

Tallow chandler-যি মানুহে চৰ্ব্বিৰ মমবাটি কৰে বা বেচে।

Tallyman, *n.* বৰলা।

Talma, *n* সাজ বিশেষ। [গছ।

Tamarind, *n.* তেঁতুলি। তেতেলি

Tambour, *n*, ঢোলোক বিশেষ।

Tame *adj*. ঘৰচীয়া। পোহনীয়া (2) নিস্তেজ (3) শান্ত।

n. tameness.

Tamper = হাত দিয়া। to handle improperly.

Tame, *v*. পোহনীয়া কৰা, পোহা। (2) ঘৰচীয়া কৰা।

adj. { tamable / tameable

Tan, *n*. ওক আদি গছৰ ছাল। (2) অলপ চালধোঁৱা বৰন।

Tan, *v*. ছাল চামৰা তৈয়াৰ কৰা।

Tangible, *adj*. চুলে বুজিব পৰা।

n. { taagibility / tangibleness

Tangle, *n*. আউলোঁৱা পাক।

an intricate knot. জেঁট পোট।

Tank, *n*. পুখুৰি। (2) পানী থোৱা পাত্ৰ।

Tanner, *n*. মুচীয়াৰ, চৰ্ম্মকাৰ

Tannery, *n*. যত ছাল তৈয়াৰ কৰা হয়।

Tantalise, *v*. তুতুৱা।

n. tantalisation.

Tantamount, *adj*. একে।

Followed by 'to'

Tantivy, *adv*. বেগাই, তত্তালিকে।

Tantivy, *n*. বেগ।

Tap, *n*. নল।

Tape, *n*. ফিতা।

Taper, *v*. আগলৈ ক্ৰমে সৰু হোৱা।

Taper, *n*. সৰু মমবাতি।

Tapering, *adj*. থোৱালি।

Tarantua, *n*. বাঘ মকৰা ; এবিধ ডাঙৰ মকৰা।

Tardiness, *n*. বিলম্ব, গহৰি, পলম।

adj. Tardy.

Tardily, *adv*. বিলম্বে, পলমে, খৰ-খেদা নকৰাকৈ।

Tare, *n*. কোনো বস্তু লোৱা পাত্ৰৰ জোখ।

Tariff, *n*. সদাগৰৰ বস্তুৰ ওপৰত যি কৰ ধৰা হয়।

Tarn, *n*. পৰ্ব্বতৰ মাজত থকা সৰু নৈ, হ্ৰদ।

Tarnish, *v*. চেকা লগোৱা। উজ্জল কমা।

Taro, *n*. এবিধ কচু।

Tarry, *v*. পলম কৰা। বোৱা।

Tartarus, *n*. দুষ্টক শাস্তি দিয়া নৰক।

adj. { tartary / tartarlon

Take to task = ভৎসনা কৰা।

Tass, *n*. মদখোৱা গিলাচ।

Taste, *v* আস্বাদ লোৱা। চকা। জিভাত দি পৰীক্ষা কৰি চোৱা। অলপ খাই চাই সোৱাদ বুজা।

cf. he tasted the salt.

Taste of=has the flavour of *g. e.* This water, tastes of salt.

Taste, *n.* আস্বাদ। সোৱাদ। জুতি। ৰুচি। *e. g.* different men have different tastes.

adj. Tasty.

Followed by { of 'for.'

To one's taste=মনোমত।

Tasteless, *adj.* বকহাবকহ; ৰসহীন। সোৱাদহীন।

Tatter, *n.* ফটাকানি।

Tattle. *v.* বাবে ভচহু কথা কোৱা।

Tattered, *adj.* জীৰ্ণ ৰিলি।

Taunt, *v.* পেংলাই কৰা। বিদ্রূপ কৰা। ঠাটা কৰা।

Taunt, *n.* বিদ্রূপ, ঠাটা, ইতিকিং।

Tavern, *n.* বাটকৰা থকা ঘৰ। মদাদি খোৱা ঘৰ।

Tawdry, *adj.* বাহিৰে ৰং চং।

n. tawdriness.

Tax, *n.* কৰ। কটল।

Tax, *v.* কৰ লগোৱা (2) ভৰ্ৎসনা কৰা। (3) দোষ ধৰা; দায় দিয়া।

Tax *v.* কৰ ধাৰ্য্য কৰা; কৰ লগোৱা

Tea, *n.* চাহ; চাহপানী।

Tea-cup—চাহ খোৱা পিয়লা।

Tea-spoon=চাহ খোৱা সৰু চামুচ।

Tea-table=চাহ খোৱা মেজ।

Tea party=চাহ খোৱা মেল।

Teach, *v.* দেখোৱা. (2) শিক্ষা দিয়া (3) অভ্যাস কৰা।

P. T
P. P. { taught.

Teacher, *n.* শিক্ষক, অধ্যাপক।

Tear, *n.* চকুপানী। *e. g.* tears are signs of grief.

adj. Tearful

Tear, *v* ফলা; ফালি পেলোৱা।

P T—Tore

P P—torn

Tear oneself away—অতি অসন্তোষেৰে যোৱা।

Teat, *n.* পিয়াহৰ আগটো।

Technical, *adj.* যন্ত্ৰ বিদ্যা সম্বন্ধীয়, শিল্প সম্বন্ধীয়।

Ted, *v.* শুকাবলৈ মেলি দিয়া। (as new mown grass.)

Tedious, *adj.* ত্যক্তজনক, আমনি লগা।

n. { tediousity tediousness

Teem, *v.* উৎপন্ন কৰা।

Teeming *adj.* ভৰা।

Teeny, *adj.* খিংখিঙীয়া।

Teeth, *n. pl,* of tooth.

Telegram, *n.* টাঁৰেৰে পঠোৱা বাতৰি।

adj. telegramic.

Telegraph, *v.* টাৰেৰে বাতৰি পঠোৱা। *e. g.* please telegraph the result.

Telegraphy *n.* টাৰেৰে বাতৰি পঠোৱা সম্বন্ধীয় বিজ্ঞান।

Telephone *n.* যি যন্ত্ৰ দ্বাৰা উচ্চাৰিত শব্দ দূৰৈলৈ পঠোৱা হয়।

Telescope, *n,* দূৰবীক্ষণ। দূৰবীন।

Tell, *v.* কোৱা (2) বৰ্ণনা কৰা। (3) লেখা *e. g.* to tell so much money is not an easy task—ইমানখিনি টকা লেখা টিলা কাম নহয়।

P T / P P { told

Followed by 'of' 'about.'

There are some verbs which take two objects, one is direct and the other is indirect; and 'tell' is one of them.

Temper, *n.* স্বভাৱ, প্ৰকৃতি।

Temper, vt. উপযুক্ত অনুসাৰে মিহলোৱা, (2) কোমল কৰা।

Temperament, *n.* প্ৰকৃতি স্বভাৱ।
adj. temperamental.

Temperance, *n.* পৰিমিত, মিতাচাৰ।

Temperance society = মদাদি খাবলৈ নিবাৰণ কৰা সভা।
Followed by 'in.'

Temperate, *adj.* মিতব্যয়ী, পৰিমিত
n. temperateness.
Followed by 'in.'

Temperature, *n.* জহ বা শীতৰ অৱস্থা বা পৰিমাণ (2) তাপ।

Tempest, *n.,* ধুমুহা।

Temple, *n.* মন্দিৰ, মঠ।

Temporal, *adj.* পাৰ্থিব।
e. g. 'He does little care for temporal fame.'
n. temporality.

Temporary, *adj.* অস্থায়ী।
n. Temporariness.

Tempt, *v.* পৰীক্ষা কৰা। প্ৰলোভন দেখুৱা। লোভ লগোৱা।

Temptation, *n.* লোভ, প্ৰলোভন।
Followed by 'to.'

Temptable, *adj.* প্ৰলোভনীয়।
n. { temptableness / temptation.

Tempter, *n.* প্ৰলোভন কৰাওঁতা; লোভ দেখাওঁতা।
Fem. temptress.

Ten, *adj.* দহ।

Tenacious, *adj.* লেকেতা।

Tenth, *n.* দশম।

Tender, *adj.* ললিত, সুকোমল।

Tent, *n.* তম্বু।

Tenth, *n.* দশম (2) দহ ভাগৰ এভাগ।

Tepid, *adj.* অলপ তপত।
e g tepid water.
Tenacity, *n.* দৃঢ়তা।
Followed by 'of.'
e. g, 'His tenacity of purpose'
Tenant, *n.* জমিদাৰৰ প্ৰজা।
ab. *n.* tenancy.
Tenantry, *n.* জমিদাৰৰ প্ৰজাসমূহ
Tend, *v.* যত্ন লোৱা। যতন লোৱা।
Tender, *adj.* কোমল। (2) দুৰ্ব্বল।
(3) নম্ৰ। (4) মৰমিয়াল।
n. tenderness.
Tender, *vt.* গ্ৰহন কৰিবলৈ আগ-বঢ়োৱা।
Tender, *n.* দিবৰ প্ৰাৰ্থনা।
Tennis, *n.* 'টেনিছ'। এবিধ খেল।
Term, *n.* নিৰ্দ্দিষ্ট সময়।
To bring to Terms—ৰাজী বা সৰ্ম্মত হবলৈ বাধ্য কৰা।
To come to Terms—মিটমাট কৰা।
To be on terms of friendship—বন্ধুত্ব ভাবে থকা।
Terminate, *v.* সীমা বন্ধা। (2) শেষ কৰা।
Terminable, *adj.* সীমা বন্ধনীয়।
n. terminableness.
Termination, *n.* সীমা।
adj. terminational.
Termite, *n.* উঁই।

Tern, *n.* গঙ্গা-চিলনী। এবিধ মাছ খোৱা চৰাই।
Terrace,—ঘৰৰ ওপৰৰ চোঁতাল।
(2) মাটিৰে তৈয়াৰ কৰা ওখ ঠাই।
Terraqueous, *adj.* জল আৰু স্থল উভয়ী।
Terrene, *adj.* মাটিৰ।
n. terrestrialness.
Terrible, *adj.* ভয়ানক। ভীষণ।
n. Terribleness.
Tarricolous, *adj.* পাৰ্থিব।
Terrify, *v.* ভয় কৰা, ভয় খোৱা।
adj. terrific.
Territory, *n.* ৰাজত্ব।
Terror, *n.* ভয়।
Terrorise, *v.* ভয় দেখোৱা।
ভয়েৰে শাসন কৰা।
n. terrorisation.
Terrorless. *adj.* ভয় নথকা।
Terse, *adj.* সংক্ষেপ (2) পৰিষ্কাৰ।
n. terseness.
Test, *n.* বাছনি পৰীক্ষা।
Testify, *v.* কোনো সত্য প্ৰমাণ কৰিবলৈ যথাৰ্থ কথা কোৱা।
Followed by 'to.'
Test, *v.* পৰীক্ষা কৰি চোৱা।
Testimony, *n.* প্ৰমাণ। সাক্ষী।
Testimonial, *n.* প্ৰশংসা পত্ৰ,
(2) প্ৰমাণ পত্ৰ।
Followed by 'to.'

Tetanus, *n.* ধেনুষ্টঙ্কীয়া (এবিধ বোগ)।

Tether, *v.* এবাল দিয়া।

Text, *n.* লেখকৰ মূল কথা।

Than conj. কৈ, comparative Degree ৰ পাছত ব্যৱহাৰ হয়। যেনে He is stronger than you. —সি তোমাতকৈ বলী।

Thank, *v.* ধন্যবাদ দিয়া।

e. g. Thank God, that we are not in want.

Thanks, *n.* ধন্যবাদ।

Some nouns are used only in the plural ; and *thanks* one of them.

Thankful, *adj.* কৃতজ্ঞ।

Thankfulness, *n.* কৃতজ্ঞতা; শলাগ।

Thankless, *adj.* অকৃতজ্ঞ।

n. Thanklessness.

That, *adj.* সেই।

conj. এই বাবে।

Thatch, *v.* ঘৰ চোৱা।

Thatch, *n.* খেৰ।

Thaw *v.* t. গলোৱা। V. I. গলী পলীৱা হোৱা।

The, *adv.* যিমানেই সিমানেই।

g. e 'The sooner he comes the better.'

The harder the task the harder he works.'

The, *adj.* "The ক Definite article বোলে কাৰণ ই যি শব্দৰ আগত থাকে তাক ঠিককৈ দেখুৱাই দিয়ে, যেনে, The coat is black ইয়াত The coat এ কোনটো চোলাৰ কথা কোৱা হৈছে তাক দেখুৱাই দিছে। টো। খন। ডাল।

Theatre, *n.* ভাৱনা। "অসমীয়াৰ ভাৱনা। বঙ্গালীৰ যাত্ৰা আৰু ইংৰাজৰ থিয়েটাৰৰ একে অৰ্থ।"

(2) নাট্যশালা, ভাৱনা কৰা ঘৰ

Thee, pr. তুমি, তই।

Theft, *n.* চুৰি ; চুৰ কৰা কাৰ্য্য। হৰণ।

Their, pr. সিহঁতৰ ; তেওঁবিলাকৰ ; তেখেতসকলৰ।

The corresponding singular of the word is 'his'.

Theme, *n.* বিষয়।

Then, *adv.* তেতিয়া।

Then, conj. তেন্তে।

Now and then—কেতিয়াবা কেতিয়াবা। *e. g.* 'He now and then comes to see me.'

Then, *adv.* তাৰ পৰা। সেই সময়ৰ পৰা, সেই নিমিত্তে।

Theology, *n.* তত্বজ্ঞান বিশেষ।

adj { Theologic, Theological.

Theorem, *n.* উপপাদ্য। "প্ৰতিজ্ঞা শব্দে সাধ্য নিৰ্দ্দেশ অৰ্থাৎ সাধন কৰিব লগীয়া বিষয়ৰ বিবৰণ। প্ৰতিজ্ঞা দুবিধ সম্পাদ্য আৰু উপপাদ্য। কোনো ক্ৰিয়া সম্পাদন কৰা অৰ্থাৎ ক্ষেত্ৰ সম্পৰ্কে কোনো ৰেখাদি টনা বা কোনো ক্ষেত্ৰাদি টনা যি প্ৰতিজ্ঞাৰ উদ্দেশ্য তাক সম্পাদ্য (=problem) বোলে। কোনো সত্য প্ৰমাণ কৰা যি প্ৰতিজ্ঞাৰ উদ্দেশ্য তাক উপপাদ্য (=theorem) বোলে।"

Theoretical, *adj.* উপপত্তিক, opposed to practical-ক্ৰিয়া সিদ্ধ।

There, *adv.* তাত।

Thermal, *adj.* উত্তাপ সম্বন্ধীয়। তপত।

Thermometer, *n.* 'থাৰ্ম্মোমেটাৰ।' জ্বৰ পৰীক্ষা যন্ত্ৰ। তাপমান-যন্ত্ৰ। যি যন্ত্ৰ দ্বাৰা তাপৰ কম বেচি বুজিব পাৰি।

adj. { thermometric. thermometrical.

They, *pr.* সিহঁত ; তাহাত ; তেওঁবিলাক।

pl. of { he she, it.

Thick, *adj.* ঘন।

n. thickness.

v. Thicken.

Thicket, *n.* তেৰেপনি।

Thief, *n.* চোৰ।

ab. *n.* theft.

Thieve, *v.* চুৰ কৰা।

n. thievery.

adj. thievish.

Thigh, *n.* কৰঙ্গন।

Thin. *adj.* পাতল। জেলাইলাই। ৰেংৰেঙ্গীয়া।

n. thinness.

Thin and spare = লিংলিঙ্গীয়া।

Thine, *pr.* তোমাৰ।

pl. { your yours.

Thing, *n.* বস্তু (2) May sometimes be translated by the word 'কথা'। *e. g.* much work little play is not a good 'thing' for the children.

Think, *v.* ভবা ; চিন্তা কৰা, অনুমান কৰা।

Followed by { of about. over.

Third, *adj.* তৃতীয়।

Thirst, *n.* পিয়াহ।

adj. thirsty.

Thirteen, *n.* তেৰ।

Thirty, *n.* ত্ৰিশ। একুৰি দহ।

This, *pr.* এইটো।
pl. these.
Thither, *adj.* তালৈ।
Thorn, *n.* কাঁইট, (2) কাঁইট গছ।
adj. thorny.
Thorough, *adj.* সম্পূর্ণ; complete
adv. thoroughly.
Though, *conj.* যদি, যদিও।
Thought= { P. T. P. P. } of think.
Thought, *n.* চিন্তা, বিবেচনা, অভিপ্রায়।
Thoughtful, *adj.* আগপাচ গুণি কাম কৰা।
Thoughtless, *adj.* উতনুৱা।
Thousand, *adj.* হেজাৰ।
Tenthousand=অযুত।
Thrall, *n.* চাকৰ, বন্দুৱা।
ab. { thralldom. thraldom.
Thrash, *v.* ধান বনা। (2) মৰা, প্ৰহাৰ কৰা To beat.
Thread, *n.* সুতা। (2) *v.* বেজীত সুতা লগোৱা।
Threat, *n.* দপদপনি। গালি-সপনি। ডাবি।
Threaten, *v.* ভয় দেখোৱা।
Followed by 'with'.
Three, *adj.* তিনি।
Threshhold *n.* দুৱাৰদলি।

Threw=P. T. of throw.
Thrice, *adv.* তিনিবাৰ।
Thrill, *v.* চিৰিং কৰি উঠা।
Thrifty, *adj.* সৰহ খৰচ নকৰা।
Throat, *n.* ডিঙি।
adj. throaty.
Throb *v.* ধৰফৰ কৰা, কপা, ধক ধক কৰা।
Throne, *n.* সিংহাসন; ৰাজপাট।
adj. thronal.
Throng, *v.* জুমবন্ধা *e. g.* Thousands of people *thronged* the entrance of the palace to welcome the Governor.
Through, *prep.* মাজেদি। (2) দ্বাৰা
(1) He entered the house through the Gate.
(2) He succeed in this attempt through industry.
Through and through=পুঙ্খানুপুঙ্খৰূপে *e. g.* "If there was an eye which saw *through and through* men, it was the eye of Addision."
Throw, *v.* দলি মৰা; *e. g.* 'Do not throw stones (2) পেলাই দিয়া।
Followed by 'at.'
P. T.—threw
P. P.—thrown.

Trowway—আওহেলা কৰি নষ্ট কৰা।

Trowdowu—পেলাই দিয়া।

Trow up—এৰি দিয়া।

Thrum, *n.* কাপোৰৰ দহি।

Thrust, *v.* ঠেলা মৰা।

n. হেচা, ঠেলা।

Thumb, *n.* বুঢ়া আঙ্গুলি।

Thunder, *n.* বজ্ৰ। ভয়ঙ্কৰ শব্দ।

Thursday, *n.* বৃহস্পতিবাৰ।

শুকবাৰ।

Thus, *adv.* এনেকৈ, এইদৰে।

Thy, *pr.* তোমাৰ।

pl. { your / yours.

Thyself, *pr.* নিজে তুমি।

pl. yourselves.

Tick, *n.* চিকৰা।

Tide, *n.* সময়।

Tidings, *n.* খবৰ।

There are some nouns which are never used in the singular and *tidings* one of them.

Tie, *v.* বন্ধা, গাঁথি দিয়া।

Tie, *n.* বান্ধ।

cf. 'Distance cannot break the tie of blood relation."

Tiger, *n.* বাঘ; বনৰজা।

Fem. tigress.

adj. { tigrine. / tigerish.

Tight, *adj.* আটিল। টান। অপূৰ্ব।

Till, *prep.* পৰ্য্যন্ত।

e. g. 'From morn till night.'

Till, *v.* cultivate. হালবোৱা, খেতিকৰা।

Tiller, *n.* খেতিয়ক।

Timber, *n.* কাঠ।

Time, *n.* সময় বাৰ।

In time=যথাসময়ত *e. g.* In order to reach home *in time*, you will have to make haste= যথাসময়ত ঘৰ পাবলৈ তুমি লৰালৰি কৰিব লাগিব।

Timid, *adj.* ভয়াতুৰ। মন-পাতল। ভয়যুক্ত।

n. timidity.

Timorous, *adj.* ভীৰু।

n. timorousness.

Tin, *n.* ৰাং।

Tin-foil, *n.* ৰাংপতা।

Tinge, *v.* ৰং লগোৱা।

Tint *n.* বৰণ, আভা।

Tiny, *adj.* সৰু।

Tinkle, *v.* কল্ কল্ শব্দ কৰা।

Tire, *n.* সাজ। (2) বস্তু-বেহানি।

Tingle, *v.* চিৰিং চিৰিং কৰা।

Tire, *v.* দিগ লগা; তাক্ত লগা।

(2) ক্লান্ত হোৱা; ভাগৰ লগা।

Tired, *adj.* ক্লান্ত।

Followed by { 'of' 'with.'

Tiresome, *adj.* ক্লান্ত।

n. tiresomeness.

Title, *n.* উপাধি।

Followed by 'to,'

To, "তলত দিয়া অর্থ বুজায়—

(1) কোনো একালে যোৱা, *e. g.* He has gone to Calcutta.

(2) সময় কিম্বা ঠাইৰ ওচৰ বুজায়— *e. g.* Take your seat close to me.

(3) পর্য্যন্ত—*e. g.* You must pay you debts to the last farthing.

(4) উপযুক্ত—*e. g.* It is sweet to the taste.

(5) পক্ষে, বিবেচনাৰ, *e. g.* To an orthodox Hindu filterd water is impure. To him my advices wereuseless.

(6) প্ৰতি, *e. g.* Our duty to parents is to obey them."

Toad, *n.* চুক ভেকোলা।

Toast. *v.* জুইত সেকা।

Tobacco, *n.* ধপাত।

Toe, *n.* ভৰিৰ বুঢ়া আঙুলি।

Together, *adv.* একে লগে, একে ঠাইতে।

Toil, *v.* পৰিশ্ৰম কৰা।

adj. { toilful toilsome.

Token, *n.* চিন।

Tolerable, *adj.* মধ্যম। সহনীয়।

n. { tolerability tolerableness.

Toll *v.* (ঘণ্টা আদি) বজোৱা *e. g.* the bell was heard to toll at midnight.

Toll, *n.* মাচুল।

'Tolls are indirect taxes levied on the conveyance of goods.

Tone, *n.* মাত, সুৰ।

adj. tonal.

Tongue, *n.* জিভা।

(2) ভাষা। *e g.* He was the master of twenty tongues.

Too, *adv.* পৰিমাণতকৈও অধিক,

(2) so as not. *e. g.* He is too old to learn=তেওঁৰ আৰু পঢ়া শুনা কৰিবৰ সময় নাই। He is too good for this world=তেওঁ এই সংসাৰত চলিবৰ উপযুক্ত নহয়।

Too much=অতি। ভালেমান। অপৰিমিত।

Too much of anything is good for nothing.

Took,=P T. of take.

Tool, *n.* সাজুলি। *e. g.* A bad work man, quarrels with his tools.

Toom, *adj.* শুদা, খালি।

Tooth, *n.* দাঁত।

pl. teeth.

Toothache = দাঁতৰ বিষ। দাঁত-শূল।

Toothless, *adj.* সোলা।

Tooth-powder = দাঁতোন।

Toothsome, *adj.* সোৱাদ।

n. toothsomeness.

Top, *n.* লাটুম। *e. g.* 'who has got my top'?

Top, *n.* আগ, টিং।

From top to toe = মুৰৰ চুলিৰ পৰা ভৰিৰ বুঢ়া আঙুলিলৈকে।

Topic, *n.* আলোচনাৰ বিষয়।

Topsy-turvy = লৰ্বাং তৰ্বাং।

Torch *n.* জোঁৰ।

Torment, *v.* শাস্তি দিয়া।

Torment, *n.* শাস্তি, যন্ত্রনা।

Torn, = P. P. of tear.

e. g. The child has torn the book = লৰাটোৱে কিতাপটো ফালিলে।

Tortoise, *n.* কচ্ছপ, কাছ।

Torrent, *n.* সোঁত।

adj. Torrential.

Torture, *n.* শাস্তি, বৰ কষ্ট বা যাতনা।

Torture, *v.* যাতনা দিয়া।

Touch, *v.* চোৱা; স্পৰ্শ কৰা। *e. g.* 'He has not yet touched the point' (2) মনত লগা, to perceive by feeling; *e. g.* This story touched me more sensitively than all the rest = এই সাধু কথাটো আনবোৰতকৈ মোৰ মনত বৰকৈ লাগিল।

Followed by { at / upon.

Tough, *adj.* লেকেটা।

Tour, *n.* মফস্বল।

Total, *n.* মুঠ।

Toward / Towards. { প্রতি, পিনে, অভিমুখে। *adv.*

Towel, *n.* গামোছা।

Town, *n.* চহৰ। নগৰ।

Toy, *n.* 'খেলনা', লৰাই ধেমালি কৰা বস্তু।

Trace, *n.* চিন। পিট। ভৰিৰ খোজৰ চিন।

Track, *v.* ভৰিৰ খোজে খোজে খোজ লোৱা।

Trade, *n.* বাণিজ্য বেহা, বেপাৰ; বেহা-বেপাৰ।

Trader, *n.* বেপাৰী।

Traffic, *n.* বাণিজ্য।

Followed by { in / with

Train, *n.* 'ৰেল'। (2) অনুচৰ-সমূহ। ঠাটকটক।

Train, *v.* শিক্ষা দিয়া।
e. g. Train up a child in the way he should go.
adj. trainable.

Trait, *n.* বিশেষ গুণ।

Traitor, *n.* বিশ্বাসঘাতক।
Fem. traitoress.
adj. traitorous.
Followed by 'to.'

Trample, *v.* ভৰিৰে মোহৰা, ধুপালি পৰা, গচকা। মহটিৰা।
(2) *Fig.* অপমান কৰা।
Followed by { 'on' 'upon.' }

Tranquil, *adj.* নিস্তব্ধ, নিটাল।
n. { tranquillity. tranquilness. }

Transaction, *n.* ব্যৱসায়। হাট-বাট।

Transact, *v.* সম্পাদন কৰা। চলোৱা।

Transfer, *v.* বদলি কৰা, সলোৱা।
adj. { transferable. transferrible. }

Transform, *v.* ঠগ সলোৱা।

Transgress, *v.* সীমাৰ বাহিৰে যোৱা।

Transitory, *adj.* থন্তেকীয়া। অনিত্য।
n. transitoriness.

Transitive, *adj.* সকৰ্ম্মক।

Translate, *v.* অনুবাদ কৰা, এটা ভাষাৰ পৰা আন এটা ভাষালৈ ভঙ্গা।

Translation, *n.* অনুবাদ। ভাঙ্গনি।

Translator, *n.* অনুবাদক।
Fem. translatress.

Transparent, *adi.* স্বচ্ছ, ফটফটীয়া। *e. g.* when pure, the diamond is perfectly transparent.

Transplant, *v.* এঠাইৰ পৰা নি আন এঠাইত ৰোৱা।
n. transplantation.

Transport, *v.* কলিয়া পানীলৈ পঠোৱা।
n. { transportation. transportal. }
adj. transportable.

Trap, *n.* ফুন্দা।

Travail *n.* প্ৰসব বেদনা।

Travel, *v.* ভ্ৰমণ কৰা, ফুৰা।

Traveller, *n.* পথিক, বাটৰুৱা।

Treacle, *n.* গুড়, লালি।

Tread, *v.* গচকা, মহটিৰা *e. g.* Do not tread on the worm.
P. T trod.
P. P. { trodden. trod. }

Treason, *n.* বিশ্বাস ঘাতকতা।

Treasure, *n* সঁচা ধন ; ধনসম্পত্তি।

Treasurer, *n.* খাজাঞ্চী।

Treasury, *n.* 'খাজানাগেৰাজ।'

Treat, *v.* ব্যৱহাৰ কৰা ; আচৰণ কৰা। *n.* ভোজ cf. 'He treated the stranger with hospitality.

Treatise, *n.* পুথি, কিতাপ, গ্ৰন্থ। Followed by 'on.'

Treble, *adj* তিনিগুণ। *n.* trebleness.

Tree, *n.* গছ।

Tremble, *v.* লৰা ; কঁপা।

Followed by { at / with }

Tremendous, *adj.* অতি। ভীষণ। ভয়লগা। ভয়ানক।

Tremor, *n.* কঁপনি।

Trench, *n.* গড়খাৰৈ।

Trespass, *v.* অনধিকাৰ প্ৰবেশ কৰা।

Followed by { against / on / in }

Trespass, *n.* অনধিকাৰ প্ৰবেশ। Followed by 'against, 'on' and 'in'

Trial, *n.* বিচাৰ।

Triangle, *n* ত্ৰিভুজ। *adj* triangular.

Tribe, *n.* বংশ, গোত্ৰ। [চয়।

Tribute, *n.* খাজানা। বাৰ্ষিক কৰ।

Trick, *n.* কৌশল ; *peculiar* habit cf. 'He has a trick of drumming with his fingers.'

Trickle, *v.* টোপাটোপে পৰা।

Triennial, *adj.* তিনি বছৰীয়া।

Trifle, *v.* সামান্য আমোদত নিযুক্ত থকা।

Trifle with = আওহেলা কৰা। we should not trifle with our health.

Trifle away = অপব্যয় কৰা। your should not trifle away your time in idleness.

Trim, *n.* সাজ। *e. g.* 'He has put on his sunday trim.'

Triple, *adj* তিনিগুণ।

Trisect, *v.* তিনিভাগ কৰা। *n.* trisection..

Triumph, *n.* জয়। *e. g.* virtue has always its triumph.

Trigger, *n* লগুণী।

Triumph, *v.* জয় হোৱা। Followed by 'over.' virtue always triumphs over vice.

Trivial, *adj.* সামান্য ; তুচ্ছ।

n. { triviality / trivialness.

Trodden, = P. T. / P. P. of trod.

Troll, *n.* ঘুৰা। পকোৱা। গুভতা।

Trolly
Trolley { *n.* 'ঠেলাগাড়ী।'

Trollop, *n.* বেশ্যা।

Troop, *n.* দল (2) ফৌজ। সৈন্যৰ দল।

Trooper, *n.* ঘোঁৰাত উঠি ফুৰা কটক। *e. g.* I thought what a fine brave trooper he would make in a few years.

Trot, *v.* কদমত যোৱা। গামত যোৱা।

Troth, *n.* বিশ্বাস (2) প্ৰতিজ্ঞা।

Trouble, *n.* দিগ।
e. g. 'Not only the poor but also the rich have trouble= অকল দুখীয়াৰে নহয় কিন্তু চহকীৰো দিগ আছে। (2) হেঁকা। দুখ। (3) লৈ লৈ থৈ থৈ।

adj. { troublesome. troublous.

Trouble, *v.* দিগ দিয়া।

Trouble, *n.* দিগ। আমনি *e. g.* please excuse me for the *trouble* I give you

Trousers, *n.* পায়জামা।

Truant, *n.* পঢ়াশালিলৈ নগৈ পলাই থকা ছাত্ৰ।

Truce, *n.* অলপ সময়লৈ কৰা সন্ধি।

Truculent, *adj.* ভীষণ, ; ভয়ানক, ডাকৰ, (2) নিষ্ঠুৰ।
n. truculenee.

True, *adj.* সঁচা। Followed by 'to' (2) ঠিক, যথাৰ্থ। হক।

n. { trueness. truth

True-hearted = অকপট।

Truly, *adv.* ঠিক, সঁচাকৈ 2) প্ৰকৃততে ; বাস্তৱিক। *e. g.* 'He is a truly good man.'

Trumpery, *n.* বাহিৰা কথা।

Trunk, *n.* গছৰ গুড়ি (2) শুঁড়।

Truss, *n.* ঘাঁহৰ আটি।

Trust, *n.* বিশ্বাস 2) ভৰসা ; আশা (3) দায়িত্ব Followed by 'in.'

Trust. *v.* বিশ্বাস কৰা ; পতিয়া (2) ভৰসা কৰা। আশা কৰা। (3) নিৰ্ভৰ কৰা।

Followed by { in to with

Trust in = Trust in the Lord and do good.

adj. trusty.

Trustwith = Trust a man with money

Trustful, *adj.* বিশ্বাসী।

Trustless, *adj.* অবিশ্বাসী॥

Trustee, *n.* বিশ্বাসী মানুহ। (2) যাৰ হাতত কোনো সম্পত্তি চলাবৰ ভাৰ দিয়া হয়।

Truth, *n.* সঁচা, যথাৰ্থ।

Truthful, *adj.* সঁচা ; সত্যবাদী *n.* truthfulness.

Try, *v.* চেষ্টা কৰা।

Tsar, *n.* ৰুচিয়া সম্ৰাটৰ উপাধি। *Fem.* Tsarina.

Tube, *n.* নল, চুঙ্গা।

Tuesday, *n.* মঙ্গলবাৰ।

Tug, *n.* টান।

Tug, *v.* বলেৰে টনা।

Tuition, *n.* শিক্ষা।

Tumble, *v.* বাগৰ খোৱা ; লুটি খাই পৰা।

Tumefaction, *n.* ফোঁপনি।

Tumid, *adj.* উখহা।

n. { tumidity, tumidness.

Tumour, *n.* টেমুনা।

Tumult, *n.* হুলস্থুল ; হুলস্থুল।

Tune, *n.* স্বৰ ; মাত। জাত।

Tunic, *n.* চোলা।

Tunnel, *n.* পৰ্ব্বতৰ মাজেদি কটা বাট।

Tup, *n.* ভেড়া।

Turban, *n.* পাগুৰী।

Turbid, *adj.* ঘোলা। (ঘোলা)।

n. { turbidity. turbidness.

Turbulent, *adj.* উৎপতীয়া।

n. turbulence.

Turf, *n.* ঘাহনি।

adj. turfy.

Turmoil, *n.* গোলমাল।

Turn, *v.* ওলটা, ওভটা (2) ঘূৰোৱা, ঘূৰা।

Turn away = যাব দিয়া, খেদাই দিয়া। *e. g.* wisemen turn away wrath. He has turned away three servants.

Turn off = খেদাই দিয়া *e. g.* I mean to turn off this servant.

Turn over = পাত লুটিয়া

Turnup, ঘটা। *e. g.* I know not what may turnup tomorrow. (2) দেখা দিয়া to appear.

Turn upon = আক্রমণ কৰিবৰ অভিপ্ৰায়ে হঠাৎ ঘূৰা। আক্রমণ কৰা। *e. g.* He turned upon me in a fury.

Turn about = move the face to another quarter ; hence assume a different line of conduct.

Turn tail = পলোৱা *e. g.* I thought he would stand by

me all through this business but he turned tail and left me.

Turn, *n.* পাল, (2) সময়। (3) পাক।

Tusk, *n.* হাতীৰ দাত।

Tutelage, *n.* অভিভাৱক।

Tutor, *n* শিক্ষক। অভিভাৱক।
Fem. tutoress
adj. tutorial
ab. *n.* tutorship,

Twin, *adj*, দুই। জঁগা।

Twang, *v.* টঙ্কাৰ। শব্দ হোৱাকৈ ধেনুৰ জোৰ টনা।

Tweak, *v.* চিকোটা।

Twelve, *adj.* বাৰ।

Twenty, *adj* কুৰি।

Twice, { *adj.* দুগুণ। দুবাৰ। *adv.* }

Twilight, *n.* চকাচন্দা।

Twine, *n.* বটীয়া।

Twist, *v.* মোচৰা, মেৰিয়া।

Twit, *v.* গালি পৰা।

Two, *adj.* দুই।

Type, *n.* ধৰণ, আদৰ্শ, (2) ছাপাকৰা আখৰ।

Tyrannise, *v.* অত্যাচাৰ কৰা।
Followed by 'over.'

Tyranny, *n.* অত্যাচাৰ।

Tyrant, *n*, দুৰাত্মা।

U.

Ugly, *adj* কদাকাৰ, অশুৱনি। বীভৎ। আগচী, গোবাঙ্ক।
n. Ugliness.

Ulterior, *adj* বাহিৰৰ (2) in the future.

Ultimate, *adj* শেষ। *e. g.* Ultimate result.

Ultimo—যোৱা মাহ; সংক্ষেপে ult. লেখে *e g* on the 10th ult.= যোৱা মাহৰ দহ তাৰিখে।

Ultra, *adj* অতি, extreme.
e. g. Ultrareligious.

Umbles, *n.* পশুৰ নাড়ী ভুক আদি।
(Always used only in the plural.)

Umbrage, *n.* ছাঁ।
adj. umbrageous.

Umbrella, *n*, ছাতি।

Unable, *adj.* অক্ষম। অপাৰগ।

Unaccustomed, *adj.* অভ্যাস নথকা।
n. unaccustomedness.

Unaccomplished. *adj.* শেষ নকৰা।
n. unaccomplishment.

Unacquainted, *adj*, অচিনাকি।
n. unacquaintedness.

Unappealable, *adj.* আপিল কৰিব নোৱাৰা।

Unapprehended, *adj.* বুজিব নোৱাৰা।

n. unapprehensiveness.

Unapproachable, *adj.* ওচৰ চাপিব নোৱাৰা।

n. unapproachableness.

Unartful, *adj.* আচল। নিভাঁজ। খাটি।

Unascertainable, *adj.* নির্ণয় কৰিব নোৱাৰা।

Unattainable, *adj.* পাব নোৱাৰা।

n. unattainableness.

Unaware, *adv.* অকস্মাৎ। অজ্ঞাতসাৰে। নজনাকৈ।

Unbearable, *adj.* অসহনীয়।

Unbecoming, *adj.* অনুপযুক্ত।

Unbelief, *n.* অবিশ্বাস।

Uncase, *v* ঢাকোন মোকলোৱা।

Uncertain, *adj.* অনিশ্চয়।

n. uncertainty / uncertainness

Unchangeable, *adj.* সলাব নোৱাৰা।

n. unchangeableness. / unchangeability.

Unheedful, *adj.* বিমর্ষ, মন-নকৰা।

n. unheedfulness.

Uncivil, *adj.* অসভ্য।

Uncommon, *adj.* অসাধাৰণ।

n. uncommonness.

Uncomfortable, *adj.* অসুবিধা-জনক।

n. uncomfortableness.

Uncompliable *adj.* মান্তি নোহোৱা।

Uncomprehensive, *adj.* বুজিব নোৱাৰা।

Unconceivable, *adj.* ধাৰণা কৰিব নোৱাৰা।

n. unconceivableness.

Unconcerned, *adj.* সম্পর্ক নথকা। খী খিয়নি নথকা।

adj- unconcernedness.

Unconjunctive, *adj.* জোৰা লগাব নোৱাৰা।

Unconnected, *adj.* বেলেগ। অসম্বন্ধ (2) vague .

Unconscious, *adj.* নজনা। (2) অচেতন। সংজ্ঞাহীন। গম-নোপোৱা।

n. unconsciousness.

Uncontrollable, *adj.* অদমনীয়।

n. uncontrollableness.

Uncurable, *adj.* আৰোগ্য কৰিব নোৱাৰা।

Undecided, *v.* নির্ণয় নোহোৱা। [অস্থিৰ।

Undeniable, *adj.* নুই কৰিব নোৱাৰা। (2) সচা।

n. undeniableness.

Under, *prep.* তলত। অধীনত।

Under-age = নাবালক।

Under-clerk *n.* তলতীয়া কেৰাণী।

Under-current *n.* তলে যোৱা সোঁত।

Undergo, *v.* ভোগকৰা।

Under-ground, *adj.* মাটিৰ তলৰ।

Under-hand, *adv.* মনে মনে; গোপনে।

Under-lie, *v.* তলত পৰি থকা; to lie under or beneath.

Underneath, *prep. adv.* তলত।

Under-secretary, *n.* দুৱলীয়া সম্পাদক।

Under-sign, *v.* কোনো কাগজৰ তলত চহি দিয়া। The undersigned = তলত চহি দিয়া জন, লেখক।

Undersleep, *v.* যিমান লাগে তাত কৈ কম শোৱা।

Under-stand, *v.* বুজা। মোৰ পোৱা।

P. T. }
P. P. } = understood

Undertake, *v.* লোৱা। ভাৰলোৱা।

P. T. } undertook.
P. P. } undertaken.

adj. undertakable.

Undervalue, *v.* প্ৰকৃত দামৰ কম কৰা। (2) তুচ্ছ জ্ঞান কৰা।

n. undervaluation.

Understanding, *n.* বুদ্ধি। বিবেচনা শক্তি।

Under-work, *n.* তলতীয়া কাম।

Undescribable, *adj.* বৰ্ণাব নোৱৰা।

Undesirable, *adj.* অভিলাষ নকৰা। বাঞ্চা নকৰা।

n. { undesirableness.
undesirability.

Undigested, *adj.* অজীণ। জীৰ্ন নিয়াব নোৱাৰা।

Undiscoverable, *adj.* আবিষ্কাৰ কৰিব নোৱাৰা।

Undisguised, *adj.* ছলুকুৱা, (2) খোলা; সৰল।

Undisputable, *adj.* চৰ্চ্চিব নোৱাৰা।

n. undisputableness.

Undisolved, *adj.* গলাব নোৱাৰা।

Undivided, *adj.* ভাগ নকৰা। পৃথক নকৰা।

cf. Diligent labour with undivided attention is the only way to success.

Undo, *v.* ওলোটাই দিয়া। নকৰা। মোকোলাই দিয়া। ঢিলাই দিয়া।
P. T—undid
P. P.—undone.

Undoubted, *adj.* সন্দেহ নথকা।

Undreamt
Undreamed *adj.* সপোনৰ অগোচৰ; স্বপ্নতো নভবা। নভবা-নিচিন্তা।

Undress, *v.* পোছাক বা কাপোৰ কানি সোলকোৱা।

Undulate, *v.* ঢৌৰ দৰে লৰা।
n. undulation.
adj. undulatory.
adv. undulative.

Undutiful, *adj.* কৰ্ত্তব্য কামত আওকান দিয়া, অবাধ্য। কৰ্ত্তব্য-পৰায়ণ নোহোৱা।
n. undutifulness.

Uneasy, *adj.* অস্থিৰ, চিন্তিত, ঢিলা নহয়।
n. uneasiness.

Uneatable, *adj.* খাবৰ অযোগ্য।
n. uneatableness.

Uneducated, *adj.* অশিক্ষিত। চহা।

Unendurable, *adj.* অসহ্য, সহিব নোৱাৰা।

Uneven, *adj.* অসমান। ওখ-চাপৰ। কোবোটা-কুকটি।

Unerring, *adj.* অশুদ্ধ নোহোৱা; ভুল নথকা।
n. unerringness.

Unescapable, *adj.* পলাব নোৱাৰা।

Unessential, *adj.* অদৰকাৰী, সাৰ নথকা।

Unexaminable, *adj.* পৰীক্ষা কৰিব নোৱাৰা।

Unexhausted, *adj.* ভাগৰ নলগা।

Unexpected, *adj.* আচম্বিত, আশা নকৰা।
n. unexpectedness.

Unexperienced, *adj.* নজনা-নুশুনা। বহুদৰ্শিতা নোহোৱা।

Unexpressive, *adj.* অকথনীয়।

Unfadable, *adj.* ধ্বংশ নোহোৱা। শুকাই নোযোৱা।

Unfailing, *adj.* নপৰা।

Unfair, *adj.* অসৎ।
e.g. unfair means = অসৎ উপায়।
n. unfairness.

Unfaith, *n.* অবিশ্বাস।

Unfaithful, *adj.* অবিশ্বাসী।
n. unfaithfulness.

Unfamiliar, *adj.* অচিনাকি।
n. unfamiliarity.

Unfathomable, *adj.* অতল।
n. unfathomableness.

Unfavourable, *adj.* অহিত। অপকাৰী।

n. unfavourableness.

Unfasten, *v.* ঢিলা কৰা। মোকলোৱা।

Unfeeling, *adj.* কঠুৱা মনৰ।

n. unfeelingness,

Unfinished, *adj.* খতম নোহোৱা

Unforgivable, *adj.* ক্ষমা কৰিব নোৱাৰা।

Unfrankable, *adj.* ডাক খৰচা নোহোৱাকৈ পঠাব নোৱাৰা।

Unfriendly, *adj.* অনুপকাৰী।

n. unfriendliness.

Unfit, *adj.* অযোগ্য।

Ungainly, *adj.* আগড়ী।

n. ungainliness.

Ungenerous, *adj.* উদাৰ নোৱাৰা।

Ungentle, *adj.* অভদ্ৰ।

n, ungentleness.

Ungovernable, *adj.* শাসন কৰিব নোৱাৰা।

n. ungovernableness.

Ungracious, *adj.* চহা।

n. ungraciousness.

Ungrateful, *adj.* অকৃতজ্ঞ।

n. ungratefulness.

Unguarded, *adj.* অৰক্ষিত।

n. unguardedness.

Unhappy, *adj.* অসুখী।

n. unhappiness.

Unhealthy, *adj.* ৰুগীয়া।

unhealthiness.

unheard, *adj.* শুনা।

Unhesitaling, *adj.* পিছ নোহো-হকা; সাজু।

Unholy, *adj.* অশুচি; অপবিত্ৰ।

n. unholiness.

Unhonoured, *adj.* মান নকৰা; অসম্মানিত।

Unhoped, *adj.* আশা নকৰা।

Unhouse, *v.* ঘৰৰ পৰা খেদোৱা।

Unhurt, *adj.* ঘূন্দা নোখোৱা।

Uniform, *n.* সাজ। একে শ্ৰেণী মানুহৰ একে প্ৰকাৰ সাজ।

Uniform, *adj.* সদায় একেদৰে থকা। অপৰিবৰ্ত্তনীয়।

n. uniformity.

Unify, *v.* এটা কৰা।

adj. unifiable.

n. unification.

Unimaginable, *adj.* ভাবিব নোৱাৰা। অভাবনীয়।

n. unimaginableness.

Unimportant, *adj.* অলাগতীয়াল।

n. unimportance.

Unimproved, *adj*. উন্নত নোহোৱা।

Uningenious, *adj*. আজলা, হোজা।

Uningenuous, *adj*. সৰল নোহোৱা; উদাৰমনা নোহোৱা।

n. uningenuousness.

Uninhabitable, *adj*. বাস কৰিব নোৱাৰা।

n. uninhabitableness. uninhabitality.

Unintelligible, *adj*. সহজে বুজিব নোৱাৰা।

n. unintelligence.

Union, *n*. সম্মিলন, মিল।

Unique, *adj*. অদ্বিতীয়, অনুপম, যাৰ তুল্য নাই।

n. uniqueness. uniquity.

Unit, *n*. এক।

adj. unital. unitary.

Unite, *v*. লগ লগোৱা বা হোৱা, একেলগ কৰা বা হোৱা।

n. unition.

adj. unitive.

adv. unitedly.

Unity, *adj*. একতা।

Universe, *n*. চৰাচৰ; সমুদায় জগৎ।

University, *n*. বিশ্ববিদ্যালয়।

e. g. Calcutta university = কলিকতা বিশ্ববিদ্যালয়।

Univocal, *adj* এটা মাথোন অৰ্থ থকা; (a logical word).

n. univocation.

Unjust, *adj*. অন্যায়।

n. unjustness.

Unkind, *adj*. নিৰ্দ্দয়।

n. Unkindliness.

Unknowable, *adj*. জানিব নোৱাৰা।

n. unknowablenees,

Unlawful, *adj*. অন্যায়।

n. unlawfulness.

Unlearn, *v*. জনা কথা পাহৰা;

Unless, conj. যদি নহয়, বিনা, ব্যতীত।

Unlikely, *adj*. *adv*. { অসম্ভৱ।

n. unlikeliness.

unlimited, *adj*. অপৰিমিত, অসীম

n, unlimitedness.

Unlove, *v*. ভাল পাবলৈ এৰা।

adj. unlovable.

Unlocky, *adj*. দুৰ্ভগীয়া।

n. unlockiness.

Unmannerly, *adj*. ভদ্ৰ আচৰণ নজনা, অসভ্য।

Unmanageable, *adj*. যাক সহজে দমাব নোৱাৰি।

n. unmanageableness.

Unmarried, *adj*. অবিবাহিত।

Unmatchen, *adj*. যাৰ সমতুল্য নাই।

n. unmatchedness.

Unmentionable, *adj*. উল্লেখৰ অযোগ্য।

n. unmentionableness.

Unmindful, *adj*. মনোযোগ নিদিয়া অমনোযোগী।

n. unmindfulness.

Unmistakable, *adj*. যি সম্বন্ধে একো ভুল হব নোৱাৰে। ফটফটীয়া।

n. unmistakableness.

Unmoral, *adj*. অনৈতিক।

n. unmorality.

Unmoved, *adj* নলৰা, নচৰা নোহোৱা। অচল।

Unnatural, *adj*, অস্বাভাৱিক।

n. { unnaturalness. uunaturality.

Unneedful, *adj*. অনাবশ্যকীয়।

Unobvious, *adj*. অস্পষ্ট।

Unnecessary, *adj*. অনাৱশ্যকীয়।

n. unnecessariness.

Unneighboured, *adj* ওচৰ-চুবুৰীয়া নথকা।

Unneedful, *adj*. অদৰকাৰী।

Unnerve, *v*, দুৰ্ব্বল কৰা।

Unniggardly, *adj*. কৰাইচ নোহোৱা।

Unnumbered, *adj*. অসংখ্য। অপাৰ।

Unoriginal, *adj* যাৰ মূল বা উৎপত্তি নাই।

Unpaid, *adj* বেতন নোপোৱা।

Unpalatable, *adj* অৰুচিকৰ।

unpassable, *adj* অগম্য। যাব-নোৱাৰা।

n. unpassableness.

Unperceivable, *adj* অনুমান কৰিব নোৱাৰা।

Unperformed, *adj* অসম্পন্ন।

Unpersuadable, *adj* যাক যুক্তি সম্মত কৰিব নোৱাৰি।

n. Unpersuadableness.

Unpiteous, *adj*. নিমৰমিয়াল।

n. unpiteousness.

Unpleasant, *adj*. ভাল-নলগা।

n. Unpleasance.

Unpopular, *adj*. সাধাৰণৰ অপ্ৰিয়। যাক সাধাৰণে ভাল নেপায়।

n. unpopularity.

Unpractised, *adj*. অভ্যাস নথকা।

n. unpractisedness.

Unpremeditated, *adj*. আগেয়ে নভবা ; not planned or thought beforehand.

n. unpremeditatedness.

Unprepared, *adj*. সাজু নথকা।

n. unpreparedness.
unpreparation.

Unprofitable, *adj*. লাভ নোহোৱা। (2) কোনো কাৰ্য্যৰ আৱশ্যক নোহোৱা।

Unpronounceable, *adj*. উচ্চাৰণ কৰিবলৈ টান (2) কৰ-নোৱাৰা।

Unprop, *v*. ঢোকা গুচোৱা।

Unproper, *adj*. অনুপযুক্ত।

Unquestionable, *adj*. প্ৰশ্ন কৰিব নোৱাৰা।

n. unquestionableness.
unquestionability.

Unready, *adj*. সাজু নথকা।

n. unreadiness.

Unreal, *adj*. মিছা।

n. unreality.

Unreasonable, *adj*. অযুক্তি সঙ্গত, যুক্তিসঙ্গত নোহোৱা।

n. unreasonableness.

Unrecoverable, *adj*. that cannot be recovered (2) আৰোগ্যৰ আশাতীত।

Unreliable, *adj*. অবিশ্বাসী।

n. unreliability
unreliableness.

Unresponsible, *adj*. দায়িত্ব নথকা।

n. unresponsibleness.

Unrest, *n*. অস্থিৰ।

Unreturnable, *adj*. ওভতাব নোৱাৰা।

Unripe, *adj*. কেচা।

n. unripeness.

Unsatisfactory, *adj*. অসন্তোষ জনক।

n. unsatistactoriness.

Unseasoable, *adj*. অসময়ৰ। আবতৰীয়া।

n. unseasonableness.

Untrue, *adj*. মিছা (2) অবিশ্বাসী।

n. untrueness
untruth.

Until, *prep.* *adv.* *conj.* } may be expressed by মানে।

Untrustworthy, *adj*. অবিশ্বাসী।

n. untrustworthiness.

Unusual, *adj*. অসাধাৰণ।

n. unusuality
unusualness.

Unveil, *v*. ওৰনি গুচোৱা।

Unwearied, *adj*. অক্লান্ত; ক্লান্ত নোহোৱা। ভাগৰ-নলগা।

n. unweariedness.

Unwell, *adj*. অসুখ; গা-ভাল নথকা।

Unwise, *adj*. অজ্ঞানী; মূৰ্খ।

n. unwisdom.

Unwitting, *adj*. মূৰ্খ।

Unworthy, *adj*. অযোগ্য *e. g.* Such conduct is *unworthy* of you = এনে আচৰণ তোমাৰ অযোগ্য।

n. unworthiness.

Up, *adv.* ওপৰৰ।

Upbraid, *v.* গালি পৰা।

Up-country, *adj.* ওপৰ দেশৰ।

e. g. up-country men=হিন্দুস্থানী মানুহ।

Up-heave, *v.* ওপৰলৈ তোলা।

n. Up-heaval.

Up-land, *n.* ওখ ঠাই।

Upon=same as 'on'

Upper=com. of 'up.'

Upraise, *v.* তোলা।

Upright, *adj.* পোণ ; সৰল। সৎ। সাধু।

n. uprightness.

Uprise. *v.* to rise up.

Uproar, *n.* হাও।

adj. uproarious.

Upset, *v.* ওলট পালট কৰা।

Up side, *n.* ওপৰ চোৱা

Up stream, *adv.* সোঁতৰ ওপৰৰ ফাললৈ।

Upward, *adv.* ওপৰৰ ফাললৈ ; ওপৰলৈ।

Urban, *adj.* নগৰৰ, নগৰীয়া।

e. g. urban population.

n. urbanity.

Urge, *v.* উদগা।

Urine, *n.* মূত।

adj. urinary.

Ursine, *adj.* ভালুক সম্বন্ধীয়। ভালুকৰ নিচিনা।

Us, *pro.* আমাক। আমালোকক।

Sing, *me.*

Usage, *n.* ব্যৱহাৰ। ৰীতি। প্ৰথা।

Use, *v.* ব্যৱহাৰ কৰা।

Use, *n.* ব্যৱহাৰ।

Useful, *adj.* দৰকাৰী। কামত লগাব পৰা।

n. usefulness.

Useless, *adj.* অনাৱশ্যকীয়, অদৰকাৰী।

n. uselessness.

In use= কামত থকা।

Usurp, *v.* অন্যায়কৈ লোৱা।

n. usurpation.

Usury. *n.* সৰহ সুত লওন।

Utensil, *n.* কাঁহী বাটি।

Uterine, *adj.* গৰ্ভ সম্বন্ধীয়।

Utilise, *v.* ব্যৱহাৰৰ উপযুক্ত কৰা। উপযুক্ত ব্যৱহাৰ কৰা।

n. { utilisation. utility.

Utmost, *adj.* (*adv.*) আতাইতকৈ বেচি।

Superlative of *out.*

Utopian, *adj.* কাল্পনিক।

Utter, *adj.* *adv.* } বাহিৰৰ।

comp. of *out.*

Utterance, *n*, উচ্চাৰণ। কথা।

Uttermost, { *adj.* আতাইতকৈ / *adv.* বেচি।

Sup. of *out*.

Uvula, *n.* আলজিভা।

Uxorious, *adj.* তিৰোতা সেকৰা।

V.

Vacant, *adj.* শুদা *e. g.* a vacant vessel (2) খালি ; *e. g.* I shall apply to the Dewan for this *vacant* post= এই খালি কামটোৰ নিমিত্তে দেওৱানলৈ দৰ্খাস্ত কৰিম।

Vacation, *n.* বন্ধ ; জিৰণি।

Vaccinate, *v.* চিটা দিয়া।

n. vaccination.

Vacuous, *adj.* শুদা। empty ; Free.

n. vacuousness. vacuity. vacuation.

Vaccinia, *n.* গৰু মহৰ ৰোগ বিশেষ।

Vacuum, *n.* শূন্য ; শুদা ঠাই। *e. g.* "In a vacuum all bodies fall with equal rapidity."

pl. vacua.

Vagabond, *adj.* মিচাই ঘূৰিফুৰা, *n.* অকৰ্ম্মণ্য মানুহ ; বিনা কামত ঘূৰিফুৰা মানুহ।

n. vagabondage.

Vagitus, *n.* ওপজা লৰাৰ কান্দোন।

Vagrant, *adj.* ঘৰ বাৰী নোহোৱা, উৰুলি-পুঙ্গা।

n. vagrancy vagrantness

Vague, *adj.* অঠাৱৰ। আশঙ্কাযুক্ত।

n. vagueness.

Vaguely, *adv.* আন্দাজতে, ওপৰে ওপৰে।

Vail, *v.* পৰা। পৰিবলৈ দিয়া।

Vainglorious, *adj.* ফুটুং-গিৰী।

Vain, *adj.* মিছা ; অসাৰ (2) গপাল।

n. vainness vaiuty

In vain=মিছাতে।

Vainglory, *n.* মিছা ডাম্ফোপ।

adj. vainglorious.

Vale, *n.* Valley উপত্যকা, দুই পৰ্ব্বতৰ মাজত থকা চাপৰ ঠাই।

Valediction, *n.* বিদায়, farewell.

Valet, *n.* লগুৱা।

Valetudinarian, *adj.* কুৰীয়া।

n. valetudinariness.

Valiant, *adj.* সাহসিক।

e. g. He was a valiant hero.

n. valiance valiancy.

Valid, *adj.* সবল। প্ৰবল। ন্যায়। যুক্তি সঙ্গত।

n. validity.
validness.

Valley, *n.* উপত্যকা। ভৈয়াম।
দুশাৰি পৰ্ব্বতৰ মাজৰ সমান ঠাই।
pl. valleys.

Valonr. *n.* সাহস।
adj. valorous.

Value *n.* দাম।

Valuable, *adj.* দামী।
n. valueleeness.

Valueless, *adj.* অমূল্য।
n. valuelessness.

Vamp, *n.* জোতাৰ ওপৰ ভঁৰপৰ
ছাল।

Van, *n.* মালনিয়া গাড়ী।
e. g. Accidental van.

Van, *n.* সেনা দলৰ আগভাগ।

Vane, *n.* নিচান।

Vanguard, *n.* সেনাদলৰ আগত
যোৱা অশ্বাৰোহী সেনা।

Vanish, *v.* নাইকিয়া হোৱা।
n. vanishment.

Vanquish, *v.* পৰাজয় কৰা। হৰুৱা।
জিনা।
adj. vanquishable.
n. vanquishment.

Vantage, *n.* সুবিধা।

Vantage ground = অপেক্ষাকৃত
সুবিধাৰ ঠাই।

Vapour, *n.* বাষ্প।

adj. { vapoury
vapourable
vaporisible

Vaporous, *adj.* বাষ্পপূৰ্ণ।

n. vaporousness
vaporosity.

Variable, *adj* লৰচৰ হব পৰা।
অস্থিৰ।
n. variableness.

Variation, *n.* সলাৱন। change.

adj. variational
variative.

Variance, *n.* অমিল।
adj. variant.

Varicella, *n.* পানী আই। [দিয়া।

Variegate. *v* বিবিধ বৰণেৰে চিন

Variety, *n.* বিবিধ।
pl. varieties.

Variola, *n,* বসন্ত, সক আই।

adj. { variolar.
variolic.
variolous.

Various, *adj.* বিবিধ। বহুত ৰকমৰ।
n. variousness.

Varnish, *n.* ৰহন। [কৰা।

Vary, *v. t.* সলোৱা। ৰূপান্তৰ
v. i, পৰিবৰ্ত্তন হোৱা, ৰূপান্তৰ হোৱা

adj. { varying.
varied.

Vas, *n.* তেজ থকা পাত্ৰ।
pl. vasa.
adj. vasal.

Vase, *n.* শিলৰ বা আন ধাতুৰ পাত্ৰ।

যজ্ঞৰ পাত্ৰ বিশেষ, ষাক কাৰ্য্য কৰা পাত্ৰ।

Vassal, *n.* তলতীয়া প্ৰজা।

Vast. *adj*. বিস্তৰ, বহুত।

n. { vastidity. vastness.

Vat, *n.* পনীয়া বস্তুৰ পুখুৰী।

Vatican, *n.* পোপৰঘৰ।

পোপৰ শাসন বা অধিকাৰ।

Vaticide, *n.* গুৰু হত্যাকাৰী।

adj. { vatic. vaticial.

Vaunt, *v.* ডাম্ফোপ মৰা।

n. vauntary.

Veal, *n.* পোৱালি গৰুৰ মঙহ।

adj, vealy.

Veer, *v.* বতাহৰ গতি সলোৱা।

Vegetable, *n.* শাক-পাচলি।

adj. vegetal.

Vegetable Kingdom—উদ্ভিদ্ ৰাজ্য।

Vegetable life—উদ্ভিজ্জীবন।

Vegetarian, (*n*)—যি মানুহে শাক কল-মূলাদি খায়; মাছ মঙহ নেখায়।

Vehicle, *n*, গাড়ী, গাৰি।

adj. vehicular.

Veil, *n.* ওৰণি।

(2) আঁৰুৱা।

Vein, *n.* গাৰ তেজ চলা শিৰ।

Velocity, *n.* বেগ।

Velvet, *n.* 'ভেলভেট' কাপোৰ।

মখমল কাপোৰ।

Venal, *adj*. ধন দিলে পোৱা।

বেচিবৰ।

Vend, *v.* বেচা।

adj. vendible.

Veneer, *v.* ওপৰত ভাল কাঠ দিয়া।

Venefical, *adj*. বিহখকা।

n. venenation.

Venerable, *adj*. মাননীয়।

n. venerableness.

Venerate, *v.* মান কৰা।

n. veneration.

Venery, *n.* the sports of the chase.

Venge, *v.* প্ৰতিশোধ লোৱা।

adj. vengeable, *n.* vengeance

Venial, *adj*, ক্ষমা কৰিব পৰা।

n. { venialness. veniality.

Venison, *n.* পহুৰ মঙহ।

Venom, *n.* বিহ।

adj. venomous.

Vent, *n.* বিন্ধা।

Vent, *n.* বেচা কাৰ্য্য।

Vent, *v.* নিশ্বাস লোৱা।

Ventilate, *v.* বতাহ চলাচল কৰিবৰ নিমিত্তে মুকলি কৰা।

Ventilation, *n.* বায়ু সঞ্চালন, বতাহৰ চলাচল।

Ventral, *adj.* পেট সম্বন্ধীয়।

Venture, *n.* বিপদ।

adj. venturous.

Venus, *n.* ৰতী দেবী। শুক্রগ্রহ।

Veranda, *n.* আগ-চালি।

Verb, *n.* ক্রিয়া, ধাতু।

Verbal, *adj.* মৌখিক, মুখৰ।

e. g. verbal orders.

Verdant, *adj.* green. সেউজীয়া।

n. verdancy.

Verdict, *n.* জুৰিৰ সিদ্ধান্ত মত।

Verdigris, *n.* কঁহ।

Verge, *n.* দাতি। সীমা।

Verge, *v.* বেকা হোৱা।

n. vergency

Veridical, *adj.* সচা।

Verify, *v.* সচা বুলি প্ৰমাণ কৰা।

n. verification

Verily, *adv.* সচাসচিকৈয়েই।

Verity, *n.* সচা। সত্যতা।

adj. Veritable

Vermes, *n. pl* পোক।

Vermilion, *n.* সেন্দুৰ।

Vermin, *n.* পোক; ক্ষতিকাৰক পোক।

This word has the same form in the singular as in the plural.

Vernacular, *n.* মাতৃ ভাষা।

Vernal, *adj.* বসন্ত কালৰ।

Versatile, *adj.* চঞ্চল। সকলো কাম কৰিব পৰা। এটা এৰি আন এটা কৰিব পৰা।

n. { versatileness. versatility.

Verse, *n.* পদ্য, কবিতা।

v. versify.

n. versification.

Version, *n.* কথন। কথা। বিবৰণ।

Versed, *adj.* পাকৈত, নিপুণ।

Versicolour, *adj.* বিবিধ বৰণৰ।

Very, *adj.* true.

Vestment. *n.* সাজ, কাপোৰ।

Vestige, *n.* খোজৰ চিন।

Vesture, *n.* কাপোৰ, সাজ।

adj. vestural.

Veteran, *adj.* বুঢ়া। অভিজ্ঞ, শিক্ষিত।

Veterinary
Veterinarian } *adj.* গৰু ম'হ আদিৰ বেজ।

Veterinary Surgeon = গৰু ম'হ আদিৰ বেমাৰ সম্বন্ধীয়। [আমনি দিয়া

Vex, *v.* দিগ দিয়া; খং তোলা।

n. vexation.

Viand. *n.* খাদ্য, খোৱা বস্তু।

Vibrate, *v.* লৰা; কঁপা।

n. vibration.

adj. vibratory.

Vicar, *n*. প্ৰতিনিধি, গাওৰ পাদুৰি]

Vicarage—পাদুৰিৰ বৃত্তি ।

Vice, *n*. পাপ ।

Viceregal, *adj*. ৰাজ প্ৰতিনিধি সম্বন্ধায় ।

Viceroy, *n*. ৰাজ প্ৰতিনিধি ।

Vicinage, *n*. ওচৰ চুবুৰীয়া ; ওচৰৰ ঠাই ।

adj, vicinal.

Vicinity, *n*. ওচৰ ।

Vicissitude, *n*. সলনি । পৰিবৰ্ত্তন ।

e. g. vicissitudes of fortune.

adj. { vicissitudinary, vicissitudinous.

Victim, *n*. বলি ।

Victor, *n*. জয় কৰোঁতা ।

Fem. { victress. victoress. victrise

Victuals, *n*. খাদ্য, খোৱা বস্তু ।

Vide = চোৱা । *e. g*.

Vide infra = see below.

Viduage, Viduity { *n*. বাঁৰি অৱস্থা ।

Vie, *v*. অৰিয়া অৰি কৰা ।

View, *n*. দৃশ্য ; মত ; opinion. বিচাৰ ।

adj. viewable.

View, *v*. চোৱা ।

Vigil, *n*. উজাগৰ (2) watching

Vigilence, *n*. উজাগৰ ।

(2) watchfulness. সতৰ্কতা ।

adj, vigilant.

Vigour, *n*. বল, শক্তি, পৰাক্ৰম ।

Vigourous, *adj*. বলী ।

n. vigourousness.

Vile, *adj*. নীহ, ঘিণ-লগা ।

n. vileness.

v. vilify.

Villain, *n*. দুষ্ট, দাগাবাজ । টেটোন ।

adj. villainous.

Vincible, *adj*. জয় কৰিব পৰা ।

n. { vincibility. vincibleness.

Vindicate, *v*. সমৰ্থন কৰা ; ৰক্ষা কৰা ।

n. { vindicability. vindication.

adj. vindicable.

Vindicator, *n*. সমৰ্থন কাৰী, ৰক্ষাকাৰী ।

Fem. vindicatress.

Vindicative, *adj*. অপকাৰৰ সলনি অপকাৰ কৰিব খোজা ।

n. vindicativeness.

Vineger, *n*. চিৰকা ।

adj. vinaigrous.

Viol, *n*. বীণ ।

Violate, *v.* ভঙ্গা।

(2) বলৎকাৰ কৰা।

n. violation.

Violent, *adj.* ভীষণ, প্ৰবল।

n. violence.

Violate, *n.* এবিধ ফুল (2) one of the seven colours. বেঙ্গুনীয়া ৰং।

Violin, *n.* বীণ বিশেষ। বেহেলা।

Virago, *n.* সাহসী মটহা তিৰোতা। দীঘল বলী তিৰোতা।

adj. { viraginian. viraginous.

Virgin, *n.* কুমাৰী।

adj. virginal.

Virile, *adj.* পৌৰুষিক।

n. virility.

Virtu, *n.* সঙ্গীতাদি বিদ্যাত ৰুচি।

adj. { virtuose virtuosic.

Virtue, *n.* ধৰ্ম্ম (2) গুণ।

adj. { virtual virtuous.

Virtuous, *adj.* ধাৰ্ম্মিক।

n. virtuousness.

Virulent, *adj.* অনিষ্ট কৰিবলৈ পাকৈত। উগ্ৰ। প্ৰবল।

n. { virulence. virulency.

Viscid, *adj.* লেতকেতীয়া।

Visago, *n.* আকৃতি।

Visible, *adj.* চকুৰে দেখা; ফটফটীয়া।

n. { visibility. visibleness.

Vision, *n.* দৃশ্য (2) স্বপ্ন।

adj. { visional visionary. visual.

Vital, *adj.* জীৱন সম্বন্ধীয়।

n. vitality.

Vitiate, *v.* নষ্ট কৰা, দূষিত কৰা।

n. visiation. visiosity

Vituperate, *v.* দোষ উলিওৱা ; নিন্দাকৰা। গৰ্হা। গৰিহণা কৰা।

adj. vituperable.

Vivacious, *adj.* আনন্দিত, প্ৰফুল্লিত।

n. vivaciousness. vivacity.

Vivacity, *n.* সজীৱতা, উলাহ।

Vivid, *adj.* জীৱন্ত, স্পষ্ট, উজ্জ্বল।

n. vividness. vividity

Vixen = feminine of fox (2) খঙীয়াল তিৰোতা।

adj. { vixenly. vexenish

Vocable, *n.* নাম, শব্দ।

Vocal, *adj.* উচ্চাৰণ কৰা।

c. g. vocal sound

Vocation, *n.* উপযোগী কাৰ্য্য বা ব্যৱসায়।

Vocative, *adj.* সম্বোধন।

n. vociferation

Vogue, *n.* ব্যৱহাৰ, প্ৰথা, চলন।

Voice, *n.* মাত, স্বৰ।

Void, *adj.* শূন্য, খালি।

voidable *adj.*

voidance, voidness — *n.*

Followed by 'of'

n. voidance

Volley, *n*, বহুত হিলৈ একে লগে মৰা।

Volcano, *n.* অগ্নেয়গিৰি। যি পৰ্ব্বতৰ পৰা ধোৱা জুই দ্ৰৱধাতু, ছাই আদি বস্তুবোৰ ওলায়।

Volume, *n.* আকাৰ, আয়তন, কিতাপৰ খণ্ড।

adj volumal

Voluminous, *adj* বড় ডাঙ্গৰ, কেইবা খণ্ডৰে সম্পূৰ্ণ।

n voluminous

Volountary, *n.* আপোন ইচ্ছায়।

Volunteer, *n.* যি মানুহে আপোন ইচ্ছাতে সৈনিকৰ কামত বা আন কামত নিযুক্ত হয়। চখৰ চিপাহী।

Voluptuous, *adj* ইন্দ্ৰিয় সেৱী, বিলাসী।

n. voluptuousness

Vomit, *v.* বটিৱা।

Vomitting, *n* বাটি।

adj. vomitive, vomitary

Voracious, *adj* খকুৱা

Voracious eater, *n.* খাৱৰীয়া। খাৰৈয়া।

n voraciousness

Vortex, *n* a whirlpool, পানীৰ পাক।

pl. vortices, vortexes

Votary. *n.* উপাসক, সেৱক।

Fem. votaress.

Vote, *n.* ভোট, মত, সম্মতি।

Casting vote = সভাপতিৰ দ্বিতীয় মত।

Vow, *n.* ব্ৰত, সঙ্কল্প, প্ৰতিজ্ঞা।

adj. votive.

Vowel, *n.* স্বৰবৰ্ণ।

Vox, *n.* স্বৰ, মাত,।

Voyage, *n.* জলযাত্ৰা।

e. g. a voyage from Bombay to London.

Vulgar, *adj.* নীচ, ইতৰ, সাধাৰণ।

n. vulgarity, vulgarness.

Vulture, *n.* শগুন।

adj. vulturine, vulturous, vuturish.

W.

Waddle, *v.* ফেৰেকাফেৰিকৈ যোৱা।

Wadset, *n.* বন্ধক।

Wafer, *n.* রুটি বিশেষ।

Waft, *v.* ওপঙ্গা, সোঁতত উটাই নিয়া।

Waft, *n.* ওপঙ্গা বস্তু।

Wag, *v.* লৰোৱা।

(2) বহুৱা।

adj. waggish.

Wag-tail, *n.* এবিধ সৰু চৰাই।

Wage, *v.* পণ কৰা, বাজি ৰখা, আৰি মৰা (যুদ্ধ) চলোৱা।

Wager, *n.* আৰি।

Wages, *n.* দৰ্ম্মহা।

Wagon / Waggon { *n.* বস্তু বাহনি নিয়া চাৰি চকাৰ গাড়ী বিশেষ।

Waif, *n.* গৰাকী নোহোৱা হেৰা পোৱা বস্তু।

Waif, *adj.* অকামিলা।

Wail, *v.* বিলাপ কৰা। শোক কৰা।

Waist, *n.* কঁকাল।

Waist-coat = ওৱেষ্ট-কোট।

Waist-deep = এককলীয়া দ।

Waist-high = এককলীয়া ওখ।

Wait, *v.* বোৱা, বৈ থকা *e. g.* I waited for a long time for him = মইতাৰ নিমিত্তে বহুত বেলি বৈ আছিলো। বাট চোৱা।

Followed by 'for'

To lie in wait = জোপাৰ্ত্ত থকা। থপা।

Wake, *v.* সাৰে থকা, উজাগৰে থকা।

P. T. { waked, woke.

Wake-time = সাৰে থকা সময়।

Walk, *v.* ফুৰা।

Walk, *n.* ভ্ৰমণ।

adj. walkable.

Wall, *n.* দেৱাল।

Wallow, *v.* বোকাত লুটি পুতি হোৱা।

Wan, *adj.* সেভা। pale.

n. wanness.

Wan = old P. T. of *win.*

Wander, *v.* ফুৰিফুৰা, ঘুৰিফুৰা।

Wane, *n.* ক্ষয়, হ্ৰাস।

v. ক্ষয় হোৱা, কমা।

Want, *n* অভাৱ।

ab. n. wantage.

Want, *v.* অভাৱ হোৱা, নাটনি হোৱা; আৱশ্যক হোৱা।

Followed by

Wanting, *adj.* নাটনি।

Wanton, *adj.* বিবেচনা শূন্য।

n. wantonness.

War, *n.* যুদ্ধ, যুঁজ।

War-like = যুদ্ধ-প্ৰিয়।

Man-of war = যুদ্ধ জাহাজ।

Warble, *v.* গান গোৱা।

n. কঁপাই গোৱা গান।

Ward, *v.* পহৰা দিয়া।

Ward, *n.* পহৰা। [চোৱালী।

(2) অভিবাহকৰ অধীনৰ লৰা বা

Wares, *n.* বাণিজ্যৰ বস্তু।

Ware-house = গুদাম ঘৰ।

Warm, *adj.* তপত।

n. { warmness. / warmth.

Warn, *v.* সতৰ্ক কৰা, সাৱধান কৰি দিয়া।

n. warning.

Warp, *v.* পকোৱা।

(2) ঘুকৰা।

Warrant, *n.* 'ওৱাৰেন্ত' পৰৱনা, ক্ষমতা পত্ৰ।

Warrant, *v.* 'ওৱাৰেন্ত' দিয়া।

হানীৰ পৰা ৰক্ষা কৰিবলৈ আশ্বাস দিয়া।

adj. warrantable.

Warren, *n,* খেলমাটি বিশেষ।

নিজৰ মাটিত চিকাৰী জন্তু আদি ৰাখিবৰ নিমিত্তে দিয়া আজ্ঞা পত্ৰ।

Wary, *adj.* সতৰ্ক থকা।

n. wariness.

Was = আছিল। P. T. of *v. be.*

Present tense—*am*

Past P.—*been*

Wash, *v,* ধোৱা।

Washerman, *n.* ধোবা।

F*em,* washerwoman.

Wasp, *n,* বৰল।

adj. { waspish / waspy

Wast = P, T. second person singular of *be*

Waste, *n.* ক্ৰমশঃ ক্ষয়।

Waste, *v,* নষ্ট কৰা। *e. g.* waste not want not,

n. { wastege / wasteness

Wasteful, *adj,* নষ্ট।

n. wastefulness,

Waste-land = হাবি মাটি।

Watch, *v,* পহৰা দিয়া।

Watch, *n,* পহৰা।

adj. watchful.

Watch, *n.* ঘড়ী।

Water, *n,* পানী।

Water-shed = যি ওখ ভূমিভাগে এটা অববাহিকাৰ পৰা আন এটা অববাহিকা বেলেগ কৰে।

Water-fall = জলপ্ৰপাত।

Water pox = পানী আই।

Wave, *n,* ঢৌ, ঢৌৰ দৰে গতি।

Wave, *v*, ঢৌ খেলা, ঢৌ তোলা, লৰা।

adj, wavy,

Waver, *v*, লৰা, ইফাল সিফাল হৈ লৰা। (2) ইফাল সিফাল কৰা। খেৰোগেৰো কৰা।

adj, { waverous / wavery }

Wax, *n*, মম।

Bees wax=মৌশিটা।

Wax, *v*, বঢ়া, ডাঙৰ হোৱা।

An waxing of the moon =জোনৰ বঢ়া টুটা।

adj, waxen.

Way, *n*. আলি। বাট।

(2) অৱস্থা, উপায়, ৰীতি, ধৰণ। আওভাও।

Right of way=আনৰ মাটিৰ ওপৰে যাবৰ অধিকাৰ।

Ways and means=উপায়। আয়ৰ বাট।

By the way=প্ৰসঙ্গক্ৰমে, এই চলতে।

By way of=কিহবাৰ উদ্দেশে বা ভাবে।

In the way=আগত, বাটত।

In the way of=সম্বন্ধে।

On the way=কোনো পিনে আগবঢ়া।

Out of the way=একালে, দূৰত। আওহতীয়া।

We, *pro*, আমালোক।

sing, I

Weak, *adj*. দুৰ্ব্বল।

(2) কেচা *e, g*, He is weak in Mathematics,

n, weakness,

v, weaken,

Weal, *n*, ভাল অৱস্থা।

Wealth, *n*, ধন সম্পত্তি, ঐশ্বৰ্য্য।

Wealthy, *adj*, সম্পত্তিবান, ধনী।

n, wealthiness,

Wean, *v*, লৰাক মাকৰ পিয়াহ একৰা, (2) অভ্যাস গুচুৱা।

Weapon, *n*, অস্ত্ৰ শস্ত্ৰ। হাতিয়াৰ।

Wear, *v*, পিন্ধা।

(2) ক্ষয় হোৱা, ক্ষয় নিৱা।

Fig, নষ্ট হোৱা।

P, T, / P, P, { worn,

Weary, *adj*, ক্লান্ত। ভাগৰ লগা।

n, weariness,

Weary, *v*, ভাগৰ লগা।

Weather, *n*, বতৰ।

Weather beaten—বতাহে নষ্ট কৰা।

Weather poof—যাক বতাহ ধুমুহাই একো কৰিব নোৱাৰে।

Weave, *v*, বোৱা, (কাপোৰ আদি)

P, T,—wove,

P, P,—woven,

Web, *n.* জাল, *e. g.* spider's web.

Wed *v.* বিয়া কৰা।

P. T. { P. P. { wedded, wed.

Wedlock, *n.* বিয়া, বিবাহ।

Wednesday, *n.* বুধবাৰ।

Weed, *n.* সৰু সৰু বন গছ।

Week, *n.* সপ্তাহ। সাতদিন।

Weekly, *adj.* সপ্তাহিক।

This day week= আজিৰ পৰা এক সপ্তাহ।

Ween, *v.* ভবা।

Weep, *v.* কন্দা।

P. T. { P. P. { Wept.

Weigh, *v.* জোখা, ওজন কৰা।

adj. weighable.

Weight, *n.* জোখ; 'ওজন', ভাৰ।

Weighty, *adj.* গধুৰ, ভাৰী।

Weird, *n.* ভাগ্য সম্বন্ধীয় ডাইনি সম্বন্ধীয়।

Welcome *adj.* সাদৰে অভ্যৰ্থনা, *e. g.* He is welcome to my house and and welcome to my heart.

Welcome, *n.* সমাদৰ, অভ্যৰ্থনা।

Welcome, *v.* অভ্যৰ্থনা কৰা, সমাদৰ কৰা।

n. welcomeness.

Weld, *v.* তপত বা গলা অবস্থাতে পিটি যোৰা লগোৱা।

adj, weldable.

Welfare, *n.* মঙ্গল।

Welkin, *n.* আকাশ।

Well, *n.* নাদ।

Well, *adj.* ভাল।

come. *better*.

sup.. *best*.

Welt, *n.* জোতাৰ চাৰিও কাষে সৰু চামৰাৰ বেড়।

Welter, *v.* বোকাত লুতুৰি পুতুৰি খোৱা। বোকাত বগৰা বগৰি কৰা।

Wench, *n.* জোৱলী আপা।

West, *n.* পচিম।

West, *adv.* পচিম ফালৰ. পচিমীয়া।

Westerly, *adj.* পচিম ফালৰ

Western, *adj.* পচিমৰ।

Westward, *adv.* পচিম ফাললৈ।

Wet, *adj.* তিতা।

n. wetness.

Wet, *v.* তিতোৱা, তিবোৱা।

P. T. { P. P. { —wet.

Wether, *n.* খাসী ভেড়া।

Whale, *n.* তিমি মাছ।

Wharf, *n.* জাহাজৰ পৰা বস্তু নমোৱা ঘাট

What, *pron.* কি।

What, Int. কি!

Whatever { Whatsover { *pron*. যিহকে।

e. g. There are men who always fail in *whatever* they undertake simply because they are behind time.

Wheat *n*. ঘেঁহুধান।

Wheedle, *v*. মিঠা কথাৰে লোভ লগোৱা।

Wheel, *n*. চকা।

Wheel-wright, চকা তৈয়াৰ কৰোতা। one who makes wheels.

Wheeze, *v*. ডিঙ্গি ঘেৰ ঘেৰোৱা। দুখেৰে উশাহ লোৱা।

Whelm, *v*. ঢকা।

(2) পোতা ; to bury.

When, *adv*. কেতিয়া।

Whence, *adv*. ক'ৰ পৰা, from what place. (2) কি নিমিত্তে, কিয়, কি কাৰণে ; why.

Whenever { Whensoever { *adv*. যেতিয়াই যি সময়তেই।

Where, *adv*. কত ? কোন ঠাইত ? যত', যি ঠাইত।

Whereas, *adv*. যেহেতু।

Wherefore, *adj*. যি নিমিত্তে।

Wherein, *adv*. য'ত।

Whereinto, *adv*. যিহত।

Whereof, *adv*. যিহৰ।

Wherever, *adv*. য'ত।

Whery, *n*. ঘাট নাও।

Whet, *v*. শানত দিয়া। চোকা কৰা

Whether, *pro.* *adv.* *conj.* } দুটাৰ ভিতৰৰ এটা।

Whetstone, *n*. দা কটাৰি আদি ধৰোৱা শিল।

Whey *n*. ছানা তোলা পানী। ঘোল।

Which, pro. যি।

Whichever, pro. যি কোনো।

Whiff, *n*. ফু, *v*. ফুমাৰি এড়া।

Whig, *n*. ইংলণ্ডৰ ৰাজ নৈতিক সম্প্রদায় বিশেষ। প্রথম আৰু দ্বিতীয় চাৰ্লচৰ সময়ত এই সম্প্রদায় গঠিত হয়। এওবিলাকৰ বিপক্ষদলক Tory বোলে। আজি কালি whigs ক liberals আৰু Tories ক consevatives কয়।]

While, *v*. (away) নষ্ট কৰা। কটোৱা।

e. g. Do not while away your time.

While, *n*. সময়। while (*conj.*) যেতিয়া যি সময়ত।

While, { Whilst, { *adv*. যোতয়া।

Whimper, *v.* খুনখুনুৱা।

*W*hine, *v.* শেঁ। শেঁ। কৰে কন্দা।

পেনপেনোৱা। সক লৰাৰ দৰে

খেনখেনোৱা।

Whip, *n.* চাবুক। *v.* চাবুক মৰা।

whipping, *n.* চাবুকৰ কোব।

whir, *v.* সোঁ। সোঁ। কৈ ঘুৰা।

সোঁ। সোঁ। শব্দ কৰা।

Whirl, *n.* পাক ঘূৰণি।

Whirligig, *n.* লাটুম।

Whirlpool, *n.* চাক্‌নৈয়া, নৈৰ

সোতৰ পাক।

Whirlwind, *n.* বা'মাৰলী।

Whisk, *v.* সাবি পেলোৱা।

Whisper, *v.* ফুচফুচোৱা।

Whispering, *n.* ফুচ ফুচনি কথা।

Whisper, *n.* ফুচ ফুচনি।

adj. whisperous.

*W*hist, *v.* নিতাল মৰা।

adj. নিতাল।

Whistle, *n.* সুহুৰি, পোঁ পোঁ শব্দ।

Whistle, *v.* সুহুৰি মৰা।

White, *adj.* বগা।

White, *n.* বগা বৰণ।

Whiten, *v.* to make white.

White-ant, *n.* উঁই।

Whither, *adv.* কলৈ ?

Whitlow, *n.* পখা।

Whittle, *v.* সক কটাৰিৰে কটা।

Whole, *adj.* সকলো ; পূৰা ;

all complete. সবিশেষ।

n. wholeness.

Wholesale,=opposed to *retail*

থাউকতে।

*W*hom, *pro.* কাক।

Whoever / Whosoever { pro. যেই কোনো।

Whomever / Whomsover { যাকেই হ'ক, যি কোনো মানুহেই হক

objective case of. *whoever*

whosoever.

Whoop, *n.* চিঞৰ।

Whore, *n.* বেশ্যা।

ab. n. whoredom.

Whose, *pro.* কাৰ ?

Why, *adv.* / *conj.* { কিয় *e. g.* why should you not be content with what you have=তোমাৰ যি আছে তাতে তুমি সন্তোষ নেথাকিবা কিয় ?

Wick, *n.* শলাকানি, শলিতা।

Wicked, *adj.* দুষ্ট, দাগাবাজ।

ছদকা-খোৱা। টটাটিঙ্গা।

n. wickedness.

Wicket, *n.* সক দুৱাৰ।

Wide, *adj.* বহল।

n. wideness.

v. widen.

Widow, *n.* বিধবা, বাৰী।
The corresponding masculine term of the word is *widower*
ab. n. widowhood.

Wield *v.* চলোৱা। নিয়মিত কৰা।

Wife, *n.* তিৰোতা, ভাৰ্য্যা, স্ত্ৰী।
mas. husband.
pl. wives.
ab. n. wifehood—পত্নীত্ব।
adj. { wife-like. wifely.

Wig, *n.* মিছাচুলি ; আগৰ দিনত ইউৰোপত ব্যবহাৰ কৰা এবিধ কৃত্ৰিম চুলি।

Wight, *n.* প্ৰাণী জীৱ।

Wight, *adj.* খৰ বেগী, (2) সাহিয়াল।

Wild, *adj.* বনৰীয়া। হাবিৰ জঙ্গলৰ অসভ্য, গোঁয়াৰ। দুৰন্ত।
n. wildness.

Wile, *n.* বুধি, চতুৰালি চালাকি।
adj. wily.

Will, *n.* ইচ্ছা, (2) উইল।

Will, *v.* ইচ্ছা কৰা।

Wimble, *n.* পাক ডোহৰ।

Win, *v.* জয় কৰা, জিকা। পৰিশ্ৰম কৰি পোৱা, লাভ কৰা।
P. T. / P. P. { won.

Win, *n.* জয়।

Wind, *n.* বতাহ।

Wind, *v.* বতাহ বোৱা, বতাহ লগা।
n. বতাহ, হাওৱা।
P, T. { winded. wound.
P. P. { winded. wound.

Window, *n.* খিড়কী।

Wine, *n.* মদ। ফটিকা।

Wing, *n.* পাখী। [চকু টিপা।

Wink, *v.* তেলেকা তেলেকি কৰা।
n, চকুৰ টিপ, পলক, মুহূৰ্ত্ত।

Winuow, *v.* জৰা।

Winsome, *adj.* মনোহৰ। মনমোহা
n. Winsomeness.

Winter, *n.* জাৰকালি।
adj. winterly.

Wipe, *v.* মোচা।
(2) চকুৰ পানী টোকা।

Wire, *n.* তাঁৰ, টেলিগ্ৰাফ পথাবলৈ ব্যবহাৰ কৰা তাঁৰ।

Wire, *v.* টেলিগ্ৰাফত বাতৰি পথোৱা, (2) বন্ধা।

Wisdom, ab. *n.* জ্ঞান।

Wise, *adj.* জ্ঞানী।

Wish, *n.* ইচ্ছা।
v. ইচ্ছা কৰা। *e. g.* He does not wish to get married = সি বিয়া কৰিবলৈ ইচ্ছা নকৰে।

Wisp, *n.* মুঠা, আটি।

Wistful, *adj.* ব্যগ্র।

n. wistfulness.

Wit, *n* বুদ্ধি।

v. জনা, জ্ঞাত থকা।

Witticism, *n.* টেটকটি।

Witch, *n.* ডাইনি ডাকিনী।

mas. wizard.

With, *prep.* সৈতে, দ্বাৰা।

Withdraw, *v.* উঠাই লোৱা, ফিৰাই লোৱা। (2) ফিৰি যোৱা, গুচি যোৱা।

n. { withdrawal. withdrawment.

Wither, *v.* খীনাই যোৱা, শুকাই যোৱা, ম্লান হোৱা।

Within, *prep.* ভিতৰত, মাজত।

Without, *prep.* বাহিৰে, বাজে।

Withstand, *v.* প্ৰতিৰোধ কৰা, বাধা দিয়া।

P. T. / P. P. { withstood.

Witness, *n.* সাক্ষী,

v. সাক্ষী দিয়া, প্ৰমাণ কৰা (2) নিজ চকুৰে দেখা।

Wive, *v.* বিয়া কৰোৱা।

Wizard, *n.* যাদুকৰ।

fem. witch.

Woe / Wo { শোক, দুখ, কষ্ট, বিপদ।

Wolf, *n.* কুকুৰ নেচিয়া বাঘ।

pl. wolves.

Woman, *n.* তিৰী তিৰোতা।

mas. man.

pl. women.

ab. n. womanhood.

adj. womanly. womanish.

Wondered, *n.* আশ্চৰ্য্য, আচৰিত।

adj. wonderful. wondrous.

Wonder, *v.* আচৰিত হোৱা।

Wont *adj.* অভ্যস্ত।

Wood, *n.* কাঠ, (2) জঙ্গল, বন, হাবি (এই অৰ্থত প্ৰায় plural হয়)

Wool, *n.* উল।

Word, *n.* শব্দ।

(2) কথা।

Work, *n.* কাম।

adj. workable.

Work, *v.* কাম কৰা, পৰিশ্ৰম কৰা। খটা।

P. T. worked.

P. P. worked, wrought.

Workshop, *n.* কাৰখানা।

World, *n.* পৃথিবী। ভূমণ্ডল, সংসাৰ। জগৎ।

Wordly, *adj* সাংসাৰিক। পাৰ্থিব।

n. worldliness.

Worm, *n.* পোক।

Ring-worm=খৰ।

Earth-worm = কেঁচু।

Worry, *v.* দাতেৰে চিন্তা।
বিৰক্ত কৰা, হায়ৰান কৰা, বেজাৰ লগোৱা।

Worse, *adj.* comparative degree of bad.

Worship, *n.* পূজা, সেৱা।
v. পূজা কৰা. সেৱা কৰা।

Worst, *adj.* সবাতকৈ বেয়া; superlative degree of bad.

Worthy, *adj.* মূল্যবান, দামী।
আৱশ্যকীয়।
n. মূল্য। দাম।

Worthful, *adj.* দৰকাৰী।
আৱশ্যকীয়।

Worthless, *adj.* অকামিলা।
এলেবাং। অলায়ক।

Worthy *adj.* যোগ্য *e. g.* He is worthy of praise = তেওঁ শলাগৰ যোগ্য।
n. worthiness.
worthy, *n.* যোগ্য লোক।
pl. worthies.

Would, *v.* pastense of 'will.'

Wound, *v.* P. T. / P. P. { of wind.

Wound, *n.* আঘাত,
v. আঘাত কৰা।

Wrangle, *v.* দন্দ কৰা, হাই উকমি কৰি দন্দকৰা।
adj. wranglesome.

Wrap, *v.* মেৰাই থোৱা, ঢাকি থোৱা

Wrapper, *n.* বৰ কাপোৰ।

Wrath, *n.* খং।
adj. wrathy.

Wreath, *n.* ফুলৰ মালা।

Wreck, *n.* সাগৰৰ কাষত বা পাহাড়ত লাগি জাহাজ ভঙ্গা। ধ্বংশ।
v. (জাহাজাদি) ধ্বংশ কৰা, নাশ কৰা।

Wrest, *v.* বলেৰে মোচৰাই বাহিৰ কৰা। সচাৰ পৰা ব্যতিক্রম কৰা।

Wrestle *v.* কুস্তি কৰা, মল্ল যুদ্ধ কৰা।

Wrestling, *n.* কুস্তি।

Wretch, *n.* দুৰ্ৰ্কপলীয়া মানুহ।

Wretched, *adj.* অতীব শোচনীয়।
n. wretchedness.

Wring, *v.* মোচৰোৱা। পাকদিয়া।

P. T / P. P. { wrung.

Wrist, *n.* হাতৰ কবজা।

Write, *v.* লিখা।
P. T.—wrote.
P. P.—written,

Writer, *n.* লিখক।
fem. writeress = লেখিকা।

Writhe, *v.* খবফবোৱা। চটফটোৱা।

Written = P. P. of write.

Wrong, *n* ভুল। *e. g.* The answer is *wrong*=উত্তৰটো ভুল। (2) অপকাৰ। অন্যায় *e. g.* He has done me no *wrong.*=তি মোক কোনো অন্যায় কৰা নাই।

adj Wrongful,

n. wrongfulness.

Wrote,=P. T. of write.

Wry, *adj*. বেঁকা।

n. wryness.

X.

Xanthic, *adj.* হালধীয়া।

Xanthic colours=ফুলৰ হালধীয়া বৰণ।

Xenodochy, *n.* অচিনাকী জনক অভ্যৰ্থনা। অতিথি সেৱা।

Xippoid, *adj*. তৰোৱালৰ নিচিনা। shaped like a sword.

Xylograph, *n.* গছত কটা খোপ।

adj. xylographic, xylographical.

Xystus, *n.* মল্ল যুদ্ধ কৰা ঠাই।

Y.

Y, the twenty-fifth letter of the alphabet.

কোনো শব্দ বা পদাংশৰ আদিত থাকিলে consonant, আৰু আন ঠাইত থাকিলে vowel বুলি ধৰা হয়, যেনে, year ইয়াত consonant syntax ইয়াত vowel.

Yacht, *n.* খেলনাও

Yachter, *n.* one who commands a yacht.

Yabble, *n.* সেউজীয়া বাটৈ টোকা।

Yak, *n.* তিৰ্ব্বত দেশৰ এজাত বুষ।

Yam, *n.* আলু। *e. g.* purple yam =গৰিয়া আলু।

Yap, *n.* কুকুৰৰ ভৌৰবনি।

Yard, *n.* গজ (2) ঘৰৰ সমুখৰ সমান ঠাই। চোতাল। Yarn, *n.* সূতা

Yawl, *n.* জাহাজৰ সৰু নাও।

Yawl, *v.* চিঞৰা।

Yawn, *v.* হামি মৰা।

adv, yawningly.

Ye, pron. the nominative plural of the second personal pronoun; used chiefly in poetry

Yea, *adv.* yes হয়। ভাল। বাৰু। the opposite of nay.

Year, *n.* বছৰ। বাৰ মাহ।

plural বুঢ়াকাল।

adj. yearly.

Leap year=366 days.

Common year=365 days.

Yearly, *adv.* বছৰি।

Half yearly=ছমহীয়া।

Yearling *n.* এবছৰীয়া জন্তু।

Yearn, *v.* হাবিয়াহ হোৱা। হেঁপাহ কৰা।

Yearning, *n.* স্পৃহা। আন্তৰিক বাথা। ৰাপ অ ৰাগ। affection.

Yeast, *n.* খমিৰ।

adj. yeasty.

Yelk, *n.* কুহুম।

Yell, *v.* কেংকেঙোৱা। চিঞৰ মৰা। আটাহ পৰা।

Yellow, *adj.* হালধীয়া।

n. হালধীয়া বৰণ।

Yellowish, *adj.* অলপ হালধীয়া। somewhat yellow. কেঁতুৰীয়া।

n. yellowishness.

Yellowy, *adj.* Yellowish.

Yelp, *v.* কুকুৰৰ নিচিনা শব্দ কৰা। কেংকেঙোৱা।

n. কেংকেঙনি।

Yen, *n.* a kind of Japanese coin.

Yeoman, *n.* গৃহস্থ। সাধাৰণ মধ্যম শ্ৰেণী মানুহ।

Yeomanry, *n.* সাধাৰণ মধ্যম শ্ৰেণী। গৃহস্থ সমূহ।

adj. yeomanly.

Yes, *adv.* হয়। (yes is a compound of *yea* and *sy'*; let it be.) সম্মতিসূচক শব্দ। a word of consonant. এৰা। ভাল।

Yesterday, *n.* কালি the day last past, *e. g.* In reply to your letter of yesterday = তোমাৰ কালিৰ চিঠিৰ উত্তৰত।

Yesternight, *n.* কালি নিশা। কালি ৰাতি।

Yestermorning, *n.* কালি পুৱা।

Yesteryear, *n.* গতবছৰ।

The day before yesterday = পৰহি। *e. g.* I saw him the day before yesterday = মই তেওঁক পৰহি দেখিছিলো।

Yet, *conj.* তথাপি। *e. g.* Though he has no money *yet* he has honour = যদিও তেওঁৰ টকা নাই-কিয়া তথাপি তেওঁ মানী।

nevertheless *e. g.* I have called yet (তথাপি) no one answers.

Yet, *adv.* এতিয়ালৈকে *e. g.* he has not yet come.

(2) আৰু, in addition. অধিক। (used chiefly with comparatives) *e. g.* yet blacker = আৰু কলা।

(3) আজিলৈকে। *e. g.* no one has *yet* discovered the sources of the Nile. এতিয়াও। *e. g.* I *yet* think of you. The results have not *yet* been published.

Yew, *n.* বৃক্ষ বিশেষ।

Yield, *v.* উৎপন্ন কৰা। গুটি ধৰা।

(2) দিয়া।

(3) এৰি দিয়া।

(4) সেও হোৱা। বশ কৰা।

e. g. Never yield to temptations = প্ৰলোভনৰ কেতিয়াও বশ নহবা।

(5) মান্তি হোৱা। to comply with.

Yieldable, *adj.* that may be yielded.

n. yieldableness.

Yield, *n.* উৎপন্ন।

Yielding, *adj.* বিনয়ী।

Yoke, *n.* জুৱলী (2) দাসত্ব

(3) এযোৰ। a pair.

Yolk-fellow *n.* লগৰীয়া মানুহ।

Yolk, *n* কুহুম।

Yon
Yonder { *adj.* সেই। সৌ। সৌৱা

Yore, *n.* আগৰ দিনত।

You, pron. তুমি, তোমালোকে আপোনাসকল।

You is used in speaking to one person as well as to more than one *ye* is used only in poetry.

Young, *adj.* ডেকা; যুবা; অলপ বয়সৰ। (2) Inexperienced.

n. পোৱালি।

Young girl = গাভৰু ছোৱালী।

Youngish, *adj.* somewhat young.

Youngling, *n.* a young person or animal.

Youngster, *n.* চেঙেলীয়া লৰা। a lad

Young blood, = ডেকা তেজ।

Younger brother = সৰু ভাই।

Youngest brother = সুমলীয়া ভাই।

With young = গৰ্ভৱতী।

Younger, *n.* পাছে ওপজা মানুহ।

Younker, *n.* a young person.

Your, pron. তোমাৰ। আপোনাৰ।

The form of the possessive case of the personal pronoun *you.*

Yours, pron. possessive of you not followed by a noun *e. g.* this book is yours.

Yourself, pron. your own self আপুনি।

pl. yourselves.

Youth, *n.* যৌবন। ডেকা-কাল। ডেকা লৰাহঁত।

adj. youthful ডেকা। যুবা। সতেজ।

n. youthfulness.

Yowl, *v.* to yell আটাহ পৰা।

Yule, *n* the season of Christmas = (Assamese) মাঘ-বিহু ?

Z.

Zany, *n.* বহুৱা। a buffoon.

v. বহুৱালি কৰা।

Zanyism, *n.* বহুৱালি

Zeal, *n.* আগ্ৰহ। উৎসাহ। উৎসুক্য।

adj. zealous.

adv. zealously,

n. zealousness.

zealot, *n.* আগ্ৰহী। one full of zeal.

Zealless, *adj.* উৎসাহহীন।

Zebu, *n.* ষাৰ।

Zenana, *n.* অন্তেঃপুৰ। the inner apartment in which Indian ladies are secluded.

Zenith, *n* মূৰৰ ওপৰৰ নভোবিন্দু। that point of the heavens which is exactly overhead. সৰ্ব্বোৰ্চ্চতা। মূধ।

adj. zenithal.

Zephyr, *n.* মৃদুচিম বায়ু। the west wind, মলয়াবতাহ।

Zero, *n.* শূন্য।

Zest, *n.* আস্বাদ।

Zigzag, *n.* বেঁকাবৌঁক। বেঁকোঁবা বেঁকুৰি। ভেঙুৰাভেঙুৰি। আকোঁবা বেঁকোবা।

adj. Zigzaggy.

Zinc, *n.* দস্তা।

adj. Zincky.

Zion, *n.* Jerusalem.

Zodiac, *n.* ৰাশিচক্ৰ।

adj. zodiacal.

Zone, *n.* কটিবন্ধ। কটি-সূত্ৰ। one of the belts of the earth.

The torrid zone = গ্ৰীষ্মকটিবন্ধ। বিষুব ৰেখাৰ উত্তৰে আৰু দক্ষিণে ২৩½° অংশ দূৰলৈকে যি ভূভাগ আছে।

The temperate zone = সমকটিবন্ধ।

The frigid zone = শীতকটি বন্ধ।

adj. zonal = like a zone.

Zonoid, *adj.* like a zone.

Zonula, *n.* a small zone.

Zoo, *n.* the zoological gardens.

Zoology, *n.* প্ৰাণী বিদ্যা। জীববিজ্ঞান।

adj. Zoological.

adv. Zoologically.

Zoologist, *n.* প্ৰাণী বিদ্যা বিশাৰদ। one versed in zoology.

Zoological garden = যি ঠাইত বনৰীয়া জন্তুবোৰৰ চাবৰ নিমিত্তে থোৱা হয়।